“十二五”国家重点图书出版规划项目
交通运输建设科技丛书·公路基础设施建设与养护
国家科技支撑计划资助项目(2008BAG07B00)

西堠门大桥建设关键技术

宋　晖　沈　旺　王昌将　等　编著

内 容 提 要

本书以国家科技支撑计划项目“跨海特大跨径钢箱梁悬索桥关键技术研究及工程示范”(2008BAG07B00)为依托,介绍了西堠门大桥的基本概况与主要设计、施工技术,重点阐述了大桥建设关键技术研究成果,包括跨海特大跨径钢箱梁悬索桥勘察设计关键技术、跨海特大跨径钢箱梁悬索桥抗风关键技术、大跨径悬索桥缆索系统关键材料研究、海洋环境下特大跨径钢箱梁悬索桥制造安装及控制关键技术、特大跨径钢箱梁悬索桥结构监测系统研发和应用等内容。

本书可供从事桥梁设计、科研、施工和建设管理人员参考使用,也可供相关高等院校桥梁方向师生参考。

图书在版编目(CIP)数据

西堠门大桥建设关键技术 / 宋晖等编著. — 北京 :
人民交通出版社股份有限公司, 2015.9
(交通运输建设科技丛书. 公路基础设施建设与养护)
“十二五”国家重点图书出版规划项目
ISBN 978-7-114-12463-1

Ⅰ. ①西… Ⅱ. ①宋… Ⅲ. ①箱梁桥—悬索桥—跨海峡桥—桥梁工程—舟山市 Ⅳ. ①U448.19

中国版本图书馆 CIP 数据核字(2015)第 199626 号

“十二五”国家重点图书出版规划项目
交通运输建设科技丛书 · 公路基础设施建设与养护

书　　名: 西堠门大桥建设关键技术
著 作 者: 宋　晖　沈　旺　王昌将　等
责任编辑: 曲　乐　李　喆
出版发行: 人民交通出版社股份有限公司
地　　址: (100011)北京市朝阳区安定门外外馆斜街 3 号
网　　址: http://www.ccpress.com.cn
销售电话: (010)59757973
总 经 销: 人民交通出版社股份有限公司发行部
经　　销: 各地新华书店
印　　刷: 北京市密东印刷有限公司
开　　本: 787 × 1092　1/16
印　　张: 32.25
字　　数: 772 千
版　　次: 2015 年 9 月　第 1 版
印　　次: 2015 年 9 月　第 1 次印刷
书　　号: ISBN 978-7-114-12463-1
定　　价: 86.00 元
(有印刷、装订质量问题的图书由本公司负责调换)

总　　序

近年来，交通运输行业认真贯彻落实党中央、国务院“稳增长、促改革、调结构、惠民生”的决策部署，重点改革力度加大，结构调整积极推进，交通运输科技攻关不断取得突破，促进了交通运输持续快速健康发展。目前，我国公路总里程、港口吞吐能力、全社会完成的公路客货运量、水路货运量和周转量等多项指标均居世界第一。交通运输事业的快速发展不仅在应对国际金融危机、保持经济平稳较快发展等方面发挥了重要作用，而且为改善民生、促进社会和谐做出了积极贡献。

长期以来，部党组始终把科技创新作为推进交通运输发展的重要动力，坚持科技工作面向需求，面向世界，面向未来，加大科技投入，强化科技管理，推进产、学、研相结合，开展重大科技研发和创新能力建设，取得了显著成效。通过广大科技工作者的不懈努力，在多年冻土、沙漠等特殊地质地区公路建设技术，特大跨径桥梁建设技术，特长隧道建设技术，深水航道整治技术和离岸深水筑港技术等方面取得重大突破和创新，获得了一系列具有国际领先水平的重大科技成果，显著提升了行业自主创新能力，有力支撑了重大工程建设，培养和造就了一批高素质的科技人才，为交通运输科学发展奠定了坚实基础。同时，部积极探索科技成果推广的新途径，通过实施科技示范工程，开展材料节约与循环利用专项行动计划，发布科技成果推广目录等多种方式，推动了科技成果更多更快地向现实生产力转化，营造了交通运输发展主动依靠科技创新，科技创新服务交通发展的良好氛围。

组织出版《交通运输建设科技丛书》，是深入实施创新驱动战略和科技强交战略，推进科技成果公开，加强科技成果推广应用的又一重要举措。该丛书分为公路基础设施建设与养护、水运基础设施建设与养护、安全与应急保障、运输服务和绿色交通等领域，将汇集交通运输建设科技项目研究形成的具有较高学术和应用价值的优秀专著。丛书的逐年出版和不断丰富，有助于集中展示和推广交通运输建设重大科技成果，传承科技创新文化，并促进高层次的技术交流、学术传播和专业人才培养。

今后一段时期是加快推进“四个交通”发展的关键时期，深入实施科技强交战略和创新驱动战略，是一项关系全局的基础性、引领性工程。希望广大交通运输科技工作者进一步解放思想、开拓创新，求真务实、奋发进取，以科技创新的新成效推动交通运输科学发展，为加快实现交通运输现代化而努力奋斗！

王君顺

2014 年 7 月 28 日

前　言

舟山大陆连岛工程位于浙江省东北部的东海海域，连接舟山、宁波两市，是《国家高速公路网规划》中杭州湾环线的联络线及浙江省、舟山市规划建设的重要跨海通道，属于浙江省重点建设 A 类项目。西堠门大桥是其中的第四座大桥，采用主跨 1 650m 的两跨连续中央开槽宽度 6m 的分体式钢箱梁悬索桥，是我国跨径第一、世界第二的特大型悬索桥。西堠门大桥建设条件极其复杂，施工环境十分恶劣，设计和施工均面临巨大的挑战，大桥历时 5 年建成，攻克了大量难题，积累了许多宝贵经验。

本书内容依托国家科技支撑计划项目“跨海特大跨径钢箱梁悬索桥关键技术研究及工程示范”（2008BAG07B00）的研究成果，介绍了大桥的设计和施工技术，着重介绍了大桥建设关键技术。全书分为 9 章：第 1 章介绍了悬索桥的发展概况、西堠门大桥的工程概况和开展的关键技术研究；第 2 章介绍了西堠门大桥的结构设计，包括总体设计和主桥设计；第 3 章介绍了西堠门大桥的主要施工方案，着重介绍了索塔、锚碇、缆索系统架设和钢箱梁安装的施工方案；第 4 章介绍了跨海特大跨径钢箱梁悬索桥勘察设计关键技术研究所取得的成果；第 5 章介绍了跨海特大跨径钢箱梁悬索桥抗风关键技术研究所取得的成果；第 6 章介绍了大跨径悬索桥缆索系统关键材料研究方面的新技术；第 7 章介绍了海洋环境下特大跨径钢箱梁悬索桥制造、安装及控制关键技术；第 8 章介绍了特大跨径钢箱梁悬索桥结构监测系统研发和应用；第 9 章介绍了悬索桥发展的几个重要趋势。

本书第 1 章由宋晖、唐茂林、王晓冬编写，第 2 章由宋晖、王晓冬编写；第 3 章由卢伟、邓亨长编写；第 4 章由崔冰、宋晖、王晓冬、童育强编写；第 5 章由葛耀君、廖海黎、曹丰产、王骑编写；第 6 章由张家琦、周代义、张海良编写；第 7 章由崔冰、沈锐利、卢伟、唐茂林、童育强、邓亨长编写；第 8 章由李娜、刘志强、陈卫国编写；全书由宋晖、沈旺、王昌将负责统稿。

本书是舟山跨海大桥广大建设者的劳动成果和智慧的结晶，编者在此表示由衷的感谢！本书的出版得到了中交公路规划设计院有限公司的大力支持，在此致以谢意！限于编者水平，本书内容如有错误和不妥之处，恳请读者批评指正。

作　者

2014年5月

目　　录

第1章 概 述

1.1 悬索桥发展概况

1.1.1 发展历史

悬索桥与其他大跨径桥型相比,具有明显的优势和极高的美学价值,被誉为“桥梁皇后”,非常适用于大跨径桥梁。主缆的重力刚度是悬索桥的主要特点,主缆及其锚固系统是其核心构件。主缆是悬索桥的生命线,由塔支承并由强大的锚碇锚固,始终处于受拉状态而不会失稳,拉应力均布于缆的截面,能够充分利用材料强度;加劲梁为桥面主要结构物,其跨度相当于吊索的间距,成为一个小跨径的弹性支承连续梁,主跨的大小与加劲梁刚度没有很直接的关系;恒载主要由主缆承受,加劲梁所承受的弯矩不大,其截面尺寸可以较小。另外,悬索桥的塔高只是斜拉桥的1/2,当航空的限高和通航的净空有要求时,多选用悬索桥;在施工过程中,悬索桥始终处于一个静定结构状态下,容易控制、风险小,也是一些工程师偏爱悬索桥的原因。

悬索桥的历史古老,早期热带原始人利用森林中的藤、竹、树茎做成悬式桥以渡小溪,使用的悬索有竖直的、斜拉的,或者两者混合的。婆罗洲、老挝、爪哇原始藤竹桥,都是早期悬索桥的雏形。不过具有文字记载的悬索桥雏形,最早的要属中国,直到今天,仍在影响着世界悬索桥形式的发展。

远在公元前3世纪,在中国四川境内就修建了“笮”(竹索桥)。秦取西蜀,四川《盐源县志》记载“周赧王三十年(公元前285年)秦置蜀守,固取笮,笮始见于书。至李冰为守(公元前256~公元前251年),造七桥”,七桥之中有一笮桥,即竹索桥。可见至少在公元前3世纪,我国已有了竹索桥。

公元前50年(即汉宣帝甘露四年),已经在四川建成长达百米的铁索桥。1665年,徐霞客有篇题为《铁索桥记》的游记,曾被传教士 Martini 翻译到西方,该书详细记载了1629年贵州境内一座跨度约为122m的铁索桥。1667年,法国传教士 Kircher 从中国回去后,著有《中国奇迹览胜》一书,书中记有建于公元65年的云南兰津铁索桥。该书曾译成多种文字并多次再版。据科技史学家研究,只是在上述书出版之后,索桥才传到西方。可见,中国古代的悬索桥是独创发明并领先的。著名的四川大渡河上由9条铁链组成的泸定桥,是在1706年建成的。

在云南亦较早就出现了悬索桥,据《徐霞客游记 · 滇游日记》记载的云南龙川东江藤桥云:“龙川东江之源,滔滔南逝。系藤为桥于上以渡……”

悬索桥历史悠久,各个时期都有它不同的特点,现代悬索桥的发展更是如日中天,迄今出现了四个集中发展阶段。

1)20 世纪 60 年代前美国的悬索桥

美国分别在 1903 年和 1909 年建成了主跨为 488m 的威廉姆斯堡桥和主跨为 448m 的曼哈顿桥,两座桥均在空中用编丝轮将钢丝编拉后组成主缆。20 世纪 20 年代美国建成了两座主跨超过 500m 的悬索桥,分别是 1926 年在费城跨越特拉华河建成的主跨为 533m 的本杰明・富兰克林桥(又名费城・坎姆登桥)和 1929 年在底特律建成的主跨为 564m 的大使桥。在此期间美洲其他国家也建成不少中小跨度的悬索桥。

20 世纪 30 年代是美国修建大跨度悬索桥的最兴盛时期,1931 年建成跨度首次突破千米的乔治・华盛顿桥(主跨达 1 067m)。1936 年建成旧金山-奥克兰海湾大桥,此桥分东西两桥,其中西桥是两座串联衔接的孪生悬索桥,每座均为三跨悬吊,主跨均为 704m,采用钢桁加劲梁。1937 年又建成举世闻名的金门大桥,主跨为 1 280m,曾保持世界最大桥梁跨度纪录达 27 年之久。

以上这些悬索桥的建成,包括两座跨度超过千米的桥梁,形成美国悬索桥的第一次发展高峰,主跨 1 280m 的金门大桥为其代表。

20 世纪 40 年代悬索桥发展却遇到了挫折。1940 年在华盛顿州建成主跨为 853m 的塔科马老桥,因加劲梁断面抗风稳定性差,在建成当年的 11 月 7 日接近中午的时候被风吹断,导致整个世界的悬索桥建设发展整整停滞了 10 年之久。1940 年塔科马老桥发生事故之后,成立了塔科马桥事故调查委员会,通过风洞进行三维模型试验,肯定了无衰减的反复力逐渐累积起来以后,可以发生极度的共振乃至破坏。1950 年按原有跨度重建塔科马新桥,在新桥的设计中,决定将加劲梁改为钢桁梁。通过塔科马新桥的设计,悬索桥的风洞模型试验从此在设计中成为必要的手段。20 世纪 50 年代中期,美国在克服了风灾挫折后重整旗鼓再度致力于修建大跨度悬索桥。1951 年首先于威明登建成主跨为 655m 的特拉华纪念桥。1957 年又建成主跨为 1 158m 的麦基纳克湖口大桥和主跨为 610m 的华尔特・惠斯曼桥。

2)20 世纪 60 年代欧美的悬索桥

进入 20 世纪 60 年代后,美国首先在 1960 年于纽约的圣・劳伦斯河上建成跨度 655m 的 Seaway Skyway 桥,1964 年又在纽约海湾建成主跨超过金门大桥 18m 的维拉扎诺海峡桥,此桥曾保持了世界桥梁第一大跨度纪录 17 年之久,一直到 1981 年才被英国的主跨为 1 410m 的亨伯尔桥打破。欧洲最早的大跨度悬索桥是 60 年代前期法国建成的主跨为 608m 的坦卡维尔桥。其后,英国在 1964 年与 1966 年先后在苏格兰和布里斯托尔建成主跨为 1 006m 的福斯公路桥与主跨为 988m 的首次采用钢箱梁与斜吊索闻名于世的塞文桥。葡萄牙于 1966 年也在首都里斯本建成主跨为 1 013m 的 4 月 25 日大桥。以上这些悬索桥的建成形成了第二次悬索桥发展高峰,并以美国主跨 1 298m 的维拉扎诺桥和英国主跨 988m 的塞文桥为代表。

3)20 世纪 70 ~ 80 年代的欧洲与日本的悬索桥

在欧洲,1973 年土耳其伊斯坦布尔建成主跨为 1 074m 的博斯普鲁斯海峡第一大桥。1981 年,英国建成当时世界第一大跨度(1 410m)的亨伯尔桥,并一直将此纪录保持到 1998 年。除此之外,土耳其于 1988 年又建成主跨为 1 090m 的博斯普鲁斯海峡二桥。20 世纪 80 年代为止,日本在本四联络桥的初期建设中建成了主跨 770m 的因岛大桥、大岛大桥、主跨 876m 的大鸣门桥、主跨 940m 的下津井大桥、主跨 1 100m 的南备赞大桥和主跨 990m 的北备赞大桥六座大跨度的悬索桥。综上所述,在 70 年代 ~ 80 年代共建成了 4 座跨度超过千米的大跨度悬索桥,形成悬索桥发展史上的第三次高峰。其代表是英国的亨伯尔桥与日本的南备赞大桥。

4)20 世纪 90 年代至今以亚洲为主的悬索桥

进入 20 世纪 90 年代,世界悬索桥的发展中心已从欧美移至亚洲,并进入了修建悬索桥的鼎盛时期,目前跨径超过 1 千米的悬索桥有近 20 座。日本在本四联络桥的后期建设中出现跨度再度破纪录的主跨达 1 990m 的明石海峡大桥,以及来岛一桥、二桥与三桥,其中来岛二桥与三桥的主跨分别为 1 020m 与 1 030m。此外,日本还建成主跨为 570m 的彩虹桥与主跨为 720m 的白鸟大桥。20 世纪 90 年代初,中国也进入发展悬索桥的队伍之中。建成的主跨为 1 385m 的江阴大桥和主跨为 1 377m 的香港青马大桥分别跻身世界大跨度桥梁序列中。在 90 年代中期,除了上述两座跨度超过千米的悬索桥之外,还建成厦门海沧大桥、西陵长江大桥、广东虎门大桥、广东汕头海湾大桥及重庆丰都长江大桥等。进入 21 世纪,润扬长江大桥南汊主桥为主跨 1 490m 的单跨悬索桥,当时跨度排名位居中国第一、世界第三。目前国内最大跨径钢箱梁悬索桥为主跨 1 650m 的舟山西堠门大桥,世界排名第二。除此之外,武汉阳逻长江大桥、贵州坝陵河大桥、广州珠江黄浦大桥、湖南矮寨大桥、南京长江四桥、安徽马鞍山大桥、泰州大桥等一大批大型桥梁相继建设成功,标志着我国的建桥水平步入国际先进水平。目前在建的我国最大跨径钢箱梁悬索桥——虎门二桥以及湖南岳阳洞庭湖二桥、云南龙江大桥,这些桥梁建成后,将会使我国悬索桥的设计施工水平迈上一个新的台阶。

除亚洲外,20 世纪 90 年代在欧洲也建成两座跨度超过千米的悬索桥,分别为主跨 1 624m 的丹麦大贝尔特东桥(建成时世界第二)和主跨为 1 210m 的瑞典高海岸桥。以上这些 90 年代修建的悬索桥,其中 7 座跨度超过千米的桥,形成了悬索桥第四次发展高峰。悬索桥的发展日趋成熟,跨度越来越大,结构越来越好,在科技和经济日益发达的当今社会,悬索桥的发展将会更加美好。

大跨度桥梁是国民经济和社会发展的重要基础设施,也是交通行业新技术集中应用与创新的综合体现。悬索桥作为特大跨度桥梁的最优选择,发展势头迅猛。

1.1.2 计算理论的发展

18 世纪末 19 世纪初,俄国计划在圣彼得堡附近的涅瓦河上建造一座悬索桥,Euler 的学生 Fuss 作为沙俄皇家科学院的数学家受命研究缆索应取的形状,他研究了受均布荷载作用下悬索的线形问题,揭示了缆的几何形状为抛物线,缆的水平内力为恒定值的规律,这是悬索桥计算理论研究的开始。此后,Telford 在修建梅耐桥之前,曾就缆的形状向英国皇家学会主席 Gilbert 请教,Gilbert 因而组织力量研究受均匀应力的变截面缆的形状问题。梅耐桥曾采用了 Gilbert 的建议,并通过眼杆数目的增减来改变主缆截面,因此,梅耐桥可以算是第一座注意到理论研究的悬索桥。紧随其后,Brunel 在设计克里夫顿桥时,就抛物线缆、等截面悬链线缆、均匀应力悬链线缆三种缆索形式进行过计算,其中关于等截面悬链线缆的数学理论是早就由 Bernouilli 解决了的问题。上述关于缆索计算的理论被当时在英国学习和研究悬索桥的法国数学家和工程师 Navier 收录在他 1823 年发表的著作中。

到 19 世纪的上半叶,理论研究还是局限在缆索方面,并没有发展到对全桥整体行为的分析。这时的英国工程师对缆索的刚度不放心,就借助加劲梁或斜拉索来增加全桥的刚度,同样的设计思想也体现在美国工程师 J. A. Roebling 的设计中。例如,在尼亚加拉河公铁两用悬索桥中,同时使用了典型的带竖吊索的主缆、木质加劲桁架梁和斜拉索,然而,Barlow 曾在 1858 年进行过一系列的模型试验,从试验结果可知:即使采用较弱一些的加劲梁,也能使吊索传到缆上的活载分布相当均匀。于是,就提出了一个主缆和加劲梁如何分担活载的问题。对这个问题的探讨导致 Rankine 在当年提出其“Rankine 理论”,但该理论在本质上却强调了加劲梁的刚度作用。这是关于悬索桥结构分析的第一个理论。尽管它也许并未真正用于悬索桥设计,但它强调加劲梁刚度作用的思想却在一个时期内影响了悬索桥的设计,并且也可能是英国的悬索桥跨度在相当长的时期内停滞不前的原因。

在美国,J. A. Roebling 在修建尼亚加拉河公铁两用桥时,就开始认识到主缆重力刚度的作用。这样的认识,加上高强碳素钢丝的使用,使他敢于把布鲁克林桥的跨度一下提高到 486m,而梁高只是跨度的 1/90。尽管该桥仍然使用了斜拉索,但它同时也依靠了主缆的重力刚度。布鲁克林桥的设计思路主要是来自经验,并不曾进行结构力学理论分析。

在 1880 年前后,鉴于 Rankine 理论分析所得的缆和加劲梁的变形不协调,在欧洲和美国分别有一些学者尝试将拱的弹性分析理论应用于悬索桥,这就导致悬索桥弹性分析理论的建立。弹性理论也使工程师过于注重加劲梁的刚度作用,因此 1903 年建成跨度 488m 的威廉斯堡桥的加劲桁梁高度达到了跨度的 1/40。

早在 1888 年,奥地利的 Melan 教授就提出了适用于拱和悬索桥一类结构的挠度理论,并于 1906 年做出进一步的改进。这一理论首先由 Moisseiff 应用于 1909 年建成的跨度 448m 的曼哈顿桥的设计计算中,其结果是使曼哈顿桥的加劲梁梁高仅是其跨度的 1/60。

与弹性理论比较,挠度理论在它诞生之后的一段时期曾被称为“精确理论”,但实际上它是建立在若干个简化的假定之上,这就必然要带来误差。再加上其所使用的是非线性微分方程,求解不方便。随着计算数学、计算力学和计算工具的发展,又提出了许多种改进挠度理论的悬索桥分析理论和方法,这其中就发展了有限位移理论。有限位移理论是目前计算桥梁最精确的理论。研究表明,与其他桥型相比,悬索桥具有较强的几何非线性,在计算分析中应该加以考虑。有限位移理论是伴随着电子计算机及有限元方法的发展而产生的。无论何种结构,其受荷载作用的平衡方程应建立在结构变形之后的状态,这就是有限位移理论的实质。

在有限位移理论出现以前,受计算假定和求解规模的限制,悬索桥的分析一般简化为横向、竖向、纵向三种模型进行分析。随着计算技术的进步,基于有限位移理论为基础的空间有限元法是目前解决悬索桥结构分析的最好方法,可以一个模型求解悬索桥受各种荷载的内力和位移,能够仿真模拟悬索桥真实的情况。

1.1.3 施工技术的发展

世界上首座采用空中成缆的铁丝悬索桥是由法国工程师约瑟夫·查理(Joseph Chaley)设计并于 1834 年建成的位于瑞士弗里堡(Fribourg)的柴林根大桥(Grand Pont Suspendu),后来该技术称为空中纺线法(AS,Aerial Spinning),由一名法国工程师路易斯维卡(Louis Vicat)在 1830 年发明,解决了丝缆施工问题,此前的方法是铁丝先绑成主缆再整体提升就位。

1841 年从德国移民到美国的约翰·奥古斯塔斯·罗勃林(John Augustus Roebling)获得了空中纺线法架缆(AS,Aerial Spinning)的专利,将架缆标准化、机械化,而此前都是手动空中纺线法架缆。1854 年,在他修建的尼亚加拉河悬索桥(主跨 250m)中使用了该方法。1870 年,他承担了布鲁克林桥(主跨486.3m)的建设任务,但不久就因工伤逝世。这一座举世闻名的大桥后来由他的儿子W·罗柏林接办直到完成,总工期历时13年。该桥大缆4道,钢丝总质量320t,但用于空中送丝架缆的时间却是21个月。随后,这项技术、所用机具及施工组织、安全设施等有很大改进。美国1964年完成的韦拉扎诺桥,大缆钢丝总质量3 465t,架缆所用时间不到6个月。

1969年,美国在罗德岛(The State of Rhode Island and Providence Plantations)建成了克莱本佩尔新港大桥(Claiborne Pell Newport Bridge),跨度为545m。该桥首次使用预制平行丝股(prefabricated parallel wire strand)法架设主缆,再次创立一种现代悬索桥主缆的施工方法,发明人为杰克逊L.德基(Jackson L. Durkee),并于1970年申请专利。新港大桥主缆采用76股61丝直径为0.2in(1in=0.025 4m)的高强钢丝,钢丝总长8 000mile(1mile=1 609.344m),质量2 280t。

早期的悬索桥加劲梁一般是桁架式的,所采用的架设方法是像桁架桥的悬臂安装法那样,采用同样的机具——能沿着桁架梁上弦行走的德立克。不同于悬臂安装法的是,它不靠已成梁段来承担其后拼装的自重(该自重将对前者产生悬臂弯矩),而是立即将刚拼好的梁段同其对应的吊索相连,让所有已拼梁段的自重都经由吊索而传给大缆,由大缆承担。对于三跨两铰式悬索桥,架梁一般需要德立克4台。梁段各构件的提升顺序是从两塔开始,分别向两侧(一侧指向跨中,另一侧指向岸边)进行。边跨与主跨的跨度比各桥一般不同。为了使塔顶纵向位移尽可能较小,对于在主跨拼成几个梁段时,边跨应该拼几个,应进行推算。在历史上,曾经因为推算的速度赶不上施工需要,而使用全桥的结构模型试验(例如旧金山海湾桥)来决定其较为合理的梁段提升次序。

对于正在架设中的加劲梁,其风动力稳定性能如何,是值得探讨的。英国福斯桥的主跨是将尺寸为2m×7.32m的正交异性钢桥面板叠置在桁架梁上。风洞试验表明:这样的结构在其全跨不曾建成时,当风速超过22m/s时便不够稳定,但若将桥面板尺寸暂时改为2m×4.88m,那就可以将该临界风速提高到44.4m/s。于是,在其架梁的第一阶段,就只架设2m×4.88m的桥面板。

在旧金山海湾桥施工中,第一次将加劲梁的架设改为缆载起重机,先预制成梁段,然后装在驳船之上并浮运到桥下,用可以行驶于大缆的起重台车,借助滑轮组及钢丝绳将梁段提升到位。其梁段包含加劲桁架梁两个节间,其最大质量是180t。这一施工方法是经济合理的,随后便被广泛采用。在维拉扎诺桥建设中,其设备有较大改进,所提升的梁段最大质量达到357t。而更为合理的措施是改用液压连续提升千斤顶,用钢绞线提升梁段。香港青马大桥、江阴长江大桥也使用了这种方法,提升的梁段质量一般是400~500t。日本的来岛悬索桥施工时,又给运梁驳船配备了“动力定位系统”(Dynamic Positioning System),使此法在海运繁忙处也能使用。

将加劲梁设计为梭状扁钢箱梁,始于塞文桥。其合理的架梁方法是采用梁段提升法。该桥在节约资金方面采取如下措施:在梁段提升方面,不是将梁段装在驳船上,而是将梁段作为浮体(梁端用薄钢板封头)来拖运。其梁段最大质量是130t,采用两点起吊的布置,这使梁段在提升过程中不易控制(当顺桥向风速是5.5m/s时,其俯仰振幅就已不小)。目前主缆架设采用的AS、PPWS法,加劲梁的液压缆载起重机吊装施工法比起19世纪70、80年代更加成熟。

1.1.4 技术挑战

悬索桥以其受力性能好、跨越能力大、外形美观、抗震性能好、施工安全快捷而成为跨越大江大河、海峡港湾等交通障碍的首选桥型。但是,随着悬索桥跨径不断突破新的纪录,对大跨径悬索桥的建设提出了新的技术挑战。

首先,悬索桥的理论极限跨径取决于主缆材料强度,从19世纪悬索桥主缆采用铁链到目前采用1 770MPa级的高强镀锌钢丝,悬索桥跨径也从最初的200~300m发展到了明石海峡大桥的1 991m。主缆材料强度的提高是发展更大跨径悬索桥的基础和前提。由于主缆自重占恒载的比例达30%左右,活载仅为恒载的10%甚至更低,因此开发更高强度主缆材料成为特大跨径悬索桥发展的迫切问题。

第二,特大跨径悬索桥结构抗风稳定性问题更加突出。由于特大跨径悬索桥跨越海峡、江湖河口,桥位处风环境比较复杂,结构抗风稳定性成为大桥能否安全建成与运营的最为重要的技术问题。20世纪40年代发生于美国塔科马大桥的风毁事件,促使人们对悬索桥加劲梁的结构形式、气动措施进行试验研究。随着跨海悬索桥建设的逐步开展,建设条件和工程环境变得更为复杂、更为恶劣,因而对悬索桥的抗风性能进行全面系统的研究,提出可靠的结构形式与措施,成为建设成败的关键问题之一。

第三,跨海特大跨径悬索桥位处岛礁地貌,处于台风侵袭范围,施工条件恶劣,例如西堠门大桥地处台风频发的浙江舟山群岛,一些传统的施工与控制方法不能适用于如此复杂的建设条件。从该桥所采用的加劲梁形式这个技术层面上,也已突破了已建钢箱梁悬索桥的极限,对于这样特大跨径的跨海悬索桥,目前现有的悬索桥技术标准、规范难以涵盖。因此必须在一些关键领域进行技术攻关,支撑大桥的建设,并为今后类似或更大跨度悬索桥提供参考与借鉴。

1.2 西堠门大桥工程概况

舟山大陆连岛工程位于浙江省东北部的东海海域,连接舟山、宁波两市,是《国家高速公路网规划》(7918规划)中杭州湾环线的联络线及浙江省、舟山市规划建设的重要跨海通道,属浙江省重点建设A类项目。工程起于舟山市册子岛桃夭门岭,接桃夭门大桥西接线,于门头山经老虎山跨越西堠门水道,止于金塘岛上雄鹅嘴,接金塘大桥接线,初步设计全长5.45km,其中西堠门大桥长2.586km,册子岛侧接线长2.864km。按双向4车道高速公路设计,设计速度80km/h,初步设计概算总投资约23.61亿元,建设工期4.5年。西堠门大桥主桥采用主跨1 650m的两跨连续中间开槽6m的钢箱梁悬索桥,孔跨组合为578m+1 650m+485m(图1.2-1),是我国跨度第一、世界第二的特大型悬索桥。南边跨引桥采用6×60m预应力混凝土刚构—连续组合箱梁。

大桥设计施工中采用多项创新技术:加劲梁采用分体式流线型扁平钢箱梁、主缆采用1 770MPa的高强镀锌钢丝索股、采用直升机架设先导索过海、加劲梁吊装采用无抛锚动力定位技术、穿越台风期架设加劲梁、桥面采用活动风障等。

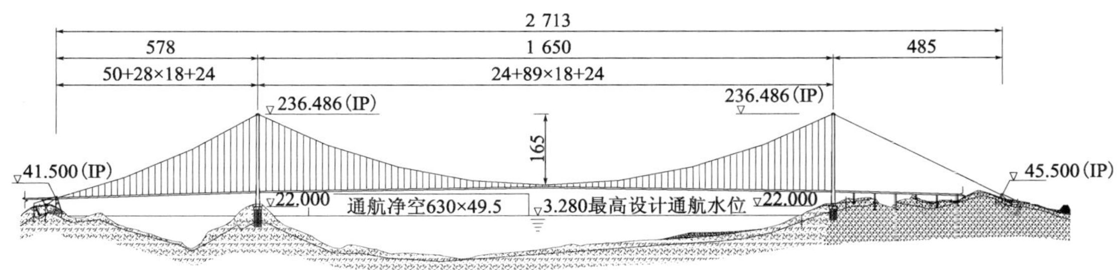

图 1.2-1 西堠门大桥主桥桥型布置(尺寸单位:m;高程单位:m)

1.2.1 建设过程

浙江省人民政府于2005年3月10日召开专题会议,决定成立浙江省舟山连岛工程建设领导小组,同时决定成立浙江省舟山连岛工程建设指挥部。指挥部在浙江省舟山连岛工程建设领导小组的指导、协调下开展工作,受浙江舟山大陆连岛工程高速公路有限公司委托,负责舟山大陆连岛工程西堠门大桥和金塘大桥两个项目的建设。

为了科学谋划大桥建设,浙江省舟山连岛工程建设指挥部拟定了合理的施工进度计划,各施工、监理单位按投标文件的承诺,编制了科学、合理的施工组织设计,全桥29个施工合同段,其中土建工程合同段14个,桥面系及附属工程合同段10个,机电工程合同段4个,航标工程合同段1个。

全桥工程于2005年5月开工。大桥索塔、锚碇施工于2006年6月基本完成,上部结构施工随之全面展开。2006年8月1日,成功实施未封航条件下由直升机牵引先导索过海。册子接线于2006年8月3日开工。2007年4月10日,大桥主缆顺利架设完成。大桥钢箱梁于2007年6月30日开始吊装,同年12月16日,126节钢箱梁架设全部完成。2008年9月23日,完成大桥钢桥面环氧沥青混凝土铺装施工。整个项目于2009年11月2日通过交工验收,2009年12月25日通车试运营。水土保持设施和绿化工程于2010年5月完工。

1.2.2 主要参建单位

西堠门大桥项目规模浩大,国内多家大型设计、施工、监理和科研单位参与了大桥建设。全桥施工合同段、监理合同段、设计合同段以及监控测控合同段见表1.2-1。同济大学、西南交通大学全过程系统地进行抗风研究。

西堠门大桥项目设计、施工、监理、监控单位一览表　　表1.2-1

施　工			监　理		设　计	
合同段	单　位	工　期	合同段	单　位	合同段	单　位
A	四川公路桥梁建设集团有限公司	20个月	J	武汉桥梁建筑工程监理公司	C-019	中交公路规划设计院有限公司
B	中交第二公路工程局有限公司	20个月				
C1	北京北重汽轮电机有限责任公司	2005年3月开始供货,2007年7月全部交货				

续上表

施工			监理		设计	
合同段	单位	工期	合同段	单位	合同段	单位
C2-L	江苏法尔胜新日制铁缆索有限公司	2006 年 1 月开始供货,2006 年 6 月 30 日前供应全部				
C2-R	宝钢集团上海二钢有限公司	2006 年 1 月开始供应主缆索股,2006 年 6 月 30 日前供应全部主缆索股。2006 年 8 月供应全部吊索				
D	中铁宝桥集团有限公司	2007 年 4 月 30 日供应全部钢箱梁,2007 年 8 月 30 日完成钢箱梁工地焊接				
E	四川公路桥梁建设集团有限公司	30 个月				
F	毛勒桥梁附件有限公司					
I	中铁隧道集团有限公司	20 个月			C-026	浙江省交通规划设计研究院
K	江苏中矿大正表面工程技术有限公司	29 个月			C-019	中交公路规划设计院有限公司
G1	山东省路桥集团有限公司	8 个月				东南大学建筑设计研究院
G2	广东省长大公路工程有限公司	17 个月				招商局重庆交通科研设计院
M2	江苏中矿大正表面工程技术有限公司	10 个月			X6-009	厦门瀚卓路桥景观艺术有限公司
M3	舟山市元森园林绿化工程有限公司	6 个月				
M4	舟山市元森园林绿化工程有限公司	10 个月				
H2	上海置信电器股份有限公司		J2	北京泰克华诚技术信息咨询有限公司	C-033	江苏省交通规划设计院有限公司
H3	上海电科智能系统股份有限公司	8 个月				
H4	江苏中压电气工程有限公司	8 个月				
H5	浙江珍琪电器工程有限公司	8 个月				

续上表

施 工			监 理		设 计	
合同段	单 位	工 期	合同段	单 位	合同段	单 位
H7	江苏超宇电气有限公司	6个月				
H9	中铁宝桥集团有限公司					中交公路规划设计院有限公司 浙江省交通规划设计研究院
H6	江苏中路交通工程有限公司	8个月	J4	中国船级社实业公司	C-033	江苏省交通规划设计院有限公司
H8	宁波市镇海航星航标工程有限公司	3个月	JL-2	中铁武汉大桥工程咨询监理有限公司	C-045	浙江省交通规划设计研究院 宁波市镇海航星航标工程有限公司
L1	浙江省长城建设集团股份有限公司	6个月	J3	浙江方正建设监理咨询有限公司	D-034	浙江省交通规划设计研究院
西堠门大桥防雷系统设计施工总承包	浙江东方防雷工程有限公司					
西堠门大桥主塔航空障碍灯采购、安装	深圳建兴航空光电有限公司					
西堠门大桥结构运营监测综合管理系统设计及实施	中交公路规划设计院有限公司/上海思索建筑咨询有限公司联合体	J2	北京泰克华诚技术信息咨询有限公司			
西堠门大桥塔内升降机项目	上海宝达工程机械有限公司					
CG6-SSF2	成都市新筑路桥机械股份有限公司	25个月	J	武汉桥梁建筑工程监理公司		
西堠门大桥主桥上部结构施工全过程监控			西南交通大学			

1.3 开展的关键技术研究

1.3.1 研究背景

我国经济的高速发展对交通基础设施建设提出了新的要求，重大交通基础设施的建设也极大地影响国家经济的发展和地区之间经济发展的平衡与产业布局。根据国务院发布的《国家高速公路网规划》(7918 规划)，沈阳—海口沿海高速公路大通道将修建跨越渤海湾、长江、杭州湾、台湾海峡、琼州海峡等大型桥梁(隧道)工程。

由于建设条件越来越复杂、技术要求越来越高，对超大跨径桥梁建设技术整体进步提出了迫切需要。舟山大陆连岛工程中的金塘大桥在可行性研究时，大黄蟒桥位方案存在路线距离短的巨大优势，但由于主跨跨径采用 2 500m 时海水深度仍超过 50m，综合技术难度与风险巨大，因而采用了技术风险相对较小、但里程和投资大幅增加的北线方案。

西堠门大桥位于东海的舟山群岛，连接册子岛和金塘岛，气象条件恶劣，夏季受台风影响，冬季季风频繁，风大浪急，海底几乎无覆盖层且海岛浅层基岩裂隙发达。根据上述条件，建设主跨 1 650m 的特大跨径悬索桥存在严峻风环境条件下的桥梁抗风稳定性、特大跨径悬索桥结构体系与关键参数合理选择、世界最高强度级别主缆用镀锌高强钢丝索股、分体钢箱梁设计制造与安装以及监控等许多世界级技术难题。

为了支撑西堠门大桥建设，系统攻克特大跨径悬索桥建设关键问题，为今后我国跨江口、海峡修建更大跨径悬索桥进行技术储备，科技部于 2008 年批准国家科技支撑计划项目“跨海特大跨径钢箱梁悬索桥关键技术研究及工程示范”(2008BAG07B00)。本项目包括五个课题，分别为课题一“跨海特大跨径钢箱梁悬索桥结构特性及技术标准研究”(2008BAG07B01)、课题二“跨海特大跨径钢箱梁悬索桥抗风关键技术研究”(2008BAG07B02)、课题三“特大跨径悬索桥缆索系统关键材料研究”(2008BAG07B03)、课题四“特大跨径悬索桥分体式钢箱梁成套技术研究与示范”(2008BAG07B04)、课题五“特大跨径钢箱梁悬索桥监控、管理关键技术研究”(2008BAG07B05)。

1.3.2 研究的目的和意义

特大跨径悬索桥是大跨度桥梁的首要代表，是世界上跨越能力最强、最有发展潜力的桥型结构，是我国交通基础设施建设重点跨越、支撑发展、引领未来的重要领域。《国家中长期科学和技术发展规划纲要(2006～2020 年)》将大型桥梁列为交通运输业“交通运输基础设施建设与养护技术及装备”优先发展主题。交通运输部《公路水路交通“十一五”科技发展规划》也将“大型公路桥梁建设关键技术研究”列为重大攻关专项的第一项。

本项目以提升我国大跨径桥梁建设创新能力和技术竞争力，促进交通行业科技进步与技术创新为目标，针对复杂建设条件下特大跨径钢箱梁悬索桥重大技术问题，开展结构体系、抗风稳定性、关键材料、施工与监控、健康监测与养护等关键技术研究，并以西堠门大桥(图 1.3-1)建设进行工程示范，攻克一批特大跨径钢箱梁悬索桥关键技术，形成一批具有自主知识产权的科技成果，完善大跨径桥梁建设技术理论。研究成果不仅对于西堠门大桥建设、提高工程质量、缩短工程建设工期、节约工程投资具有重要意义,而且能够以技术集成与工程示范带动我国交通行业科技进步,显著提升我国建桥技术水平,培养一支能参与国际重大桥梁工程竞争的人才队伍,从而取得良好的社会经济效益。

图 1.3-1 西堠门大桥实景图

1.3.3 关键技术问题

西堠门大桥是世界最大跨度的钢箱梁悬索桥,桥址处台风频发,施工、运营条件极其恶劣,要攻克颤振检验风速 78.7m/s 条件下特大跨径悬索桥设计技术、抗风技术、核心材料、集成施工技术、监控与监测等多项技术难关,有多个领域在世界范围内尚无实践经验可借鉴,现有技术难以满足工程建设需要,必须依靠科技攻关才能顺利建成西堠门大桥并为今后更大跨径悬索桥提供技术支撑。本项目研究的关键技术问题主要包括以下几个方面。

1)跨海特大跨径钢箱梁悬索桥勘察设计关键技术

目前我国还没有适合于特大跨径悬索桥的设计指南和技术标准,因此有必要从技术标准、设计理论和方法、分析手段、关键结构特性等方面开展系统研究。因此,系统地研究跨海特大跨径钢箱梁悬索桥勘察设计关键技术成为跨海特大跨径钢箱梁悬索桥工程实施的首要技术挑战。以西堠门大桥为依托,综合考虑国内悬索桥技术发展水平,通过一系列的理论分析、试验研究、现场检验等多方面的技术攻关和研究工作,深入研究海域岛礁桥梁地基、特大跨径悬索桥精细化分析方法、悬索桥结构体系和刚度以及结构受力特性、悬索桥设计关键参数、分体式钢箱梁关键构造、正交异性钢桥面板集成技术、深长大直径嵌岩桩承载特性,并编制相关的设计指南。鉴于分体式钢箱梁首次应用于大跨径悬索桥,开展了受力机理与正交异性桥面板抗疲劳设计方法的研究,填补了国内空白。

2)跨海特大跨径钢箱梁悬索桥抗风关键技术

针对台风频发地区特大跨径悬索桥面临的严峻风环境条件和结构抗风性能方面的技术难点,开展大跨度悬索桥抗风性能和抗风设计方法的研究,解决遏制跨海特大跨径悬索桥建设发展的首要问题——结构抗风问题,特别是颤振和涡振问题,为以后同类桥型的建设提供技术积累和参考借鉴。

大跨度悬索桥的抗风性能主要是指加劲梁的颤振性能和涡振性能,现有的第一代加劲梁采用的是钢桁架梁,第二代加劲梁采用的是整体式钢箱梁,这两种形式的加劲梁一般只能满足

1 500m 以下跨径悬索桥的抗风要求。为了提高加劲梁的抗风性能以适应西堠门大桥的设计风速要求，主要针对第三代加劲梁——分体式钢箱梁的抗风性能进行了较为系统的研究。研究成果直接应用于全世界第一座以抗风性能为目的的分体式钢箱梁悬索桥——主跨 1 650m 的西堠门大桥。

3）大跨度悬索桥缆索系统关键材料与工艺

主缆是悬索桥的生命线，桥面荷载通过吊索传递至主缆，再由主缆传递至桥塔和锚碇。随着悬索桥跨度的增加，对主缆和吊索性能的要求也越来越高。

在西堠门大桥之前，我国悬索桥主缆常用强度级别为 1 670MPa，国内现有盘条不能满足大桥的使用要求，需要从国外进口盘条。为节省投资，必须研制国产盘条。首先根据使用要求，主要从镀锌钢丝专用盘条的钢纯净度、微合金化、力学性能、金相组织及成分等方面研究 ϕ5mm 系列 1 770MPa、1 860MPa 级特大跨径悬索桥主缆镀锌钢丝专用盘条制造技术，实现高强度镀锌钢丝专用盘条国产化；并通过合适的拉拔加工、镀锌和稳定化工艺创新，成功研制了 ϕ5mm 系列 1 770MPa、1 860MPa 级特大跨径悬索桥主缆镀锌钢丝。

西堠门大桥吊索钢丝绳比现行标准同种强度等级钢丝绳的最小破断拉力高 2～3 个级别，提高率分别达 9.1%、11.1%、12.0%，使钢丝绳的实际强度等级分别达到 1 927MPa、2 077MPa、2 196MPa。通过研究，解决了多丝高强度、大规格吊索钢丝绳捻制特别困难、产品不稳定而易出现自然松散等问题；并使其同时具备极高破断拉力和优异的耐疲劳性能；特别是通过注塑等综合技术措施解决了特高强度（2 196MPa）钢丝绳抗疲劳问题。

我国悬索桥架设采用预制平行索股法（PPWS），常规索股的质量为 60t 左右，放索过程中易发生“呼啦圈”现象。为此，以 1 860MPa 等级、超长（长度≥4 250m）、规格为 $\phi5.1\times169$、单根索股质量达近 120t 的特大跨径悬索桥用主缆索股为研究对象，对超长大规格高强度主缆索股编制方法、大规格高强度主缆索股锚固技术、智能水平无盘收放索技术展开研究并取得突破。

4）特大跨径分体式钢箱梁悬索桥制造安装及施工监控关键技术

采用分体式钢箱梁是西堠门大桥解决抗风性能的最关键措施。相对于常规整体式钢箱梁，其制造与安装更加复杂，加之气象条件复杂、风大浪急，西堠门大桥建设比同类型桥梁面临更多挑战，必须解决施工过程抗风、分体钢箱梁制造安装及施工过程控制等多项关键技术难题。

通过 1∶2 模型试验、锚箱结构试验件及足尺首制梁段的制造，研究制定了分体式钢箱梁的制造工艺，形成相应的制造工法与规程。

海峡桥位往往选择在最狭窄处，水深流急、受往复潮流影响，海底无覆盖层，常规的钢箱梁运输船舶抛锚定位难以实现。西堠门大桥采用自航船舶动力定位并首次提出一种天缆辅助动力定位方法，即：往上空抛锚，采用钢丝绳将驳船与悬索桥主缆连接，利用天缆钢丝绳的横向分力调整船舶横向位置，克服船舶横向移动，从而稳固驳船，实现精确定位的目的。

由于特大跨径悬索桥钢箱梁节段数量多，架设期较长，难以避开台风和季风影响，因而施工阶段的结构安全与缆载起重机安全受到威胁。通过风洞试验研究，合理调整钢箱梁架设顺序，避免抗风能力最弱的工况出现在台风期，从而实现了穿越台风期吊装钢箱梁的目的。在西堠门大桥缆载起重机工程实践的基础上，自主研制了提升能力超过 400t 的步履式液压提升缆载起重机。其非工作状态能抵抗12级风力，并设计了由液压油缸驱动的新型行走系统，实现了缆载起重机的自行行走，提高了缆载起重机的缆上移动速度。

对于大跨径悬索桥，一方面要求对结构参数的计算更加精细，通过更加精确的算法和单元对结构进行施工过程模拟，以达到对结构参数精细计算的目的；另一方面要求全面掌握主缆线形与各种参数和各点位置的相互关系，实现参数控制、参数影响实时修正和施工监控计算的动态寻点。为此，在理论研究的基础上开发用于悬索桥实时监控的软件，以全面提高施工监测速度，为提高悬索桥的施工质量并保证正常的施工工期提供技术支撑，并建立了悬索桥施工全过程精细化的分析方法及发展全过程实时动态施工监控系统、提出了以可靠度理论为基础的施工控制标准。

5）特大跨径钢箱梁悬索桥管理养护关键技术

制订合理、有效的维修以及预防性养护措施，有效降低大桥全寿命期的养护维修成本，协助西堠门大桥管养单位实时掌控处于正常运营期桥梁结构的受力状况以及桥梁的退化发展趋势。

研究跨海悬索桥结构监测和巡检管理中巡检体制、传感测试、基于工业以太网和GIS架构等若干关键技术，提高我国跨海悬索桥结构监测养护综合管理的技术水平。

1.3.4 主要研究成果与创新

项目以西堠门大桥为背景，针对跨海特大跨径悬索桥建设的关键技术问题进行系统研究，创新了桥梁结构，开发了具有自主知识产权的悬索桥非线性分析与施工控制专用软件、设计与施工指南、工法与专利、综合集成桥梁管理与养护的核心技术，填补了国产缆索桥梁用高强度镀锌钢丝的空白，解决了台风高发区特大跨径悬索桥的抗风关键难题，体现了当代悬索桥建设的最新设计、施工技术和建设管理水平，支撑了西堠门大桥工程的建设，创造了显著的社会、经济效益，对于推动我国迈向世界桥梁强国具有十分重要的作用。所取得的主要科研与创新成果如下。

1）跨海特大跨径钢箱梁悬索桥勘察设计关键技术

（1）编制了《悬索桥空间结构非线性精细化分析软件SBSNP1.0》，提出了面向对象的数据模型、有限元子结构，采用超级单元及静力凝聚求解技术和并行计算技术，成功地实现了超大跨径悬索桥结构的精细化分析。

（2）从公路钢桥面板疲劳设计的角度对车辆荷载数据进行调查统计分析，提出了公路钢桥面板疲劳设计车辆荷载简化模型，填补了国内公路钢桥面板疲劳荷载相关设计规范的空白；国内首次系统开展了正交异性钢桥面板焊接构造细节疲劳试验研究，通过模拟移动轮载的双点220kN作用下1 000万次反相位疲劳加载足尺模型试验和实桥静动载试验，取得了正交异性钢桥面板结构体系设计、构造细节设计、疲劳验算、疲劳裂纹分析和修补加固技术等成套科研成果。

（3）进行了钢箱梁吊装、体系转换和桥面铺装三个阶段主缆弯曲应力现场试验及钢丝间等效极限剪应力的室内测试，并开展了主缆二次应力理论分析，提出了悬索桥主缆应力安全系数新推荐值。

（4）提出了岩体结构量化的“岩体块度指标RBI”指标，系统建立了海域岛礁岩体质量分级体系及其配套的力学参数取值；提出了不同地貌单元适用的海域钻场类型，以及海域岛礁大跨度高塔柱桥梁地基勘察方法的综合配置原则；建立了海域地貌测图和海域岛礁岩石风化程度分级的标准。

(5)研究了超长嵌岩桩的承载特性，提出了嵌岩段桩侧阻力、桩端阻力以及上覆土层摩阻力的发挥系数。

(6)编制了《特大跨径钢箱梁悬索桥设计指南》、《正交异性钢桥面系统的设计和基本维护指南》、《大直径深长嵌岩桩设计指南》、《海域岛礁桥梁地基综合勘察技术指南》、《海域岛礁岩体质量分类体系指南》等，充实了现有的国内规范，对类似工程具有较强的指导性和推广应用价值。

2)跨海特大跨径钢箱梁悬索桥抗风关键技术

(1)在加劲梁和桥塔断面的气动选型数值方法上，首次在确定性离散涡方法中提出了涡核尺寸重置法；在格子玻尔兹曼方法中将湍流模型与BGK方程结合，利用Smagorinsky亚格子湍流模型直接从粒子分布函数计算得到湍流松弛时间，实现了对湍流的数值模拟。

(2)发现了分体式箱梁悬索桥颤振临界风速随槽宽变化的特征并揭示了机理；首次获得了风障和中央稳定板对分体箱梁颤振性能影响的规律以及基于颤振稳定性能的悬索桥极限跨径。

(3)首次提出了兼顾桥面侧风行车安全、桥梁结构抗风安全并有效抑制涡振的可变姿态风障，首次研究了开槽位置上的中央格栅的涡振控制效果，并成功得到应用。

(4)首次建立了考虑特征紊流影响的悬索桥静风稳定性能分析计算方法以及悬索桥静风稳定性能概率性评价方法。

(5)基于现场风速资料建立了极值风速概率模型，根据风洞试验和数值模拟分析结果，首次获得了增设风障前后桥面等效风速超过侧风控制风速和安全临界风速的概率。

(6)通过对世界首座分体箱梁悬索桥施工阶段的现场跟踪实测，首次获得了实桥抖振和涡振位移的数据。

3)特大跨径悬索桥缆索系统关键材料与工艺

(1)采用微合金化工艺，对缆索用盘条进行成分设计，采用洁净钢冶炼和特殊的轧制技术，研制了特大型桥梁缆索用镀锌钢丝专用盘条，各项性能指标达到国际同类产品先进水平，并批量生产。

(2)首次开发了$\phi 5.0$mm系列1 860MPa级高强度镀锌钢丝，填补了国内空白。

(3)开发了直径≥80mm的8×55SWS(41WS)+IWR多丝镀锌线接触结构的特高强度吊索钢丝绳，研制了改性塑胶内部充填材料，其破断拉力、耐疲劳性能、耐锈蚀能力等技术性能有显著提高。

(4)研制了超长(4 250m)、大规格(169丝)、高强度(2 060MPa)主缆索股的编制和锚固技术；开发了具有自主知识产权的大规格主缆索股收放技术，解决了索股架设时出现的“呼啦圈”难题；研制了智能化的水平放索装置，实现了放索实时监控，提高了放索质量和工效。

4)特大跨径悬索桥分体式钢箱梁制造安装与施工监控技术

(1)通过分体式钢箱梁制造试验研究，提出了分体式钢箱梁的制造工艺，制定了“大跨径悬索桥钢箱梁组装工法”，编制了《分体式钢箱梁制造规程》。

(2)首次开展了穿越台风期悬索桥钢箱梁架设研究与实践,进行了抗风稳定性研究,形成台风环境下施工阶段抗风稳定研究成果,制订了台风期架梁的安全措施;研制了步履式液压缆载起重机,提升能力超过400t,采用了新型的液压自动夹缆机构与行走系统,大幅提高缆载起重机的行走能力与自动化程度,通过风洞试验验证了缆载起重机的抗风安全性及相关设计参数。

(3)国内首次将船舶动力定位技术引入悬索桥施工领域,根据西堠门大桥的海域环境并结合悬索桥施工特点,设计制造了适用于动力定位作业的运输船舶,创造性地以固定于主缆上的天缆系统辅助船舶定位。

(4)通过不同直径钢丝组成的主缆模型索股的静动力特性测试,研究了抗弯刚度对主缆线形和振动频率的影响,建立了主缆抗弯刚度的新计算方法;首次提出了计入主缆抗弯刚度的分段索、鞍座、锚碇—锚跨等组合单元,创立了悬索桥主缆精细化理论分析方法。

(5)首次进行了主缆足尺节段模型温度场试验及现场实测,掌握了大直径主缆横截面实际的温度分布规律,获得了主缆热物性参数,分析了主缆横截面不均匀温度场对主缆扭转的影响,提高了主缆架设精度。

(6)开发了主缆施工的分段参数公式法、动态寻点技术、锚跨索股张力的控制和调整技术,确定了一般索股的分层定位控制参数,实现了海岛气候条件下悬索桥的高精度施工控制;编制了《特大跨径钢箱梁悬索桥施工监控指南》,首次在省级发布实施。

(7)取得了多项发明专利与实用新型专利,编制的《特大跨径悬索桥分体式钢箱梁成套技术指南》、《钢箱梁桥防腐蚀工程施工工艺及质量验收规范》(报批稿)与多项施工工法,有利于完善国内相关标准、规范,对类似工程具有较强的指导性和推广应用价值。

5)特大跨径钢箱梁悬索桥管理养护关键技术

(1)首次开展了工业以太网和三维GIS技术在跨海特大跨度悬索桥监测管理领域的应用研究,研发了信号智能调理器以及监测管理系统,实现了以太网网络馈电、多种信号源的微秒级同步采集及三维显示,提高了桥梁信息化监管水平。

(2)首次对跨海悬索桥全寿命周期的结构危险性进行了分析,提出了相应的养护管理策略,建立了基于风险管理的标准化的巡检养护系统。

(3)综合采用了多目标决策、层次分析、人工智能、云计算等理论,首次提出了桥梁养护管理多决策模型的组合分析方法,建立了养护管理专业数据库、可扩充的桥梁病害专业知识库和决策系统,提升了大型复杂桥梁养护管理水平。

第2章 结构设计

2.1 总体设计

2.1.1 方案概述

根据桥位处的地质、水文条件,西堠门大桥选择主跨1 650m的悬索桥,采用老虎山设塔、两个大跨(即中跨、北边跨)分别跨越南北汊水道的方式跨越西堠门水道,塔、锚均位于岸上,主缆分跨为578m+1 650m+485m,结构体系为两跨连续,矢跨比为1/10。南边跨引桥均位于金塘岛上,从与主桥的跨径协调、梁高衔接考虑,采用跨径60m的预应力混凝土连续箱梁。桥型布置见图2.1-1。

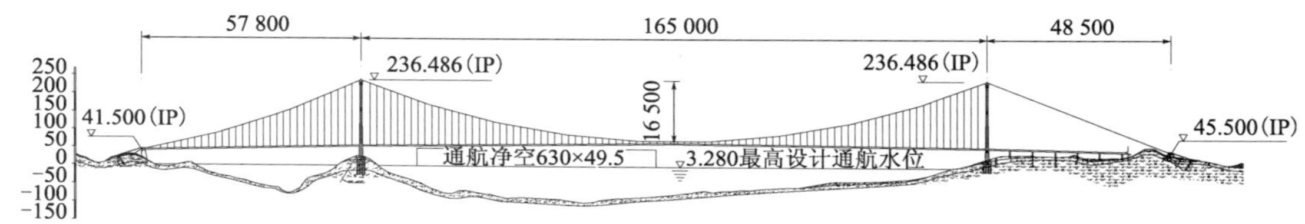

图2.1-1 桥型布置图(尺寸单位:cm;高程单位:m)

主桥的塔、锚碇均位于直线上,为减小施工难度、降低工程造价,南边跨引桥设置半径为1 250m的平曲线右弯。平面线形确定后,纵面竖曲线的布设方式亦随之确定,即中跨范围设置竖曲线,全桥纵坡为2.5%。

2.1.2 主跨跨径确定

图2.1-2是西堠门大桥桥轴线处工程地质纵断面图,从图中可看到,桥轴线处陆域、海域全线几乎无覆盖层。

水道情况见表2.1-1。

桥轴线处水道宽度表(单位:m) 表2.1-1

水深	北汊	南汊
0m 等深线	374.8	1 513.1
10m 等深线	346.3	1 469.3
20m 等深线	307.6	1 423.8
30m 等深线	234.4	1 348.0
40m 等深线	168.0	1 104.8
50m 等深线	126.3	1 023.8

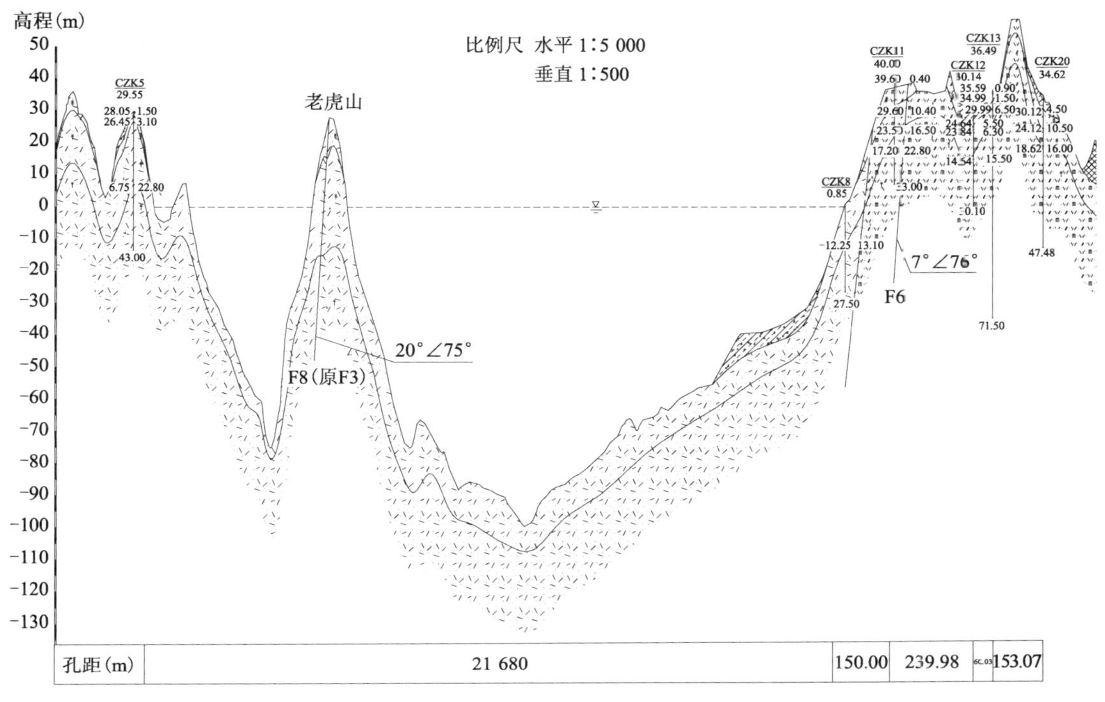

图 2.1-2 桥轴线处工程地质纵断面图

根据上述信息,同时结合西堠门水道最大涨落潮漂流流速达 2.66 ~ 3.65m/s,且有多处涡流的水流条件,可以注意到:

(1)西堠门大桥的主跨跨径已不由通航要求控制,而由桥位处的水文、地质条件控制。

(2)水中基础施工难度极大,即便是近岸处搭设临时设施,其“生根”亦具有相当大的难度。

西堠门大桥工可阶段初步研究了 1 650m、1 520m、1 312m 三种主跨跨径的悬索桥方案,其主要区别在于南塔的位置不同。三种主跨跨径的悬索桥方案桥塔位置及建安费估算见表 2.1-2。

工可阶段三种主跨跨径方案比较表 表 2.1-2

方案序号	主跨跨径(m)	北 塔 位 置	南塔处水深(m)	建安费估算(亿元)
方案一	1 650	均位于老虎山	0	16.15
方案二	1 520		20	16.26
方案三	1 312		35	16.17

从表 2.1-1 中可看出,三种主跨跨径的悬索桥方案造价差别不大,但南塔基础施工难度、工程造价及工期的风险显然是主跨跨径 1 650m 的方案一最小。因此,采用老虎山设塔、两个大跨分别跨越南北汊水道的方式是比较合适的,对减小施工难度、缩短工期、降低施工风险等都大有裨益。

根据上述主跨跨径选取的原则,确定主跨跨径 1 650m 方案一为研究对象。该主跨跨径有条件使得南、北两个桥塔均位于岸上,从而减小了施工难度、使得工程造价及工期都比较确定。

2.1.3 桥轴线布置

图 2.1-3 是根据桥位及主跨跨径 1 650m 形成的桥位平面图，从图中可注意到：

(1)位于老虎山的北塔基础绝大部分未进入陡坎区域，位置是比较合适的。

(2)南塔的右侧塔柱基础完全入水，图中点 A 距 0m 等深线的距离约为 28.5m，该处水深约为 11m。

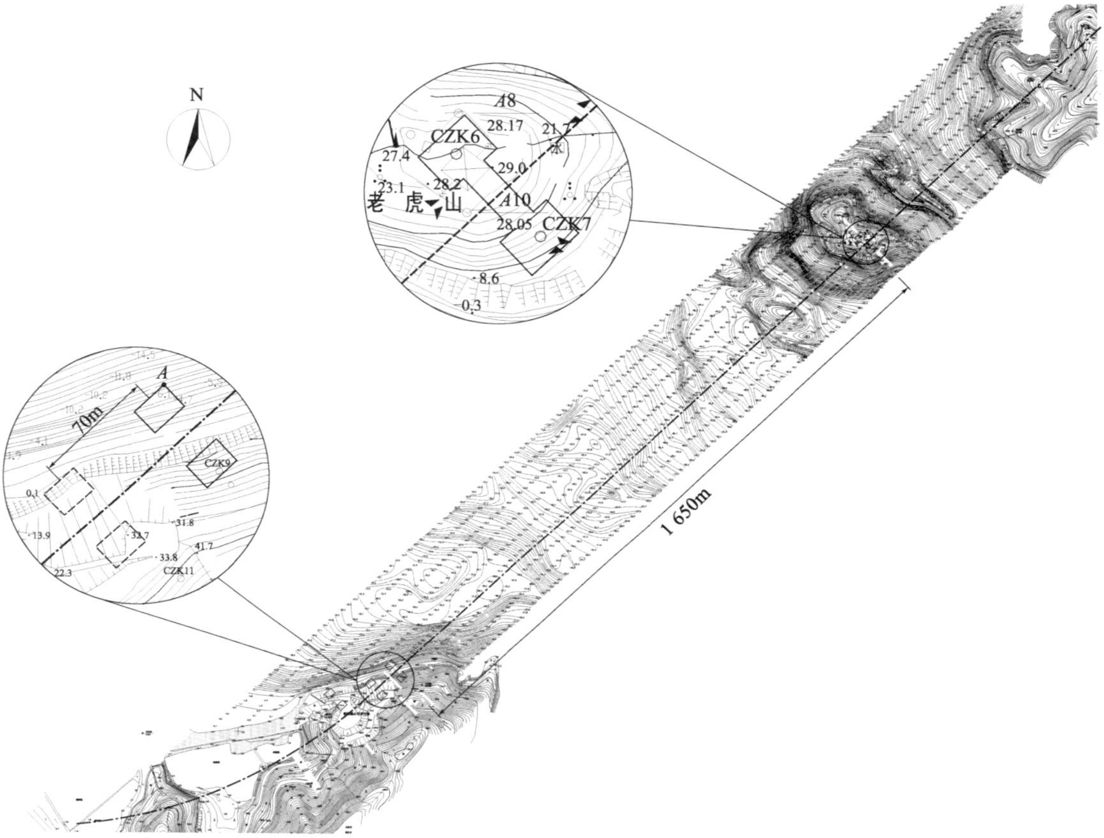

图 2.1-3　桥位平面图

而西堠门水道的水流具有流速大且有强烈旋涡的特点，虽然南塔离岸不远，水流流速减小，但水流流态非常复杂，南塔的右侧塔柱基础完全入水，基础施工难度大。这样，即使采用 1 650m的大跨径，南塔也无法做到全岸上施工，其优势也就无法体现出来。因此，南塔的位置需要作适当调整。

经深入研究，最终决定采用桥轴线绕北塔中心逆时针方向旋转 1.7°的方式调整桥轴线，使得南塔完全上岸(图 2.1-4)。从图 2.1-4 可注意到，如桥轴线继续旋转或平移，北锚碇则入水，施工难度及工程代价将更大。因此可以得出这样的结论：受两岸地形的限制，桥轴线位置唯一性较强；同时，调整后的桥轴线位置比较合适。

在项目技术设计阶段，根据实测的 1∶500 地形图，对桥轴线进行了调整，即：将桥轴线绕南塔中心逆时针方向旋转 0.1°。桥轴线调整后，老虎山的北塔桩基均未进入陡坎，同时北锚的基坑开挖边线未入海。

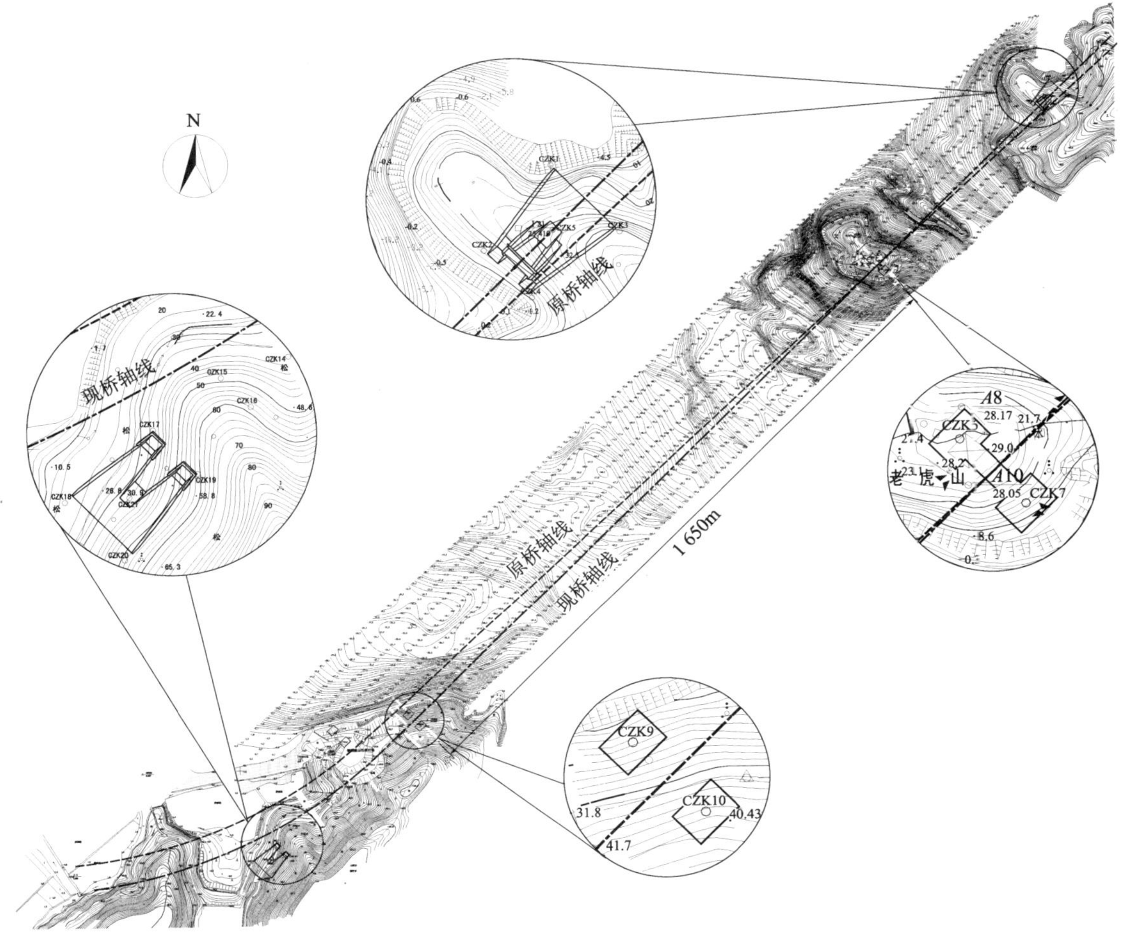

图 2.1-4 桥位平面图

2.1.4 塔锚位置确定

桥轴线布置已明确了南、北塔位置,而南、北锚碇位置的选择很大程度上取决于地形条件。

1)北锚碇

考察北岸的地形(图 2.1-5),该处的地形较为明确,锚碇只能布置在图示的范围,原因是:如向中跨方向移动,则锚碇将入水,如背中跨方向移动,锚碇也将入水。根据前述的自然条件,锚碇水中施工将面临临时支挡、封底等诸多困难,代价较大。因此,北锚碇应布置在图 2.1-5 所示范围内,北边跨长度为 578m,并尽量靠近中跨方向,以减小边跨加劲梁长度、降低工程造价。

2)南锚碇

考察南边的地形(图 2.1-6),根据锚碇的受力特点,可以注意到,南边跨范围内有 A、B 两个区域适合布置锚碇,两个区域前方均有隆起的山脊,既可以利用山脊抵挡主缆传递到锚碇的巨大拉力,又可以减少山体开挖量,这对增加安全度、减小锚碇的工程量极为有利。

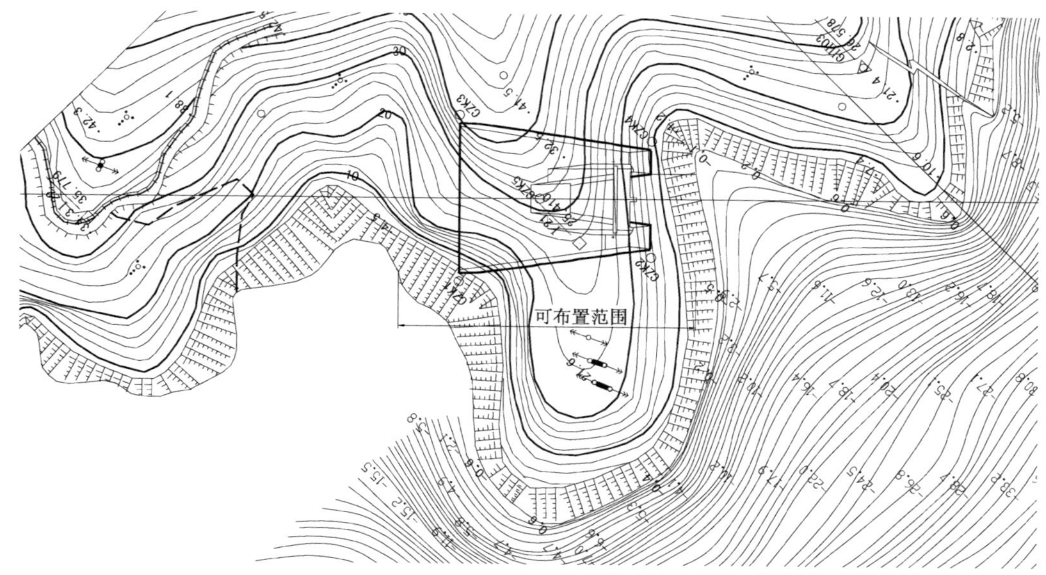

图 2.1-5　北锚碇处地形图

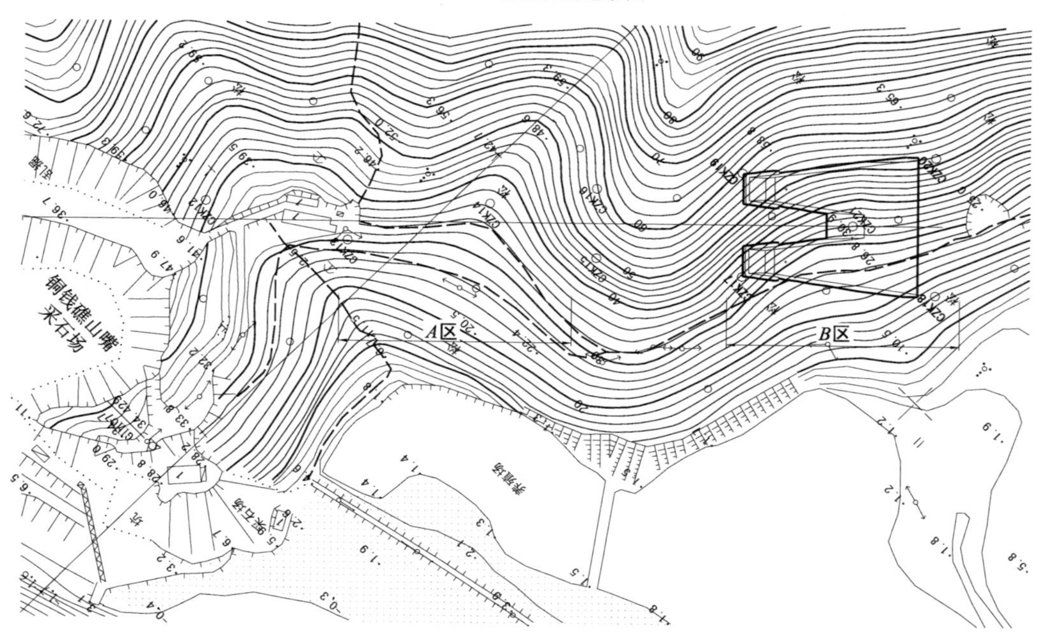

图 2.1-6　南边跨地形图

如南锚碇布置在 A 区，则南边跨长度为 280m（以主跨 1 650m 悬索桥方案为例，下同），边中跨比偏小，仅为 0.17（如此小的边中跨比尚无先例），这样布置虽然有利于提高结构的总体刚度，但不利之处较多，主要有：缆力增大较多，背索索股增加较多，为 38 股、达 22%，增加的索股在主鞍的锚固难度极大；在同等的地形、地质条件下，锚碇规模增大；与北边跨的长度差别太大，对全桥的景观效果影响较大。如南锚碇布置在 B 区，则南边跨长度为 485m，边中跨比适中，为 0.29，这样布置结构的总体刚度能够满足要求；背索索股增加不多，为 2 股，增加的索股在主鞍的锚固难度不大；锚碇规模较 A 区小；同时与北边跨的长度差别不大，全桥的景观效果较好。因此，南锚碇布置于如图 2.1-6 所示的 B 区位置，南边跨的长度为 485m。

3)结论

综上所述，西堠门大桥的主缆分跨为 578m + 1 650m + 485m。

2.1.5 南边跨平面线形确定

控制南边跨引桥平面线形的主要因素是金塘岛的互通位置。根据舟山大陆连岛工程路线的总体走向及金塘岛的地形条件，金塘岛互通布设于图 2.1-7 所示的位置是比较合适的。这就要求路线在登陆金塘岛后右弯进入互通，该区段平面线形的布置有如下两种方式。

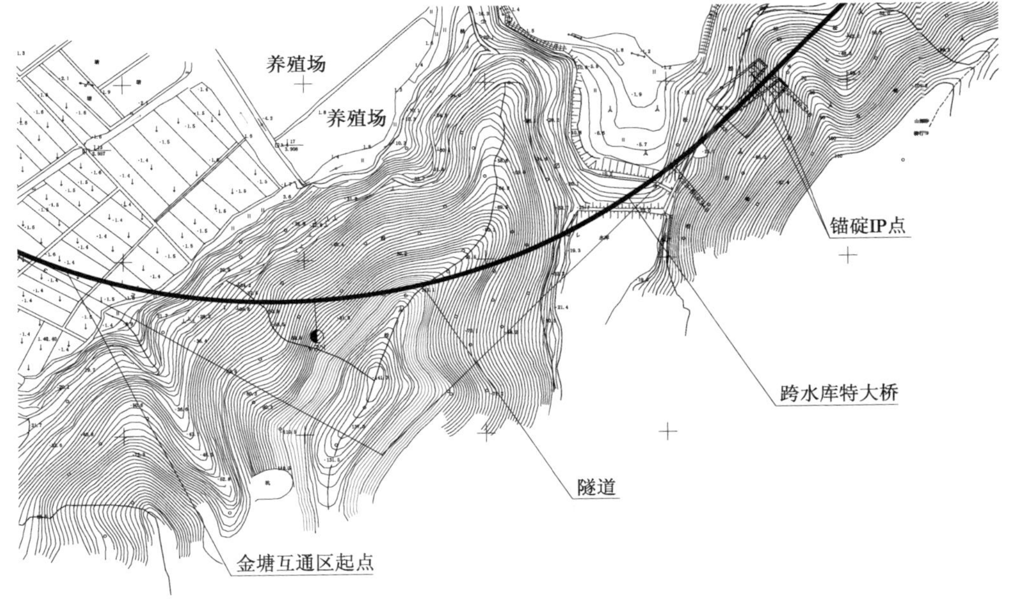

图 2.1-7 接线平面布置图(南边跨范围为直线)

第一种，路线在南边跨范围为直线，随后设平曲线右弯。由于该曲线进入了互通范围，线形指标须按照《公路路线设计规范》(JTJ 011—1994)第 11.1.6 条规定(表 2.1-3)。图 2.1-7 是平曲线半径采用 700m 的平面布置图。

互通式立体交叉范围内主线技术指标 表 2.1-3

计算行车速度(km/h)			120	100	80	60	40
最小平曲线半径(m)		一般值	2 000	1 500	1 100	500	250
		极限值	1 500	1 000	700	350	150
最小竖曲线半径(m)	凸形	一般值	45 000	25 000	12 000	6 000	2 000
		极限值	23 000	15 000	6 000	3 000	1 500
	凹形	一般值	16 000	12 000	8 000	4 000	3 000
		极限值	12 000	8 000	4 000	2 000	1 500
最大纵坡(%)		一般值	2	2	3	4.5(4)	5
		最大值	2	2	4(3.5)	5.5(4.5)	6

该种线形布置存在如下不利之处：

(1)南锚碇 IP 点处横向偏移 0.95m，引桥主梁与散索鞍鞍罩位置冲突，需降低技术标准。

(2)路线跨越南锚碇之后的水库大坝需采用 120～130m 的大跨径结构。

(3)路线通过水库之后的小东堠山岭需设长度约 300m 的隧道。该隧道由于位于平曲线上，须设置横向超高，有一定的技术难度。

如采用该种线形布置，需降低技术标准，同时 120～130m 的大跨径结构及 300m 长的山岭隧道工程造价将达 6 000 万元。总体而言，该种线形布置的工程代价较大，但景观效果较好。

第二种，路线登陆金塘岛后，过南塔即设大半径平曲线右弯，于南锚碇处横向偏移出锚碇范围。经研究分析，该平曲线采用 1 250m 半径，在南锚碇处的横向偏移值为 59m(路幅中心线)，满足要求。如采用该种线形布置，第一种线形布置遇到的问题迎刃而解，但景观效果稍差。

综上所述，第二种线形布置方式优于第一种线形布置方式，因此，南边跨平面线形采用第二种布置方式，即路线过南塔后设 1 250m 半径的平曲线右弯。

2.2 主桥设计

2.2.1 锚碇工程

北锚碇位于册子岛西南角的岬角上，岬角宽度约为 85m，锚碇范围内的地面高程为 8.5～39.5m(图 2.2-1)。南锚碇位于金塘岛大馒头山的一处山脊后，锚碇范围内的地面高程为 8.5～39.5m(图 2.2-2)。

根据场地工程地质条件，选择弱～微风化基岩作锚碇持力层。北锚碇采用重力式扩大基础锚，基底范围内主要为弱风化流纹斑岩；南锚碇采用重力式嵌岩锚，基底范围内主要为微风化霏细斑岩。

1)锚碇

锚碇共分为锚块、支墩及基础、连接部、前锚室、后锚室、横梁(北锚)等部分。锚块为实体棱台结构，前锚室顶板、前墙及侧墙采用板式结构。支墩、前锚室(侧墙、顶板及前墙)、北锚碇横梁采用 C40 混凝土，其余部分均采用 C30 混凝土，后浇段均采用同强度等级的微膨胀混凝土。

锚碇外形为：顶面倾斜，各侧面均 3.5°内倾，后端面均为竖直面，南锚前端面内倾角为 26°、北锚前端面内倾角为 15°。锚块底面采用齿坎构造：北锚碇采用 4 级台阶，每级台阶高为 3.5m；南锚碇采用 4 级台阶，每级台阶从下至上高度为 12m、5.7m、5.7m、2.9m。锚碇设计参数见表 2.2-1。

锚碇设计参数表 表 2.2-1

位置	入射角(°)	混凝土(m^3)	长(m)	宽(m)	高(m)
北锚碇	11.377	79 302	81.7	60	34.5
南锚碇	19.635	69 094	71.7	59	31.9

注：表中“高”为锚块后端高度。

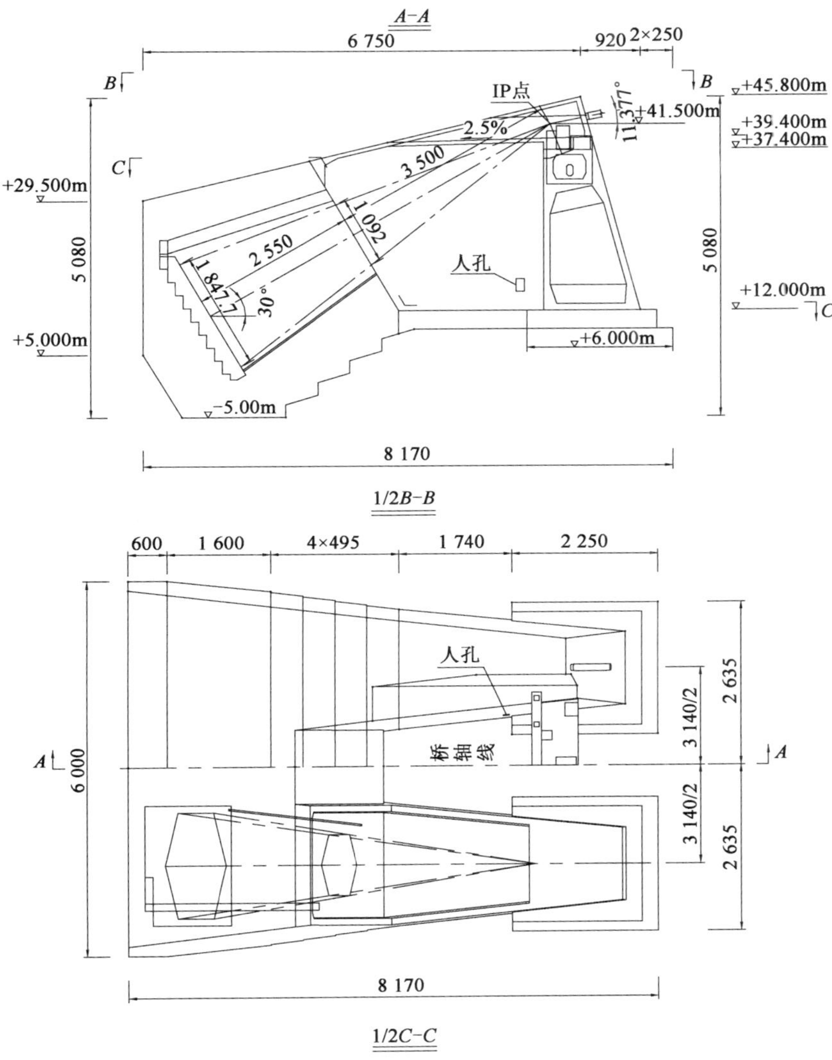

图 2.2-1 北锚碇一般构造图(尺寸单位:cm)

前锚室顶板设有承托,尺寸从3m×1.5m渐变到0.4m×0.2m。北锚碇支墩处设横梁作为主桥和引桥的过渡墩,横梁为5.5m×7.1m单箱双室断面,设有一道横隔板,上、下缘各布置14束15-12预应力钢绞线。北锚碇锚块上布置两个北引桥桥墩。

2)锚固系统

为节省造价、方便施工、确保施工质量,预应力锚固系统采用无黏结式,采用灌油脂防护。由于锚固系统是可更换的,从而使得锚固系统的寿命不再成为全桥使用寿命的控制点,更为有效地保证了锚固系统的耐久性。

锚固系统钢绞线采用符合《高强度低松弛预应力热镀锌钢绞线》(YB/T 152—1999)标准的低松弛镀锌钢绞线,公称抗拉强度为1 860MPa,公称直径为15.70mm。锚固系统预应力锚具采用特制 T15－17 和 T15－32 型优质锚具。拉杆材料采用 40Cr 锻钢，连接器采用锻造 45 号优质碳素钢。钢绞线在锚块中成一直线，避免转弯时增加预应力损耗和施工难度。

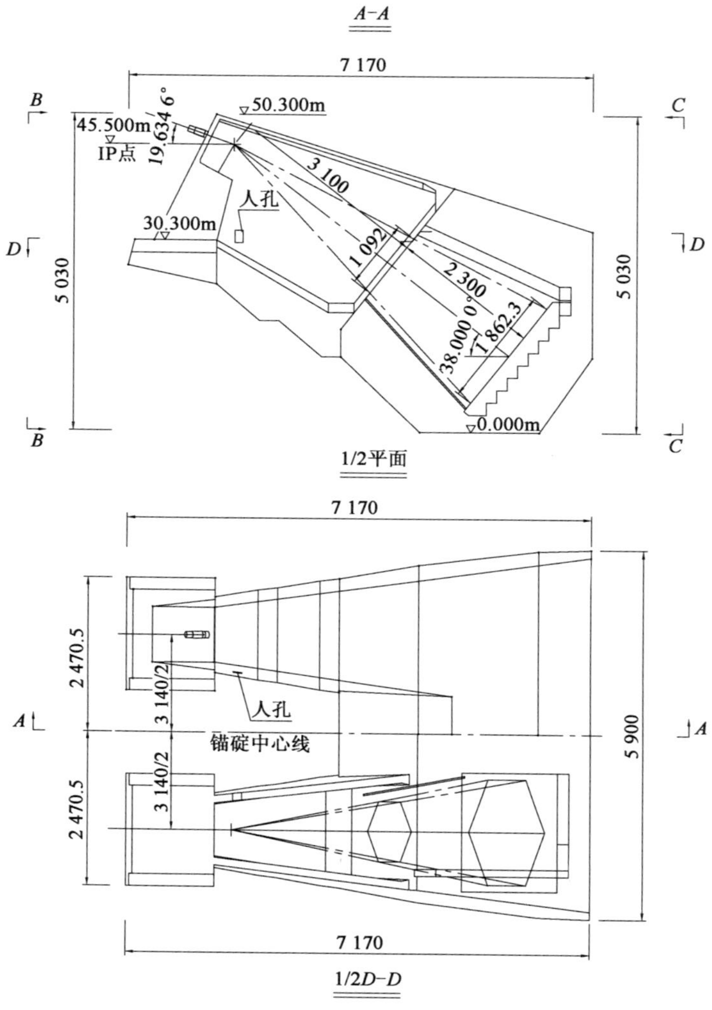

图 2.2-2　南锚碇一般构造图(尺寸单位:cm)

2.2.2　索塔工程

1）桥塔基础

（1）北塔基础

西堠门大桥的北塔位于老虎山，老虎山在桥塔各种荷载作用下的稳定性是方案成立的关键，为此，对老虎山的稳定性进行了专题研究，根据专题研究成果，为确保老虎山的稳定性，北塔基础方案采取如下对策：

①嵌岩桩采用直径 2.8m 的大直径桩，以减少桩数，尽量减小桩基施工对岩层产生的扰动。

②嵌岩桩桩长按照专题研究的建议取为 40m，桩底高程为 –25m，基底落于 F8 断裂的岩石下盘。这样可将上部结构荷载传递至无临空面的深层基岩。

③位于具有临空面的基岩深度范围内的桩顶段采取桩侧摩阻失效处理措施，即采用双套管消除桩基侧面因弹性压缩传递到岩层的竖向力。采用双套管的桩顶段长度初拟为 14.5m。

④桩基施工前，先对 F8 断裂两端的海蚀洞灌注混凝土，进行封闭，以防止海水继续侵蚀岩石，保证桩基施工安全。

⑤桩基成孔采用冲孔工艺，避免挖孔工艺因爆破产生的岩层扰动。

⑥承台施工时，采用机械开挖至其底高程，尽量减小对岩层的扰动；同时采取措施使得承台底与地基脱空，避免上部结构荷载向上部岩层传递。

⑦施工期间老虎山的上部风化岩在气象、水文等条件的作用下，间或沿缓倾结构面产生滑塌现象。在北塔基础施工完成后，对平均低潮位以上的地层进行局部范围的锚杆加框架锚梁防护，以阻止上部风化岩滑塌。

此外，根据北塔处的地形情况及计算结果，承台顶高程确定为 22.0m，承台厚度确定为 7m。

北塔基础采用群桩基础，单桩直径为 2.8m，每个塔柱下顺桥向布设 4 排，每排 3 根，共 12 根。桩基嵌入微风化岩层，并加深桩长至 40m，同时在上端 14.5m 高度范围内采取摩阻失效措施（即外套钢管、钢管外表面涂附 2mm 厚的沥青），以将上部结构的荷载传递至深层基岩，确保老虎山的稳定性。承台布置为哑铃形，纵横向平面尺寸为 22.8m × 16.8m，高度 7m，用外轮廓尺寸 10m × 6m 的箱形系梁联成整体。为避免承台及系梁向下传递荷载，承台及系梁的底面与基底之间须垫木质底模。

考虑到老虎山南东侧边坡（以 F8 为界）岩体完整性一般或较差，山体周边因海浪冲刷局部有表层崩塌、滑落及落石隐患，因此，采用全黏结普通砂浆锚杆和钢筋混凝二梁格进行防护，钢筋锚杆采用直径 25mm 的普通螺纹钢筋，锚固深度为 7 ~ 8m，孔排距控制在 2m × 2m ~ 3m × 3m 之间，具体可视岩体碎裂情况予以调整。

（2）南塔基础

南塔采用群桩基础，嵌入微风化岩层 3 倍桩径。单桩直径为 2.8m，每个塔柱下顺桥向布设 4 排，每排 3 根，共 12 根。承台分离，纵横向平面尺寸为 22.8m × 16.8m，高度 7m。

2）桥塔

桥塔采用由塔柱、横梁组成的钢筋混凝土门式框架结构。桥塔塔柱横向上端内倾，塔柱外侧线条两次倾斜，使桥面以下塔柱的锥度增大，产生强烈的美学效果，见图 2.2-3、图 2.2-4。

塔柱为钢筋混凝土箱形断面，塔柱截面尺寸如下：上塔柱为等截面 8.5m（顺桥向）× 6.5m（横桥向）；中塔柱自中横梁开始线性变化至高程 67.000m，辅助截面尺寸为 9.0m（顺桥向）× 8.0m（横桥向）；而后线性变化至塔底截面，截面尺寸为 12.0m（顺桥向）× 11.0m（横桥向）；其中高程 59.500m（距塔底 37.5m）以上 15m 高度范围内，截面尺寸按圆弧变化。塔柱截面四角作等边 0.7m 的凹缺处理。塔柱壁厚自上而下分别为 1.2m、1.4m、1.6m（顺桥向），1.2m、1.3m、1.5m（横桥向），并在与横梁交接范围局部加厚。

同时，为避免桥塔的涡激振动并美化桥塔外形，塔柱断面的四角均设置 70cm × 70cm 的直角凹缺。桥塔设计参数见表 2.2-2。

桥塔设计参数表　　表 2.2-2

项　　目	塔顶主缆间距（m）	塔底塔柱中心间距（m）	塔顶高程（m）	塔底高程（m）	塔柱高度（m）
参　　数	31.4	42.05	233.286	22.000	211.286

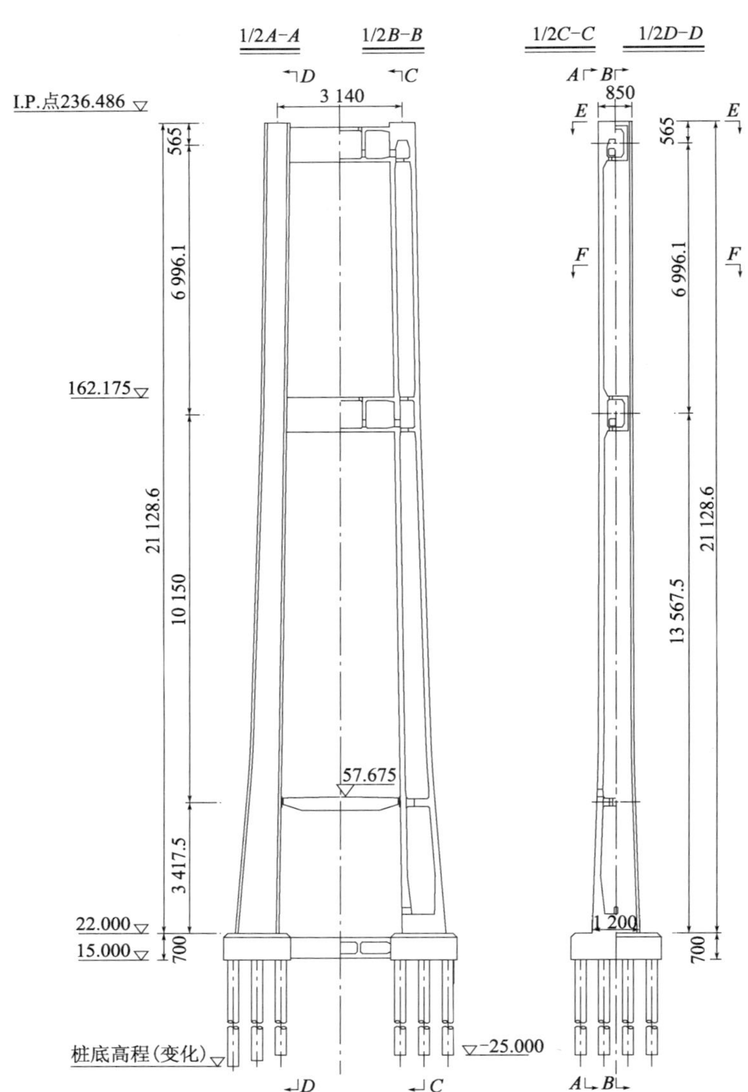

图 2.2-3　北塔一般构造图（尺寸单位：cm；高程单位：m）

横梁采用预应力混凝土结构，为箱形断面，北塔设置上、中两道横梁，南塔处设有竖向支座，并设有三道横梁。横梁截面尺寸为 6.10m（宽度）×9.0m（高度），顶、底板和腹板厚度为 0.9m；横梁内腔设有两道 0.9m 厚的隔板。上横梁采用 40 束规格为 15－19 的钢束，中横梁采用 56 束规格为 15-22 的钢束，下横梁采用 68 束规格为 15-22 的钢束，均为直线束，钢束锚固于塔柱内。

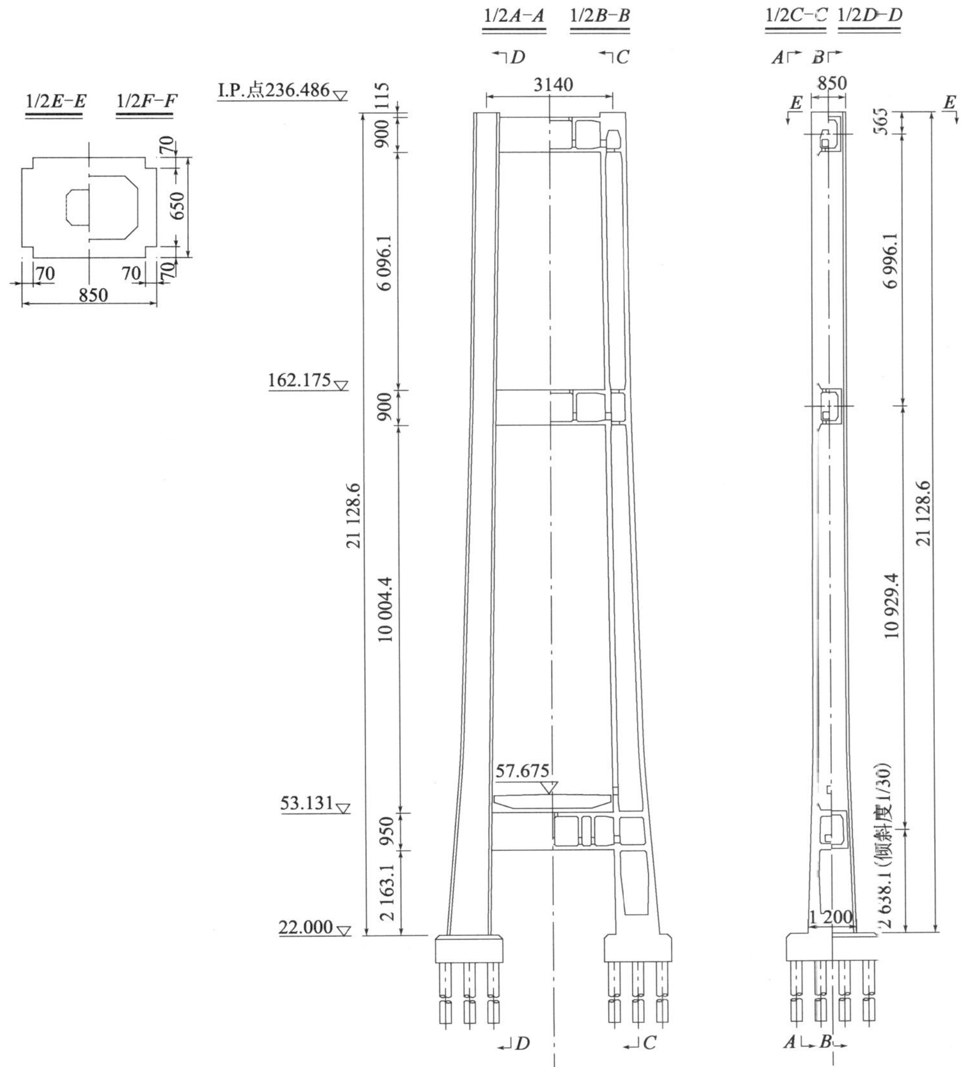

图 2.2-4 南塔一般构造图(尺寸单位:cm;高程单位:m)

2.2.3 缆索系统

1）总体构造

缆索系统由主缆部分（主缆索股、索股锚头、紧缆缠丝和主缆防护）、吊索部分（吊索、吊索锚头与连接件、减振构件）、索夹部分（索夹及紧固件）、索鞍部分（主索鞍及散索鞍）、主缆检修道（扶手立柱、扶手钢丝绳与连接构件）、缆套部分等组成。

缆索系统总体参数见表 2.2-3。

缆索系统总体参数表 表 2.2-3

项　　目	中跨矢跨比	北边跨矢跨比	主索鞍 IP 点高程（m）	北散索鞍 IP 点高程（m）	南散索鞍 IP 点高程（m）
参　　数	1/10	1/27.122	236.486	41.5	45.5

2）主缆

全桥共两根主缆，主缆由在工厂预制的高强度镀锌平行钢丝索股（PPWS）组成，抗拉强度不小于 1 770MPa，每根索股含 127 根钢丝。主缆空隙率根据国内外多座大跨径悬索桥的实施经验，按索夹内 17%、索夹外 19% 取用。主缆的其他设计参数见表 2.2-4，主缆横断面见图 2.2-5。

主缆设计参数表 表 2.2-4

项　　目	主缆间距（m）	主缆直径（mm）	索股数（股）	钢丝直径（mm）
参　　数	31.4	北边跨：0.870 中　跨：0.855 南边跨：0.860	北边跨：175 中　跨：169 南边跨：171	5.25

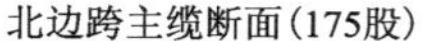

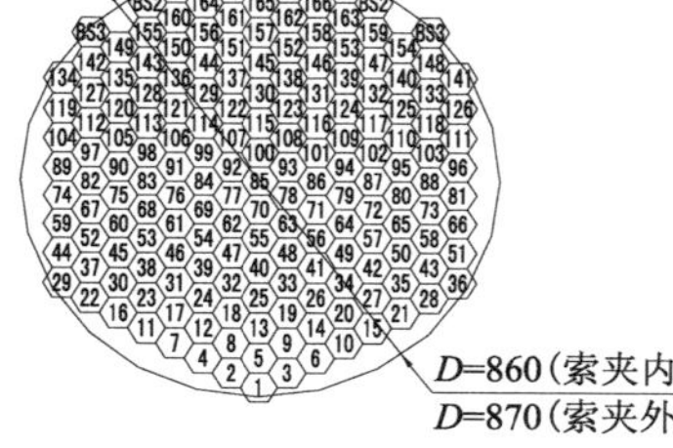

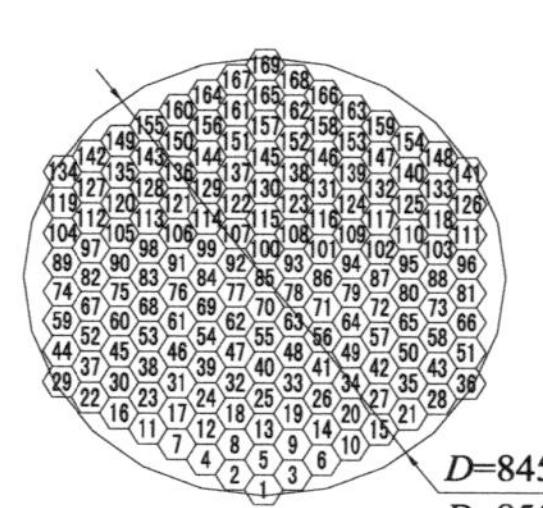

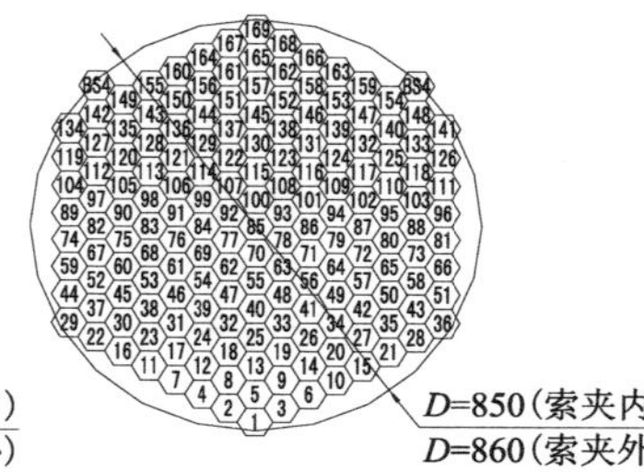

图 2.2-5　主缆横断面图（尺寸单位：mm）

主缆索股两端的锚具为锌铜合金灌注的热铸锚，锚具的结构形式采用锚板与锚杯合一的整体铸钢件，以最大限度地减少材料用量并方便施工。主缆防护构造采用 ϕ4mm 镀锌缠绕钢丝 + 涂装防护。

主缆检修道是主缆的检修设施。每根主缆的检修道由分为 3 段的 6 根钢丝绳组成；钢丝绳通过检修道立柱支撑固定在各类索夹上，钢丝绳的各端部锚固于固定在主索鞍、散索鞍鞍头的支架上，各段钢丝绳的垂度和张力可通过钢丝绳锚具上的螺杆加以调节。

3）吊索及索夹

根据吊索受力特点，并综合考虑材料性能、制造加工、安装维护、后期更换等因素，本桥采用钢丝绳吊索，每侧吊点设 2 根吊索。吊索与索夹为骑跨式连接；与钢箱梁为销铰式连接，销铰接头带有自润滑轴承，以减小吊索的弯折。

加劲梁共设 119 ×2 处吊点，吊索分为两类：一类是受力较大和对变形有特殊要求的北塔处长吊索和北边跨短吊索，定义为特殊吊索；另一类是除特殊吊索外的吊索，定义为一般吊索。一般吊索钢丝绳公称直径为 ϕ60mm，公称抗拉强度为 1 770MPa，结构形式为 8 ×41SW + IWR；北边跨短吊索公称直径为 ϕ80mm，公称抗拉强度为 1 860MPa，结构形式为 8 ×41SW + IWR；北塔处长吊索公称直径为 ϕ88mm，公称抗拉强度为 1 960MPa，结构形式为 8×55SWS+IWR。

吊索两端锚头采用叉形热铸锚，锚头由锚杯与叉形耳板构成。锚杯内浇铸锌铜合金，叉形耳板与锚杯通过螺纹连接；每端叉形耳板与锚杯之间的螺纹各设有 ±20mm 的调节量，用以消除制造、架设引起的吊索长度误差。锚杯口设有氯丁橡胶浇制的缓冲器，以改善吊索的弯折疲劳性能。

为将吊索平行束紧，在主缆中心下 1.8m 处设置吊索夹具，吊索的相应部位设有锥形铸块，以定位支撑吊索夹具并保护吊索钢丝绳。对于悬吊长度大于 20m 的吊索，需在悬吊长度的中央设置减振架，以将一个吊点的两根吊索互相联系，减少吊索的风致振动。

索夹均采用左右对合的结构形式，左、右两半索夹用螺杆相连并夹紧于主缆上，接缝处嵌填橡胶防水条防水。索夹体是铸钢件，材料为 ZG20SiMn。全桥的索夹分为 15 种类型，其中有吊索索夹 10 种，无吊索索夹 5 种。北塔处长吊索索夹、北边跨短吊索索夹的设计壁厚为 45mm，北边跨有吊索索夹的设计壁厚为 40mm，其他索夹的设计壁厚均为 35mm。

吊索和索夹采用涂层防腐，涂层颜色可以根据景观要求选定。

4）主索鞍

主索鞍采用铸、焊的结构形式，鞍槽部分是铸钢件，鞍身部分为板焊件并与鞍槽焊接（图 2.2-6）。主索鞍下设聚四氟乙烯——不锈钢滑动副，以实现主缆、加劲梁架设时的索鞍偏置和顶推，顶推就位后，主索鞍顺桥向的正确位置由挡块锁定。塔柱顶面预埋的钢制格栅，可将主缆的竖向分力通过主索鞍均匀地传递至塔柱。由于边跨主缆设有背索，所以主索鞍上设置锚梁，以实现背索的锚固。为了便于主索鞍的吊装施工，主索鞍分为中、边跨两块鞍体吊至塔顶后，用高强度螺栓拼接为整体。主索鞍构件采用除湿与涂层防腐相结合的结构防护方案。主索鞍设计参数见表 2.2-5。

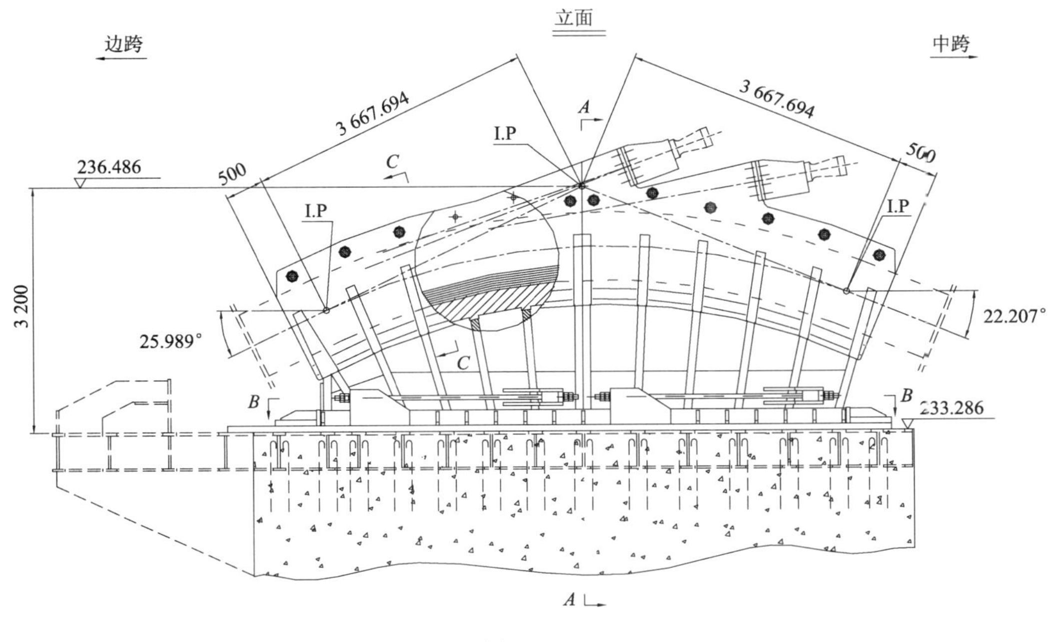

图 2.2-6

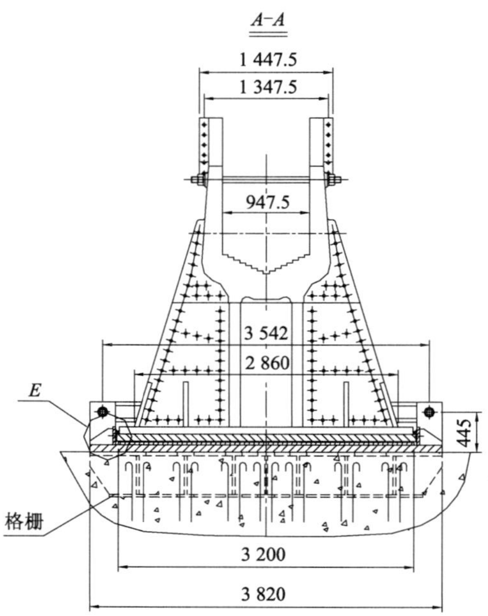

图 2.2-6　主索鞍一般构造图(尺寸单位:mm;高程单位:m)

主索鞍设计参数表　　表 2.2-5

项目	中跨切线角(°)	边跨切线角(°)	塔顶格栅顶面高程(m)	主缆弯曲半径(m)	顶推位移量(m)
参数	北:22.073 3 南:21.793 4	北:25.959 7 南:23.279 9	233.286	8.2	北:1.096 南:2.078

5)散索鞍

散索鞍采用摆轴式的结构,鞍槽部分是铸钢件,鞍身部分为板焊件并与鞍槽焊接(图 2.2-7)。

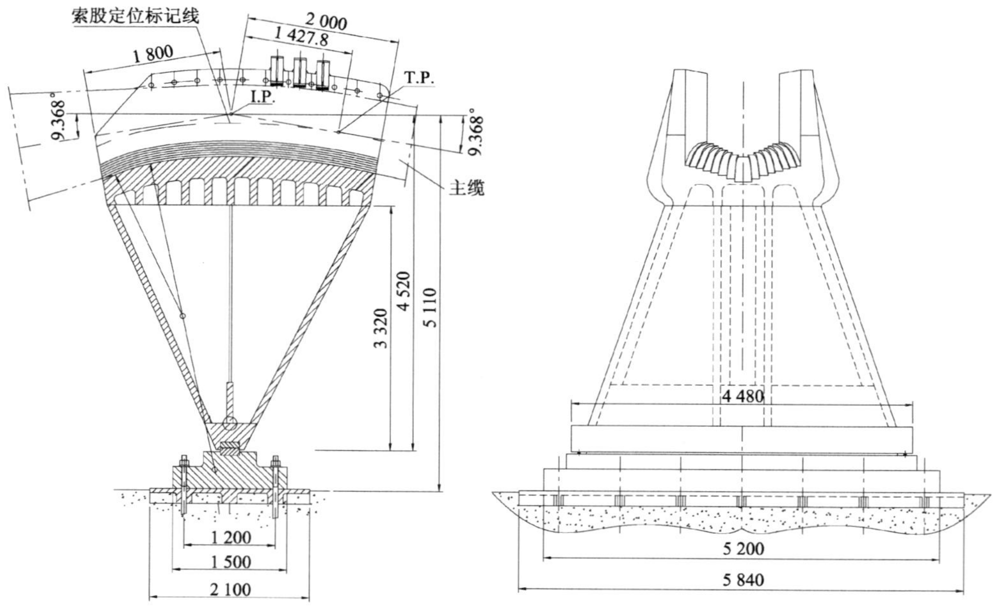

图 2.2-7　散索鞍一般构造图(尺寸单位:mm)

鞍槽顶部设置三道压紧梁，以压紧鞍槽内的主缆。散索鞍下部设置摆轴、底座和底板，以完成主缆竖向分力的传递，底板预埋于锚碇的散索鞍支墩上。结构防护方案与主索鞍相同。散索鞍设计参数见表2.2-6。

散索鞍设计参数表 表2.2-6

项目	主缆切线角(°)	锚跨切线角(°)	竖弯半径(m)	平弯半径(m)
参数	北:11.314 南:19.664	北:30 南:38	8、6.4、4.2、2.1	11

2.2.4 加劲梁设计

加劲梁采用扁平流线型分离式双箱断面(图2.2-8)，加劲梁全桥范围内设置检修道。检修道宽度为1m，梁宽为36m(外到外)，高3.51m，中跨宽跨比和高跨比分别为1:47.1和1:471.4。两个封闭钢箱横向间距6m，顺桥向每个吊点处用一个闭合的箱形横梁和一个敞开的工字梁连接。箱形横梁高3.51m，顺桥向宽3.6m；工字梁高3.51m，顺桥向翼缘宽0.34m。每个封闭钢箱宽度为14m，箱内纵向每隔3.6m设置一道板式横隔板，在对应横向连接箱梁和横向连接工字梁处厚度为10mm，其余地方厚8mm。箱梁采用正交异性钢桥面板，顶板厚14mm、16mm，底板厚10mm、14mm；顶、底板均采用U形肋加劲，顶板U形肋厚8mm，高0.28m，间距0.6m；底板U形肋厚6mm，高0.25m，间距0.95m。

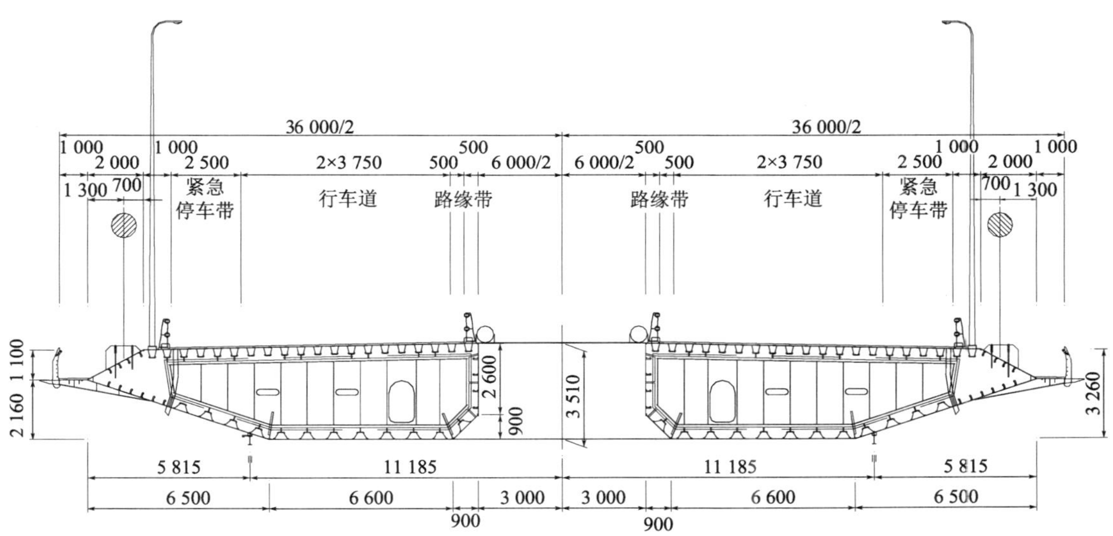

图2.2-8 分离式双箱加劲梁标准断面图(尺寸单位:mm)

箱形横梁和工字梁的构造及其与封闭钢箱的连接方式是分离式双箱断面的关键构造，为此采取了如下三项构造措施，确保横桥向力线的顺畅及构造的有效性。

(1)将横向连接构造的腹板伸入两侧封闭单箱内各3.7m，同箱内横隔板的上、下连接板搭接，同横隔板的中间大板对接。而将内侧斜腹板和直腹板以及其上的加劲、连同底板的加劲在此处断开，焊接在其两侧。

(2)将横向连接箱上、下翼缘板的扁钢加劲伸入两侧箱内，分别跨过顶、底板的一个U形加劲肋。

(3)伸入封闭单箱内的横向连接构造的腹板采用一块板的整板式，分别同两侧箱梁的顶板和底板直接焊接。同时为确保焊接质量，避免仰焊，此梁段的相应单元块应采取“翻身”作业。

加劲梁的标准节段长度为18m，每个标准节段内有箱形横梁及工字梁各一道，吊装质量为2 500kN。

2.2.5 加劲梁约束系统及伸缩装置

加劲梁在活载、温度、风、地震等多种荷载作用下，将产生横、纵、竖三个方向的位移及扭转变形。同时，加劲梁变形的特点是：在温度、活载等缓慢荷载作用下，加劲梁的变形较小、速度较慢；而在大风、地震等剧烈荷载作用下，加劲梁的变形大、速度快；在一种荷载作用下，加劲梁可能在多个方向上产生变形。因此，对加劲梁的约束形式应提高到系统工程的角度进行研究，协调横、纵、竖三个方向及扭转的约束形式，从而选择合理的加劲梁约束系统，使得连续长度达2 228m的加劲梁适应各种荷载，同时保证结构安全及耐久性。

1)竖向约束

西堠门大桥加劲梁可在三个位置设竖向支座，即北锚碇、北塔和南塔。本桥加劲梁为两跨连续，如在北塔处设竖向支座，加劲梁将产生很大的负弯矩，导致加劲梁无法承受或需大大补强，因此，仅在北锚和南塔设竖向支座。

该竖向支座拟采用双向活动支座，以下重点阐述支座横向活动性的考虑。连续长度达2 228m的加劲梁在日照温差作用下的变形是比较复杂的，不仅纵向及横向产生伸缩变形，同时横向发生侧弯，从而在竖向支座处产生横向转角位移。如竖向支座采用单向活动支座，其上、下盆横向间隙很小，能适应的横向伸缩位移及转角位移很小，在日照温差作用下，支座上、下盆互相卡住，除影响加劲梁的自由伸缩外，长年累月下来，往往是上盆被“憋”坏，国内同类型桥梁中有这样的工程实例。因此，本桥竖向支座采用双向活动支座。

2)横向约束

目前国内多座大跨径斜拉桥、悬索桥的横向约束一般都采用抗风支座。常用的抗风支座(即A类抗风支座)是球面支座，不约束加劲梁的横向转角位移及纵向位移，仅对加劲梁横向水平位移进行约束(该约束是刚性约束)，西堠门大桥在北锚碇和南塔设置该类抗风支座，布置于加劲梁中心线处；北塔处加劲梁的变形极为复杂，在荷载作用下将在竖、横、纵三个方向上产生线位移及角位移，常用的抗风支座、黏滞阻尼器已不能满足使用要求，在北塔设置特殊设计的盆式支座(即B类抗风支座)，布置于加劲梁两侧。具体考虑如下。

(1)北锚碇和南塔

抗风支座布置于加劲梁中心线处的原因是：布置于加劲梁两侧，抗风支座对加劲梁横向的温度变形是刚性约束，加劲梁相应部位将产生较大的局部应力；布置于加劲梁中心线处则不同，加劲梁中心线是横向温度变形零点，该处设约束对加劲梁横向受力没有影响。

(2)北塔

前述北塔处不设竖向支座，如B类抗风支座布置于加劲梁两侧，则北塔可取消下横梁。

决定北塔处抗风支座类型的支座反力及加劲梁位移数据如下：

①地震横向及竖向输入下的反力为7 532kN，百年一遇大风的反力为25 460kN。

②纵向位移为 -0.77m、0.84m，竖向位移为 -0.56m、0.3m；绕纵向轴的角位移为0.008rad，绕横向轴的角位移为0.014rad。

从上述数据可注意到，A类抗风支座及板式支座已无法满足需要，如采用黏滞阻尼器，为适应各种位移，其结构相当复杂。而承载能力大的盆式支座经特殊设计后，完全可满足使用。特殊之处在于：

a.由于纵向位移、竖向位移大，因此，取消传统盆式支座的上盆，下盆“生根”于加劲梁侧，滑动由塔侧预埋钢板与支座钢衬板上的四氟橡胶板完成。

b.劲梁在温度作用下，横向将产生伸缩，对此变形不应约束，因此，四氟橡胶板距塔侧预埋钢板的间隙为1cm。

3）纵向约束

纵向约束的目的是限制加劲梁的纵向位移及改善伸缩装置的受力状态。

（1）纵向位移分析

加劲梁纵向位移主要由风荷载、地震作用及温度加活载引起。已有大量研究表明，大跨径悬索桥的加劲梁在纵向风荷载作用下产生的位移小于温度加活载产生的纵向位移，纵向位移方面风荷载可不控制。地震作用与温度加活载相比，经计算，本桥温度加单跨活载产生的纵向总位移量最大为2.23m，而100年超越概率3%的地震作用下的纵向位移最大为0.242m，由此看来，纵向位移方面地震作用亦可不控制。

因此，仅从纵向位移方面看，西堠门大桥可不设纵向约束。

（2）伸缩装置的受力状态分析

伸缩装置完成纵向位移的主构件是位移箱，它在温度、活载等缓慢荷载作用下可以逐步完成纵向位移。但大风、地震等剧烈荷载则要求在短短的几秒之内完成几十厘米的纵向位移，这样位移箱较易损坏。

西堠门大桥伸缩装置较大，损坏后更换难度大，同时还需终止交通；其造价较高，约是设纵向约束投入的20倍。因此，从伸缩装置的受力状态看，应设纵向约束，以改善伸缩装置的受力状态，避免伸缩装置损坏。

（3）结论

综上所述，主要考虑伸缩装置的受力状态，西堠门大桥加劲梁端设纵向约束。纵向约束拟采用黏滞阻尼器，原因如下：

①加劲梁在温度、活载等缓慢荷载作用下，纵向位移速度小，此时黏滞阻尼器呈自由状态，对加劲梁不产生约束；在大风、地震等剧烈荷载作用下，加劲梁纵向位移速度很大，此时黏滞阻尼器开始工作，对加劲梁产生约束，从而将大风、地震等荷载传递至北锚碇及南塔。

②从抗震角度采用时程分析方法，对加劲梁端设黏滞阻尼器进行了定性分析，结论为：梁端布置阻尼器与梁端自由相比，梁端位移减小了76%，塔底的受力与梁端自由情况下相比不增加。

4）加劲梁约束系统布置

综上所述，西堠门大桥竖向支座布置在北锚碇和南塔横梁上，位于加劲梁底，每处两个，分别支承加劲梁的两个封闭单箱，支座类型为双向活动支座；横向抗风支座布置在北锚碇、北塔和南塔三处，每处一对，北锚碇及南塔处的抗风支座均布置在横梁上，位于桥梁中心线处，北塔处的抗风支座则分别布置在加劲梁两侧的塔柱上；纵向黏滞阻尼器布置在北锚和南塔横梁的钢筋混凝土挡墙上，每处两个，以限制加劲梁在动载作用下的纵向位移并减小动载结构反力。

加劲梁两端分别设一道大型伸缩装置，以适应较大的伸缩和转动变位。由于本桥为不对称结构，加劲梁两端的温度及活载变形不同，因此，北锚碇处的伸缩装置伸缩量为 2 160mm、南塔处的伸缩装置伸缩量为 2 240mm。

2.2.6 风障设计

1）活动风障设置由来及目标

按照《公路桥梁抗风设计规范》（JTG/T D60-01—2004）第 4.1.3 条的要求，桥面行车风速为 25m/s，换算至水面 10m 高度处为 18.7m/s，接近 8 级风的下限。这意味着大桥全年有近 2 个月时间需关闭，以保证行车安全，这将严重影响大桥的运营。为此，需设置风障挡风，以提高行车的安全性。

经调研，提出设置风障需达到的目标：10 级平均风速（27m/s）下，桥面能够安全行车。根据风障的专题研究及试验结果，推荐风障结构（表 2.2-6）的阻力系数 C_D 为 1.79，远大于设计使用的 C_D 值（1.1），主桥结构将无法承受。因此，创造性地提出风障采用活动方式，即在结构能够承受的最大风来袭时，风障可放倒，以降低阻力系数；除此之外，根据天气预报，风障可立起挡风，保障行车。

2）总体设计

（1）活动风障断面形式

经风洞模型试验，结合结构受力及构造，确定整体回转式风障断面为：总高度为 1 950.9mm，顶面至桥面高度为 3m，均匀布置 5 根障条，每根障条断面尺寸为 200mm × 80mm。图 2.2-9 为计算车道位置，表 2.2-7 风洞模型试验结果。

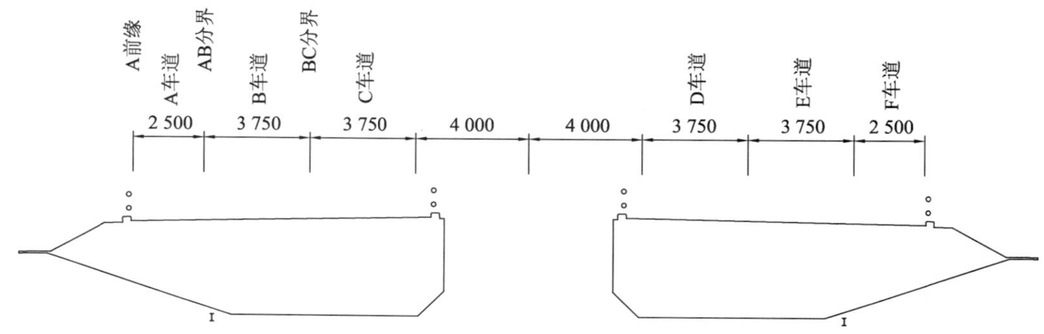

图 2.2-9　计算车道位置（尺寸单位：mm）

（2）活动风障控制原则

根据主体结构受力要求，确定活动风障的控制原则为：

①冬季季风期如桥面实测风速达 40m/s（风障外）或加劲梁实测最大水平位移达 3.30m 时，须将活动风障放倒，以保证结构安全。此时，全桥封闭交通。

②预报台风来临之前，选择风力小于 11 级的时期将活动风障放倒。台风来袭时，全桥封

闭交通。

③其余时期,活动风障处于直立状态。

整体回转式风障风洞模型试验结果 表 2.2-7

断面形式(mm)	等效高度(m)	A、B 车道分界处风速折减系数	风速折减系数要求	风阻系数 C_D
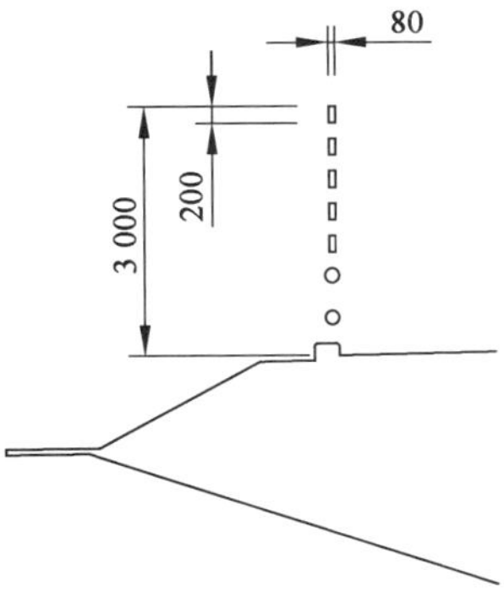 80 200 3 000	4.5(集装箱车)	0.66	≤0.639	1.79
	2(小轿车)	0.67		

(3)活动风障控制

全桥活动风障的控制方式为:将全桥活动风障化整为零,分为若干独立活动单元,每个独立活动单元设置一套驱动系统,各个独立活动单元之间在动作上互不牵连;每个独立活动单元由全桥供电系统发出指令,可以实现单个活动单元或任意若干个活动单元的集体动作。指挥中心可以对全桥活动单元进行灵活的控制及监视。

(4)风障布置

全桥范围内风障分三种类型:主桥固定风障、标准活动风障、吊索处活动风障。其中标准活动单元共 480 个,吊索处特殊活动单元 476 个。主桥固定风障布置于两个区域:距离桥塔中心线南北各 15m 范围内,该部位的风障除挡风外,还需完成风区向塔区的风速过渡;北边跨主缆较低处,此处主缆需入锚,位置已降低,阻碍了风障的放倒。吊索处活动风障布置于吊索两侧,吊索钢丝绳侧风障外边缘距离吊索钢丝绳中心线 15cm,灯柱侧风障外边缘距离灯柱底座外边缘 15cm,此处风障条进行了构造处理,以避让吊索钢丝绳及灯柱。其余位置布置标准活动风障。

南引桥设置固定风障,风障形式与主桥固定风障相同。风障立柱固定在相应的护栏立柱上方,通过调整相应的风障条(底座)与风障立柱的焊接角度来实现南引桥的平面曲线特征。

3)结构设计

(1)标准活动风障

标准活动风障为整体回转框架式构造(图 2.2-10、图 2.2-11),连续三根防撞护栏立柱之间(2×1.8m)的风障立柱及风障条组成的框架设计为一个独立活动单元(图 2.2-12)。在中间的立柱上设置驱动机构,带动整个单元框架活动。相邻两个单元构造边缘距离约 35mm。

在每根护栏立柱上方设置底座,单元中立柱、侧立柱通过中底座、侧底座分别独立铰接,相邻单元的相邻两个侧立柱底座焊接于同一个护栏立柱上。各立柱铰接点、丝杠铰接点、驱动机

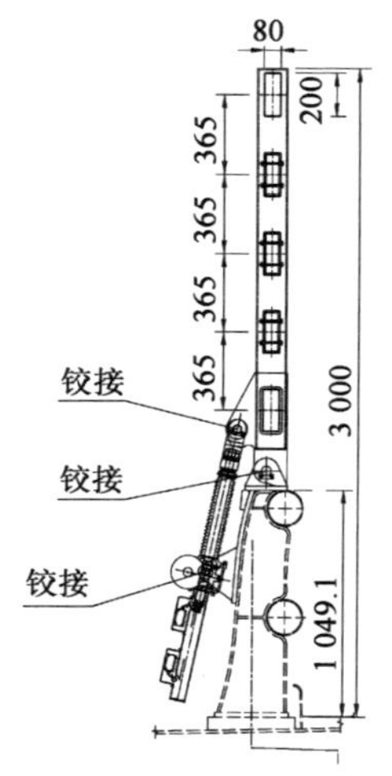

图 2.2-10 风障直立状态示意图
（尺寸单位：mm）

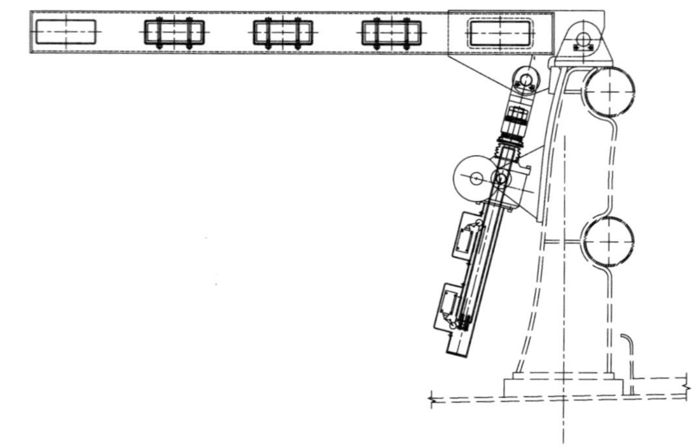

图 2.2-11 风障放倒状态示意图

构箱体铰接点处均设置 2mm 厚 SF-1S 不锈钢基自润滑轴承。为避免外界环境对限位开关的动作干扰，风障单元采用机械触头式限位开关，安装于丝杠下部的防护桶上方，限位开关外侧设有防护罩。为方便微调节限位开关的安装位置，避免驱动机构运行到位后产生过载，在丝杠顶端设置正反向碟形弹簧装置。

标准活动单元中立柱采用 140mm × 90mm 的矩形冷弯空心型钢，侧立柱采用 140mm × 60mm 的矩形冷弯空心型钢，壁厚均为 6mm，材质均为 Q345C。矩形冷弯空心型钢在纵向只能有一条焊缝，且要求布置在 140mm 的长边的中心位置。

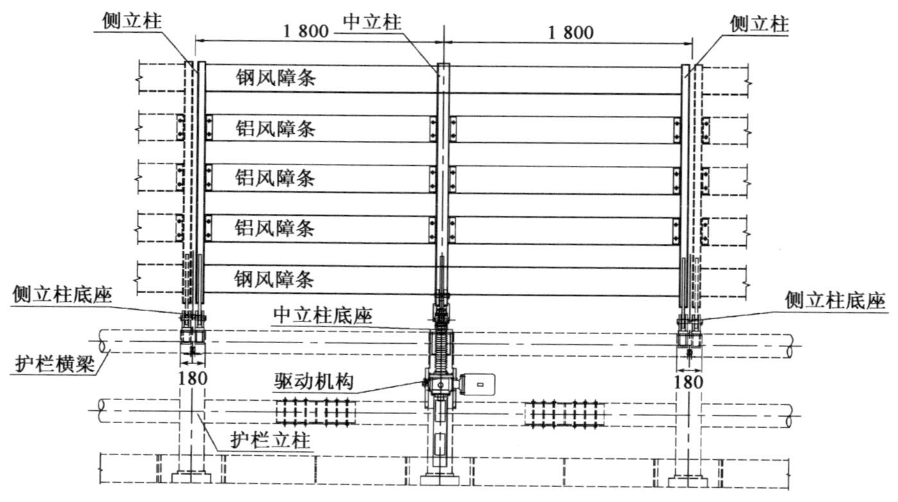

图 2.2-12 标准活动风障示意图（尺寸单位：mm）

风障条外形为 200mm × 80mm 的封闭薄壁矩形金属管，壁厚为 3mm，共 5 根风障条自上而下均匀分布。顶面、底面两根风障条材质为 Q345C，中立柱在顶面、底面风障条位置处开通孔，风障条通长贯穿中立柱，在通孔处与中立柱焊接，并与两侧立柱端面焊接，从而与风障立柱形成框架,以实现中立柱的驱动机构带动单元活动。

(2)吊索处活动风障

吊索处活动风障分为两种类型。在标准活动风障单元的基础上,侧立柱悬臂伸出5根风障条至距离吊索中心线15cm的位置,此类单元定义为吊索处Ⅰ类活动单元;侧立柱悬臂伸出5根风障条至距离灯柱底座外缘15cm的位置,此类单元定义为吊索处Ⅱ类活动单元。吊索处活动单元与相邻的标准单元构造边缘距离约35mm。

(3)固定风障

固定风障的风障条外形、数量及分布与活动风障相同,不同之处是风障立柱与相应的底座焊接形成整体。固定风障侧立柱与相邻的活动风障侧立柱焊接固定于同一个护栏立柱上方。主桥固定风障与相邻的活动风障构造边缘距离约35mm。

(4)驱动机构

根据活动风障的动作特点、风障的制动需要及实际安装空间的大小,驱动机构采用电机+蜗轮蜗杆螺旋丝杠升降机的形式。螺旋丝杠与蜗轮蜗杆共用一个箱体,箱体上盖可以打开,便于装配及维修,箱体左右两侧设置两个耳轴,与防撞护栏立柱上的支架铰接,实现风障动作时箱体在横桥向的摆动。

第3章 主要施工方案

3.1 索塔施工方案

西堠门大桥南北索塔结构形式相同，只是在基础与横梁构造细节上存在差别。南岸索塔施工比较常规，北塔的施工更具代表性，北塔地处老虎山岛礁上，钢箱梁在此连续并采用飘浮体系，未设置下横梁；由于地质原因，桩长较南岸长，桩顶段采用摩阻失效处理；由于场地限制，施工布置较为困难。因此，索塔施工方案以北塔为主进行介绍。

3.1.1 施工总体方案

(1)桩基施工

北塔桩基础由24根ϕ2.8m大直径桩组成，最深桩长为55.5m，最浅桩长为40m，总长981m。在人工开挖和冲击钻成孔工艺对比试验的基础上，最终决定北塔基桩采用基于谨慎爆破与人工机械相结合的成孔工艺。基桩采用全断面开挖，24个孔分作两批开孔。两批孔开孔的时间间隔为一个断面的作业深度(1.5m)所需的时间。24个孔统筹协调、合理安排，整个工艺采用流水作业的生产组织形式。

桩顶15.2m范围桩侧摩阻失效段处理，采用直径ϕ2.8m壁厚12mm钢管作为桩侧摩阻失效构造钢管。构造钢管在基桩成孔检验后进行安装。为便于构造钢管的安装和就位，处理段基桩开挖直径按3.1m进行控制。基桩混凝土采用干浇筑方式。

(2)承台和系梁施工

承台浇筑采取水平分层间歇法浇筑，总共分四次进行浇筑，第一次到第三次浇筑高度为1.5m，浇筑混凝土数量1 150m^3；第四次浇筑高度2.5m，浇筑混凝土数量1 840m^3，两层混凝土之间的养护间歇期为10d。为防止承台大体积混凝土温度裂纹的产生，采用了相应的温度控制措施。

系梁分两次浇筑，第一次浇筑系梁底板和部分腹板，第二次浇筑剩余腹板和顶板。为避免产生温度及收缩裂纹，系梁中部设2m的后浇段，采用微膨胀混凝土进行浇筑。

为使北塔竖向荷载直接传到深层基岩，承台、系梁底采取加垫5cm软木等措施使其与地基隔离。

(3)索塔施工

塔柱起步段(承台以上8m段)采用翻模法施工，其余各节段均采用液压自爬模法施工。整个塔柱共划分为51个节段，标准节段混凝土浇筑高度均为4.5m。横梁采用钢管支架法施工，中横梁支架搭设在承台系梁上，上横梁支架搭设在中横梁上，在中横梁浇筑完成后，拆除中横梁下浇筑支架进行上横梁支架搭设。索塔横梁与塔柱连接处设置后浇段，横梁与塔柱联系部分与塔柱同时浇筑，塔柱先于横梁进行浇筑，横梁浇筑完成并有一定强度后，最后浇筑两个1m宽合龙段。

3.1.2 施工总体布置

由于老虎山为一孤岛，场地狭小，不能完全满足施工布置的要求。为此，在充分利用已有场地的基础上，在老虎山外围临水面搭设钢管平台来作为施工平台和施工场地。北塔施工平面布置见图3.1-1，施工总体布置见图3.1-2。

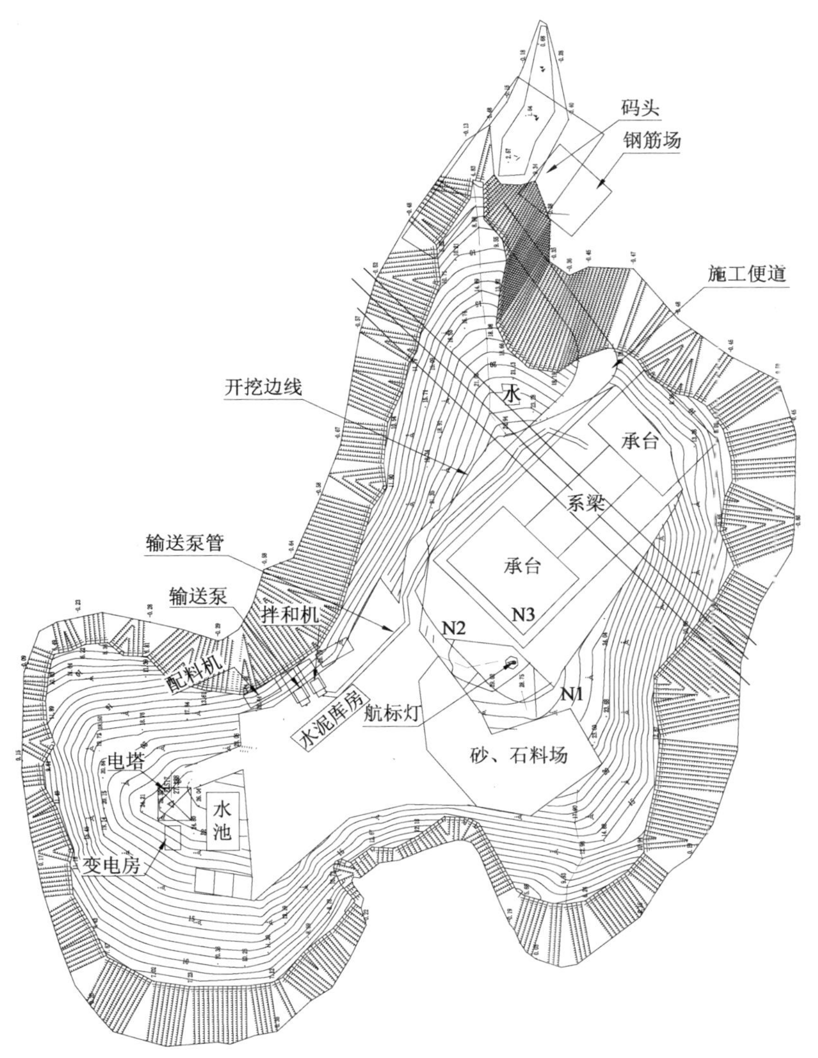

图3.1-1 北塔施工平面布置图

(1)施工用水、用电

在老虎山和册子岛之间架设架空索道，将施工用高压电线路和用水管道悬挂到索道上连接到老虎山，解决施工和生活用水、用电问题。在老虎山设置800kVA变压器一座。

(2)拌和站

由于场地的限制,拌和站占地面积要尽可能小。结合塔结构本身特点,现场拌和站主要根据塔身节段浇筑进行配置,现场配置两套 $50m^3/h$ 简易拌和站。

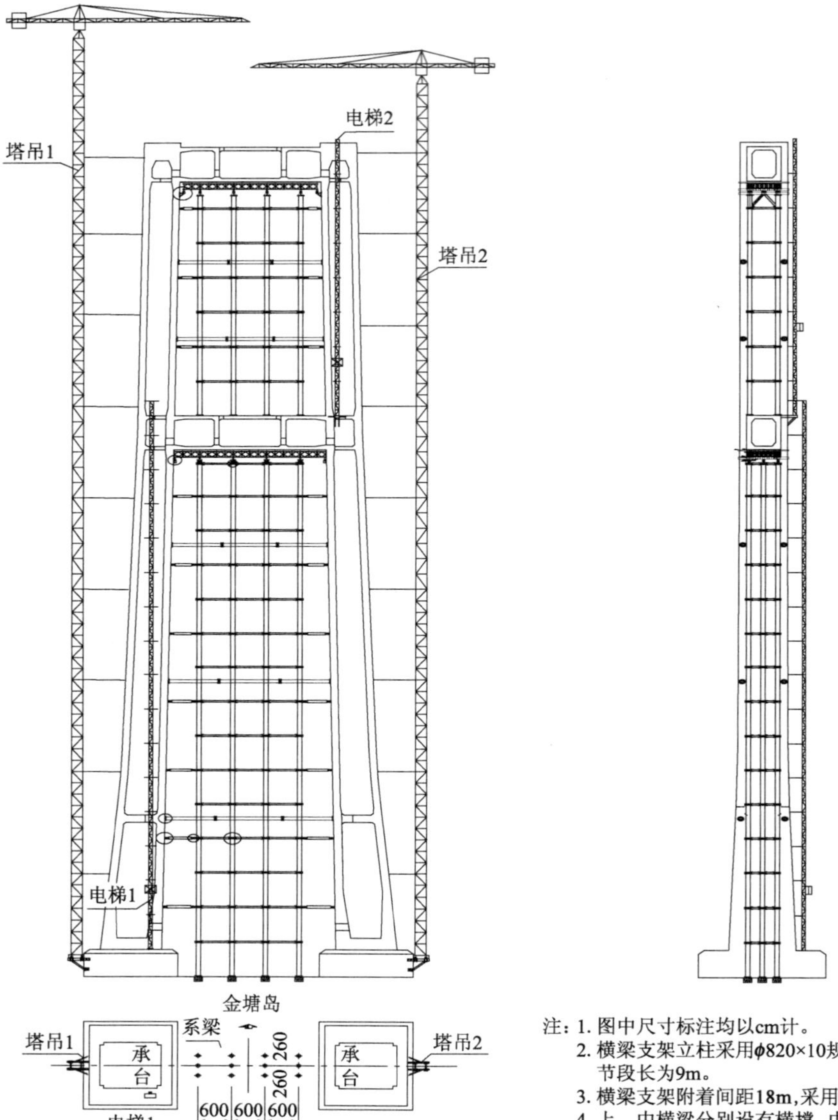

注:1. 图中尺寸标注均以cm计。
2. 横梁支架立柱采用ϕ820×10规格钢管,钢管每个节段长为9m。
3. 横梁支架附着间距18m,采用ϕ630×10规格钢管。
4. 上、中横梁分别设有横撑,中横梁设3道,间距为36m;上横梁设2道,间距为20m,横撑采用ϕ630×10规格钢管。

图 3.1-2　北塔施工总体布置图

(3)材料堆放场

材料堆放场地的材料储量以能满足塔身节段 1 ~ 2 次浇筑进行配置,承台系梁等大体积浇筑时,砂石、水泥等材料运输船停靠在码头进行备料,随卸随用。

(4)施工临时用房

在老虎山上修建能够容纳 150 人居住的生活用房。为应对台风期可能停水、停电及生活物资不能上岸等问题，在台风来临前，所有工作人员撤离老虎山。

(5)施工码头

在老虎山北侧建码头一座，用于施工船舶的停靠，解决材料的上岸问题。

(6)龙门吊

在桩基施工期间，布置一台 80t 的龙门吊，用于基桩钢筋笼的下放和桩孔失效处理段钢管的安装。

(7)塔吊

布置在两塔柱的外侧背后，便于附着，同时也利于两台塔吊之间的配合。根据施工需要选择一台 SCMF0/23B 塔吊作辅助塔吊，一台起吊能力更大的 SCM H3/36B 塔吊作为主塔吊。主辅塔吊基础均布置在承台预埋件上，施工用的材料、机具设备、安装工作都采用塔吊实现。

(8)电梯

电梯布置在两塔支中间位置，电梯靠横梁现浇支架系统立柱钢管安装。在两塔肢之间布置横向通道，施工人员可方便地到达各个施工作业面。

(9)混凝土输送

混凝土输送采用一级泵送，输送管布置于塔吊内侧，直接从拌和场地输送至索塔各个断面。

(10)横梁施工支架和主塔临时横撑

横梁支架系统采用直径 820mm，壁厚 10mm 的钢管定尺加工而成，横桥向分 4 排，顺桥向分 3 排共 12 根钢管，钢管的竖向连接采用法兰盘连接方式。支架顶部采用贝雷梁分配荷载。两个塔肢之间的横撑采用直径 800mm，壁厚 12mm 的钢管。下塔柱布置 3 道，上塔柱布置 2 道，每道水平面上布置 2 根钢管。

(11)模板系统及施工节段划分

根据主塔的结构特征及模板系统的设计原则，主塔施工标准节段共 45 个 4.5m 节段，其余 6 个为高度不等的调整节段，整个塔身为 51 个控制节段。

3.1.3 主要施工工艺及方法

1)北塔桩基施工

北塔桩基础桩孔施工采用谨慎爆破与人工机械相结合的成孔工艺；桩基混凝土浇筑主要采用无水桩孔普通桩基础混凝土浇筑工艺(图 3.1-3)。

(1)谨慎爆破成孔工艺要点

①孔口施工

孔口预裂孔将缓冲孔按预裂孔设计，形成双预裂孔口爆破，药量平均单耗按 $q = 100\text{g/m}$ 计，单节药量分布为 40g - 50g - 60g，单孔药量为 150g。孔口 3m 段浇筑 C30 混凝土做成井圈。

②谨慎爆破设计

一般桩孔采用了对比试验确定的爆破工艺，人工配合机械除渣。但对于左侧 1 号、4 号、7 号、10 号孔因由于穿过海蚀洞，桩基施工前需先用混凝土浇筑海蚀洞，并采用台阶式布孔方式(图 3.1-4、图 3.1-5)，进一步减小爆破的振动。

(2)孔壁防护

在 0m 高程以下充分考虑桩身的嵌固作用一般不进行喷护。对 0m 高程以上及其他易破碎区段采用 C25 喷射混凝土喷护,喷护厚度 5cm,内挂 5mm 成品钢丝网。施工中每进尺 4 ~ 6m 进行一次喷护作业。

图 3.1-3　北塔桩基施工总体布置图

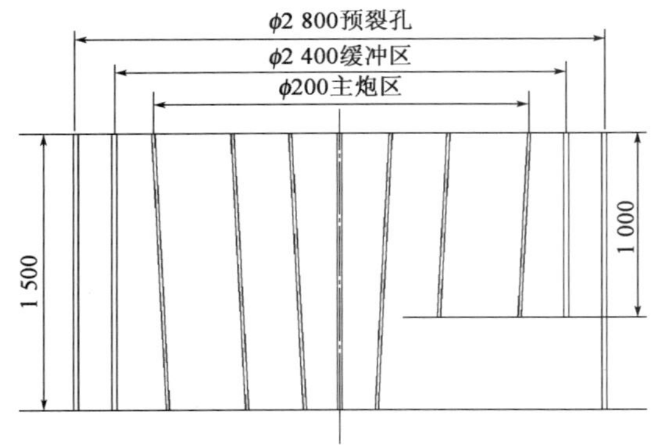

图 3.1-4　台阶式开挖第一层布孔图(尺寸单位:mm)

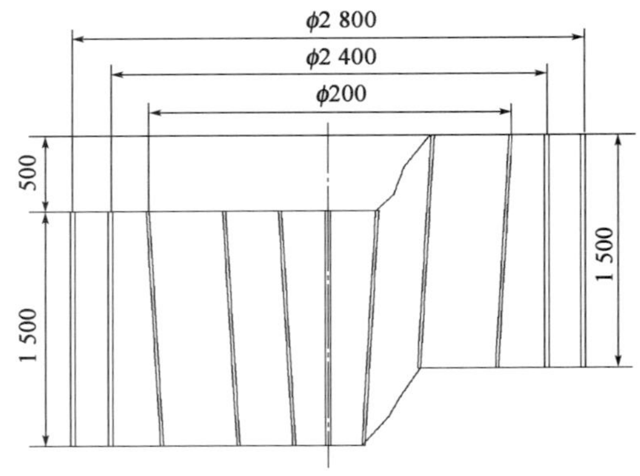

图 3.1-5　台阶式开挖逐层布孔图(尺寸单位:mm)

(3)孔内渗水处理

由于 -25m 高程以上渗水量较少, -25m 以下一天渗水量约 30m^3,故采用高压水泵排水,对穿过 F8 断裂带的桩孔采用及时喷护的方法,并备用水玻璃阻水。

(4)孔内通风

0m 高程以上保持孔内通风良好,0m 高程以下每一次起爆后先喷淋水,然后向孔底送风送氧。

(5)桩侧摩阻失效处理

在 0m 高程以上安装桩侧摩阻失效钢管。钢管采用厚度 t = 12mm 钢板由工厂卷制,钢管内径为 2.8m,按 6m 分段运输,在现场焊接成设计长度。钢管外侧涂 2mm 沥青涂层,作为摩阻失效处理。摩阻失效钢管安装完成后在钢管外压注 M30 砂浆填筑。

(6)桩基混凝土浇筑

视桩孔内渗水量多少,1 ~21 号桩基检底后按普通混凝土浇筑,对于 22 ~24 号桩由于孔内渗水量较大,采用水下混凝土灌注方法施工。

北塔桩基开挖成功采用了隧道施工所用的谨慎爆破技术,在老虎山坚硬的岩石岩层中(图3.1-6),平均每天达到1.0~1.2m,单天成孔1.8m的进度,施工质量、安全控制良好。谨慎爆破与人工机械相结合的成孔工艺确保了北塔桩基础施工质量,控制了成孔过程中的不利因素,在不影响周边岩石结构的稳定性情况下,在有效工期内按时按质完成了工程任务。

图3.1-6 北塔桩基基底岩层示意图

2)北索塔施工

(1)起步段施工

起步段为1~4节段,采用落地脚手架结合翻模施工工艺完成。塔身施工分层图见图3.1-7。

(2)索塔塔身施工

①索塔塔身采用液压自动爬模施工工艺。

爬模系统循环作业工艺流程:拆模→连接爬锥悬挂模板→爬升导轨→爬升模板系统→合龙模板系统→测量放样面板→面板定位→安装拉杆→预埋爬锥→拆模。

②钢筋、模板、混凝土施工同索塔起步段施工。

③预埋件及附属结构施工。塔柱预埋件主要包括结构埋件和施工临时埋件。为保证塔身美观,施工埋件尽可能采用预埋螺栓。施工完成后及时封堵。塔柱外电梯平台、内爬梯结构及防雷设施等附属结构,在塔柱施工中由塔吊和卷扬机起吊安装。

液压自爬模系统在北索塔施工中,施工后的塔身表面平整、光滑,混凝土强度、塔身线性均满足设计要求。并且克服了施工周期较长、海上施工环境恶劣、爬升高度高、施工作业危险等方面的困难,有效地缩短了西堠门大桥索塔的建设时间,确保了工程质量和工程安全。

(3)横梁施工

索塔横梁采用搭设支架现浇方式施工,为确保混凝土施工质量,分段浇筑施工,在横梁两端各设置1m长的后浇段,后浇段的设置,可削弱塔柱与横梁间的约束嵌固效应,减小混凝土裂纹产生概率,保证索塔施工质量。

中横梁与塔柱联系部分与塔柱同时浇筑,共分三次完成,第一层浇筑底板及部分腹板混凝土,浇筑高度为2.325m(上横梁为2.039m);第二层浇筑部分腹板,浇筑高度为2.175m(上横梁为4.5m);第三层浇筑部分腹板及顶板混凝土,浇筑高度为4.5m(上横梁为2.461m);被后浇段分隔开的部分可与其异步浇筑,共分两次完成,浇筑高度分别为4.5m和4.5m;最后浇筑两个1m宽合龙段。图3.1-8为完工后的北塔全貌图。

根据分析计算,第42层塔柱施工前应完成中横梁后浇段施工,而上横梁后浇段施工则可在塔柱施工完成后进行。

后浇段设在距塔柱2m位置,该位置处于成桥后塔柱恒载与横风载(桥轴向)共同作用下反弯点(弯矩零点)附近,可尽量减小非同步施工对混凝土结构受力的影响,该位置混凝土为与横梁同强度升级的微膨胀混凝土。

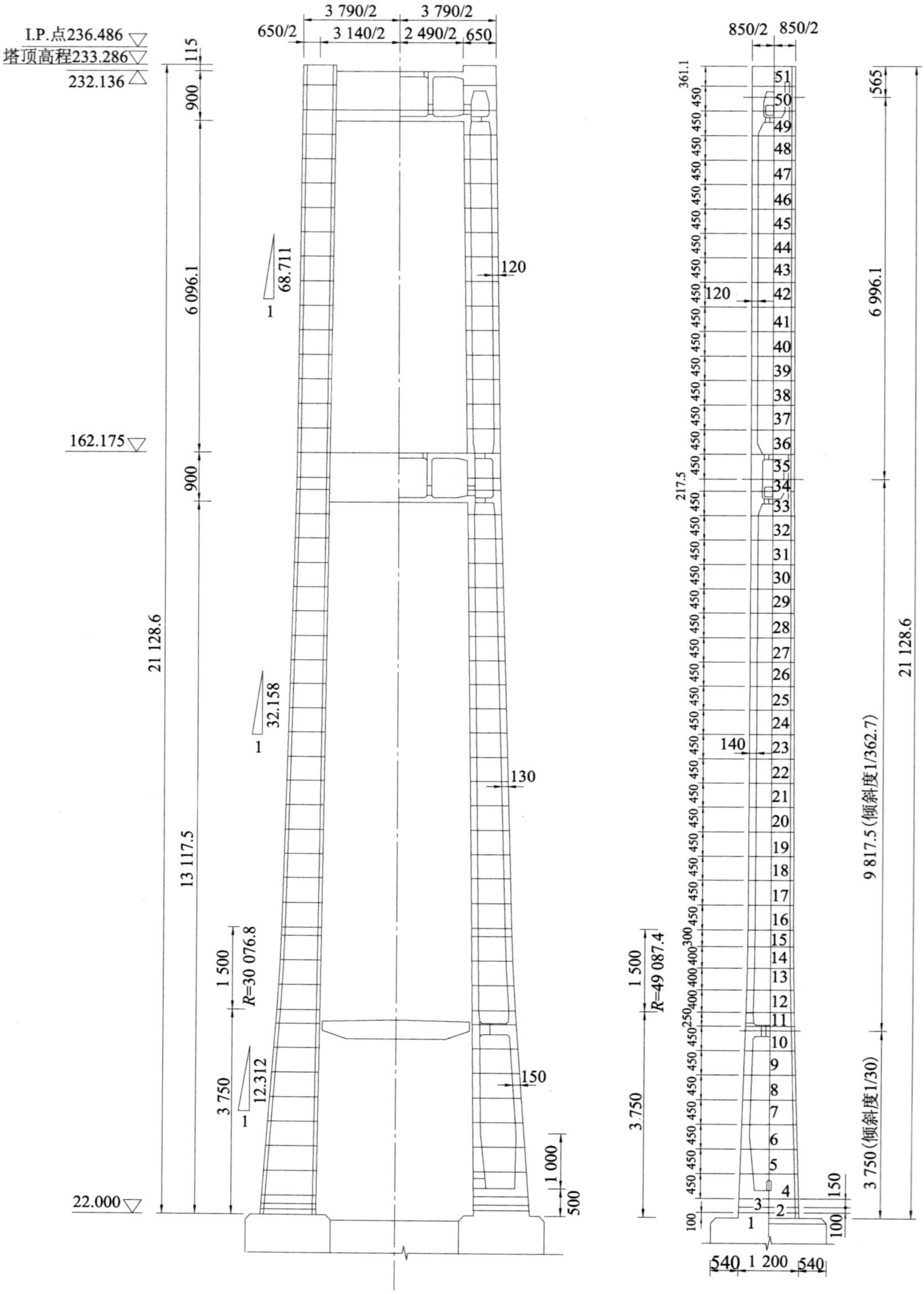

图3.1-7 北塔塔身施工分层图（尺寸单位：cm；高程单位：m）

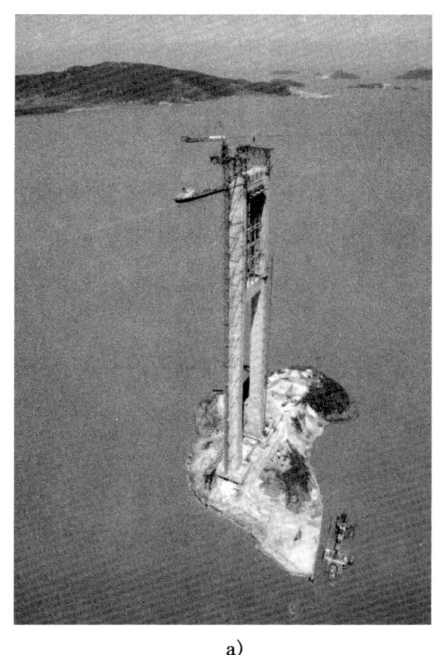

a)

b)

图 3.1-8　完工后的北塔全貌图

3.2　锚碇施工方案

南北锚碇均为重力式锚碇，施工工艺基本相同，本文以北锚碇为主进行介绍。

3.2.1　施工总体布置

由于锚碇处于册子岛上，册子岛有开阔的地形布置生产场地，锚碇通过便道与生产场地相连接，锚碇施工的大部分材料（如钢筋和构件），可以直接运到现场进行安装。

1）塔吊

北锚碇安装 2 台塔吊（1 台 F0/23B，1 台 QTZ63），分别布置在 9m 平台上两连接部之间和锚块后 11m 边坡台阶上，臂杆长度各为 50m。北锚碇塔吊布置见图 3.2-1。

2）水池

在锚碇左侧边坡外较高点建一座 500m^3 水池，供应锚碇养生和温控循环用水。锚碇施工用水与混凝土冷却用水均采用自来水。

3）拌和站布置

拌和站设置两套 75m^3/h 混凝土拌和楼。拌和站场地选择在锚碇后端海湾处，海湾处利用锚碇挖方填筑到海平面以上 8m。混凝土采用拖泵直接泵送到入模位置。

3.2.2　主要施工工艺和方法

1）锚碇的开挖

北锚碇共有基坑开挖土石方 136 241m^3，锚碇基坑采用人工、机械和预裂、光面爆破技术结合的方式进行开挖。

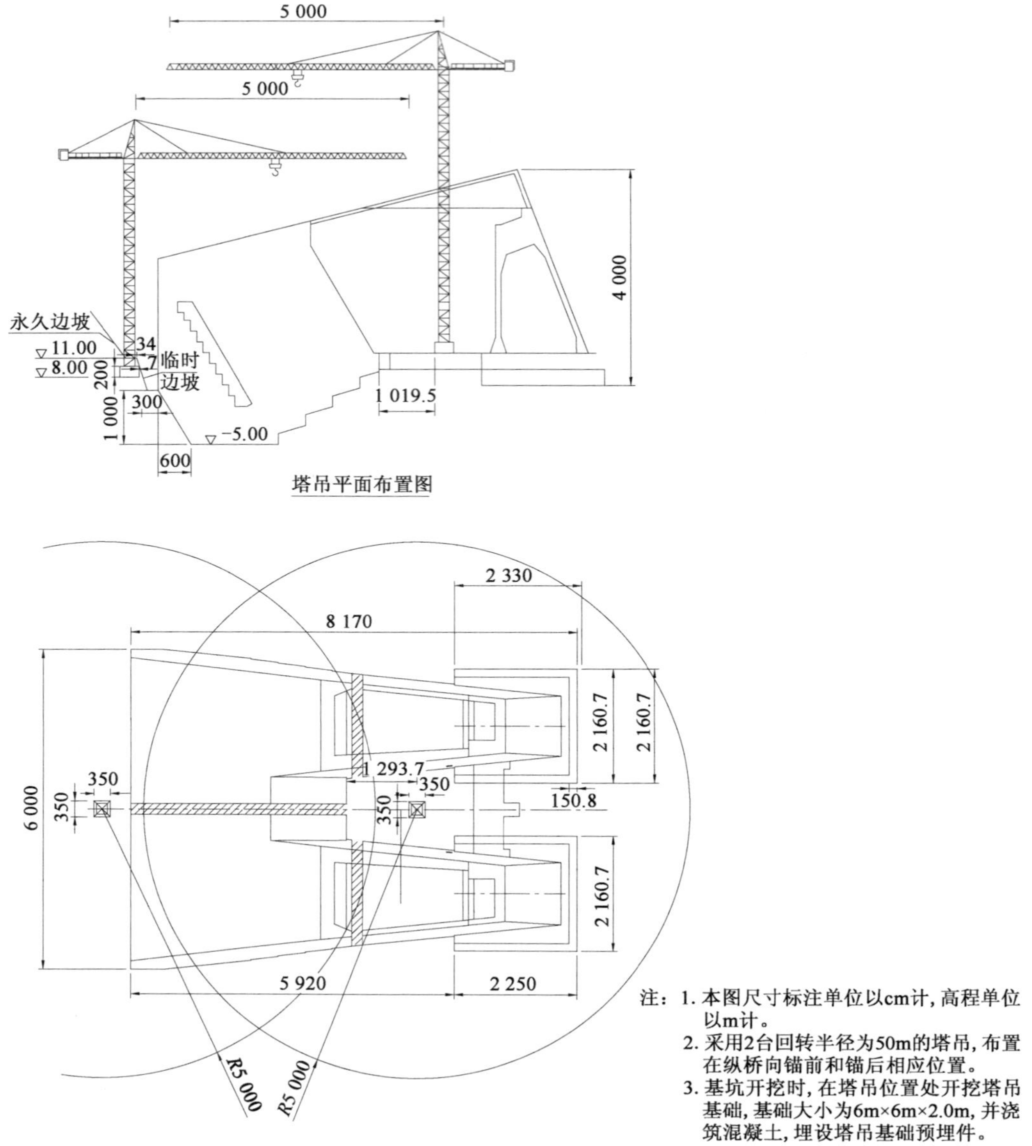
5 000
5 000
4 000
永久边坡
11.00
8.00
34
7
临时
边坡
200
300
1 000
−5.00
600
1 019.5
塔吊平面布置图
2 330
8 170
2 160.7
2 160.7
1 293.7
350
350
350
350
150.8
6 000
2 160.7
5 920
2 250
R5 000
R5 000
注：1. 本图尺寸标注单位以cm计，高程单位以m计。
2. 采用2台回转半径为50m的塔吊，布置在纵桥向锚前和锚后相应位置。
3. 基坑开挖时，在塔吊位置处开挖塔吊基础，基础大小为6m×6m×2.0m，并浇筑混凝土，埋设塔吊基础预埋件。

图 3.2-1　北锚碇塔吊布置图

(1)施工总体方案

总体来说，锚碇周边采用预裂爆破；对于1∶0.3的齿状台阶来说，采用了光面爆破工艺；而对高程6.0m、-5.0m平台，采取中间掏槽，逐渐向两端推进的缓冲控制爆破；高程+9.0m平台采取前后端向中间推进的缓冲控制爆破，参看图3.2-2爆破区划分图。

北锚区基坑底部爆破开挖至建基面以上1m时，按设计要求由机械清除、人工修整。由于锚碇区面积比较大，机械及人工清除1m厚的岩石工程量过大，为加快进度且保证基坑底部的完整，决定采取控制爆破工艺进行最后1m的开挖工作。

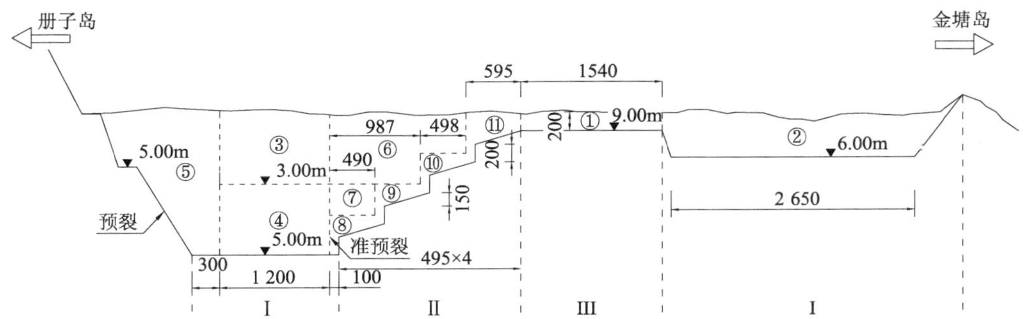

图 3.2-2　爆破区划分图（尺寸单位：cm）

（2）Ⅱ区光面爆破的实施

用于1∶0.3的齿状台阶爆破。选用便携式潜孔钻布孔。孔径$\phi50\sim\phi80$，孔距$a\leqslant0.8$m，孔水平深度4.95m，按$q=200\sim250$g/m均匀装药。侧壁选用$\phi42$手风钻布孔，孔距$a=50$cm，孔深$h=2.0$m，$q=150\sim200$g/m，并同时起爆（见图3.2-3）。台阶侧壁均采用了光面爆破工艺，参数同上。

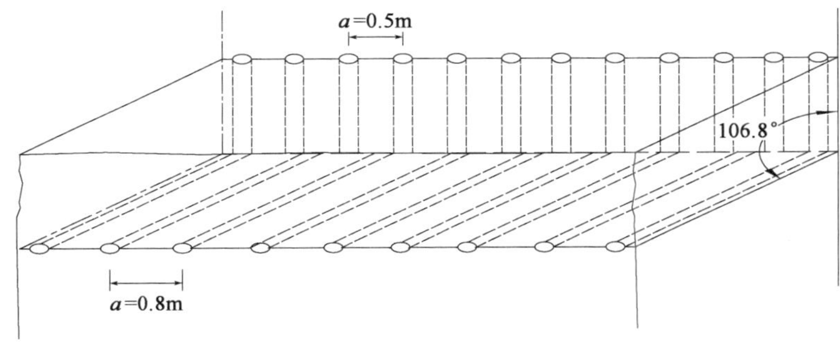

图 3.2-3　Ⅱ区布孔图、布药图

（3）根部缓冲控制爆破

对于高程6.0m平台、高程－5.0m平台（Ⅰ区）及高程＋9.0m平台（Ⅲ区）这3个平台，采用了根部缓冲爆破。按照孔深达到基底高程，内置25cm的竹筒，随后再布炸药。逐排分段施爆。孔距$a=b=0.8h$，梅花形布孔。药量平均单耗$q=0.35$kg/m^3（图3.2-4）。对于高程6.0m平台、高程－5.0m平台凹陷在四周的边坡，在中间掏槽后，再逐排向外侧推进；高程9.0m平台则由前后端向中间位置逐排推进（图3.2-5）。掏槽对称布置两排，排距0.6m，斜度1∶0.5～1∶0.10。药量平均单耗$q=2$kg/m^3。

2）锚块施工

锚碇锚块共用C30混凝土62 690m^3，Ⅱ级钢筋973t。

（1）锚块混凝土分层施工

温控单位对西堠门大桥锚碇大体积混凝土温控方案进行了深入研究。首先，通过大量试验取得锚碇大体积混凝土物理、热学性能参数，并根据锚碇的结构特点进行了大体积混凝土分层、分块及冷却水管设计，在此基础上，对锚碇各部位大体积混凝土进行温度场及仿真应力场计算，根据计算结果制定了不出现有害温度裂缝的温控标准和相应的温控措施。

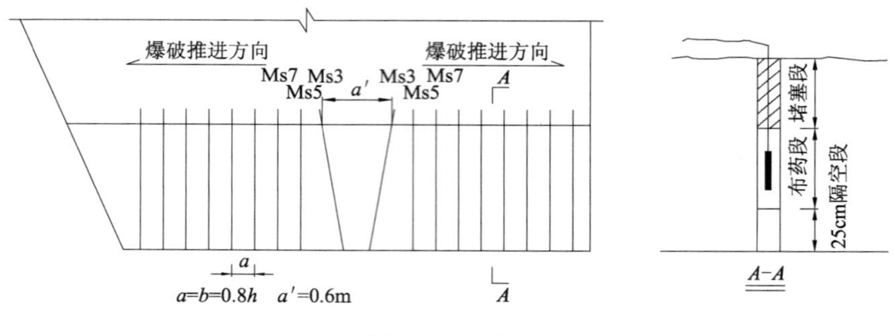

图 3.2-4 Ⅰ区布孔图

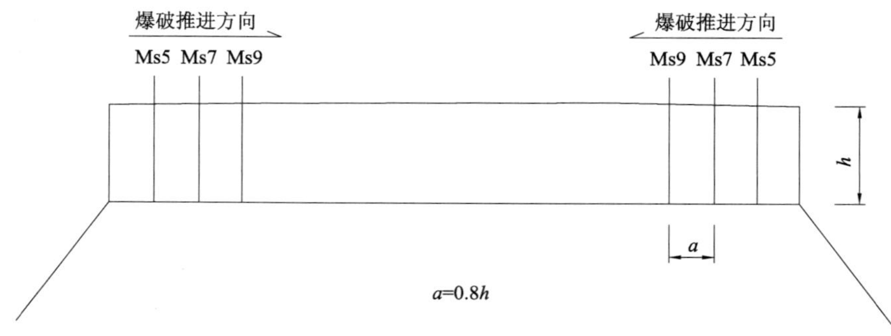

图 3.2-5 Ⅲ区布孔图

锚块共分 26 层进行浇筑，标准层厚 150cm，混凝土一次浇筑方量最多约 2 100m^3，如图 3.2-6所示。根据结构特点，锚碇共布置 28 层冷却水管。冷却水管均为 $\phi40\times2$ 焊管。

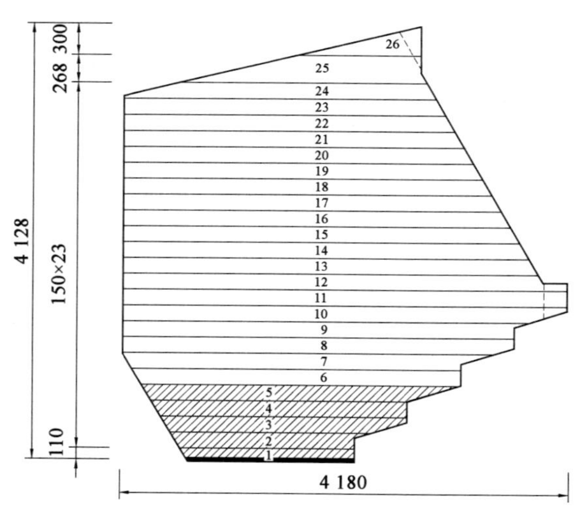

图 3.2-6 锚块混凝土分层示意图(尺寸单位：cm)

(2)锚块施工模板体系

锚块外模采用 DP180 式悬臂模板系统。模板总高 3.15m，一次支模浇筑两次，每次浇筑高度为 1.5m(特殊部位按温控要求)。模板下包混凝土 0.1m 上挑 0.05m。锚块后浇段分隔段模板采用满堂式支架支撑组合钢模。

(3)锚块混凝土的浇筑

①浇筑工艺

混凝土采用 2 套 75m^3/h 陆上拌和站集中拌和，2 台输送泵浇筑各块混凝土。按设计图纸和温控方案划分各层厚度。

每层由于浇筑面积大、混凝土方量多，考虑到混凝土生产能力的限制，施工从一侧开始，以坡比 1:5 按斜面法布料，由低处向高处浇筑，水平推进作业。由于混凝土采用泵送施工,具有较大的流动性,施工时在前端设置挡板。

混凝土浇筑时间选择在室外温度较低时进行,以夜间施工为主,并根据气温控制混凝土入仓温度。

②施工缝处理

对水平缝做到"面面俱到",处处呈现毛面露石,并认真检查,严格把关。垂直缝采用人工凿毛,凿毛的时间在混凝土的强度达到2.5MPa后进行。

③混凝土养护

混凝土的养护,夏季采用喷淋自来水并覆盖土工布保湿;冬季采用塑料薄膜保湿并覆盖泡沫材料保温,+5℃条件下采用蒸汽养护措施。

3)散索鞍基础及墩身施工

散索鞍墩作为锚碇的主要受力结构之一,承受由散索鞍传递的主缆压力。散索鞍墩为斜体矩形实体结构,分左右线两支墩。在散索鞍墩施工时,左右支墩同时进行。

散索鞍支墩的混凝土施工与锚块混凝土施工平行交叉进行,施工时按流水作业管理。散索鞍支墩基础属于大体积混凝土结构,其混凝土施工的各项控制要求措施与锚块混凝土相同。施工时采用翻模法逐段浇筑混凝土。散索鞍支墩基础分三次浇筑,第一层浇筑两次,第二层浇筑一次。

散索鞍支墩采用钢管支架搭设工作平台,同时作为模板的支撑。钢管支架随施工高度而上升。墩身空心部分混凝土分层浇筑,每层厚3m,顶部实心体分三层浇筑。墩身空心部分混凝土分层浇筑,每层厚3m,顶部实心体分三层浇筑。支墩顶部实心部分由于混凝土用量大,采用万能杆件搭设支架。为防止顶部实心体混凝土产生温度裂缝,在距混凝土底125cm处布置间距150cm三层冷却水管。冷却水管采用$\phi40\times2$电焊钢管,冷却完毕后,压入M30砂浆封填。

在接近散索鞍顶时,有上部构造施工用的猫道预埋件等,根据相关图纸正确施工。

4)后浇段施工

北锚碇在左、右锚体分别设置有一条贯穿侧墙和连接部的横向后浇段,在左、右锚块之间设置有一条纵向后浇段。

锚块后浇段在高程2.000m以下部分采用C30防渗微膨胀混凝土,锚块后浇段其余部分和连接部后浇段采用C30微膨胀混凝土,侧墙后浇段混凝土采用C40微膨胀混凝土,混凝土用量共计2 881m^3。

施工顺序为先施工锚块间纵向后浇段,再施工连接部及侧墙横向后浇段。后浇段是把锚碇各部分连接为整体,实现锚碇整体受力的重要部位。施工的关键在于降低其混凝土硬化过程中的内部升温产生的较大温度应力,防止混凝土开裂。因此采用大体积混凝土施工技术。

后浇段在锚碇的各个单位项目都施工完成后一次性浇筑,浇筑时要求所有混凝土内部的冷却水管都通水冷却,使整个锚体温度降到一个稳定的相对低温时进行浇筑施工。

5)锚碇预应力锚固系统施工

(1)锚固系统钢管定位支架布置

锚碇预应力系统钢管采用型钢定位支架进行定位。定位支架采用型钢(角钢)栓焊而成,可分为基架、骨架和片架三部分。支架纵向设置3排,每排宽为3.4m,横向设置3排。基架和骨架立柱采用等边∟200 角钢,其余采用等边∟75 角钢。片架采用等边∟100 角钢。骨架采用分节制作、吊安。北锚碇定位支架中间排结构示意见图 3.2-7。

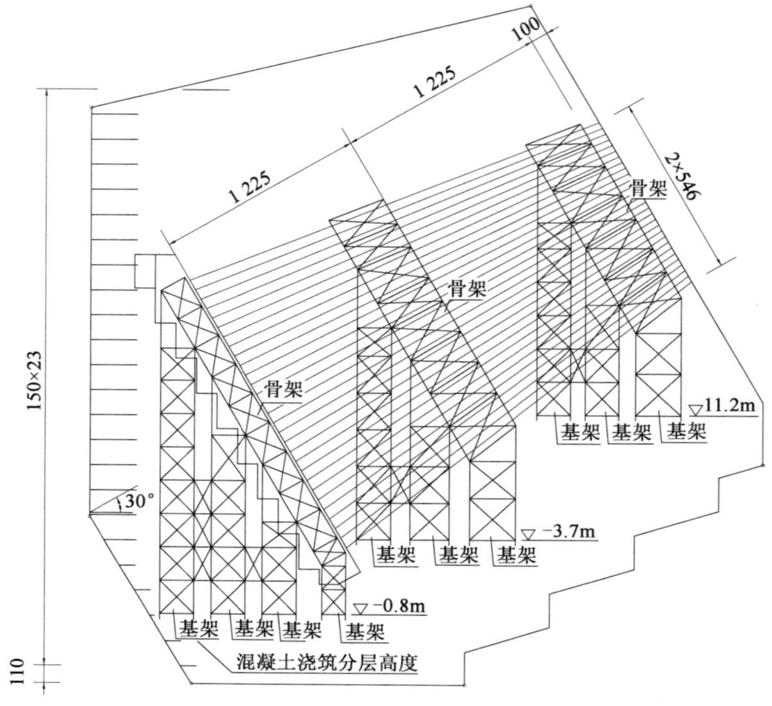

图 3.2-7　北锚碇定位支架中间排结构示意图(尺寸单位:cm)

(2)定位钢支架加工

①定位钢支架由专业工厂进行加工,为了保证定位精度及顺利进行定位安装,支架严格按照设计要求加工。

②加工时,合理的对支架进行划分。在满足吊装质量的情况下,尽量减少现场拼装工作量。

③定位钢支架加工完成后,首先在地面上试拼、校核并进行编号,满足设计要求后运至施工现场进行安装。

(3)定位钢支架和预应力管道的安装

预应力管道及支架施工流程(图 3.2-8)如下:

①定位钢支架的基架采取在浇筑基架底层混凝土时,在基架底面四个角点处预埋角钢的方法进行定位。在安装时,把角钢调至设计高程,在其顶面用角钢把四角连成一整体框架,再准确放出 4 个角点位置,依次安装基架。

②骨架安装时先用螺栓连接,待安装调位后再焊接成型。支架吊装,由布置在坑内的塔吊承担。每安装一层定位支架,都要进行反复调整。

③骨架安装好后,便可安装定位相应的片架。在片架安装之前,首先在安装好后的骨架上放样出 3 个三维坐标点,并给出该三点与片架中心线的相对距离。据此可以将片架基本调整到位。

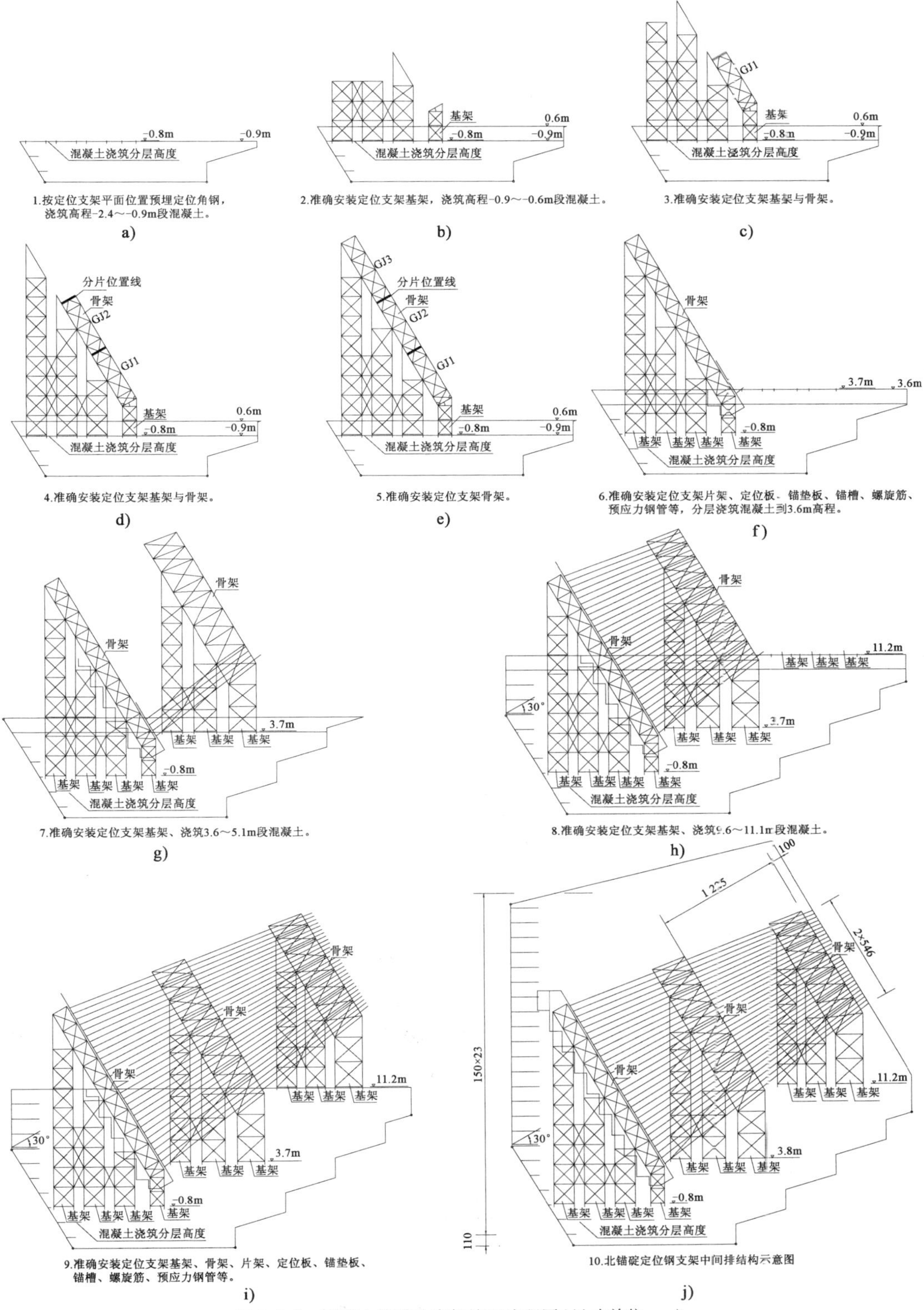

图3.2-8　预应力管道及支架施工流程图(尺寸单位:cm)

④在每一片架上放样出该断面上各圆弧板的 y 轴点位，并利用所测三维坐标，计算出该点与圆弧板中心顶点之间的 x 方向距离（即高差），根据这 2 个值精确定位圆弧板，使得圆弧板中心顶点与该断面预应力钢管的中心点重合。

⑤预应力钢管安装完成后，进行测量检查。浇筑混凝土前，再测量检查，确保各项误差指标都控制在设计要求的范围内，同时确保在浇筑混凝土时定位支架不变形。

6）锚碇横梁施工

锚碇横梁采用支架法施工，横梁与散索鞍支墩采用异步施工的方案进行，横梁主筋在散索鞍支墩施工时先行预埋，为方便模板施工，钢筋预埋段与接出段钢筋采用直螺纹套筒连接。锚碇横梁施工采用支架与牛腿相结合的施工方案。横梁支架采 $\phi800\times12$ 钢管搭设，钢管立柱共布置 6 根。锚碇横梁施工总体布置见图 3.2-9。

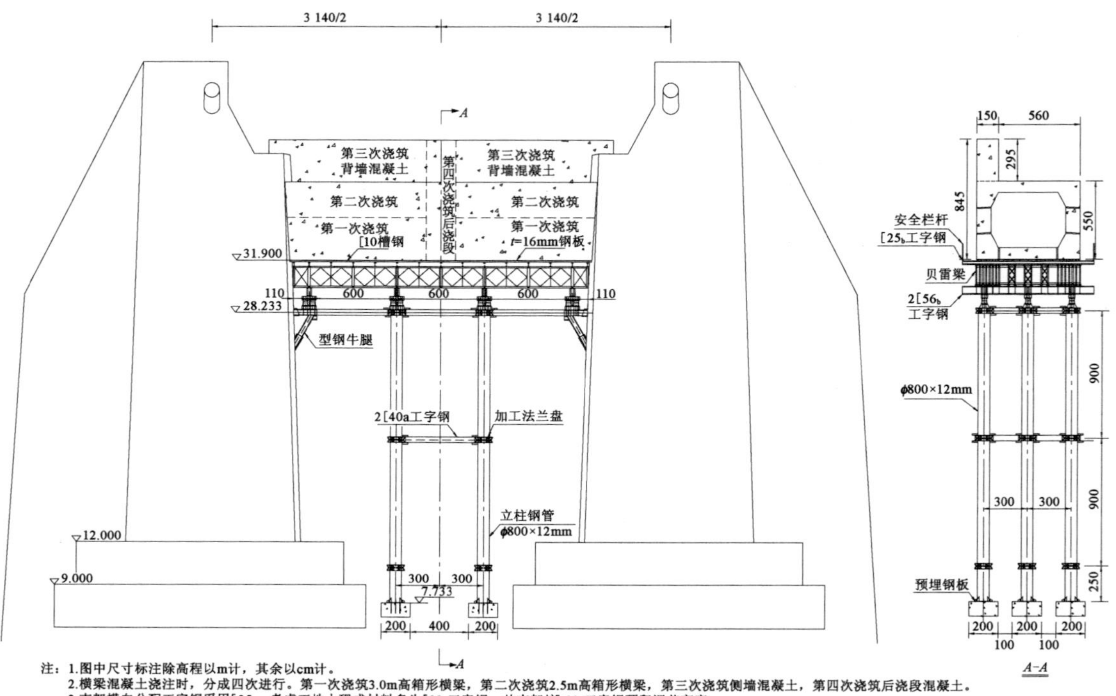

图 3.2-9　锚碇横梁施工总体布置图

混凝土按先分段后分四层浇筑方案进行，第一层浇筑底板及部分腹板混凝土，高度 3.0m，第二层浇筑部分的腹板、顶板混凝土，高度为 2.5m，第三层浇筑背墙混凝土，高度为 2.95m，第四次浇筑 2m 宽合龙段微膨胀混凝土。

7）大体积混凝土的温控措施及施工工艺

（1）大体积混凝土主要包括锚碇锚块混凝土、连接部混凝土、散索鞍支墩基础及上部实心段混凝土、北塔承台混凝土、塔柱起步段混凝土及塔顶封顶混凝土，其的特点是：

①浇筑方量特别大，强度等级高；

②分层、分块多、混凝土结构复杂；

③施工期长、经历一年中的最高温度季节和最低温度季节，温控防裂难度大。大体积混凝

土施工主要难度在于如何控制水化热，避免混凝土开裂或造成过大的温度应力。目前采用的通用办法就是优化配合比，调节混凝土材料的入模温度，混凝土内部进行温度调节，合理划分浇筑高度及浇筑顺序，加强混凝土的养护等措施。

（2）温控方案根据结构尺寸、边界条件、施工工期及进度制定，内容包括：①混凝土配合比设计；②混凝土物理、热学性能检测、混凝土早期热开裂性能检测；③混凝土分层、分块设计；④大体积混凝土温度场、应力场仿真计算；⑤温控标准和温控措施的制定；⑥温度、应力测点布置与现场实施等。现场温控措施：在大体积混凝土施工中，从混凝土的原材料选择、配比设计以及混凝土的拌和、运输、浇筑、振捣到通水、养护、保温等全过程实行有效监控。

（3）本工程采用冷却水管出水养护，既能达到保温、保湿养护的效果，又可以减少水资源的浪费。保证混凝土内表温差及气温与混凝土表面的温差在控制范围内。

（4）夏季施工：使用前充分冷却水泥，确保施工时水泥温度≤50℃。搭设遮阳棚，堆高集料、底层取料、用水喷淋集料，以降低集料温度。采用夜间浇筑为主。当浇筑温度超过30℃时，采用拌和水加冰措施。加快运输和入仓速度，减少混凝土在运输和浇筑过程中的温度回升，混凝土输送管外用草袋遮阳，并经常洒水。

（5）冬季施工：当日平均气温低于5℃时，采取拌和水加热及运输过程保温等措施来防止混凝土受冻。

（6）控制混凝土浇筑间歇期、分层厚度各层混凝土浇筑间歇期控制在5～7d，最长不得超过10d。为降低老混凝土的约束，需做到薄层、短间歇、连续施工。因故间歇期较长，需根据实际情况在充分验算的基础上对上层混凝土层厚进行调整。北锚块混凝土分26次浇筑，为减小基础约束并考虑结构的特点，分层厚度由薄到厚。

北锚碇完工后的全貌见图3.2-10。

图3.2-10　北锚碇完工后全貌图

3.3　缆索系统架设施工方案

3.3.1　工程概况和特点

西堠门大桥主缆跨径由北向南的组成为：30.311m（北锚跨）+578m（北边跨）+1 650m（中跨）+485m（南边跨）+24.428m（南锚跨）。成桥状态垂跨比为：北边跨1/27.212，中跨1/10，南边跨 1/109.654。两根主缆间距为 31.4m，每根主缆无应力长 2 879.676m，单根质量约 10 613.5t，主缆总质量约 21 227t。每根主缆中，从南到北通长索股有 169 股，通长索股平均无应力长度 2 880.668m，质量为 62.15t。南、北边跨分别增设 2 根和 6 根背索，南、北边跨背索平均无应力长度分别为 551.626m 和 645.226m，质量分别为 11.905t 和 13.925t。每束索股由 127 丝 ϕ5.25 镀锌钢丝组成。锚头采用热铸锚，索股锚头通过拉杆与锚碇预应力锚固系统连接。

在主缆索股架设时，由于受季风影响，季风发生频率高，有效工作日仅占 1/3，受气候影响明显，索股调整难度加大，索股调整进度控制主缆架设工期，要求采用新技术提高索股调整的效率与精度。

3.3.2 主、散索鞍安装

1）索鞍安装施工概况

索鞍安装施工包括：塔顶主索鞍与鞍罩、锚碇散索鞍及其附属构件安装施工，全桥主索鞍和散索鞍各 4 套，安装构件包括格栅、底座和主、散索鞍鞍体等部分。

利用门架与配套的提升系统分别吊安主索鞍格栅、座板、鞍体，散索鞍座板、鞍体等部件。较轻的小件则由塔吊直接安装。

根据本桥的地形特点和场地运输条件，南北岸的主、散索鞍的吊装方案略有不同：由于老虎山地形限制，北岸主索鞍从中跨侧进行吊装；北锚散索鞍由散索鞍支墩后侧进行吊装；南岸主索鞍从跨中侧进行吊装，南岸散索鞍由散索鞍支墩后侧进行吊装。

南、北岸主索鞍和北岸散索鞍用船运到施工现场，浮吊起吊至平板车运输到主塔或锚碇下方，再利用塔顶和锚碇悬臂门架吊装就位；南岸散索鞍直接用大型平板拖车运输到锚碇侧墙左方，用 100t 龙门吊将索鞍吊放到轨道平车支架上固定，启动轨道平车牵引卷扬机车牵引到锚碇悬臂门架吊点下方，直接利用锚碇悬臂门架吊装就位，见图 3.3-1。

图 3.3-1　主索鞍利用塔顶门架安装就位图

2）主索鞍安装

主索鞍由主索鞍系统和格栅系统组成。主索鞍系统由锚梁、鞍体、上下承板、安装板等组成，最大吊装质量为主索鞍的半个鞍体质量 65t，吊装尺寸为 4.05m × 3.762m × 3.5m；最大吊装尺寸为格栅系统，由格栅和反力架构成，为钢板组焊件，单件质量 35.7t，最大吊装尺寸为

11.23m×3.82m×3.2m。

(1)安装工艺流程

主索鞍吊装工艺流程见图3.3-2。

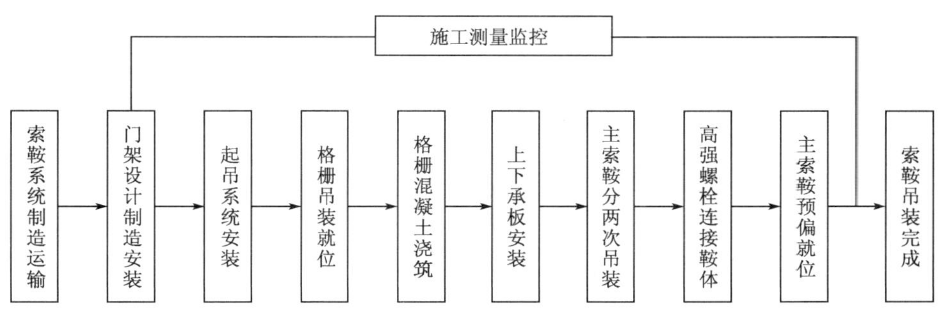

图3.3-2 主索鞍吊装工艺流程图

(2)门架及其起吊系统

主索鞍及其附属构件的安装,均通过塔顶门架和门架吊装系统完成。

门架为钢桁架结构,各构件之间主要采用高强螺栓连接以简化施工安装。塔顶门架高8.8m,宽5.5m,吊装阶段顶部纵梁长20.85m,悬臂长11m,塔顶门架设计吊装能力按主索鞍单件最大设计质量约60t设计。

塔顶门架及锚碇门架结构图分别见图3.3-3和图3.3-4。

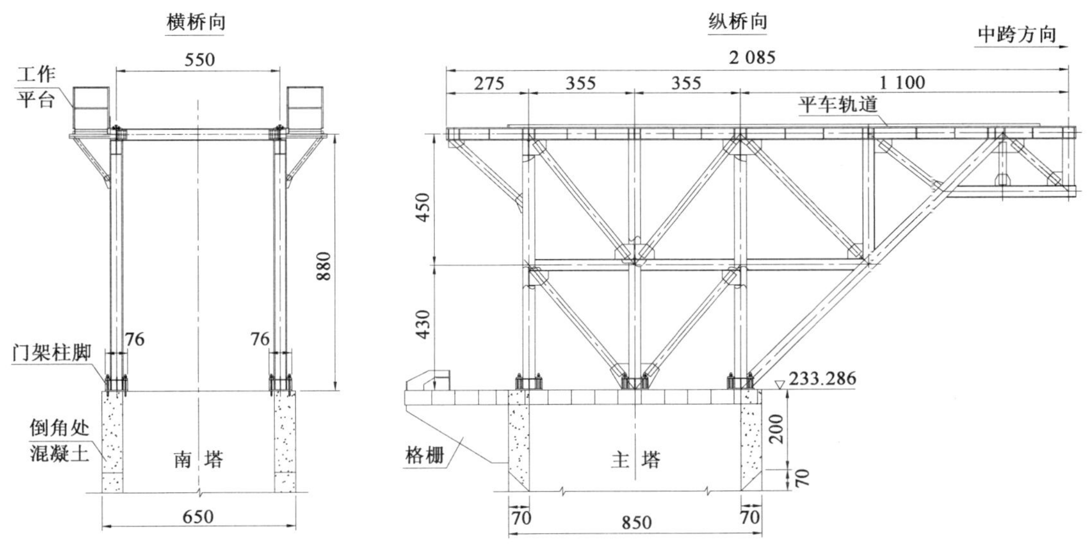

图3.3-3 南塔塔顶门架结构图(尺寸单位:cm;高程单位:m)

南北塔门架系统分别为两套。南、北塔门架主桁钢材选用宽翼缘H型钢,其设计极限应力为345MPa,极限剪应力为185MPa,许用应力为200MPa,许用剪应力为120MPa。

南塔顶门架起吊系统采用2台JKB18卷扬机进行吊装,单台卷扬机最大输出张力180kN,每台卷扬机钢绳通过滑车组绕4线;北塔顶门架起吊系统采用2台10t卷扬机进行吊装,单台卷扬机最大输出张力100kN,每台卷扬机钢绳通过滑车组绕6线。

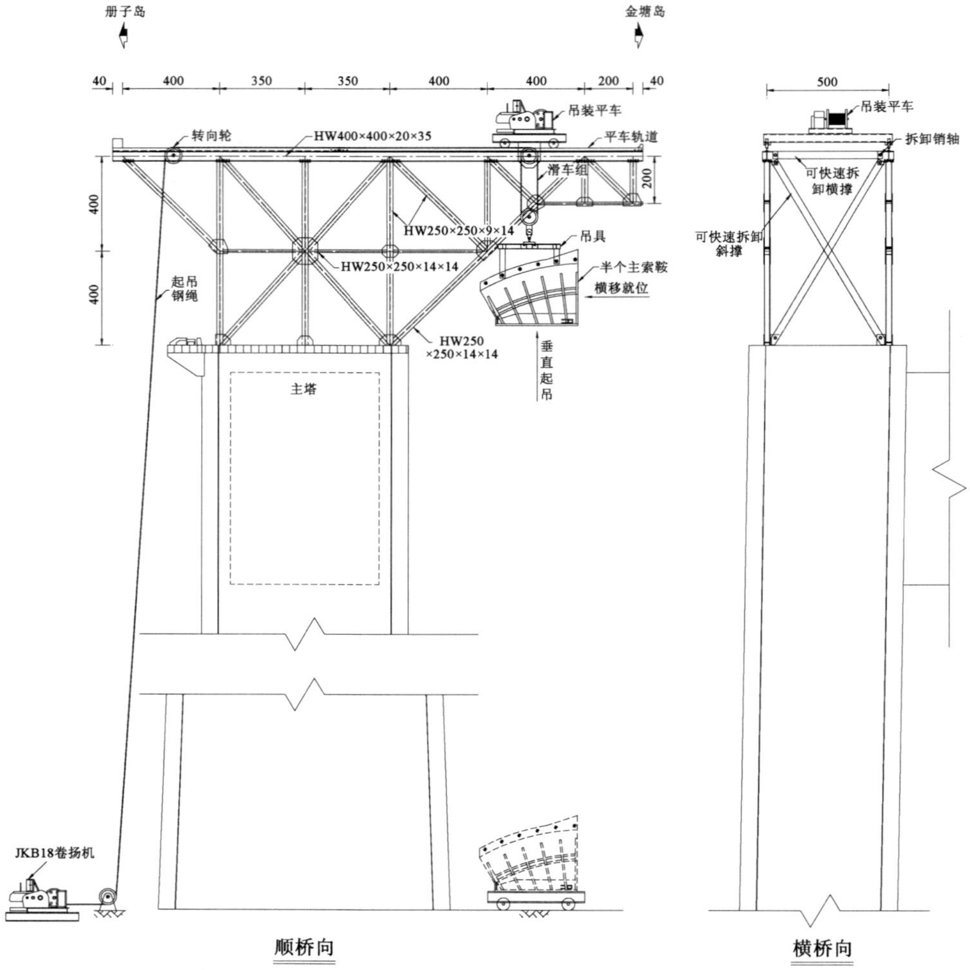

图 3.3-4　北塔塔顶门架及起吊系统示意图(尺寸单位:cm)

(3)主索鞍吊装施工

①主索鞍运输

主索鞍在工厂加工完成后,船运至南、北塔工地码头交货。格栅、上、下承板以及索鞍到码头后采用 150t 浮吊吊至平板车上,然后将索鞍运输到吊点下方。其他部件利用 50t 起重机在码头起吊,用平板车运输到塔位,再用 50t 起重机卸车。

②主索鞍吊装施工

南北塔由于地形限制,采用搭设支架平台的方法进行索鞍构件的横移及辅助吊装工作。

南塔索鞍及其附属构件起吊时,左右幅塔柱均采用各自完整的一套起吊系统,每个主塔左右幅塔柱各 2 台 JKB18 起重卷扬机放在两塔柱中间的空地上,处理好卷扬机基础,卷扬机钢丝绳经转向轮和滑车组与索鞍吊具相连,吊装机具布置如图 3.3-5 所示。

北主索鞍安装情况与南主索鞍类似,只是吊具不同。

主索鞍及上、下承板等构件运至施工现场后,先吊装安装格栅。吊装过程要保证平稳,当起吊至施工设计高度后,移动门架顶部平车,到设计位置后,缓缓下放格栅至塔顶。

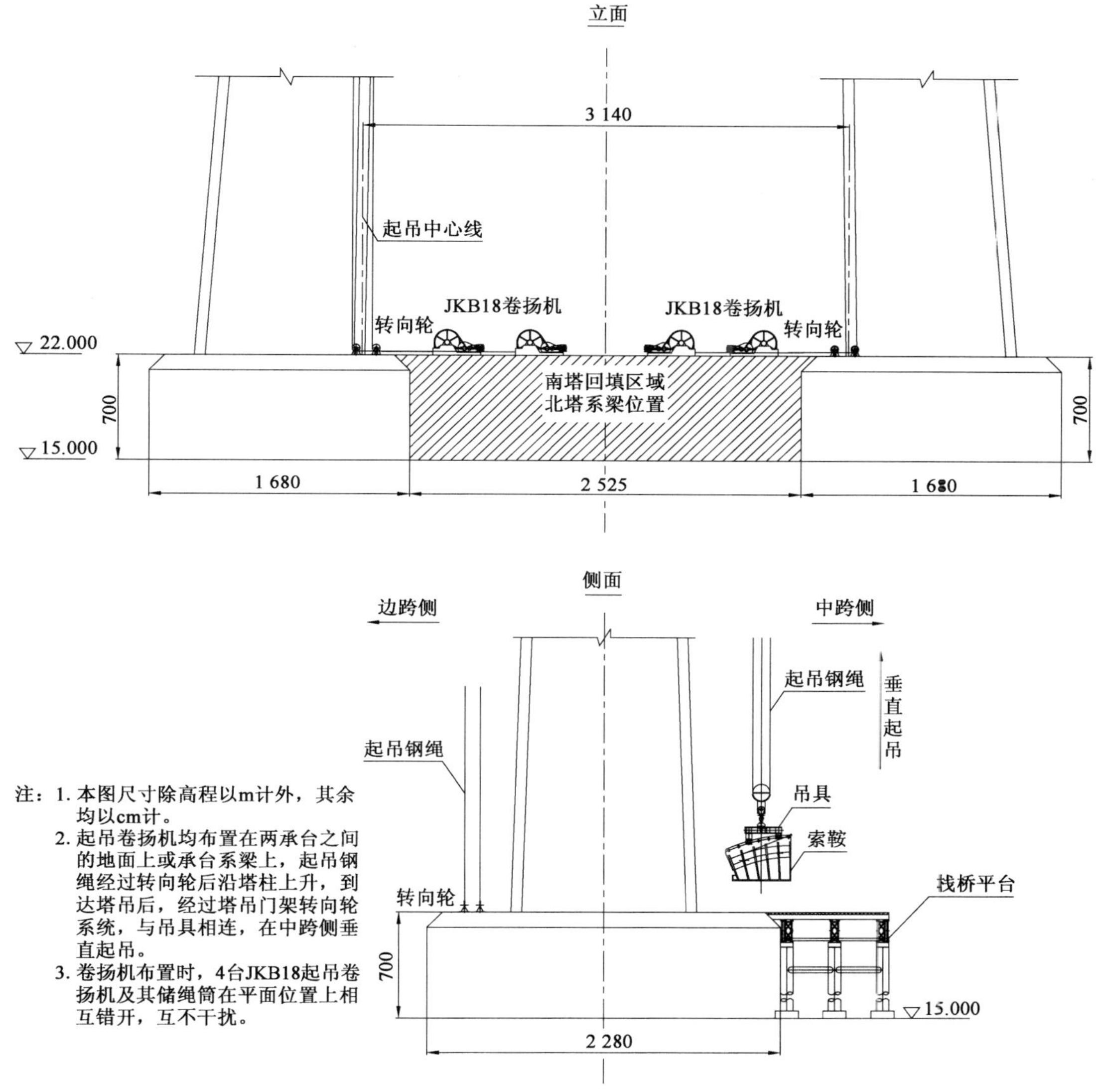

图 3.3-5 主索鞍吊装机具布置

利用精密水平仪及经纬仪等测量仪器，通过格栅调整框架和设在格栅底部的楔形钢垫块，调整格栅的高程及平面位置，使格栅精确定位，严格控制坐标和高程误差符合设计要求，最后浇筑格栅混凝土。施工中应确保格栅在混凝土浇筑及振捣过程中位置保持不变。格栅吊装示意如图 3.3-6 所示。

格栅吊装完成混凝土浇筑强度达到设计要求后，吊装上下承板、安装板和主索鞍鞍体，吊装方法与格栅吊装基本相同，安装板质量较轻可采用塔吊进行起吊安装。所有构件的吊装均采用相应专门设计的吊具进行。索鞍鞍体吊装时先吊装边跨侧半个主索鞍，再吊装中跨侧半个主索鞍，最后将两半鞍体用高强螺栓连接，在主桥上部结构安装过程中，随着钢箱梁的吊装和桥面铺装的完成，索鞍逐步顶推到位，最后割除底板千斤顶反力架，并补浇塔顶缺口处混凝土，主索鞍吊装见图 3.3-7。

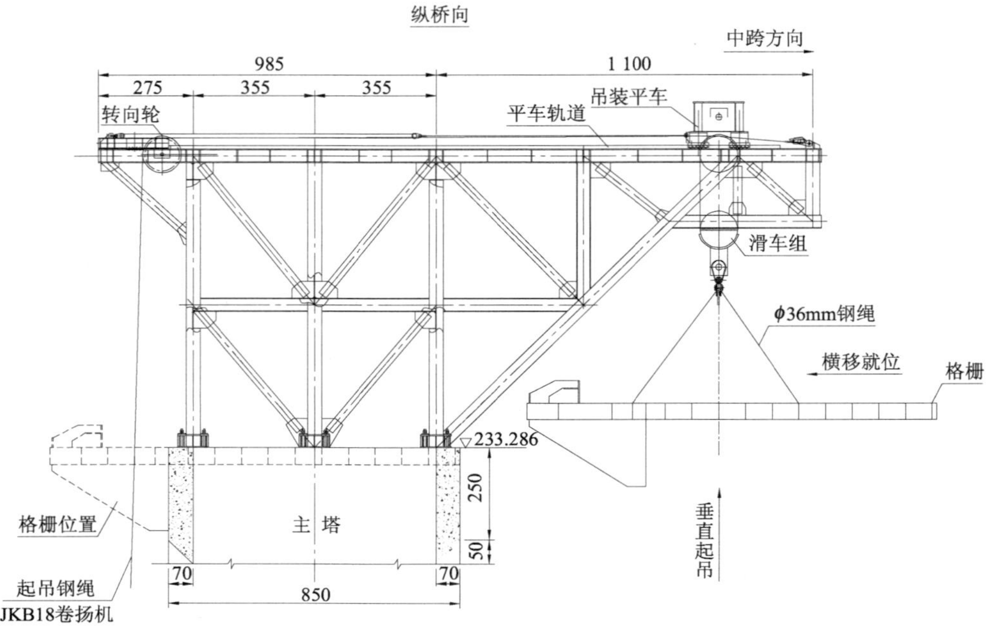

图 3.3-6 格栅吊装示意图(尺寸单位:cm;高程单位:m)

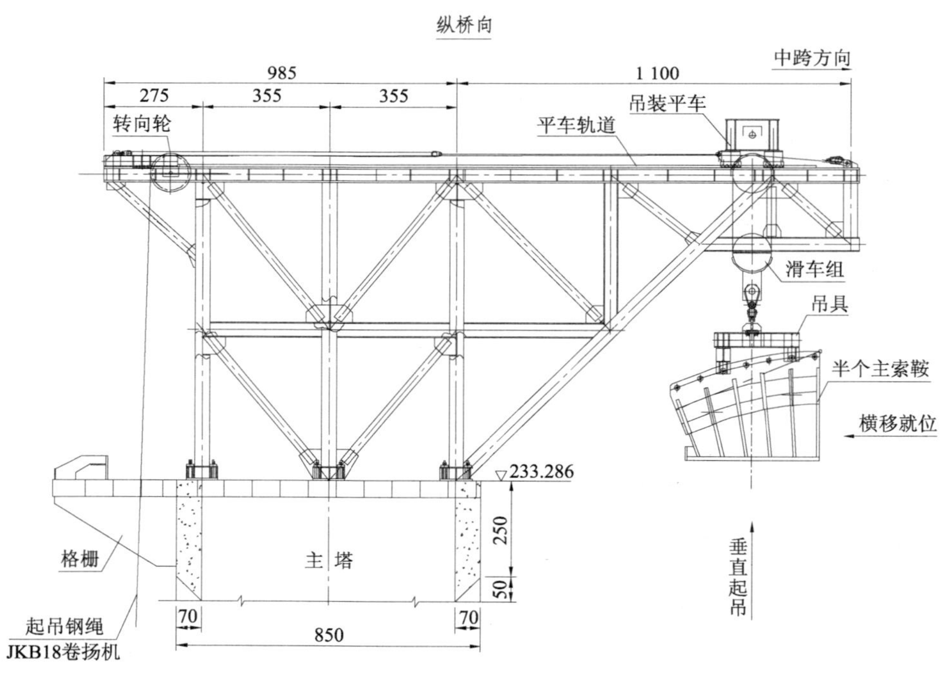

注:1. 本图尺寸除高程以m计外,其余均以cm计。
2. 索鞍吊装分2次进行,先吊装边跨侧半个鞍体,再吊装中跨侧半个鞍体,最后连接固定。

图 3.3-7 主索鞍吊装

3）散索鞍安装

（1）散索鞍吊装工艺流程

散索鞍吊装工艺流程，见图3.3-8。

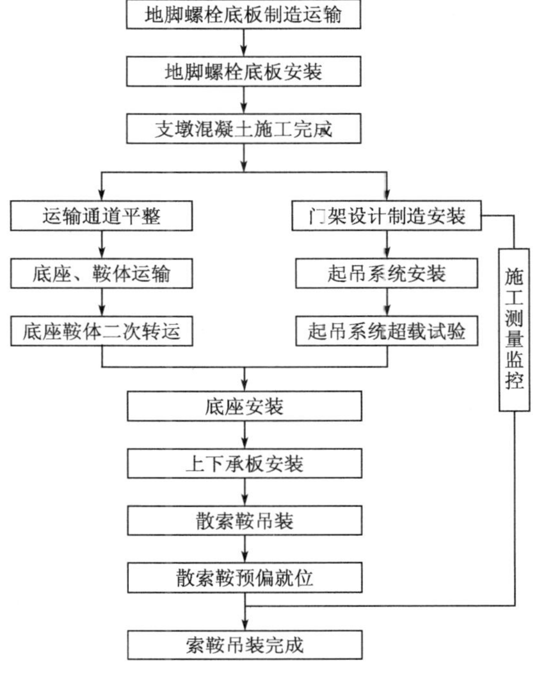

图3.3-8　散索鞍施工流程

（2）散索鞍运输

散索鞍在工厂加工完成后，船运至南岸工地码头交货。到码头后采用300t浮吊吊装鞍体和底座，直接从运输船吊装到码头上的120t平板车上，汽车运输到锚碇。在南、北锚散索鞍起吊运输平车轨道上拼装一个120t门式起重机，用门式起重机卸车，并将散索鞍体直接卸放在用来横移索鞍的轨道平车上。鞍体起吊前，用平车将鞍体横移至吊点正下方，准备吊装工作。底座利用50t履带吊卸船卸车，吊装方法与散索索鞍类似（图3.3-9）。

散索鞍运输轨道采用P43钢轨进行敷设，整个轨道宽3.505m，轨道下铺设4m长枕木，枕木间距按0.8m布置，枕木下回填土层需进行碾压夯实处理，要求0.8m深压实度达到95%。

纵横轨道在转向平台交叉处设置接头，接头位于转向平台边缘内侧0.5m，在平车进行纵移时在平台上安装纵向临时轨道，待平车经转向至横移轨道后，拆除纵向临时轨道，再安装横向临时轨道。

散索鞍运输平车由4台60t小平车按“田”字形组拼成整体，小平车走行轨道中心距2.0m、轴距1.97m。两台小平车中心间距2.7m，通过螺栓板连接定位。其行走动力采用两台5t卷扬机通过滑轮组牵引。

平车顶面放置散索鞍定位框架，定位框宽5m、长4.7m，高3.5m，用56a工字钢焊接而成，框架上设置3肋斜撑，斜撑的斜边与散索鞍安装角度相同，如图3.3-10所示。定位框架纵横向均宽出下部的平车宽度的0.5m左右，便于平车行至转向平台上时，千斤顶对框架的施顶和枕木临时支撑作业。散索鞍经定位框架定位后，重心点位于平车中心，便于散索鞍在运输和顶起转向过程中保持整体平衡。

（3）锚碇门架及起吊系统

散索鞍及其附属构件的安装，均通过锚碇门架吊装系统完成。西堠门大桥北散索鞍支墩顶部高程39.214m，锚碇门架位于锚碇散索鞍支墩顶部。锚碇门架在上部施工中，不仅承担着索鞍及其附属构件的吊装工作，而且在牵引系统、猫道架设、索股架设、缆索吊系统吊装等工作中发挥着极其重要的作用。

锚碇门架同样为钢桁架结构，各构件之间主要采用高强螺栓连接以简化施工安装。锚碇门架高12.5m，宽6.80m，顶部纵梁长15.2m，悬臂长度为7.6m，设计吊装能力为90t。锚碇门架由中侧桁架、边侧桁架、门架顶前端横联、后端横联组成，通过柱脚与散索鞍支墩顶部预埋锚栓形成刚性连接。

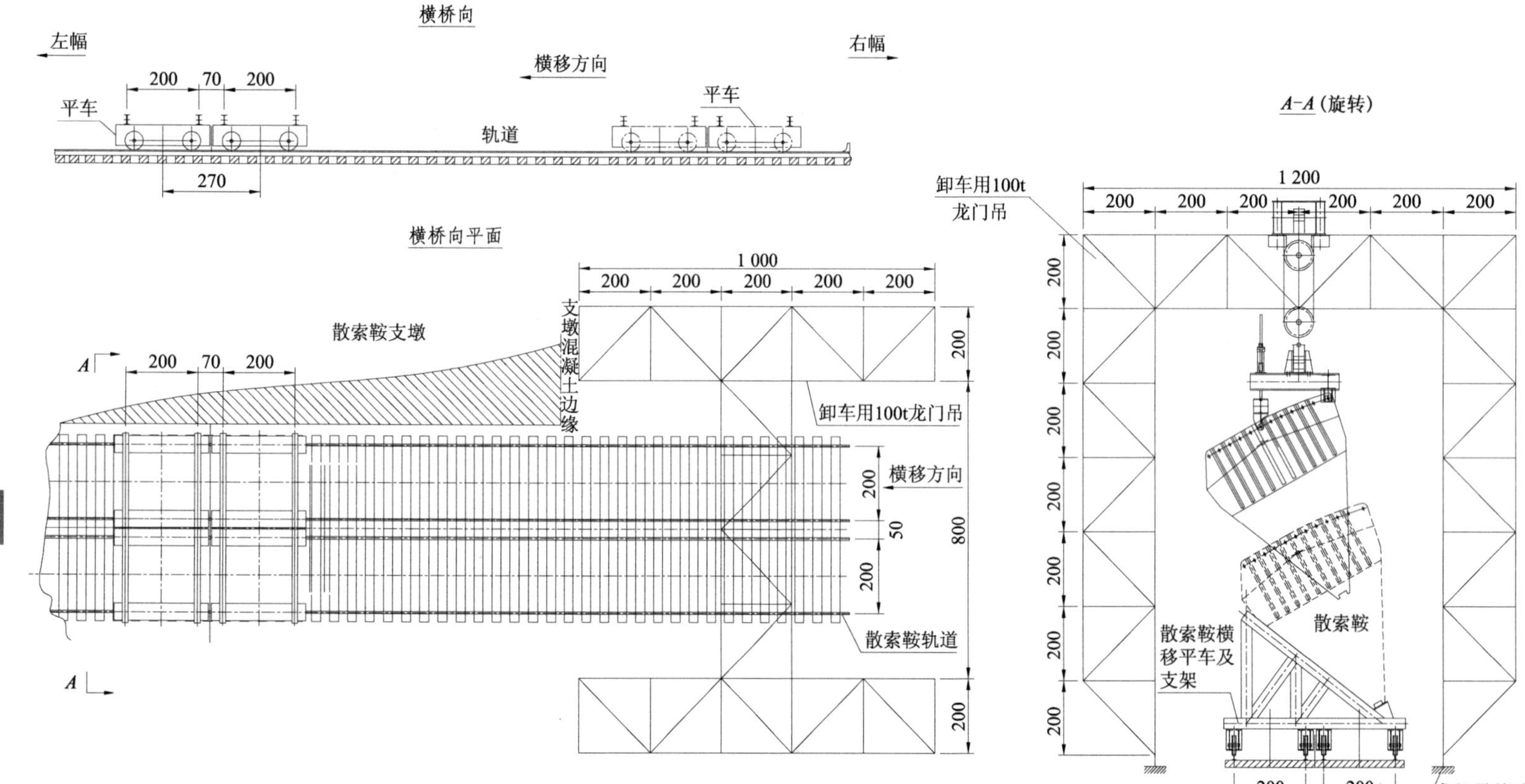

注：1.本图尺寸除高程以m计外，其余均以cm计。
2.在散索鞍支墩前设横移轨道，从右幅外侧将散索鞍通过轨道横移运至吊点下。
3.龙门吊采用固定式基础，仅用于将散索鞍从平板车上卸放至轨道平车上，使用完成后拆除吊机。

图3.3-9　南散索鞍横移布置

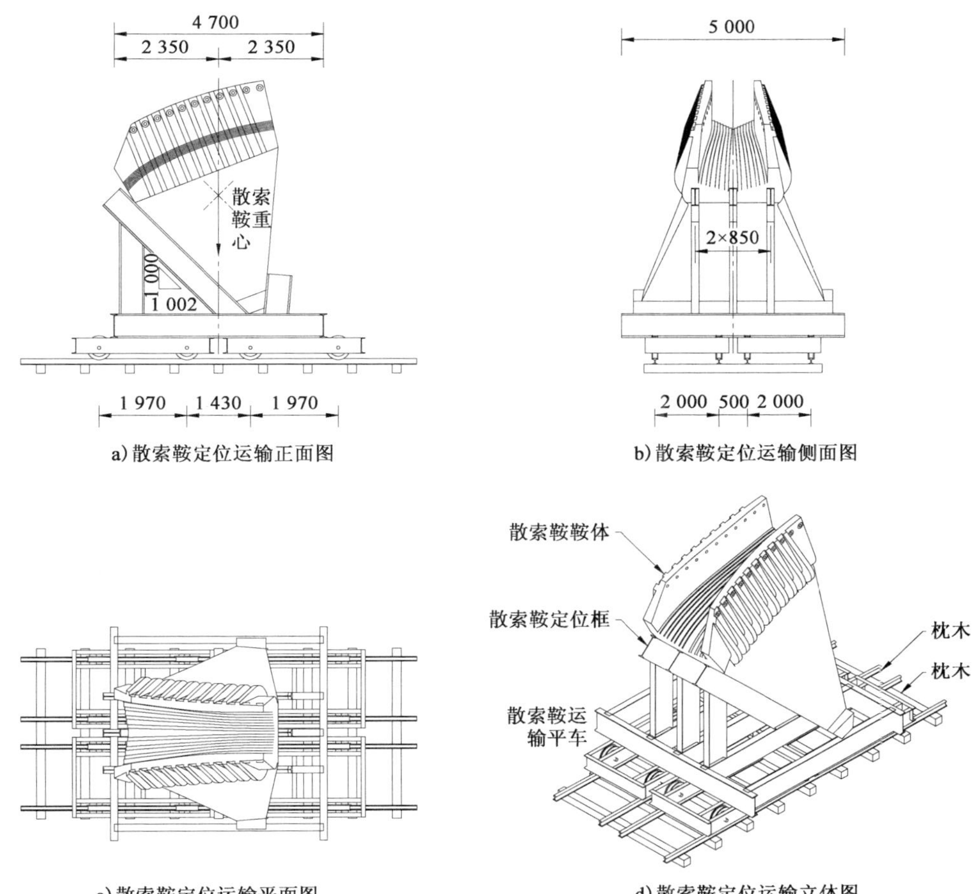

a)散索鞍定位运输正面图

b)散索鞍定位运输侧面图

c)散索鞍定位运输平面图

d)散索鞍定位运输立体图

图3.3-10 散索鞍运输平车、框架设计图(尺寸单位:mm)

门架主桁钢材选用宽翼缘H型钢,其设计极限应力为345MPa,极限剪应力为185MPa,许用应力为200MPa,许用剪应力为120MPa。全桥锚碇门架2个,包括柱脚预埋件在内,共计使用钢材约600t。

锚碇门架起吊系统由纵移天车、起吊滑车组和起吊卷扬机组成,采用2台JKB10卷扬机共同受力抬吊,单台卷扬机最大输出张力100kN,每台卷扬机钢绳通过滑车组绕8线。散索鞍门架及起吊系统如图3.3-11所示,散索鞍吊装门架结构如图3.3-12所示。

(4)散索鞍组件吊装施工

①散索鞍吊装件概述

散索鞍总成由地脚螺栓、底板、底座、下承板、上承板、鞍体、拉杆、隔板、侧板、销等相关构件组成。在索股架设前需进行地脚螺栓、底板、底座、上下承板、侧板、销、密封带及鞍体安装,安装措施结合组件的大小及质量选用塔吊或门架安装。散索鞍组件示意如图3.3-13所示。

②北散索鞍安装

a.地脚螺栓、底板安装。

锚碇散索鞍支墩混凝土浇筑时,预埋锚碇门架柱脚预埋锚栓、散索鞍定位拉杆耳板、散索鞍定位框链滑车牵引耳板、底板定位型钢架等预埋件。

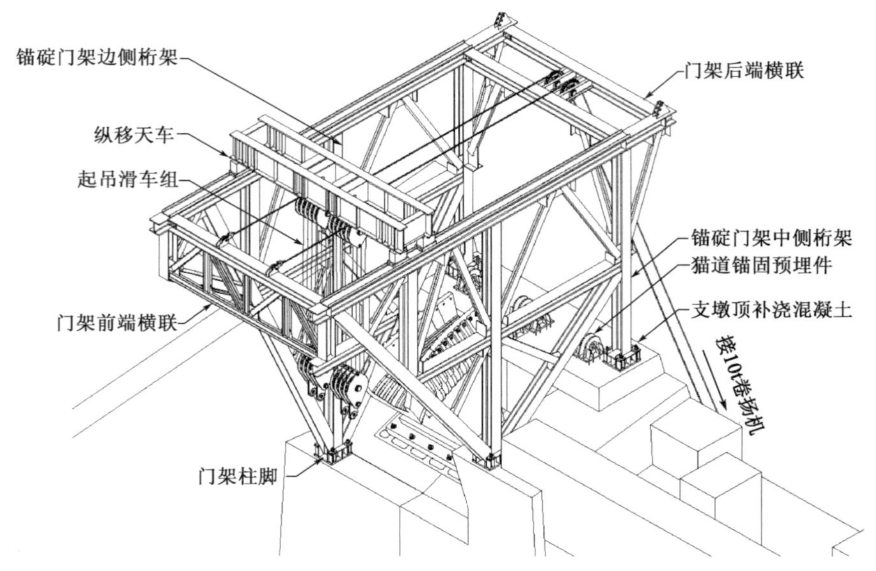

图 3.3-11　北锚散索鞍门架及起吊系统布置图

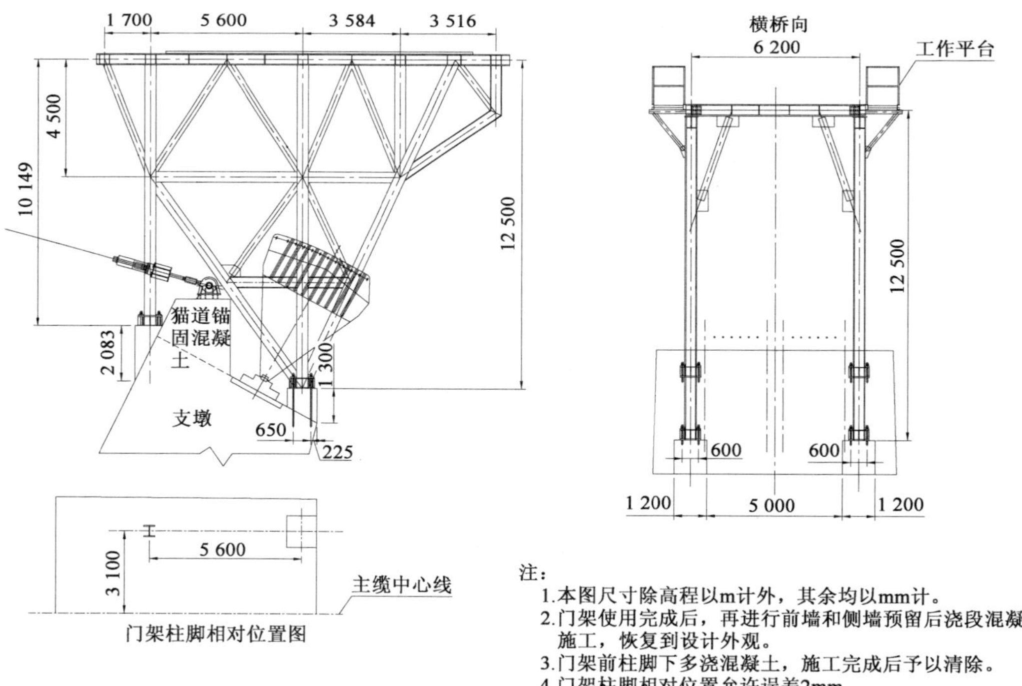

注：
1.本图尺寸除高程以m计外，其余均以mm计。
2.门架使用完成后，再进行前墙和侧墙预留后浇段混凝土施工，恢复到设计外观。
3.门架前柱脚下多浇混凝土，施工完成后予以清除。
4.门架柱脚相对位置允许误差2mm。

图 3.3-12　南锚碇散索鞍吊装门架结构图

底板及地脚螺栓在散索鞍支墩斜面混凝土浇筑前用塔吊整体安装至定位型钢架上，定位型钢架脚预先埋入下层已浇筑混凝土层，顶面用[20a槽钢焊接为框架平台，平台表面倾角为20.725 1°，表面高程与底板底面高程一致，四周设置限位块，焊接调整螺母，并安装调整螺栓。定位架安装焊接好后，可直接利用锚区塔吊将底板吊至定位架上，通过定位架四周限位块上的调整螺栓精确调整底板位置，使其高程、坐标和倾角符合设计及规范要求。

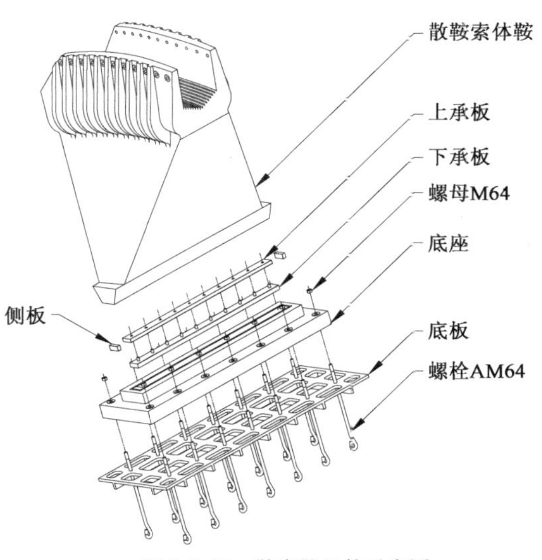

图3.3-13 散索鞍组件示意图

底板定位调整好后，将地脚螺栓穿过底板眼孔和底板顶面的地脚螺栓定位架，精确调整定位地脚螺栓，并在底板底面螺栓眼孔位置用5mm的贴角环焊缝焊接底板与螺栓。底板与地脚螺栓为散索鞍组件定位基础，因散索鞍底座孔径为68mm，地脚螺栓杆径为64mm，为保证后续底座能顺利穿入地脚螺栓，地脚螺栓组件间安装精度应在±2mm以内。

待底板、地脚螺栓等预埋件安装精度符合规范要求后，浇筑该层散索鞍支墩混凝土，在混凝土浇筑过程对底座及地脚螺栓进行连续观测，防止在混凝土浇筑过程中移位或扭转，混凝土振捣过程中防止振动棒与定位架或底座、地脚螺栓接触。

b.底座、上下承板安装。

底座质量24t左右，采用门架进行起吊安装。先将底板顶面清理干净，底座吊至散索鞍支墩顶部，再通过手拉葫芦配合，慢慢将预埋螺栓穿入底板上的螺栓孔内，精确调整底座位置。并与底座表面标志对齐，使其高程和坐标符合设计要求后，拧紧螺母，完成底座安装。散索鞍支墩预埋件布置见图3.3-14。

上、下承板及与之配套的销、侧板、密封带因体积和质量不大，直接利用塔吊起吊安装到位。

c.北散索鞍鞍体安装。

结合散索鞍的特殊外形和安装角度，设计专用吊具进行散索鞍吊装作业，吊具用HW400×400×13×21型钢作纵横分配梁，利用索鞍鞍头的ϕ68拉杆眼孔作起吊点。为保证散索鞍在起吊和安装过程中保持平衡和安装倾角，散索鞍吊具采用4点平衡起吊，吊具中心线与散索鞍中心在一条垂线上。散索鞍吊具设计见图3.3-15。

高端两个吊点距离中心线930mm，为固定、可旋转式吊点；低端两个吊点距离中心线1 091mm，为便于在安装过程中对散索鞍倾角作微量调整，在吊点分配梁上设置凋节千斤顶，为上下可调式吊点。

散索鞍吊装步骤如下：

(a)轨道平车将散索鞍鞍体运送至吊点正下方，用锚碇门架系统将散索鞍吊运至设计位置。

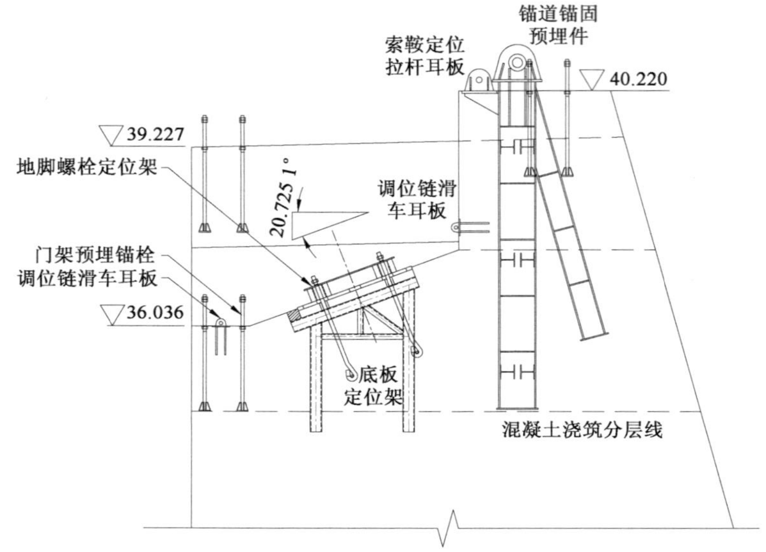

图 3.3-14　散索鞍支墩预埋件布置图(高程单位:m)

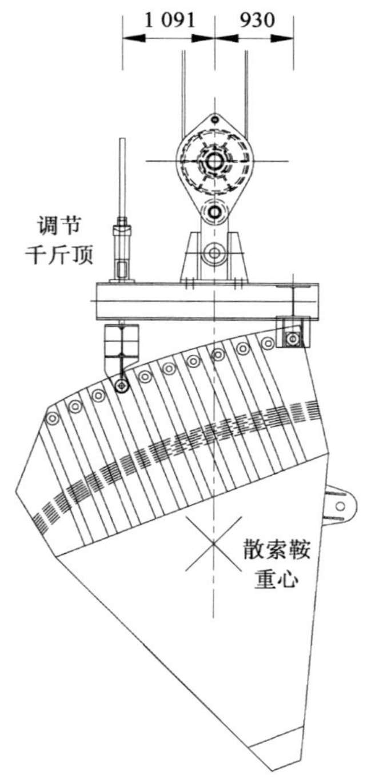

图 3.3-15　散索鞍吊具设计图
(尺寸单位:mm)

(b)散索鞍距安装底座 100mm 时调整平车位置使索鞍与底座纵桥向的导向标记对准。

(c)用导链葫芦和调整框架调整索鞍位置,使索鞍与底座横向导向标记对齐。

(d)缓慢下降索鞍鞍体,同时在起吊系统、调整框架系统、横移平车的联合配合下调整散索鞍与鞍座的导向标记对准,直至鞍体与底座安装面完全对准结合。

(e)初步固定鞍体,安装索鞍定位调整拉杆。

(f)利用全站仪等测量仪器配合索鞍定位调整拉杆将索鞍调整到设计空缆位置,最后拆除吊具。

散索鞍安装流程见图 3.3-16。

散索鞍吊装完成后,须符合设计要求,误差在允许范围内。

为确保散索鞍的安装质量,使其安装精度满足设计要求,为此专门设计了散索鞍安装定位调整框架(图 3.3-17),散索鞍在锚碇门架起吊系统和调整框架的共同作用下,缓缓下放至设计位置。安装就位后,在索鞍后部设置一高强拉杆将索鞍固定,以保证散索鞍在主缆索股架设到一定数量之前能够保持稳定。

③南锚碇散索鞍安装

南锚碇散索鞍安装与北锚碇散索鞍类似,只因不同现场场地情况,采用不同运输方式。南锚碇散索鞍吊装示意如图 3.3-18 所示。

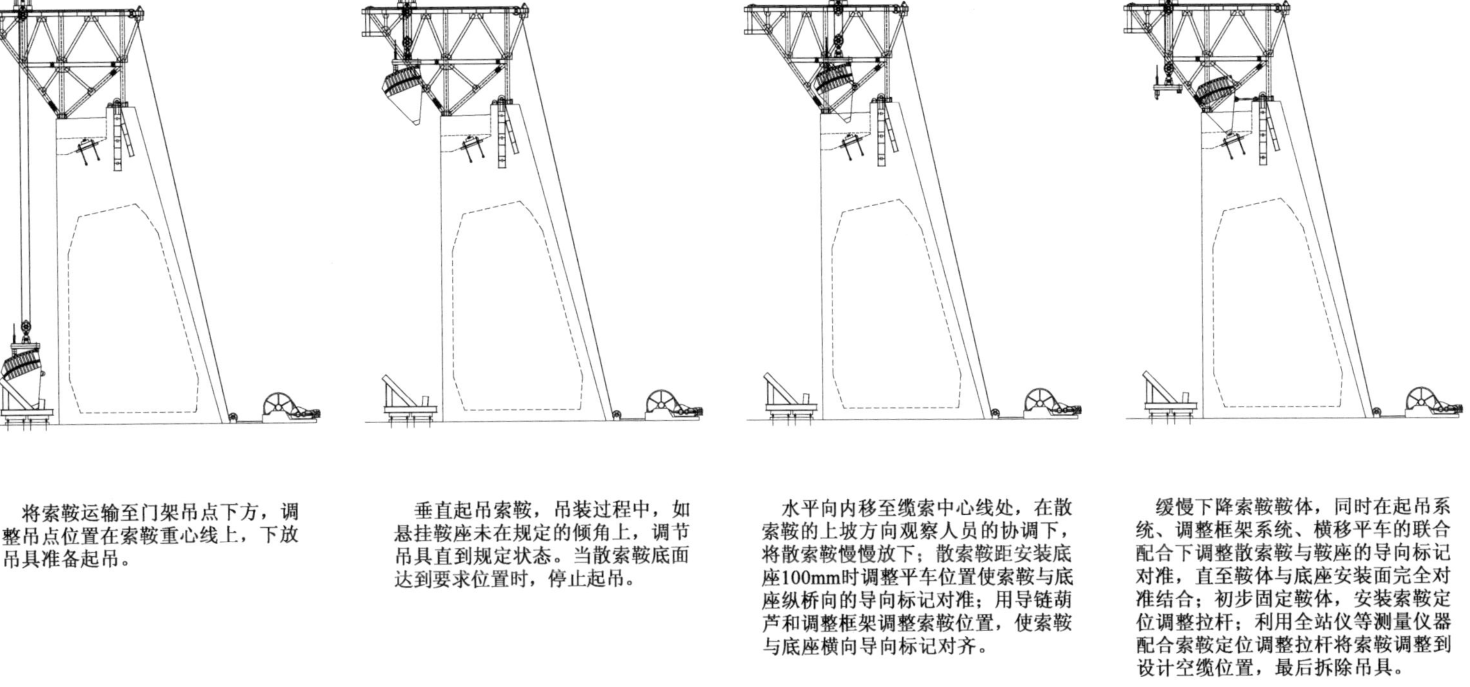

图3.3-16 散索鞍吊装流程图

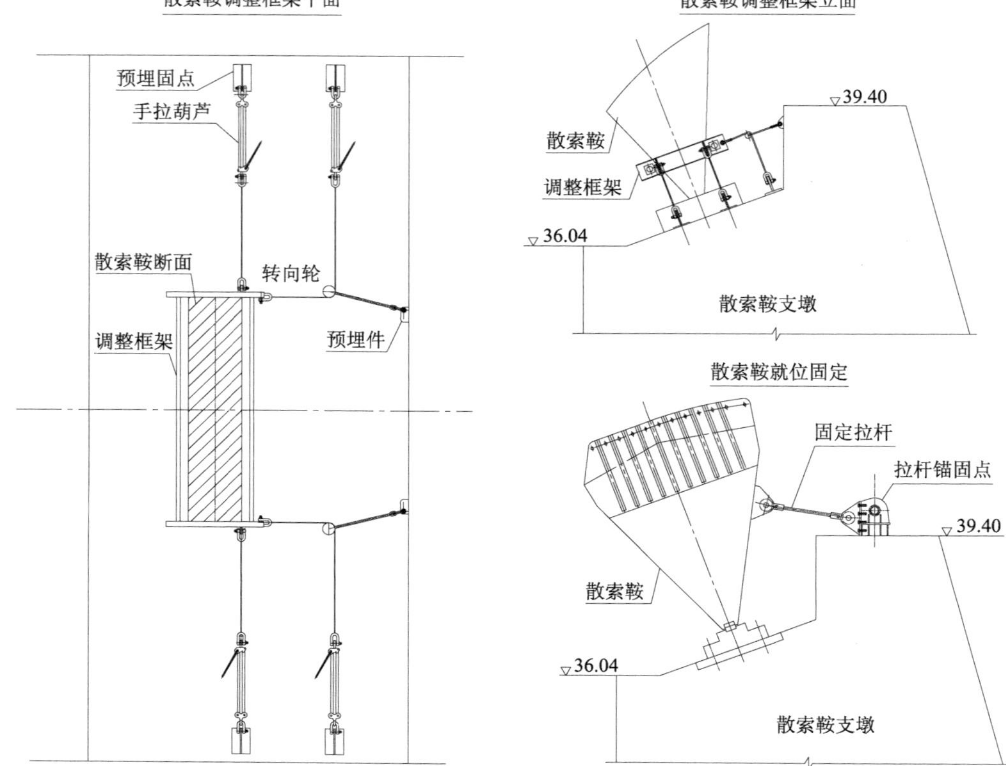

图 3.3-17　散索鞍安装定位调整(高程单位:m)

如果用大型平板拖车将散索鞍体直接运输到索鞍吊点下方,则存在场地空间较小及散索鞍姿态调整困难等问题,因此采用在散索鞍支墩前铺设两组轨道,在轨道上布置 4 台 60t 平车,利用平车将鞍体横移运到吊点正下方处,4 台平车连成一体,其上放置散索鞍支架,支架的斜边与散索鞍安装角度相同,将散索鞍吊放到平车支架上固定,启动轨道平车牵引卷扬机,将平车牵引到吊点下方,然后利用锚碇门架起吊系统垂直起吊并在门架上纵移就位。

根据散索鞍支墩的结构形式及施工顺序,确定散索鞍分别在支墩后方起吊,起吊至鞍部顶面后,在门架顶面纵移将散索鞍放置在设计位置处,吊装时采用单台 JKB28 卷扬机,通过滑轮组分别与吊具相连垂直起吊。

散索鞍吊装完成后,须符合设计要求,误差在允许范围内。

3.3.3　先导索过海

1)国内外概况及方案选择

(1)国内外概况

先导索过海(江)是悬索桥上部结构施工的第一道重要工序,通常有以下几种施工方法。

①悬挂牵引法

这是国内外常用的方法。中国虎门大桥、海沧大桥,日本明石海峡大桥均采用此法,见图 3.3-19、图 3.3-20。

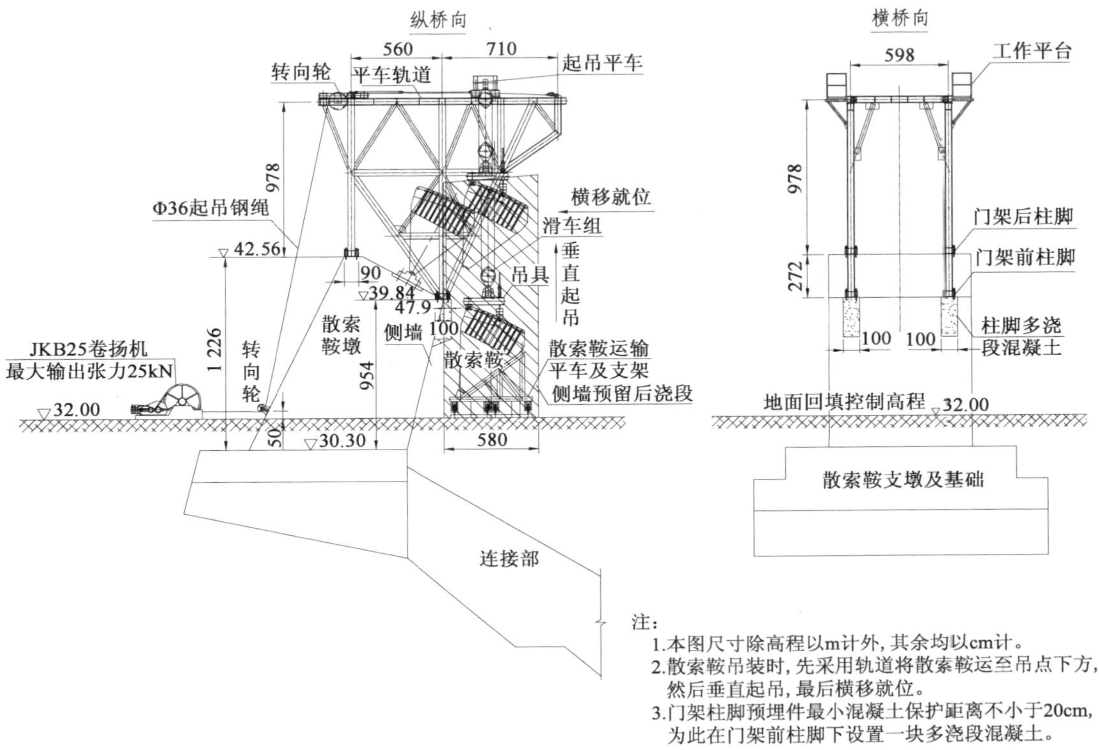

图 3.3-18 南锚碇散索鞍吊装示意图

a) b)

图 3.3-19 明石海峡大桥先导索牵引

江苏润扬长江大桥也采用此法架设先导索，但采用大马力拖轮，把先导索直径增加为 $\phi 36$。封航时间 6h，见图 3.3-21。

②分段牵引、江中对接方法

为缩短封航时间，采用分段分次牵引，在江中对接，即此岸导索拖至江中定位驳船临时固结，待彼岸导索拖至江中定位驳船后用钢丝绳卡将两岸导索对接卡紧。宜昌长江公路大桥采用此法，见图 3.3-22。

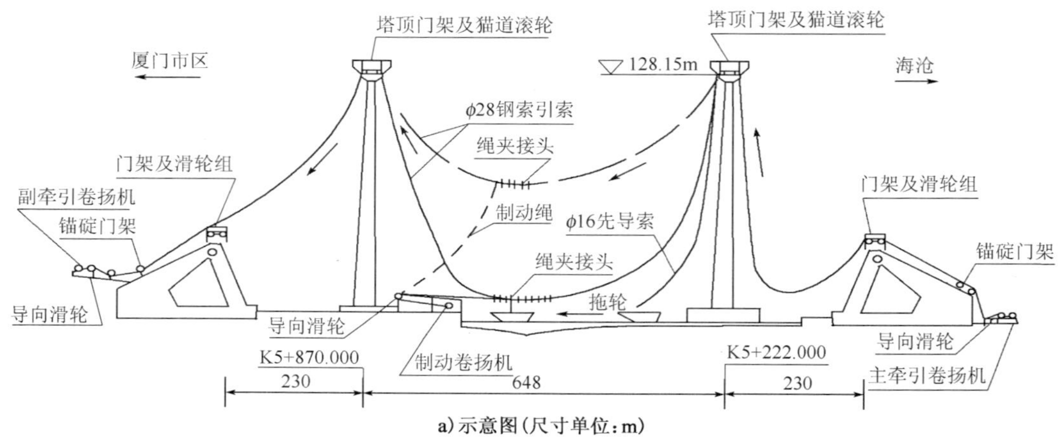

a)示意图(尺寸单位:m)

b)实景图

图 3.3-20　海沧大桥先导索牵引

图 3.3-21　润扬大桥先导索牵引

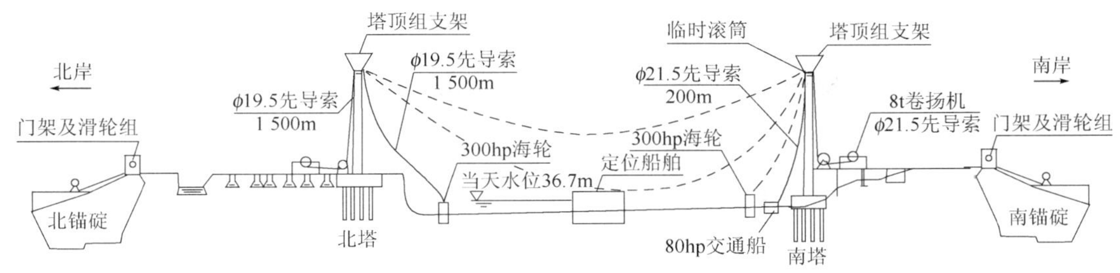

图 3.3-22 宜昌长江公路大桥先导索架设示意图

③浮索牵引法

在先导索上按一定间隔固定浮子(能提供较大浮力的泡沫材料),提供浮力,使先导索漂浮在水面,用拖船牵引过海(江)。日本关门大桥、因岛大桥曾采用此法,见图 3.3-23。

这种牵引方法不受水底障碍物的影响,适用于暗礁等障碍物较多的水域,缺点是工序繁杂,受风浪等水文条件影响大,需要长时间封航,岸边需要有码头。

图 3.3-23 浮索牵引法

④江(海)底牵引法

在岸上放置先导索,用大马力拖船牵引过江,牵索过程中先导索可沉入江底,故名“江底铺设法”,见图 3.3-24。该法曾在中国江阴长江大桥应用。它适用于水底平坦,无大的障碍物的江河或海域。缺点是受水浪、水文条件影响大,需要长时间封航,岸边需要有码头。

(2)西堠门大桥先导索过海方案选择

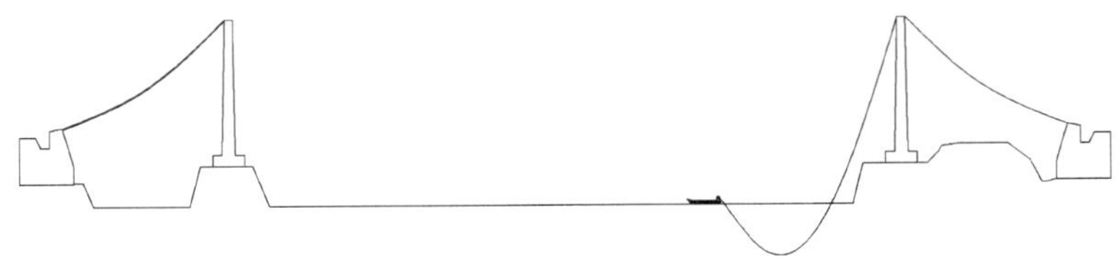

图 3.3-24 江底铺设法示意图

西堠门大桥海域的环境条件,可概括为以下三点:

①西堠门大桥跨度大,桥梁跨越的西堠门水道海水深、海底地质情况复杂、暗礁很多。西堠门水道潮流一般以不正规半日潮流为主,潮流运动形式多为往返复流。该水道流速大,且有强烈漩涡。如采用海底直接铺设牵引索,很可能造成牵引索被礁石等缠绕或勾拌。如采用浮子法,会受到潮流及水流流速和漩涡影响,而且要在平潮时段进行。平潮时段仅仅有 40min,可用时间段短,牵引难度较大。

②北塔处于海中狭小的老虎礁上,四周陡峭,水流湍急,无法停靠施工船只,需要建专用临

时码头,但根据地形,在此建码头的难度较大,施工时间和费用较大。

③西堠门航道为国际航道,很多大型商船和军舰通过,不允许中断通航。

基于上述三点,不能采用传统水上牵引法牵引西堠门大桥先导索。

此外,西堠门大桥还对直升机牵引法与发射火箭牵引法(此法在湖北四渡河桥实施)进行了研究比选。由于火箭发射先导索的落点位置误差达到 40 ~ 80m,且发射牵引索过海后还要横移、提升先导索,在此过程中,先导索仍然会重入水中,影响通航。经反复研究比较后,西堠门大桥选用了直升机牵引先导索过海法,并根据中国实际情况对日本先导索过海方法进行了重大改进。

2)直升机牵引先导索过海技术方案

直升机法实施有两种比选方案,一是主动放索方式,见图 3.3-25。即把整个放索系统设置在直升机上,由直升机带动放索系统放出先导索。出于安全考虑,在直升机上除设置通常的缆索切断装置外,还设置了紧急情况时的切断装置,结构比较复杂。放索机和先导索质量由直升机承担,直升机荷载较大。由于设备较多,需要对直升机进行改造,费用较大。

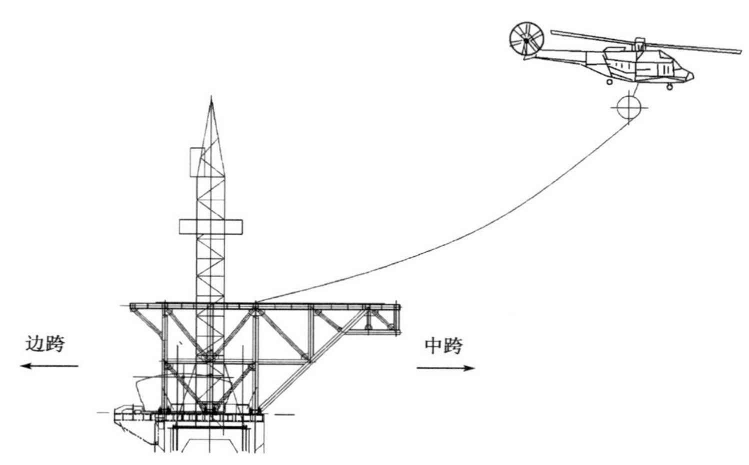

图 3.3-25　主动放索方式示意图

第二套方案是被动放索方式,见图 3.3-26。即把放索系统安装在南塔塔顶平台,直升机牵引带配重块的先导索向北塔飞行,利用牵引张力放出先导索。这种方法减轻了直升机的负荷,不需要改装直升机,提高了直升机的飞行安全系数,降低了费用。

西堠门大桥对直升机法的两套方案进行研究探讨和对比分析,决定采用被动放索方式。

这种过海方案使直升机与先导索的连接简单,紧急情况下易于解除连接,对直升机具有极大的安全保障。把放索系统放在塔顶平台,减少了直升机的负荷,给直升机选型提供更大的空间。把放索系统放在塔顶平台,有利于监控放索机工作状态和指挥作业,控制先导索牵引过海过程中的速度、张力和线形,保证不影响通航及直升机的安全。

3)先导索技术参数与直升机选型

(1)先导索技术参数

先导索选用高强、轻质、直径小的尼龙绳,同时也要满足用先导索牵引 $\phi22$ 过渡牵引索的拉力要求。根据国内该类牵引索的情况,拟选用 $\phi6$ 高强尼龙绳作为先导索,再转换成 $\phi13$ 高强尼龙绳，高强尼龙绳采用高强度的尼龙纤维做成，它的技术参数见表3.3-1。

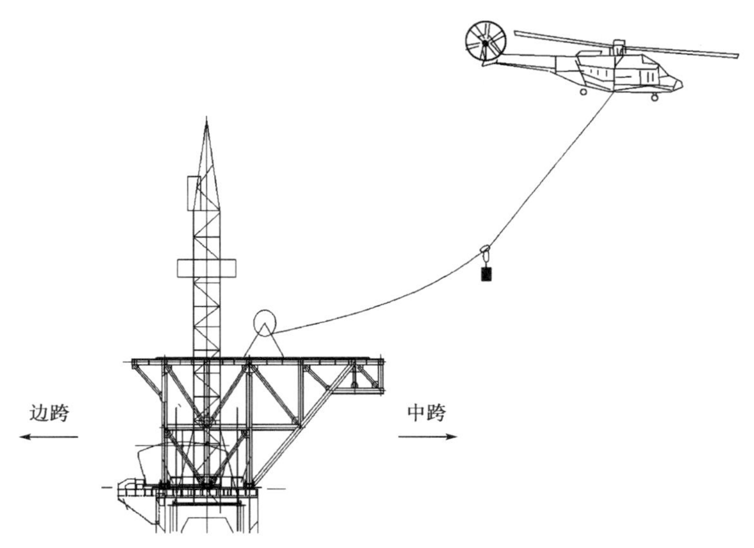

图3.3-26　被动放索方式示意图

先导索高强尼龙绳技术参数　　表3.3-1

直径(mm)	破断荷载(t)	每米质量(kg/m)	结构伸长率(%)	弹性伸长率(%)	破断伸长率(%)
13	12.1	0.072	2.5	0.63	3.8
6	3.19	0.018 7	2.5	0.63	3.8
特点	轻质、高强、不导电、抗酸碱性强				

(2)先导索牵引飞行过程中的最大牵引力

根据牵引飞行的工况条件和选定的尼龙绳、配重等参数进行计算，直升机到达终点时受力最大，最大受力为1 681N。

(3)直升机选型

根据先导索的技术性能和先导索牵引飞行计算出的最大牵引力，选择直-9型直升机能够满足直升机牵引先导索过海作业的动力牵引需要。

(4)直升机牵引先导索过海作业的飞行条件

①视野度(可视距离):4km;

②云高:超过350m;

③风向风速:逆风9m/s，顺风3m/s。

4)南北索塔操作平台布置

(1)南北塔操作平台的选择

直升机牵引先导索过海跨越南北索塔之间的水道，两塔之间跨径1 650m，索塔高233.286m。由于悬索桥上部结构已进入施工阶段，根据施工的要求，南北塔顶已布设了相应的施工平台、塔吊等，见图3.3-27、图3.3-28。

根据现场的实际情况，南北塔顶均布设有塔吊、门架，南塔布设有2台塔吊，北塔布设有1

台塔吊。由于南塔上横梁上已安装了1台塔吊，占横梁位置较大，将上横梁作为飞行牵引的操作平台空间位置不够，只有选择低塔吊一侧的门架顶作为操作平台。北塔上横梁还未布置大型施工设备，空间位置比较宽敞，可以作为飞行牵引的操作平台。

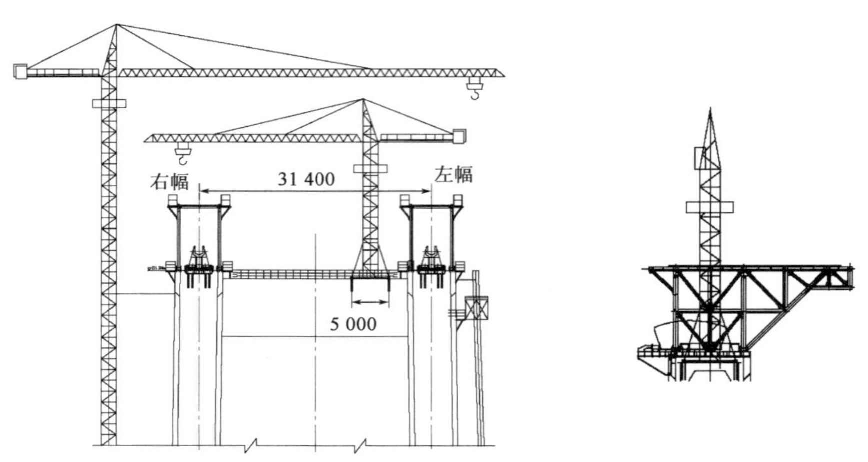

图3.3-27　南塔顶上部结构施工布置图(尺寸单位:mm)

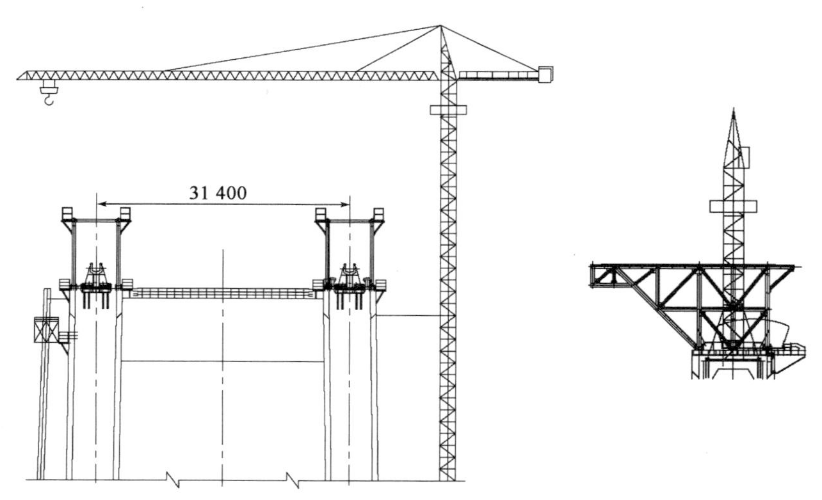

图3.3-28　北塔顶上部结构施工布置图(尺寸单位:mm)

根据直升机牵引飞行的操作特点，终点操作平台要求尽量大些，以便于先导索的接收，因此，将南塔低塔吊一侧门架顶作为先导索牵引起始点，将北塔上横梁作为先导索牵引锚固终点。

(2)南塔顶平台布置

南塔门架顶面为5.5m×21m的框架，为了便于施工操作，将门架顶面拓宽，变为9m×21m的平台，在平台顶面满铺木板作为施工操作平台，周围设置护栏，见图3.3-29。在平台上靠前端安装放索机，将放索机与门架固定在一起以承受先导索的张力，在平台前端安装滚轮，便于先导索的放出。

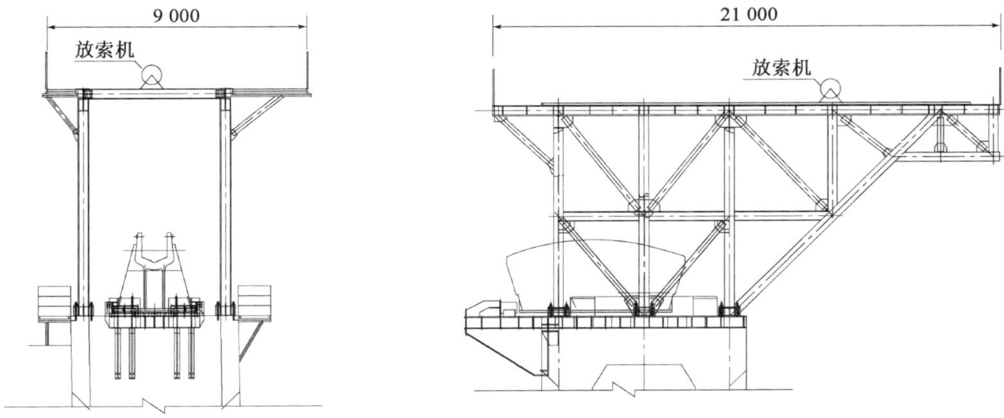

图 3.3-29 南塔作业平台布置图（尺寸单位：mm）

（3）北塔锚固平台的布置

北塔上横梁顶面为长 24.933m、宽 6.1m 的混凝土面，作为先导索的接收锚固平台空间较大，能较好地满足施工操作要求。平台顶面主要布置先导索的接收、锚固装置。

①锚固点布置

由于北塔上横梁长 24.933m，考虑在此范围内都能接收、锚固从南塔牵引到此的先导索，根据上横梁的宽度计算，需要设置三个锚固点才能满足要求，锚固点布置在靠边跨一侧，见图 3.3-30。

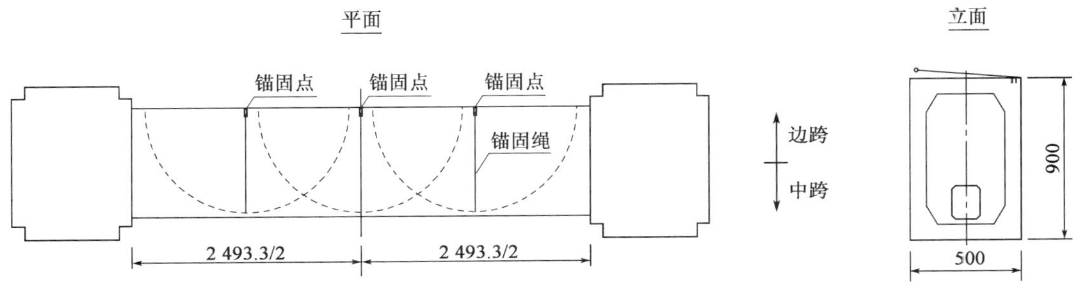

图 3.3-30 北塔上横梁锚固点布置图（尺寸单位：cm）

②锚固点设计

根据先导索的受力分析计算，锚固点受力较小，仅几十千克力。锚固件设置为预埋件和锚固耳板，预埋件埋设在上横梁混凝土顶面，锚固耳板与预埋件焊接。

③锚固绳设计

锚固绳采用比先导索直径大的 $\phi10$ 迪尼玛绳，特制长度 5.5m，两端加工成环扣，后端和前端采用卸扣与锚固耳板和先导索连接。

④上横梁顶面中跨侧边缘滚轮设置

为了避免先导索与上横梁顶面边缘混凝土相摩擦,更好地保护先导索,在上横梁顶面中跨侧边缘滚轮设置塑胶滚轮,先导索牵引到上横梁位置后,将先导索置入滚轮上,滚轮转动以保护先导索。

图 3.3-31　直升机在南塔悬停牵引先导索

5)实施效果

通过前述准备和飞行演练,在正式牵引时,直升机从南塔悬停,连接先导索,跨海牵引至北塔,与该处预先准备的索连接,完成先导索过海作业。整个过程安全顺利,耗时约 30min。工作过程见图 3.3-31 ~ 图 3.3-33。

3.3.4　猫道结构

西堠门大桥悬索桥主跨为 1 650m,北边跨为 578m,南边跨为 485m。本桥采用三跨连续猫道,猫道在左右幅对应于主缆中心线下方各设一幅猫道,边跨侧猫道距主缆中心线铅垂方向 1.7m,中跨侧猫道距主缆中心线 1.5m,设计宽度 4.0m。其主要由猫道承重索、扶手索、猫道面层、塔顶转索鞍及变位系统、横向通道、制振结构、锚固体系等组成。猫道成桥和空缆线形见图 3.3-34,猫道总体布置见图 3.3-35。

图 3.3-32　南塔顶放索机、导向轮放出先导索

图 3.3-33　直升机牵引先导索过海

1)猫道承重索及扶手索

每条猫道设 12 根 ϕ54 镀锌承重索,安全系数大于 3.0,猫道每侧每 6m 设置一栏杆立柱,用以固定上下 3 根扶手索。扶手索上层采用 ϕ20 钢绳,下层采用 $2\times\phi$16 钢绳。

2)猫道锚固体系

三跨连续猫道承重索通过锚固系统锚固在锚碇鞍部预埋型钢构件上,锚固系统采用拉杆及锚梁组合结构。猫道承重索垂度调整通过长短拉杆结合的调整系统进行,即:小拉杆长 4.5m,用于猫道架设初始阶段调整单根承重索长度,用于消除猫道承重索制造误差,使 12 根猫道承重索垂度保持一致;长拉杆用于整体调整猫道垂度,见图 3.3-36。

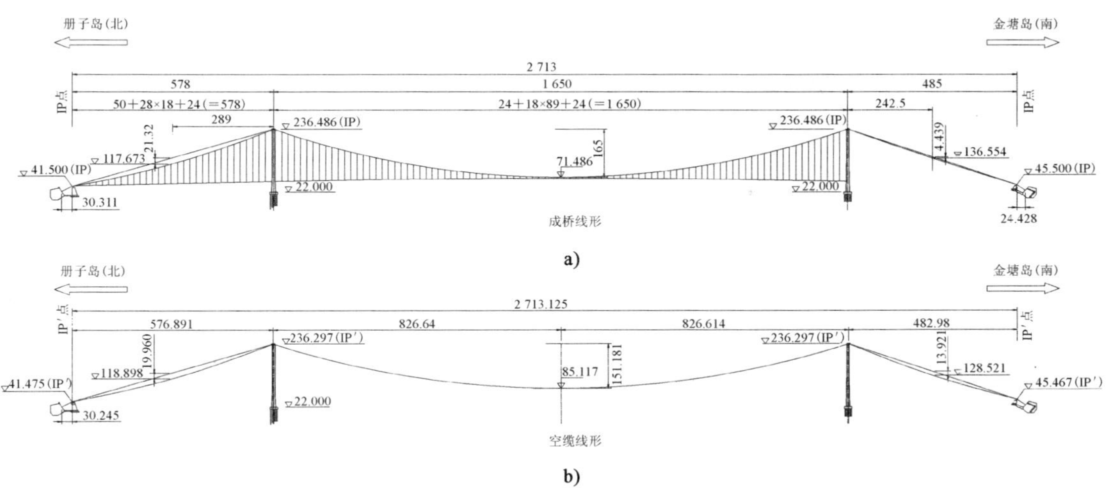

图 3.3-34 主缆成桥和空缆线形(尺寸单位:m;高程单位:m)

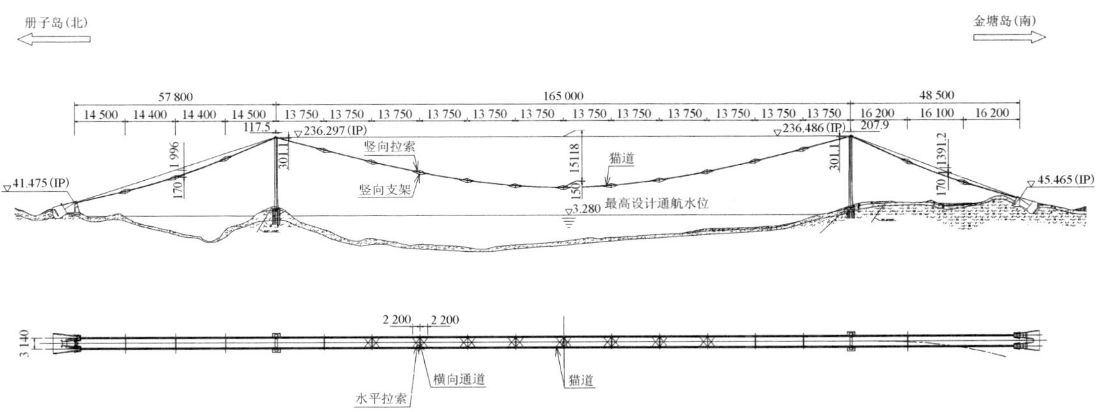

图 3.3-35 猫道总体布置图(尺寸单位:cm;高程单位:m)

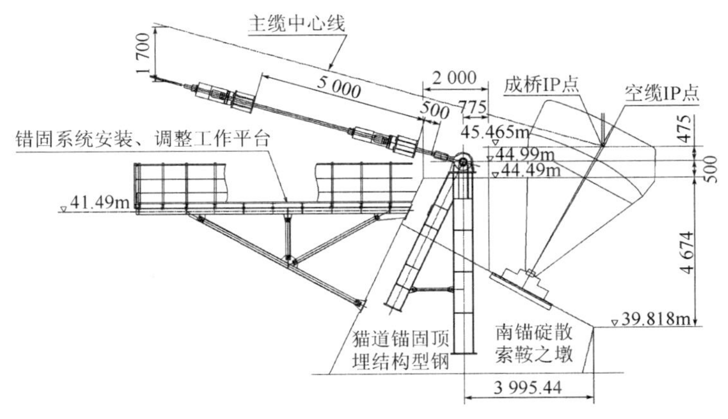

图 3.3-36

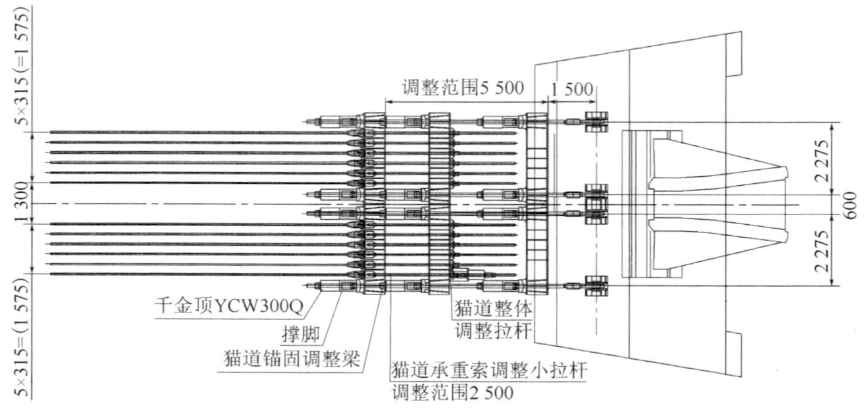

图 3.3-36　猫道锚固结构(尺寸单位:mm)

3)塔顶变位及转索鞍

猫道承重索采用三跨连续的布置形式,在塔顶设置转索鞍,并通过在塔顶附近设置变位刚架及下压装置,使猫道线形与主缆线形保持一致,猫道塔顶结构见图 3.3-37。

4)猫道面层

猫道面层由粗细两层镀锌钢丝网构成,其上每隔 0.5m 绑扎一根防滑木条。在猫道面层网上每隔 6m 设一道 50×50×2.5 方钢管,每隔 6m 设一道 80×80×4 方钢管,交替设置。另每隔 55m 设置一道 HW175×175 型钢猫道门架,其由 2×ϕ54 门架承重索固定,并与猫道共同形成空间结构,见图 3.3-38、图 3.3-39。

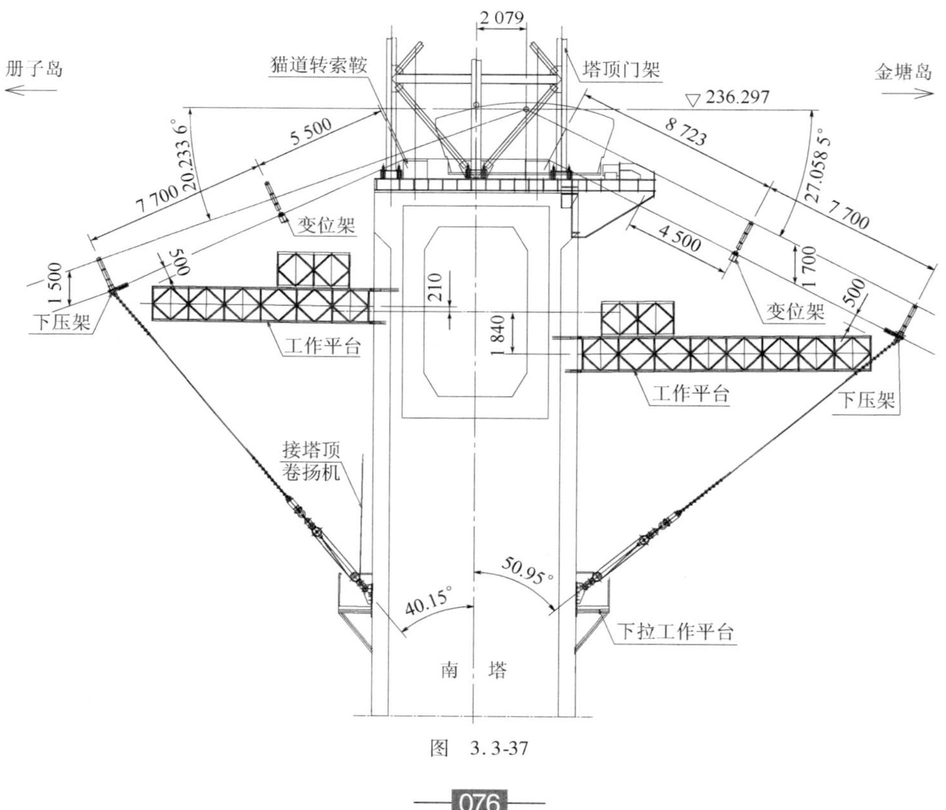

图　3.3-37

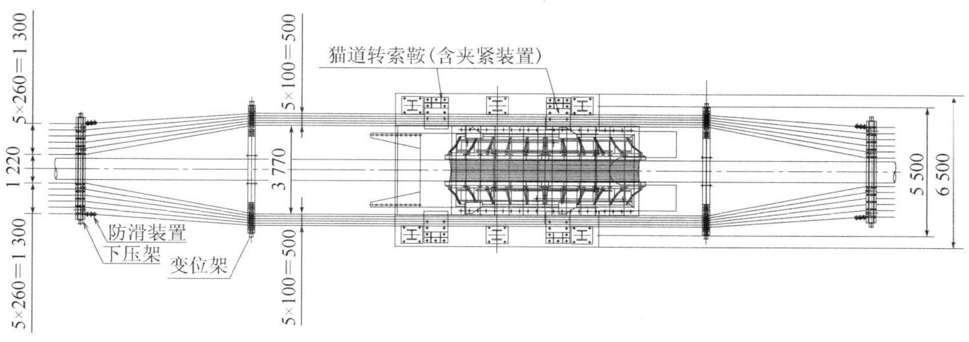

图 3.3-37　猫道塔顶结构(尺寸单位:mm;高程单位:m)

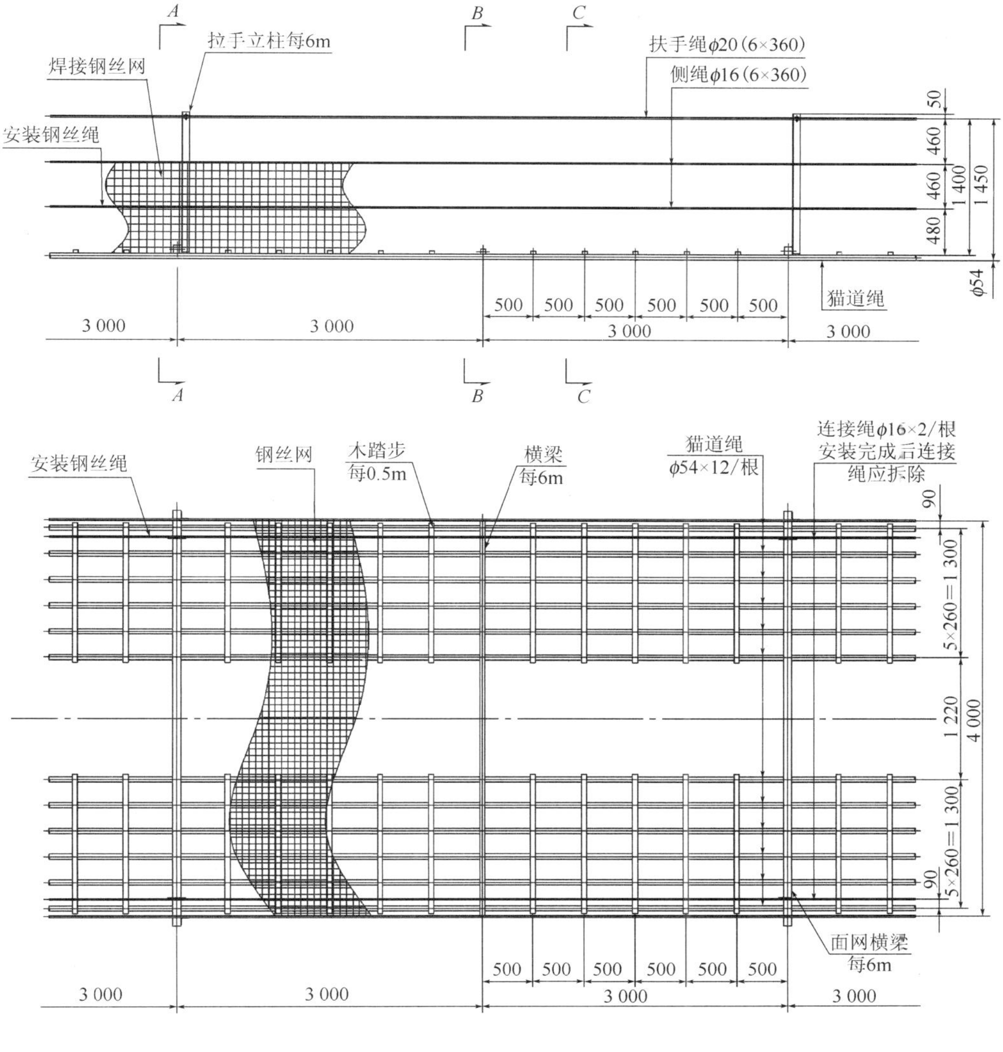

A　B　C
拉手立柱每6m
焊接钢丝网
扶手绳ϕ20(6×360)
侧绳ϕ16(6×360)
安装钢丝绳
猫道绳
50　460　460　480　1 400　1 450　ϕ54
500　500　500　500　500　500
3 000　3 000　3 000　3 000

安装钢丝绳
钢丝网
木踏步 每0.5m
横梁 每6m
猫道绳 ϕ54×12/根
连接绳ϕ16×2/根 安装完成后连接绳应拆除
面网横梁 每6m
90　5×260=1 300　1 220　4 000　5×260=1 300　90
500　500　500　500　500　500
3 000　3 000　3 000　3 000

图 3.3-38　猫道面层(尺寸单位:mm)

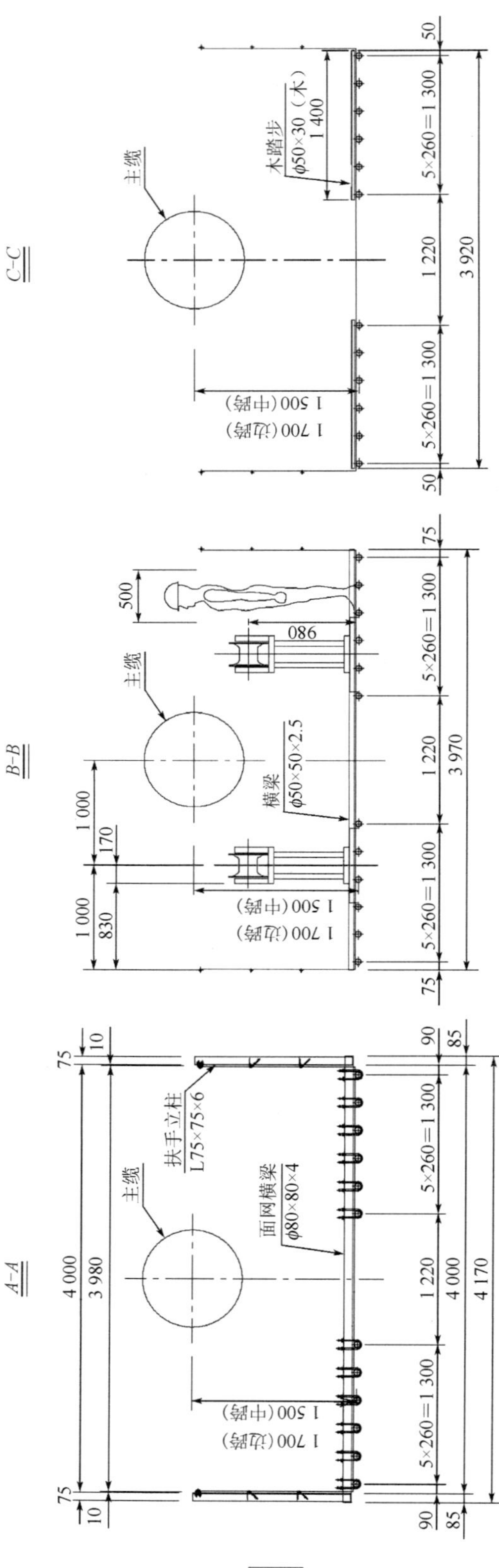

图3.3-39　锚道断面图(尺寸单位: mm)

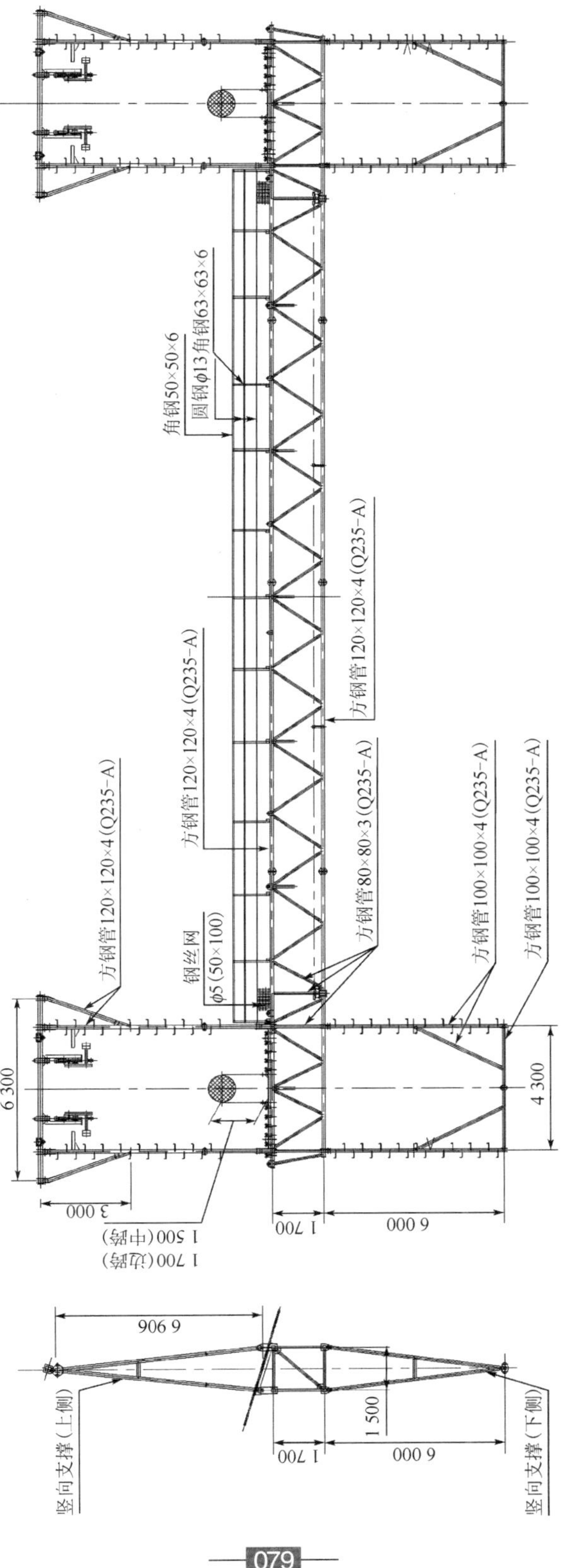

图3.3-40 横向通道图(尺寸单位:mm)

5)横向通道

猫道共设置16道横向通道,中跨每隔137.5m设置一道横向通道,共11道,北边跨每隔145m/144m设置一道横向通道,共3道;南边跨每隔161m/162m设置一道横向通道,共2道,除满足左右幅猫道之间人员的通行外,并通过其提高猫道自身的整体稳定性,使其具备足够的抗风能力。横向通道结构见图3.3-40。猫道系统架设安装完成实景见图3.3-41。

图3.3-41 猫道系统架设安装完成

3.3.5 主缆索股架设系统布设

1)牵引系统设计

PPWS主缆一般采用牵引系统进行架设,牵引系统一般分为往复式牵引系统和循环式牵引系统,其中往复式牵引系统又细分为单线往复式和双线往复式两种,循环式牵引系统又分为大循环和小循环两种。

经比选,西堠门大桥采用门架拽拉器式双线往复式牵引系统进行安装,每根主缆各对应一套独立的牵引系统,见图3.3-42。

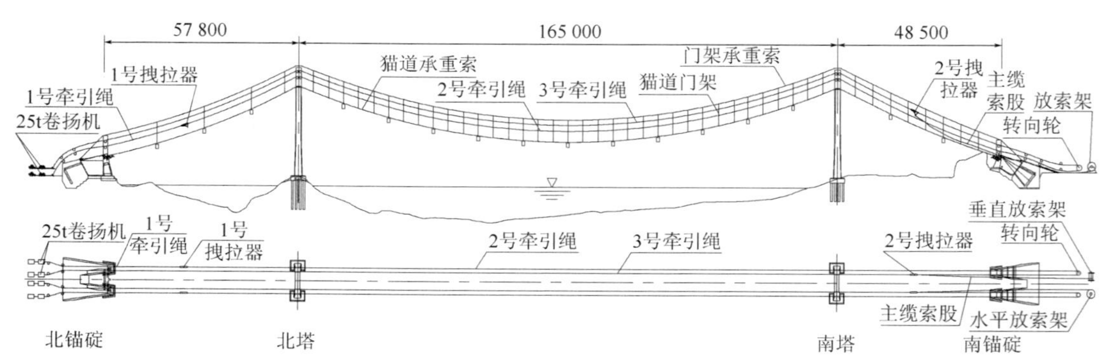

图3.3-42 双线往复式牵引系统示意图(尺寸单位:cm)

双线往复式牵引方式因牵引索双向往复均可牵引索股，牵引索往返没有空行程，牵引效率高、能耗较低，具有施工安全、效率高等优势，由于索股牵引速度快、质量容易保证，虽受不利气候条件影响，仍然很好地保证了主缆架设工期。同时，将牵引卷扬机和放索机构分置于两岸，减少了相互干扰，也便于卷扬机系统的集中控制，提高工作效率。

2）牵引系统布置

根据场地地形特点与工期安排，猫道架设时采用单线往复式牵引系统，主缆架设阶段采用双线往复式牵引系统。

牵引卷扬机布置在北岸锚碇后的地面上，牵引绳经北锚碇卷扬机前的测力滑轮，北锚碇后锚面门架上转向轮，置入主、散索鞍门架和猫道门架导轮组内，经南锚碇后锚面门架导轮组，在锚后地面转向滑轮组处转向形成往复式牵引系统。单根主缆架设采用 2 台 25t 卷扬机（JKB25）牵引，全桥共配置 4 台牵引卷扬机。放索场布置在南锚碇后的地面上，放索场内布置放索机构。

在猫道架设完毕，锚块工作面移交后，利用单线往复式牵引系统在猫道托滚上牵引第三根牵引索，将南锚碇牵引卷扬机、北锚碇锚前牵引卷扬机移至北锚碇后，利用两个拽拉器连接三根牵引索，并将牵引索置入门架导轮，形成双线往复式牵引系统。

3）索股架设施工总体布置

主牵引卷扬机分别安装在北锚碇锚体后部地面上，牵引索经锚碇基础上预埋转向至后锚面门架上，再置入主牵引系统导轮内，主牵引系统牵引索位置，位于每根主缆中心线两侧 1.0m 处，呈对称布置，锚面门架导轮组、支墩门架导轮组、塔顶门架导轮组、猫道门架导轮组、猫道面层托滚、塔顶锚体鞍部托滚的中心位置与牵引索位置相一致，均在同一条垂直面上。

南锚碇锚后分别对应牵引系统正下方安装放索支架（前进方向左侧水平放索支架，右侧为垂直放索支架），在放索支架及后锚块之间架设与水平方向呈 45°的斜向贝雷支架，一端支承于地面混凝土基础上，另一端支承于后锚面上，以解决索股上锚碇的输送问题。

北锚区牵引系统布置见图 3.3-43，南锚区牵引系统布置见图 3.3-44。

沿南锚块斜面及斜向支架对应于牵拉位置处安装索股托滚，前锚面设置 1 台 5t 卷扬机反拉索股后锚头入锚用，在鞍部门架顶部安装 1 台 5t 卷扬机，1 台 10t 卷扬机，卷扬机出绳方向为南北向，提升卷扬机前端安装吊梁固定滑车，同样，塔顶门架也安装 2 台 10t 提升卷扬机，北锚碇前锚面也布置 1 台 5t 卷扬机作用同锚前锚面卷扬机。

在塔顶，鞍部门架分别配置 3～10t 手动葫芦，供索股横移、整形、入鞍及垂度调整收紧放松索股时使用，配备六边形、四边形整形器、插片及一定宽度硬木楔块在索股横移后整形、固定时使用。

从南锚碇鞍部至前锚面直线距离约为 34m，采用 2 根 $\phi36$ 的钢绳作承重索，吊挂支架托滚，托着被牵引的索股通过。在索股牵引过程中，避免垂度过大，影响索股的牵引质量和进度。锚室内分别配置两台穿心式千斤顶，作为调整索股垂度和入锚锚固用。

索股架设施工前，施工现场应预存一定数量的索股。综合考虑各种因素，在南锚碇后侧设置面积约 6 000m^2 的场地作为存索区，存索区内布置 2 台 80t 门式起重机，以满足场内运输装卸的需要。

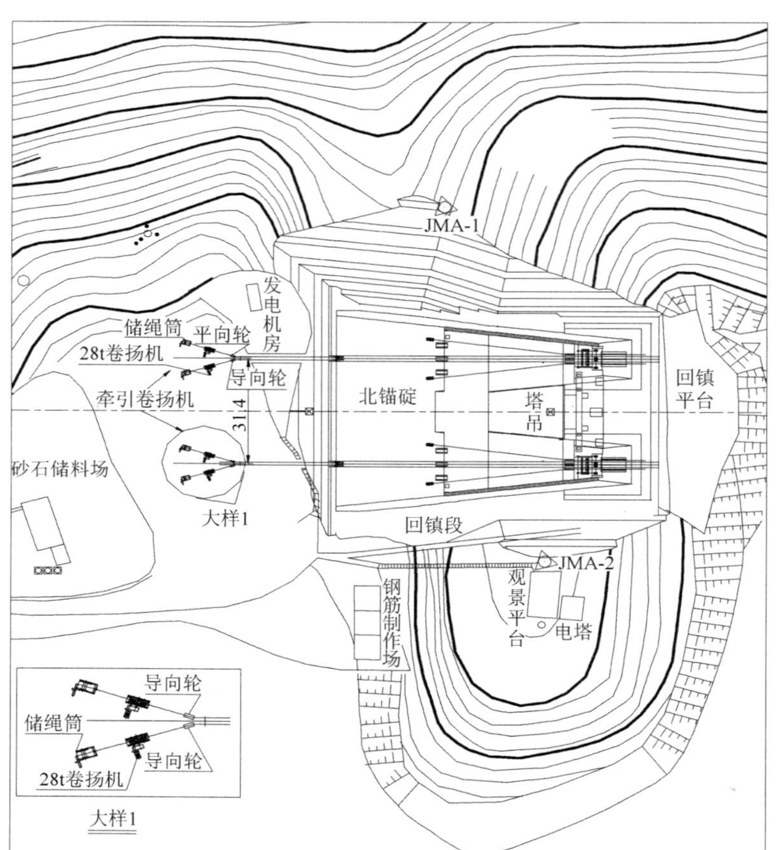

图 3.3-43　北锚区牵引系统布置图(尺寸单位:m)

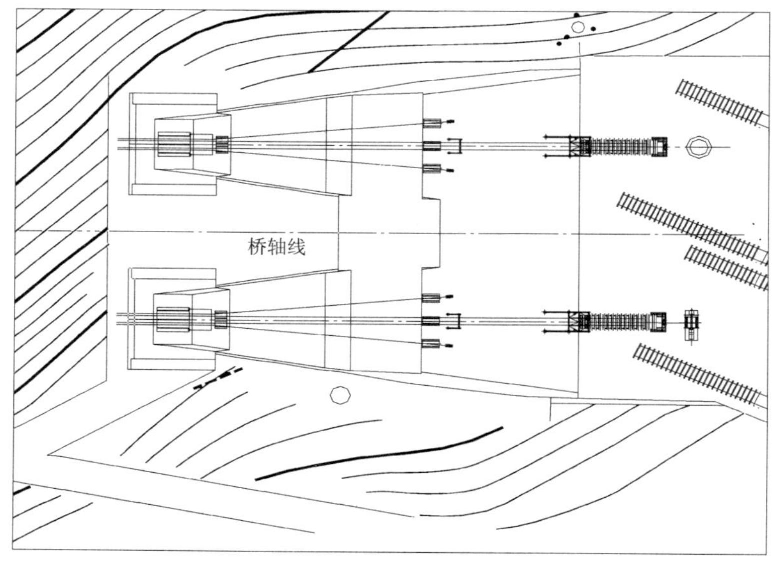

图 3.3-44　南锚区牵引系统布置图

南锚碇锚后为放索场(图3.3-45)。在龙门起重机轨道范围内放置2套放索支架,以保证上、下游侧同时进行放索作业。

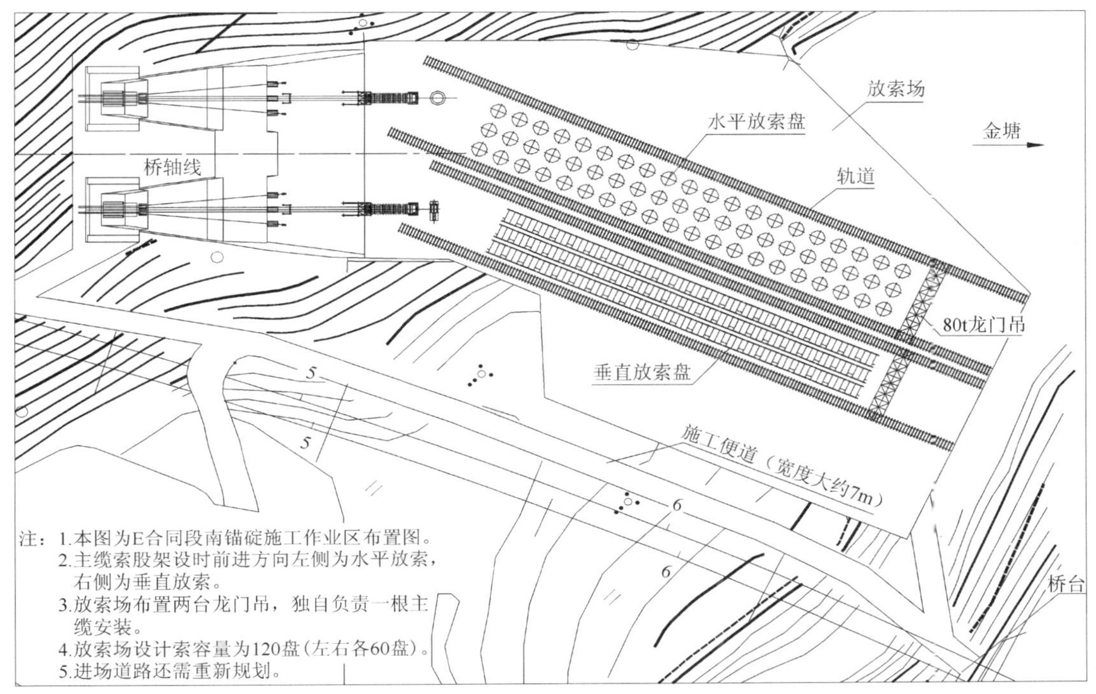

图3.3-45 南锚区放索场布置图

4)主缆索股放索机构

西堠门大桥悬索桥主缆单根索股重约62.2t、长约2 880m。图3.3-46为水平放索图,采用直排线工艺,索股绕在直径4m的索盘上,靠放索架液压装置提供的张紧力保持放索过程平稳安全;图3.3-47为垂直放索时,索股卷绕在直径3.8~4.4m索盘上,根据国内外已建成同类型悬索桥施工经验,为避免索股在索盘上松弛而出现呼啦圈、散丝、断带、鼓丝等不良现象发生,设置组合式力矩电机被动放索机构。

图3.3-46 索股水平放索

图3.3-47 组合式力矩电机被动敀索机构

3.3.6 主缆索股架设施工

1)索股牵引

西堠门大桥所有索股均由南向北牵引,由于采用门架拽拉法架设主缆,索股拽拉器能够快速顺畅地通过塔顶、锚碇鞍部门架,索股架设速度大大提高,实现了全程连续牵引,索股牵引速度最高达30m/min。采用双线往复式牵引系统,较往复式牵引系统减少了系统来回空转时间,索股架设效率大大提高,在西堠门大桥施工期间,平均2.5~3h就可完成1根主缆索股的架设。施工现场如图3.3-48、图3.3-49所示。

图3.3-48 南边跨索股牵引

图3.3-49 索股牵引过弧形滚轮

2)索股提升横移

塔顶门架、锚碇门架的卷扬机经6台12线80t滑车组与配套握索器相连,组成各自的提升系统;利用锚碇门架和塔顶门架上的10t卷扬机进行索股的上提(图3.3-50)。

在距离主索鞍前后各20m,散索鞍前20m左右位置处,将握索器安装在索股上,同时起动各提升卷扬机,将整根索股提离猫道托滚。索股入鞍时,一般将中跨跨中垂度预抬高20cm,边跨跨中垂度预抬高10~20cm;先提升中跨,后提升边跨索股。

3)索股整形和入鞍

整根索股提离猫道托滚后,在主、散索鞍前后两握索器之间的索股呈无应力状态,采用门架横梁上的链滑车和尼龙吊带吊挂起松弛的索股,进行索股整形和入鞍(图3.3-51、图3.3-52)。

图3.3-50 索股提升横移

图3.3-51 索股整形

主索鞍处从边跨向中跨方向、在散索鞍处由锚跨向边跨方向开始进行整形：用钢片梳进行索股断面整理，人工用木锤敲打索股，使其断面由六边形变成四边形，再用专用四边形夹具夹紧，缠上包带；最后取掉四边形夹具，索股置入鞍槽，填塞木楔，以防止鞍槽隔板变形并保持索股形状。

4）索股入锚

当索股南北锚头运行到锚面位置，采用塔吊配合从北锚拽拉器和南锚天吊小车中解除南北锚头；与布置在南北锚碇5t卷扬机中引出的钢绳连接并下放锚头；采用入锚处的滑车组与锚头连接，与主缆锚固系统锚固；最后采用调索千斤顶进行索股的调整并张拉索股到设计张力（图3.3-53）。

图3.3-52 索股入鞍

图3.3-53 索股入锚完成

3.3.7 季风期主缆架设特殊措施

西堠门大桥主缆架设施工期间，受到海洋冬季季风气候的影响。据桥位区现场观测记录显示，主缆架设期间，出现间歇性6～8级风天数占2/3，对主缆架设特别是索股的调整造成很大的影响。

风荷载作用对施工的影响主要体现在三个方面：一是猫道和已架设的索股在风荷载作用下的相对横向位移不同，在相对位移超过1m时，就会严重影响索股架设；二是在风荷载作用下主缆和猫道风激振动，在架设到21根主缆索股时，在7级风作用下，北边跨索股整体出现超过1m振幅的风激振动，影响结构和施工安全；三是在风荷载作用下，对于长大跨的悬索桥主缆索股，即使在微风的情况下，对主缆调索的精度也会产生较大的影响。

为了主缆索股能够顺利架设及确保架设精度，西堠门大桥课题组还针对季风期架缆和超大跨主缆进行了主缆索股的分层定位控制专项技术研究、主缆实时测量与动态控制专项技术研究，将在第7章进行专门论述。此外，为保证主缆安装质量，架设期间还采取了以下措施：

（1）将已架设好的索股采用麻绳捆绑并与猫道连接在一起，减小已架设主缆索股的有效长度，提高其自有频率，抑制索股的风激振动；同时使猫道和已架设索股在风作用下共同偏移，保证在六级风以下时正常架设索股；而且防止索股相对撞击摆动，影响索股调整精度和施工中遇强风作用时防止主缆与猫道横向变形不一致可能产生对主缆的损伤。

（2）主缆索股在六级风以上时停止架设作业，以保证施工作业安全。

(3)在已架设主缆索股上每隔160m设置一道索股形状保持器，保持器间的插片改用10mm厚钢板，使现场采用5mm钢板被完全挤压变形的情况得到大大改善。

(4)在冬季季风期，完全无风的情况是很少见的，所以尽量抓住无风或少风的间隙进行索股调整，是保证主缆架设进度的一个重要措施。

中跨索股垂度用2台全站仪进行高程测量，在主缆中跨跨中位置安置六边形夹具，设上下反光棱镜，全站仪测量获得索股跨中点高程后与目标值比较，考虑温度和跨度修正后计算索股垂度调整量，换算为索长调整量，随即进行索股垂度调整，反复上述操作，直至索股中心垂度符合设计监控要求。调整时，将北塔索鞍位置索股标记点固定，利用特制夹具与手动葫芦进行调整，待中跨跨中点的垂度符合设计要求后，开始调整南边跨跨中垂度直至完成，北边跨因索股在北锚位置锚固，可与中跨同时进行垂度调整。

3.4 钢箱梁安装施工方案

3.4.1 工程特点

1)建设自然条件

西堠门大桥涉海跨岛，区域内水深、流急、地形复杂，也是季风、台风频发地区，建设条件相当恶劣。

(1)桥位处水面宽度约为2 000m，被老虎山分为南、北两汊，南汊宽度约为1 600m，最大水深达95m，南汊为主航道；北汊宽约370m，最大水深约为70m。

(2)桥位区以混合浪为主。西堠门水道潮流一般以不正规半日潮流为主，潮流运动形式大多为往复流。该水道流速大且有强烈旋涡。

(3)基岩岩性单一，册子(北锚碇)、老虎山(北塔)为流纹斑岩，金塘(南岸)为霏细斑岩。

(4)大桥工程东临东海，西望大陆，位于北亚热带，属东亚季风气候区，年平均气温16.4℃，年平均降水1 442.5mm，该地区是受台风影响频繁的地区，7～9月为台风多发期，年平均2.56个。同时该地区亦为较典型的季风影响区。

2)工程特点和难点

西堠门大桥钢箱梁安装施工有如下特点和难点：

(1)大桥跨度大，钢箱梁架设周期长，不可避免要穿越台风期。

西堠门大桥梁段数量多，架设周期长，不可避免地要经历台风期主梁架设安装。西堠门大桥主跨达1 650m，是世界上首座特大跨径分体式钢箱梁悬索桥，需要架设安装的主跨梁段多达91段(总梁段126段)。大桥地处台风、强季风影响频繁的舟山群岛，气象条件复杂，风速高，梁段吊装条件极端恶劣。根据工程建设规模和工期，钢箱梁的架设周期较长，无法在一个无台风作用的期间完成，而必须穿越台风期，其风险与难度极大，这是以往悬索桥施工中所未曾遇到的，在中国乃至世界范围内均尚属首次。

(2)主梁的起吊设备——缆载起重机，在穿越台风期施工中应满足承受强风(台风、强季风)的性能要求，而传统的设计均没有考虑结构的抗风性能，吊装自动化程度低，不仅严重影响了工期，还增大了施工风险。

(3)跨海大桥桥位区一般存在潮流紊乱复杂、水深湍急、海床无覆盖层、海事监管难度大等特殊条件,传统的运梁船抛锚定位和动力定位方案无法有效实施。同时桥址处西堠门水道为国际航道,封、限航代价极高。

(4)大桥北边跨锚碇侧浅水区无吊索梁段(编号17~25号,共计9个梁段)和两塔区附近梁段,运梁驳船不能到达梁段安装投影位置,无法采用传统的垂直起吊工艺,需搭设支架存梁并考虑采用荡移法架设。北塔区存在超重梁段,超出缆载起重机承载能力,需采用特殊方法安装。

钢箱梁梁段划分见图3.4-1,钢箱梁梁段编号见图3.4-2。

3.4.2　安装方案确定

1)安装方案比选

根据桥址地形、水文环境、架设设备以及预制梁重等因素,悬索桥钢箱梁架设一般有以下几种方式。

(1)缆载起重机起吊作业

这是大多数钢箱梁悬索桥架梁方式,根据缆载起重机不同,又分为卷扬机式缆载起重机安装,如英国塞文桥、丹麦小贝尔特桥、日本来岛大桥、中国虎门大桥等;以及液压缆载起重机安装,如丹麦大贝尔特桥、香港青马大桥、中国虎门大桥与润扬大桥。

(2)大型浮吊安装

在地形环境与设备允许的条件,可采用大型浮吊安装方案,如瑞典滨海高桥(High Coast Bridge)与丹麦大带桥部分梁段。

(3)缆索天线安装

受地形及安装设备限制,可采用缆索天线完成钢箱梁安装,该方法在我国的重庆鹅公岩大桥建设中运用,在沪蓉西四渡河特大桥(900m钢桁架悬索桥)主梁安装中也曾使用。

(4)液压提升设备连续荡移

美国的Carquinez Bridge,则借助连续提升千斤顶等特种设备,通过多次荡移,将钢箱梁从卸船位置提升至安装位置。

在条件允许的前提下,采用大型浮吊安装,可提高安装效率,节约工期,这也是目前悬索桥钢箱梁安装的较优方法之一,缺点是费用相当高且受水域环境限制较多,同样面临船舶定位问题。

缆索天线适用于地形复杂、不利于钢箱梁水平运输的山区河谷地带主梁安装,对于超过千米的大跨悬索桥,使用缆索天线则设备太过庞大、复杂,安拆使用都不方便、对于两跨钢箱梁悬索桥,还需要两套吊装、牵引系统,工作效率较低。

液压提升设备连续荡移距离一般不大,对于主跨达1 650m的西堠门大桥,如此长度采用千斤顶连续荡移,安装周期过长,过程中如遇台风等恶劣天气则风险太大。

2)安装方案的确定

除少数特例外,国外大多数桥梁采用位于主缆上的缆载起重机起吊安装,国内已建成的大跨悬索桥中,亦多选用缆载起重机完成钢箱梁提升安装,这是较为成熟且经济的方案,充分利用了悬索桥主缆的自架设功能。同时缆载起重机也逐步向轻量化、自动化、可靠性较高的液压式缆载起重机发展。

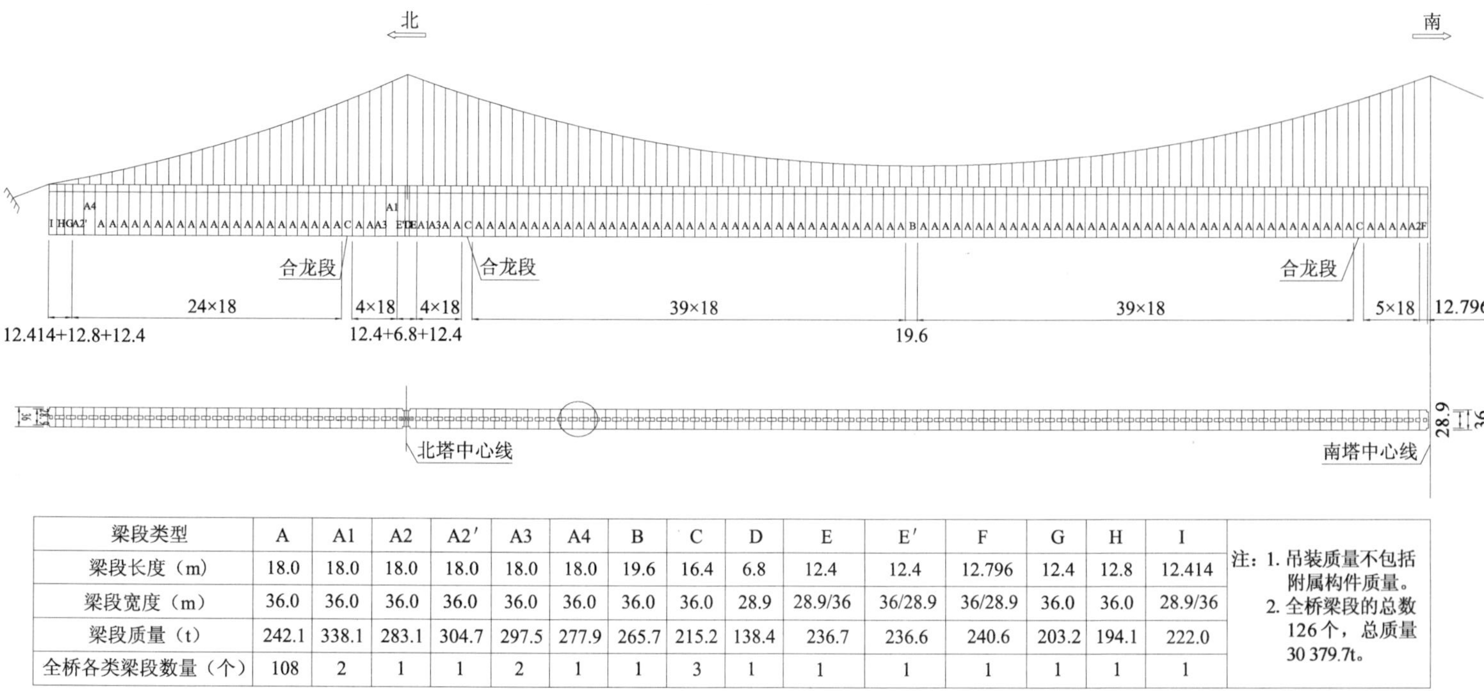

梁段类型	A	A1	A2	A2′	A3	A4	B	C	D	E	E′	F	G	H	I
梁段长度（m）	18.0	18.0	18.0	18.0	18.0	18.0	19.6	16.4	6.8	12.4	12.4	12.796	12.4	12.8	12.414
梁段宽度（m）	36.0	36.0	36.0	36.0	36.0	36.0	36.0	36.0	28.9	28.9/36	36/28.9	36/28.9	36.0	36.0	28.9/36
梁段质量（t）	242.1	338.1	283.1	304.7	297.5	277.9	265.7	215.2	138.4	236.7	236.6	240.6	203.2	194.1	222.0
全桥各类梁段数量（个）	108	2	1	1	2	1	1	3	1	1	1	1	1	1	1

注：1. 吊装质量不包括附属构件质量。
2. 全桥梁段的总数126个，总质量30 379.7t。

图3.4-1　钢箱梁梁段划分(尺寸单位：m)

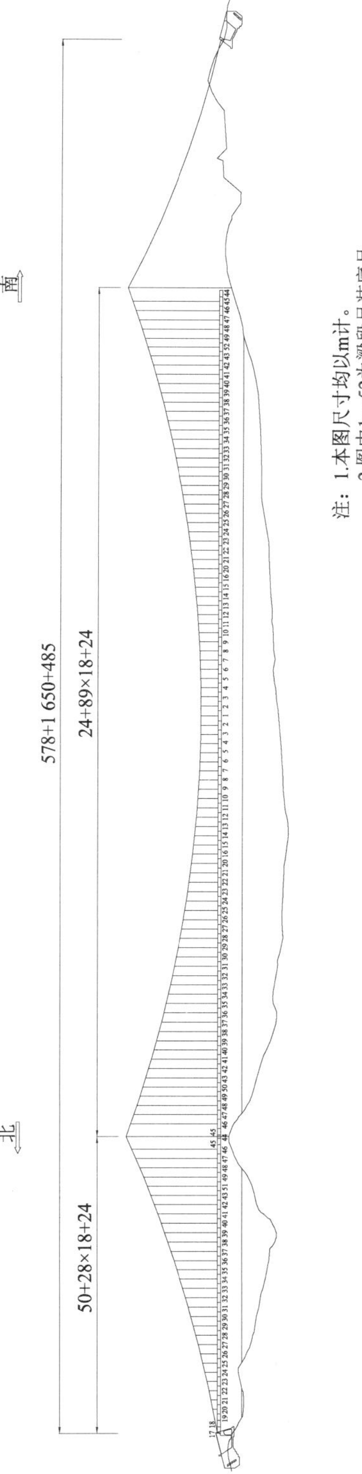

注：1.本图尺寸均以m计。
2.图中1～52为梁段吊装序号。

图3.4-2　钢箱梁梁段编号

安装钢箱梁的缆载起重机,液压式与卷扬机式各有优点,其中液压式以其提升能力强、同步控制易实现等优点,在新建成几座世界级大桥中得到应用,见表3.4-1。

国内外主要悬索桥钢箱梁安装方法统计 表3.4-1

桥梁名称	跨径(m)	安装方法	备注
塞文桥	978.6	卷扬机式缆载起重机+钢箱梁浮运	英国
小贝尔特桥	600	卷扬机式缆载起重机	丹麦
大贝尔特桥	1 624	液压提升式缆载起重机+浮吊	丹麦
滨海高桥	1 210	浮吊	瑞典
卡奎内兹桥	728	连续提升千斤顶荡移	美国
来岛第三大桥	1 030	卷扬机式缆载起重机+钢箱梁动力定位	日本
重庆鹅公岩大桥	600	缆索吊安装	—
广东虎门大桥	888	卷扬机式、液压提升式缆载起重机	—
厦门海沧大桥	648	卷扬机式缆载起重机	三跨连续
香港青马大桥	1 377	液压提升式缆载起重机	英国安装
湖北西陵大桥	900	卷扬机式缆载起重机	—
湖北宜昌大桥	960	卷扬机式缆载起重机	—
江苏江阴大桥	1 385	液压提升式缆载起重机	英国设备
汕头海湾大桥	452	卷扬机式缆载起重机	—
润扬长江大桥	1 490	液压提升式缆载起重机	—

西堠门大桥连续钢箱梁长度居世界前列,同时受制于海域岛礁特殊地形,以往大桥施工技术不能涵盖本工程,同时,在台风期进行钢箱梁架设,是以往悬索桥施工中所未曾遇到的施工难题,无成功经验可借鉴。无相关工法和技术标准,施工规范可参考。同时缆载起重机属特种设备,缺乏相应的技术标准和规范,故需对步履式液压缆载起重机进行认真设计与深入研究。

根据比选与现有技术设备能力,综合考虑安全、工期与建设造价等因素,西堠门大桥钢箱梁采用液压缆载起重机安装。

需要指出的是:因塔锚均在岸上,故塔锚附近钢箱梁安装不能用普通方法完成,其中北锚附近梁段采用航道拓宽结合支架存梁与起重机连续荡移技术安装;北塔区梁段因存在超重梁段(超过招标文件中起重机要求起吊能力),故采用特制卷扬式吊装系统安装;南塔附近梁段则采用起重机多次荡移安装。

3.4.3 钢箱梁架设施工

1)概述

作为地处海岛环境的大跨悬索桥,西堠门大桥钢箱梁安装是国内同类型桥梁中最复杂的一座。除运梁船定位技术外,作为主跨世界第二的两跨连续钢箱梁悬索桥,塔锚附近梁段因地形限制,运梁船不能抵达主梁设计平面位置下方,无法采用垂直起吊工艺。

丹麦大贝尔特东桥(Storebælt East Bridge)是一座主跨 1 624m 的三跨连续钢箱梁悬索桥(图 3.4-3),由于塔锚均在海上,考虑到缆载起重机操作空间限制,加之有大型运输船与浮吊设备,故锚碇附近梁段施工采用工厂整体预制,大型浮吊整体抬吊安装的方式完成。

图 3.4-3 丹麦大贝尔特东桥锚碇梁段吊装

运梁驳船为 UR111 货运驳船,长 123.5m,宽 27.5m,高 6.1m,可运输 2 500t 以上荷载,动力由拖轮提供,钢箱梁由 Taklift4 与 Taklift4 大型浮吊抬吊,浮吊的最大吊重 1 600t,采用主吊臂时为 1 200t,在锚碇处采用 130m 长吊臂时最大吊重 475t。

索塔之间的两个梁段,采用缆载起重机及设在桥塔横梁上的一组临时穿心式千斤顶安装。吊装从边跨起吊,双起重机抬吊,吊装前将主跨位置水平千斤顶连接到钢箱梁上,起吊至正常高程后,启动水平千斤顶将梁段水平拉入塔柱之间,与横梁上的临时提升装置连接,逐步放松起重机提升装置,使荷载转移至临时提升装置,所有梁段吊装完成后,下放塔区无吊索梁段,调节线形,与相邻梁段连接,完成焊接后拆除临时提升装置,完成该位置梁段安装。

我国的厦门海沧大桥,为主跨 628m 的三跨连续钢箱梁悬索桥,因锚碇位于岸上,故搭设一段型钢桁架临时存放该位置梁段,另设一段活动支架作为安装临时设施。锚区附近梁段分块采用驳船运输至码头,再通过陆运至安装位置附近,起重机垂直提升超过存梁桁架高程,将移开的活动支架横桥轴向平移与存梁桁架连接,下放梁段至活动支架,解除起重机与梁段连接后沿桥轴向平移钢箱梁至临时存放位置,待所有梁段安装完成后利用缆载起重机调节该位置梁段线形,完成后与相邻梁段临时连接,打码焊接后放松起重机连接,完成安装。

塔区梁段共计 3 段无索梁段,其中横梁位置 B 梁段采用边跨侧单台起重机起吊(图 3.4-4),中跨侧起重机辅助牵引平移就位,最终放置于横梁支架上;中边跨侧 D 梁段采用单起重机安装并临时悬吊,待这三段无索梁段与相邻有吊索梁段调整好线形,打码焊接完成,先行卸除横梁位置支架,接着起重机卸载,完成体系转换。

综合考虑已建成大桥的成功经验,西堠门桥钢箱梁安装主要通过缆载起重机完成,其中多数梁段采用单起重机垂直起吊技术;而南北塔与北锚碇附近梁段,因其均在安装,难以采用大

图 3.4-4　厦门海沧大桥索塔横梁位置 B 梁段吊装

型浮吊进行安装(即使采用,因距离限制亦需要起吊能力远大于大贝尔特桥的浮吊设备),故实施过程中,分别采用单台缆载起重机多次荡移与卷扬式吊装系统单次荡移技术安装,无索区梁段另搭设支架作为存梁措施,起重机不作为线形调整工具。

2)普通梁段垂直起吊安装

普通梁段安装技术相对成熟,对于西堠门大桥,需要解决的主要问题是单起重机安装钢箱梁,吊索吊点与钢箱梁重心需在同一垂线上,故需要精确计算每段钢箱梁的重心,同时因梁段种类较多(共计 15 种),吊具设计还需考虑设置纵向调节功能,这在前节中已有描述;起重机设计时,因通用性原因,起吊索与钢箱梁临时吊耳不在同一垂线上:临时起吊索在钢箱梁临时吊耳内侧位置,对于短吊索(<66m)梁段,如果直接起吊,起吊索内倾角度过大对起重机连续作用千斤顶及钢箱梁临时吊耳均产生不利影响,为此设计专用横向扁担梁保证连续作用千斤顶与临时吊耳均处于最佳受力状态;对于超过 66m 的长吊索梁段,则可去掉横扁担梁而不会影响起重机正常工作。一般梁段吊装布置断面见图 3.4-5,实景图见图 3.4-6。

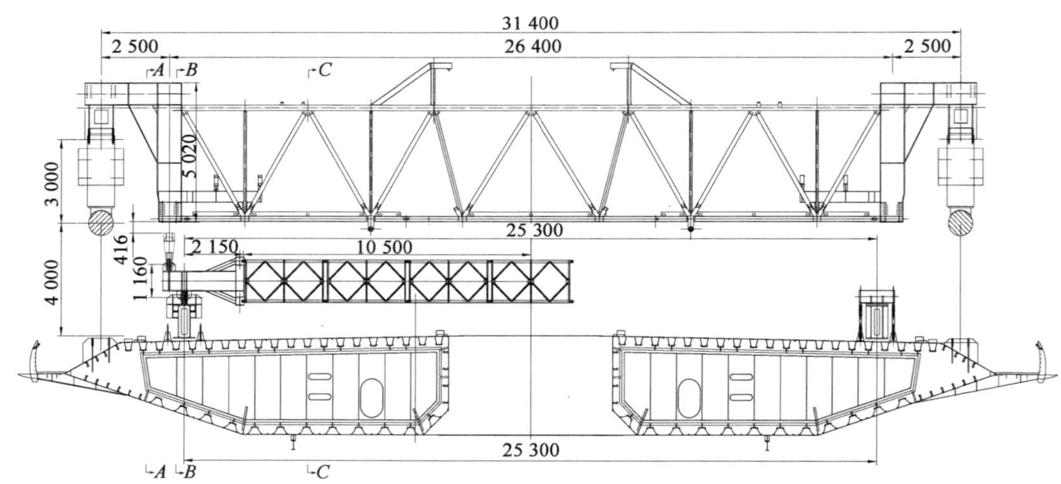

图 3.4-5　一般梁段(短吊索)吊装布置断面图(尺寸单位:mm)

3)北锚跨附近钢箱梁安装

(1)方案比选

如前所述,三跨连续钢箱梁悬索桥锚碇附近梁段要么采用浮吊安装,要么采用支架存梁结合起重机荡移技术安装。

北锚附近区域的 17、18、19 号梁段设计为无索区梁段,因梁顶面高程高于主缆,缆载起重

图 3.4-6　一般梁段(短吊索)吊装实景

机无法进行垂直起吊,也无法采用临时吊索。因锚泊困难,大型浮吊无法靠近安装,同时因出梁码头与运梁船限制,无法像大贝尔特桥那样将无索区梁段整段预制安装,故需要采用移动支架配合固定支架法纵移存放;同时受地形条件所限,该区域内 20 ~ 25 号梁段位于浅滩区,运梁驳船无法到达,且因该区域地质覆盖层薄,基岩出露高,如搭设栈桥,其施工十分困难。

因此,针对该区域梁段安装,提出如下三种比选安装方案:

方案一:运梁船行至 26 号梁段位置,17 ~ 19 号梁采用单起重机连续荡移结合移动支架安装,20 ~ 25 号梁采用单起重机连续荡移法安装(图 3.4-7)。

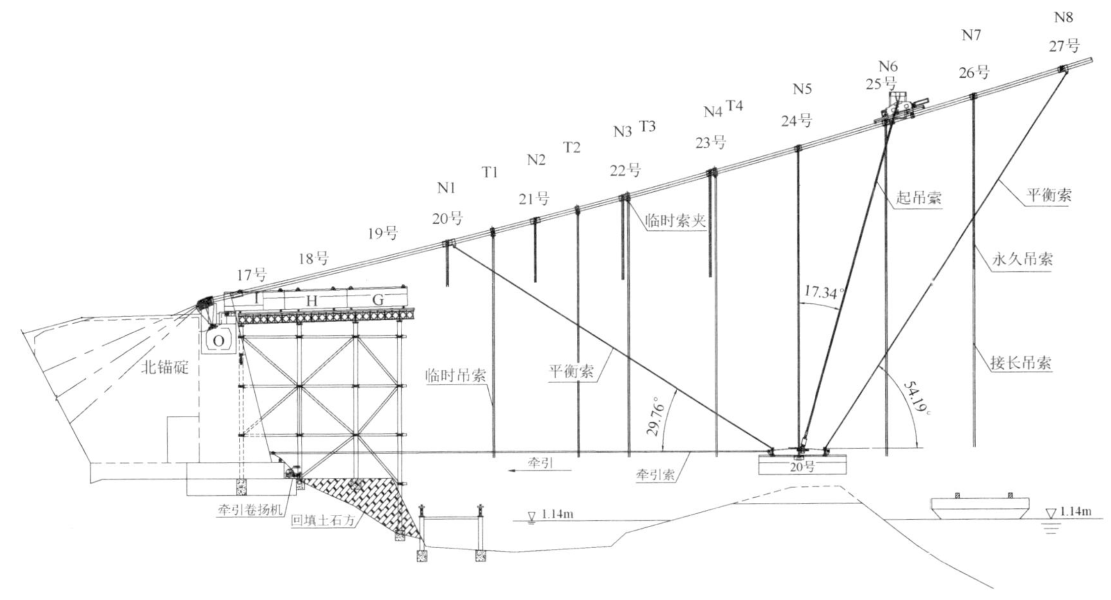

图 3.4-7　方案一单起重机连续荡移安装示意图

方案二:爆破门头山山嘴进行航道拓宽,运梁船可行至21号梁下方,21～25号梁段垂直起吊,20号梁段采用起重机两次荡移安装,无索区17～19号共3个梁段两次荡移并采用移动支架辅助纵移至设计位置实施安装(图3.4-8)。

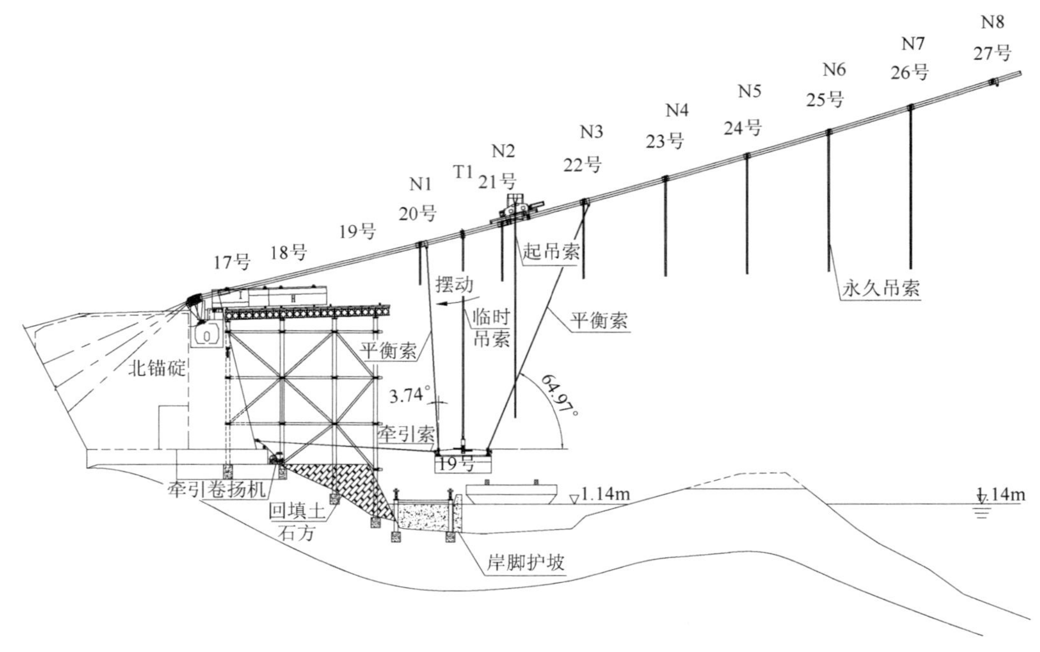

图3.4-8 方案二航道拓宽方案钢箱梁吊装示意图

方案三:搭设海中长栈桥,运梁船行至26号梁段位置,17～19号梁采用单次荡移,栈桥上纵移,垂直起吊并结合移动支架安装,20～25号梁采用单次荡移,栈桥纵移,垂直起吊安装(图3.4-9)。

经综合分析比选,确定采用方案二——航道拓宽方案作为实施性安装方案。

(2)航道拓宽

北锚碇前端为门头山山嘴,该山嘴阻断了钢箱梁段的海上运输线路,为减小施工风险,提高工作效率,采用航道拓宽方案,即用预裂控制爆破方式拓宽拓深钢箱梁海运通道,运梁驳船可运梁至21号梁段安装位置,只需两次荡移,即可将梁段安装到位。

拓宽方案平面布置见图3.4-10。

根据运梁船的运输方案确定开挖的尺寸及开挖深度,保证运梁船能够顺利地进入至指定水域。

(3)边跨无吊索钢箱梁荡移

航道疏浚拓宽后,运梁船可直接开到21号梁段位置,对17～20号梁段而言,此时单台起重机行走至N2吊索位置,梁段利用两次荡移完成安装。为实现荡移过程中吊点转换并保证过程中起重机吊索垂直夹角不大于8.5°,需要在N1与N2吊索间安装临时吊索与索夹,编号T1。

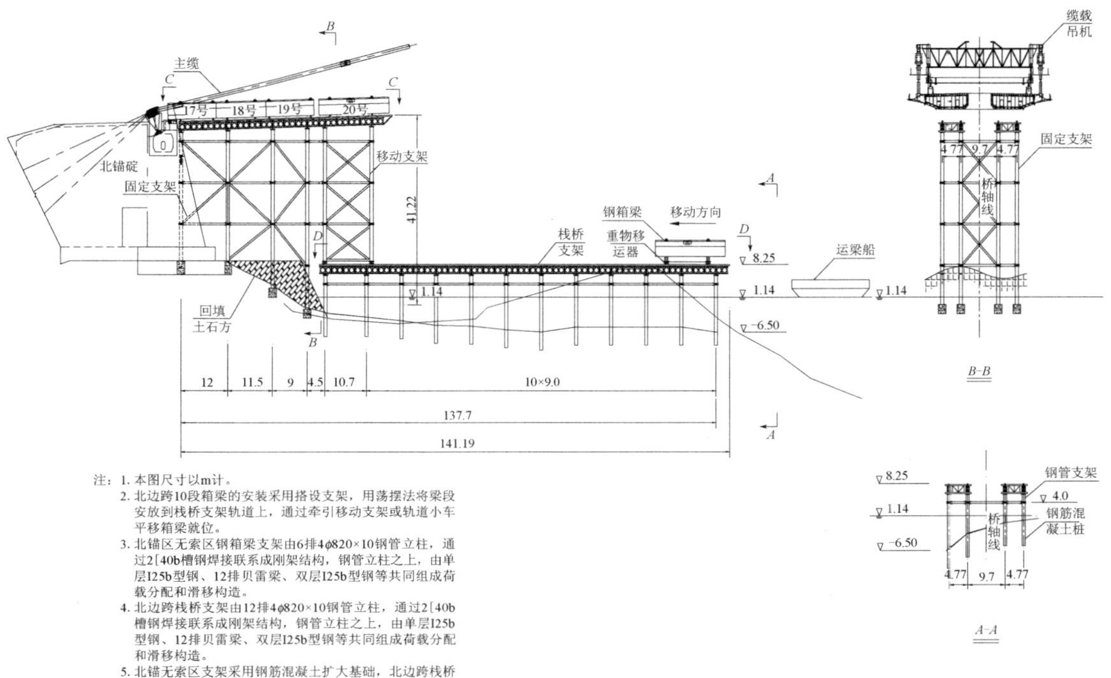

图 3.4-9 方案三海中运梁栈桥布置图(尺寸单位:m;高程单位:m)

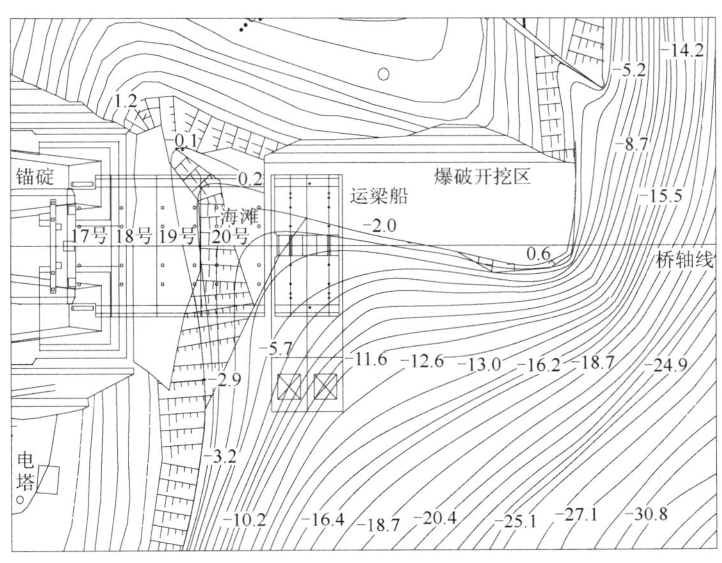

图 3.4-10 航道拓宽方案平面布置图

无索区 3 个梁段尚需搭设支架搁置并利用移动支架辅助安装就位。17～19 号梁段安装与 20 号梁略有不同：由于没有永久吊索，需用横扁担分配梁上吊耳作荡移中转接力，同时还需借助移动支架实施钢箱梁纵移就位。

北锚无索区支架布置图见图 3.4-11。

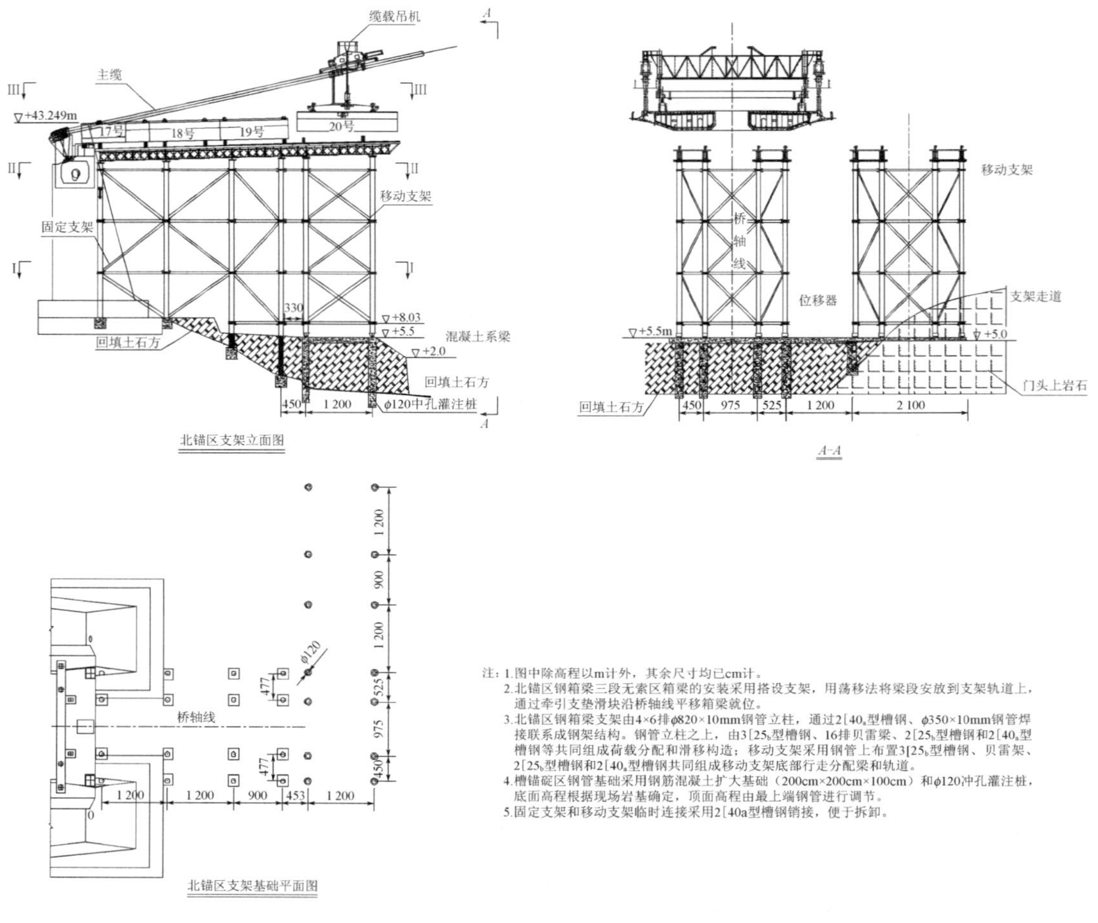

注：1.图中除高程以m计外，其余尺寸均已cm计。
2.北锚区钢箱梁三段无索区箱梁的安装采用搭设支架，用荡移法将梁段安放到支架轨道上，通过牵引支垫滑块沿桥轴线平移箱梁就位。
3.北锚区钢箱梁支架由4×6排ϕ820×10mm钢管立柱，通过2[40_a型槽钢、ϕ350×10mm钢管焊接联系成钢架结构。钢管立柱之上，由3[25_b型槽钢、16排贝雷梁、2[25_b型槽钢和2[40_a型槽钢等共同组成荷载分配和滑移构造；移动支架采用钢管上布置3[25_b型槽钢、贝雷架、2[25_b型槽钢和2[40_a型槽钢共同组成移动支架底部行走分配梁和轨道。
4.槽锚碇区钢管基础采用钢筋混凝土扩大基础（200cm×200cm×100cm）和ϕ120冲孔灌注桩，底面高程根据现场岩基确定，顶面高程由最上端钢管进行调节。
5.固定支架和移动支架临时连接采用2[40a型槽钢销接，便于拆卸。

图 3.4-11　北锚无索区支架布置图

由于 20 号梁比 17 号梁重约 90t，若采用与 17～19 号梁安装相同的施工工艺，则横扁担联结件承载力不足，为安全计，以钢箱梁上永久吊耳作荡移中转接力构造。为保持 20 号梁安装吊点转换过程平衡，在靠近 N3 吊索位置设置平衡索。平衡索为带滑车组的钢丝绳，动滑车与吊具销耳连接，定滑车悬挂在临时索夹上，以北锚碇上 10t 卷扬机为动力实现收放作业，以适应荡移过程中角度与长度的不断变化。平衡索同时也是钢箱梁安装过程的抗风稳定措施之一。17 号梁段安装示意见图 3.4-12，吊装实景见图 3.4-13。

北锚附近浅滩 21～25 号梁段由于航道拓宽，该区域梁段安装方法与一般梁段无异，均采用垂直起吊就位方案。

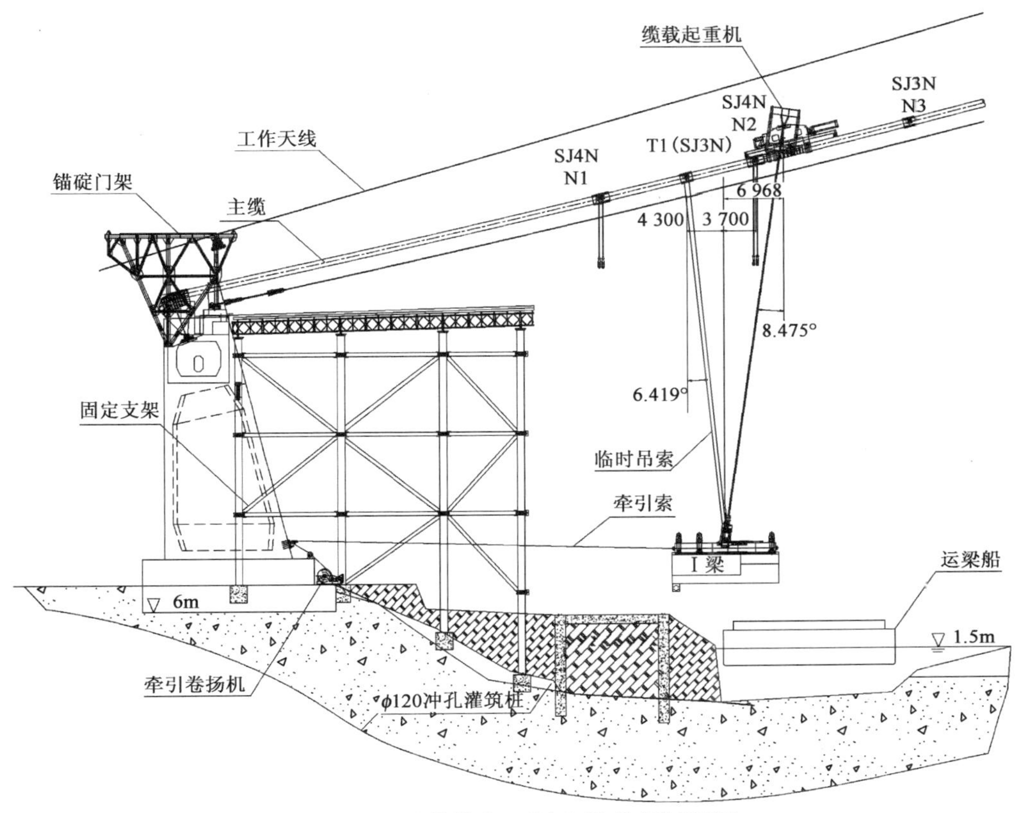

图 3.4-12　北锚附近 17 号（Ⅰ型）梁安装示意图

4）北塔附近钢箱梁安装

（1）方案比选

连续箱梁位置的塔区钢箱梁安装一般借助临时吊索或缆载起重机，钢箱梁经荡移作业后临时固定在主缆上，待钢箱梁吊装基本完成后，进行梁段线形调整、打码焊接与体系转换，其优点是无索区梁全部（或大部）在线形调整前已施加于主缆上，塔区附近梁段高程在调整前后变化较小。但该方法要求无索区梁段相对线形提前调整并焊接完成，无法考虑钢箱梁架设过程后期的误差，这对施工监控工作提出很高要求，同时或因配合现场焊接工作，对吊装设备占用周期长（如海沧大桥），同时延长了全桥工期，或因需要装载能力强的运梁驳船与起吊安全裕度大的起吊设备（如大贝尔特桥），对设备要求过高，这是该方法的缺点。

为尽可能提高线形调整精度，加快施工进度，立足现有施工设备，塔区梁段采用钢管桁架支架存梁方案，塔区附近钢箱梁安装采用荡移技术，因存在超重梁段（质量 360t，加上吊具质量约 12t，总质量 372t，已超过招标文件要求的缆载起重机 350t 起吊能力要求），故吊装时采用前面介绍的固定卷扬式吊装系统安装。吊装系统平面布置见图 3.4-14。

（2）北塔附近梁段安装

采用卷扬机吊装系统安装的塔区钢箱梁分为有吊索和无吊索的两种：北塔区 D、E、E’梁段 3 个梁段无吊索，共 3 片；有吊索梁段中边跨各一片 A1、A3 与 A 梁段，共计 9 片梁，其中 A1 段梁质量 360t，是全桥最重的钢箱梁。

a)钢箱梁起吊

b)荡移并转换吊点

c)起吊、移动支架搁梁

d)梁段纵移动就位

图3.4-13　北锚区钢箱梁吊装实景

卷扬式吊装系统在主缆上安装好之后固定在主缆上，无吊索梁段和有吊索梁段均采用一次荡移到支架上方，落梁到存梁支架上，然后通过支架上的轨道利用重物移位器纵移到位，千斤顶群顶升调整线形的方法进行安装，其中无吊索梁段（D、E、E′梁）的荡移距离较远，荡移偏角达到24.5°，一次荡移距离63.07m，最大水平牵引力1 200kN；有吊索梁段中，A1梁段最大荡移距离52.5m，此时荡移偏角达到20.77°，最大水平牵引力1 470kN，为减小偏拉角度，减小牵引力，实际操作中，在荡移到约18.75°夹角时，安装A1梁段的正式吊索，然后通过放松卷扬式吊装系统，钢箱梁通过正式吊索荡移到与正式吊索垂直位置，此时水平荡移距离46.68m，最大水平牵引力1 314kN，其他有吊索梁段安装过程与A1梁类似。

（3）卷扬式吊装系统研制

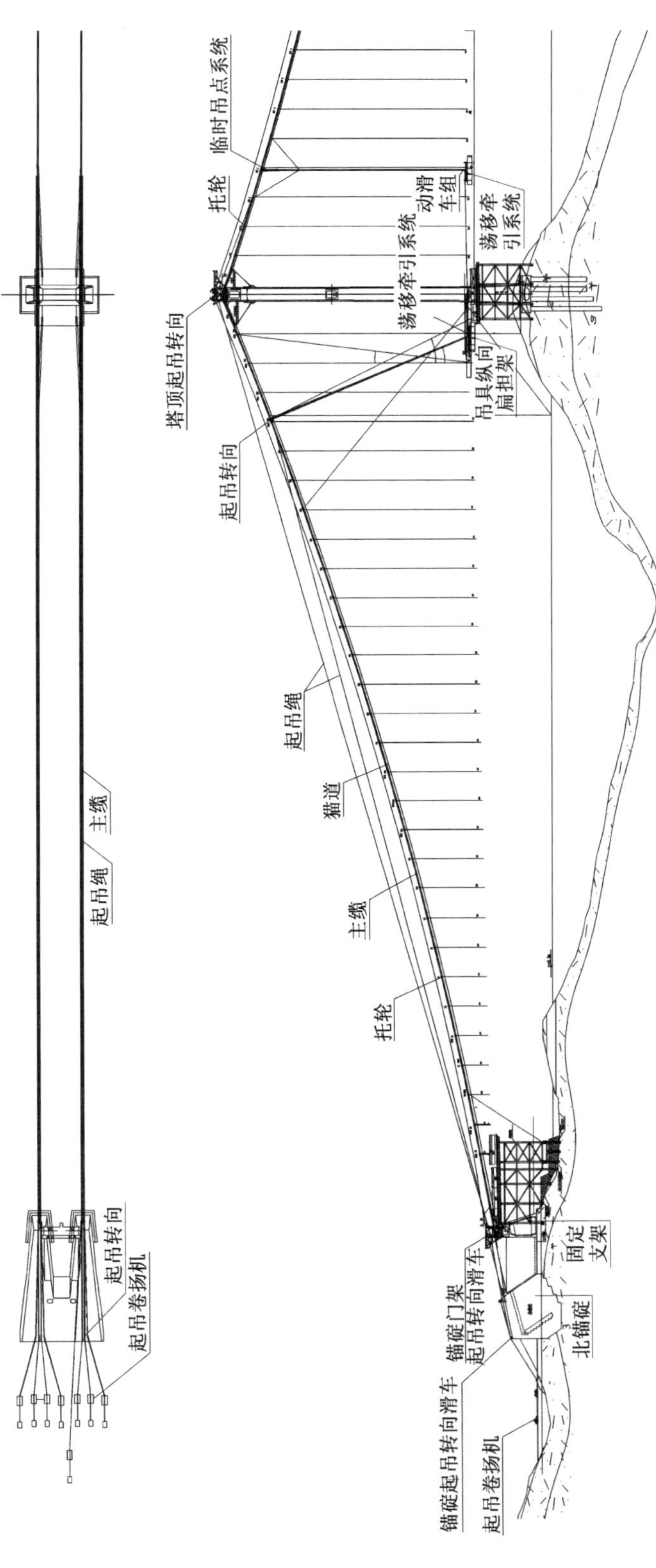

图3.4-14　卷扬式吊装系统总体布置图

为解决 A1 超重梁段的吊装，尽早形成吊装能力，解决钢箱梁的存放和制造压力，北塔区特殊梁段创造性地引入卷扬式吊装系统进行施工(图 3.4-15 ~ 图 3.4-17)，这在国内外悬索桥桥施工尚属首次。

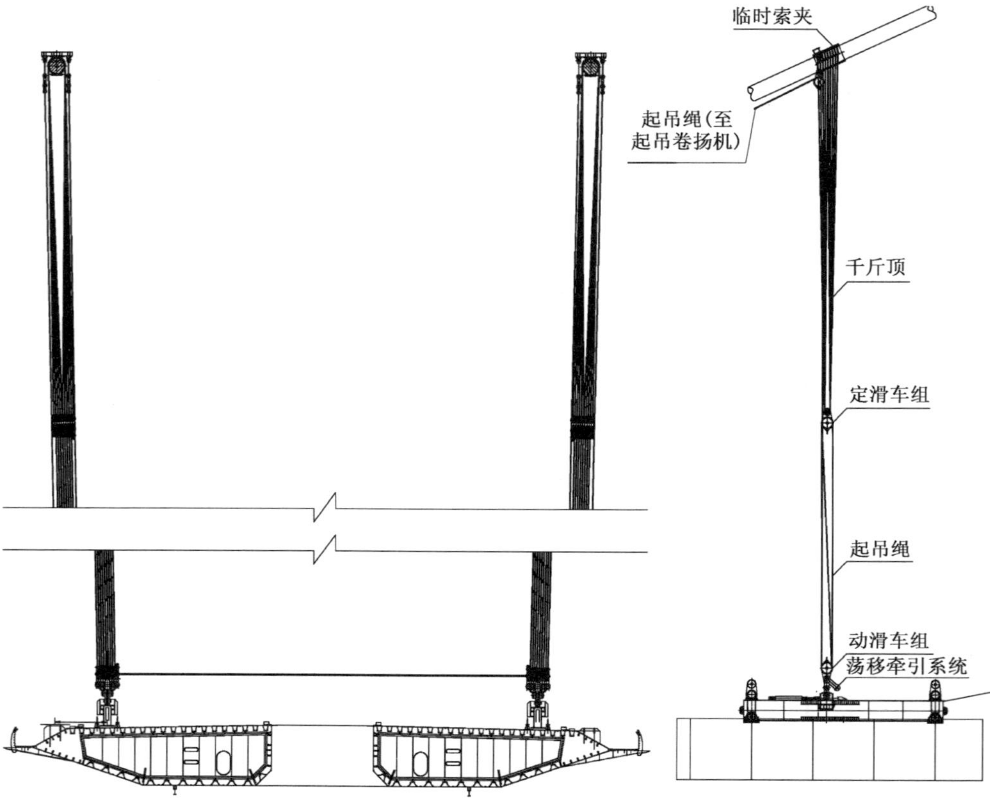

临时索夹
起吊绳(至起吊卷扬机)
千斤顶
定滑车组
起吊绳
动滑车组
荡移牵引系统
吊具纵向扁担梁

图 3.4-15　起吊提升系统示意图

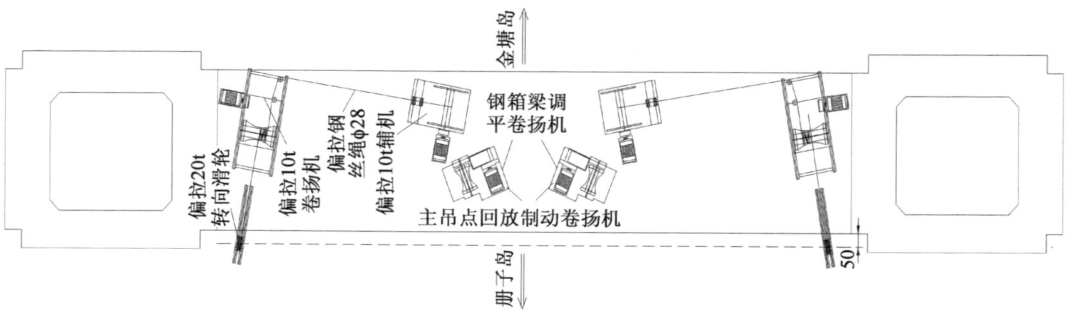

金塘岛
钢箱梁调平卷扬机
偏拉20t转向滑轮
偏拉10t卷扬机
偏拉钢丝绳φ28
偏拉10t辅机
主吊点回放制动卷扬机
册子岛
50

图 3.4-16　塔柱中横梁荡移牵引系统卷扬机布置图

原理：卷扬式吊装系统实际是一套没有走行功能的固定式缆载起重机，采用卷扬机为提升动力，而钢箱梁的平移则借助岸侧的牵引卷扬机提供动力。

优点：由于简化了缆载起重机中复杂的走行部分和主桁架结构，整个结构形式相当简单紧凑，通过特殊设计的索夹与千斤绳构造，克服了普通缆载起重机不能完成的大角度长距离荡移作业。安装速度快,提升作业安全可靠。

在北塔中跨和边跨侧共采用两套卷扬式吊装系统,每套系统,由起吊提升系统与牵引平移系统组成。其中,起吊提升系统由提升卷扬机、临时索夹、定动滑车组、转向滑车组、钢丝绳等组成,起吊能力为4 800kN;牵引平移系统由牵引卷扬机、定动滑车组、转向滑车组、钢丝绳等组成,牵引能力为1 700kN。

图3.4-17 卷扬机式吊装系统吊装照片

5)南塔附近钢箱梁安装

南塔附近梁段安装,采用单台缆载起重机进行吊装,同样因地形限制,运梁船无法到达塔区附近7段梁下方,故也需要采用荡移技术安装。为缩短空中荡移距离与时间,减小施工风险,安装过程设置了高矮两套支架,其中矮支架上铺设纵移轨道,作为塔区三段梁的纵移平台,高支架则是塔区无索梁段的存梁与线形调整平台,在岸侧设置两套水平牵引系统,均以卷扬机为动力,与高矮支架配合,完成该位置梁段的荡移施工作业。

与锚区短吊索梁段不同,该位置均为长吊索梁段,故在荡移时可借助永久吊索与一根临时吊索作为钢箱梁两次荡移过程的中转接力装置,钢箱梁最多通过两次荡移作业,转移到支架上,在支架上通过重物移位器纵移,同时缆载起重机继续行走至安装位置,垂直提升钢箱梁与吊索连接,完成安装。

其中塔区根部无索区F梁段还需再经一次荡移放置到存梁支架上,并在钢箱梁吊装完成后调整线形,打码焊接,经体系转换后完成最后安装(图3.4-18)。

3.4.4 台风环境下钢箱梁架设安装和防台方案

舟山位于我国东部海岛上,具有海洋性气候的基本特征,特别是西堠门水道位于海岛与海岛之间的宽阔海面上,工程区域10m高度处的百年一遇风速已经达到了我国东部海岛地区的较大值 $U_{10}=41.12\text{m/s}$。此外,我国虽然在悬索桥建设及抗风研究方面积累了一些经验,但在台风区宽阔海面建造世界纪录跨径的钢箱梁悬索桥尚无实践先例,对西堠门大桥悬索桥进行抗风性能及风振控制研究,以确保大桥在施工过程中和建成运营后的抗风稳定性、安全性和适用性是一项十分重要的课题。

抗风研究结果表明施工阶段的结构颤振稳定性能还不能完全满足颤振检验风速的要求,因此建议大桥施工应避开台风期。然而钢箱梁施工工期超过5个月,如不选择台风期架梁,则季风期能满足架梁条件(7级以下风速)的有效施工天数往往不到总天数的50%,再考虑工程建设进度的需要——大桥2007年7月即具备架梁条件,故西堠门大桥在台风期架梁难以避免,这在中国尚属首次,在大跨桥梁建设史上也是罕见的。

为了确保施工阶段结构的稳定和安全,需进行西堠门大桥施工阶段抗风性能专题研究,精细分析研究大桥钢箱梁在施工阶段抗风稳定问题与临时连接件在台风环境下的强度问题，为大桥台风期钢箱梁安装提供指导意见，确保大桥安全完成架梁施工。

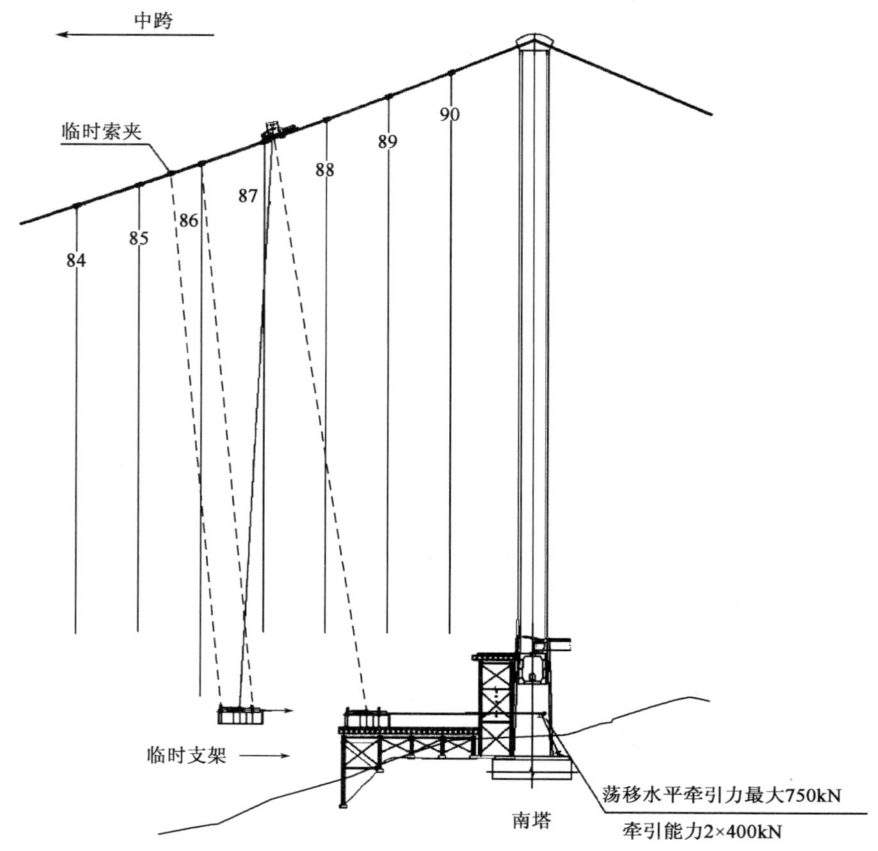

图 3.4-18　中跨南侧 44 号梁(F 梁)安装布置示意图

1)钢箱梁架设顺序与索鞍顶推控制

为确保施工过程中结构的抗风安全，在西堠门大桥施工阶段全桥气动弹性模型风洞试验和计算分析研究成果基础上，根据两跨连续的分体式钢箱梁悬索桥施工阶段主梁的颤振演化规律(如图 3.4-19 所示)，发现了分体式钢箱梁悬索桥在架设初期和中后期均存在一个气动稳定性薄弱的状态(颤振临界风速低于检验风速)。在此状态下，必须避免已架设梁段受到强风的作用而发生毁灭性的颤振。参照此规律，科学制定了梁段架设计划和相应的钢箱梁架设安装避台方案，在保障工期的同时，在架梁初期和中后期巧妙避开了台风期，避免了可能发生的颤振，使得已架设梁段免遭毁灭性破坏，开创了大跨度桥梁穿越台风期主梁架设安装的先河。

(1)加劲梁的吊装顺序确定

一般而言，在悬索桥加劲梁架设方法，按钢箱梁间连接施工状态，分为：逐段铰接法，逐段刚接法或者刚铰混合法。

西堠门大桥采用常用的逐段铰接法，在整个梁段吊装期间，梁段直接悬吊于吊索上，已吊好的梁段间采用弯曲刚度可以忽略的临时连接件进行铰接，当梁段吊装完成后才逐段刚接。

这就是逐段铰接的施工过程。采用本方法架设加劲梁,在加劲梁吊装完成前,加劲梁梁段间均为铰接,因而在此期间加劲梁段相互连接处无弯曲内力,但有剪力和较小的轴力存在,在桥梁建成后,梁段一期恒载全由主缆承担。

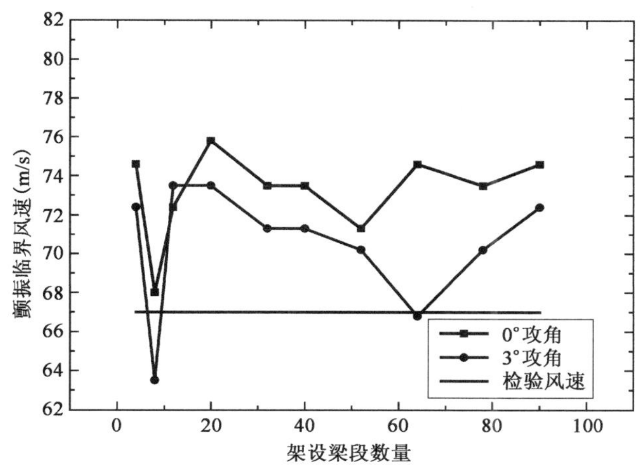

图 3.4-19 施工期颤振临界风速演化规律

刚接完成后再进行桥面铺装等二期恒载的安装,二期恒载在加劲梁各梁段间参与分配后再由吊索传给主缆,加劲梁因此而产生了弯曲内力,二期恒载由主缆和加劲梁共同承担。

在主缆架设完毕、索夹定位及猫道改挂之后的施工就是加劲梁吊装。对于大跨度桥梁来说,此后悬索桥的线形就已经完全确定了,在吊梁阶段主要的控制任务主要是保证各构件的安全,防止位移及应力超限。

由于悬索桥架设过程中缆的形状改变很大,各相邻梁段之间加劲梁会产生凹凸,所以临时连接一般设于梁上翼缘或上弦杆。该施工方法工序少,工艺简单,用本方法施工的桥,加劲梁恒载弯矩较小或者没有,是一种较理想、较成熟的施工方法。但本法因施工中加劲梁梁段之间采用铰接,没有足够的刚度,因而其纵横向抗风稳定性能差,在大风地区施工就受到一定影响,必须采用增强抗风能力的其他辅助措施。与其他方法相比本方法施工期稍长。加劲梁的吊装顺序,必须根据结构的构造特性、施工安全性、人员及设备的配置、现场划分、构件的运输及气象条件等各方面进行综合判断后来决定。主要的吊装顺序有两种,一种是由中跨中央及两岸侧向主塔吊装,如图 3.4-20a)所示。如小贝尔特桥、奥克兰海湾桥和我国大多数大跨悬索桥;另一种是由两主塔开始,向中央及两岸架设,如图 3.4-20b)所示。如金门桥,大岛大桥。

前一种架设顺序,在开始时中跨中央架设的几个梁段对主缆线形有着较大影响,需要严格监控桥塔的偏位,保证其安全,注意鞍座的顶推,但在其后梁段的架设中,主缆线形变化较小,因而加劲梁的线形较平顺,在加劲梁变形要求严格的悬索桥,特别是单跨悬索桥常常采用这种架设顺序。

后者由于在吊装开始时可以在桥塔处对加劲梁进行适当的约束,使架设时抗风稳定性得到改善,因此在悬索桥抗风要求较高时,加劲梁的吊装常常采用这种顺序,但这种顺序存在着最后的闭合问题,由于施工的误差可能在合龙截面出现阶梯,加劲梁刚接线形调整困难。

西堠门大桥因地处台风区与季风区,以架梁期间结构的安全为依据,兼顾工期与台风期钢箱梁架设抗风稳定安全间的平衡，根据钢箱梁安装期间抗风研究验算成果，确定了钢箱梁安装顺序。架梁顺序（图3.4-21）为：

①拓宽航道，搭设南北塔与北锚位置支架，从南北索塔、北锚位置安装缆载起重机［图3.4-21a）］。

②北锚起重机走至北边跨21号梁位置，南塔起重机走至中跨43号梁位置，开始钢箱梁安装：北边跨17～19号梁，17号梁向北锚方向偏移约40cm，南塔区44～46号梁；同时安装北塔附近卷扬式吊装系统［图3.4-21b）、c）］。

③三台缆载起重机分别从北锚向北塔、跨中向两塔，依次对称安装跨中1～23号梁，北边跨20～32号梁；北塔区两套卷扬式吊装系统负责安装北塔区44～49号梁段［图3.4-21d）～f）］。

④拆除北塔卷扬式吊装系统，继续安装其他剩余梁段［图3.4-21g）］。

⑤按顺序依次吊装合龙段50号、51号及43号梁并临时连接［图3.4-21h）］。

⑥按监控要求依次调整南塔44号梁、北塔44～45号梁及北锚17～19号梁段线形并完成体系转换。

⑦微调梁段接口处高程与缝宽，焊接梁段接缝。

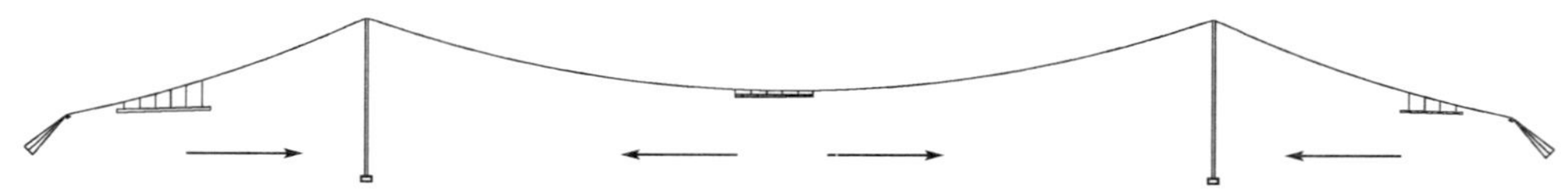

a）由两侧及中央向塔部架设

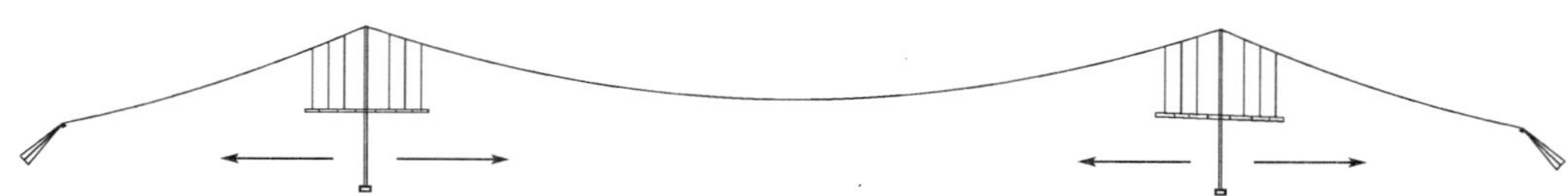

b）由桥塔向两侧及中央架设

图3.4-20　加劲梁施工架设顺序

上述程序与通常的架梁顺序——先跨中后塔区或先塔区后跨中均不全相同，从塔、锚开始架设，又从锚、塔、跨中多个工作面架设钢箱梁，工序复杂，施工过程依靠监控的精细化分析结合上节的施工期抗风稳定性研究成果，安全度过台风期，最终顺利完成钢箱梁架设。

（2）索鞍顶推控制

在悬索桥上部施工中，需对索鞍进行预偏，保证施工过程索塔位置缆力的平衡。

在加劲梁架设阶段，中跨的荷载逐渐加大，锚跨处散索鞍处于沿滑面放松状态，随着梁段的架设，散索鞍会逐渐复位到设计位置；对于主索鞍，施工架设过程中一般是固结的，鞍座两端的主缆对鞍座的不平衡力随着加劲梁的架设而逐渐加大，这个力传给桥塔就会使桥塔偏位。为了保证桥塔的安全，在加劲梁架设过程中必须对鞍座进行顶推，改变各跨的跨度来释放塔顶的不平衡力，但在施工完毕的成桥状态，鞍座应当是复位的。

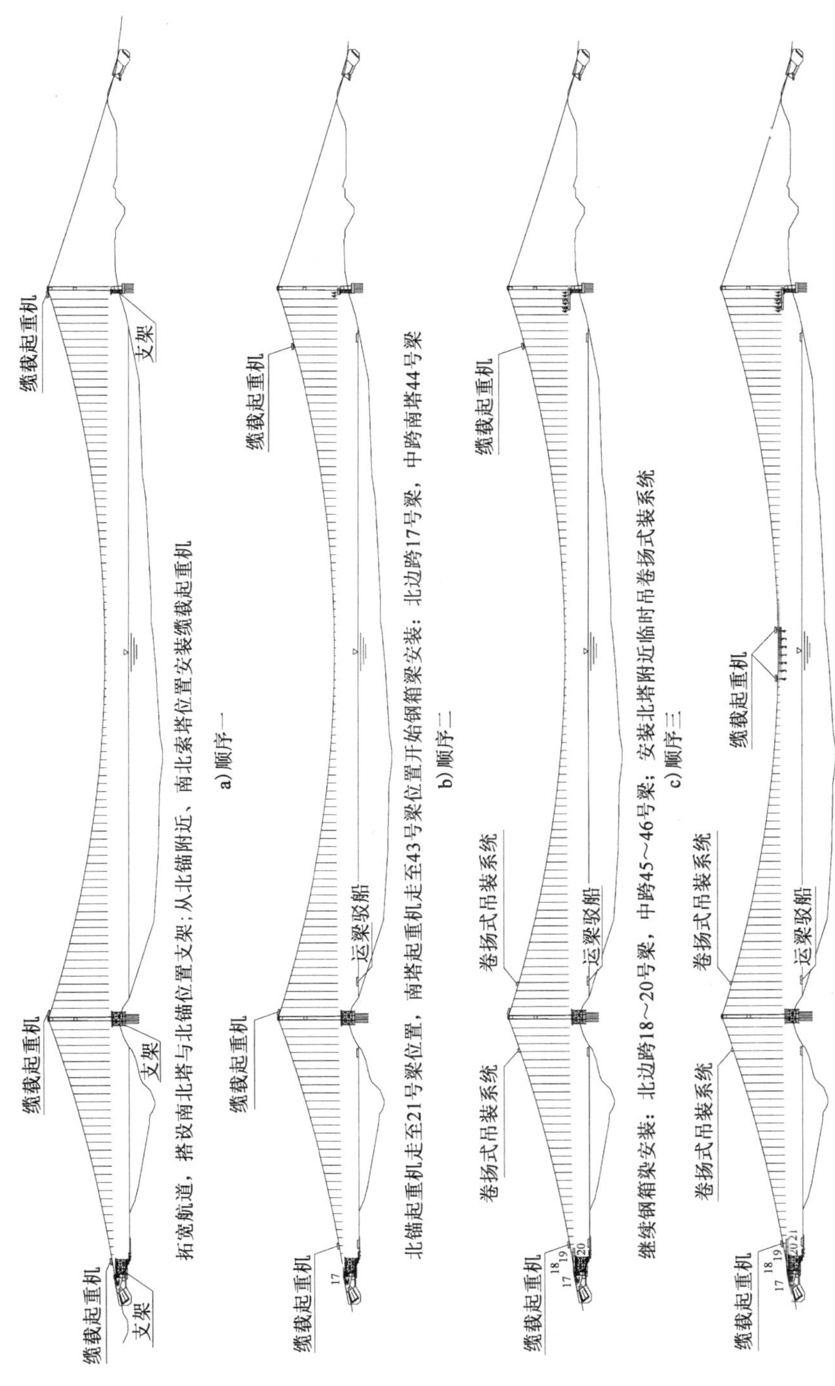

拓宽航道，搭设南北塔与北锚位置支架；从北锚附近、南北索塔位置安装缆载起重机

a) 顺序一

北锚起重机走至21号梁位置，南塔起重机走至43号梁位置开始钢箱梁安装：北边跨17号梁，中跨南塔44号梁

b) 顺序二

继续钢箱梁安装：北边跨18～20号梁，中跨45～46号梁；安装北塔附近临时吊卷扬式装系统

c) 顺序三

缆载起重机行走至中跨跨中，对称吊装中跨1～4号钢箱梁，保证台风来临时中跨不少于9片梁

d) 顺序四

图 3.4-21

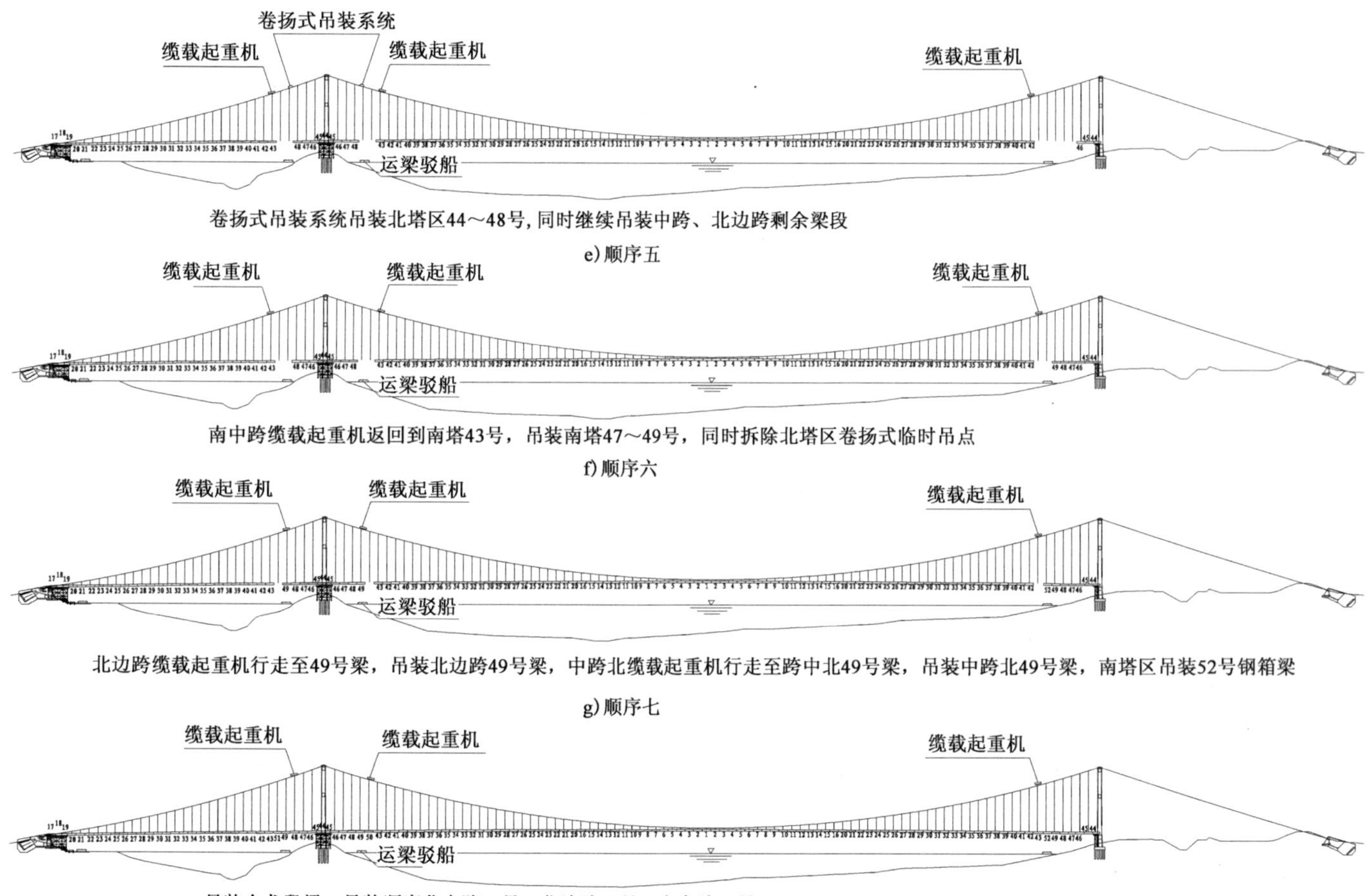

卷扬式吊装系统吊装北塔区44～48号，同时继续吊装中跨、北边跨剩余梁段

e）顺序五

南中跨缆载起重机返回到南塔43号，吊装南塔47～49号，同时拆除北塔区卷扬式临时吊点

f）顺序六

北边跨缆载起重机行走至49号梁，吊装北边跨49号梁，中跨北缆载起重机行走至跨中北49号梁，吊装中跨北49号梁，南塔区吊装52号钢箱梁

g）顺序七

吊装合龙段梁，吊装顺序北中跨50号、北边跨51号、南中跨43号

h）顺序八

图 3.4-21　西堠门大桥钢箱吊装顺序图

由于顶推鞍座时施工比较复杂，难度较大，并且一旦出现施工失误，比如聚四氟乙烯板出现重叠的情况和鞍座横向被卡住，顶推起来就相当困难。因此，在保证桥塔受力和变形不超标的情况下，应尽量减少顶推次数，并且尽量不超顶。确定顶推阶段和顶推量的基本控制指标为塔底允许弯矩或者应力。由于悬索桥的桥塔一般较高，桥塔弯矩的计算荷载除了主缆的不平衡推力外，还有鞍座对桥塔的偏心压力及桥塔偏位后自重荷载的 $P\text{-}\Delta$ 效应产生的力。为便于实测，实际控制时往往将塔底允许弯矩换算为塔顶允许偏位，即通过对塔顶偏位的控制来确定顶推阶段和顶推量。

在确定顶推阶段和顶推量以前，首先需要计算出塔顶的偏位，当某阶段塔顶的计算偏位超出允许值时，则此阶段需要顶推索鞍，顶推后索鞍偏离设计位置的距离等于预偏量与顶推量之差。

西堠门大桥在梁段吊装过程中，桥塔偏位需控制在 30cm 以内；为保证桥塔在台风期的安全性，应保证桥塔受台风之前的最后一次段梁吊装后，桥塔偏位在 8cm 以内。

实际现场索鞍顶推过程控制参见表 3.4-2。

2）钢箱梁架设防台风方案

（1）颤振试验

①施工阶段划分

根据抗风设计要求，西堠门大桥成桥运营阶段的和施工阶段颤振临界风速必须大于或等于颤振检验风速。

按照设计提供的有关资料，设定的架梁步骤如下：

a. 吊装无索区梁段：北锚无索区 3 段，北塔处 3 段，南塔 1 段；

b. 吊装中跨北 46 ~ 49 号梁段，中跨南 45 ~ 47 号梁段；

c. 吊装边跨北锚处 20 ~ 22 号梁段；

d. 吊装中跨北 1 ~ 3 号、南 2 号，边跨北塔处 46 ~ 49 号梁段；

e. 向跨中顶推南塔顶鞍座 32cm；

f. 吊装跨中北 4 号、南 3 号，边跨北锚处 23、24 号梁段。

对于大跨度悬索桥，应把主跨梁段的不同架设阶段作为施工阶段抗风性能研究的重点。因此在研究中，主跨及边跨梁段的吊装直接从北锚、北塔、南塔处梁段施工完毕的状态开始，并按照主跨梁段吊装的数量将施工期划分为 10 个阶段。这 10 个阶段分别是：梁段架设完成 100% 状态、主跨架设 78 个梁段、64 个梁段、52 个梁段、40 个梁段、32 个梁段、20 个梁段、12 个梁段、8 个梁段、4 个梁段。

②风洞试验内容

西堠门大桥施工阶段气弹模型试验（图 3.4-22）的目的是为了检验桥梁在不同攻角下，各个施工阶段的颤振稳定性以及在大气边界层作用下的抖振响应。在准确模拟结构外形、刚度、质量以及桥位处地貌外，必须对模拟的来流风场进行校测，同时必须在试验开始前，在无风条件下对结构参数进行校测。为达到上述试验目的，需要进行表 3.4-3 列出的试验工况和试验内容。

施工各阶段塔偏位及鞍座顶推量一览表　　表 3.4-2

编　号	工　况	塔偏位(m)		鞍座顶推量建议(m)
		北塔	南塔	
1	空缆状态	-0.099	-0.051	
2	索夹安装完毕	-0.122	-0.016	
3	中跨南起重机就位	-0.165	0.004	
4	吊装北边跨 17 号梁	-0.180	-0.006	
5	第一次顶推(南塔鞍座)	-0.149	-0.245	0.300
6	中跨北起重机就位	-0.140	-0.239	
7	猫道改挂	-0.099	-0.208	
8	吊装中跨北 3 号梁	0.298	0.094	
9	第二次顶推(北塔鞍座)	—	—	0.350
10	第二次顶推(南塔鞍座)	-0.07	0.05	0.10
11	吊装中跨北 6 号梁	0.322	0.29	
12	第三次顶推(北塔鞍座)	—	—	0.360
13	第三次顶推(南塔鞍座)	0.16	-0.09	0.320
14	吊装中跨北 9 号梁	0.307	0.175	
15	第四次顶推(北塔鞍座)	—	—	0.32
16	第四次顶推(南塔鞍座)	0.022	-0.008	0.20
17	吊装中跨南 16 号梁	0.261	0.31	
18	第五次顶推(南塔鞍座)	0.110	0.03	0.30
19	吊装中跨北 22 号梁	0.205	0.17	
20	第六次顶推(南塔鞍座)	0.205	-0.02	0.20
21	吊装中跨北 32 号梁	-0.098	0.22	
22	第七次顶推(北塔鞍座)	—	—	0.009
23	第七次顶推(南塔鞍座)	-0.103	-0.02	0.25
24	北锚无索区线形调整与体系转换	-0.042	0.135	
25	第八次顶推(南塔鞍座)	-0.043	-0.147	0.30
26	桥面铺装完成	0.060	0.102	
27	第九次顶推(北塔鞍座)复位	—	—	0.02
28	第九次顶推(南塔鞍座)复位	-0.000 3	-0.000 4	0.11

注:表中所列数据对应温度为 20℃,塔偏位以向中跨为正。

图 3.4-22　安装在风洞中的西堠门大桥施工工况 5(40 个梁段)气弹模型

试 验 内 容　　表 3.4-3

工况号	工况描述	流场	攻角(°)	测试内容
1	100% 施工状态	均匀流,紊流场	0, +3	颤振稳定性,抖振响应
2	主跨保留 78 梁段	均匀流,紊流场	0, +3	颤振稳定性,抖振响应
3	主跨保留 64 梁段	均匀流,紊流场	0, +3	颤振稳定性,抖振响应
4	主跨保留 52 梁段	均匀流,紊流场	0, +3	颤振稳定性,抖振响应
5	主跨保留 40 梁段	均匀流,紊流场	0, +3	颤振稳定性,抖振响应
6	主跨保留 32 梁段	均匀流,紊流场	0, +3	颤振稳定性,抖振响应
7	主跨保留 20 梁段	均匀流,紊流场	0, +3	颤振稳定性,抖振响应
8	主跨保留 12 梁段	均匀流,紊流场	0, +3	颤振稳定性,抖振响应
9	主跨保留 8 梁段	均匀流,紊流场	0, +3	颤振稳定性,抖振响应
10	主跨保留 4 梁段	均匀流,紊流场	0, +3	颤振稳定性,抖振响应

③均匀流场中气动弹性模型试验

均匀流场中的气弹模型试验主要是为了考查各施工阶段的颤振稳定性。本试验设定的最大风速为 6.8m/s,已高于施工阶段的颤振检验换算风速 6m/s。试验中,风速的观测高度为模型桥面高度。表 3.4-4 给出了均匀流场中的试验结果,即各个不同施工阶段的颤振临界风速。

从表 3.4-4 可以看出:

a. 西堠门大桥绝大多数施工阶段的颤振临界风速高于检验风速,只有主跨保留 8 梁段施工阶段在 +3°风攻角条件下的颤振临界风速要低于检验风速,而其 0°攻角下的颤振临界风速也是略大于检验风速;主跨保留 64 梁段施工阶段在 +3°攻角下的颤振临界风速也非常接近于检验风速。

b. +3°攻角条件下的颤振临界风速要小于 0°攻角条件下的颤振临界风速。

另外,根据现场试验发现,虽然主跨梁段没有出现颤振,但其气动阻尼已经比较小,因此加强施工期间的抗风预案仍有必要。

西堠门大桥颤振临界风速 表3.4-4

状　　态	攻角(°)	模型颤振风速(m/s)	实桥颤振风速(m/s)
100%施工状态	0	>6.7	>74.6
	3	>6.5	>72.4
主跨保留78梁段	0	>6.6	>73.5
	3	6.3	70.2
主跨保留64梁段	0	>6.7	>74.6
	3	6.0	66.8
主跨保留52梁段	0	>6.4	>71.3
	3	>6.3	>70.2
主跨保留40梁段	0	>6.6	>73.5
	3	>6.4	>71.3
主跨保留32梁段	0	>6.6	>73.5
	3	6.4	71.3
主跨保留20梁段	0	>6.8	>75.8
	3	>6.6	>73.5
主跨保留12梁段	0	>6.5	>72.4
	3	6.6	73.5
主跨保留8梁段	0	6.1	68.0
	3	5.7	63.5
主跨保留4梁段	0	6.7	74.6
	3	6.5	72.4

④紊流场中气动弹性模型抖振试验

紊流场中气动弹性模型试验主要是为了研究各施工阶段的抖振响应。试验时桥面高度处的最大试验风速均高于实桥施工阶段设计风速(换算到风洞中为4.2m/s),试验最高风速为5.3m/s。各施工阶段模型的攻角分别为0°、+3°。

(2)钢箱梁架设防台风方案确定

①钢箱梁施工阶段抗风稳定性研究成果

根据前面的试验与计算分析,有如下成果:

a.西堠门大桥绝大多数施工阶段的颤振临界风速高于检验风速,但主跨保留8梁段施工阶段在+3°攻角下的颤振临界风速低于检验风速。另外,主跨保留64梁段施工阶段+3°攻角下的颤振临界风速略低于施工阶段颤振检验风速。

各个施工阶段+3°攻角下的颤振临界风速通常要小于0°攻角下的颤振临界风速。

b.在紊流条件下,各个施工阶段都发生了明显的抖振。抖振响应主要包含了前两阶反对称竖弯、前一阶对称竖弯、对称扭转和反对称扭转以及第一阶对称横弯振型的贡献;横向位移值均随风速的增大而增加,随梁段的增加而减小,在很大程度上表现为一种静风位移的形式。

在施工的前三个主要阶段(主跨分别保留4、8、12梁段),梁段自身的响应显著降低,索的振动起主导作用,主梁表现为刚体运动。

c. 在施工阶段检验风速下,考虑静风荷载和抖振荷载的联合作用,三个施工阶段跨中附近梁段的连接件承载板的横向弯矩明显超过容许值,九个施工状态梁段的连接件承载板的竖向弯矩明显超过容许值,但经过优化计算后,连接件的承载力能基本满足要求。

d. 当把梁段临时件D2的承载板进行加固处理后(增加一组D2构件,增焊4cm厚的钢板和1cm厚的纵撑),承载力在考虑材料塑性的情况下能达到900kN;此时,临时连接件D1在承载板上加焊2cm的钢板时,其承载力也能达到900kN,但在D1上增焊纵撑的效果不理想。

e. 考虑跨中梁段内力在风载下的非线性时,大多数施工态梁段内力值基本能满足47m/s的抗风要求;64和78梁段施工态有少数梁段也不满足47m/s的抗风要求,建议这几个阶段都避开台风天气进行施工;100%施工态的各梁段均不能满足47m/s的要求,建议该阶段的施工在常风或无风状态下进行。

f. 在0°风攻角下,各个施工态边跨梁段内力基本满足47m/s的抗风要求,但100%施工态北塔附近的边跨梁段不能满足35m/s的抗风要求,需要做相应的加固处理。

g. 对于南塔附近的梁段,也需要按照跨中梁段的加固方式进行处理,并做好相应的支护措施,防止其在大风下的不利摆动。

(3)钢箱梁台风期架设防台风方案

根据上述研究成果,制订了如下的钢箱梁架设施工防台预案。

①为保证施工架设阶段结构抗风安全,应在有利的气候条件下进行施工工况9(主跨架设8个梁段)及相近施工状态、施工工况3(主跨架设64个梁段)及相近施工状态的施工,并尽快完成这些阶段的施工。

即根据气象预报(一般对台风可提前5d预报),实时调整上述工况(主要针对工况9,按工期计划,工况3出现时台风多发期已基本结束)的架设时机,在台风到来时避开不利工况,保证结构安全。

②上述结构试验与计算分析均建立在箱梁上下口临时连接件全部安装到位的基础上,而在实际架设过程中,开始钢箱梁安装时,钢箱梁接缝上口合拢,下口张开,要到钢箱梁完成约2/3后,下口逐渐收小直至合拢,在钢箱梁开始的几个工况,下口是自然张开的,为保证结构安全,需在台风来临前将下口临时连接件收紧,保证与试验与计算工况吻合,确保结构安全。

③同时根据对临时连接件的计算校核,在加工厂对在台风期架设梁段(数量根据工期进度确定)临时连接件承载板进行局部加厚:把梁段临时件D2的承载板进行加固处理后(增加一组D2构件,增焊4cm厚的钢板和1cm厚的纵撑),临时连接件D1在承载板上加焊2cm的钢板以满足结构防台强度要求。当跨中架设32段梁时,应注意架设时机,避开大风天气,保证结构安全。

3.4.5 无索区钢箱梁线形调整技术

1)概述

西堠门大桥是国内最大跨悬索桥,同时也是钢箱梁长度最长的两跨连续钢箱梁悬索桥,在塔锚附近存在7段无索梁段,如何将这些梁段与有吊索梁段合理联结并确保该位置线形在体系转换与二期恒载施加后能满足设计监控目标值，是钢箱梁施工监控的难题之一。

西堠门大桥根据以往的建设经验并结合现场实际情况，针对本桥无索区梁段的线形调整和控制，提出以下四个方案(图3.4-23)：

方案一：对无索区梁段设置临时吊索，使其吊装后与其他梁段线形保持一致，并连接临时连接件和匹配件，这样无索区梁段的焊接方法就与其他梁段相同。这在大贝尔特桥建设中曾使用。

方案二：借鉴厦门海沧大桥的经验，由缆载起重机代替方案一中的临时吊索并进行焊接施工；此法在厦门海沧大桥的无索区梁段线形调整时得到了成功运用。

方案三：在支架上先用千斤顶和支垫大顶升调整无索区梁段，使其线形达到计算线形，基本上与有索区梁段高程一致，然后对无索区梁段线形进行焊接；在无索区焊接完成后再通过顶升微调无索区梁段线形，使其与有索区梁段平顺相连，并打马焊接。

方案四：在支架上先用千斤顶微调无索区梁段，使其纵坡达到计算纵坡，不必控制绝对高程，然后对无索区梁段线形进行打马焊接；在无索区焊接完成后再通过千斤顶和支垫大顶升调整无索区梁段线形，使其与有索区梁段平顺相连，并打马焊接。

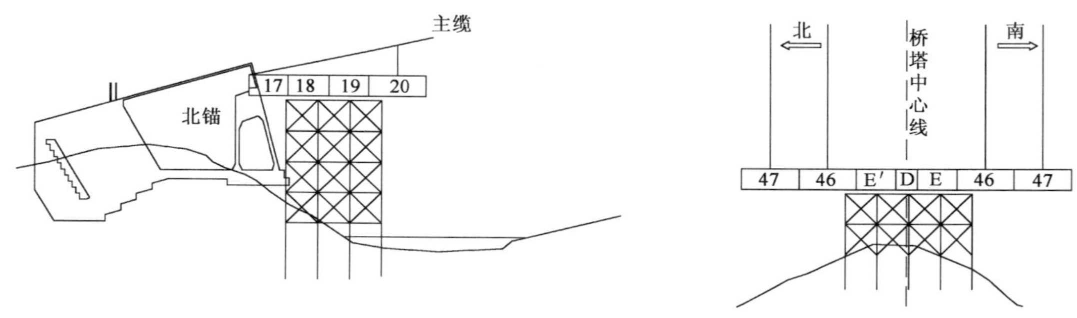

图3.4-23　北锚及北塔无索区梁段示意图

上述各方案中，方案一和方案二需要在无索区梁段上增设临时吊耳，方案一还要增设临时吊索，成本较高；最主要的是，由于无索区梁段较重，超过了本桥缆载起重机的容许起质量，若要改进或者更换起重机，成本就更高了；对于北锚无索区，由于主缆与梁段的距离太小，缆载起重机也无法工作。因而这两个方案在其他桥上可能使用得很成功，在本桥却不切实际。

方案三和方案四均不需要增加临时设备，两者的区别是方案三先进行大顶升，焊接无索区梁段，然后再微调无索区梁段与有索区梁段相连；方案四却先进行微调，焊接无索区梁段，然后再大顶升已焊接的无索区梁段，使之与有索区梁段平顺相连。对于方案四，由于在无索区梁段焊接成连续梁后再进行大顶升，这就要求各千斤顶顶升必须同步，否则各千斤顶之间的顶升量不一样，由于梁重引起的各千斤顶的支反力会发生重分配，造成有的千斤顶不吃力，有的却非常大，这就有可能使临时支架局部强度破坏或者失稳，引起安全问题。基于上述原因，最终选择了方案三进行实施。

2)钢箱梁线形调整计算

(1)控制计算

其他大跨度悬索桥的无索区线形调整一般是通过临时吊索与起重机完成，设备投入较高，但调整方法相对简单。本桥则通过在存梁支架上的千斤顶完成调整作业，所用临时设备较少，但对监控计算与施工均提出较高要求，监控计算尤其复杂，计算时必须考虑几何非线性的影响。

根据设计意图，设计单位要求无索区梁段 E′、D、E 的质量全部由与桥塔相邻的两根吊索承担，不得向远处传递剪力，这是控制目标之一；控制目标之二就是必须确保无索区梁段的成桥线形和内力与设计一致，线形平顺，不得出现凹凸，以免影响美观和后期行车舒适性。

由于无索区梁段较长，在加劲梁自重和二期恒载作用下，必然发生下挠。这就要求无索区梁段必须设置预拱度，当顶升无索区梁段就位并拆除支架，在无索区梁段下挠后的线形就刚好为所需要的线形。由于涉及目标成桥线形，且无索区梁段自重作用到吊索后，有索区也将发生变形，因此不是单独取出无索区梁段进行计算就可以决定无索区梁段线形，而是必须采用全桥计算模型进行计算才能加以确定。具体计算步骤如下：

①根据本桥的设计和施工特点进行恒载状态设计计算。本桥的一期恒载由主缆承担，二期恒载由主缆和加劲梁共同承担。考虑这一原则，采用整体计算模型反复迭代计算，求出成桥恒载状态的线形、内力和各构件的无应力尺寸；设成桥状态梁顶各点高程为 Y_j。

②模拟实际的施工过程，进行施工过程计算，以无应力尺寸逐步安装桥塔单元、主缆单元。

③分阶段以无应力尺寸安装吊索和加劲梁单元；首先安装有索区梁段，梁段之间铰接；然后按无索区体系装换顺序，分阶段安装各无索区梁段，无索区之间以及无索区与有索区之间的连接采用刚接。注意：各加劲梁的初始位置放于成桥位置。计算完成后取出各阶段无索区梁段在环缝处的竖向位移及邻接的有索区梁段的环缝和吊点处位移，如图 3.4-24 中所示的 D_{ij}，$i=1$。

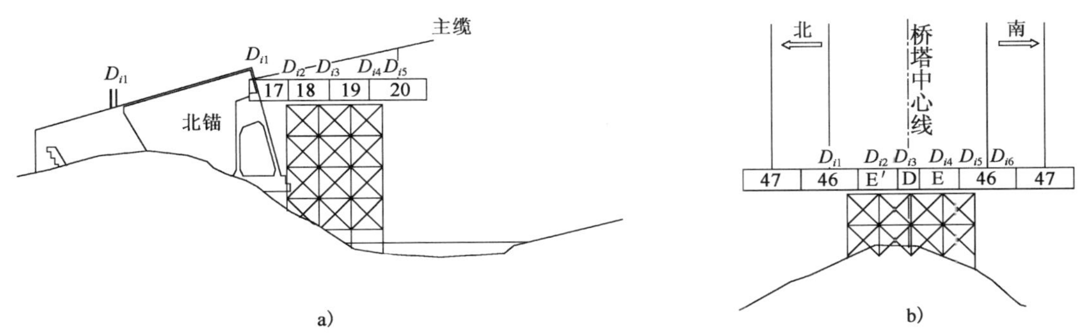

图 3.4-24 北锚及北塔无索区梁段位移示意图

④将加劲梁之间全部刚接，作用二期恒载，计算变形后的状态，此状态理论上为成桥恒载状态，但由于自重及二期恒载的作用，在环缝位置和无索区梁段具有局部下挠；计算完成后取出各阶段无索区梁段在环缝处的竖向位移及邻接的有索区梁段的环缝和吊点处位移，如图 3.4-25中所示的 D_{ij}，$i=2$，则在设计温度下，体系转换完成后的各点高程应为：

$$Y_j + D_{1j} - D_{2j}$$

⑤估计无索区与有索区连接时的平均外温度 t，在③的各体系转换阶段状态下计算由于温度作用引起结构的变位；计算完成后取出各阶段无索区梁段环缝处的竖向位移及邻接的有索

区梁段的环缝和吊点处位移，如图 3.4-26 中所示的 D_{ij}，$i=3$，则在温度 t 时，体系转换完成后的各点理论高程应为：

$$Y_j + D_{1j} - D_2 + D_{3j}$$

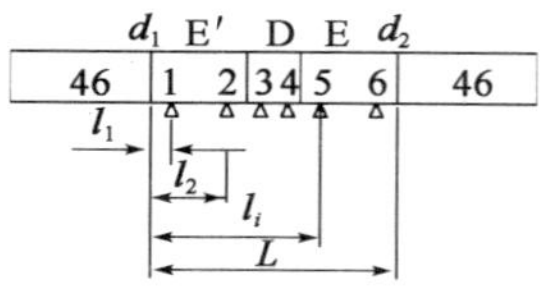

图 3.4-25　顶升量计算图式

⑥在⑤的各体系转换阶段状态下，将无索区各梁段节点下加竖向约束，模拟支架和千斤顶作用；断开无索区与有索区之间的连接；约束与无索区临近的两个吊点（北锚处一个）的竖向转动，断开与无索区临近第一吊索和第二吊索之间的环缝。计算图式如图 3.4-26所示；由此可以计算出体系转换前的状态，根据此时的计算结果，很容易确定无索区梁段的位置，以北塔处为例：假定 46 号梁段在无索区与有索区连接处的竖向增量位移为 d_1、d_2，则为了使无索区与有索区能够相连，E′梁左侧必须顶至与北 46 号右侧齐平，E′梁右侧必须顶至与南 46 号左侧齐平，由此可以计算出各竖向支承千斤顶的顶升量为

$$V_i = d_1 + (d_2 - d_1)/L \times l_i$$

式中：V_i——各千斤顶的顶升量；

l_i——各千斤顶顶升位置到北 46 号右端的距离；

L——北 46 号右端到南 46 号左端的距离。

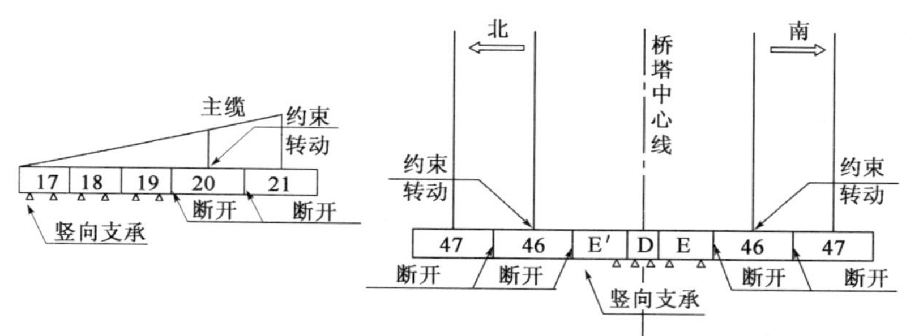

图 3.4-26　体系转换计算图式

⑦对各千斤顶支承施加竖向支座强迫位移，强迫位移量为⑥中 V_i，设 46 号梁段吊点处的强迫转动位移为 θ_i，此时 $\theta_i=0$。

⑧在⑦的基础上，将计算模式改为与⑤一致，即将断开的进行连接，将约束和支承取消，计算体系转换完成后的状态，与⑤中计算的各点的理论高程相比，46 号梁段绕吊点的转动位移和无索区各梁段的节点的竖向位移存在着差值。

⑨将⑧中的位移差值叠加于⑦中的 V_i、θ_i 作为支座强迫位移反复计算直至⑧中的差值小于容许值，则所求的各支承强迫位移即为各千斤顶的顶升量，根据顶升量可以计算出无索区梁段的高程。

⑩实际施工状态与理论计算状态不可避免地存在着差异，在加劲梁吊装完成且无索区梁段体系转换前，通过实测在无索区附近的有索区加劲梁段的高程随温度变化的规律，扣除温度影响，确认高程误差，对⑧中的高程进行修正，以免高程误差造成无索区线形不平顺。

⑪利用⑩中的高程求得纵坡和控制点高程,即可作为可实施的线形调整数据。

根据上述过程求得线形调整见表3.4-5和表3.4-6。

北锚17～20号梁段线形调整表 表3.4-5

梁段	17号	18号	19号	20号
纵坡(%)	—	3.2053	3.0939	3.0636
高程(m)	43.6540	43.8503	44.2470	—

北塔处E′、D、E梁段线形调整表 表3.4-6

梁段	边跨46号	E′(边跨45号)	D(44号)	E(中跨45号)	中跨46号
纵坡(%)	2.7622	2.7573	2.6877	2.6360	2.5597
高程(m)	—	57.7343	57.9969	58.2518	—

(2)线形调整主要施工设备

如前所述,大桥无索区线形调整未使用临时吊索或缆载起重机,而是借助千斤顶群与剪力传递调整装置在存梁支架上完成。

①千斤顶群

存梁支架分配型钢按与钢箱梁成桥相同纵坡设置纵坡,否则在北塔或北锚区沿桥轴线无索区两端将存在0.8～0.9m的高差,给高程调整带来不便。

无索区梁段高程与纵坡调整通过32～50t千斤顶完成,顶升位置与设计图纸上钢箱梁支垫位置重合,每个钢箱梁段设8个支垫,因无索区梁段均未超过标准梁质量(约260t),为了保证支架安全同时避免顶升位置钢梁底板失稳变形,采用32～50t千斤顶是合适的,全桥共使用24台千斤顶。调节结构见图3.4-27。

②剪力传递装置

根据前节所述:无索区梁段自重作用到吊索后,有索区也将发生变形,由于桥塔两侧桥面的坡度在体系转换前后有一定的差值,为保证桥面曲线的匀顺连接,采用坡度逐渐过渡的办法连接,即直接解除45号梁段与44号梁段(北塔)、19号梁段与20号梁段、南44号梁段与南45号梁段间的临时连接、在上述解除约束连接位置,增设了能调整结构高度、传递剪力的剪力调整装置(图3.4-28),该装置一端为型钢支架焊接在临时连接件肋板上,另一端为焊接在相邻临时连接件的连接耳板,其间通过手动葫芦连接。

每接缝间安装2～4对这种调节装置,然后解除梁段间的临时连接,进行高程的调节与剪力的传递。

(3)实施步骤

前面已经详细给出了无索区线形计算步骤和结果,下面以北塔无索区为例给出调整步骤:

①解除北46号梁与E′(北45号梁)、E′(北45号梁)与D(44号梁)、D(44号梁)与E(南45号梁)、E(南45号梁)与南46号之间的临时连接和匹配销钉。

②放样出各高程测点的平面位置和上下游高差测点的平面位置,并用明显颜色的油漆标记。

③由于线形调整时温度较低,在北46号与E′、E与南46号之间将会具有(出现)一定间隙,测量北46号吊索和南46号吊索的距离,找出中点,将D梁段的纵、横基线交点置于北46

号和南 46 号中间位置。

④顶升 D 梁段，调整 D 梁段的纵坡，实测纵坡应按如下计算：首先测量每根纵基线上的 4 个高程测点和纵横基线交点的高程，然后计算出 4 个纵坡并求均值从而得到纵基线的纵坡，最后对两根纵基线的纵坡求平均得到梁段的纵坡（图 3.4-29）。高程调整允许误差 ±2mm，纵坡允许误差 ±0.02%。

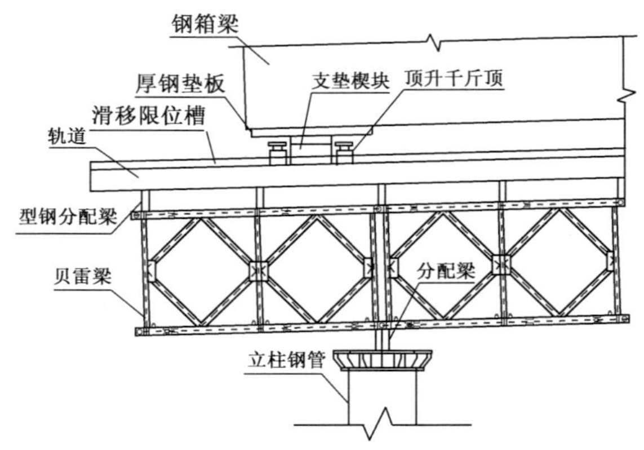

图 3.4-27　钢箱梁支垫及高程调节

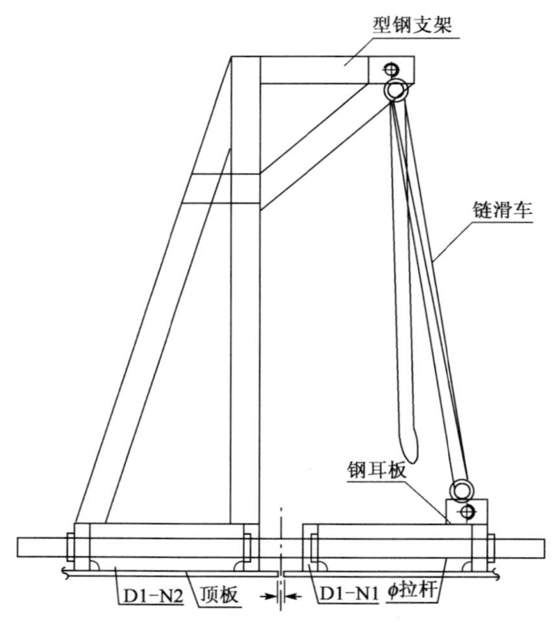

图 3.4-28　梁段间剪力传递调整装置

⑤按④之方法顶升 E′、E 梁段，调整 E′、E 梁段的纵坡和高程。

⑥在 E′与 D、D 与 E 之间穿上临时拉杆和匹配销钉，下缘临时拉杆螺母拧紧（抗拉），上缘临时拉杆螺母只上单侧（抗剪）。

⑦待施工单位将梁段 E′、D、E 的线形调整到位后，监理和监控单位应对纵坡、高程进行检

测，高程允许误差 ±2mm，纵坡允许误差 ±0.02%，如果不满足要求，则应重新进行调整，重新调整时不必解除 E′与 D、D 与 E 之间的临时拉杆和匹配销钉。

⑧监理和环焊单位应测量 E′与 E 的纵基线交点之间的弧长 L，以作为环焊单位对梁长和焊缝宽度控制数据参考。L 的理论值计算公式如下：

$$L = 19.219 + 23.06064 \times (T - 20) \times 10^{-5} + \Delta$$

式中：T——梁段平均温度；

Δ——两道环缝的预留焊接收缩量。

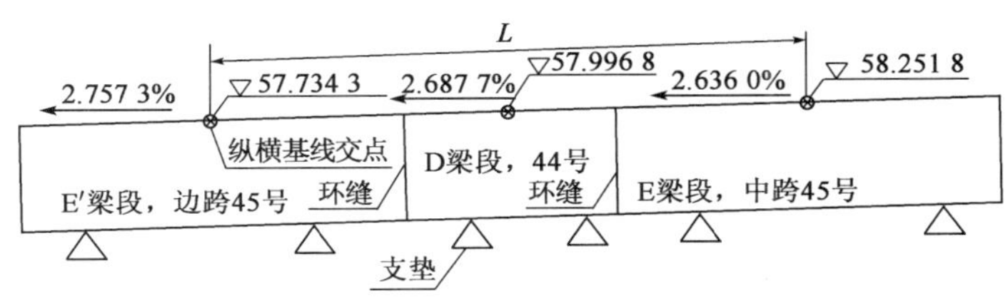

图 3.4-29 北塔区 E、D、E′线形调整完成状态

⑨监理和环焊单位应在顶、底板的环缝附近作标记，并测定长度的初值，以监测焊接收缩量；此后在 E′与 D、D 与 E 之间进行打马和焊接；焊接完成后测量 E、D、E′各点高程和纵坡。

⑩在无索区焊接完成之后，由于温度变化，无索区与有索区之间可能具有一定的高差，选择傍晚温度变化较小的时刻，拆除 46 号梁段和 47 号梁段之间临时连接和匹配件，用手动葫芦拽拉，使 46 号梁段的纵坡满足要求。

⑪由于实际温度与计算温度存在着差异，此时可能无索区梁段与有索区梁段连接环缝处存在着错台，测量错台值，按比例（目的是使各千斤顶支承反力不变，不得发生内力重分配）分配该错台值，求出各千斤顶支承的微调顶升量，直至错台值满足容许值，则表示已经调整好。

具体调整量计算过程如下：

测量边跨 46 号、中跨 46 号梁段纵横基线交点的平均高程和纵坡，假定高程分别为 H_1、H_2，纵坡分别为 i_1、i_2；则进行如下计算：

边跨 46 号梁段右端的高程为 $h_1 = H_1 + 0.8 \times i_1 + 0.027622 \times 8.2$；

中跨 46 号梁段左端的高程为 $h_2 = H_2 - 0.8 \times i_2 - 0.025597 \times 8.2$；

E′梁段左端的高程为 $h_{01} = 57.7343 - 0.027573 \times 6.2$；

E 梁段右端的高程为 $h_{02} = 58.25108 + 0.026360 \times 6.2$；

边跨 46 号梁段右端与 E′梁段左端的高差为 $d_1 = h_1 - h_{01}$；

中跨 46 号梁段左端与 E 梁段右端的高差为 $d_2 = h_2 - h_{02}$；

支垫 1 的微调量：$\Delta_1 = d_1 + (d_2 - d_1) \times b_1/31.6$，正表示应往上顶，负表示应往下调；

支垫 2 的微调量：$\Delta_2 = d_1 + (d_2 - d_1) \times (12.4 - b_2)/31.6$，方向同 Δ_1；

支垫 3 的微调量：$\Delta_3 = d_1 + (d_2 - d_1) \times (12.4 + b_3)/31.6$，方向同 Δ_1；

支垫 4 的微调量：$\Delta_4 = d_1 + (d_2 - d_1) \times (19.2 - b_4)/31.6$，方向同 Δ_1；

支垫 5 的微调量：$\Delta_5 = d_1 + (d_2 - d_1) \times (19.2 + b_5)/31.6$，方向同 Δ_1；

支垫 6 的微调量：$\Delta_6 = d_1 + (d_2 - d_1) \times (31.6 - b_6)/31.6$，方向同 Δ_1；

式中：b_1、b_2——分别为 E′梁段的支垫到左右端部的距离；

b_3、b_4——分别为 D 梁段的支垫到左右端部的距离；

b_5、b_6——分别为 E 梁段的支垫到左右端部的距离。

计算完成之后按照$\Delta_1 \sim \Delta_6$对各支垫进行微调(图 3.4-30)。

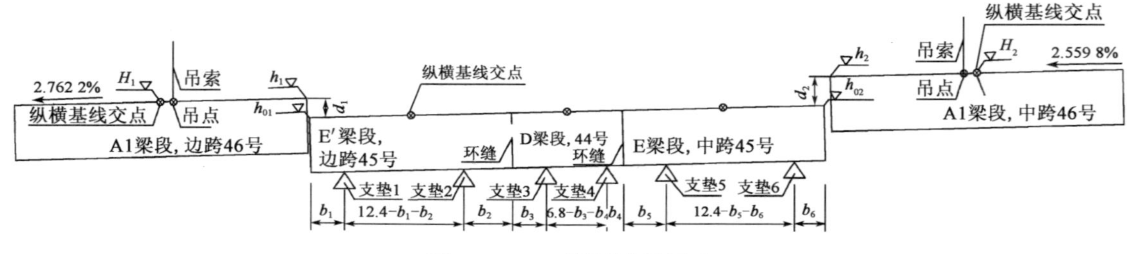

图 3.4-30　46 号梁段调整图示

⑫作焊接收缩量监测标记，测量梁长；此后在边跨 46 号与 E′、E 与中跨 46 号之间进行打马和焊接。

⑬焊接完成后，测量边跨 46 号、E′、D、E、中跨 46 号梁段的 4 个高程测点和纵横基线交点的高程并提交监控组；拆除 E′、D、E 梁段下的支垫，进行体系转换；此后再测量边跨 46 号、E′、D、E、中跨 46 号梁段的高程和的高程并提交监控组。

⑭连接边跨 47 号与边跨 46 号、中跨 47 号与中跨 46 号之间的临时连接拉杆并拧紧螺母和匹配销钉(若间隙过大，可先用手动葫芦进行拽拉，以减小间隙)。至此，北塔附近无索区体系转换完成。

北锚、南塔附近无索区钢箱梁线形调整方法与上述过程类似，这里不再赘述。

(4)无索区钢箱梁线形成果

表 3.4-7 为体系转换完成后无索区梁段线形成果，从中可以看出：测量状态的高程与计算高程相比略低，这是因为测量状态与计算状态的温度有所差异；根据计算，温度变化对钢梁纵坡的影响很小，所以实测纵坡与计算纵坡更有可比性，实测纵坡与理论纵坡的差值不到0.1%，表明无索区线形平顺流畅，体系转换相当成功。比较可以发现，北锚无索区的纵坡从 3% 变到 2.5% 左右，变化较大，北塔无索区纵坡有所减小，但变化不大，这是因为无索区梁段体系转换后，邻近有索区梁段将下降，北锚处约下降 25cm，北塔处约下降 30cm，北锚处只有单边下降，故由较陡的坡变为较平，而北塔处无索区两侧同时下降，故纵坡变化不大。

体系转换完成后的无索区梁段线形成果　　表 3.4-7

梁段编号	测点高程(m)		计算高程(m)		差值(m)		平均纵坡(%)		
	左幅	右幅	左幅	右幅	左幅	右幅	实测	理论计算	差值
17	43.413 9	43.414 9	43.439 0	43.439 0	-0.025 1	-0.024 1			
18	43.742 3	43.743 5	43.766 4	43.766 5	-0.024 1	-0.023 0	2.60	2.59	0.01
19	44.063 8	44.063 6	44.091 6	44.091 8	-0.027 8	-0.028 2	2.55	2.58	-0.03
20	44.421 0	44.421 9	44.461 8	44.462 5	-0.040 8	-0.040 6	2.48	2.57	-0.09
21	44.879 1	44.881 9	44.924 6	44.925 2	-0.045 4	-0.043 3	2.55	2.57	-0.02
47	56.605 8	56.614 4	56.651 6	56.652 7	-0.045 8	-0.038 3	2.53	2.51	0.02

续上表

梁段编号	测点高程(m)		计算高程(m)		差值(m)		平均纵坡(%)		
	左幅	右幅	左幅	右幅	左幅	右幅	实测	理论计算	差值
46	57.076 5	57.077 0	57.113 2	57.114 3	-0.036 6	-0.037 3	2.59	2.56	0.03
45	57.450 5	57.448 7	57.489 7	57.490 4	-0.039 2	-0.041 7	2.59	2.51	-0.02
44	57.677 6	57.685 6	57.744 4	57.745 0	-0.066 8	-0.059 4	2.62	2.55	-0.03
45	57.930 6	57.928 6	57.996 8	57.997 5	-0.066 2	-0.068 9	2.58	2.53	-0.05
46	58.298 2	58.303 1	58.377 7	58.378 8	-0.079 5	-0.075 7	2.54	2.61	-0.07
47	58.772 6	58.772 6	58.852 9	58.854 1	-0.080 3	-0.081 5	2.62	2.64	-0.02

3.5 本章小结

西堠门大桥地处台风多发区及季风影响区，每年冬季受季风、夏季受台风影响，有效工作日少，对猫道、主缆架设与钢箱梁安装均是严峻考验；施工桥位处海域潮差大、波浪高、水流急且有强烈旋涡，海上作业困难，西堠门与册子水道覆盖层极浅，多数地方无覆盖层；北塔所在的老虎山 F8 断层带构成南侧边坡稳定潜在底滑面，为保证北塔基础安全稳固，必须最大限度减小施工对该断层带影响；钢箱梁吊装时间长，难以完全避开台风期，施工风险高，需进行台风期钢箱梁架设抗风稳定专题研究以指导梁段架设作业。

施工中，采用以下措施确保工程建设质量与安全：

(1)北塔桩基成孔采用谨慎爆破工艺，减少了对老虎山南侧边坡潜在底滑面的影响。

(2)锚碇混凝土浇筑采用优化配合比、保温、设置后浇段与通水降低温峰等温控措施，最大限度防止大体积混凝土温度裂纹发生。

(3)采用直升机进行先导索架设施工。

(4)猫道设计采用增加猫道承重绳与横向通道数量，从而提高猫道整体刚度的措施，保证了猫道结构在强季风环境下的安全与正常使用。

(5)主缆架设时，采用索股形状保持器、将已架设索股与猫道连接等特殊措施，结合主缆实时测量与动态控制技术以及分层定位控制技术，保证了强季风环境下索股架设与调整的质量与效率。

(6)通过对大桥开展施工阶段抗风性能试验，制订了台风期钢箱梁架设方案，保证主梁架设过程的安全。

(7)根据桥址区不同的海域环境与地形特点，针对北锚区附近、北塔附近、南塔附近的梁段安装，分别采用航道拓宽＋梁段荡移＋支架纵移存梁、卷扬式吊装系统＋支架存梁、起重机荡移＋支架纵移存梁等措施，完成了钢箱梁安装。

第4章 跨海特大跨径钢箱梁悬索桥勘察设计关键技术

4.1 海礁岩体质量分类体系

海礁地质条件复杂，作为大跨度、高塔柱桥梁地基的海礁岩体质量及其在桥梁荷载与其他外荷载作用下的整体稳定性，控制着整个跨海大桥的安全和稳定。因此，有必要建立一套针对海礁的岩体质量分级体系，以解决跨海大桥塔基基础类型、埋深等关键技术问题。

综观各种国内外常用的岩体质量分级方法，各分级体系的主要区别在于针对不同工程类型所选取的分级控制因素之间的差异，要建立一种适用于海礁的岩体质量分级体系，其关键就在于正确、全面地概括海礁桥基的特点，然后以此为基础选择合适的分级控制因素并进行量化，在各因素基础上提出岩体质量的分级方法和标准。

4.1.1 岩体质量分级控制因素

分级因素的选择遵循以下原则：

(1)分级因素应尽量将影响岩体质量和稳定性的主要因素(指标)包含在内，全面反映岩体质量的优劣。但应分清主次，将因素(指标)对分级的影响层次分出来。

(2)分级指标应简明、易求，具有可操作性。为了简化分级方法，应当把众多的影响因素分类组合，归并成为复合因素作为一类分级因素。

(3)分级因素既要有定性描述及定性划分，又要有定量指标及定量界限。所有分级指标尽量以客观量化参数表征，减少主观评分，定性划分和定量指标结合，提高分级的准确性和可靠度。

针对海礁大跨度、高塔柱桥梁地基赋存的地质环境，综合考虑不同部位(即水上、水下及潮间带三个不同位置)，提出以“岩体力学性质、岩体结构类型、结构面发育特征(尤其是软弱结构面控制)、岩体风化状况、地下水弱化或软化”等诸多因素，作为海礁的岩体质量分级的控制因素。

4.1.2 岩体质量分级因素量化指标

(1)岩体力学性质

根据岩体饱和单轴抗压强度 R_s 可以把岩体的坚硬程度分成不同的级别，在综合国内外研究成果的基础上，采用以下的划分标准，见表4.1-1。

岩体力学性质与单轴饱和抗压强度 R_s 对照关系 表 4.1-1

岩体坚硬程度	硬质岩		软质岩		
	坚硬岩	较坚硬岩	较软岩	软岩	极软岩
岩体饱和单轴抗压强度 R_s(MPa)	>60	60~30	30~15	15~5	<5

(2)岩体结构类型

表征岩体结构类型最为常用的指标就是岩体质量指标 RQD(Rock Quality Designation Index),该指标具有测试简便、直观明了的特点。RQD 由岩芯长度超过 10cm 的岩芯获得率表示。

鉴于岩体质量指标的缺陷,可用“岩体块度指数 RBI(Rock Block Index)”加以综合表征,其定义为完整岩芯长度分别为 3~10cm、10~30cm、30~50cm、50~100cm 和大于 100cm 的五级岩芯长度获得率的加权平均值,用下式表示:

$$RBI = 3 \times C_{r3} + 10 \times C_{r10} + 30 \times C_{r30} + 50 \times C_{r50} + 100 \times C_{r100} \tag{4.1-1}$$

式中:C_{r3}、C_{r10}、C_{r30}、C_{r50}、C_{r100}——分别为完整岩芯长度 3~10cm、10~30cm、30~50cm、50~100cm 和大于 100cm 的五级岩芯长度获得率,以百分数表示,视为权值,3、10、30、50 和 100 则为常数。

岩体结构类型与 RQD、RBI 对照见表 4.1-2。

岩体结构类型与 RQD、RBI 对照关系 表 4.1-2

岩体结构类型	整体状结构	块状结构	次块~镶嵌结构	碎裂状结构	散体状结构
岩体质量	很好	好	一般	差	很差
岩体质量指标 RQD(%)	90~100	75~90	50~75	25~50	<25
岩体块度指数 RBI	50~100	20~50	5~20	1~5	1

(3)结构面发育特征

结构面发育特征采用岩体完整性系数 $K_v=(V_{mp}/V_{rp})^2$(即岩体纵波波速与相应新鲜完整岩体纵波波速之比的平方)表征,见表 4.1-3。

岩体完整程度与 K_v 对照关系 表 4.1-3

岩体完整程度	完整	较完整	较破碎	破碎	极破碎
岩体完整性系数 K_v	>0.75	0.75~0.55	0.55~0.35	0.35~0.15	<0.15

(4)岩体风化状况

岩体风化状况采用风化程度系数 $K_Y=R_{Da}/R_{Df}$(即风化岩体干燥单轴抗压强度与该岩体新鲜状态的单轴抗压强度之比)表征。鉴于海礁岩体强度较高,属于硬质岩体,因此采用以下的划分标准,见表 4.1-4。

岩体风化程度与 K_Y 对照关系 表 4.1-4

岩体风化程度	未风化	微风化	中风化	强风化	全风化
岩体风化特征	结构构造未变,岩质新鲜	结构构造、矿物色泽基本未变,部分裂隙面有铁锰质渲染	结构构造部分破坏,矿物色泽较明显变化,裂隙面出现风化矿物或存在风化夹层	结构构造大部分破坏,矿物色泽明显变化,长石、云母等多风化成次生矿物	结构构造全部破坏,矿物成分除石英外,大部分风化成土状
风化程度系数 K_Y	0.9~1.0	0.8~0.9	0.4~0.8	0.2~0.4	<0.2

(5)地下水状况

地下水对岩体质量的修正见表4.1-5。

地下水影响修正值　　表4.1-5

岩体质量级别 / 地下水出水状态	Ⅰ	Ⅱ	Ⅲ	Ⅳ	Ⅴ
潮湿或点状出水	0	0	-1	-2~-3	-4~-6
淋雨状或涌流状态出水,水压<0.1MPa或单位出水量<10L/(min·m)	0	-1	-2~-3	-4~-6	-7~-9
淋雨状或涌流状态出水,水压>0.1MPa或单位出水量>10L/(min·m)	0	-2	-4~-6	-7~-9	-10

4.1.3 岩体质量多因素综合分级

针对海礁地质特点,选用对岩体质量起控制作用的岩体力学性质、岩体结构类型、岩体风化状况、结构面发育特征(尤其是软弱结构面控制)作为控制因素,并辅助地下水状况,采用因素乘积法,即根据上述分级控制因素的量化指标进行乘积:

$$Z = R_s \times \mathrm{RQD} \times K_v \times K_Y \tag{4.1-2}$$

或

$$Z = R_s \times \mathrm{RBI} \times K_v \times K_Y \tag{4.1-3}$$

此指数 Z 即为海礁岩体质量分级综合指数,同时按各分级控制因素不同级别岩体的量化界限,即可得出不同级别岩体的 Z 值。不同级别岩体综合指数 Z 的取值如表4.1-6和4.1-7所示,可将海礁岩体共分五大级。

海域岛礁岩体质量分级及其相应的分级量化参数表(基于RQD分类)　　表4.1-6

岩体质量级别	Ⅰ	Ⅱ	Ⅲ	Ⅳ	Ⅴ
岩体单轴抗压强度 R_s(MPa)	坚硬岩	较坚硬岩	较软岩	软岩	极软岩
	>60	60~30	30~15	15~5	<5
岩体质量指标 RQD	很好	好	一般	差	很差
	100%~90%	90%~75%	75%~50%	50%~25%	<25%
岩体完整性系数 K_v	完整	较完整	较破碎	破碎	极破碎
	>0.75	0.75~0.55	0.55~0.35	0.35~0.15	<0.15
风化程度系数 K_Y	未风化	微风化	中风化	强风化	全风化
	1.0~0.9	0.9~0.8	0.8~0.4	0.4~0.2	<0.2
综合指数 Z	$Z=R_s \times \mathrm{RQD} \times K_v \times K_Y$				
	>36	36~10	10~1	1~0.04	<0.04

续上表

岩体质量级别	Ⅰ	Ⅱ	Ⅲ	Ⅳ	Ⅴ
岩体质量基本特征	岩体坚硬极完整,新鲜,局部微风化,结构面不发育,裂隙间距 >100cm	岩体坚硬完整,微风化~新鲜,无卸荷,裂隙一般发育 1~2 组,裂面较新鲜,部分轻度锈染,间距 50~100cm	岩体较完整,微风化,局部中风化,裂隙一般发育 2~3 组,裂面大部分轻度锈染,间距 30~50cm	岩体破碎,中风化~局部强风化,结构面很发育,部分裂隙充填次生泥,透水性强,裂隙间距 <30cm	断层破碎带,岩体极破碎,呈角砾和岩屑,在一定围压下角砾间较紧密,到开挖暴露后快速松弛呈散体状

海礁岩体质量分级及其相应的分级量化参数表(基于 RBI 分类)　　表 4.1-7

岩体质量级别	Ⅰ	Ⅱ	Ⅲ	Ⅳ	Ⅴ
岩体单轴抗压强度 R_s(MPa)	坚硬岩	较坚硬岩	较软岩	软岩	极软岩
	>60	60~30	30~15	15~5	<5
岩体块度指数 RBI	整体块状结构	块状结构	次块状~镶嵌结构	碎裂结构	散体状结构
	100~50	50~20	20~5	5~1	1
岩体完整性系数 K_v	完整	较完整	较破碎	破碎	极破碎
	>0.75	0.75~0.55	0.55~0.35	0.35~0.15	<0.15
风化程度系数 K_Y	未风化	微风化	中风化	强风化	全风化
	1.0~0.9	0.9~0.8	0.8~0.4	0.4~0.2	<0.2
综合指数 Z	$Z=R_s\times \text{RBI}\times K_v\times K_Y$				
	>2 025	2025~264	264~10.5	10.5~0.15	<0.15
岩体质量基本特征	岩体坚硬极完整,新鲜,局部微风化,结构面不发育,裂隙间距 >100cm	岩体坚硬完整,微风化~新鲜,无卸荷,裂隙一般发育 1~2 组,裂面较新鲜,部分轻度锈染,间距 50~100cm	岩体较完整,微风化,局部中风化,裂隙一般发育2~3组,裂面大部分轻度锈染,间距 30~50cm	岩体破碎,中风化~局部强风化,结构面很发育,部分裂隙充填次生泥,透水性强,裂隙间距 <30cm	断层破碎带,岩体极破碎,呈角砾和岩屑,在一定围压下角砾间较紧密,到开挖暴露后快速松弛呈散体状

当岩体中有不利于自身稳定的地下水时,需要考虑地下水影响对上述分级结果进行修正,修正后的综合指数按下式计算:

$$[Z] = Z + K \tag{4.1-4}$$

式中:K——地下水影响修正系数,按表 4.1-5 确定。

根据修正后的综合指标$[Z]$的工程岩体分级仍按表 4.1-6 或 4.1-7 进行。

4.1.4　岩体变形特性及参数取值

(1)取值原则

力学参数取值按不同级别岩体对号入座,按各类别作统计,不仅能达到岩体质量分类"质"与"量"的统一,而且对未来施工过程以及深部难以进行试验的岩体力学参数进行快速取值具有重要的指导意义。

(2)试验成果汇总

针对老虎山岩体工程地质特点,结合岩体质量分级和结构面工程地质分类,选取代表性部位有针对性布置一定数量的、不同受力方向的现场变形试验,共完成岩体变形试验36点,涵盖了研究区各类岩体和断层破碎带,其中:

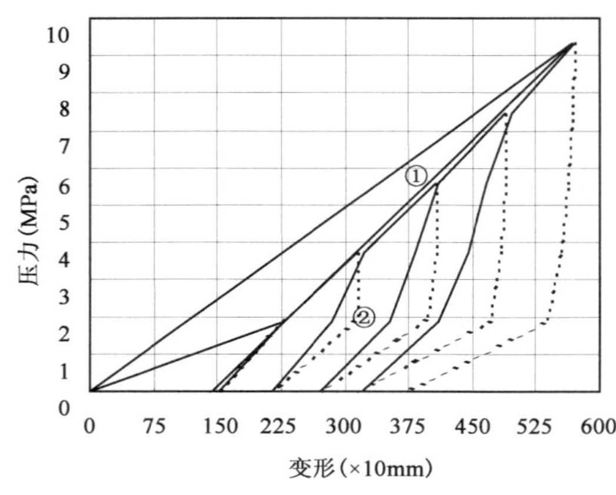

图4.1-1　岩体变形的各特征模量
①割线模量 E_0;②包络线模量 E_b

Ⅱ类流纹岩12点;

Ⅲ类流纹岩12点;

Ⅳ类流纹岩12点。

试验加载(试件受力)方向分为水平(H)和铅直(V),其中:

水平(H)方向21点;

铅直(V)方向15点。

试验布置总体上反映了研究区不同质量类别流纹岩体的特点。

在下面的变形参数取值研究中,以此36点岩体变形试验成果为基础,分别按不同岩体类别归类进行数理统计。

(3)岩体变形特性

岩体变形参数选用割线模量 E_0 或包络线模量 E_b 来进行表述,可根据岩体变形试验所得的压力—变形关系曲线求得两种模量参数。割线模量实际表达的是在最高一级压力作用下,考虑全变形计算而获得的模量,岩体变形试验成果表中最高一级压力下的模量实际就是该模量;包络线模量则是在考虑桥基或隧道锚平洞开挖时引起洞壁岩体松弛,或本身为卸荷破碎岩体,计算时去除掉这些因素影响的基础上取得的一种稳定趋势模量(见图4.1-1)。

从现场变形试验得出的变形曲线上分析,大致可归为以下两种类型:

①准直线型(弹性型):表现为荷载作用下,变形增量近似于等比例增加,P-W_0 关系曲线成线性变化,桥基较深部位部分Ⅱ级岩体均属此类型。

②上凹型(塑弹性型):表现为在荷载作用下,初始变形显著,d_p/d_{w0} 由小变大,此后随荷载增高,变形增量即近似呈比例增加,d_p/d_{w0} 呈一常数,即 $P-W_0$ 又呈线性变化关系,坝区Ⅲ、Ⅳ级岩体均属此类型。

另外,老虎山南侧流纹岩边坡因缓倾节理发育属似层状结构岩体,故所得变形试验成果普遍具有一定的各向异性,据统计,各岩级水平与垂直变模之比1.01~2.13,因此在对成果整理时,水平和垂直变模分别归类整理。

(4)岩体变形参数取值

综合上述整理结果,可得出各级岩体的变形模量,见表4.1-8。从表中可以看出以下特点:

①流纹岩岩体中发育的缓倾角裂隙对岩体变形性质的各向异性影响较大。同岩类岩体变形参数各向异性表现不同,以割线模量为例,Ⅱ类流纹岩 $E_0(H)/E_0(V)$ 比值(均以平均值计算)为1.01,Ⅲ类流纹岩1.08,Ⅳ类流纹岩最明显,为2.13。

②老虎山各岩级岩体变形模量以微风化Ⅱ级岩体最高,弱~微风化Ⅲ级岩体中等,中风化

Ⅳ级岩体低，这与岩体风化程度、完整程度，以及埋深等条件是吻合的，同时也表明风化蚀变对老虎山岩体变形特性的影响突出。

③根据老虎山岛礁作为跨海大桥主塔基及隧道锚的实际受力状态，确定包络线线模量为模量取值标准。并以小值平均值～总体平均值作为建议值。

老虎山流纹岩不同级别岩体变形模量取值　　表4.1-8

割线模量	统计项目	Ⅱ	Ⅲ	Ⅳ	Ⅴ	备　注
$E_0(H)$	总体平均值	26.3	10.7	3.4		Ⅴ类流纹岩体不具备试验的条件，因此未开展其变形试验
	小值平均	20.5	9.9	2.6		
	大值平均	34.0	12.2	4.1		
	建议值	**20.5～26.3**	**9.9～10.7**	**2.6～3.4**		
$E_0(V)$	总体平均值	26.0	9.9	1.6		
	小值平均	17.7	7.5	1.1		
	大值平均	31.6	11.1	2.2		
	建议值	**17.7～26.0**	**7.5～9.9**	**1.1～1.6**		
$E_0(H)/E_0(V)$		1.01	1.08	2.13		
包络线模量	统计项目	Ⅱ	Ⅲ	Ⅳ	Ⅴ	备　注
$E_b(H)$	总体平均值	24.2	10.2	2.6		Ⅴ类流纹岩体不具备试验的条件，因此未开展其变形试验
	小值平均	17.1	9.3	2.3		
	大值平均	29.5	11.9	4.1		
	建议值	**17.1～24.2**	**9.3～10.2**	**2.3～2.6**		
$E_b(V)$	总体平均值	24.5	9.6	2.0		
	小值平均	17.2	7.1	1.3		
	大值平均	29.3	10.9	2.6		
	建议值	**17.2～24.5**	**7.1～9.6**	**1.3～2.0**		
$E_b(H)/E_b(V)$		0.99	1.06	1.30		

4.1.5　岩体结构面强度参数取值

（1）成果汇总

在老虎山岛礁部位针对不同级别岩体和结构面的大剪试验共布置了23组155点，代表了老虎山岛礁各级岩体、各类结构面的总体发育状况。试验点的确定是在岩体质量分级和结构面分类基础上进行的，试验值能客观反映各类岩体和各类结构面的抗剪（断）强度性质。其中岩体现场抗剪（断）强度试验11组55点，结构面现场抗剪（断）强度试验12组100点，其中硬质结构面6组44点，软弱结构面6组56点。

（2）试验成果整理方法

对岩体和软弱层带抗剪强度参数的选取，采用最小二乘法和优定斜率法，即根据大剪试验资料，按不同类型结构面作τ、σ点群分布图后，按最小二乘法和优定斜率法选取，在通过这两种方法得出各类层带强度参数基本值的基础上，再按规范最终给出不同类型软弱层带强度参数的建议值。

(3)试验成果整理及强度参数确定

①τ-σ 散点图表明,各级岩体、结构面 τ-σ 点群趋势明显,规律性较好,试验整理取值依据充分、合理,可以作为设计、施工等基础力学参数的取值依据。

②岩体、结构面抗剪(断)强度参数取值采用了优定斜率法,推荐采用优定斜率法的下限值作为凝聚力(c)的取值标准,老虎山不同类别岩体及结构面强度参数建议取值见表4.1-9。

老虎山不同类别岩体及结构面强度参数建议取值 表4.1-9

分类			抗剪断强度		抗剪强度	
			f'	c'(MPa)	f	c(MPa)
岩体	Ⅱ级		1.82	0.40	1.02	0.20
	Ⅲ级		1.54	1.00	0.84	1.20
	Ⅳ级		1.11	1.80	0.96	1.20
结构面	刚性结构面(A型)	A1类	0.98	0.10	0.95	0.05
		A2类	0.75	0	0.73	0
	软弱结构面(B型)	B1类	0.67	0	0.65	0
		B2类	0.54	0	0.53	0
		B3类	0.36	0.10	0.32	0

4.1.6 海礁岩体质量分级及其配套的力学参数

根据上述岩体质量分级及对各级岩体力学参数的选取,已实现了岩体质量分类中"质"(优、良、中、差、劣)与"量"(具体的力学参数)的统一,已大致建立了一套较为系统的分类模式:

①初步"量"化——取得反映基本岩体质量优劣的各种因素量化值,如岩体结构类型用RQD或块度指标RBI表征、岩体紧密程度用V_p(K_v)表征等。

②"质"分级——据RQD(RBI)、V_p(K_v)等进行综合,判别岩体质量优劣及所属级别。

③力学参数再"量"化——对已确定级别基本岩体按常规方法取得相应的力学参数值,最终完成海礁岩体质量分类中"质"和"量"两方面的相互耦合及配套。

因此根据以上的分类模式,对以老虎山为典型代表的海礁岩体共分为五大类(见表4.1-10)。

4.1.7 海礁岩体适宜性评价

在海礁岩体质量分级、分类基础上,有必要对桥基部位岩体在工程荷载下的适宜性进行评价,以指导并确定桥基边坡的处理范围和相应加固措施。根据海礁岩体质量分级体系,对所划分的五级岩体质量优劣进行适宜性评价,见表4.1-11。

基本岩体质量分级及其配套的物理力学参数建议值

表 4.1-10

岩体质量级别	岩体基本特征	岩体力学性质		岩体结构类型			结构面发育特征		岩体风化		岩体力学参数					
		坚硬程度等级	岩体单轴饱和抗压强度 R_s(MPa)	岩体结构类型	岩体质量指标 RQD(%)	岩体块度系数 RBI	性状	岩体完整性系数(K_v)	风化程度	风化程度系数 K_Y	变形模量(E_0)		抗剪断参数		抗剪参数	
											水平	垂直	f'	c'(MPa)	f	c(MPa)
Ⅰ	岩体坚硬极完整,新鲜,局部微风化,结构面不发育,裂隙间距>100cm	坚硬岩	>60	整体块状结构	>90	100~50	粗糙、无充填	>0.75	未风化	0.9~1.0	24.6~36.8	27.8~37.3	1.64	2.80	1.31	0
Ⅱ	岩体坚硬完整,微风化~新鲜,无卸荷,裂隙一般发育1~2组,裂面较新鲜,部分轻度锈染,间距50~100cm	较硬岩	60~30	块状结构	90~75	50~20	粗糙、无充填	0.75~0.55	微风化	0.8~0.9	17.1~24.2	17.2~24.5	1.82	0.40	1.02	0.20
Ⅲ	岩体较完整,微风化,局部中风化,裂隙一般发育2~3组,裂面大部分轻度锈染,间距30~50cm	较软岩	30~15	次块状结构	75~50	20~5	有充填,厚度0.1~0.3m	0.55~0.35	弱(中等)风化	0.4~0.8	9.3~10.2	7.1~9.6	1.54	1.00	0.84	1.20
Ⅳ	岩体破碎,中风化~局部强风化,结构面很发育,部分裂隙充填次生泥,透水性强,裂隙间距<30cm	软 岩	15~5	镶嵌~碎裂结构	50~25	5~1	有充填,厚度>0.3m	0.35~0.15	强风化	0.2~0.4	2.3~2.6	1.3~2.0	1.11	1.80	0.96	1.20
Ⅴ	断层破碎带,岩体极破碎,呈角砾和岩屑,在一定围压下角砾间较紧密,到开挖暴露后快速松弛呈散体状	极软岩	<5	散体结构	<25	1	有充填,厚度>0.3m	<0.15	全分化	<0.2	0.5~0.8	0.3~0.4	0.35	0.05	0.30	0

注:因未进行Ⅰ级岩体级变形及强度试验,其值根据经验值提出,供参考。Ⅴ级岩体变形模量也如此。

不同级别岩体特征及适宜性评价　表4.1-11

岩体质量级别	岩体基本特征	岩体质量优劣评价	适宜性评价
Ⅰ	新鲜。以整体块状结构为主,岩体极完整,结构面不发育	优良岩体	适宜,可不处理
Ⅱ	微风化。以块状结构为主,岩体完整,结构面不发育		
Ⅲ	中风化。次块状结构为主,岩体较完整,结构面较发育	中等岩体	基本适宜,可适当处理
Ⅳ	强风化。以镶嵌~碎裂结构为主,岩体较破碎,结构面发育	差岩体	适宜性较差,应处理
Ⅴ	全风化。以散体结构为主,岩体破碎	劣质岩体	适宜性差,需专门处理或可清除

4.1.8 《海礁桥梁地基岩体质量分类体系指南》

1)《海礁桥梁地基岩体质量分类体系指南》(以下简称《指南》)编写的目的和意义

《指南》针对海礁桥梁地基而制定,旨在建立适合海礁大跨度、高塔柱桥梁地基以及悬索桥隧道锚碇基础类型、埋深等关键技术问题的岩体质量分级方法,使桥基及隧道锚碇边坡勘察、设计及施工工作规范化,做到安全适用、技术先进、经济合理、确保质量。

目前还没有专门适用于海礁的岩体质量分级标准,本指南的编制将弥补海礁岩体工程岩体质量评价的空白,可为诸多跨海大桥建设等提供支撑及示范,将会产生良好的社会和经济效益,并具有广阔的应用前景。

2)《指南》主要内容和创新点

《指南》共分6章,主要内容包括:术语、符号、海礁岩体质量分级因素、海礁岩体质量分级体系、海礁岩体力学性质试验及参数取值、海礁岩体适宜性评价等,适用于海礁桥基、隧道锚碇等工程的岩体质量分级,为基础埋深确定、工程边坡稳定等提供基础地质依据。

《指南》的主要技术特点和创新包括:

(1)《指南》以岩体力学性质、岩体结构类型、结构面发育特征、岩体风化状况作为分级控制因素,并以地下水状况作为辅助因素。分别采用岩体单轴抗压强度 R_b、岩体质量指标RQD或岩体块度指数RBI、岩体完整性系数 K_v、风化程度系数 K_Y 和地下水修正系数 U 对上述分级因素进行量化。

(2)提出了岩体结构量化新指标,即"岩体块度指数RBI"。

(3)系统提出了海礁岩体质量分级体系及其配套的力学参数取值。

4.2 海礁桥梁地基综合勘察方法

4.2.1 综合勘察方法

目前海礁桥梁工程地质勘察方法有工程地质调查与测绘、钻探、水文试验、钻孔弹性波测井、钻孔电视摄像、跨孔弹性波CT探测、浅层地震勘探、高密度电法及室内外试验等。

针对海礁不同的勘察对象，所采用的勘察方法有所不同。具体见表4.2-1。

综合勘察主要方法的探测对象　　表4.2-1

探测对象	探测内容	方法技术
一般地层岩性	地层岩性分布规律、构造规模位置	浅部用地面调查与测绘，深部用钻探，钻探时常使用双层管金刚石钻头和海域钻探特殊技术
隐伏构造破碎带	断层破碎带的位置、规模、分布和延伸情况；隐伏构造追索	常使用的有关联合剖面法、高密度电法、折射波法和弹性波CT等。探测隐伏构造破碎带的低阻异常时，宜采用联合剖面普查，高密度电法详查；当构造破碎带中富集地下水，有可能产生激电异常的可采用激发极化法。 常用钻探验证，宜采用斜孔
软弱夹层	软弱夹层的位置、厚度和特性	主要采用钻孔中声波测井、数字摄像和弹性波CT，要求探测孔内无套管，数字摄像要求孔内清水，否则应采用其他综合测井方法
深部岩体节理裂隙	节理裂隙的位置、发育程度、产状和开闭程度	钻探加声波测井、孔内数字摄像等
海蚀洞、海蚀缝	海蚀洞、缝的形态及分布和规模，海蚀洞、缝的连通性及洞穴充填情况	地面调查测绘、地质雷达、浅地震、钻探、弹性波CT
岩体风化带	基岩风化程度和风化厚度；划分风化带	主要方法有地面调查测绘、浅地震、钻探、钻孔中声波测井和孔内数字摄像
地下水	含水层位置及地下水位及其与海水的连通情况	水文地质钻孔压水试验、钻孔抽水试验；高密度电法、激发极化法
岩(石)体物理力学参数	纵波速度、横波速度、动弹性模量、动剪切模量、岩体完整性系数、结构面抗剪强度、岩体的基本物理力学性质参数	浅层地震、弹性波测井、弹性波CT、现场直剪试验及室内岩体相应测试项目试验

4.2.2　勘察方法配置原则

综合勘察应根据勘察阶段及技术要求、场地地质条件及各类勘察方法的实用性和适宜性及各方法之间的互补性、互验性、经济性等综合选择。其基本原则如下：

(1)勘察前期，应以航片解译、地面测绘、物探等轻型勘察手段为主，配置少量剥土；勘察后期，需要更详细的、定量的资料，必须准确地查明解决有关的工程地质问题，应考虑投入重型山体工程、钻探等，物探则退居辅助地位。

(2)地形平坦及缓坡处宜用钻探、浅井、坑探，陡坡宜用平硐、槽探，坚硬岩层宜用钻探而不宜为坑探。

(3)钻探应尽量投入到关键部位。关键孔都应综合测井，力求一孔多用。

(4)应用于综合勘察的物探方法有多种，某一地质问题可以使用若干不同的物探方法来探测，不同方法又具有不同的精度和效果。应根据具体问题、具体条件选择适宜的物探方法。

(5)在勘察中应充分重视试验工作。对于复杂的地质现象和地质条件，影响工程的主要结构面，物理力学参数起控制作用情况下，试验工作就成了解决这些问题的有效途径。

4.2.3 勘察工作的布设原则

大跨径、高塔柱桥梁勘察的重点是塔墩和锚碇部位。其勘察工作布设要点如下：

(1)初勘阶段

初勘应重视地面调查与测绘、面上物探，并布置一定的钻探工作量。

①地面调查与测绘的范围应包括桥轴线纵向左右两侧各不小于200m，遇不良地质时，应根据其分布情况适当扩大调查与测绘范围。调查与测绘精度一般为1:500～1:2 000地形图比例尺。地质观测点应布置在地质构造线、地层接触线、岩性分界线和不良地质现象上，一般每个主塔和锚碇位置不少于2～3个观测点，当露头少时，应槽探揭露。

②物探方法主要包括电法勘探、地震法勘探、声波探测等。方法的选择应根据物性参数、基本原理、适用条件、场地条件及工程要求综合考虑，具体可根据探测对象参照表4.2-1选用。

③钻孔原则上布置在与工程地质条件有关的地点，并尽可能结合墩(台)、锚碇位置布设。钻孔数量每个塔墩位置不少于2个，重力锚区不少于4～5个，隧道锚区不少于3个；钻孔深度宜深不宜浅，一般均应钻入微风化基岩不少于3～5m，并满足桩基或隧道锚的相关要求。

(2)详勘阶段

详勘应考虑勘察工作的连续性，以钻探、原位测试、室内试验为主，并与综合物探测井结合。

①详勘阶段的地面调查与测绘主要是对专门性的地质问题作必要的补充、修正、核实。

②塔墩和重力锚区钻孔一般应在基础轮廓线的周边或中心布置。塔墩钻孔孔距宜为12～24m，孔深宜至桩尖以下不少于5m；重力锚区钻孔孔距宜为20～40m，孔深宜至锚碇底板下不少于5m；隧道锚区钻孔一般应布置在基础轮廓线外侧3～5m，隧道洞口和洞身均应有钻孔，孔深宜至隧道底板下不少于5m。并有控制性钻孔控制深部地层，遇构造破碎带或软弱夹层时应钻穿至较完整基岩3～5m。

③引桥一般每个墩台布置1个钻孔，遇不良地质或岩体风化强烈、地层变化较大时，应适当增加钻孔或槽探工作量。钻孔深度应根据不同地基和基础的深浅确定，采用天然地基或其他浅基础时，孔深应钻入可能的持力层(或基础埋置深度)以下3～5m，或墩台基础底板宽度的2.5～4倍；采用桩基础时，孔深应钻入桩尖以下不少于3～5m。

(3)井下物探

井下物探应布设在解决重点工程地质问题的钻孔，一般在详勘中进行，初勘根据需要而定。

①弹性波测井钻孔数量一般每个塔墩、重力锚区或隧道锚区不少于2个。

②弹性波CT主要布置在构造破碎带或长大裂隙发育位置，断面走向宜与构造走向大角度相交，测试数量可根据地质条件而定。

③数字钻孔摄像。数字钻孔摄像主要直观观察深部岩体构造，数量可根据地质条件而定。

(4)室内试验

室内试验包括岩体试验和水质分析。岩体试验的必需项目有密度、吸水率、饱和和天然状态下的抗压强度，试验数量为每种风化等级下每种岩性不少于6组；选择项目有抗拉试验、三轴抗压试验、抗剪试验、点载荷试验、岩矿鉴定、岩块波速测试等，试验数量一般每种风化等级下每种岩性不少于3~6组；水质分析一般取构造物位置地下水和海水做水质简易分析，每个塔基、锚碇位置2组。

(5)原位试验

原位试验主要包括现场剪切试验和水文地质试验以及残坡积层和风化岩层中进行的动力触探试验。现场剪切试验有岩体结构面直剪试验和锚碇区混凝土与基岩接触面之间的直剪试验，岩体结构面直剪试验进行与否根据地质条件及对工程的影响程度而定，锚碇区混凝土与基岩接触面之间的直剪试验根据接触面的岩性和风化等级而定，一般每种岩性和风化等级均不宜少于2组试验。塔墩和锚碇区宜进行水文地质压水和抽水试验，每塔墩和锚碇位置不少于2个水文地质试验孔。遇残坡积层和全风化、强风化岩层应进行动力测探试验，根据物质组成选择相应的标准贯入试验和圆锥动力触探试验。

4.2.4 勘察手段的综合应用

地面调查与测绘、工程地质钻探、弹性波测井、弹性波CT、数字钻孔摄像、水文地质试验、岩体结构面原位剪切试验等精细化勘察技术方法有各自探测的对象和条件，它们之间具互补性。实际应用中应因地制宜，从工程地质条件和工程特点出发，有的放矢地进行，可以采用其中的一种或多种组合。

地面调查与测绘、工程地质钻探、弹性波测井是常用的必需的勘察技术方法，在此基础上，为深入分析研究岩体深部节理裂隙及深部断裂破碎带情况，可采用孔内电视摄像；为判断孔间岩体质量及孔间可能存在的断裂破碎带，可采用弹性波CT；为判断海礁岩体的渗透特性，可选压水试验；为分析基础位置岩体含水量，可采用抽水试验；为判断分析锚碇等大面积岩体质量时，宜结合地面物探进行综合研究。

综合勘察各方法应提供单项测试(调查)成果图表及相应文字报告(说明)。单项测试成果图表主要有：节理裂隙极点等密度图；钻孔综合工程地质柱状图；单孔波速测井成果图；弹性波CT探测波速等值线及成果解释图；孔内电视摄像展开及解释图；水文地质压水(抽水)试验成果图表；基岩工程力学试验试坑及平硐地质展开图等。通过各单项测试成果综合分析，绘制综合工程地质平面图、剖面图等，编制工程地质勘察报告。有条件时宜提供塔墩和锚碇位置的三维立体图。

对于控制性的工程地质问题，应采用综合勘察方法进行专题研究，并提交专题研究报告。

4.2.5 《海礁桥梁地基综合勘察技术指南》

1)《海礁桥梁地基综合勘察技术指南》(以下简称《指南》)编写的目的和意义

勘察是工程建设的先行，其成果的研究程度及准确性对工程的合理布局和安全性、经济性有重要意义。修建在海礁的跨海大桥，一般具跨度大、荷载大、还时常受到台风影响等特点。岛礁四面临空，受到海水涨落潮影响，地质构造条件复杂等，特殊的地理环境和地质条件使勘察工作具有特殊性。

目前还没有专门适用于海礁特大跨径悬索桥的勘察技术标准，本指南旨在为以后同类或更大跨径悬索桥的勘察提供参考和借鉴。其他桥梁(隧道)的基岩地基勘察亦可参照使用。

2)《指南》主要内容和创新点

(1)《指南》共分11章,根据国家标准《公路工程地质勘察规范》(JTJ 064—1998)所规定的基本原则,结合西堠门大桥的工程勘察实践,从勘察技术理论、方法、手段、关键工程地质问题等方面开展研究,系统总结了海域特定地形工程测量、工程地质调查与测绘、海域工程地质钻探、弹性波测井、弹性波CT、数字钻孔摄像、水文地质试验及岩体试验等方法在海礁桥梁地基勘察中的综合应用。

(2)《指南》的主要技术特点和创新包括:

①总结得出了海礁常见岩体纵波速度特征值,提出海礁岩体风化程度分级的风化波速比。

②提出了海蚀地貌的测图方法及标注原则。

③系统论述了海域钻探影响因素、海域钻场类型、海域钻探施工工艺、海域钻探施工难点和海域钻探安全措施,提出了不同地貌带和土质条件下适用的海域钻场类型。

④提出了海礁大跨度高塔柱桥梁地基勘察方法的综合配置原则及工作量布设。

4.3 特大跨径钢箱梁悬索桥结构体系及刚度

4.3.1 计算模型

结构体系及刚度研究着重于对比及规律研究,因此采用的是空间杆系模型。以西堠门大桥为背景,分别按单跨悬吊、双跨悬吊、三跨悬吊建立了如图4.3-1、图4.3-2、图4.3-3所示的空间杆系模型。加劲梁用双主梁模型进行离散;双主梁之间的联系根据实际的横梁进行模拟,横梁梁端到加劲梁形心用刚臂进行模拟,吊索在下吊点通过刚臂与加劲梁连接。主缆采用空间悬链线单元进行模拟,采用杆单元模拟吊索,加劲梁采用空间梁单元。

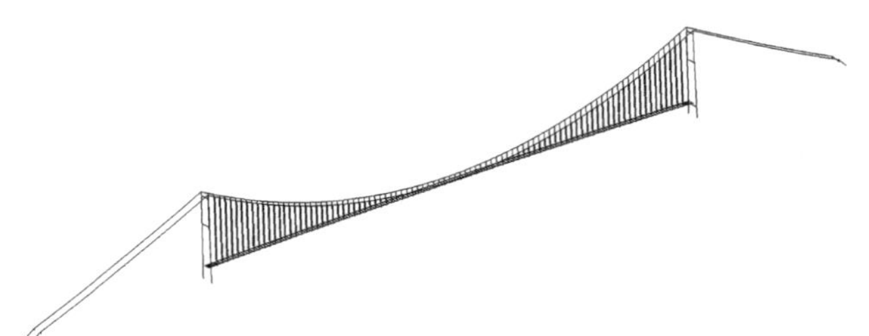

图4.3-1 单跨悬吊体系结构计算简图

图4.3-2 双跨悬吊结构体系计算简图

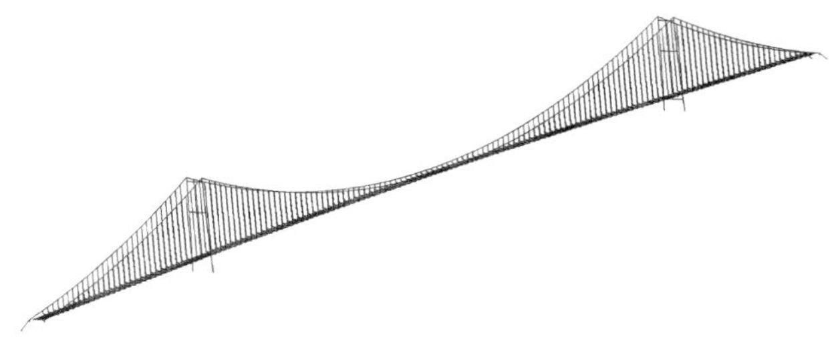

图4.3-3　三跨悬吊结构体系有限元计算简图

4.3.2　各种体系的模拟

加劲梁的支承体系主要是指加劲梁在桥塔处是否连续，按照这个标准可以分为非连续体系和连续体系；而对于连续体系来说，又可以按照桥塔处加劲梁是否有竖向支承可以分为连续漂浮体系和连续支承体系两种。主要对以下几类体系进行研究。

(1)纵飘浮体系

该类体系悬索桥，在桥塔处仅设置横向抗风支座而不对加劲梁其他方向自由度进行约束，此时加劲梁为连续的。

(2)半飘浮体系

该类体系悬索桥，在桥塔处设置横向抗风支座的同时对加劲梁进行竖向弹性约束，此时加劲梁为连续的。

(3)纵向约束体系

该类体系悬索桥，在桥塔处设置横向抗风支座的同时对加劲梁纵向进行约束，此时加劲梁为连续的。

(4)简支体系

该类体系悬索桥，在桥塔处设置横向抗风支座的同时对加劲梁竖向进行约束，此时加劲梁在桥塔处断开。

(5)纵向、竖向约束体系

该类体系悬索桥，在桥塔处设置横向抗风支座的同时对加劲梁纵向、竖向均进行约束，此时加劲梁在桥塔处断开。

4.3.3　中央扣和边扣的模拟

对于悬索桥加劲梁和主缆的约束形式，主要有在主跨跨中设置中央扣或在边跨设置边扣。在中央扣对结构体系的静动力特性的影响中，分别研究了中央扣在汽车荷载、温度作用、横向风荷载作用效应下对纵飘浮体系、半飘浮体系、简支体系的影响，并研究其对结构自振特性的影响；在边扣对结构体系的静动力特性的影响中，分别研究了边扣在汽车荷载、温度作用、横向风荷载作用效应下对纵飘浮体系、半飘浮体系、简支体系的影响，并研究其对结构自振特性的影响。

4.3.4　影响结构刚度因素

拟定不同的影响结构刚度因素如下：

(1)矢跨比考虑1/8、1/9、1/10、1/11、1/12、1/13、1/14、1/15共8种不同矢跨比。

(2)主缆边跨跨度对称考虑335m、385m、435m、485m、535m、585m、635m共7种跨度。

(3)以西堠门大桥实际加劲梁刚度为参考值“1”,实际模型加劲梁刚度按相对比例取值分别为0.7、0.8、0.9、1.0、1.1、1.2、1.3共7种计算模型。

(4)以西堠门大桥实际桥塔刚度为参考值“1”,实际模型桥塔刚度按相对比例取值分别为0.7、0.8、0.9、1.0、1.1、1.2、1.3共7种计算模型。

(5)以马鞍山大桥(三塔悬索桥)实际中间桥塔刚度为参考值“1”,实际模型中间桥塔刚度按相对比例取值分别为0.7、0.8、0.9、1.0、1.1、1.2、1.3共7种计算模型。

4.3.5 计算荷载

(1)汽车活载

根据《公路桥涵设计通用规范》(JTG D60—2004)的规定,汽车荷载由车道荷载和车辆荷载组成。因只对大跨度悬索桥结构体系进行整体分析计算,所以采用车道荷载,车道荷载如图4.3-4所示。车道荷载由均布荷载和集中荷载组成。公路Ⅰ级车道荷载的均布荷载标准值为$q=10\text{kN/m}$;集中荷载标准值按桥梁计算跨径等于或大于50m时,取$P=360\text{kN}$。由于所分析结构的设计车道数为6,由汽车荷载产生的效应按规范中规定的多车道折减系数进行折减,取横向折减系数为0.55,同时对于大跨径桥梁上的汽车荷载考虑纵向折减,取纵向折减系数对应计算跨径大于1 000m为0.93。

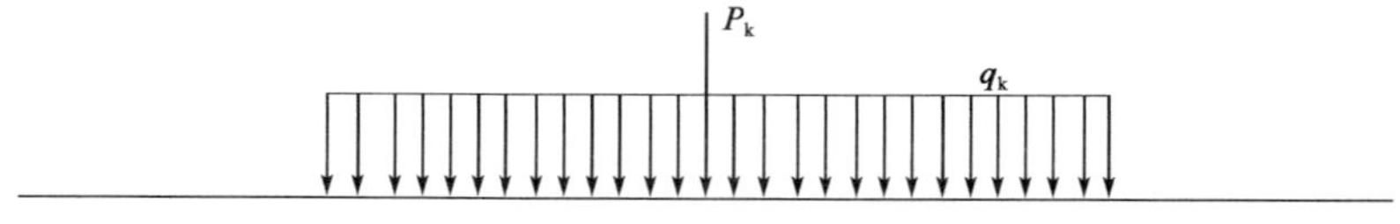

图4.3-4 车道荷载示意图

(2)横向风荷载

按《公路桥梁抗风设计规范》(JTG D60-01—2004)和《公路悬索桥设计规范》(报批稿),桥塔、加劲梁、主缆和吊索单位长度上的横桥向设计风荷载的计算公式如下:

$$P_D=\frac{1}{2}\rho U_{10}^2\left(\frac{Z}{10}\right)^{2\alpha}g_v C_d A_n$$

式中:ρ——空气密度,kg/m^3,取1.225;

g_v——阵风风压影响系数,计算阵风影响时考虑。

以西堠门大桥实际桥梁为背景,其运营阶段10m高度重现期100年的设计基准风速$U_{10}=41.12\text{m/s}$,参考《公路桥梁抗风设计规范》(JTG D60-01—2004)有车时加劲梁处设计风速取为25m/s。西堠门大桥风荷载计算参数值见表4.3-1,各风速下的风荷载值见表4.3-2。

西堠门大桥风荷载计算参数值　　表4.3-1

构件＼参数	C_d	A_n	Z	阵风系数 g_v	α
桥塔	2	8.6	151.636	1.2	0.11
加劲梁	0.91	4.607	61.392	1.2	0.11

续上表

构件＼参数	C_d	A_n	Z	阵风系数 g_v	α
主缆	0.7	0.86	152.013	1.2	0.11
一般吊索	0.7	0.06	152.013	1.2	0.11
长吊索	0.7	0.088	152.013	1.2	0.11
短吊索	0.7	0.08	152.013	1.2	0.11

注:加劲梁的阻力系数 C_d 因缺乏实际桥梁抗风资料,是按理论值选定。

西堠门大桥风荷载取值　　表4.3-2

项目	风速(m/s)	风荷载(kN/m)					
		桥塔	加劲梁	主缆	一般吊索	长吊索	短吊索
设计风速	41.12	62.4790	11.4026	2.1885	0.1527	0.2239	0.2036
有车风速	25.00	12.9214	2.3582	0.4526	0.0316	0.0463	0.0421

注:各种结构体系均按照此荷载标准计算。

4.3.6　特大跨度悬索桥结构体系研究

以西堠门大桥为背景,研究不同跨数不同结构体系对特大跨径钢箱梁悬索桥静动力特性的影响,得到以下结论。

(1)各种约束体系的加劲梁弯矩在一般位置差别不大。对于连续加劲梁结构,塔处的加劲梁内力一般是控制内力,在塔处加支承可以虽然降低恒载弯矩,但却会增大活载及温度变化弯矩,其中以在塔处不加竖向支座的活载弯矩为最小、加竖向弹性支承次之、加竖向刚性支座的弯矩最大,所以必须综合考虑该处竖向支承的设计。此外,该处的支承也一段为拉压型的。

(2)对于加劲梁简支的结构,虽然塔处不存在弯矩,但加劲梁在塔处将有折角;对于加劲梁连续的结构,在不同荷载作用下,在塔处变形连续将对行车舒适性有利。

(3)对于加劲梁无纵向约束的体系(纵飘浮、半飘浮),活载作用下其加åŠ梁纵向位移较大,且竖向挠度一般也大于约束体系;对于纵向约束体系,不会出现纵飘浮振型,竖向刚度和反对称竖弯频率、侧弯频率有所增加。

(4)各种体系在活载、温度变化作用下,桥塔内力、主缆内力、桥塔偏位、梁端转角没有显著差别。

(5)对于连续加劲梁,横向风荷载作用的横向最大正弯矩均出现在桥塔抗风支座处,最大负弯矩发生在主跨1/4跨处;对于简支加劲梁,横向风载作用的横向最大正弯矩均出现在桥塔抗风支座处,最大负弯矩发生在主跨1/4跨处;横向位移最大发生在主跨跨中,对于加劲梁连续的结构,横向风载作用下加劲梁的横向位移是连续的。

(6)不同跨数悬吊的加劲梁最大竖向位移均出现在主跨1/4跨位置,且随着悬吊跨数的增加而有所增大,表明跨数增加,刚度有所减小。对于多跨连续的结构而言,由于桥塔处存在较长的无索段,因此加劲梁最大竖向弯矩出现在桥塔处。不同悬吊跨数对梁端纵向位移及加劲梁转角的影响很小。随着悬吊跨数的增加,对于连续加劲梁一阶对称竖弯减小,一阶侧弯频率增加。

(7)中央扣和边扣的设置能够明显地减小漂浮体系的悬索桥的纵向位移;对于两跨悬吊结构,能明显影响桥塔位置的加劲梁的弯矩和挠度;除此以外,其影响可以忽略;中央扣的设置能够提高纵飘浮振型的频率,对结构横向刚度没有影响。

4.3.7 特大跨度悬索桥结构刚度研究

参照西堠门大桥设计结构建立双塔单跨悬吊悬索桥,同时还参照马鞍山三塔两跨悬索桥的计算模型,对大跨度钢箱梁悬索桥结构刚度影响参数进行分析。经过计算分析比较得出以下结论。

(1)主缆矢跨比对结构整体刚度的影响并非单一的变化趋势。当矢跨比从1/8~1/12之间变化时,加劲梁挠度逐渐减小,最大挠度相对位置也由主跨1/4位置移动至主跨1/3位置;当主缆矢跨比由1/12~1/15变化时,加劲梁最大负挠度又逐渐增大,最大挠度位置也由主跨1/3处位置向主跨1/2跨中处移动。可以得出结论,加劲梁活载最大挠度并不完全随矢跨比减小而减小。就本项目的研究范围看,矢跨比在1/8~1/12范围,矢跨比越小挠度越小,比1/12更小的矢跨比,则结构最大挠度反而会增大。随着矢跨比的减小最大挠度位置也发生明显的变化趋势,即由1/4跨中位置逐渐向跨中位置移动。

(2)双塔单跨悬吊悬索桥主缆边跨跨度对结构刚度有一定影响,随着主缆边跨跨度增加,加劲梁竖向挠度增加,桥塔塔顶活载纵向位移逐渐增大,加劲梁活载最不利弯矩变化很小。所以得出结论主缆边跨跨度的增大使得结构竖向刚度减小。

(3)对于悬索桥而言,加劲梁自身刚度对整个结构整体刚度影响很小。研究表明,加劲梁抗弯刚度由减小30%变化至增大30%,加劲梁活载最大挠度变化不超过1%;加劲梁活载弯矩则随着抗弯刚度线性增减。

(4)对于双塔单跨悬索桥而言,桥塔刚度的改变对整个结构整体刚度的影响很小。研究表明,中间桥塔刚度从减小30%到增大30%,加劲梁活载最大弯矩及最大挠度的变化均不超过1%,在横向风载及温度变化作用下对加劲梁各项指标的影响也很小,同时对结构的自振特性影响也很小,只是桥塔刚度的改变将使桥塔塔根弯矩发生明显变化。

(5)对于多塔多跨悬索桥而言,中间桥塔纵向刚度的变化对结构刚度有较大的影响。随着中间桥塔纵向刚度增加,加劲梁的活载挠度、纵向位移及中塔处的转角减小,但加劲梁弯矩、主缆张力影响很小,中塔自身弯矩增大;中间桥塔纵向刚度增加对于横向风荷载几乎没有影响,对于温度变化作用也主要是影响桥塔自身弯矩。

4.4 特大跨径钢箱梁悬索桥关键设计参数研究

4.4.1 主缆应力安全系数研究

1)各国规范比较

(1)荷载值

为便于比较,将各国加到各车道的荷载简化为沿顺桥向的均布荷载加集中荷载组的形式,各国荷载标准的均布荷载和集中荷载值如表4.4-1。可注意到,欧洲规范均布荷载部分最大,但集中荷载部分小于日本规范；美国规范均布荷载部分其次，但没有集中荷载；日本规范均布荷载部分再次，但集中荷载是最大的，中国规范均布荷载最小，在具有集中荷载的规范中，中国规范集中荷载是最小的。

各国荷载标准的荷载值　　表4.4-1

规范标准		均布荷载(kN/m)	集中荷载(kN)
中国规范		32.23	1 104.84
欧洲规范		89.00	1 200.00
East桥规范（两种加载取最不利值）	500m长度上分布荷载为2.5kN/m^2	50.00	1 200.00
	整个影响长度上分布1.0kN/m^2	20.00	1 200.00
美国规范		36.27	0.00
Chacao桥规范		30.72	0.00
日本规范		33.39	1 582.44

在以欧洲规范为蓝本的East桥设计时，其荷载取值远远低于欧洲规范荷载；以美国规范为标准的Chacao桥设计时，其荷载取值也低于美国规范荷载。这是因为两种规范的荷载都只适用于200m以下的桥梁，对于特大和超大跨度桥梁，国外均会以国家规范为蓝本，制定该桥专用的设计规范或者指南，并用于指导实桥的设计和施工。

(2)活载内力

从研究结果来看，西堠门大桥的主缆满足各国规范要求。

①对于活载内力，各国规范内力大小顺序为：

欧洲规范 > 美国规范 > 日本规范 > 中国规范 > Chacao桥(美规蓝本) > East桥(欧规蓝本)

②由于各个规范组合系数不同，各国规范组合内力大小顺序为：

Chacao桥(美规蓝本) > 美国规范 > 欧洲规范 > 日本规范 > 中国规范 > East桥(欧规蓝本)

(3)强度富余度

定义强度富余度计算如下：

$$\text{富余度} = \left(1.0 - \frac{\text{组合值}}{\text{抗力或容许值}}\right) \times 100\%$$

中国规范和日本规范同为容许应力法，两者计算的强度富余度差别很小，富余度也很小，这是因为该桥本来就以容许法设计；按欧洲标准的富余度为11.3%，按美国标准计算的富余度为14.7%；以美国标准为蓝本初步设计的Chacao桥，由于荷载和组合系数均与美国规范有差别，其富余度最小，为10.9%；East桥是以欧洲规范为蓝本修建的桥，由于荷载和组合系数均与欧洲规范有差别，其富余度最大，为23.3%。

因此，以容许应力法设计的中国规范和日本规范，当以欧洲或者美国规范(极限状态法)来评价主缆结构强度时，其安全系数取值是偏大的。若以East桥为标准，则中国规范的安全系数可以降低21.3%，安全系数降为1.97，即：减少西堠门大桥的主缆用量至安全系数1.97(中国规范)，主缆仍能满足East桥规定的安全度，下同；若以美国规范为标

准，则中国规范的安全系数可以降低 12.7%，安全系数降为 2.18；若以欧洲规范为标准，则中国规范的安全系数可以降低 9.3%，安全系数降为 2.27；若以 Chacao 桥为标准，则中国规范的安全系数可以降低 8.9%，安全系数降为 2.28。因此，即使将中国规范的主缆容许应力法安全系数取值为 2.3，也比美国或者欧洲规范等效的安全系数大，建议中国规范的主缆容许应力法安全系数取为 2.3。西堠门大桥典型位置的主缆内力各国标准比较见表 4.4-2。

典型位置的主缆内力比较表 表 4.4-2

位置			北散索鞍	北鞍座		南鞍座		南散索鞍	富余度
				北	南	北	南		
恒载(kN)			257 597.91	281 313.96	282 660.91	281 723.65	281 487.31	274 479.23	
温升(kN)			-2 232.58	-1 846.87	-1 418.04	-1 837.4	-2 370.38	-2 370.47	
温降(kN)			3 224.3	2 679.05	2 068.3	2 670.38	3 429.23	3 429.37	
中国规范	活载	Max(kN)	31 709.04	33 854.47	35 645.18	35 233.67	32 727.52	32 730.42	
	组合	内力(kN)	292 531.24	317 847.49	320 374.39	319 627.7	317 644.06	310 639.01	
		应力(MPa)	633.48	688.31	693.78	692.16	687.87	672.7	
	容许值(MPa)		安全系数 2.5，1 770/2.5 = 708						2%
欧洲规范	活载	Max(kN)	81 946.1	87 683.36	90 786.73	89 810.36	85 667.52	85 675.1	
	组合	内力(kN)	367 061.96	397 740.26	402 565.8	400 907.17	395 975.68	388 977.59	
		应力(MPa)	794.88	861.32	871.77	868.17	857.5	842.34	
	抗力(MPa)		材料抗力系数 1.8，1 770/1.8 = 983						11.3%
East 桥荷载	活载	Max(kN)	21 230.3	20 973.16	23 000.76	23 379.03	22 996.55	22 998.57	
	组合	内力(kN)	288 131.41	311 017.00	314 444.05	314 546.44	314 503.43	307 498.1	
		应力(MPa)	623.96	673.52	680.94	681.16	681.07	665.89	
	抗力(MPa)		材料抗力系数 2.0，1 770/2.0 = 885						23.30%
美国规范	活载	Max(kN)	33 097.77	35 439.83	36 657.75	36 283.42	34 586.64	34 589.69	
	组合	内力(kN)	381 530.63	415 001.68	418 511.34	416 985.74	414 100.37	405 345.68	
		应力(MPa)	826.21	898.7	906.3	902.99	896.74	877.79	
	抗力(MPa)		材料抗力系数 0.6，0.6 × 1 770 = 1 062						14.70%
Chacao 桥荷载	活载	Max(kN)	28 073.86	30 058.29	31 091.72	30 778.32	29 338.89	29 341.48	
	组合	内力(kN)	398 498.58	433 715.39	437 036.88	435 524.18	433 065.54	423 609.24	
		应力(MPa)	862.96	939.22	946.41	943.14	937.81	917.34	
	容许值(MPa)		材料抗力系数 0.6，0.6 × 1 770 = 1 062						10.90%
日本规范	活载	Max(kN)	32 461.26	34 412.98	35 869.16	35 507.38	33 566.51	33 569.47	
	组合	内力(kN)	293 283.47	318 406.00	320 598.36	319 901.41	318 483.04	311 478.07	
		应力(MPa)	635.11	689.52	694.26	692.75	689.68	674.51	
	容许值(MPa)		安全系数 2.5，1 770/2.5 = 708						2%

2）主缆二次应力研究

本节通过试验研究和理论计算对二次应力进行了全面的分析，以得出二次应力较可靠的计算方法及计算参数，讨论考虑二次应力时主缆的应力储备，重新检验悬索桥主缆应力安全系数的取值。

（1）主缆二次应力的定义

悬索桥主缆的二次应力是指将主缆作为轴力构件计算时，一次应力以外的附加应力。二次应力主要是主缆由弯矩和剪力引起的应力以及不均匀受力产生的丝股应力超出平均应力的部分。悬索桥主缆的二次应力主要包括以下几个方面。

①钢丝的局部弯曲应力

在塔鞍座和喇叭式鞍座、空中纺缆法钢缆束的锚靴屈曲处及主缆索夹附近，由单丝弯曲产生的钢丝局部应力。

②缠丝前吊索索夹产生的主缆弯曲应力

主缆索夹安装后缠丝前，架设加劲桁架时考虑弯曲变形，由索夹产生的单丝轴力差引起的应力，分布于主缆整体内。

③缠丝后主缆索夹处产生的主缆弯曲应力

主缆缠丝后，活荷载作用使主缆产生弯曲变形时，由于缠丝可以约束钢丝之间的滑移，所以产生的应力分布于主缆整个截面内。

④侧压的影响

在索夹或鞍座处主缆钢丝受到支撑应力，从而影响钢丝的轴向强度而产生局部二次应力。

⑤其他影响

包括主缆架设误差引起的钢丝拉力离散性、主缆钢丝间温差引起的拉力离散性、喇叭式鞍座的移动产生的锚跨索束拉力离散性的影响。

主缆二次应力的评价对讨论主缆容许应力非常重要。总结对这些二次应力的产生有较大影响的因素及其主要产生位置，将二次应力分类。二次应力作为研究对象的地方主要集中在一次应力最大的塔鞍座——第1索夹附近，分别对主缆出主鞍座处和端吊索索夹位置处的二次应力进行了研究分析。

（2）主缆二次应力的计算方法

①丝股间的长度差异引起的二次应力。

对于PPWS法，中华人民共和国交通行业标准《悬索桥预制主缆丝股技术条件》（JT/T 395—1999）规定：标准丝制作要求测长精度在1/15 000以上，而成品丝股要求测长精度在1/12 000以上。

根据上述规定，制造误差产生的二次应力可以用下式表示：

$$\sigma_{11} = \frac{\Delta l}{l} \times E \tag{4.4-1}$$

式中：Δl——主缆伸长量；

L——主缆长度。

因此，制造误差引起的二次应力最大值为$E/12\,000$。

②弹性模量差异引起的二次应力

索股在制作过程中也会产生弹性模量的差异，中华人民共和国交通行业标准《悬索桥预制主缆丝股技术条件》（JT/T 395—1999）规定：高强度镀锌钢丝的弹性模量为2.0×10^5MPa，

允许误差为 ±5%，索股弹性模量差异引起的二次应力可以表示成：

$$\sigma_2 = \frac{\Delta E \times \overline{\sigma}}{\overline{E}} \tag{4.4-2}$$

式中：$\overline{\sigma}$——主缆平均应力；

$\overline{E}$——主缆平均弹性模量。

③鞍槽内主缆弯曲二次应力

主要发生于鞍槽处（包括主索鞍和散索鞍）。

钢丝弯曲时圆弧外边缘长度及钢丝中线长度分别为 $R\theta$ 和 $(R+r)\theta$。其中 R 为钢丝的弯曲半径，每一位置应有差异，计算时可以取弯曲半径的平均值，r 为钢丝的半径，θ 为圆心角。

弯曲二次应力为：

$$\sigma_3 = \delta \times E = \frac{rE}{R} \tag{4.4-3}$$

④主索鞍出口处主缆二次应力计算及试验对比分析

a. 鞍座附近考虑无缠丝部分的主缆二次应力（Wyatt 公式）

自鞍座到端索夹之间，没有缠丝部分的长度 L_u，包含这个长度的滑移部分总长 L_V 可与前面同样解出。将 L_q 按下式的定义，得：

$$L_V = \sqrt{L_u^2 + L_q^2} \tag{4.4-4}$$

这时，最大“拉伸”应力强度为：

$$\sigma_{B2} = (u + \log_e q)\sqrt{\frac{SE\Psi_1}{j}} \tag{4.4-5}$$

式中：u——依赖参数 $q \cdot L_u/L_q$ 的元素。

如果 $L_u < L_q/3$，则图 4.4-1 表示较好的近似。

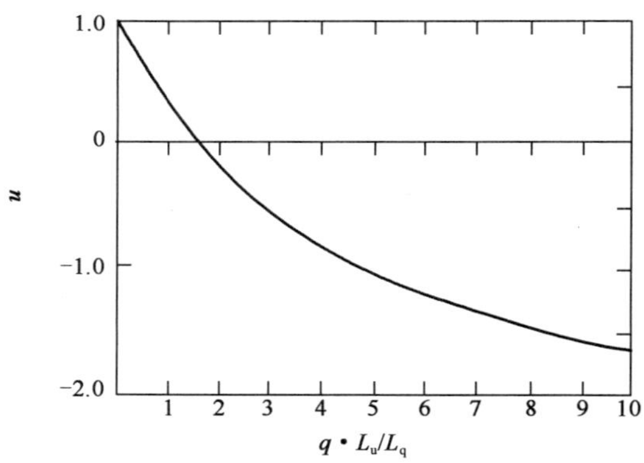

图 4.4-1　u 与 $q \cdot L_u/L_q$ 关系曲线

$$u = \sqrt{1 + \frac{L_u^2}{L_q^2}} - q\frac{L_u}{L_q} + \sum_{p=1}^{q}\left\{\left[1 + \frac{q^2}{p(1+p)}\frac{L_u^2}{L_q^2}\right]^{\frac{1}{2}} - 1\right\}[p(1+p)]^{-\frac{1}{2}} \tag{4.4-6}$$

将式（4.4-6）经过简化后得：

$$u = \sqrt{1 + q^2\left(\frac{L_u}{L_q}\right)^2} - q\frac{L_u}{L_q} - \log_e\left[1 + \sqrt{1 + \left(\frac{L_u}{L_q}\right)^2 q^2}\right] + \log_e\left[1 + \sqrt{1 + \left(\frac{L_u}{L_q}\right)^2}\right] \tag{4.4-7}$$

然而,如果 L_u/L_q 很小,可以看作 $\sqrt{1+(L_u/L_q)^2}\approx1$,则 u 可看作只与 $q(L_u/L_q)$ 有关的函数,u 可由下式计算:

$$u = \log 2_e + \sqrt{1+q^2\left(\frac{L_u}{L_q}\right)^2} - q\left(\frac{L_u}{L_q}\right) - \log_e\left[1+\sqrt{1+q^2\left(\frac{L_u}{L_q}\right)^2}\right] \tag{4.4-8}$$

Wyatt 公式中 S 为主缆的等效极限剪应力,需通过试验测定,因此进行了“特大跨径钢箱梁悬索桥主缆钢丝间摩阻力试验研究”。研究的目的,就是针对西堠门大桥主缆缠丝工艺,模拟实桥对主缆缠丝后钢丝间的摩阻力进行试验室模拟测试(图4.4-2),得出主缆的等效极限剪应力。

图4.4-2 主缆钢丝等效极限剪应力室内试验

a)试验方案

ⓐ制作3m长由7股127－ϕ5.25钢丝索组成的缆索模型,对测试摩阻力的钢丝预先留出指定长度。选定实桥缆索缠丝导入力中的最大值和最小值,每个导入力制作3个模型,共6个模型。

ⓑ选定测试摩阻力的钢丝:在中部和边缘各取一股,每股抽取25根钢丝,共计50根钢丝,钢丝的选取考虑索股中部、边缘、缆索的中部和边缘部位的钢丝,使测试数据具有代表性。

ⓒ在各预留钢丝之间安放千斤顶和传感器,逐个进行缆索自由状态下的钢丝抽拉,钢丝抽动时测得的数据即为该钢丝的摩阻力。

b)研究结论

ⓐ在相同钢丝股内不同位置的测试钢丝,处于钢丝股边缘和钢丝股中心位置的钢丝摩擦应力较大,其余位置相对较小。

ⓑ导入力越小钢丝间摩擦应力越小。

ⓒ通过模拟试验推测,西堠门大桥缆索钢丝间摩擦应力的离散性较大,但基本为0.031 4~0.694 MPa。

b. 悬索桥主缆弯曲应力实测与计算值的比较

为验证Wyatt公式的计算方法,本研究进行了“特大跨径钢箱梁悬索桥主缆弯曲应力试验研究”。

a)测点布置及试验工况

根据现场索鞍附近主缆及钢丝的实际状况,在钢箱梁吊装前后索鞍附近主缆钢丝局部弯曲应力试验工况中,每个测试断面的应变片测点布置在距索鞍侧边10cm左右的位置上,在主缆的上、下表面选择中间的 3 根索股进行测试。应变片(A、B、A′、B′)布置如图 4.4-3 所示。

为了避开应变片测点,每个测试断面的钢弦应变计测点布置在距索鞍侧边 25cm 左右的位置上,在主跨主缆的上、下表面选择中间的 7 根索股进行测试,在北边跨和南边跨主缆的上、下表面选择中间的 1 根索股进行测试。具体布置位置如图 4.4-4 所示。

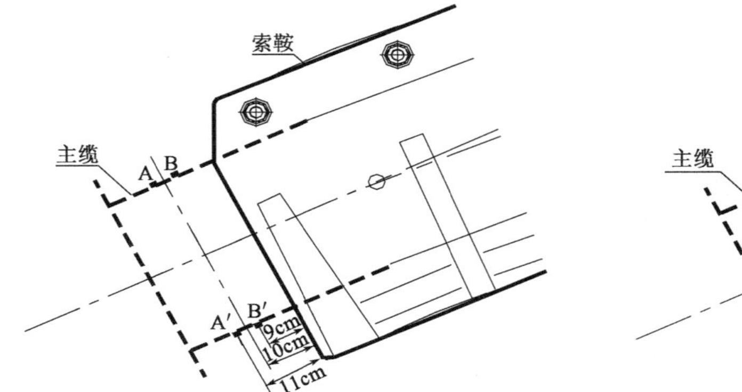

图 4.4-3　主缆应变片测点布置示意图

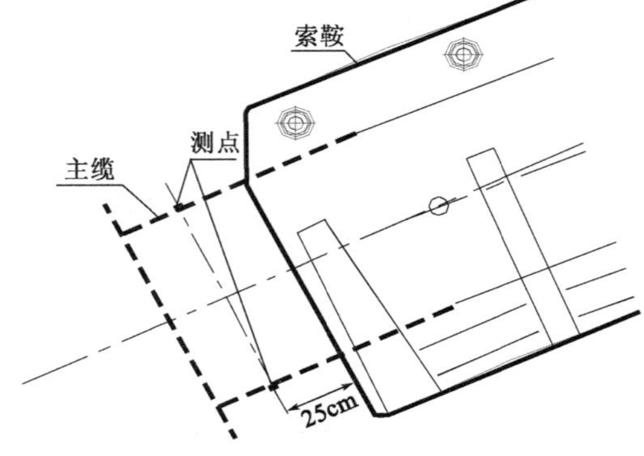

图 4.4-4　主缆钢弦应变计测点布置示意图

本次试验主要是对西堠门大桥钢箱梁吊装前后,索鞍附近主缆钢丝局部的变形情况进行测试。截至 2007 年 11 月 19 日,西堠门大桥尚有 21 片钢箱梁梁段未吊装,其中北塔边跨标准梁段 4 个,合龙梁段 1 个;北塔主跨标准梁段 5 个,合龙梁段 1 个;南塔主跨标准梁段 9 个,合龙梁段 1 个,见图 4.4-5 和图 4.4-6。

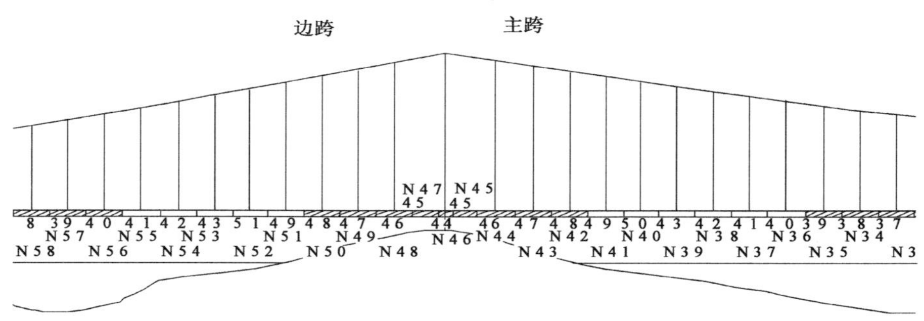

图 4.4-5　北塔吊装梁段示意图

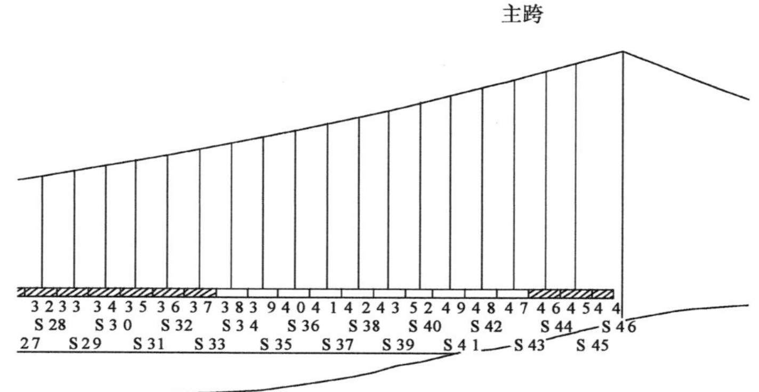

图 4.4-6　南塔吊装梁段示意图

b）试验测试结果与计算结果的对比

鞍座出口处的主缆弯曲应力测试值与计算值见表4.4-3。

鞍座出口处主缆弯曲应力测试结果与计算值比较　　表4.4-3

位置	架设梁段	端主缆转角(°)	测试结果		计算值(MPa)
			东缆(MPa)	西缆(MPa)	
北塔边跨	N55	0.003 9			14.1
	N54	0.004 07			14.5
	N53	0.004 21			14.8
	N51	0.004 35	12.2	12.0	15.2
	N52	0.004 256			15.0
北塔中跨	N36	0.003 921			14.1
	N37	0.004 08	13.9	13.2	14.5
	N38	0.004 23	11.5	11.4	14.9
	N39	0.004 37	12.6	13.2	15.2
	N41	0.004 52	12.3	11.8	15.6
	N40	0.004 36	9.0	9.2	15.2
南塔中跨	S35	0.003 69			13.6
	S36	0.003 82			13.9
	S37	0.003 95			14.2
	S38	0.004 08	11.5	9.6	14.5
	S39	0.004 22	10.3	9.8	14.9
	S43	0.005 01	13.0	13.6	16.7
	S42	0.004 76	10.6	11.8	16.1
	S41	0.004 5	10.5	10.3	15.5
	S40	0.004 2	6.7	11.3	14.8

从计算值与测试值的对比中也可以看出，计算值与测试结果较接近，因此采用Wyatt公式进行二次应力计算是合适的，下面将采用Wyatt公式计算端吊索索夹处的主缆二次应力。

⑤端吊索索夹处主缆二次应力计算（Wyatt公式）

a. 缠丝前主缆二次应力

$$\sigma = \frac{(M_{0,1} + M_S)a}{I_0} = \left(1 - K - \frac{2}{n}\right)\frac{E_a}{L_h}\varphi_0 \tag{4.4-9}$$

式中：a——主缆半径；

L_h——节间长；

φ_0——主缆端（塔顶部）的角度恢复值。

研究距离端部的第i个索夹，作用在节间$(i-1,i)$和节间$(i,i+1)$的弯矩分别记为$M_{i,i-1}$，$M_{i,i+1}$。

b. 缠丝后主缆二次应力

$$\sigma_{B1} = (1.02 + \log_e q)\sqrt{\frac{SE\Psi_1}{j}} \tag{4.4-10}$$

(3)计入二次应力后的主缆安全系数探讨

在悬索桥主缆的设计中,通常采用较高的安全系数来考虑次应力的影响,在国内外专家学者研究的基础上,本研究以西堠门大桥二次应力的计算结果为基础,讨论考虑各项二次应力时主缆的应力储备情况,对主缆计入二次应力后的安全系数进行探讨。

根据计算结果,端吊索索夹处的主缆二次应力大于出主索鞍处的主缆二次应力,因此表4.4-4仅列出了端吊索索夹处计入二次应力后的主缆安全系数。

端吊索索夹处主缆安全系数　　表4.4-4

位　置	主缆钢丝公称抗拉强度为1 770MPa		
	一次应力(MPa)	二次应力(MPa)	计入二次应力后的安全系数
左主索鞍边跨侧	708	135.6	2.10
左主索鞍中跨侧	708	225.1	1.90
右主索鞍中跨侧	708	193.9	1.96

表中一次应力是根据西堠门大桥主缆安全系数2.5计算得出的。从上表可看出在考虑了二次应力后主缆的安全系数从2.5下降到1.9,如果按本研究的主缆安全系数取2.3,则可推得考虑二次应力后主缆安全系数下降到1.7,主缆仍有足够的应力储备。

4.4.2　索股在散索鞍内的弯曲半径研究

1)主缆索股稳定的基本条件

索股在散索鞍中沿水平圆弧曲线散开的同时,必须在竖直方向保持一定的压力,使索股本身始终处于压在下层索股(或散索鞍鞍槽)上,否则索股就会产生堆积,导致索股无序排列、索股的实际长度与理论长度不符、钢丝受力不均匀等严重后果。从而影响到施工的正常进行。

小西一郎认为,各钢丝在散索过程中,作用于钢丝上的竖直分力 V 及水平分力 H 的合力作用方向对竖直轴的角度在30°以内,索股内钢丝的排列就保持稳定(图4.4-7)。

$$V = \frac{2T\sin\left(\frac{\delta-\xi}{2}\right)}{2R_v\frac{\delta-\xi}{2}}$$

一般悬索桥设计时,主缆在散索鞍处的转角为18°~22°,即 $\delta-\xi=18°\sim22°$,$\dfrac{\sin\left(\frac{\delta-\xi}{2}\right)}{\frac{\delta-\xi}{2}}=0.996\sim0.994$,可以近似认为等于1。

$$V \approx T/R_V$$

$$H \approx T/R_H$$

$$V/H = R_H/R_V \geqslant \tan 60° = \sqrt{3}$$

式中:R_H——索股平弯半径;

R_V——索股竖弯半径；

T——钢丝拉力。

钢丝的稳定条件为：

$$R_H/R_V \geqslant \sqrt{3} \approx 1.732$$

$R_H/R_V \geqslant \sqrt{3}$是在不考虑索股内钢丝与钢丝之间的摩擦力的情况下得出的，而事实上钢丝与钢丝之间是存有摩擦力的。设钢丝与钢丝之间的摩擦力为 F，取钢丝为分离体，受力情况如图 4.4-5 所示。假定钢丝只支撑于下层一侧的钢丝上，由于平弯产生的水平力使钢丝处于临界稳定状态，从钢丝的受力平衡条件得：

$$H = B \cdot \sin30° + F \cdot \cos30°$$

$$V = B \cdot \cos30° - F \cdot \sin30°$$

$$F = B \cdot \mu$$

式中：B——支撑反力；

μ——摩擦因数。

$$\frac{H}{V} = \frac{\sin30° + \mu \cdot \cos30°}{\cos30° - \mu \cdot \sin30°}$$

由 $H \approx T/R_H$，$V \approx T/R_V$ 得：

$$\frac{R_H}{R_V} = \frac{\cos30° - \mu \cdot \sin30°}{\sin30° + \mu \cdot \cos30°} = \frac{\sqrt{3} - \mu}{1 + \sqrt{3} \cdot \mu}$$

a)

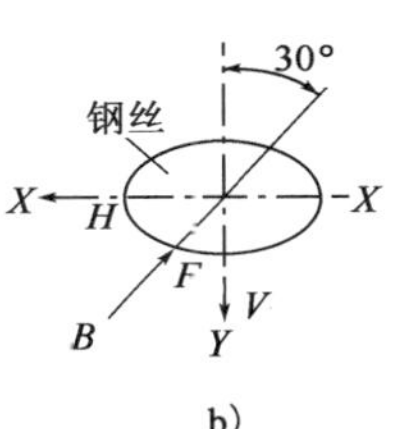

b)

图 4.4-7　钢丝受力模型

2）摩擦因数的确定

摩擦因数 μ 的大小，与材料的特性、表面粗糙度以及荷载、温度等因素有关系，主要影响因素为材料的特性及表面粗糙度。

武汉阳逻长江大桥设计中主缆索股与鞍槽摩擦因数试验，与实桥表面状况相吻合的喷锌内表面工况下，摩擦因数为 0.28；泰州长江大桥设计中主缆索股与鞍槽摩擦因数试验，摩擦因数为 0.30。

从以上各试验结果可知，我国工程上常用的摩擦因数 $\mu = 0.15$ 并不能正确反映主缆钢丝之间的摩擦。在实际工程中，主缆钢丝之间的摩擦因数取 0.2 是有保证的。

3）平弯半径与竖弯半径的比值

由$\frac{R_H}{R_V} = \frac{\cos30° - \mu \cdot \sin30°}{\sin30° + \mu \cdot \cos30°} = \frac{\sqrt{3} - \mu}{1 + \sqrt{3} \cdot \mu}$可知，不同的摩擦因数 μ 对应于不同的平弯半径与竖弯半径的比值 R_H/R_V。摩擦因数取 0.2 时，平弯半径和竖弯半径的比值为 1.138，设计时可取 1.15。取值可参考 4.4-5。

不同 μ 对应的 R_H/R_V　　表 4.4-5

μ	R_H/R_V	μ	R_H/R_V
0.15	1.256	0.218	1.1
0.18	1.183	0.25	1.034
0.20	1.138	0.268	1

4)结论

(1)散索鞍竖弯半径主要由主缆的直径确定,并应考虑主缆二次应力的影响。

(2)散索鞍的平弯半径应不小于竖弯半径的1.15倍以上。

(3)散索鞍平弯半径确定时要考虑到主缆钢丝之间摩擦因数的影响。

4.4.3 锚碇、桥塔位移控制参数研究

1)研究内容

对于大跨度悬索桥,由于其跨度大,各锚碇、桥塔基础可能发生不同的位移而对结构产生内力和变形。其原因有如下几方面:

(1)锚碇基础的地基弹性变形和徐变,以及不均匀沉降。

(2)锚碇本身的弹性变形和徐变。

(3)地震或者地层潜动引起的锚碇残余水平位移和转动位移。

(4)地震或者地层潜动引起的桥基残余水平位移和转动位移。

上述的(1)、(2)、(3)的变形都是由锚碇产生的,并且用主缆锚碇点的水平位移、竖向位移和转角表示。(4)的变形是由桥塔产生的,用桥塔的水平位移和转角表示。

按照《日本本四工团上部结构基准同解说》,通过考虑锚碇处发生纵向位移以及桥塔塔底发生转动来模拟地震作用。其中锚碇纵向发生0.02L(cm)的纵向位移,L(单位:m)为悬索桥主跨跨径;桥塔发生$(1.8H/L)\times10^{-4}$rad的转角。

参照此规定,以西堠门大桥建立分析模型,在锚碇和桥塔基础位移作用下,对悬索桥结构的总体影响进行分析计算。

2)计算工况

按如下8种工况进行分析:

(1)北锚南移$0.02\times1\,650=33$cm;

(2)北锚北移$0.02\times1\,650=33$cm;

(3)北锚沉降$0.02\times1\,650=33$cm;

(4)北塔沉降$0.02\times1\,650=33$cm;

(5)北塔基础朝主跨转动$(1.8H/L)\times10^{-4}\text{rad}=0.233\,5\times10^{-4}\text{rad}$;

(6)北塔基础朝边跨转动$(1.8H/L)\times10^{-4}\text{rad}=0.233\,5\times10^{-4}\text{rad}$;

(7)北塔南移$0.02\times1\,650=33$cm;

(8)北塔北移$0.02\times1\,650=33$cm。

3)结论

通过对以上8种不同的锚碇、桥塔位移对西堠门大桥总体结构影响的计算分析,可以得出以下主要结论:

(1)锚碇水平位移和沉降,会导致主缆、加劲梁和桥塔产生较大的内力,边跨第一根吊索内力较大,其他吊索内力较小。

(2)桥塔沉降,会引起主缆内力的减小,在桥塔内产生一定的内力,加劲梁的挠度较大。但是对加劲梁和吊索的内力影响很小,可以忽略不计。

(3)桥塔水平位移,仅对桥塔边跨侧的主缆内力影响较大,其他两跨主缆内力很小,桥塔

内产生较大的内力。对吊索、加劲梁内力和挠度影响很小,可以忽略不计。

(4)桥塔基础转角,仅在桥塔内产生内力,较其他变位作用要小。对主缆、吊索和加劲梁的内力不产生影响,也不会引起加劲梁和桥塔的挠度,可以忽略不计。

综上所述,在各种偏位中,桥塔基础转角的影响最小,仅在桥塔内力分析中需要考虑;锚碇偏位主要影响主缆、加劲梁、桥塔和边跨第一根吊索的内力;桥塔沉降和水平位移仅在主缆和桥塔内力分析时需要考虑。

换言之,桥塔内力分析时,需考虑以上各种偏位;主缆内力分析时,需考虑锚碇偏位、桥塔的水平位移和沉降;加劲梁和吊索内力分析时,只需考虑锚碇偏位;加劲梁和桥塔挠度分析时,需考虑除桥塔基础转角外的各种偏位。

4.4.4 主缆纵向温度场研究

1)温度自动采集系统

主缆温度场自动监测系统总体来说可分为三个部分,即:主缆温度场数据采集系统、温度数据传输系统和数据接收及处理终端。

2)西堠门大桥纵向温度场测试方案

全桥共9个测点:中跨5个,分别布置于两侧桥塔附近,四分点和跨中;边跨各2个,布置于桥塔附近和跨中,见图4.4-8。

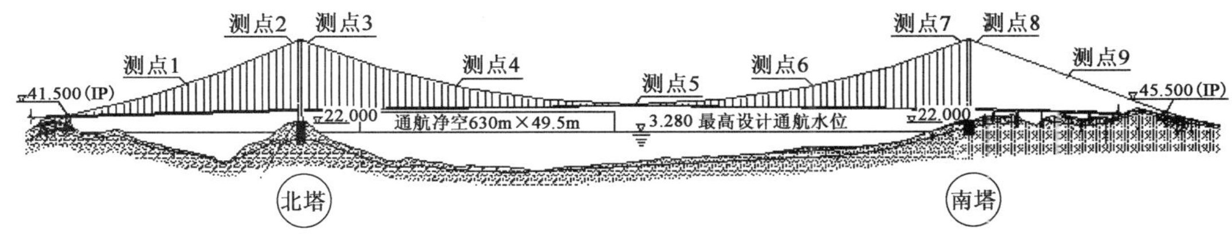

图4.4-8 测点布置图(高程单位:m)

每个测点温度测试采用温度测试系统,每套测试系统由采集箱和采集端组成。

3)结论

本研究以确定主缆跨间温差为目标,开发了基于GPRS无线通信温度自动采集系统,测试了西堠门大桥主缆纵向温度场,并对西堠门大桥跨间温差作用进行了计算分析,得出以下结论:

(1)一月的最高气温为23℃,最低气温为-2℃,主缆纵向温差为12.6℃;七月的平均气温为47.9℃,最低气温为21.4℃,主缆纵向温差为18.8℃。

(2)各测试断面温度变化曲线相似,表明主缆各断面具有相似的导热性能。

(3)各断面平均温度沿纵向没有明显规律,表明主缆纵向温度场是一个空间温度场,即受纵向位置影响,又受竖向位置影响。

(4)西堠门大桥建成后一年监测到跨间平均温度差为3.3℃。考虑到西堠门大桥实测时间较短,提出跨间温差可按10℃取值。

(5)西堠门大桥跨间作用10℃的温差时,主缆在桥塔处的最大缆力差为57.5kN,桥塔最大偏位为0.01m;桥塔最大正弯矩为9 525kN·m。

4.4.5 《特大跨径钢箱梁悬索桥设计指南》

1)《特大跨径钢箱梁悬索桥设计指南》(以下简称《指南》)编写的目的和意义

随着经济建设和公路交通建设的蓬勃发展,我国已成功地修建了多座大跨径悬索桥。建成的大跨径悬索桥均参照国外规范或指南、借鉴类似工程的经验进行修建,但国外规范或指南颁布时间大多已较长,未能吸收近年来大跨径悬索桥的科研成果。因此,迫切需要在总结国内大跨径悬索桥设计经验的基础上,充分吸收国外先进的设计经验及科研成果,编制出适合我国国情的特大跨径钢箱梁悬索桥设计指南,以适应我国特大跨径悬索桥发展的需要。

《指南》以《公路悬索桥设计规范》(报批稿)为基础,总结西堠门大桥工程的实践经验和成果,结合国家科技支撑计划相关课题试验研究成果,吸收同类工程的相关经验,并考虑了当前的技术水平及未来发展趋势,将为后续跨海特大跨径钢箱梁悬索桥设计提供可以借鉴的资料。

《指南》主要面向具备大型桥梁基本概念和有一定设计经验的工程师,对常规的工程概念和一般方法也不再进行详细解释,使得《指南》成为跨海特大跨径钢箱梁悬索桥设计的高级指导手册。

2)《指南》主要内容和创新

(1)《指南》主要针对特大跨径钢箱梁悬索桥设计技术而编制,《指南》共10章,主要内容有:总则、术语和符号、总体设计及计算、桥塔、锚碇、缆索系统、钢箱梁、约束系统及伸缩装置等。

(2)《指南》的主要技术特点和创新包括:

①针对目前主缆应力安全系数2.5的取值,通过比对国外相关设计规范,进行了钢箱梁吊装、体系转换和桥面铺装三个阶段主缆弯曲应力现场试验,并对主缆主要的二次应力进行理论分析,在此基础上提出了悬索桥主缆应力安全系数参考值2.3。

②以钢丝绳短吊索为对象,通过室内试验和理论分析,对吊索锚头部位和索夹部位的二次应力展开研究,在此基础上提出了钢丝绳吊索强度安全系数参考值3.8。

③预应力筋施加的有效预拉力不应低于索股拉力 N_s 的1.2倍,锚固系统安全系数≥2.0。

④散索鞍承缆槽侧壁的平面圆弧半径 R_H 不宜小于 $1.15R_V$,且各索股的平弯圆弧段应完全包容在该索股的竖弯圆弧段内。

⑤承缆槽底部立面圆弧半径 R_v 不宜小于一般截面主缆设计直径 d 的8~12倍。

⑥基础变位作用包括桥塔竖向变位、锚碇水平及竖向变位,推荐锚碇允许水平变位按照≤$0.01L$(主跨跨径,m)cm控制,竖向变位按照≤$0.02L$(主跨跨径,m)cm控制。

⑦悬索桥的主缆跨间平均温差会影响导致桥塔偏位,我国以前的规范中并未提及,这是因为跨间温差往往与气候、地形有关,西堠门大桥建成后一年监测到跨间平均温差为3.3℃。考虑到西堠门大桥实测时间较短,并兼顾多种地形类别,建议跨间温差按10℃取值。

⑧开展了挠跨比限值指标、车辆在桥上行驶的安全性和舒适性研究,并研究了梁端转角和整体刚度的影响,提出舒适性评价指标(ISO 2631或Sperling方法)。

4.5　分体式钢箱梁关键构造的传力机理及合理构造试验研究

分体式钢箱梁的特点是两边主箱通过刚度适中的横向连接构件将梁体构成完整受力体系,其结构行为复杂。通过对分体式钢箱梁关键构造的理论计算分析和试验研究,掌握分体式钢箱梁关键构造传力机理,为合理选择构造细节、制造工艺以及合理控制工程造价等提供可靠的参考资料。

4.5.1　研究内容及方法

首先,运用有限元计算软件ANSYS和SBSNAP建立分体式钢箱梁空间有限元精细化计算模型,对其关键构造和传力机理进行深入的理论分析。计算模型见图4.5-1、图4.5-2。

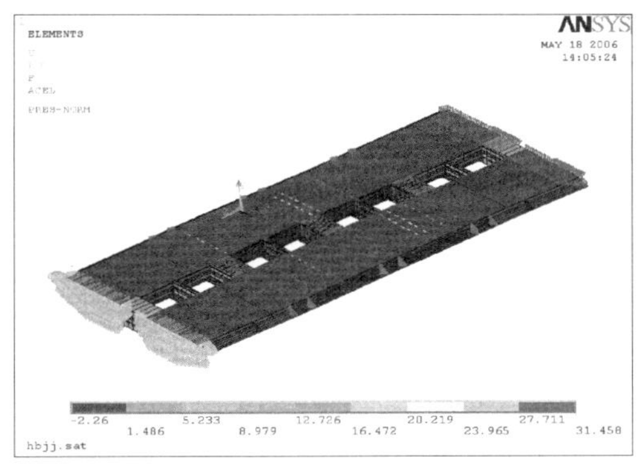

图4.5-1　总体计算状态模型

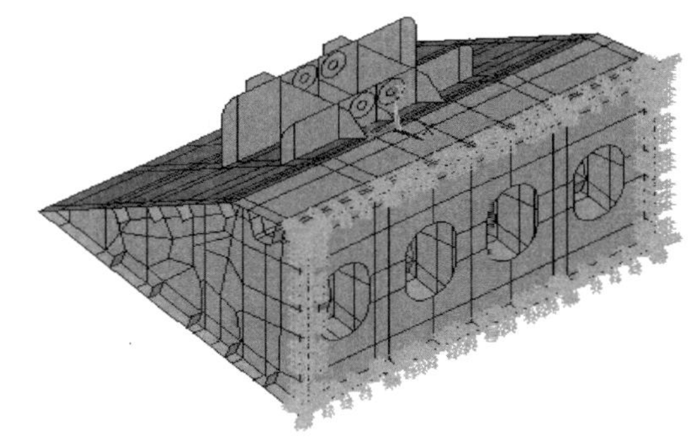

图4.5-2　锚箱计算分析模型

通过对吊索锚箱和1:2加劲梁节段模型的结构受力特征进行静载测试,一方面对这两个重要结构部位的应力分布状态和传力特征进行分析,另一方面,对其中与正交异性板相关的测点进行分析。

1)节段模型试验

模拟结构恒载、二期恒载、对称活载、偏载活载等工况下,主纵箱梁、横向连接箱梁、横向连接工字梁、桥面板及U形肋和吊耳周边局部区域的应力分布和局部变形。同时模拟吊索更换工况下结关键部位的应力、变位,见图4.5-3、图4.5-4。

2)锚箱模型试验

竖向加载下设计拉力、1.7倍设计拉力下仅单根吊索的两个加载工况;斜向加载分为左、右方向倾斜的两个工况。试验见图4.5-5。

4.5.2　主要分析结果和试验研究结论

1)分体式钢箱梁结构受力分析与节段模型试验主要结论

(1)分体式钢箱梁在设计荷载作用下应力符合规范要求,横向工字型梁无失稳现象出现。结构设计合理、安全、可靠。在恒载、二期恒载、2.0倍设计活载作用下结构位移成线性变化,结构应力成线性变化,可判定结构各部位处于线弹性工作阶段。理论计算与实验实测结果相符。

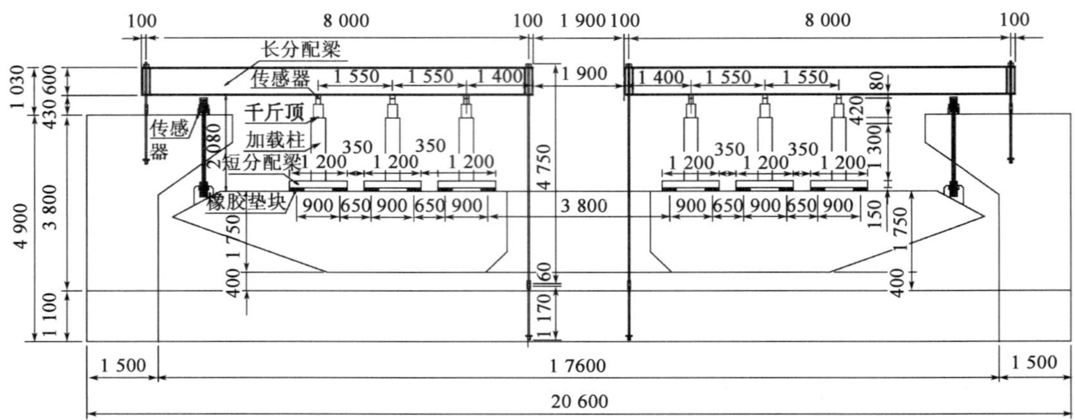

图 4.5-3　模型加载图(一)跨柱顶分配梁加载侧视图(尺寸单位:mm)

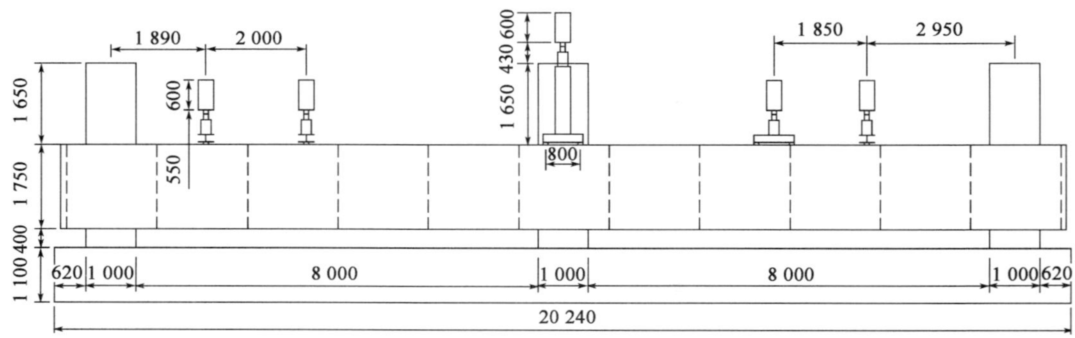

图 4.5-4　工况 1 模型加载图(二)加载立面图(尺寸单位:mm)

图 4.5-5　吊索锚箱模型及加载设置

(2)横向连接箱梁与横向连接工字梁横向弯矩分配比值在 3.2 ~ 3.5 之间,理论计算值在 3.4 ~ 3.9 之间,略大于实测值。每个节段横向弯矩 76.2% ~ 77.7% 由横向连接箱梁传递。

(3)主梁横向应力在有横向连接工字梁的部位,应力梯度较大,且在横向连接工字型梁跨中出现应力峰值,上翼缘横向应力最大达到 -100.2MPa,下翼缘横向应力最大达到 96.1MPa。在有横向连接箱梁的部位,应力变化平顺,梯度小。应力峰值出现在横向连接箱跨中,顶板横向应力最大为 -85.0MPa,底板横向应力最大为 77.1MPa。在无横向连接构件的部位分离箱横向应力较小。

(4)加劲梁纵向表现出弹性支撑连续梁特征,各吊索作为弹性支承点,顶板纵向应力在吊索附近区域为负弯矩区,纵向两根吊索中部为正弯矩区。

(5)加劲梁应力分布在总体上除上述几个方面特征外,其底板受顶板局部荷载影响较明显。通过对纵横向应力和主应力分布分析,应力传递是从顶板到底板,底板再分别向吊索、经横向连接箱传递给吊索这样一种传力途径和规律。

(6)U 形肋应力显示,U 形肋应力不符合全截面应力变化规律,U 形肋与顶底板组成的正交异性板单独受弯,吊索 3、吊索 4 之间的顶底板与 U 形肋组成的正交异性板以吊索、横隔板为支承,成连续板效应。

(7)在靠近吊索的部位,顶板最大主压、底板最大主拉应力方向指向吊索,A、G 截面靠近横向连接工字梁的测点顶板最大主压应力(或底板最大主拉应力)指向横向连接工字型梁和分离箱的连接部位。其余截面顶板测点最大主压应力及底板最大主拉应力指向横向连接箱梁中心。

2)锚箱模型试验和理论分析结论

(1)实型锚箱模型试验表明,在吊点 1.7 倍竖向设计拉力、设计横向风力作用下,锚箱结构及钢箱梁处于线弹性工作阶段,实测板件的最大应力均在设计限值之内,各构造细节、焊缝中未发现异状及出现缺陷,因此锚箱结构设计安全可靠。

(2)在锚箱结构中,耳板的尺寸、加劲板件的设置和纵、横隔板的布置,符合结构竖、横向受力要求,达到了将中间较大的吊点拉力传递至钢箱梁主体结构,理论计算和实测结果基本相符。

(3)按编制的制造细则试制的锚箱,达到了设计要求,锚箱的制造质量符合有关标准的要求,因此制订的制造工艺,经修订完善后,可用于西堠门大桥钢箱梁锚箱的制造。

(4)锚箱结构的传力特征分析结果如下:

①锚箱的传力路径为:耳板与加劲板共同分担拉应力,进入箱体后传至横隔板,横隔板将拉应力传至底板和顶板,形成悬臂力系力偶,由钢箱梁主体提供反力矩的平衡支撑。

②在吊索的设计荷载作用下,锚箱各部位最大应力水平在 50 ~ 60MPa 附近。

③设计荷载下锚箱各部位平均动应力在 12MPa 以下,从各部位构造细节看,能够保证在正常运营情况下具有足够的抗疲劳损伤能力。

④吊索的拉力将传递到 U 形肋在横隔板处的开槽构造,动荷载的贡献约为 14MPa 拉应力。而此处是正交异性板疲劳构造的关键部位,应重点考虑。

4.6　正交异性钢桥面板系统的设计关键技术研究

4.6.1　国外正交异性钢桥面板设计规范规定调研及分析

到目前为止,国外已建采用正交异性钢桥面结构的桥梁有千余座,建设较多的国家有日本、德国、美国,且这三个国家均已在桥梁设计规范中设有专门的章节,并均经过至少一次的修订。从研究情况看，各国的研究经历从注重理论计算方法的推导，已转向解决实际工程中出现疲劳裂纹的原因分析和加固处理研究的过程。

国内对于正交异性钢桥面板的研究在近年也比较多，其中研究的内容大部分集中在正交异性钢桥面板制作的技术上，对于设计计算方法方面，尚未形成用于设计的可操作性较强的结果，未系统地开展相关规范的研究。

通过对欧洲、美国和日本公路桥梁设计规范对正交异性钢桥面板设计相关条文（包括：疲劳设计荷载、疲劳检算方法和检算部位、荷载横向分布的考虑、关键构造细节的疲劳抗力和构造规定等）的梳理，以及对近年国外有关正交异性钢桥面板试验研究情况的总结，得出以下主要结论：

（1）疲劳检算的最终落脚点在反映实际交通引起的损伤上，主要影响因素包括：检算构件的应力变化影响线长度，实际交通运输情况，相邻车道车流的影响。影响系数要与采用的疲劳荷载模型相配套。

（2）应用疲劳荷载模型进行疲劳检算，其对横向荷载影响的考虑分两种情况，一种是多车道车辆并行产生的影响，一种是本车道横向随机移动的影响。可经过调查自己国家的交通运输习惯具体确定，可采用简化方式，或参照国外标准。

（3）疲劳构造细节的 $S-N$ 曲线等级分类，应根据各国实际加工制造水平确定；各国对疲劳截止限规律的理解还没有达到统一的认识。

（4）各国规范对正交异性钢桥面板的疲劳设计方法与一般钢桥构件疲劳应力检算明显不同，主要考虑通过正交异性钢桥面板构造措施来防止疲劳裂纹的发生，而这些构造措施的确定，主要来源于实际桥梁出现裂纹后的经验教训和构造细节疲劳试验结论。

（5）对已进行过的正交异性板模型试验进行分析，如果要考察疲劳裂纹发生的特征，一方面要有足够的试验时间，同时也可考虑采用模拟车辆荷载的大吨位疲劳荷载。

4.6.2 正交异性钢桥面结构理论分析研究

对正交异性钢桥面系统的最初计算研究思路，是把它分成三个结构体系加以研究，第一体系指正交异性钢桥面系统与主梁共同构成主要承重构件的主梁体系；第二体系指纵肋、横肋和桥面板组成的桥面系结构体系；第三体系仅指桥面板支承在纵肋和横肋上的面板体系。一般设计往往不考虑第三体系。分析发现，第二、三体系的应力通常是造成正交异性钢桥面疲劳的重要因素。目前进行正交异性板计算方法大致可分为解析法和数值法。解析法有正交异性板法、折板理论、板壳理论等；数值分析法主要是有限元法、有限条法等。

计算采用有限元法，分别对桁架梁正交异性板（铁路桥）和钢箱梁正交异性板（公路桥）进行计算分析。计算中单位集中荷载沿桥面纵向移动，采用 ANSYS 和 SBSNAP 精细化有限元计算软件，建立板壳单元模型。

桁架梁正交异性板桥面板采用 U 形加劲肋和板式加劲肋。U 形加劲肋横向间距 800mm，顶宽 400mm，底宽 300mm，高 300mm，板厚 10mm；板式加劲肋高 160mm，厚 14mm，桥面板厚 16mm。在节点处设置主横梁，间距 12m，主横梁为倒 T 形结构，腹板高 1400mm，板厚 16mm，翼板宽 480mm，板厚 24mm；两片主横梁之间设置次横梁，次横梁间距为 3m，也为倒 T 形结构，腹板高 1 400mm，板厚 12mm，翼板宽 400mm，板厚 24mm（图 4.6-1）。

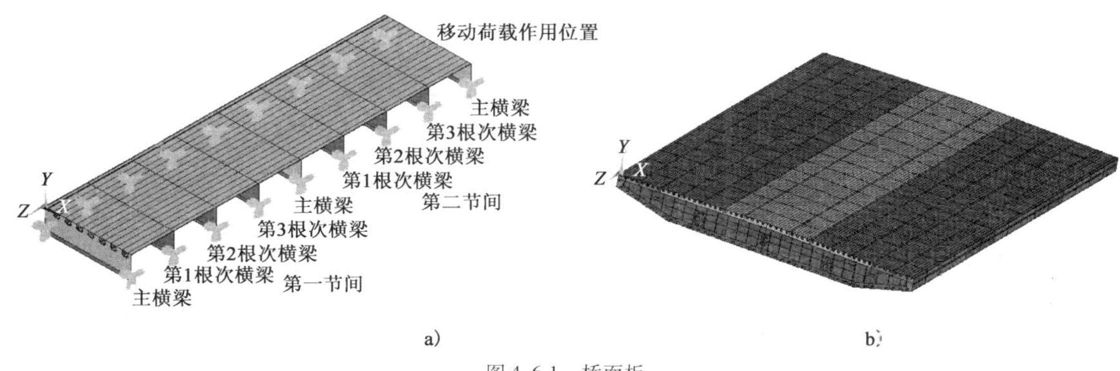

图4.6-1 桥面板

标准加劲流线型扁平钢箱梁梁高3.5m,宽38.8m,标准梁段长15.6m。长度方向上设置了5道横隔板,间距为3.12m,顶板U形肋上口宽300mm,下口宽170mm,高280mm,U形肋中心距600mm;底板U形肋上口宽250mm,下口宽400mm,高260mm,U形肋中心距800mm,加劲梁设置两道通长腹板。横隔板由上、中、下3块板竖向组焊而成,上板为顶板横向加劲板,厚度为12mm、14mm;下板为底板、斜底板横向加劲肋,厚度为10mm、12mm、16mm;中板厚度为10mm、12mm、16mm;其表面设有竖向、水平向加劲肋,厚度为10mm。

分析重点为考察正交异性钢桥面的U形肋挠度、横隔板弧形缺口及焊缝端的面内外变形和应力,以及U形肋与面板焊缝处应力分布规律。正交异性板模型有限元研究结论如下:

1)U形肋挠度

U形肋挠度影响线形状呈反对称,当单位荷载作用在检算点时竖向变形最大。影响线相同符号段长度约为1.5个次横梁间距。

2)横隔板弧形缺口及焊缝端的面内外变形和应力

(1)弧形缺口变形

①面外变形:在所考察隔板前后各2个横隔板范围内加载时,弧形缺口将产生面外变形。横隔板横向截面最小处的面外变形,每加载到横隔板时改变一次方向;当荷载在相邻跨度之间时的变形大些,第2跨之间时小些,约占75%;横隔板弧形缺口下部的面外变形在4个横隔板范围内加载期间仅改变一次方向,变形量的绝对值大于横隔板横向截面最小处的面外变形量。

②面内变形:在所考察隔板前后各2个横隔板范围内加载时,弧形缺口将产生面内变形。横隔板横向截面最小处的面内竖向变形,每加载到横隔板时也改变一次方向,而且荷载在横隔板上时变形达到峰值,方向为使缺口拉大;横隔板弧形缺口下部的面内竖向变形主体是在4个横隔板范围内加载期间使缺口间距减小。使产生较大横向变形的影响范围仍是前后2个横隔板,主要是使横隔板受拉,以各横隔板为界形成拉—拉循环变形,在相邻跨产生的变形幅值大约为第2跨的2倍。

(2)弧形缺口应力

①焊缝端应力:主要影响范围同样为隔板前后各2个横隔板范围,横向产生2次大的拉—压应力循环;竖向产生4次以拉为主的应力循环。

②横隔板横向截面最小处应力:影响横向应力的范围在隔板前后各2.5个横隔板范围,受力特征为拉—压,荷载在自身隔板时压应力最大;影响竖向应力的范围为隔板前后各2个横隔

板跨,产生1次压应力循环。

3)U形肋与面板焊缝处应力

在U形肋之间加载,考察U形肋与面板连接焊缝处拉应力看出,桥面荷载下仅对相邻U形肋焊缝产成较大的横向拉应力,到第2个U形肋焊缝应力已经迅速衰减至最大值的10%以下。表明荷载在桥宽方向只影响荷载所在相邻U形肋的肋角焊缝应力。

钢箱梁正交异性板模型中,上述各部位变形和应力特征相似,影响范围大于桁架梁正交异性板模型(为隔板前后各4个横隔板跨)。弧形缺口部位的变形和应力影响线总体要缓和很多,状态好于桁架梁正交异性板体系。

在设计节段模型疲劳试件时,如果要进行U形肋与桥面焊缝连接这一构造细节的疲劳模拟,在桥宽方向至少需要保证3个U形肋。

4.6.3 正交异性钢桥面板荷载调查及疲劳荷载研究

近年来由于国民经济的快速发展,公路交通量、车辆质量和车速都大幅提高,车辆超限超载运输严重损坏了公路基础设施,致使路面损坏,正常使用年限大大缩短,桥梁钢结构疲劳问题日益突出。

我国现行的《公路桥涵钢结构及木结构设计规范》(JTJ 025—1986)有关抗疲劳设计方面有以下几点不足:

(1)仍仅将应力比作为抗疲劳设计的参数,但国内外大量研究和试验证明钢结构的抗疲劳设计应力参数是应力幅,而不是应力比,目前国内外主流规范中,都是将应力幅作为主要参数。

(2)仍采用以应力比为参数的容许应力法进行抗疲劳设计。目前国内外主流规范中基本都采用基于疲劳可靠度的荷载与抗力系数设计法。

(3)未定义疲劳荷载模型。抗疲劳设计中的荷载与强度验算的荷载是不同的,它应该根据一般的交通资料简化而成。目前欧美的规范中都给出了有针对性的疲劳荷载模型。

(4)只有以应力比为参数的疲劳细节分级。

(5)其他与抗疲劳设计的有关规定均为空白。

可见我国现行规范与当前钢桥大规模建设和发展极不相称,已经不能满足公路钢桥的疲劳设计的需要,亟待更新。

1)研究目的与内容

根据国内外的研究成果,应力幅的大小对钢桥面板疲劳寿命的影响很大,设计荷载的合理与否对疲劳设计至关重要。研究的目的是在总结已有研究成果和各国规范的基础上,通过调查统计分析研究,提出适用于我国正交异性钢桥面板设计的简化疲劳车模型,为钢桥疲劳设计荷载标准的制定积累资料,提高我国公路钢桥疲劳设计的技术水平。

研究主要内容如下:

(1)交通量的调查与分析。

(2)车辆类型与车重的调查与分析。

(3)轴重与轴间距的调查与分析。

(4)建立正交异性桥面板的疲劳车模型。

2)研究方法

(1)以江阴大桥、虎门大桥、南京二桥和南京三桥为对象,对桥梁近期的交通量、典型车辆类型和所占比例、车重与轮重、车辆轴距等进行了充分的调查,获取了大量的子样本,为疲劳荷载统计分析提供了基础数据。

(2)从公路钢桥面板疲劳设计的角度对调查车辆荷载数据进行统计分析,计算了典型构造细节的应力幅,提出了公路钢桥面板疲劳设计车辆荷载简化模型。

3)研究结论

公路桥梁车辆荷载的调查统计分析与正交异性桥面板疲劳车模型分析总结如下:

(1)典型公路桥梁的车流量有逐年增加的趋势,其中虎门大桥于1997年5月开通,2007年日平均交通量达到62 439辆,平均每车道日交通量达到10 407辆,已经达到了高速公路远景年限的设计年平均日交通量。

(2)公路桥梁客车占总流量的60%以上,其中以小客车为主,占总客车的80%以上,小客车的平均质量约为1.6t。货车以两轴、三轴和四轴车型为主,占总货车数的90%以上。

(3)客车的轴重和货车的前轴轴重大致呈单峰分布,货车前轴平均轴重约为40kN。双联轴和多联轴轴重大致呈双峰或多峰分布,双峰分布的轴重第一个峰值在20~40kN,另一个峰值在80kN以上。货车后轴的单轴、双联轴和三联轴的平均轴重分别为68kN、140kN和206kN。

(4)两轴货车的平均轴距为5.1m,三轴以上货车的前轴至第一个后轴的平均轴距为3.6m、四轴以上货车的第一个后轴至第二个后轴的平均轴距为6.3m。联轴平均轴距为1.3m。

(5)前轴为单轴双轮,中轴为单轴四轮,后轴组为双联轴八轮的四轴货车对疲劳损伤影响程度超过40%,选择该车型作为正交异性桥面板疲劳荷载车辆模型较为合适,该疲劳车模型的相邻轴距分别为3.5m、7.0m和1.3m。

(6)建议正交异性桥面板疲劳车模型四轴货车,前轴、中轴和后轴组的单轴重分别为50kN、100kN、90kN和90kN,相邻轴距分别为3.5m、7.0m和1.3m,如图4.6-2所示。单轮的着地宽度(横桥向)和长度(顺桥向)分别为0.3m和0.2m,双轮的着地宽度(横桥向)和长度(顺桥向)分别为0.6m和0.2m。疲劳荷载应力幅计算时,不考虑车质量3t以下的车辆荷载的影响。

(7)正交异性桥面板疲劳验算的交通量可按车质量3t以上的车辆总数计算,不同车道的交通量应根据具体桥梁的车辆通行规定和实际车辆通行状况确定。疲劳荷载应力幅计算应考虑车辆类型、车轮荷载作用位置统计特性和桥面铺装及温度变化的影响。

4.6.4 正交异性钢桥面板焊接构造细节疲劳试验研究

1)疲劳问题主要表现

合理的构造细节形式、规范的制造工艺流程能有效提高正交异性钢桥面板的疲劳寿命。自20世纪70年代起,欧洲、日本、美国等先后对钢桥面板展开疲劳研究,通过大量疲劳开裂实例和试验研究认为钢桥面板的疲劳问题主要表现在以下方面:

(1)纵肋与面板的纵向连接焊缝;

(2)纵肋与横隔板弧形开口处的连接;

(3)桥面板的现场纵向拼接等。

2)疲劳试件设计

本研究针对上述构造细节设计了4种构造细节疲劳试件：

(1)面板与U形肋焊缝构造。

(2)U形肋嵌补段焊缝3mm安装公差构造。

(3)横隔板弧形缺口面外变形构造。

(4)单根U形肋与横隔板及面板局部构造模型。

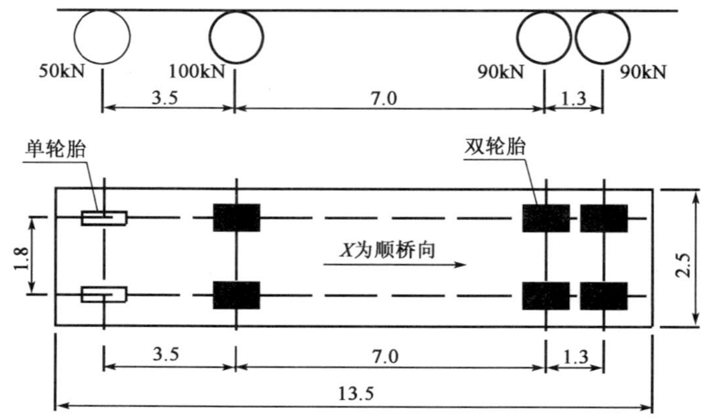

图4.6-2　正交异性桥面板的建议疲劳荷载模型(尺寸单位:m)

通过开展静载试验、疲劳试验和数值模拟优化分析对其疲劳性能进行深入研究,得到不同设计参数和制造工艺对其疲劳性能的影响趋势以及各构造细节的疲劳抗力方程,为今后的设计提供参考依据。

3)研究结论

通过试验研究可以得出以下主要结论：

(1)对纵肋与面板纵向连接焊缝构造,面板与纵肋厚度之比不宜小于等于1.5,否则易发生沿面板的剪切破坏,此时疲劳性能很不稳定。当面板与纵肋厚度之比在1.75~2时,面板从14mm增加到18mm,对该构造细节疲劳性能影响不大。通过疲劳试验得到该构造细节的疲劳抗力108MPa高于Eurocode3规定的71MPa,与日本规范规定的100MPa相近。

(2)对横隔板弧形开口连接构造,先前的疲劳试验得到横隔板弧形开口与纵肋腹板连接处2×10^6的疲劳抗力为72.97MPa,《铁路桥梁钢结构设计规范》(TB 10002.2—2005)推荐设计容许值45MPa。考虑到公路桥梁与铁路桥梁的区别,对弧形开口与纵肋腹板连接处面外弯曲的疲劳抗力,取用轴向拉伸试验结果,并应用试验修正公式予以修正,得循环次数$N=2\times10^6$次时,推荐设计容许应力69MPa。该值与Eurocode3规定的71MPa和日本规范规定的65MPa相近。

(3)对纵肋嵌补段构造,当对接板板厚从8mm增加到9mm时,该构造细节疲劳强度未发生明显变化;当组装间隙增加至3mm时,该构造细节的疲劳强度有所降低。这说明该构造细节疲劳性能对对接板厚的变化不敏感,但组装间隙的增大会降低其疲劳性能。通过疲劳试验得到的该构造疲劳抗力为90.5MPa,高于欧洲规范规定的71MPa,日本规范规定的65MPa和我国《铁路桥梁钢结构设计规范》(TB 10002.2—2005)规定的71.9MPa。

构造细节疲劳试验结果和推荐疲劳设计应力幅见表4.6-1。

构造细节 *S-N* 曲线疲劳试验结果和推荐疲劳设计应力幅　　表4.6-1

<table>
<tr><th rowspan="2">试样编号</th><th rowspan="2" colspan="2">构造特征
(样本数)</th><th colspan="2">S-N 曲线方程(97.7%保证率)</th><th colspan="2">应力幅(MPa)
(2×10⁶)</th><th rowspan="2">破坏特征</th></tr>
<tr><th>试验结果</th><th>推荐设计曲线</th><th>试验值</th><th>推荐值</th></tr>
<tr><td>1</td><td colspan="2">面板(18、16、14、12mm)与U形肋焊缝构造(15+24=39)</td><td>$\lg N = 12.4892 - 3.04031 g\sigma$</td><td>$\lg N = 11.84 - 31 g\sigma$</td><td>108</td><td>70</td><td>焊趾启裂,扩展至面板形成面板纵向裂纹</td></tr>
<tr><td>2</td><td colspan="2">横隔板弧形缺口面外变形构造(17)</td><td>$\lg N = 16.7580 - 5.61251 g\sigma$
$\Delta\sigma_N = 0.65\Delta\sigma_W$
(弯曲试验与全截面正拉试验的关系试验曲线)</td><td>$\lg N = 11.26 - 31 g\sigma$</td><td>112</td><td>69</td><td>弧形缺口与纵肋腹板连接焊趾启裂,扩展至横隔板</td></tr>
<tr><td rowspan="2">3</td><td rowspan="2">U形肋嵌补段焊缝构造(5+25)</td><td>0公差</td><td>$\lg N = 12.9904 - 3.41861 g\sigma$</td><td rowspan="2">$\lg N = 12.80 - 3.51 g\sigma$</td><td>91</td><td rowspan="2">72</td><td>焊趾或焊根</td></tr>
<tr><td>3mm公差</td><td>$\lg N = 17.8833 - 5.96951 g\sigma$</td><td>87</td><td>焊趾</td></tr>
</table>

4.6.5　正交异性钢桥面板足尺模型测试及疲劳验证试验研究

现行的各国设计规范,疲劳设计一般仅考虑在循环荷载作用下,结构平面内按细节类别进行疲劳检算,往往忽略了纵横向构件之间相互作用而引起面外变形或次应力对疲劳的影响。在实际桥梁结构中,尤其目前正交异性钢桥面的大量使用,这类小间隙处的面外变形是难以避免的。通过在多座正交异性钢桥面上发生的裂纹调研可以看出,这类小间隙处的面外变形发生的疲劳破坏频率非常高,更加需要受到重视。本次试验基于上述研究背景,通过3个正交异性节段模型的静载试验和疲劳试验,研究受力情况,以及纵横向构件之间相互约束而引起的疲劳情况。

为准确模拟实桥正交异性板的循环荷载受力特征,在进行模型试件设计前,首先在现场进行了正交异性板的静动载测试,根据试验结果,设计正交异性板足尺节段模型。

1)现场正交异性板受力特征静动载测试

实桥静、动载试验是掌握钢桥面板在承受汽车轮载作用时的力学特性的一种最直接和准确的方法。利用西堠门通车前的静动载试验时段,进行了正交异性钢桥面板静、动载试验,静载试验主要测试西堠门大桥正交异性钢桥面板在汽车局部轮载作用下关键构造的应力大小和分布规律。动载试验主要测试敏感点位在不同时速车辆作用下的局部动应变及历程,以评估动力效应对钢桥面板构造细节的应力影响。

静载试验共进行9个加载工况,总计布置81个应变测点(分单向、十字和三向应变花)。静载试验主要测试西堠门大桥正交异性钢桥面板在汽车局部轮载作用下关键构造的应力大小和分布规律。

动载试验共3个加载工况，试验车分别以5km/h、30km/h和60km/h的速度，沿桥纵向行驶。测试时，从静载测点中挑选出21个应变敏感测点进行应变历程测试，主要测试敏感点位在不同时速车辆作用下的局部动应变及历程，以评估动力效应对钢桥面板构造细节的应力影响。其中5km/h时速是为避开动力效应影响，测试敏感点位的动应变及历程。60km/h是试验车能达到的最高安全速度。试验荷载采用30 t三轴载重汽车加载。由试验车与疲劳车效应对此知，试验车效应大于疲劳车。

根据对测试结果的分析可得出以下结论：

(1)桥面横向应力。轮下为拉应力，相邻U形肋处为压应力，相邻第2个U形肋处不受轮载影响；应力水平在12MPa以下；轮载横向移动对桥面横向应力影响较大；轮载纵向移动时横向应力有从压应力向拉应力的往复过程，每个轮轴产生一次循环，最大应力幅在25MPa附近。

(2)U形肋与桥面板焊缝应力。轮下受拉，相邻U形肋处靠近轮载侧受压，另侧受拉，在两车轮范围内形成连续梁应力特征；反复应力幅在25MPa附近；轮载横向移动对U形肋焊缝影响不大；轮载纵向移动时基本维持原应力的拉、压特征，每个轮轴产生一次循环。

(3)U形肋嵌补段。承受拉—压应力，压应力约占拉应力15%；试验车经过一次产生一次较大应力幅值的循环，轮轴产生的波动相比较小；拉压应力幅在60MPa附近。

(4)横隔板弧形缺口。

①焊缝处：主体受拉，轮下应力接近0，两轮间和相邻U形肋外测点应力达到峰值，横向呈连续梁受力特征，主应力水平在30MPa附近；轮载横向移动对横隔板弧形缺口焊缝应力影响不大；轮载纵向移动应力为拉循环，试验车经过一次产生2次循环，应力幅值在12MPa附近。

②缺口下缘：主体受拉，轮下应力最大，应力水平在20MPa附近；缺口底缘两边应力一大一小，表明有扭转特征；轮载横向移动对横隔板弧形缺口焊缝应力影响不大。

(5)试验车安装60km/h速度行进，未发现明显的冲击影响。

(6)影响正交异性板构造的加载部位为横向为三个U形肋、纵向3倍横隔板间距。

2)疲劳试件设计

根据实桥试验结果，确定按照以下原则进行节段模型试件的设计：

(1)在进行钢正交异性桥面的节段模型疲劳试件设计时，最好设计成5个横隔板间距，如试验的条件不许可，最少也必须设计成3个横隔板间距。

(2)进行节段模型疲劳试件试验时，要模拟横隔板的面外变形引起的疲劳，如果没有移动式疲劳试验加载机，也可采用结构疲劳试验机的多点加载来近似模拟，当作动器作用在两个横隔板的中间部位时，横隔板与U形肋相交处的面外变形达到最大。

(3)在进行疲劳试验时，要模拟横隔板的弧形缺口最小净截面处引起的疲劳，应将作动器作用在横隔板上进行试验。

(4)U形肋与桥面焊缝连接这一构造细节，只受非常小范围的局部轮载的作用，在设计节段模型疲劳试件时，如果要进行U形肋与桥面焊缝连接这一构造细节的疲劳模拟，在桥宽方向至少要保证有3个U形肋。

依据以上的结论，并结合试验室的具体情况，试验设计的节段模型试件长度方向为3个横隔板距离，宽度方向保证5个U形肋，在两横隔板中间布置3 800kN结构疲劳试验机的两个1 000kN作动器，通过控制它们间的相位差来模拟横隔板的面外变形。

疲劳模型设计的正交异性板节段模型梁设计细部采用实际工程的设计方案。模型梁宽度2.99m，长度分别为11.1m、9.66m和12.54m。细部的基本参数如下：

节段模型1：桥面板厚度为14mm；横隔板间距为3 600mm；横隔板厚度为10mm；U形肋厚度为8mm；横隔板开孔形式按照西堠门桥方案。

节段模型2：桥面板厚度为16mm；横隔板间距为3 120mm；横隔板厚度为14mm；U形肋厚度为8mm；开孔形式按照南京四桥方案。

节段模型3：桥面板厚度为12mm；横隔板间距为4 080mm；横隔板厚度为10mm；U形肋厚度为8mm；开孔形式按照虎门桥方案。

节段模型梁疲劳试件形式见图4.6-3。

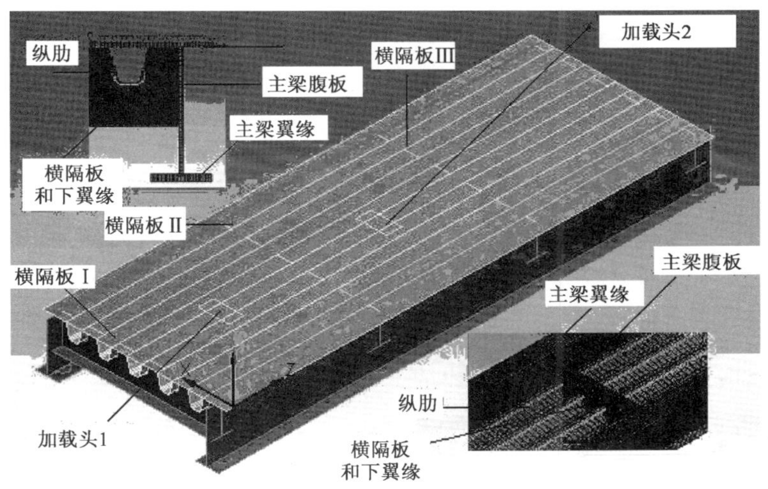

图4.6-3 正交异性板节段模型梁及加载位置

3）节段模型梁静力测试

（1）试验概况

为了解试件疲劳试验加载装置的有效性，同时了解试件在疲劳加载时的应力分布状态，对节段模型进行静载测试。

静载试验在3 800kN结构疲劳试验机上的两个±1 000kN加载装置上进行，试验情况见图4.6-4和图4.6-5。静载试验的数据采集和处理采用日本共和UCAM-70静态数据采集系统。

静载试验分为3种工况进行，分别为：

①工况一：1号作动器分6级加载至300kN，每级50kN；

②工况二：2号作动器分6级加载至300kN，每级50kN；

③工况三：1号和2号作动器同时加载至300kN，每级50kN；

每种工况试验的加载上限都控制在300kN，试验前先预拉到加载上限，卸载后根据试件加

载上限确定的级差逐级加载，逐级卸载，共加载3次，试验结果取3次的算术平均值。

图4.6-4　节段模型梁静载试验

图4.6-5　节段模型梁静载试验主要测点布置

由于正交异性桥面结构受力的复杂性，静载试验的首要目的就是通过所布置的测点的应力应变测试数据来确定疲劳试验的荷载情况。

本次疲劳试验充分利用现有试验机的能力，通过控制两个作动器的相位差为180°，来轮流对节段模型进行加载。由于我国以往没有进行类似规模的试验，查阅了相关资料发现里海大学的Fisher教授曾做过类似正交异性桥面的节段模型（桥面板厚16mm）的疲劳试验，他是利用相位差来控制3个作动器，施加了3倍的AASHTO LRFD中的疲劳设计荷载（HS15），同时还考虑了15%的冲击影响，3个作动器的接触面积为250mm×500mm，具体见图4.6-6。

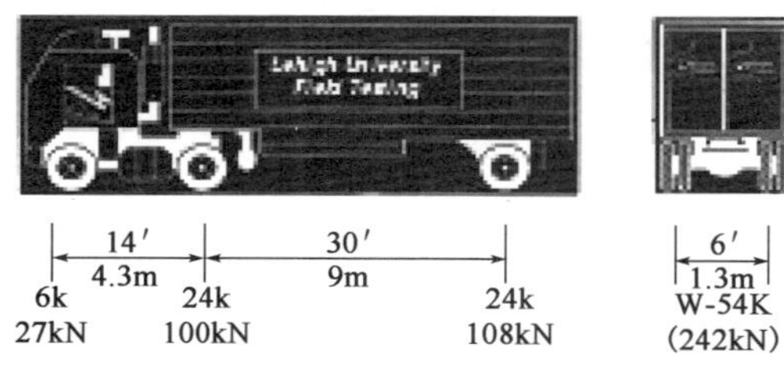

a）HS15疲劳荷载车

b）Fisher教授的疲劳试验

图4.6-6　Fisher教授的正交异性桥面节段模型的疲劳试验

本次疲劳试验加载方案，以两个作动器所在跨度的U形肋下缘产生的最大应力幅接近母材的疲劳容许应力幅值所对应的加载值，作为确定疲劳试验加载的依据。作动器与桥面板之间垫了一块300mm×600mm的钢板和一块300mm×600mm的橡皮垫，近似模拟三轴载重汽车后轮双胎280mm×600mm的接地面积。

（2）试验结果及分析

①疲劳试验加载值的试验确定

两个作动器所在跨度的U形肋下缘（即测点101和201）的最大应力幅静载试验测试数据

线性回归结果见表4.6-2。

作动器所在跨度U形肋下缘测点数据统计整理结果　　表4.6-2

作动器	荷载(kN)	测点号	回归方程		疲劳试验应力幅值(MPa)	相关系数
1号	0~300kN 每级50kN	201	模型2	$\sigma=0.5859P+1.1025$	130.0	0.9999
			模型1	$\sigma=0.682P+1.0402$	151.1	0.9998
			模型3	$\sigma=0.7587P+2.1959$	169.1	0.9998
2号	0~300kN 每级50kN	101	模型2	$\sigma=0.6872P-0.1825$	151.0	0.9999
			模型1	$\sigma=0.6798P+0.5215$	150.1	0.9998
			模型3	$\sigma=0.7954P+2.8186$	177.8	0.9996

鉴于试验机条件,本次试验按照所加荷载使得两个作动器所在跨度的U形肋下缘(即测点101和201)的最大应力幅接近母材的疲劳容许应力幅值(149.5MPa)为原则,依据静载试验测试的数据进行线性回归,并反推得到:

模型1疲劳试验荷载:10~230kN;

模型2疲劳试验荷载:10~230kN。

对于模型3,根据模型1和模型2试验结果,确认采用控制U形肋跨中最大应力似乎对试验关注部位均不会产生裂纹。同时根据构造细节的疲劳试验结果认为,增大应力对构造的疲劳开裂是符合Miner法则的,即无论施加多大荷载,只要能得到构造的试验疲劳裂纹,就可大概推出其他荷载下相应构造的疲劳循环次数。因此对于模型3,采用了加大荷载的试验方案。最终模型3疲劳试验荷载为10~310kN。

②U形肋与桥面连接部位测试

测试部位见图4.6-7。

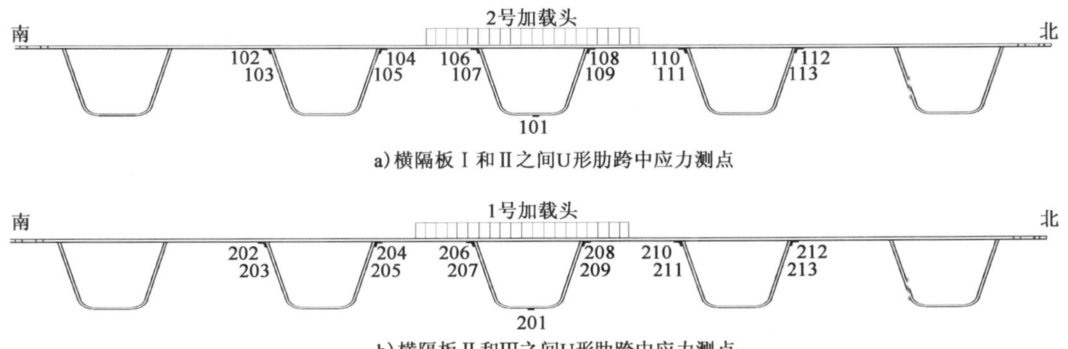

图4.6-7　节段模型的U形肋与桥面焊缝测点布置

从测试结果可以看出:204和205、110和111测点的应力最大,而距离它300mm远的202和203、112和113测点的应力明显比它要小很多,不到它的一半。这说明U肋和桥面焊缝部位的应力与加载的位置密切相关,施加的局部轮载只影响作动器附近的U肋和桥面连接焊缝。

对3个节段模型U形肋与桥面焊缝同样部位的测点应力值相比较,应力最大的为节段模型3,然后依次为节段模型1和节段模型2。可见桥面板的厚度对这种构造的应力影响非常大，桥面板越薄，该构造的应力就越大。

③横隔板Ⅱ开孔部位的测点应力分析

横隔板Ⅱ开孔部位是静载试验测试的主要关注部位，测点布置的位置及作动器在U形肋上的分布情况分别见图4.6-8和图4.6-9。

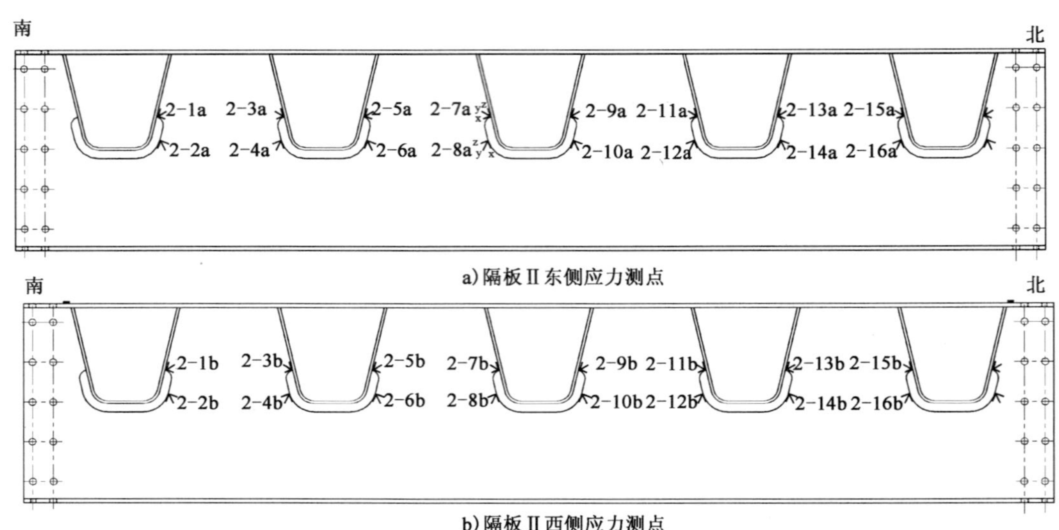

图4.6-8　节段模型的横隔板Ⅱ测点布置

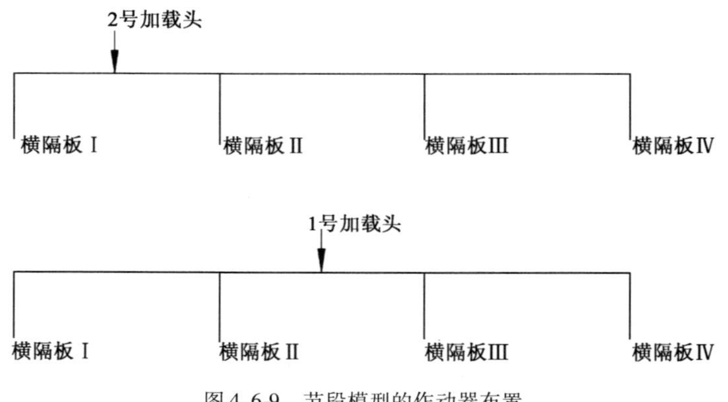

图4.6-9　节段模型的作动器布置

从测试结果可看出：各模型中间U形肋与横隔板相交焊缝测点在1号作动器和2号作动器轮流作用下，经受以压为主的拉压循环疲劳应力作用，其中测点2－9b－x在这4个测点中经受的疲劳应力幅值最大。

4）节段模型梁疲劳试验

疲劳试验首先在模型2上进行。试验按照1号和2号作动器的初始相位差为180°，对其分别施加10～230kN的荷载，加载频率3Hz。试验中发现试验机由于两个作动器的通道为独立运行，导致信号传输存在微小的误差，随着荷载次数的增加，误差累积，使得相位差会发生缓慢的变化，大约每隔3万次经历一个相位差从180°变为0°再变为180°的周期。所以加载到

2 318 500万次时，暂停1号作动器的加载，将疲劳荷载变为2号作动器10～230kN，加载频率3Hz。试验人员对疲劳试验机的电路进行改造，使得1号和2号作动器联动，相位差永远保持为180°。因此模型2从3 852 100次开始，又进行1号和2号作动器同时加载，荷载为10～230kN，相位差180°，加载频率3Hz，试验加载到7 386 300次时停止。

在进行疲劳试验的同时，对面外变形测点D1、D2、D3、D4的位移以及测点2-7a-x、2-9a-x的应力变化情况进行了动载测试，动载测试采用DPM603A动态数据采集系统，测试结果分别见图4.6-10和图4.6-11。

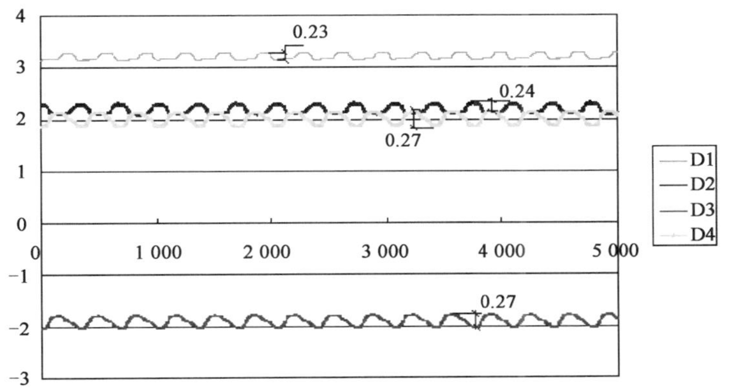

图4.6-10　疲劳荷载作用下测点面外位移动测曲线

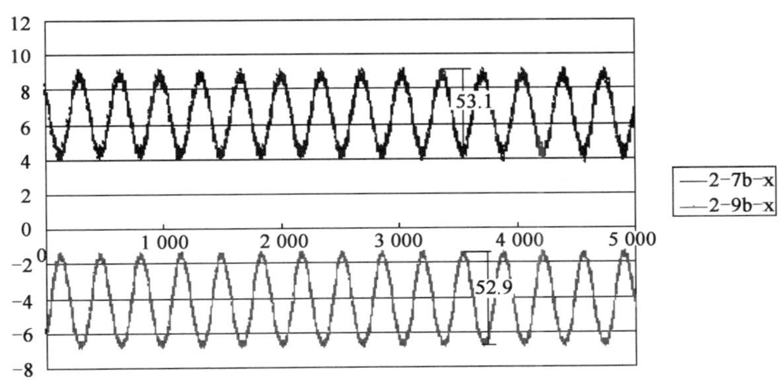

图4.6-11　疲劳荷载作用下面外变形测点应力动测曲线

对比动态与静态测试结果，静载测试与疲劳试验监测的数据非常吻合。

模型2试件在进行完疲劳试验以后，将它切开发现在端横隔板Ⅰ和南侧第2根U形肋北侧相交处，裂纹沿U形肋东西向各扩展了约20mm。裂纹的分布及走向详见图4.6-12和图4.6-13。

节段模型1在试验中应注意观察模型2切开后发现裂纹的部位，在循环730万次时同样发现了裂纹。经分析，原因是端横隔板的U形肋侧壁面外变形引起的弯曲次应力引起。

节段模型3在循环47.63万次时同样发现了裂纹。虽然模型3加载较大，但经推算表明，

模型3在该处的疲劳抗力仍然远远低于模型2和模型1。此外,模型3在疲劳循环次数117.63万次时,在桥面板与U形肋间纵向焊缝焊趾出现了裂纹,并向桥面板内沿纵向延伸。该构造正是正交异性板的关键构造之一。表明模型3的正交异性板构造的疲劳抗力很低。

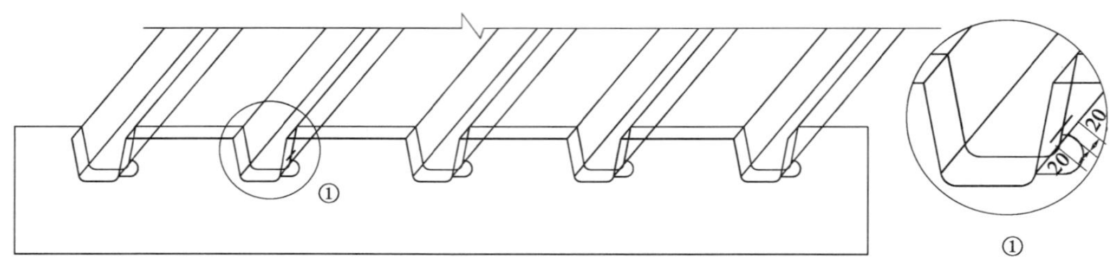

图4.6-12 节段模型2的裂纹分布图

a)

b)

图4.6-13 节段模型2的裂纹图

三个模型疲劳循环次数分别为10 775 600次、7 386 300次、820 000次,除模型3外,前两个模型的正交异性板关键构造均未出现疲劳裂纹。

综合结论如下:

(1)首次在实验室实现了大吨位双点反相位疲劳加载正交异性板足尺节段模型试验,疲劳加载次数达到10^7以上,得到各构造细节疲劳裂纹不扩展的应力水平。为确定正交异性板疲劳设计抗力提供依据。

(2)各模型的横隔板部位均未在横隔板面外变形引起的疲劳裂纹,桥面板、开孔处也没有出现裂纹。这说明节段模型1和2的结构匹配合理,能够保证桥梁的安全运营。

(3)桥面板的厚度对U形肋与桥面连接焊缝构造的应力影响较大,桥面板越薄,焊缝处的应力越大。

(4)横隔板的厚度对弧形开孔处的应力影响很大,横隔板的厚度越厚,弧形开孔处的应力越小。

4.7　大直径深长嵌岩桩承载特性及设计方法

4.7.1　嵌岩桩承载性能的理论研究

1)尺寸效应及岩石特性对嵌岩段侧摩阻力影响的理论研究

(1)嵌岩段极限侧摩阻力 τ_{max} 与桩身轴力的关系

桩身轴力增加时,桩侧极限摩阻力与轴力之间成正比;嵌岩段侧摩阻力随桩与岩的相对位移的变化而变化,嵌岩段桩侧摩阻力从峰值降低到残余侧摩阻力。

(2)桩—岩界面极限侧阻力与岩桩刚度比(E_r/E_p)的关系

极限侧阻力随岩桩刚度比的变化而变化。单桩的刚度越小,岩体的刚度越大,则嵌岩段极限侧阻力越大,但单桩刚度过小,桩体有可能发生桩体材料强度不足而破坏。

(3)嵌岩段极限侧摩阻力 τ_{max} 与桩径(D)的关系

桩径增大时,桩侧极限侧摩阻力反而减小,是因为随着桩径的增大,在桩身轴力的作用下,桩的侧向变形将会减小,作用在桩周岩石上的法向应力随之减小,势必导致切向应力的下降。因此过度增加桩径来提高桩侧极限摩阻力只会带来相反的效果。

(4)嵌岩段极限侧摩阻力 τ_{max} 与桩端入岩深度的关系(H_R)

在工程上过度的增加嵌岩比($n=H_R/D$)来增大桩侧极限侧摩阻力的方法值得商榷。

2)尺寸效应及岩石特性对嵌岩桩桩端阻力影响的理论研究

(1)Zhang and Einstein(1998)极限端阻力计算式反映出极限端阻力随嵌岩比的增大而增大的现象与实际不符,而运用 Midllin 解和 Pan & Hudson(1988)破坏准则推导出来的桩端极限端阻力计算式能反映嵌岩比对桩端阻力的影响。

(2)考虑到 Pan & Hudson(1988)破坏准则的适用性,岩石类型参数 m 不同时由 Pan & Hudson(1988)破坏准则计算出来的桩端极限阻力差异很大,但从 AASHTO(1989)可以看出岩块质量对桩端承载力分项系数 $N_{ms}(N_\sigma)$ 的影响比岩石种类对 $N_{ms}(N_\sigma)$ 的影响要大。对于给定的岩块质量,$N_{ms}(N_\sigma)$ 对于不同的岩石种类(A、B、C、D、E)其取值幅度变化很小,但如果岩石质量等级[RMR(%)]差异很大,$N_{ms}(N_\sigma)$ 取值幅度的空间会很宽。

(3)当完整岩石无侧限抗压强度 σ_c 提高时,其趋势与 Leung and Ko(1993)实测资料相吻合,但计算方法上的差异对计算结果影响还是明显的,笔者对 Zhang and Einstein(1998)极限端阻计算式和用 Midlin 解及 Pan & Hudson(1988)破坏准则推导出来的计算公式对比时发现,Zhang and Einstein(1998)计算公式是考虑的 ZONE B 楔块 B 内任意点处应力值都满足二维 Hoek-Brown 准则,而对于笔者推导出来的极限端阻力只是让指定点或线上满足式 Pan & Hudson(1988)破坏准则。

从 AASHTO(1989)可以看出,岩块质量比岩石种类对极限端阻力的影响要大很多,RMR(%)与极限端阻力之间的关系类似于 AASHTO(1989)所表述的岩块质量与极限端阻力的关系。

4.7.2　室内模型试验研究

1)尺寸效应的室内模型试验研究

本次模型试验共制作了三组嵌岩桩,每组 3 根(表 4.7-1)。模型桩沿桩长方向贴设电阻应变片。

试桩设计参数表 表 4.7-1

组　号	桩　号	桩径(mm)	桩长 L(mm)	嵌岩长度 H_R(mm)	嵌岩比($n=H_R/D$)
第一组	Z1P1	50	250	200	4
	Z1P2	50	350	300	6
	Z1P3	50	450	400	8
第二组	Z2P1	70	330	280	4
	Z2P2	70	470	420	6
	Z2P3	70	610	560	8
第三组	Z3P1	90	410	360	4
	Z3P2	90	590	540	6
	Z3P3	90	770	720	8

根据所测的轴力曲线,可以计算出桩—岩石界面上的摩阻力分布曲线,桩侧摩阻力随荷载的增加而增加,模型嵌岩桩在加载过程中产生的侧摩阻力主要分布于模型桩桩身的上部区域,形成“上大下小”的桩侧摩阻力分布模式。

对模型嵌岩桩的测试数据处理分析后,发现模型嵌岩桩承载性能与桩径(D)、桩长(桩全长嵌岩时 $L=H_R$)、嵌岩比($n=H_R/D$)有关,具体关系如下:

(1)模型嵌岩桩桩径(D)增加,相同桩顶位移时桩顶荷载增加,增加的幅度比简单的通过增加嵌岩比($n=H_R/D$)的方法要高很多。

(2)当桩径相同,嵌岩比不同时,桩端承担桩顶的荷载随嵌岩比的增大而减小,4≤嵌岩比 $n<6$ 时,Q_b/Q(%)递减明显;当 6≤嵌岩比 $n<8$ 时,Q_b/Q(%)递减平缓。

(3)桩侧摩阻力 q_r(MPa)随桩径(D)的增大而减小。

(4)桩身轴力传递率(P_z/P)随着 H_R/D(嵌岩比)的提高而增大。

2)孔壁粗糙度及桩底沉渣的室内模型试验研究

试验用凹凸度因子 RF 来描述孔壁粗糙度的定量方法,形式不再是规则的带棱凹凸,而是更接近实际岩石界面的圆弧状接触。其中:

$$RF = \frac{\overline{\Delta r}}{r_s} \cdot \frac{L_1}{L_S}$$

将模拟桩分为五组,每组 2 根,每组粗糙度因子及桩长桩径都一样,区别是单号桩桩底用 3cm 厚泡沫模模拟沉渣,双号桩桩底密实,从第一组粗糙度为零起,粗糙度因子依次增大,见表 4.7-2。试桩及在试验槽中的位置如图 4.7-1、图 4.7-2 所示。

试桩方案参数表 表 4.7-2

组号	桩　号	桩径(mm)	嵌入桩长(mm)	粗糙度因子 RF	桩底情况
第一组	P1	50	450	0.000	有沉渣
	P2	50	450	0.000	密实

续上表

组号	桩　号	桩径(mm)	嵌入桩长(mm)	粗糙度因子 *RF*	桩底情况
第二组	P3	50	450	0.040	有沉渣
	P4	50	450	0.040	密实
第三组	P5	50	450	0.082	有沉渣
	P6	50	450	0.082	密实
第四组	P7	50	450	0.127	有沉渣
	P8	50	450	0.127	密实
第五组	P9	50	450	0.232	有沉渣
	P10	50	450	0.232	密实

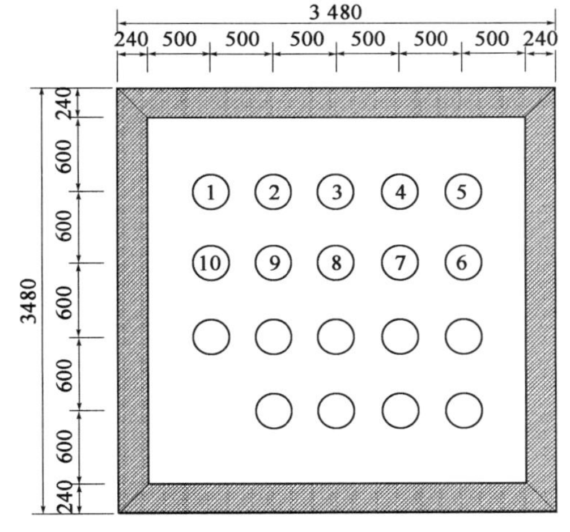

图 4.7-1　试验桩布置图(尺寸单位:mm)

图 4.7-2　试验槽剖面图(尺寸单位:mm)

分析数据得出下列结论:

(1)对于实底桩,当粗糙度因子由 0 变为 0.04 时,极限承载力提高幅度达 50%,而随着粗糙度的进一步增大,极限承载力增长幅度迅速变小,桩底虚底的时候,粗糙度因子由 0 变为 0.04时,极限承载力提高幅度达 185%,而当粗糙度继续变大时,承载力少许增长后反而出现下降的趋势。

在桩周岩石强度不是太高的情况下,孔壁粗糙度对极限承载力的贡献并不是无限增长的,特别是在桩底虚底的情况下,极限承载力还有可能出现下降的趋势,这主要是因为桩周岩石凸出部分在三向挤压下发生破坏,上部桩段侧摩阻力达到极限从而使侧摩阻力减少且重心下移的结果。

(2)在粗糙度因子的影响下,侧摩阻力的极限值非常高,甚至达到孔壁光滑时侧摩阻力极限值的 3 倍左右,这主要是因为,桩岩界面凸凹面使得桩岩之间的破坏不单单是剪切破坏,而是一种三向挤压破坏,这大大有助于增强平均侧摩阻力。桩底沉渣即桩底虚底对嵌岩桩承载力的影响更为大些,在粗糙度因子为零时,实底桩和虚底桩的承载力能相差 3 倍左右,从中可以看出桩端阻力及其对增加桩侧摩阻力的重要性,随着粗糙度因子的增大,实底桩和虚底桩的

极限承载力相差才有所减小，主要是因为带孔壁粗糙度的桩侧提供了更为强劲的承载力。

4.7.3 大直径深长嵌岩桩承载力计算方法

1）嵌岩桩上覆土层分项系数探讨

根据国内规范广泛采用的由经验参数确定单桩承载力的方法，桩侧土层总侧阻力 Q_s 可以用下式表示：

$$Q_s = \zeta_s q_{sk} h_s U \tag{4.7-1}$$

将土层平均侧阻力与土层极限侧阻力标准值的加权平均值之比定义为土层侧阻系数 ζ_s，即：

$$\zeta_s = \frac{Q_s}{q_{sk} h_s U} \tag{4.7-2}$$

（1）软岩嵌岩桩土层侧阻系数数据处理与结果分析

按式（4.7-2）计算出桩端基岩强度 $f_{rk} \leqslant 15\text{MPa}$ 的各试桩的土层侧阻系数，以 l/d 为横坐标、ζ_s 为纵坐标，绘出软岩嵌岩桩的长径比与土层侧阻系数散点图（图 4.7-3）。

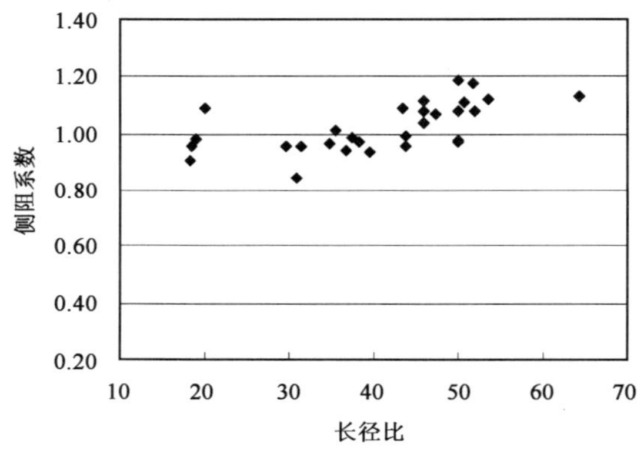

图 4.7-3　软岩嵌岩桩长径比与相应的土层侧阻系数散点图

为进一步求出 ζ_s 与 l/d 之间的函数关系，需对数据进行适当的取舍和处理。本案软岩嵌岩桩统计结果中，土层侧阻系数最小值 $\zeta_{smin} = 0.85$，最大值 $\zeta_{smax} = 1.18$，平均土层侧阻系数 $\overline{\zeta_s} = 1.02$，样本标准差 $S = 0.08$，则得具有 95% 保证率的土层侧阻系数：

$$\zeta_s = \overline{\zeta_s} - 1.645S = 0.89$$

软岩嵌岩桩长径比及土层侧阻系数实测值散点如图 4.7-4 所示。

根据 l/d 与 ζ_s 的相互关系，对试验数据进行线性回归，得到 ζ_s 关于 l/d 的函数如下：

$$\zeta_s = 0.004l/d + 0.845 \tag{4.7-3}$$

最终保守取值为：当 $2\text{MPa} \leqslant f_{rk} < 15\text{MPa}$ 时，$\zeta_s = 0.8$ 。

（2）硬岩嵌岩桩土层侧阻系数数据处理与结果分析

按照上述相同的方法对试验数据进行处理。

本案硬岩嵌岩桩统计结果中，土层侧阻系数最小值 $\zeta_{smin} = 0.74$，最大值 $\zeta_{smax} = 1.00$，平均土层侧阻系数 $\overline{\zeta_s} = 0.88$，样本标准差 $S = 0.117$，则得具有 95% 保证率的土层侧阻系数：

$$\zeta_s = \overline{\zeta}_s - 1.645S = 0.68$$

对于硬岩嵌岩桩而言，土层侧阻系数随长径比的增大近似呈指数增大。因此，对试验数据采取指数回归，得到ζ_s关于l/d的函数如下：

$$\zeta_s = 3.5 \times 10^{-6} \cdot e^{0.245 \times l/d} + 0.717 \tag{4.7-4}$$

根据式(4.7-4)可得与l/d相应的硬岩嵌岩桩土层侧阻系数ζ_s的计算值。

对于桩端基岩强度 15MPa $< f_{rk} \leq$ 30MPa 的嵌岩桩，其土层侧阻系数取式(4.7-3)和式(4.7-4)计算值的差值。

最终保守取值为：当 15MPa $\leq f_{rk} <$ 30MPa 时，$\zeta_s = 0.5$；当$f_{rk} >$ 30MPa 时，$\zeta_s = 0.2$。

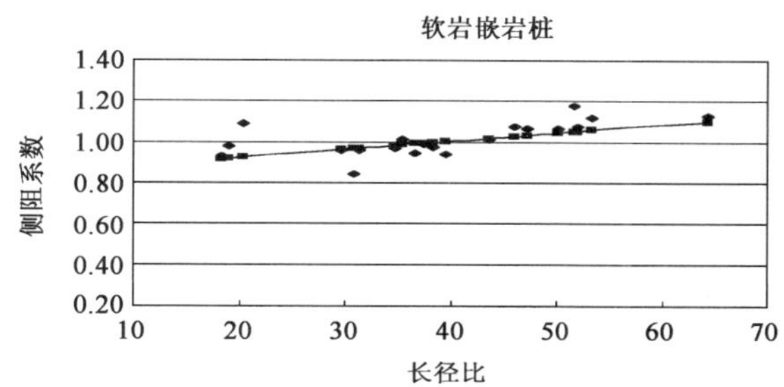

图4.7-4　软岩嵌岩桩长径比与其相应的土层侧阻系数散点图

2）嵌岩段容许承载力折减系数

通过分析得出了嵌岩桩嵌岩段极限侧阻力及极限端阻力分项系数的推荐取值，为了与《公路桥涵地基与基础设计规范》(JTG D63—2007)形式一致，并结合试桩数据，调整为嵌岩段容许承载力折减系数。c_1为根据岩石强度及完整性程度而定的端阻发挥系数；c_2为根据岩石强度及完整性程度而定的岩层的侧阻发挥系数。取值见表4.7-3、表4.7-4。

3）结合研究成果下的嵌岩桩承载力公式

$$[R_a] = c_1 A_p f_{rk} + u\sum_{i=1}^{m} c_{2i} h_i f_{rki} + 0.5\zeta_s u \sum_{i=1}^{n} l_i q_{ik} \tag{4.7-5}$$

式中：$[R_a]$——单桩轴向竖向承载力容许值[桩身自重与置换土重（当自重计入浮力时，置换土重也计入浮力）的差值作为荷载考虑]，kN；

c_1——根据岩石强度、岩石破碎程度等因素而确定的端阻力发挥系数；

A_p——桩端截面面积对于扩底桩，取扩底截面面积，m^2；

f_{rk}——桩端岩石饱和单轴抗压强度标注值（其最大值不超过混凝土抗压强度标准值，超过取混凝土抗压强度标准值），kPa；

c_{2i}——根据岩石强度、岩石破碎程度等因素而定的第i层岩层的侧阻发挥系数；

u——各土层或各岩层部分的桩身周长 m；

h_i——桩嵌入各岩层部分的厚度（不包括强风化层和全风化层），m；

m——岩层的层数（不包括强风化层和全风化层）；

ζ_s——覆盖层土的侧阻力发挥系数（根据桩端f_{rk}确定。当 2MPa $\leq f_{rk} <$ 15MPa 时，ζ_s =

0.8，当 15MPa≤f_{rk}＜30MPa 时，$\zeta_s=0.5$，当 f_{rk}＞30MPa 时，$\zeta_s=0.2$)；

l_i——各土层的厚度，m；

q_{ik}——桩侧第 i 层土的侧阻力标准值，(宜采用单桩摩阻力试验值，当无试验条件时，可按规范取值)，kPa；

n——土层的层数，强风化和全风化岩层按土层考虑。

当嵌岩比小于5时 c_1、c_2 取值 表 4.7-3

类　别	f_{rk}取值(MPa)	c_1	c_2	类　别	f_{rk}取值(MPa)	c_1	c_2
第一类	$f_{rk}\le5$	0.64	0.05	第三类	$15<f_{rk}\le30$	0.25	0.017
第二类	$5<f_{rk}\le15$	0.45	0.024	第四类	$30<f_{rk}$	0.13	0.01

当嵌岩比大于等于5时 c_1、c_2 取值 表 4.7-4

类　别	f_{rk}取值(MPa)	c_1	c_2	类　别	f_{rk}取值(MPa)	c_1	c_2
第一类	$f_{rk}\le5$	0.64	0.05	第三类	$15<f_{rk}\le30$	$0.25\dfrac{5d}{h_r}$	$0.017\dfrac{5d}{h_r}$
第二类	$5<f_{rk}\le15$	0.45	0.024	第四类	$30<f_{rk}$	$0.13\dfrac{5d}{h_r}$	$0.01\dfrac{5d}{h_r}$

注：1. 对于钻孔桩，系数 c_1、c_2 的值应减低20%采用；

2. 桩底沉渣厚度 t 应满足要求：$d>1.5$m 时，t≤100mm；

3. 对于中风化层作为持力层的情况，c_1、c_2 的值应乘以0.75的折减系数。

4)荷载—位移计算方法研究

(1)桩身荷载传递模型的建立

采用 Seed 和 Reese 双曲线拟合超长大直径钻孔灌注桩的桩侧摩阻力、桩端阻力和位移的关系。即桩侧摩阻力 τ 与桩身沉降 s 之间、桩端应力 σ 与桩底沉降 s_b 之间均满足双曲线模型：

$$\tau(z)=\frac{s(z)}{a+bs(z)},\sigma=\frac{s_b}{a_b+b_bs_b},R=\frac{As_b}{a_b+b_bs_b} \tag{4.7-6}$$

式中：$\tau(z)$ —— z 处的桩侧摩阻力；

$s(z)$ —— z 位置处的桩身沉降；

a 和 b ——桩侧土传递系数；

σ ——桩端应力；

R ——桩端阻力；

a_b 和 b_b ——桩端土传递系数；

s_b ——桩底沉降。

把桩分为 n 段，深度 z 处微单元体上下截面的作用力分别为 P 和 $P+\mathrm{d}P$，桩侧作用着桩侧土对桩的侧摩阻力 $u_p\tau$（设单位摩阻力为 τ），根据静力平衡条件有：

$$\frac{\mathrm{d}P}{\mathrm{d}z}=-u_p\tau \tag{4.7-7}$$

微单元体的弹性压缩量为：

$$ds = -\frac{P}{EA}dz \tag{4.7-8}$$

于是,由式(4.7-7)和式(4.7-8)得:

$$\frac{dP}{ds} = \frac{u_p EA\tau}{P} \quad 或写成增量形式\ \Delta P = \frac{u_p EA\tau}{P}\Delta s \tag{4.7-9}$$

考虑到桩土共同作用(这实际上是位移协调条件),将式(4.7-6)代入式(4.7-9),得到:

$$\Delta P = \frac{u_p EA[s/(a+bs)]}{P}\Delta s \ 或\ \Delta P = \frac{u_p EAs}{P(a+bs)}\Delta s \tag{4.7-10}$$

式中:a、b 和 a_b、b_b——分别为桩侧桩土和桩端桩土传递参数。

(2)荷载—位移关系迭代计算方法

根据上述,得到模拟单桩荷载位移(P-s)关系曲线的算法:

①将桩分成 n 段,输入桩径 d,桩截面弹性模量 E,以及各层地基土的埋深 h,分层数 m,参数 a、b 和 a_b、b_b。同时计算桩的截面积 $A = \pi(d/2)^2$。

②假定桩底沉降 s_b,按照式(4.7-6)计算第 n 段的下部作用力 $P_n = R$ 与桩侧摩阻力 τ。

③将 P_i 作为输入参数,对于第 i 段($i = 1 \sim n$)桩进行下面的迭代计算(l_i 为该段桩长)。

④计算第 i 段的轴力增量 ΔP、上部作用力 P'_i、桩的弹性压缩量 $\Delta s'$。

$$\Delta P = u_p l_i \tau$$

$$P'_i = P_i + \Delta P$$

$$\Delta s' = \frac{(P_i + \Delta P/2)}{EA} l_i$$

$$s' = s + \Delta s'$$

⑤根据桩土共同工作原理计算第 i 段的轴力增量 $\Delta P'$、上部作用力 P''、桩侧土的沉降量 s''。

$$\Delta P' = \frac{u_p EA[s'/(a+bs')]}{P'_i}\Delta s$$

$$P''_i = P_i + \Delta P'$$

$$\Delta s'' = \frac{(P_i' + \Delta P'/2)}{EA} l_i$$

$$s'' = s + \Delta s''$$

如果 $\dfrac{(\Delta s'' - \Delta s)}{\Delta s''} > 0.05$,则

$$P_{i-1} = P''_i,\ \Delta s = \Delta s'',\ s = s''$$

回到步骤⑤。

如果 $\dfrac{(\Delta s'' - \Delta s)}{\Delta s''} \leqslant 0.05$,则

$$P_{i-1} = P'_i,\ \Delta s = \Delta s',\ s = s'$$

回到步骤③。

⑥输出 $Q(1) = P_0$,$s(1) = s_0$。

⑦假设新的 s_b,回到步骤②,得出新的 Q②,$s(2)$。

⑧重复步骤②~⑦,得到一系列 $Q(i)$,$s(i)$。

⑨根据[$Q(i)$, $s(i)$]($i = 1,2,3,\cdots,k$, k 为某一预定的整数),就可以得到单桩的荷载位移关系图。

(3)荷载传递参数验证

根据上述的迭代计算方法,编写专门的计算程序,利用双曲线回归再统计分析得到的荷载传递参数,通过位移协调法由桩端向上反算桩身轴力和变形,最后得出对应的桩顶荷载和位移,从而模拟出桩的 Q-S 曲线。在模拟计算的时候,因为桩侧非典型土层的荷载传递参数未拟合计算,故按其土性情况将之归并到土性类似的土层,采用类似典型土层的荷载传递参数。

4.7.4 结论

大直径深长嵌岩桩荷载传递机理及其影响因素的定量分析一直是困扰工程设计人员的难题,本次针对目前较为突出的嵌岩桩承载机理、承载力、施工与质量控制等方面重点开展研究。采用了理论分析、现场试桩试验研究、室内模型试验研究、数值模拟等相结合的方法进行一系列的分析研究后,得出以下结论:

1)嵌岩桩承载性能的理论研究

针对嵌岩桩竖向承载机理,利用 Hoek-Brown 岩石的破坏准则和 Pan &Hudson(1988)破坏准则分别进行了嵌岩桩嵌岩段侧阻力和嵌岩段端阻力的相关研究。并对影响承载力发挥的各种因素进行了深入探讨,得到相关的研究成果,并利用工程实例进行试算,得到如下结论和建议:

(1)桩身轴力增加时,桩侧极限摩阻力与轴力之间成正比;嵌岩段侧摩阻力随桩与岩的相对位移的变化而变化,嵌岩段桩侧摩阻力从峰值降低到残余侧摩阻力。

(2)单桩的刚度越小,岩体的刚度越大,则嵌岩段极限侧阻力越大,但单桩刚度过小,桩体有可能发生桩体材料强度不足而破坏。

(3)桩径增大时,桩侧极限侧摩阻力反而减小,因此过度增加桩径来提高桩侧极限摩阻力只会带来相反的效果。

(4)Zhang and Einstein(1998)利用二维 Hoek-Brown 破坏准则($\sigma_2 = \sigma_3$)推导出来极限端阻力计算式反映出极限端阻力随嵌岩比的增大而增大的现象与实际不符,而运用 Midllin 解和 Pan & Hudson(1988)破准准则推导出来的桩端极限端阻力计算式能反映嵌岩比对桩端阻力的影响。

(5)桩端极限端阻力随桩径的增加而增大,但增加的效果不明显。

(6)岩块质量比岩石种类对极限端阻力的影响要大很多。

2)室内模型试验研究

以桩全长嵌入软岩的室内模型试验为基础,分析嵌岩桩竖向承载力受上述因素的影响程度。

(1)试验一:桩径(D)和嵌岩比(n)对嵌岩桩承载特性的影响。

①模型嵌岩桩桩径(D)增加,相同桩顶位移时桩顶荷载增加,增加的幅度比简单的通过增加嵌岩比($n = H_R/D$)的方法要高很多。

②当桩径相同,嵌岩比不同时,桩端承担桩顶的荷载随嵌岩比的增大而减小,$4 \leqslant$ 嵌岩比 $n < 6$ 时,$Q_b/Q(\%)$递减明显;当 $6 \leqslant$ 嵌岩比 $n < 8$ 时,$Q_b/Q(\%)$递减平缓。

③桩侧摩阻力 q_r(MPa)随桩径(D)的增大而减小。

④桩身轴力传递率(P_z/P)随着 H_R/D(嵌岩比)的提高而增大。

(2)试验二:孔壁粗糙度及桩底沉渣对嵌岩桩承载特性的影响

①对于实底桩,当粗糙度因子由0变为0.04时,极限承载力提高幅度达50%;而随着粗糙度的进一步增大,极限承载力增长幅度迅速变小;桩底虚底的时候,粗糙度因子由0变为0.04时,极限承载力提高幅度达185%;而当粗糙度继续变大时,承载力少许增长后反而出现下降的趋势。

②在粗糙度因子的影响下,侧摩阻力的极限值非常高,甚至达到孔壁光滑时侧摩阻力极限值的3倍左右。桩底沉渣即桩底虚底对嵌岩桩承载力的影响更为大些,在粗糙度因子为零时,实底桩和虚底桩的承载力能相差3倍左右。从中可以看出桩端阻力及其对增加桩侧摩阻力的重要性。随着粗糙度因子的增大,实底桩和虚底桩的极限承载力相差才有所减小,主要是因为带孔壁粗糙度的桩侧提供了更为强劲的承载力。

3)嵌岩桩承载力计算方法

详细阐述和剖析了嵌岩桩荷载传递机理及嵌岩桩典型的 Q-s 曲线,通过对比分析,对于嵌岩桩承载力的计算,沿用《公路桥涵地基与基础设计规范》(JTJ D63—2007)的相关思路,分别研究了软岩嵌岩桩和硬岩嵌岩桩的岩层侧阻系数和端阻系数与各相关因素之间的联系和规律,通过对大量试桩实测相关承载力数据统计分析的基础上,得出了相关取值,并将它们引入计算公式,得到了建议嵌岩桩承载力公式。

4.7.5 《大直径深长嵌岩桩设计指南》

1)《大直径深长嵌岩桩设计指南》(以下简称《指南》)编写的目的和意义

《指南》主要针对桥梁工程中深长嵌岩桩的设计而编制。在制订过程中,积极借鉴了美国联邦州公路与运输协会《AASHTO LRFD Bridge Design Specifications》、加拿大《Canadian foundation engineering manual》,参考《公路桥涵地基与基础设计规范》(JTG D63—2007)等的科研成果,并考虑了当前的设计和制造水平及深长嵌岩桩的未来发展趋势。

《指南》中的术语和符号、设计一般规定、嵌岩桩的设计计算,可供桥梁工程中深长嵌岩桩设计参考使用。其他行业深长嵌岩桩的设计也可参照使用。

2)《指南》主要内容和创新

(1)《指南》主要针对桥梁工程中深长嵌岩桩的设计而编制,《指南》共4章,主要内容有:总则、术语和符号、设计一般规定、嵌岩桩的设计计算等。

(2)《指南》的主要技术特点和创新包括:

①依托西堠门大桥等工程实际,开展了考虑嵌岩比、孔壁粗糙度等因素的嵌岩桩嵌岩段桩侧阻力、桩端阻力等的深长嵌岩桩设计方法的研究工作。

②以西堠门大桥大直径深长嵌岩桩为依托工程,吸收采纳了本科技项目相关的试验及理论研究成果,所编制的指南技术指标。

③首次研究了深长嵌岩桩的承载特性,提出了嵌岩段桩侧阻力,桩端阻力以及上覆土层摩阻力的发挥系数。

4.8 本章小结

悬索桥勘察设计关键技术直接关系着桥梁结构的适用性及其在各种荷载作用下的安全性，是保证悬索桥结构实现预期设计功能的关键，也是制约悬索桥跨径突破的技术瓶颈。在研究实施前，国内已建成的悬索桥主跨均在1 500m以下，对特大跨径钢箱梁悬索桥关键设计技术如设计方法、分析手段、结构特性及结构体系等，国内没有完整深入的实例研究。因此，系统地研究跨海特大跨径钢箱梁悬索桥勘察设计关键技术成为跨海特大跨径钢箱梁悬索桥工程实施的首要技术挑战。

以西堠门大桥为依托，综合考虑国内悬索桥技术发展水平，深入研究海礁桥梁地基、特大跨径悬索桥精细化分析方法、悬索桥结构体系和刚度以及结构受力特性、悬索桥设计关键参数、分体式钢箱梁关键构造、正交异性钢桥面板集成技术、深长大直径嵌岩桩承载特性，并编制了相关的设计指南。取得的主要科研成果与创新如下：

(1)从公路钢桥面板疲劳设计的角度对车辆荷载数据进行调查统计分析，提出了公路钢桥面板疲劳设计车辆荷载简化模型，填补了国内公路钢桥面板疲劳荷载相关设计规范的空白；国内首次系统开展了正交异性钢桥面板焊接构造细节疲劳试验研究，通过模拟移动轮载的双点220kN作用1 000万次反相位疲劳加载足尺模型试验和实桥静动载试验，取得了正交异性钢桥面板结构体系设计、构造细节设计、疲劳验算、疲劳裂纹分析和修补加固技术等成套科研成果。

(2)首次进行了钢箱梁吊装、体系转换和桥面铺装三个阶段主缆弯曲应力现场试验及钢丝间等效极限剪应力的室内测试，并开展了主缆二次应力理论分析，提出了悬索桥主缆应力安全系数新推荐值。

(3)首次提出了岩体结构量化的“岩体块度指标RBI”指标，系统建立了海礁岩体质量分级体系及其配套的力学参数取值；提出了不同地貌单元适用的海域钻场类型，以及海礁大跨度高塔柱桥梁地基勘察方法的综合配置原则；建立了海域地貌测图和海礁岩石风化程度分级的标准。

(4)首次研究了超长嵌岩桩的承载特性，提出了嵌岩段桩侧阻力、桩端阻力以及上覆土层摩阻力的发挥系数。

(5)编制的《特大跨径钢箱梁悬索桥设计指南》、《正交异性钢桥面系统的设计和基本维护指南》、《大直径深长嵌岩桩设计指南》、《海礁桥梁地基综合勘察技术指南》、《海礁岩体质量分类体系指南》等成果，充实了现有的国内规范，对类似工程具有较强的指导性和推广应用价值。

第5章　跨海特大跨径钢箱梁悬索桥抗风关键技术

5.1　加劲梁和桥塔断面气动选型数值方法

桥梁断面数值模拟气动选型问题有两个主要特点：一是桥梁周围的流动通常是高雷诺数非定常分离流动，工程上所关心的结果也不仅局限于时间平均值；二是桥梁在风作用下的变形和运动不可忽略，桥梁和周围空气相互作用的气动弹性问题是CFD研究的难点之一。为此，针对性地先后研究了三种不同的流动分析方法，即有限单元法、离散涡方法和格子玻尔兹曼方法。在西堠门大桥初步设计阶段，基于有限单元法完成了加劲梁断面的气动选型，采用Fluent软件完成了桥塔断面的气动选型；基于无网格确定性离散涡方法开发了桥梁断面绕流分析软件，该软件和气动导数识别和颤振分析软件一起构成了较完整的桥梁断面气动选型软件；降低了对使用者计算网格划分和流体专业知识方面的要求，便于在设计单位推广使用；最后采用在非定常流动模拟方面有独到之处的格子玻尔兹曼方法模拟了桥梁断面表面的风压分布，并和实测结果进行了对比分析，探索了桥梁断面绕流的一些机理问题。

5.1.1　桥梁断面气动选型数值方法

1)有限单元法

桥梁在风作用下的运动使得其周围的空气所占据的空间不断随时间变化，需要采用任意欧拉—拉格朗日方法描述。大跨桥梁颤振或涡激振动时，虽然沿桥梁跨度方向变形很大，但是加劲梁截面形状基本保持不变，就每一个截面来说，仍可足够精确地将桥梁截面的运动近似为刚体运动。另一方面，桥梁振动过程中对周围气流的扰动范围是有限的，只要计算区域取的足够大，比如10倍以上的桥梁宽度，即可将计算区域周围边界处的流动速度假定为和来流速度相同，而不会引起很大的误差。因此可将振动桥梁断面的模拟区域取为随桥面一起运动的刚体区域，如图5.1-1所示。这样就可用刚体运动公式表达计算区域和实际流体的时变区域之间的映射关系，得到流动控制方程，采用图5.1-2所示单元进行离散求解。

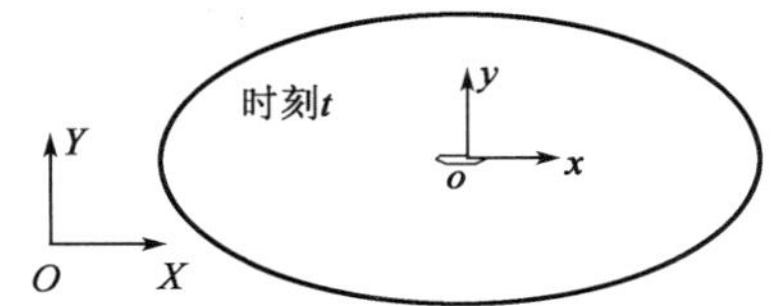

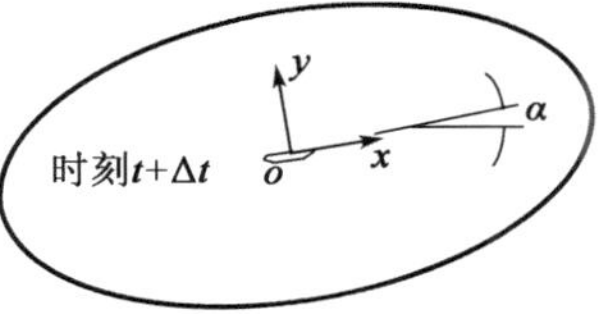

图5.1-1　流动区域随时间变化示意图

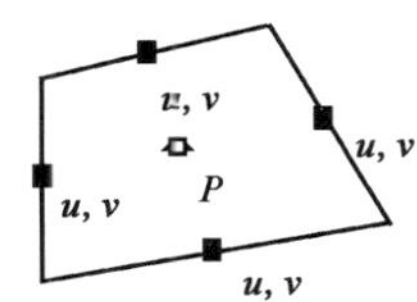

图5.1-2　单元节点示意图

基于有限单元法，在西堠门大桥前期研究中编制了计算程序FEM2D，并基于颤振性能对其加劲梁断面进行气动选型。在新版的有限体积法商业流体软件Fluent中也实现了变形网格的计算，但是计算过程中每个时间步计算网格都要随桥梁断面运动而变化，一方面增加了计算量，另一方面不同网格之间流动变量的插值不可避免地带来误差。无论是 FEM2D 程序还是 Fluent 软件，进行断面气动性能数值模拟计算时都需要对计算区域划分网格，如果使用 Fluent 软件还需要指定网格变形的方式，其他计算控制参数的设置也较为复杂，要求使用者具有较高的流体专业知识基础，不适合在设计单位推广使用。

2）无网格的确定性离散涡方法

离散涡方法以涡量输运方程为求解对象，首先将连续分布的涡量场用有限个离散涡元的涡量叠加来代替，然后用 Lagrange 方法描述涡单元运动的时间历程来模拟流体的运动。离散涡方法在黏性效应模拟方面的困难主要源于没有网格，而无网格又是离散涡方法最吸引人的特点之一。因此在对离散涡方法的各种改进中仍然期望避免任何形式的固定网格。近年来发展起来的黏性模拟方法各有所长，还没有一个公认的最优方法。本节基于涡核扩展和涡量重分布法，发展了一种新的确定性离散涡方法——涡核尺寸重置法。

首先在每个时间步上让所有涡元按照理论解增大尺寸，然后检查每个涡元，如果涡核尺寸超过指定大小，则将其重置为原始大小。涡核尺寸的重置必然改变整个涡量场的分布。通过在相邻涡元之间交换涡量，则可保证每个涡元的涡量场的矩以及在指定位置处的涡量值不变，从而可以使得整个涡量场的改变最小。用 $\xi_{ij}=(x_j-x_i)/\sigma_{i0}$ 表示涡元 i 和涡元 j 的相对位置，其中 σ_{i0} 为涡元 i 修正前的尺寸，相应的修正后的尺寸表示为 σ_{i1}。从涡元 i 传递到涡元 j 的涡量值 f_{ij} 可以通过求解下列方程得到：

$$\sum_j f_{ij}=1\sum_j f_{ij}\xi_{1ij}=0\sum_j f_{ij}\xi_{2ij}=0 \tag{5.1-1}$$

$$\sum_j f_{ij}(\sigma_j^2+\xi_{1ij}^2)=\sigma_{i0}^2\sum_j f_{ij}\xi_{1ij}\xi_{2ij}=0\sum_j f_{ij}(\sigma_j^2+\xi_{2ij}^2)=\sigma_{i0}^2 \tag{5.1-2}$$

$$\sum_j f_{ij}\xi_{1ij}(3\sigma_j^2+\xi_{1ij}^2)=0\sum_j f_{ij}\xi_{2ij}(\sigma_j^2+\xi_{1ij}^2)=0 \tag{5.1-3}$$

$$\sum_j f_{ij}\xi_{1ij}(\sigma_j^2+\xi_{2ij}^2)=0\sum_j f_{ij}\xi_{2ij}(3\sigma_j^2+\xi_{2ij}^2)=0 \tag{5.1-4}$$

$$\sum_j (f_{ij}/2\pi\sigma_j^2)\exp(-|x_k-x_j|^2/2\sigma_j^2)=(1/2\pi\sigma_{i0}^2)\exp(-|x_k-x_i|^2/2\sigma_j^2) \tag{5.1-5}$$

离散涡方法不需要计算网格，具有自适应的良好品质和较高的分辨率，适合于模拟高雷诺数下速度梯度较大的流动。涡核尺寸重置法基于涡核扩展的理论解，并在修正涡核尺寸时不改变涡量的分布，综合了涡核扩展法、涡量重分布法和径向基函数插值法的特点，具有较高的计算精度和效率。

3）格子玻尔兹曼方法

BGK 碰撞算子及相应的 BGK 方程是格子玻尔兹曼方法中应用最广泛的模型。

$$f_\alpha(x+e_\alpha\Delta t,t+\Delta t)=f_\alpha(x,t)-\frac{1}{\tau}(f_\alpha-f_\alpha^{(eq)}) \tag{5.1-6}$$

构造合适的具有物理对称性的网格和相应的平衡分布函数，从 BGK 方程可推导出黏性不可压流动的 Navier-Stockes 方程。BGK 方程与 Navier-Stokes 方程的主要区别在于：BGK 方程是基于分子运动论的动力学方程，对流项是线性的，依赖于网格的结构，计算时不需要迭代过程，是针对时间步的流动模拟；而 Navier-Stokes 方程是基于连续介质假设的非线性偏微分方程，对流项是非线性的，数值计算时需要通过迭代得到收敛结果。

BGK 方程描述的是大量粒子的动力系统，用松弛时间 τ 表示局部粒子分布函数松弛到平衡状态的过程，对流动的最小捕获尺度为一个网格单位，要完全分辨出高雷诺数湍流中包含的尺度不同的旋涡，就需要数量巨大的网格数量，相应的计算量在目前计算条件下是无法承受的。将小尺度旋涡脉动的贡献也通过松弛时间来描述，并加入到BGK碰撞算子中，就可以用新的BGK方程来同时考虑不同尺度旋涡的共同作用，从而实现湍流的数值模拟。湍流松弛时间在物理意义上反映了湍流涡黏性的变化，根据Smagorinsky涡黏模型计算湍流松弛时间可以最大限度地继承格子玻尔兹曼方法的计算优势。湍流涡黏性

$$\upsilon_{\mathrm{t}} = C_{\mathrm{s}}^2\Delta^2\sqrt{2\bar{S}_{ij}\bar{S}_{ij}} \tag{5.1-7}$$

局部应变率张量$\bar{S}_{ij} = (\partial_j \partial u_i + \partial_i \partial u_j)/2$为可根据分布函数的非平衡特性，直接通过分布函数的非平衡动量通量来计算。

$$\bar{S}_{ij} = -\frac{3}{2\rho\tau_{\mathrm{total}}\Delta t}\Pi_{ij} = -\frac{3}{2\rho\tau_{\mathrm{total}}\Delta t}\sum_{\alpha} e_{\alpha i}e_{\alpha j}(f_{\alpha} - f_{\alpha}^{\mathrm{eq}}) \tag{5.1-8}$$

湍流模型在格子玻尔兹曼方法中的作用完全不同于它在RANS或LES方法中的作用，它们之间存在本质性的区别。在宏观CFD方法中，湍流模型的作用是对平均化后的流动控制方程（如：雷诺时均方程）进行封闭，从而进行方程的数值求解；LES中，亚格子应力假设为与瞬时局部应变平衡，涡黏性的影响只是瞬时的，且非流体动力学变量被完全忽略。在湍流BGK方程中，湍流模型不是对方程的求解进行封闭，它完全出于对小尺度脉动现象的描述；应力与大尺度应变不是瞬时平衡的，而是松弛到由当前涡黏性决定松弛时间上，因此，湍流BGK方程可以考虑更多的"时空记忆效应"。

4）气动参数识别及颤振分析方法

桥梁断面的气动参数包括气动力系数、气动导数和气动导纳，这些参数在桥梁抗风设计中有着十分重要的地位。进行固定断面的绕流分析可计算出给定风速下的定常气动力系数和斯托罗哈数，根据斯托罗哈数和桥梁结构的自振频率即可判断可能发生涡激共振的风速。让桥梁断面分别做竖向、扭转和水平正弦振动，计算出气动力的时间变化曲线，然后分别用三个方向的位移和速度根据最小二乘法拟合计算得到的气动力，拟合系数除以相应的常数即为气动导数。

桥梁断面运动系统具有扭转、竖向和侧向三个自由度，而且不同自由度方向的气动力是相互耦合的。以扭转运动方程为例

$$\ddot{\alpha} + 2\xi_{\alpha 0}\omega_{\alpha 0}\dot{\alpha} + \omega_{\alpha 0}^2\alpha = M_{\mathrm{se}}(\alpha,\alpha) + M_{\mathrm{se}}(\alpha,h) + M_{\mathrm{se}}(\alpha,p) \tag{5.1-9}$$

系统扭转运动方程右端的自激力矩应由三个部分组成：式中右端第一项为扭转运动自身所产生的气动力矩，式中右端后两项为耦合运动产生的气动力矩。这种"附加"的气动力矩对扭转运动系统的影响通过不同自由度运动之间的激励—反馈机制实现，即系统扭转运动通过耦合气动力在竖向和侧向自由度上激励起具有系统扭转频率的竖向和侧向运动，而被激发的耦合竖向和侧向运动又通过耦合气动力矩的形式反馈作用在扭转运动系统上。

迭代求解这一引入了不同自由度运动之间的激励—反馈机制的系统扭转牵连运动方程，就可以得到系统扭转牵连运动在任意风速下的运动规律，称为二维三自由度耦合颤振分析方法。该方法通过建立三个自由度运动的相对幅值比和振动能量在各个自由度方向上的相对分配关系而引入了颤振形态矢量，根据颤振形态矢量终点落在单位圆周上的位置，可以准确地显示任意风速下扭转和竖向自由度运动的相对参与程度，从而揭示系统运动中的自由度耦合效

应和颤振形态。

5.1.2 加劲梁断面气动选型

西堠门大桥加劲梁开槽断面方案数值模拟选型的主要目的是，在进行风洞试验之前通过计算流体动力学（CFD）方法，对槽宽分别为5m、6m和6.5m的加劲梁断面以及槽宽6m的4种改进型断面（如图5.1-3所示）进行颤振优化选型，根据颤振稳定性能来选取最优的开槽宽度作为初步设计第一方案，并确定合理的检修车轨道位置，对挑臂气动性能进行评价。识别气动导数识别采用有限单元法，颤振临界风速的计算结果见表5.1-1。

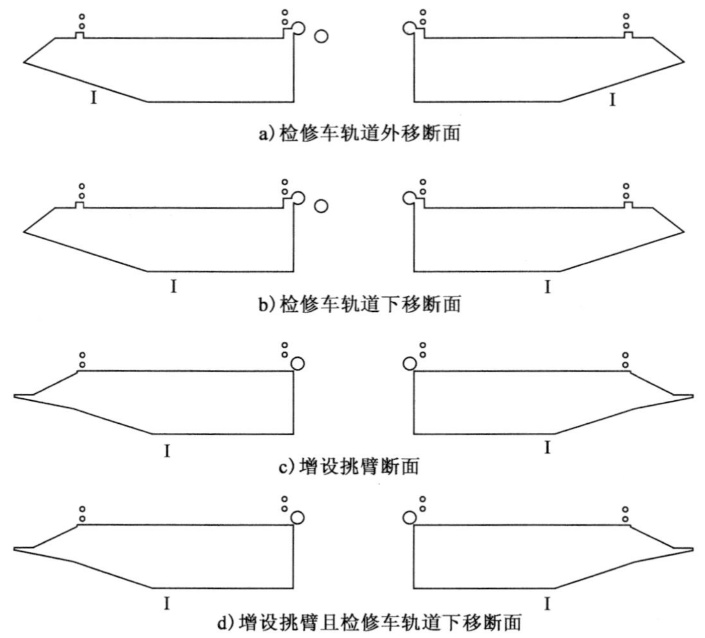

图5.1-3 槽宽6m方案的改进型断面

开槽断面颤振临界风速计算结果 表5.1-1

槽宽（m）	检修轨道	挑臂	振型	竖弯频率（Hz）	扭转频率（Hz）	颤振临界风速（m/s）
5	原位	无	正对称	0.104 2	0.258 6	49.1
			反对称	0.081 7	0.265 5	52.1
6	原位	无	正对称	0.104 0	0.261 6	67.5
			反对称	0.081 5	0.266 7	69.9
6.5	原位	无	正对称	0.104 0	0.258 8	52.6
			反对称	0.081 6	0.262 7	53.8
6	外移	无	正对称	0.104 0	0.261 6	57.8
			反对称	0.081 5	0.266 7	60.5

续上表

槽宽（m）	检修轨道	挑臂	振型	竖弯频率（Hz）	扭转频率（Hz）	颤振临界风速（m/s）
6	下移	无	正对称	0.104 0	0.261 5	75.2
			反对称	0.081 5	0.266 7	101.5
6	原位	有	正对称	0.104 0	0.261 5	61.0
			反对称	0.081 5	0.266 7	70.8
6	下移	有	正对称	0.104 0	0.261 6	73.5
			反对称	0.081 5	0.266 7	77.8

从颤振临界风速计算结果可以得到以下结论：

（1）在3种开槽宽度的比较中，槽宽6m方案的颤振稳定性能最好，并且相比其他两种槽宽的开槽断面其颤振临界风速提高近30%，因此应该选择槽宽6m的方案作为开槽形式加劲梁断面的初步设计推荐方案。

（2）在检修车轨道位置调整的比较中，检修车轨道外移不但无助于提高结构的颤振稳定性能，反而起到相反的作用；反之，检修车轨道下移将提高颤振临界风速12%，因此成为初步设计中的推荐颤振控制措施。

（3）增设挑臂无论是对原槽宽6m方案还是检修车轨道下移后的方案，其对颤振性能的改善作用并不大，但考虑到增设挑臂对气流导流作用的增强有助于改善断面的涡振和抖振性能，因此也成为推荐的气动控制措施之一。

5.1.3　桥塔断面气动选型

桥塔断面的气动性能主要包括静风性能和涡振性能两个方面，反映气动性能的指标主要有气动力系数和斯托罗哈可放在第一次出现时数，进行桥塔断面气动选型数值计算的主要目的，就是在一定的范围内根据气动性能的优劣来确定桥塔断面的外形。桥塔断面气动选型数值计算中断面处于静止状态，本节采用Fluent软件对西堠门大桥12种桥塔断面进行了倒角形式比较、内凹角尺寸比较和最后断面气动性能数值计算。主要根据气动力和斯托罗哈数最终确定出抗风性能比较合理又能满足其他要求的桥塔断面形式。

桥塔断面基本外形确定为矩形，从建筑外形和结构受力角度需要对简单矩形截面的4个直角进行处理，因此，桥塔断面气动选型数值计算首先要解决4个直角的倒角形式问题。常用的矩形截面倒角形式主要有3种，即外凸圆形、内凹圆形和内凹矩形，如图5.1-4所示。考虑到不同高度的桥塔截面尺寸不同，对塔顶附近和桥面高度处共两组截面进行了分析。比较的结论是外凸圆形断面对桥塔静风荷载作用比较有利，而内凹圆形和内凹矩形断面涡振风速会比较高，二者各有利弊。考虑到建筑造型上外凸圆形断面已经相当普遍，为了突出个性、避免雷同，在对抗风性能影响不大的前提下，结构设计决定采用内凹矩形断面作为西堠门大桥塔柱断面的倒角形式。

西堠门大桥塔柱断面决定采用内凹矩形断面后，从空气动力的角度还需要比较不同的内凹矩形尺寸。为此，选用3种内凹面积基本相等的矩形倒角形式，即0.7m×0.7m正方形、1.0m（顺桥向）×0.5m（横桥向）矩形和0.5m（顺桥向）×1.0m（横桥向）矩形。比较结果表明，内凹 0.7m ×0.7m 正方形倒角对桥塔静风荷载作用最有利，而 3 种断面的涡振风速相差不大。结构设计最终决定采用抗风性能最好的内凹 0.7m ×0.7m 正方形倒角作为西堠门大桥塔柱断面形式。

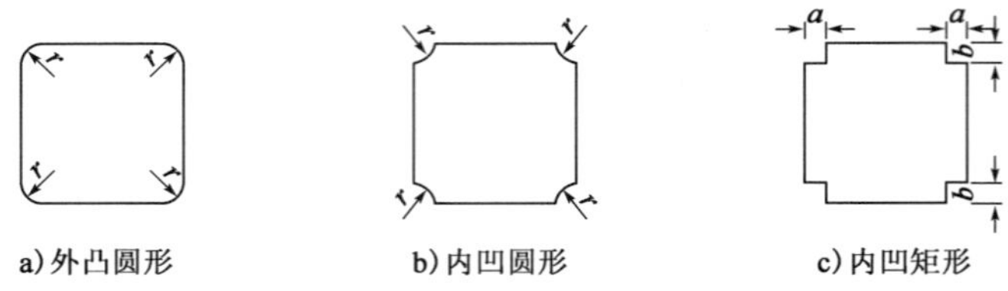

图 5.1-4 矩形截面倒角形式

西堠门大桥塔柱断面最终决定采用内凹 0.7m ×0.7m 正方形倒角后，需要对最后选定的桥塔断面形式进行气动参数计算。桥塔塔顶截面的顺桥方向尺寸为 $B=8.5\mathrm{m}$、横桥方向尺寸为 $H=6.5\mathrm{m}$，两柱净间距为 $S=26.1\mathrm{m}$，如图 5.1-5 所示。相应的塔柱断面横桥向气动力系数、顺桥向气动力系数和斯托罗哈数分别如表 5.1-2 所示。

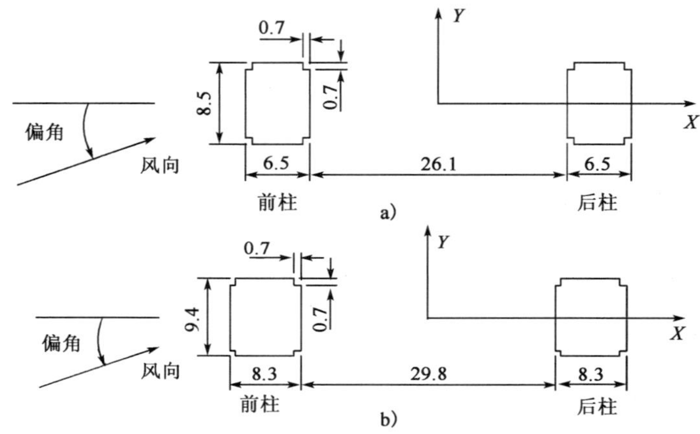

图 5.1-5 西堠门大桥桥塔截面计算模型(尺寸单位：m)

桥塔塔顶断面气动参数计算结果 表 5.1-2

偏角(°)	横桥向系数 C_x		顺桥向系数 C_y		斯托罗哈数	
	前柱	后柱	前柱	后柱	前柱	后柱
0	1.45	0.90	0.00	-0.04	0.138	0.138
5	1.47	0.90	0.03	0.22	0.138	0.138
10	1.56	0.80	0.12	0.08	0.138	0.138
20	1.70	1.06	0.37	0.35	0.138	0.138
45	1.63	1.45	1.26	1.09	0.162	0.138
70	0.72	0.82	1.20	1.39	0.162	0.162
80	-0.01	0.36	0.90	1.09	0.184	0.184
85	-0.10	-0.08	0.82	0.90	0.184	0.184
90	0.17	-0.14	0.82	0.82	0.162	0.162

5.1.4 加劲梁表面风压数值分析及实测对比

反映加劲梁气动性能的气动力系数和气动导数是结构表面风压综合以后的结果，分析不同情况下结构表面风压分布有助于理解风对桥梁作用的内在机理。本节基于格子玻尔兹曼数值模拟方法分析了不同情况下加劲梁的表面风压分布，并和现场实测结果进行对比。

安装于加劲梁上下表面的附属构件对加劲梁的气动性能有明显的影响，本节对9种不同桥面构件组合下的加劲梁的表面风压分布及相应的气动力进行了分析。分析时加劲梁基本截面和附属构件形状如图5.1-6所示，风攻角为0°，来流为均匀流。

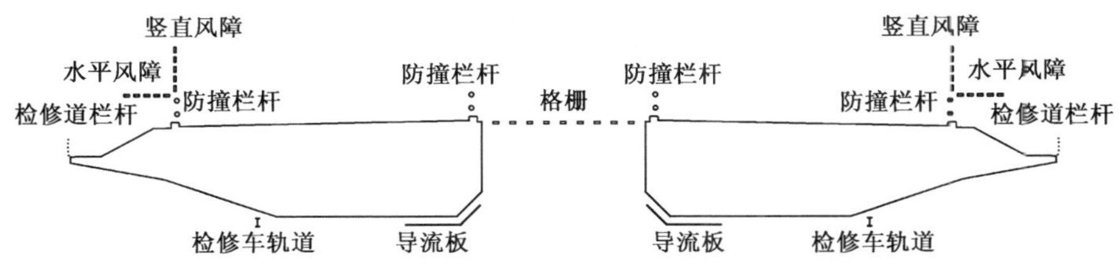

图5.1-6 加劲梁计算截面形状

成桥状态不设风障，风障竖直状态的平均风压分布如图5.1-7所示。可以看出，增加竖直风障后箱梁表面所有部位的风压均方差都成倍减小，在大多数部位风压均方差几乎为0。

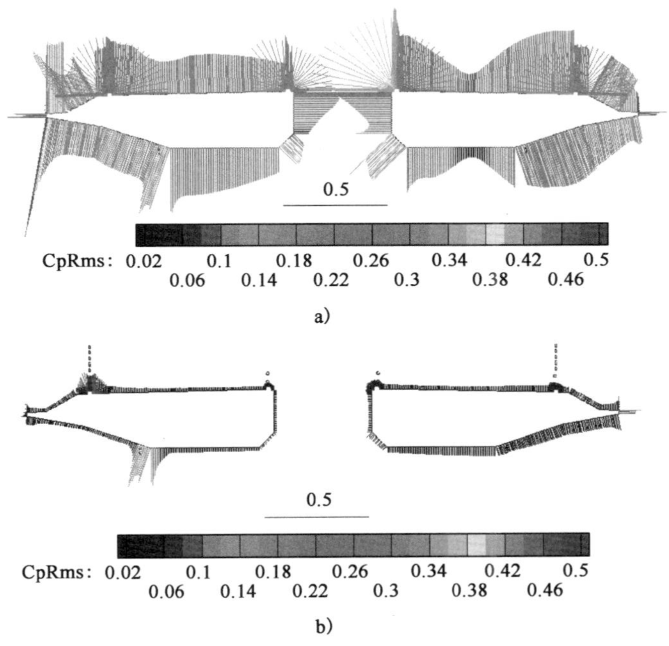

图5.1-7 工况二和工况九表面风压均方差值

加劲梁表面风压的分析结果和实测结果的对比如图5.1-8所示。由于实测时的风向与桥轴线有一定的偏角，水平面也有一定攻角，实际开槽加劲梁周围的流动也有明显的三维特征，计算截面形状和实测时的桥面构造也不完全一致，因此计算结果与实测结果有一定差别是合理的。所列示的两个实测样本中,样本 1 与无防撞栏时的风压均方差分布规律较为相似,样本 2 与有防撞栏时的风压均方差分布规律较为相似。

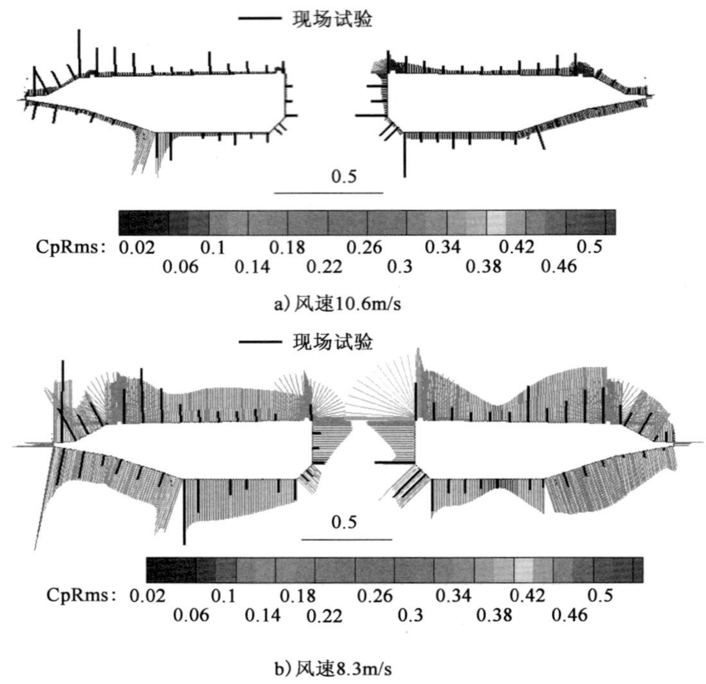

图 5.1-8　风压均方差实测样本和计算值

5.1.5　桥塔表面风压数值分析及实测对比

分析的桥塔截面位于桥面附近。5°和 10°风偏角下的风压均值如图 5.1-9 所示。不同风偏角下,风压均值分布有明显区别。0°和 5°偏角时前塔柱对后塔柱有遮挡作用,后塔柱迎风面平均风压接近于 0,风偏角大于 10°时,前塔柱的遮挡作用消失,后塔柱迎风面出现正的平均风压。风偏角 20°时,前塔柱背风侧出现了很大的负压。

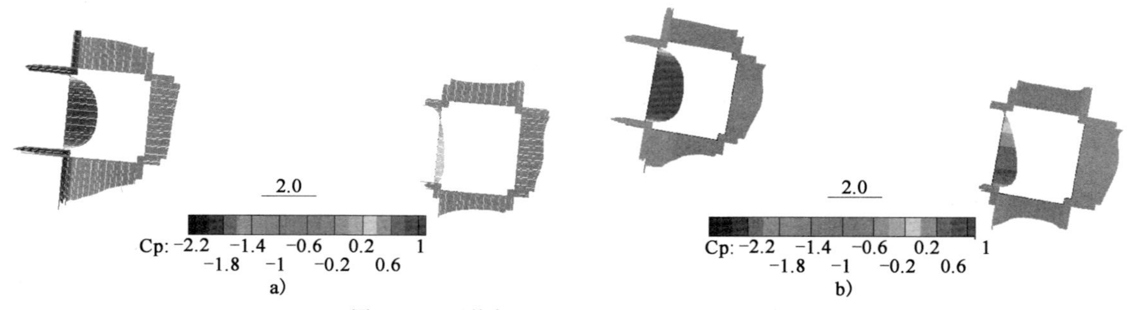

图 5.1-9　风偏角 5°和 10°时的风压时间平均值

本节对桥面附近的桥塔表面风压进行了现场实测,测试系统由 CYG1516 型抗雷击风载荷压力传感器、采样保护电路、数据采集卡、数字量输入输出卡、计算机和采集软件组成。数据采集卡采用 80 路串行数据采集卡,实时采集记录各通道压力信号。计算机上配备的采集软件完成采集控制、波形实时显示、读取数据、数据处理及通信功能。安装于桥塔上的传感器如图5.1-10所示。

a)

b)

图5.1-10　风压和风速实测仪器布置

风速采用NRG机械风速仪和手持式风速计同时测量，实测得到的风速均值为7.1～11.3m/s，风向与桥轴线约成80°角。桥塔表面风压均方差实测值和计算分析结果的对比如图5.1-11所示。由于实测桥塔断面离开桥面较近，而计算为二维模型，因此计算结果和实测结果之间存在差别是合理的。

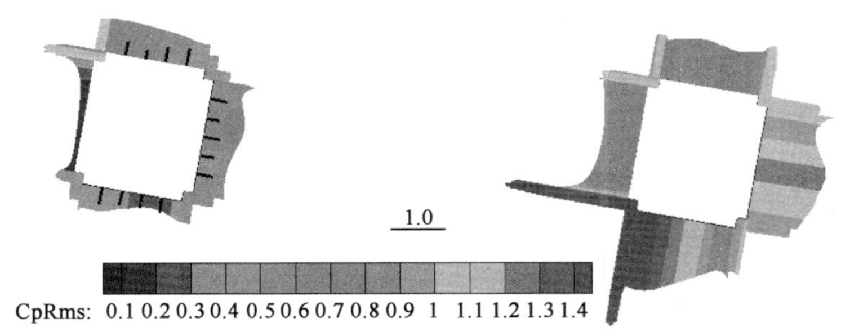

图5.1-11　风压均方差实测与计算值比较

5.1.6　桥梁断面气动选型数值分析软件开发

选用离散涡方法作为桥梁断面气动选型软件的核心进行梁断面绕流计算，主要是考虑到离散涡方法计算过程中不需要人为划分网格，计算过程中需要用户干预较少，使用者的要求比其他方法要低一些。

所开发的桥梁断面气动选型软件主要由桥梁断面边界面元划分、离散涡方法流动计算、气动导数识别及颤振分析等模块组成。用户界面主要完成桥梁断面几何形状的导入和修改，将断面边界划分成离散涡方法需要的面元格式，对流动计算结果进行简单的图形显示。用户界面模块目前只能在Windows系列操作系统下使用。所开发的软件既可识别静止桥梁断面的气动力系数和强迫振动断面的气动导数，也可以模拟颤振和涡振的振动过程，基本能满足桥梁断面气动选型的需要，见图5.1-12、图5.1-13。

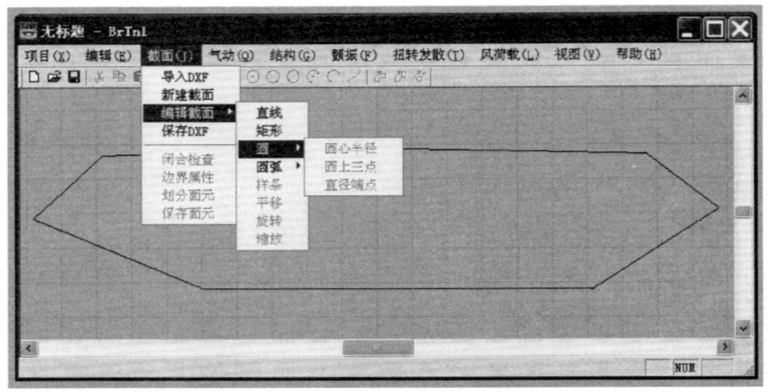

a)

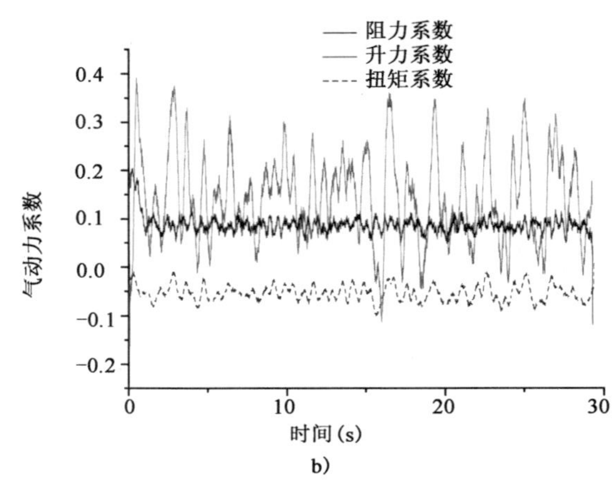

b)

图 5.1-12　软件图形截面及 +3°偏角下加劲梁气动力系数的变化过程

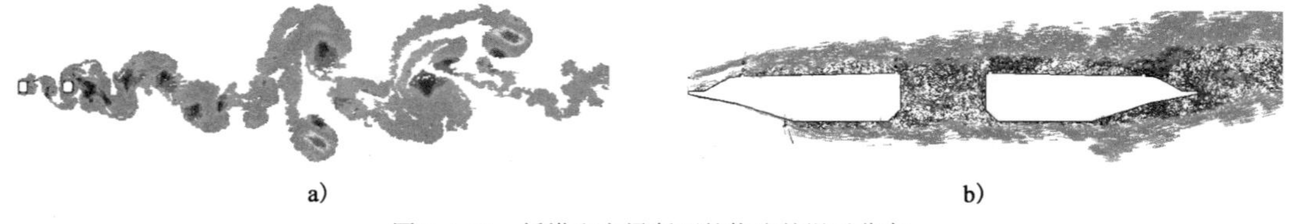

a)　b)

图 5.1-13　桥塔和主梁断面的绕流的涡元分布

以西堠门大桥加劲梁桥和塔断面为例，应用该软件可计算不同攻角或偏角下的气动力系数。

5.2　颤振稳定性能及控制

随着悬索桥跨径的不断增长，空气动力稳定性已经成为超大跨度悬索桥加劲梁选型的主导因素。近年来，国际上对整体式钢箱梁悬索桥的极限跨径研究结果表明，1 500m 至 2 000m 似乎已经成为不可逾越的气动稳定性极限。为了改善整体式钢箱梁断面的气动稳定性能，目前最有效的方法就是将整体式钢箱梁横向分割成两个或多个独立的箱体，形成分体式加劲梁。分体式钢箱梁是继闭口箱梁之后的又一重要桥梁断面革新，其主要目的就是为了改善空气动力性能、提高颤振临界风速。作为一种特殊的断面形式，分体式箱梁断面的颤振稳定性能还处于探索阶段。首先探讨槽宽对分体箱梁颤振稳定性能的影响规律及其内在机理，然后对分体箱梁悬索桥成桥状态和施工阶段的颤振稳定性能及其控制方法展开研究，最后展望大跨度钢箱梁悬索桥的极限跨径。

5.2.1 中央槽宽影响规律

分体箱梁中央槽的存在使得气流流经断面时的绕流流态更为复杂，而中央槽的宽度变化会显著影响分离气流和旋涡的运动路线和轨迹，从而对结构气动性能产生重要影响，因此槽宽是分体箱梁最重要的气动外形参数之一，而中央开槽对颤振稳定性能的提升效果同开槽宽度的关系尚存在争议。本节围绕槽宽对分体箱梁颤振稳定性能的影响规律展开研究，并尝试解释其内在机理。

通过节段模型风洞试验测试得到了开槽前后各断面的颤振临界风速，图 5.2-1 给出了颤振临界风速增长率 β 随槽宽比 D/B 的变化曲线。

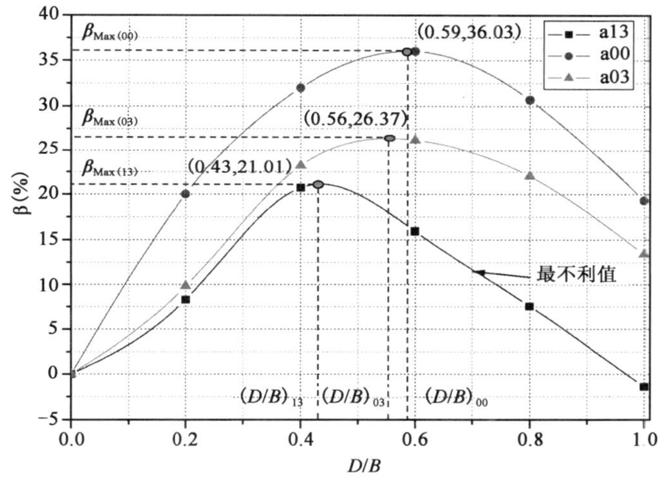

图 5.2-1 β-D/B 变化曲线

分体箱梁相比传统闭口箱梁而言在颤振稳定性能方面具有明显的优势。不同风攻角下，结构颤振临界风速随槽宽比增加而变化的总趋势大致相同。当槽宽比不大时，结构颤振临界风速随着槽宽比的增加而增大；当槽宽比达到一定值时（最优槽宽比），颤振临界风速达到极大值；槽宽比继续增大，结构颤振稳定性能反而下降。

针对所得到的槽宽对分体箱梁颤振稳定性能的影响规律，从系统运动阻尼、分项气动阻尼、自由度耦合效应和结构绕流流态等方面入手，分析分体箱梁颤振稳定性能随槽宽变化规律的内在机理。

由于驱动颤振发生的主要判别标准是振动系统任何一种振动频率对应的阻尼比由正转负，因此，分体箱梁颤振稳定性能的变化最直接体现在系统的阻尼比变化上。图 5.2-2 所示为试验中用自由衰减法测得的开槽前后各断面的扭转和竖弯总阻尼随风速增加而变化的曲线。

各断面颤振发散的原因均是扭转阻尼比由正转负，也就是说颤振发散形态在开槽前后没有根本改变。根据分体箱梁结构总阻尼的变化趋势，就不难解释分体箱梁颤振临界风速随着槽宽增加先增大后减小的原因:当开槽宽度不大时,由于在低风速区开槽断面的扭转阻尼比大于原型断面,同时开槽断面"转折风速"高于原型断面,从而抵消了阻尼比下降段下降速度加快产生的不利影响,整个扭转阻尼比曲线始终位于原型断面上方,最终颤振临界风速提高。当开槽宽度较大时,虽然在低风速区阻尼比曲线仍然位于原型断面和槽宽比较小的断面之上,但由于阻尼比进入下降段所对应的"转折风速"提前。同时阻尼比下降段的下降速度增大。这就意味着阻尼比一旦开始下降,便会在极短的风速区间内转为负值。这就是槽宽较大时颤振临界风速反而下降的原因所在。

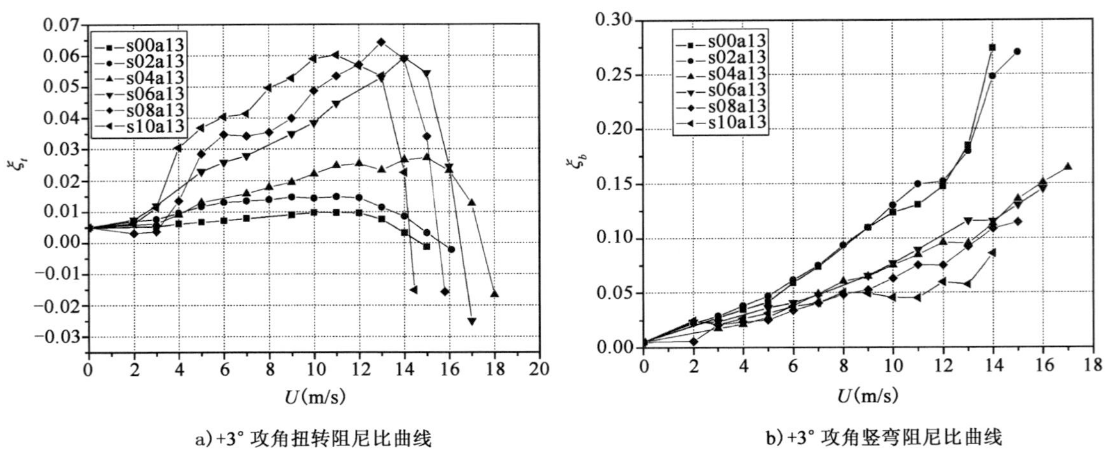

a)+3°攻角扭转阻尼比曲线　　b)+3°攻角竖弯阻尼比曲线

图5.2-2　分体箱梁总阻尼比曲线

应用二维三自由度耦合颤振分析方法,计算得到各分体箱梁断面扭转气动阻尼各分项在颤振发生全过程中随风速上升的变化规律,从分析结果看出,对于开槽前后各断面,由扭转运动速度产生的气动升力矩所形成的气动阻尼——A项气动阻尼均是稳定系统的主要力量;而由扭转运动位移产生的气动升力激励起的耦合竖向运动的速度所产生的耦合气动升力矩形成的气动阻尼——耦合项气动阻尼D项,是驱动颤振发散的主要力量;耦合项气动阻尼B、C、E项对扭转运动总阻尼的贡献很小。图5.2-3所示为不同槽宽断面A项气动阻尼和D项气动阻尼的比较。

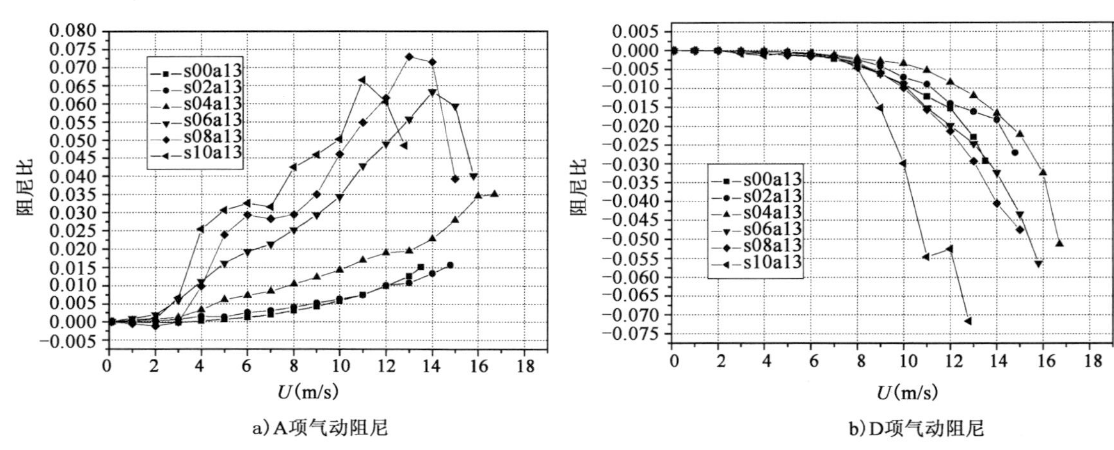

a)A项气动阻尼　　b)D项气动阻尼

图5.2-3　+3°风攻角下主要气动阻尼分项比较

对于开槽宽度较小的 s02a13 断面和 s04a13 断面，由于 A_1^*、H_3^* 的变化，在相同风速下，D项气动负阻尼的绝对值低于原型断面，这对于系统的稳定是相当有利的。同时，由于气动导数 A_2^* 的绝对值随风速上升而增大的幅度高于原型断面，开槽断面的 A 项气动正阻尼大于原型断面。在这两个因素的综合影响下，s02a13、s04a13 断面的系统扭转总阻尼曲线始终位于原型断面上方，颤振稳定性能有了明显改善。对于槽宽较大的 s06a13、s08a13 和 s10a13 断面，当风速较低时，A_2^* 的绝对值随着风速上升而显著增大，其增加速度显著高于原型断面和开槽较小的断面，因此与 A_2^* 有关的 A 项气动正阻尼随风速上升而快速增大；同时 D 项气动阻尼在低风速下随风速变化的幅度依旧很小。因此，此阶段系统的扭转总阻尼比随风速上升而增大的幅度进一步加大。然而，随着风速的增加，当风速高于7m/s 后，D 项气动阻尼开始随风速上升而迅速下降，其下降速度显著高于原型断面和槽宽较小的断面。此外，由于 A_2^* 在较高风速下随风速上升的变化趋势发生转折，其绝对值随着风速的继续增加而迅速减小，这就使得 A 项气动正阻尼在超过一定风速后迅速下降，对系统的稳定作用减弱。在这两个因素的综合影响下，系统的扭转总阻尼由正转负所对应的“转折风速”提前，并且阻尼比曲线下降段的下降速度变大，最终使得系统扭转总阻尼达到0值所对应的风速提前，也就是颤振临界风速降低。

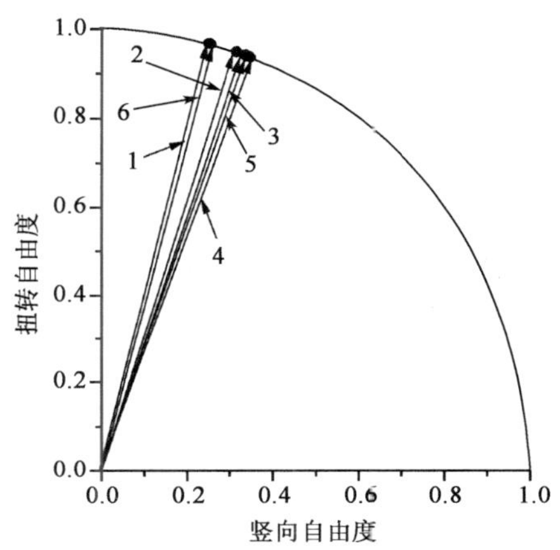

图 5.2-4 +3°攻角颤振形态矢量

采用二维三自由度耦合颤振分析方法，对各断面在 3 种风攻角下达到颤振临界状态时的颤振形态矢量分别进行了计算，其中 +3°攻角计算结果如图 5.2-4所示，图中编号对应工况见表 5.2-1。

图 5.2-4 对应工况 表 5.2-1

图中编号	断面	临界风速试验值(m/s)	临界风速计算值(m/s)	图中编号	断面	临界风速试验值(m/s)	临界风速计算值(m/s)
1	s00a13	14.5	13.5	4	s06a13	16.8	15.8
2	s02a13	15.5	14.8	5	s08a13	15.6	15.0
3	s04a13	17.5	16.7	6	s10a13	14.3	12.8

原型断面在 3 种攻角下发生的都是以扭转形态为主的颤振发散，但竖向自由度参与程度也比较高。当断面中央设置宽度不大的开槽时，随着槽宽的增加，3 种风攻角下竖向自由度的参与程度均有所提高；当槽宽达到一定值时，竖向自由度的参与程度达到最大；之后，随着槽宽比继续增加，扭转和竖向自由度的耦合程度反而下降。对比颤振形态矢量和该工况的颤振临界风速发现，当中央开槽对颤振临界风速有提高作用时，竖向自由度的参与程度提高，而当中央开槽对颤振临界风速有降低作用时，扭转和竖向自由度的耦合程度下降，可见，分体箱梁断面自由度耦合程度的改变是颤振稳定性能变化的重要原因。

采用计算流体动力学方法(CFD)计算了中央开槽断面在颤振发散风速的压强分布和速度分布。计算结果表明，前箱体背风侧均会有交替脱落的漩涡产生，漩涡的生成和移动规律如下：首先，前箱体背风侧的上角点处产生漩涡，漩涡一经产生便开始向后箱体移动，并在移动的同时发育充分;而在上角点漩涡发育充分的同时,下角点也有漩涡产生,同样下角点漩涡产生后,也逐渐向后箱体漂移并发育充分;在下角点漩涡发育充分的时候,上角点又有漩涡生成,从而开始了新的一轮循环。前箱体背风侧产生的以一定周期交替脱落的漩涡逐步向后箱体漂移,直至到达后箱体的迎风面位置。由于前箱体上、下角点脱落的漩涡的旋转方向互为相反,在与后箱体的迎风面相撞之后,气流沿后箱体迎风面分别向上、下两个不同的方向流动,并分别在后箱体迎风面的上、下角点再次产生漩涡,这样一来后箱体上作用的升力和升力矩必然呈现出周期性的变化,整个模型上作用的力也呈现周期性的变化。

图 5.2-5 给出的采用 PIV 设备获得的中央开槽箱梁开槽区域的流场,则可以进一步验证上述对于开槽处旋涡生成和发展规律的判断。s02 断面槽宽区域内右上和左下两个大尺度旋涡占据了整个槽宽区域,随着槽宽的加大槽宽区域容纳的旋涡也从 2 个增加到了 3 个,其中作为过渡状态的 s04 断面出现了 2 个和 3 个过渡的旋涡形态。而旋涡本身的尺寸也随槽宽增加不断减小:s02 断面约为 15mm 高、25mm 宽,s04 断面则为 10mm 高、15mm 宽,s06 断面进一步减小为 10mm 高、10mm 宽。可以看出,随着槽宽的增加,上游分离箱的分离涡逐渐被压缩,对结构作用产生的气动升力也随之减小。从尾流区绕流旋涡分布可以看到,随着槽宽的增大槽中的大尺度旋涡被下游箱体分断后不再能在尾流区重新合而为一。尾流区旋涡运动规律的这种变化趋势及其对结构气动性能的影响同开槽处旋涡的情况是一致的。

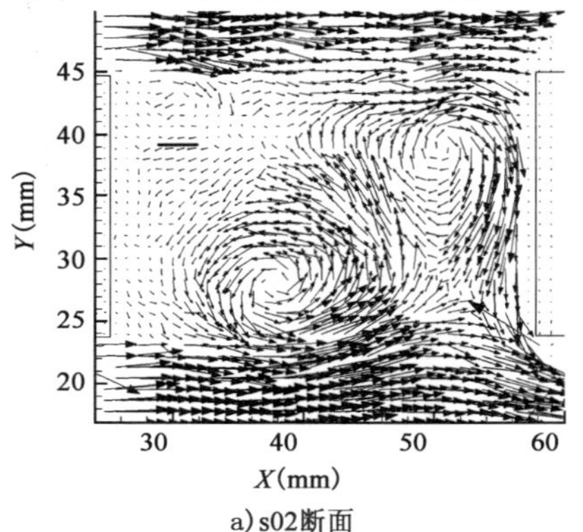

a) s02断面

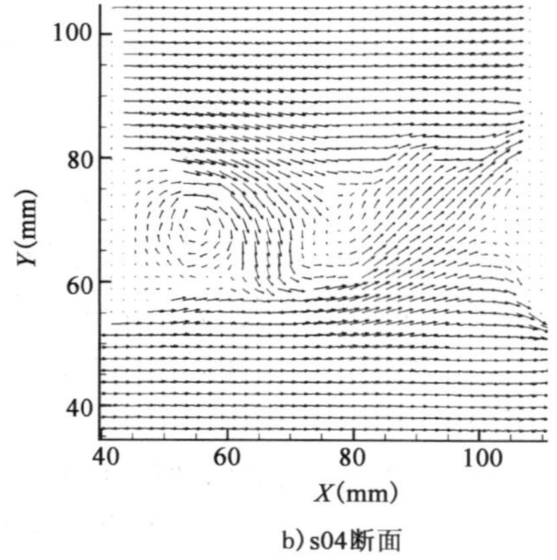

b) s04断面

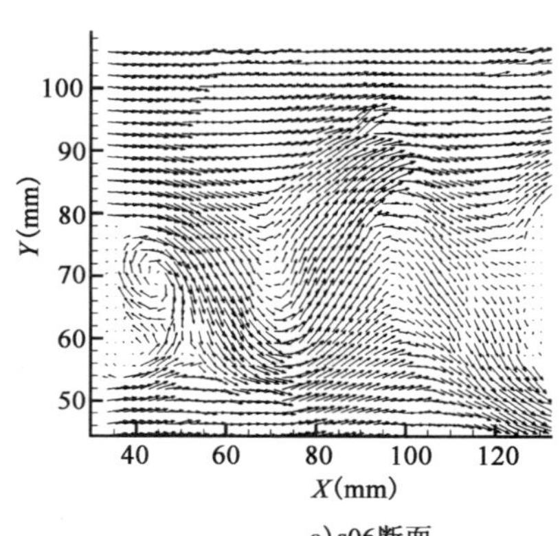

c) s06断面

图 5.2-5　中央开槽闭口箱梁断面开槽区域流场

如前所述,结构风振中竖向自由度参与程度的提高,是闭口箱梁断面中央开槽后颤振稳定性能得以改善在宏观层面的重要原因,而联系上述断面绕流旋涡生产和运动的规律及其同结构所受气动升力、升力矩的关系可以更深入地认识到,开槽处大尺度旋涡的产生和漂移运动是结构风振过程中竖向自由度参与程度提高的微观层面原因。同时,断面中央开槽的出现使得断面上下表面的总体压差减小,开槽处大尺度旋涡的生成干扰了原始不开槽断面绕流旋涡的运动路径、作用点位置和作用强度,从而导致结构非定常气动升力矩减小,抑制了扭转气动负阻尼的随风速上升的增长幅度,最终提高了结构的颤振稳定性能。而随着槽宽的增大,当槽宽超过最优槽宽后,开槽处旋涡的尺度受到挤压,其完整性和速度、强度均相比开槽较小断面有所减弱,导致气动升力减小、升力矩增大,结构风振过程中竖向自由度的参与程度反而降低。而开槽处旋涡尺度和强度的减弱也削弱了其对结构非定常升力矩和扭转气动负阻尼的抑制作用,使得槽宽超过最优值的开槽闭口箱梁的颤振稳定性能转而降低。

引入"中央开槽修正系数",定义如下:

$$\eta_{SB} = 1 + \beta$$

式中:β——颤振临界风速增长率,选择开槽断面最不利攻角 +3°攻角的相应数据。

利用最小二乘原理,以槽宽比 D/B 为自变量,采用 Lorentz 峰值函数和正弦函数拟合 η_{SB}-D/B的函数关系,结果见图 5.2-6 和图 5.2-7。

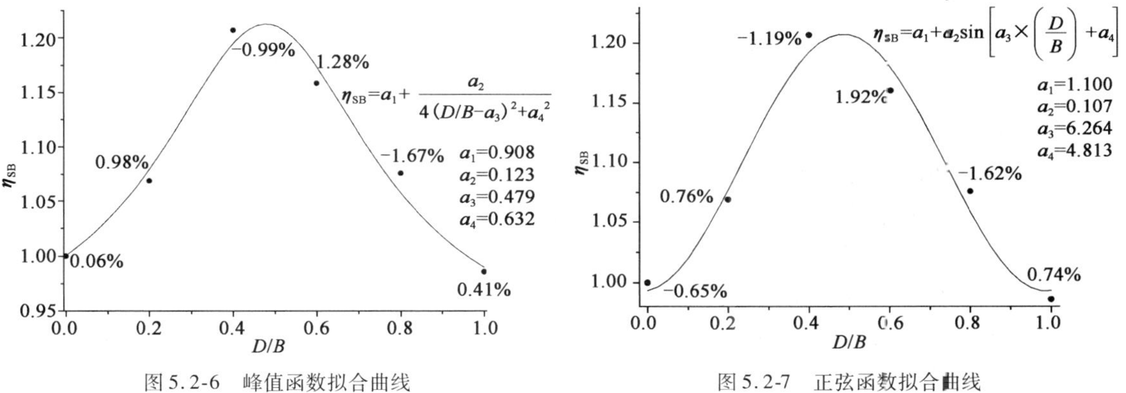

图 5.2-6 峰值函数拟合曲线

图 5.2-7 正弦函数拟合曲线

两条函数曲线 η_{SB}的计算值与试验值之间的误差均不超过 2%,满足工程计算所需的精度要求。可以认为两种函数的拟合结果都是可信的。

于是,分体箱梁悬索桥的颤振临界风速可以表述为:

$$U_{cr} = \eta_{SB}\eta_s\eta_\alpha\left[1 + (\varepsilon - 0.5)\sqrt{\frac{r}{b}0.72\mu}\right]\omega_h \cdot b \tag{5.2-1}$$

或

$$U_{cr} = \eta_{SB}KBf_\alpha\left\{\frac{mr}{\rho B^3}\cdot\left[1-\left(\frac{\omega_h}{\omega_\alpha}\right)^2\right]\right\}^{1/2} \tag{5.2-2}$$

式中:η_{SB}——"中央开槽修正系数",是 D/B 的函数,可按图 5.2-6 和图 5.2-7 中的公式计算。

D/B 为中央开槽宽度与原型断面宽度的比值。

5.2.2 成桥状态颤振性能

为了突出重点,在槽宽对分体箱梁颤振性能影响规律的研究中,仅针对不设防撞栏、检修车轨道等桥面附属设施的基本断面进行。本节则进一步对分体箱梁成桥状态的颤振稳定性能开展研究，分析桥面附属设施对分体箱梁颤振稳定性能的影响规律。

为了考察气动外形对结构颤振稳定性能的影响究竟有多大，可以参考 Selberg 公式进行粗略的估算，如下式所示：

$$\eta_{ae} = \frac{\eta_v}{\eta_f \sqrt[4]{\eta_m \eta_{Im}} \eta_0} \tag{5.2-3}$$

式中：η_{ae}——加劲梁断面气动外形变化对结构颤振临界风速的影响系数；

η_v——颤振临界风速变化系数；

η_f——结构扭转频率变化系数；

η_m——结构质量变化系数；

η_{Im}——结构质量惯矩变化系数；

η_0——其他结构参数变化系数（包括梁宽和扭弯频率比）。

对照西堠门大桥初步设计阶段和技术设计阶段的结构动力特性参数和颤振临界风速结果，根据式（5.2-3）评估结果，由于钢箱梁内侧45°切角使得结构颤振临界风速下降了大约2.4%，虽然下降幅度并不大，但这种影响趋势是值得关注的。按照同样的方法可以分析得到，由于加劲梁断面增宽1m而使得相对槽宽减小，从而偏离开槽断面最优槽宽，这种实质上的气动外形改变对结构颤振稳定性能的影响系数达到了－5%。这也从反面证明了中央开槽断面确定最优开槽宽度的重要性。而由于去除水管和调整检修轨道位置所带来的箱梁内外侧气动外形改变使得结构颤振稳定性能提高了10.7%。因此，去除中央开槽边缘水管带来的有利影响是显而易见的。

由于检修车轨道在设计中具有一定的调整灵活性，因此在桥梁颤振气动控制中可以成为一种有效而经济的措施。检修车轨道的主要可调参数就是设置位置。试验结果表明，检修轨道在底面上的位置改变对结构颤振临界风速的影响微小，而在斜腹板上的位置改变则对结构颤振稳定性能有一定的影响，表现为越靠近斜腹板的下缘，颤振临界风速越高。当检修车轨道设置于斜腹板下缘时，颤振临界风速达到79.0m/s，相比初始断面提高了3.6%，效果是比较明显的。检修车轨道的另一个可调参数是其离开箱体的距离。根据测试结果，随着斜腹板下缘检修车轨道离开斜腹板距离的增大，结构颤振稳定性能是波动的，但当此距离达到一定数值（>56cm）以后，结构颤振稳定性能下降相当明显。总的来说，当检修车轨道出现在钢箱梁斜腹板下缘时对结构颤振稳定性能是有利的，而颤振稳定性能的提高对检修轨道离开斜腹板的距离比较敏感，即存在一个最优距离；当检修车轨道远离斜腹板达到一定限度后，其对结构颤振稳定性能的提升效果逐渐消失。

风障是保证桥面行车安全的重要措施，但增设风障无疑会显著改变桥梁断面绕流流场，从而影响结构的颤振稳定性能。针对分体箱梁断面 *D* 增加风障后的节段模型颤振试验，结果表明，各工况下的颤振临界风速都大于检验值，且对比表中试验数据可以看到，结构颤振临界风速还有一定程度的提高，即风障可以成为一种有效的颤振控制措施。

由于结构动力特性分析中存在一定的力学模型抽象和简化，因此其分析结果同最终结构实际动力特性会存在差异，需要应用实测的结构动力特性来修正风洞模型试验的颤振临界风速结果。结构扭频的颤振临界风速修正系数为0.229/0.232 1 =0.987。而结构阻尼比的颤振临界风速修正系数需根据测试得到的系统扭转阻尼比随风速变化曲线来确定。在基于结构阻尼比为正态分布随机变量的假定之上,两种测试方法得到的满足95%保证率的结构扭转阻尼比分别为0.15%和0.33%,按照最不利取值为0.15%,以此来修正节段模型试验的结构扭转阻尼比0.43%,则结构三个攻角下的最低颤振临界风速降低为83.0m/s,再经过扭转频率修正的最终结果为81.9m/s,仍然高于颤振检验风速78.7m/s。

5.2.3 施工阶段颤振性能

大跨度悬索桥在施工阶段的颤振稳定性能是其建设过程中所面临的重要问题。由于此时结构扭转频率以及扭弯频率比较小,使得施工阶段的结构颤振失稳问题比成桥状态更为严重;同时悬索桥施工阶段的结构颤振稳定性能又会因加劲梁架设方法和顺序的不同而发生较大的变化;此外,猫道对结构动力特性和气动性能的影响也不容忽视。当施工阶段结构颤振稳定性能不能满足设计要求时,必须采取合理的颤振控制措施以确保结构的稳定和安全。

在各种颤振分析方法中,三维颤振分析由于能较为准确地模拟桥梁结构和气动力的空间特性,反映各阶模态在颤振发生过程中的参与程度,从而能够较为准确地计算得到桥梁结构的颤振临界风速。因此,首先对各种可能采用的施工方案进行三维颤振分析,以评估不同施工方案在颤振稳定性能方面的优劣。分析结果表明,对称施工方案和非对称施工方案的颤振临界风速差别不大,增设猫道一字横撑、交叉吊杆、主缆斜撑对结构颤振稳定性能的改善作用也不显著。因此,对称施工和非对称施工均可作为施工的备选方案。

根据准确模拟猫道结构的气弹模型风洞试验结果,对称架梁施工和非对称架梁施工方法各主要施工阶段颤振临界风速如图5.2-8所示。其中,对称架梁施工情况下拼装率从45%~95%,结构颤振临界风速小于颤振检验风速67.1m/s;非对称架梁施工情况下拼装率从15%~35%以及45%~95%区段,结构颤振临界风速均小于颤振检验风速67.1m/s。因此,对称架梁施工方法颤振稳定性能较好。

在八分点增设抗风缆后结构的颤振稳定性改善情况为:原对称架梁施工方法在拼装率从45%~95%时没有达到抗风要求的施工区段,通过在八分点处施加1%和10%主缆有效面积的抗风缆以后,都能显著提高颤振临界风速,但也应注意到,在个别拼装率时颤振稳定性还有不足的隐患(图5.2-9)。

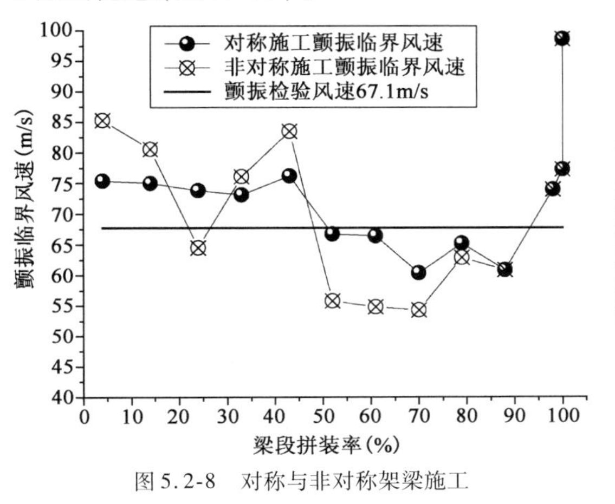

图5.2-8 对称与非对称架梁施工

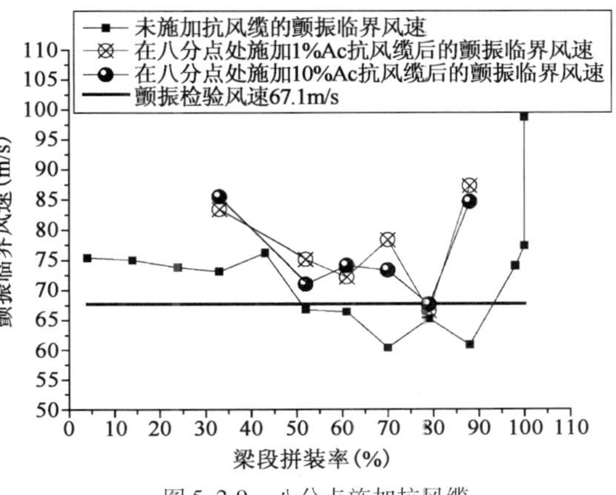

图5.2-9 八分点施加抗风缆

在四分点增设抗风缆后结构的颤振稳定性能改善情况为:原对称架梁施工方法在拼装率从45% ~95%的没有达到抗风要求的施工区段,通过在四分点施加1%和10%主缆有效面积的抗风缆以后,都能显著提高颤振临界风速,但应注意到,在施工拼梁的前期(拼装率在20% ~50%之间),有颤振稳定性不足的隐患(图5.2-10)。

在架梁初期梁段较少的情况下,如果在加劲梁上表面增设中央稳定板,能有效地提高颤振临界风速,增加颤振稳定安全性储备(图5.2-11)。

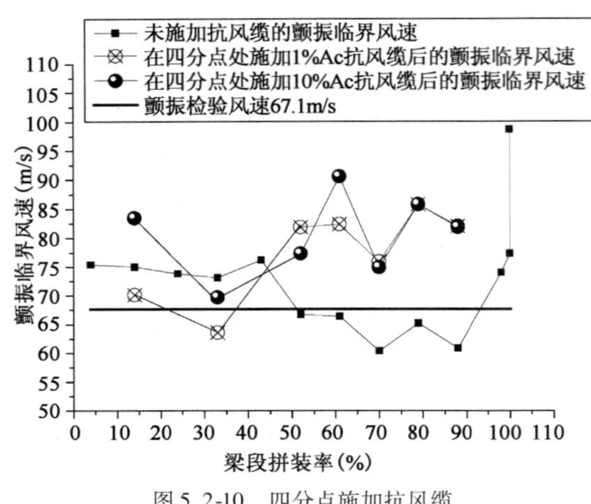

图5.2-10　四分点施加抗风缆

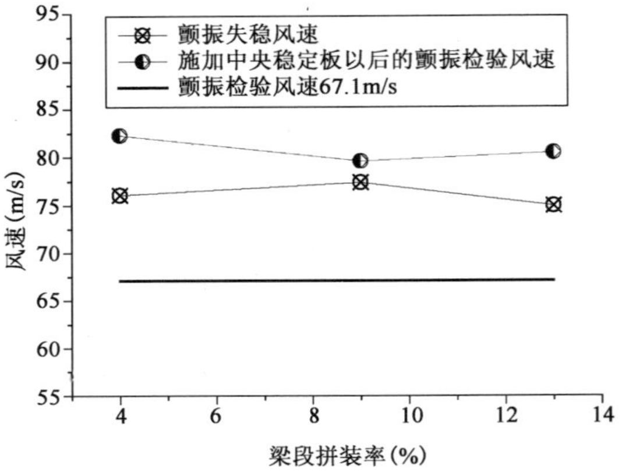

图5.2-11　局部梁段带支架

5.2.4　悬索桥极限跨径

悬索桥的极限跨径是桥梁工程技术人员非常感兴趣的问题。随着悬索桥跨径的不断增大,关键问题就是在设计风速下的气动稳定性,主要包括颤振稳定性能和静风稳定性能,都是制约悬索桥跨度增大的重要因素。因此,本节主要采用计算流体动力学分析和气动稳定数值分析相结合的方法,从空气动力学方面探讨大跨度钢箱梁悬索桥的极限跨径。

为了保证更大跨度悬索桥的技术可行性,首先必须从主缆材料的极限强度与可能质量着手进行静力分析。对于一座典型的悬索桥中跨,在主缆线形为抛物线的假设下,其最大跨径可用下列不等式表示:

$$L \leqslant \frac{8nA\sigma_a/w_c}{\sqrt{1+16n^2}(1+w_s/w_c)} \tag{5.2-4}$$

式中:n——主缆的矢跨比;

A——主缆材料总面积;

σ_a——主缆材料的允许应力;

w_c——每延米主缆质量;

w_s——桥面系统每延米质量,包括加劲梁恒载和桥面铺装质量以及桥面活荷载。

根据钢主缆和 $n=1/8$ 条件计算的悬索桥极限跨径公式可以进一步简化为:

$$L \leqslant \frac{L_\infty}{1+w_s/w_c} = \begin{cases} 5\,200\text{m} & (w_s/w_c=0.7) \\ 5\,900\text{m} & (w_s/w_c=0.5) \end{cases} \tag{5.2-5}$$

从而得出悬索桥钢主缆的极限跨径在5 200m～5 900m之间。

为了分析超大跨径悬索桥的气动性能，本节设计了一座典型的三跨悬索桥，其中跨跨径为5 000m，两边跨跨径为16 00m。为了提高其气动稳定极限，考虑采用两种断面形式的加劲梁方案，即四主缆中央宽开槽WS方案和两主缆设置垂直与水平稳定板的中央窄开槽NS方案，这两种方案分别如图5.2-12a）与图5.2-12b）所示。窄槽方案主梁总宽度为50m，而宽槽方案主梁总宽度为80m。

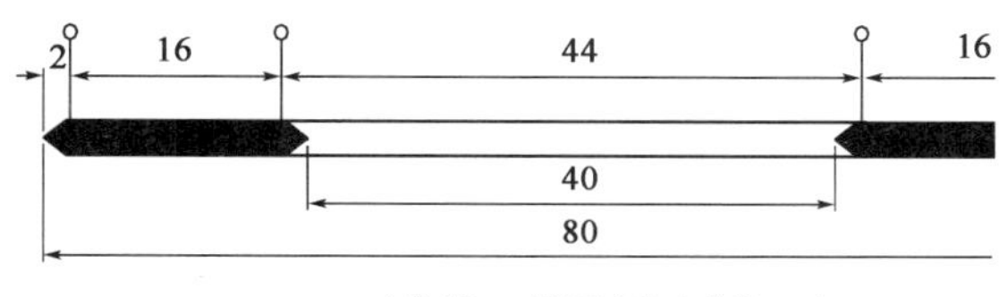

a）宽槽WS断面（尺寸单位：m）

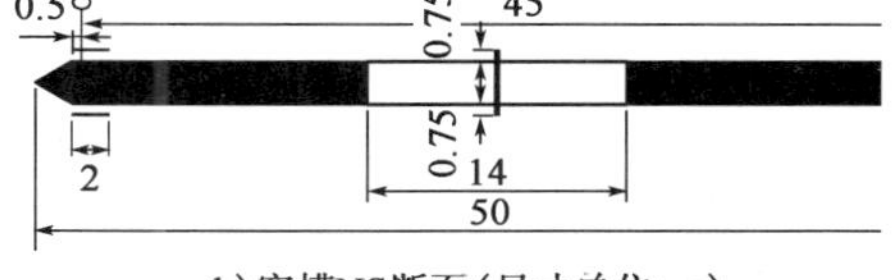

b）窄槽NS断面（尺寸单位：m）

图5.2-12　宽槽与窄槽方案的断面图

根据宽槽与窄槽两种方案的横截面模型，采用计算流体动力学（CFD）的方法可以获得这两种方案的颤振导数，用计算得到的宽槽与窄槽两种断面方案的颤振导数分别进行颤振分析，计算结果与矢跨比n为1/8的风洞试验结果基本一致。尽管随着矢跨比的减小，两种断面方案的扭弯频率比都有轻微的下降，但其颤振临界风速却是随着矢跨比的减小而增大，其原因是在气动稳定分析中，随着矢跨比的减小，两种方案的广义质量特性都有大幅度的增加。宽槽和窄槽两种断面方案的最小颤振临界风速分别是82.9m/s和74.7m/s，与墨西拿海峡桥及直布罗陀海峡桥非常相似。

宽槽方案在矢跨比n为1/8与1/11两种情况下的静风失稳临界风速分别为90m/s与110m/s；而窄槽方案在矢跨比n为1/8与1/11两种情况下的静风失稳临界风速分别为120m/s与135m/s。比较空气动力失稳与静力失稳的临界风速，可得出一个重要的结论：即静力扭转发散临界风速与颤振失稳临界风速大小相当，在同一量级上，特别是对于宽槽加劲梁方案。

根据以上研究可以得出结论，无论是中央开槽达到足够宽度的方案，还是窄开槽但设垂直及水平稳定板的组合方案，都能给跨度达5 000m的悬索桥提供足够高的颤振失稳与静力扭转发散临界风速，并能满足世界上绝大多数台风区（例如菲律宾海湾、墨西哥海湾以及中国东南沿海等地区）的要求。

5.3　涡激共振性能及控制

5.3.1　结构动力特性分析

结构动力特性是涡激共振性能研究的基础。采用如图5.3-1所示双主梁力学模型对西堠门大桥进行动力特性分析。成桥状态加劲梁两端纵向阻尼器模拟为纵向约束时的计算结果与现场实测结果的比较如表5.3-1所示，成桥状态主梁各阶固有振型和振动频率与实测值的误差只有－5.56%～2.58%，吻合良好，说明模型采用的计算参数、边界条件等能够比较精确的反映桥梁结构的实际状况。

图 5.3-1 加劲梁计算模型横断面示意图

计算结果与实测结果比较 表 5.3-1

振型描述	实测频率（Hz）	计算结果（Hz）	误差（%）	振型描述	实测频率（Hz）	计算结果（Hz）	误差（%）
一阶侧弯	0.054	0.051	-5.56	六阶竖弯	0.276	0.273	-1.09
二阶侧弯	0.123	0.118	-4.07	七阶竖弯	0.327	0.324	-0.92
三阶侧弯	0.208	0.201	-3.37	八阶竖弯	0.379	0.374	-1.32
一阶竖弯	0.095	0.094	-1.05	九阶竖弯	0.435	0.428	-1.61
二阶竖弯	0.103	0.101	-1.94	十阶竖弯	0.491	0.481	-2.04
三阶竖弯	0.133	0.132	-0.75	一阶正对称扭转	0.229	0.233	1.75
四阶竖弯	0.183	0.184	0.55	一阶反对称扭转	0.233	0.239	2.58
五阶竖弯	0.229	0.229	0.00				

5.3.2 小尺度节段模型风洞试验

标准断面涡振试验比例为1:40，测试内容为均匀流场中的涡振实时响应。同济大学试验结果：风攻角-3°、0°和+3°下都没有出现竖向涡激共振，但在0°和+3°风攻角状态，出现了强烈的扭转涡激振动。西南交通大学试验结果：考虑到该桥断面可能对来流攻角比较敏感，分别进行了0°，+1.5°，-1.5°，+3°，-3°共5种攻角条件下的试验。试验结果表明，西堠门大桥成桥状态主梁在各攻角及各风速下均未发现有明显的竖向或扭转涡激振动。风动试验如图5.3-2所示。

a)

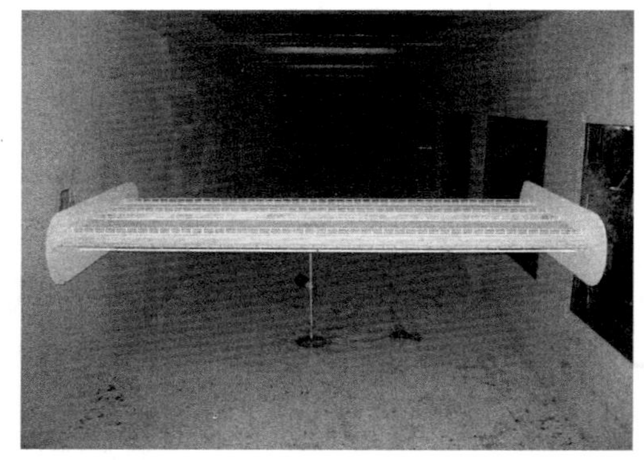
b)

图 5.3-2 风洞中的加劲梁节段模型

研究水管和梁宽影响时，考虑同系列三种不同形状的分体式钢箱梁断面（图5.3-3），开槽宽度都为6m，梁高都为3.5m。断面A总宽35m，断面B和C总宽36m。断面A和B开槽上角处有水管，检修轨道位于水平底板下；断面C开槽上角处没有水管，检修到位于斜腹板下。试验结果表明，分体式箱梁断面容易出现涡激共振现象。开槽上角处的水管和梁宽的较小改变对涡振振幅都有一定影响，特别是断面A和C，$-3°$攻角下的扭转涡激共振性能有本质差别。

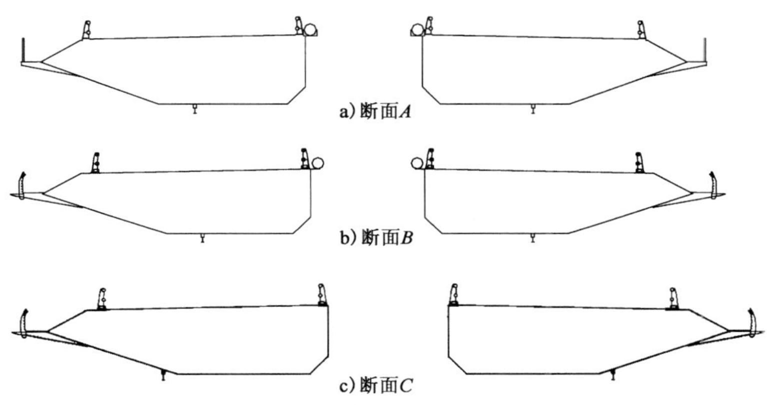

图5.3-3　三种不同形状的同系列分体箱梁断面

调整检修车轨道的位置也会改变断面的气动外形，从而对断面的涡振性能产生一定的影响，因此也有可能成为一种有效的涡振控制措施。针对断面A的试验结果表明，调整检修车轨道的位置对抑制涡振和降低涡振振幅几乎没有作用，而只有去掉检修车轨道后涡振才能基本消除。

通过改变检修车轨道本身的形状，减小检修车轨道对气流的干扰，可能会达到抑制涡激共振的效果。对断面B采用封闭式腹板和透空式腹板两种检修车轨道进行对比试验，并与导流板措施相组合。两种检修车轨道的断面在实际风速不到10m/s时均发生了扭转涡激共振。其中，未设置导流板的断面的扭转涡振振幅较大，设置了导流板的断面扭转涡振振幅相对较小，但$-3°$风攻角时的扭转涡振振幅达0.91°，改变检修车轨道本身的形状依然不能成为涡振控制的有效方案。

将一块平板覆盖在中央开槽的结构表面阻隔气流，可以有效改变气流的流动路径，从而有可能减少结构表面旋涡的形成，因此可能成为一种控制涡激振动的有效气动措施。将断面A中央开槽在顶板位置处封闭以后，涡激振动几乎完全消失，平板隔流对中央开槽断面涡激振动的抑制效果是极其明显的。然而对传统箱形断面采用中央开槽断面，主要是为了提高颤振临界风速，如果将中央的开槽封闭，就失去了当初采用这一断面的意义。当然也可以采用某种机械措施，当风速进入锁定风速区间时结构自动将开槽封闭，当风速超出锁定风速区间时结构自动将开槽开启，这样就既可以降低涡激振动又可以保证颤振临界风速，如图5.3-4所示。但这种办法的成本太高，而且不便于养护和维修。

增设导流板是另外一种被广泛应用的涡振气动控制措施，其基本原理是使气流经过导流板的压缩后速度得到提高，当冲出导流板时这股高速射出的气流将打碎结构表面形成的旋涡，从而抑制涡振的形成。在断面 A 上设置了 3 种导流板，以试验导流板的控制效果，导流板设置在断面内侧倒角处时对降低涡振振幅有比较大的作用，而在其他位置设置导流板的涡振控制效果不明显。在断面 C 的开槽下角处设置了导流板，如图 5.3-5 所示，设置导流板前后都出现了强烈的扭转涡激振动，都没有出现竖向涡激共振。增设导流板后扭转涡激振动的振幅反而增大。设置导流板前后都没有出现竖向涡激共振。

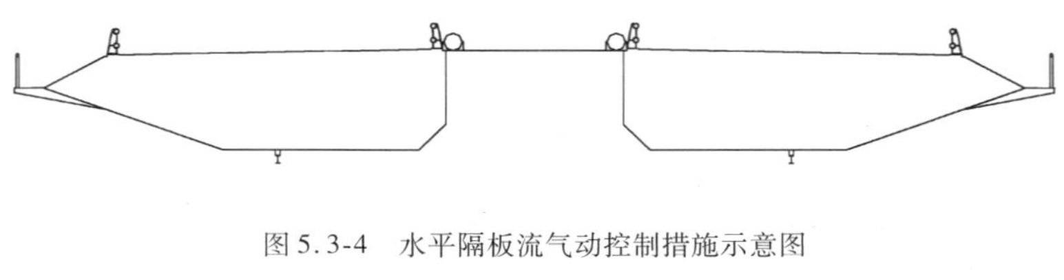

图 5.3-4　水平隔板流气动控制措施示意图

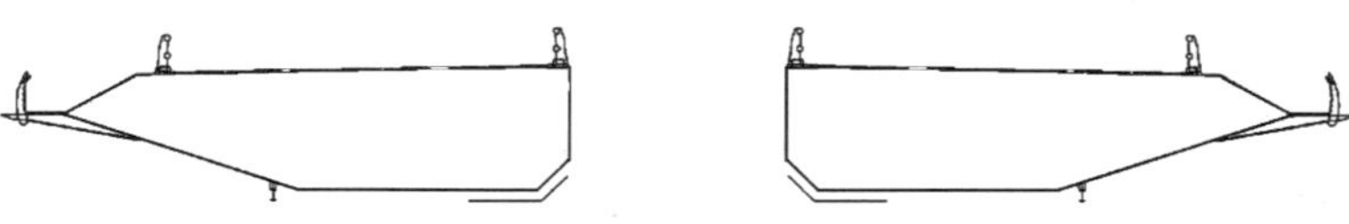

图 5.3-5　断面 C 导流板气动控制措施示意图

西堠门大桥因行车安全需要全桥设置 5 根 200mm × 80mm 矩形横杆的风障。考虑到设置风障后主梁气动阻力系数有显著增加，桥梁结构难以承受，因此采用可变姿态的风障，需要挡风时将风障处于直立状态，风速超过限值时将风障处于水平状态，同时满足行车安全性和桥梁结构抗风安全性的要求。设置风障后两种工况下都没有明显的竖弯涡激共振，扭转涡振振幅小于规范允许值。

5.3.3　大尺度节段模型风洞试验

西堠门大桥加劲梁标准断面大尺度节段模型涡振试验的比例为 1∶20。主要目的是观察较高雷诺数条件下加劲梁的涡激振动现象，确定相应的涡振锁定风速和最大振幅，并对涡振气动控制措施进行试验研究。试验分别在同济大学土木工程防灾国家重点实验室 TJ-3 边界层风洞（图 5.3-6）和西南交通大学 XNJD-1 风洞第一试验段（宽 3.6m，高 3.0m）中进行（图 5.3-7）。

a)

b)

图 5.3-6　同济大学 TJ-3 风洞中的加劲梁节段模型

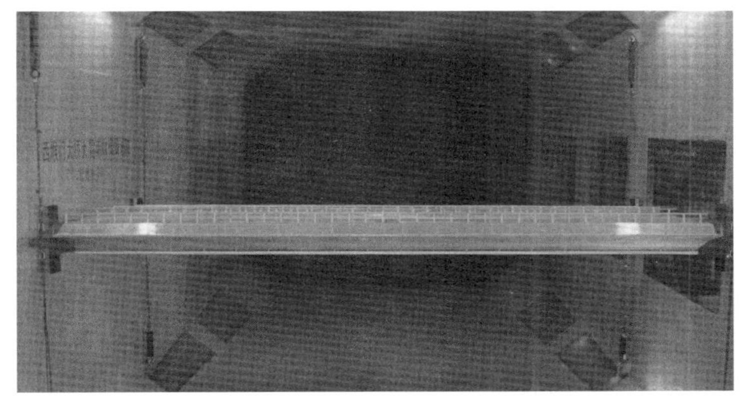

图5.3-7 西南交通大学XNJD-1风洞中的加劲梁节段模型

同济大学研究结论：成桥状态结构阻尼比达到规范规定的钢桥阻尼比0.5%左右时未发生扭转涡振，竖弯涡振振幅最大为8.8cm；当阻尼比降低到0.25%后，扭转涡振振幅最大达到0.5°，竖弯涡振振幅最大达到18.3cm，超过规范允许振幅，在采取导流板控制措施后，可将结构涡振最大振幅降低到规范允许值以下；当结构阻尼比只有0.1%～0.14%时，扭转涡振振幅最大达到1.2°，竖弯涡振振幅最大达到30.0cm，均超过规范允许振幅。

同济大学研究建议：根据高雷诺数条件下大尺度节段模型涡振试验结果，西堠门大桥成桥状态加劲梁在0.5%阻尼比条件下一般不会发生扭转涡激共振，但可能在较低风速区发生竖弯涡激共振；施工阶段加劲梁在0.5%阻尼比条件下一般不会发生涡激共振。建议在阻尼比实际值低于0.5%的前提下，应考虑采用半导流板或全导流板措施以减小涡振振幅。

西南交通大学研究结论：成桥状态阻尼比为0.47%时，无论是否设置导流板，涡振振幅均能满足规范的要求；成桥状态在阻尼比为0.26%条件下，竖向振幅不满足规范要求，但扭转涡振振幅能满足规范的要求；在设置导流板后，竖向振幅满足规范要求，扭转振幅也得到显著降低。可见，在较低阻尼比条件下设置导流板，对减小成桥状态主梁涡激振动（尤其是扭转涡激振动）是有效的。

西南交通大学研究建议：根据试验结果判断，西堠门大桥加劲梁发生严重涡激振动的可能性较小。从实际出发，加劲梁可暂不设置导流板，但宜预留安装导流板的位置，以供必要时增设。

根据以上风洞试验的研究结果，设计单位中交公路规划设计院有限公司进行了导流板的设计。

5.3.4 现场观察与实测

除风障外的桥面系施工完成后，2009年3月15日西堠门大桥首次出现加劲梁竖向弯曲涡激共振现象，图5.3-8、图5.3-9为当天涡振录像的截图，每一对截图分别是所观察到的主梁变形的两个极限位置，从截图帧数的差别可知，涡振频率约为0.32Hz，对应于第七阶竖弯振型，如图5.3-10所示。从录像截图中可以看出，南塔处伸缩缝位置水平振动幅度单峰值约0.4cm，北塔处竖向振动幅度单峰值约5.0cm。根据动力特性计算得到的质量归一化振型，得到涡振过程中加劲梁最大的振动幅度约为单峰值16.3cm。观测到的涡振振幅超过规范允许值0.04/0.32＝0.125m＝12.5cm。

2009年3月18日下午，天气多云，风速2～9m/s，温度12℃左右。西堠门大桥自下午约

17:00 时开始出现竖弯涡振,持续约 90min。涡振过程中大桥振幅明显增大。涡振发生前和涡振发生过程中均对大桥主梁振动加速度进行了现场测试。涡振过程中大桥振动能量主要集中在 0.230Hz,竖向振动位移见表 5.3-2,最大振幅为 18.4cm,大于规范允许值 0.04/0.230 = 0.174m = 17.4cm。

a)第4006帧　　b)第4046帧

图 5.3-8　实桥涡振录像截图,靠近北塔位置

a)第6363帧　　b)第6400帧

图 5.3-9　实桥涡振录像截图,北塔位置

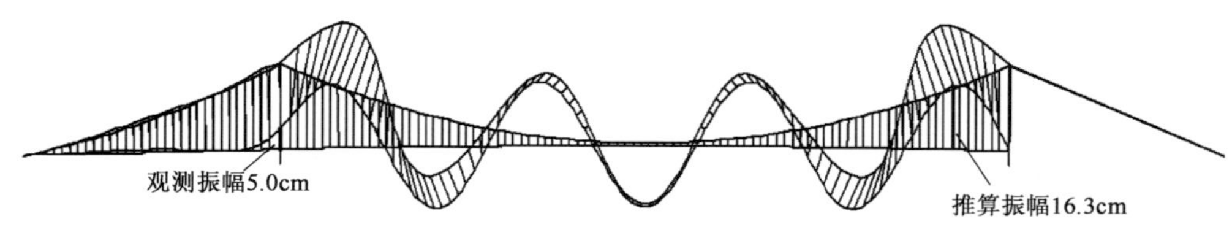

图 5.3-10　涡振振型及振幅换算

涡振过程中主梁竖向测点振动位移幅域统计结果　　表 5.3-2

测试工况 / 测点编号	涡振过程中		测试工况 / 测点编号	涡振过程中	
	最大值(cm)	最小值(cm)		最大值(cm)	最小值(cm)
1(跨中位置)	18.3	-18.4	3(L/8 位置)	4.5	-4.6
2(跨中位置)	17.4	-17.6	4(L/4 位置)	6.0	6.3

从涡振实测结果可以看出,发生涡振的风速在 2 ~ 9m/s 之间,涡激振动表现为高阶竖向弯曲模态,频率在 0.23 ~ 0.32Hz 之间。发生涡振的风速为桥位处的常遇风速,风向接近桥位

处春夏季节的主导风向，桥梁结构的阻尼比实测值的范围很大，因此发生涡振的概率较大。

5.3.5　涡振控制措施研究

1）风障

将风障作为涡振控制措施，对西堠门大桥的涡激振动又进行了研究。

同济大学的试验结果表明：竖直风障对竖弯和扭转涡振都有很好的抑制作用，在竖直风障状态下试验中没有出现明显的竖弯和扭转涡激共振；在水平风障状态下 -3°和 0°攻角下竖弯振幅较小而扭转振幅较大，在 +3°攻角下竖弯振幅较大而扭转振幅较小，最大竖弯振幅为 10.6cm，最大扭转振幅为 0.39°，都小于规范允许值，水平风障对竖弯和扭转涡振没有明显的抑制作用。

西南交通大学的试验结果表明：增加竖直风障后 +3°攻角单边振幅为 1.05cm，0°攻角单边振幅为 1.92cm，-3°攻角单边振幅为 2.98cm，相对未设置风障的试验结果来看，涡振振幅已大幅减小。竖直风障能有效减小竖弯涡振的振幅。

设置风障的节段模型如图 5.3-11 所示，风障布置如图 5.3-12 所示。

a)

b)

图 5.3-11　设置竖直和水平风障的节段模型

图 5.3-12　风障布置图

2）导流板

在设置风障的基础上再次研究导流板的作用。同样模拟实桥第七阶竖弯振型和第一阶扭转振型。在考虑开槽中间部位的导流板外,还进一步研究了前缘导流板的作用。

同济大学的试验结果表明:在竖直风障状态下,有无开槽部位导流板两种情况都没有出现明显的竖弯涡激共振,说明在竖直风障状态下开槽部位的导流板对涡振没有不良影响。在水平风障状态下,开槽部位导流板和前缘导流板都不能明显减小竖弯涡振振幅。

西南交通大学的试验结果表明:在竖直风障状态下,同时再设置导流板在3°和0°攻角下可使得竖向涡振振幅进一步减小,但在-3°攻角下涡振振幅无明显减小。由于所有情况下的振幅都比较小,因此可认为在竖直风障状态下开槽部位的导流板对涡振没有不良影响。

在中央开槽的顶部安装顺桥向、横桥向或双向交叉格栅,通过调整格栅条间距和格栅条的宽度改变透空率,研究了不同格栅对涡振的控制作用。

同济大学研究结果表明:在防撞栏状态下,交叉格栅和顺桥向格栅都能在一定程度上减小竖弯和扭转涡振振幅,但安装格栅后仍有明显的涡激振动;竖直风障状态下有无格栅两种情况都没有出现明显的涡激共振,说明格栅对涡振没有不良影响;水平风障状态下顺桥向条状格栅可以抑制竖弯和扭转涡振或明显地减小涡振振幅。

西南交通大学的研究结果表明:在防撞栏状态下,横桥向格栅能在一定程度上减小竖弯涡振振幅,但是和导流板一起使用时反而放大涡振振幅。

试验见图5.3-13。

a)

b)

图5.3-13 顺桥向和横桥项条状格栅

3)调谐质量控制器

针对西堠门大桥的具体情况提出了调谐质量阻尼器涡振控制方法,控制的频率范围在0.16~0.3Hz之间,对应五阶振型安装5种TMD组合,类型包括TMD被动振动控制、AMD主动振动控制和HMD混合振动控制。

图5.3-14为TMD被动控制的箱内布置示意图。TMD质量在桥跨范围内按两个截面布置,每个截面分成两个箱布置,先按每种组合质量共100t布置,每处25t,即25×2(每处两个箱各1)×2(处)=100t。每种组合针对某一振型,但也会对其他振型起到一定的制振作用。

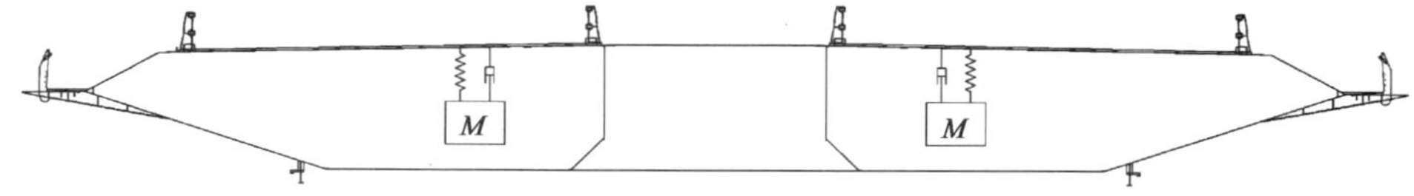

图5.3-14 箱内TMD布置方法

AMD 主动控制质量参数与 TMD 一致，布置的纵向位置和控制振型也与 TMD 一致。图 5.3-15为箱内的布置方案。图 5.3-16 为整个系统的工作原理。

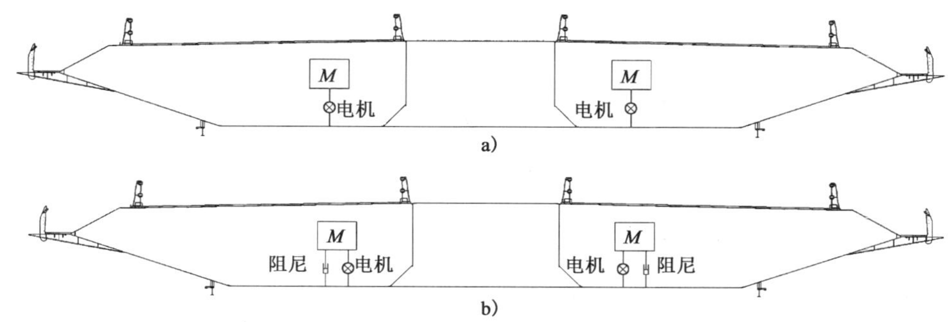

图 5.3-15　AMD 控制方案及在箱内布置

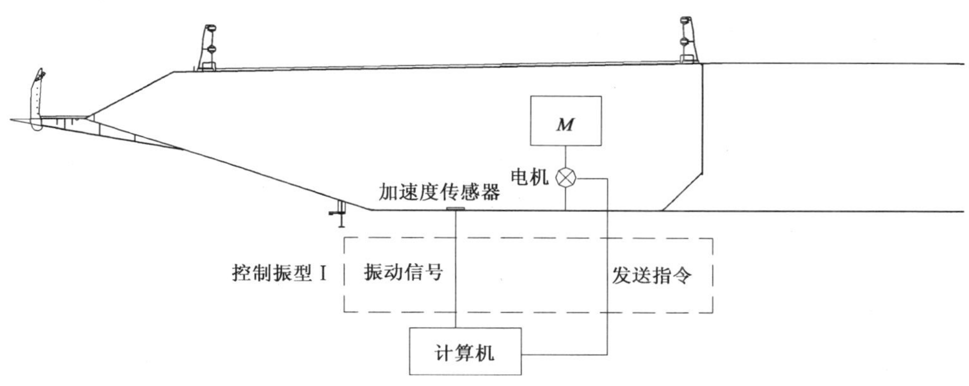

图 5.3-16　AMD 工作原理

HMD 混合控制的质量参数与 TMD 一致，布置的纵向位置和控制振型也与 TMD 一致。图 5.3-17为箱内阻尼器的布置方案。

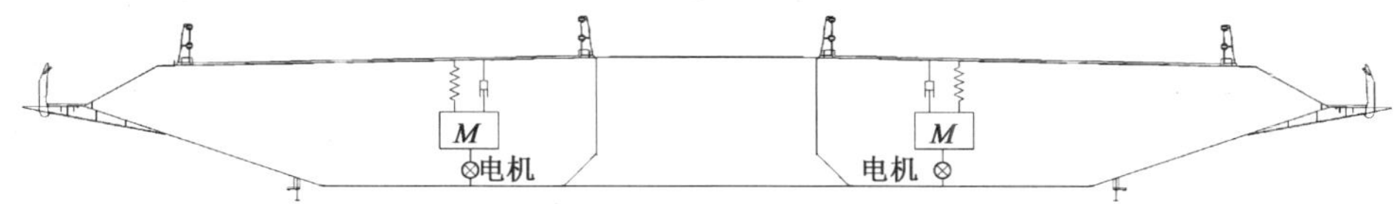

图 5.3-17　HMD 混合控制方案

TMD 被动控制、AMD 主动控制和 HMD 混合控制三种方案的优缺点比较如表 5.3-3 所示。考虑到西堠门大桥的分体式钢箱梁的梁高只有 3.5m，而且分体后每个箱梁的体积较小，因此如果采用 TMD 被动控制，需要考虑调谐质量块的大小和形成；由于涡振发生时的锁定风速不像颤振发生时的临界风速这么高，所以保证系统的外部控制特别是电源供应是完全有保证的，而调谐质量块以及形成都要比 TMD 小得多，所以是有优势的；HMD 混合控制由于系统复杂、造价昂贵，再加上还没有工程实践的先例，因此不予推荐。

TMD、AMD、HMD 控制方案的优缺点评价 表 5.3-3

控制方案	TMD 被动	AMD 主动	HMD 混合
优点	系统稳定，不需要人工干预，任何时候都能起到制振作用	制振效率高，行程小，对阻尼器要求低	兼有 TMD 和 AMD 的优点，系统稳定，在外部电源失去作用的情况下仍能工作
缺点	行程大，易受安装空间限制	系统相对复杂，且必须保证系统的外部控制正常	系统复杂，造价昂贵

5.3.6 运营状态振动监测结果分析

浙江省舟山连岛工程建设指挥部提供了西堠门大桥建成通车后，2009 年 12 月 2 日0 时～2010 年 11 月 12 日 24 时，共 346 天的振动健康监测数据进行运营状态振动监测结果分析。

1）分析方法和步骤

（1）以 1h 为一个时间段，逐段计算加劲梁四分点和跨中共 4 个加速度传感器的监测数据的均方差，以 4 个加速度均方差的最大值大于 $1.0\mathrm{cm/s^2}$ 为标准，找出有显著振动时间段。

（2）以 5min 为一个时间段，逐段分析有显著振动的监测数据的频谱，以幅值谱的最大峰值大于其他峰值 4 倍以上为标准，找出近似单频振动即涡激共振的时间段。

（3）对近似单频振动的监测数据，以幅值谱的最大峰值对应的频率为中心，进行 -0.03～+0.03Hz 范围内的带通滤波，得到 5min 一段的涡激振动时程曲线。

（4）涡激振动的振幅根据 5min 一段的时程曲线按下式计算：

$$\text{涡振振幅} = 0.5 \times \text{涡振加速度幅值} / (2 \times \pi \times \text{频率})^2$$

（5）按 Sperling 舒适度指标进行涡振舒适性评价。Sperling 舒适度指标是我国铁道车辆乘坐舒适度评价指标（表 5.3-4），适用于频率 0.5～20Hz 的竖向振动或 0.5～26Hz 的横向振动，指标值按下式计算：

$$\text{指标值 } W = 0.896 \times (\text{涡振加速度幅值}^3 / \text{涡振频率} \times \text{频率加权系数})$$

Sperling 评价指标的频率加权系数因振动方向不同而不同，对竖向振动当频率在 0.5～5.9Hz时为 0.325 乘以频率的平方。由于西堠门大桥振动频率很低，第十阶竖弯仅为 0.48Hz，对小于 0.5Hz 的情况此，此处偏安全地取频率加权系数为 $0.325 \times 0.5^2 = 0.0813$。

Sperling 指标舒适度评定等级 表 5.3-4

指标 W	乘坐舒适度（对振动的感觉）	指标 W	乘坐舒适度（对振动的感觉）
1.0	刚能感觉到	3.25	很不正常
1.5	明显感觉	3.5	极不正常，可厌、烦恼，不能长时间忍受
2.0～2.5	感觉更明显，但并无不快	4.0	极可厌，长时间忍受有害
3.0	感觉强烈，不正常，但还能忍受		

（6）按国际标准《机械振动与冲击人体暴露于全身振动的评价 第 1 部分：一般要求》（ISO 2631-1—1997）进行涡振舒适性评价。该标准采用频率加权的均方根加速度为指标进行舒适度评价，即

$$\mathrm{rms} = \left[\frac{1}{T}\int_0^T a_w^2(t)\,\mathrm{d}t\right]^{1/2}$$

式中：T——振动信号的持续时间；

$a_w(t)$——经过频率加权后的振动加速度。

对于涡激振动（单频、等幅），评价指标值按下式计算：

$$\mathrm{rms} = 0.70711 \times 涡振加速度幅值 \times 频率加权系数$$

ISO 2631-1—1997 规定的较低频下以坐姿状态承受竖向振动时的频率加权系数如表 5.3-5所示，以加权均方根加速度为指标的人体舒适度标准如表 5.3-6 所示。

ISO 2631-1—1997 坐姿竖向振动频率加权系数 表 5.3-5

频率（Hz）	0.1	0.125	0.16	0.2	0.25	0.315	0.4	0.5	0.63	0.8
加权系数	0.031 2	0.048 6	0.079 0	0.121	0.182	0.263	0.352	0.418	0.459	0.477

ISO 2631-1—1997 舒适度标准 表 5.3-6

加权均方根加速度（$\mathrm{cm/s^2}$）	舒 适 程 度	加权均方根加速度（$\mathrm{cm/s^2}$）	舒 适 程 度
< 31.5	没有不舒适	80 ~ 160	不舒适
31.5 ~ 63	稍有不舒适	125 ~ 250	非常不舒适
50 ~ 100	比较不舒适	> 250	极不舒适

2）分析结果

所提供的 346d 的监测数据中有效加速度数据文件 7 834 个，有效数据总时间长度 7 834h。7 834 个数据文件中，4 个加速度传感器监测数据的均方差值的最大者超过 $1.0\mathrm{cm/s^2}$ 的有 5 624 个，超过 $2.0\mathrm{cm/s^2}$ 的有 587 个。

涡激振动振幅、发生频率统计结果如表 5.3-7 所示。Sperling 指标舒适度评价结果如表 5.3-8所示。ISO 2631-1—1997 舒适度评价结果如表 5.3-9 所示。

Sperling 指标的评价结果比 ISO 2631-1—1997 的评价结果的不舒适水平稍高一些，主要原因是 Sperling 指标并适合于 0.5Hz 以下的振动，此处采用的偏保守的频率加权系数不能真实反映人体对振动的感受，ISO 2631-1—1997 的评价结果更接近真实情况。

涡激振动振幅、发生频率统计结果 表 5.3-7

涡振振幅（cm）	出现天数（比例）	累计持续时间（比例）	涡振振幅（cm）	出现天数（比例）	累计持续时间（比例）
5 ~ 10	44d（12.71%）	32h35min（0.42%）	15 ~ 20	3d（0.86%）	1h（0.01%）
10 ~ 15	15d（4.33%）	8h55min（0.11%）	20 ~ 21.46	1d（0.29%）	5min（0.001%）

Sperling 指标舒适度评价结果 表 5.3-8

W 值	持续时间（比例）	舒 适 程 度
1 ~ 2	223.1h（2.85%）	有明显感觉
2 ~ 2.5	12.1h（0.15%）	有更明显感觉 但并无不快
2.5 ~ 2.69	2.5h（0.03%）	感觉强烈，不正常，但还能忍受

ISO 2631-1—1997 舒适度评价结果 表 5.3-9

加权均方根加速度(cm/s^2)	舒 适 程 度
< 31.5, 最大值 12.15	没有不舒适

5.4 静风稳定性能及评价

在静风荷载作用下,桥梁断面将受到静风阻力、静风升力和静风扭转力矩的作用,并产生变形以抵抗静力三分力的作用。当来流风速超过临界风速时,随着变形的增大,抵抗力矩的增加速度小于静风力矩的增加速度,结构将发生静风扭转失稳。这是除颤振发散之外,大跨度桥梁需要绝对避免发生的另一种风致发散现象。本节首先采用二维静风稳定性分析方法对桥梁结构静风稳定性能进行初步分析,进而建立适合于分体式钢箱梁悬索桥的三维静风稳定性分析方法,进而采用动力有限元方法在时域范围内研究脉动风对桥梁结构静风稳定性能的影响规律,最后以风速分布概率模型以及临界风速抗力模型为基础建立桥梁静风失稳概率性评价方法。

5.4.1 二维静风稳定性分析

为了建立二维静风稳定分析模型,考虑图 5.4-1 所示扭转发散简化分析模型,它可以反抗弹簧的作用而绕某一支点(或弹性中心)转动。

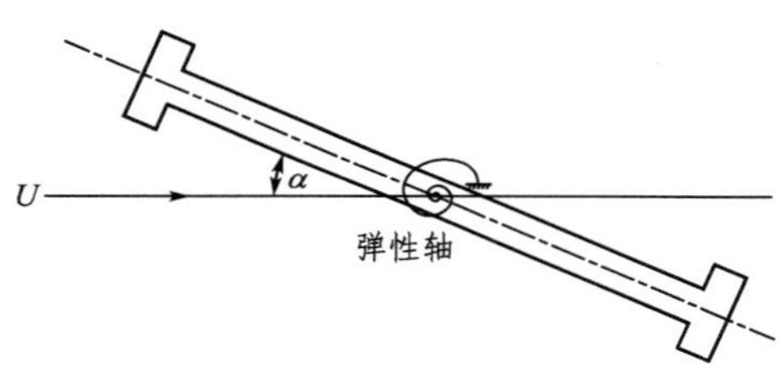

图 5.4-1 二维扭转发散分析模型

可推导得到结构扭转发散临界风速为:

$$U_{cr} = \sqrt{\frac{2K_\alpha}{\rho B^2 C'_M(0)}} \tag{5.4-1}$$

式中:K_α——扭转模态刚度;

ρ——空气密度;

B——桥宽;

C'_{M0}——0°攻角处的气功扭矩系数斜率。

根据《公路桥梁抗风设计规范》(JTG D60-61—2004)规定,静力扭转发散检验风速为两倍的桥面高度设计基准风速,即成桥状态110.28 m/s。第一方案(开槽双箱梁)、第二方案(整体箱梁)、第三方案(格构式开槽双箱梁)和第四方案(中跨 1 560m)按二维静风稳定简化计算模型计算得到的扭转发散临界风速如表 5.4-1 所示。4 种方案的扭转发散临界风速均大于检验风速。但是,该结论还有待于用三维非线性数值分析方法加以验证。

各方案的抗扭发散临界风速 表 5.4-1

桥梁结构形式	$C'_{M_0}(0)$	K_α($N \cdot m^2$)	B(m)	U_{cr}(m/s)
第一方案	0.248 7	7 537 566	36.08	195
第二方案	0.716 2	8 769 675	33.10	135
第三方案	0.378 2	5 987 604	31.18	163
第四方案	0.248 7	8 484 461	36.08	207

5.4.2　三维静风稳定性分析

静风失稳是静风荷载与结构变形耦合作用的一种体现。过去,对大跨度缆索承重桥梁空气静力失稳的计算方法都比较简单,如前述二维静风稳定性检验,仅限于验算横向静风引起的侧倾失稳以及纯升力作用下的扭转发散,未能考虑结构与风荷载非线性因素的相互作用,所以在用于实桥结构的静风稳定分析时,难以获取准确的静风失稳临界点,也无法揭示结构失稳全过程以及空气静力作用的非线性特征。

本节采用的非线性静风稳定理论是基于两方面的结合:首先采用非线性静风荷载描述法将静风荷载表示为风速和结构变形的函数,从而全面考虑静风荷载的非线性效应;其次,将非线性静风荷载与杆系结构的空间稳定理论结合,建立大跨度缆索承重桥梁的非线性静风稳定计算方法。

由于结构受到自身几何非线性和静风荷载非线性双重非线性因素的影响,因而只有进行风速加载的全过程分析才能获得结构真实的空气静力失稳风速。大跨度悬索桥空气静力稳定问题的求解在力学上仍然可以按照杆系结构第二类稳定理论进行,最终可归结为求解如下 UL 列式的增量平衡方程组:

$$\{[{}^{T}K_0]+[{}^{T}K_\sigma]\}\cdot\{\Delta\delta\}=\{{}^{T+\Delta T}F(\alpha)\}-\{{}^{T}R\} \tag{5.4-2}$$

式中: ${}^{T}K_0$——T 时刻结构弹性刚度矩阵;

${}^{T}K_\sigma$——T 时刻时,由恒载及风载共同作用引起的几何刚度矩阵;

${}^{T+\Delta T}F(\alpha)$——相应有效攻角为 α 时的风载;

${}^{T}R$——T 时刻结构内力等效节点力。

如前所述,静风作用下的桥梁稳定问题归结为非线性增量平衡方程的求解。静风荷载的非线性特征决定了桥梁静风稳定问题的求解必须将风速分级进行,在各级风速作用下还必须对静风荷载设置迭代循环以控制静风荷载的收敛。由于静风荷载不仅沿桥跨纵向各点分布不均匀,而且其大小和方向都会随桥梁结构的姿态变化而改变,这也是静风荷载的特性,所以静风荷载下的几何非线性分析与一般普通荷载下的几何非线性分析有所不同。前者在利用增量求解时,是将风速分级进行;而后者通常采用荷载分级计算,因为在其分析的全过程中,普通荷载的变化很小,可作常量化处理。静风稳定问题的全过程分析步骤如下:

(1)首先确定悬索桥结构在恒载作用下的初始状态,包括其几何形状及恒载内力。

(2)设定初始风速 v_0。

(3)计算出作用于桥梁结构上的静风荷载$\{F(\delta)\}$。

(4)利用 Newton Raphson 迭代法求解式(5.4-2),得到当前结构位移。

(5)由结构位移确定加劲梁变形后的扭转位移,重新计算相应的静风荷载。

(6)验算各节点静风荷载三分力系数的欧几里得范数是否小于允许值。

$$\left\{\frac{\sum_{j=1}^{N_a}[C_k(\alpha_j)-C_k(\alpha_{j-1})]^2}{\sum_{j=1}^{N_a}[C_k(\alpha_{j-1})^2]}\right\}^{1/2}\leqslant\varepsilon_k\quad(k=X,\ Y,\ Z) \tag{5.4-3}$$

式中:N_a——受到静风荷载作用的节点总数;

C_k——阻力、升力和升力矩系数；

ε_k——阻力、升力和升力矩系数的允许误差。

(7)如果式(5.4-3)满足要求,则按预定步长增加风速,然后重复步骤(3)～(5)；否则,重复步骤(4)、(5),进行新一轮的迭代计算。

(8)当结构接近失稳时,风速增量步长适当减小,直到结构失稳。

(9)输出结果。

针对西堠门大桥悬索桥成桥状态分别进行了桥面无风障、桥面采用竖直风障、桥面采用水平风障三种方案的结构静风稳定性分析。三维静风稳定性数值分析考虑风攻角为0°、+3°和-3°三种工况,取结构只承受恒载为初始状态,逐级增加风速,计算各级风速下桥梁结构在静风力和恒载共同作用下的竖向、侧向和扭转位移。

西堠门大桥悬索桥成桥状态桥面高度设计基准风速为 U_d = 55.14m/s,则考虑几何非线性和气动力非线性的三维静风稳定性分析检验风速为 1.2×55.14 = 66.17m/s,而不考虑几何非线性和气动力非线性的二维静风稳定性验算检验风速为 2.0×55.14 = 110.28m/s(即上一节验算所采用的数据)。

在0°、+3°和-3°三种攻角情况下,结构静风失稳临界风速分析结果分别为128m/s、116m/s及200m/s,均高于检验风速66.17m/s。

桥面安装竖直风障后,0°、+3°和-3°三种攻角情况下,结构静风失稳临界风速分析结果分别为136m/s、124m/s及200m/s;安装水平风障后,三种攻角下结构静风失稳临界风速分析结果分别为126m/s、114m/s及200m/s,均高于检验风速66.17m/s。

西堠门大桥全桥气弹模型静风稳定性风洞试验是在同济大学土木工程防灾国家重点实验室TJ—3边界层风洞中进行的,对应的结构状态为成桥无风障状态。成桥状态在均匀流场中风攻角分别为α = -3°、α = 0°、α = +3°时结构静风失稳临界风速分别为115.0m/s、105.0m/s及95.0m/s,均高于成桥状态静风失稳检验风速66.2m/s,并与数值分析结果基本一致。

5.4.3 紊流对静风稳定性的影响

大跨度缆索承重桥梁的静风失稳,特别是导致桥梁突然破坏的扭转发散是桥梁工程师在设计阶段十分关注的问题,静风稳定性分析的传统方法是考虑均匀流静风荷载,采用静力有限元迭代法来求解。然而,自然界大气边界层中的气流总是紊流而非均匀流,而紊流对扭转发散的影响却需要深入的研究。要研究紊流对结构静风稳定性能的影响,传统的分析方法不再适用,主要原因是紊流以及桥梁的抖振响应具有时程的特性而非某一确定的值。本节采用动力有限元方法考虑这些因素影响,首先采用前40s设置临界阻尼比的方法来克服阶跃激励影响问题。图5.4-2为该方法的应用示例,图中波浪线表示积分过程中始终采用阻尼比为0.8%的结构侧向响应,粗实线表示前40s为临界阻尼比而后采用0.8%的阻尼比情况下的侧向响应。从图5.4-2可知后者在前40s内已经完全消除阶跃激励的影响。

忽略自激力、涡脱力以及风偏角等因素的影响,紊流场中桥梁断面的风荷载可表示为:

$$D^*(x,t) = \frac{1}{2}\rho U^2(x,t) \cdot C_D(x,t) \cdot C_D[\alpha_0 + \Delta\alpha(x,t) + \alpha(x,t)] \cdot B \quad (5.4\text{-}4a)$$

$$L^*(x,t) = \frac{1}{2}\rho U^2(x,t) \cdot C_L[\alpha_0 + \Delta\alpha(x,t) + \alpha(x,t)] \cdot B \quad (5.4\text{-}4b)$$

$$M^*(x,t) = \frac{1}{2}\rho U^2(x,t) \cdot C_M[\alpha_0 + \Delta\alpha(x,t) + \alpha(x,t)] \cdot B^2 \tag{5.4-4c}$$

式中：$D^*(x,t)$、$L^*(x,t)$、$M^*(x,t)$——分别表示瞬时风轴坐标下的单位长度主梁断面的阻力，升力和升力矩；

x——代表桥轴向；

ρ——空气密度；

$U(x,t)$——t 时刻的风速；

C_L、C_D、C_M——分别为升力、阻力与升力矩系数；

α_0——平均风攻角；

$\Delta\alpha(x,t)$——t 时刻脉动风引起的附加攻角；

$\alpha(x,t)$——t 时刻桥梁断面扭转响应；

B——桥面参考宽度。

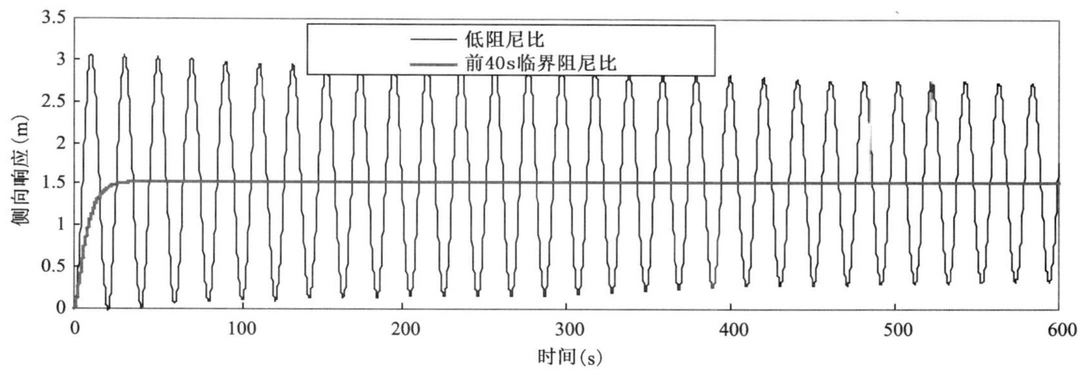

图 5.4-2 平均风荷载下的典型动力响应

公式(5.4-4)中，ρ 和 B 是常数，α_0是 x 的函数，U,$\Delta\alpha$、α、D^*、L^*、M^* 是 x 和 t 的函数，$U(x,t)$为 t时刻沿桥法向的瞬时风速：

$$U(x,t) = \sqrt{[U_0 + u(x,t)]^2 + w(x,t)^2} \tag{5.4-5}$$

式中：U_0——桥面处的平均风速，当忽略桥梁纵坡变化时为常数；

$u(x,t)$——水平脉动风；

$w(x,t)$——竖向脉动风。

式(5.4-4)中包含了用于桥梁扭转发散分析的准定常气动刚度，基于振型分解法与广义坐标得出如下矩阵运动方程：

$$I\ddot{\zeta} + A\dot{\zeta} + (G - C)\zeta = Q_b + Q_{st} \tag{5.4-6}$$

式中：I——单位矩阵；

A——结构阻尼矩阵；

G——结构刚度矩阵；

C——准定常理论得出气动刚度矩阵。

空间脉动风场采用谐波合成法模拟，风谱形式采用 Kaimal 谱，高度 Z 处平均风速为 $U(z)$ 时的水平及竖向脉动风功率谱密度函数可分别用以下两式表示：

$$S_u(n) = 200u_*^2 \frac{f}{n(1+50f)^{\frac{5}{3}}} \tag{5.4-7}$$

$$S_w(n) = 6u_*^2 \frac{f}{n(1+4f)}^{\frac{5}{3}} \tag{5.4-8}$$

式中：$S_u(n)$、$S_w(n)$——分别为脉动风的水平顺风向及竖直方向的功率谱密度；

n——脉动风的频率；

f—— 计算得出：

$$f = \frac{nZ}{U(z)} \tag{5.4-9}$$

u_*——气流剪切速度。

$$u_* = \frac{KU(z)}{\ln \frac{Z - Z_d}{Z_0}} \tag{5.4-10}$$

式中：K——无量纲常数，通常取0.4。

$$Z_d = \overline{H} - \frac{Z_0}{K} \tag{5.4-11}$$

式中：$\overline{H}$——周围建筑物平均高度；

Z_0——粗糙高度。

不同点的相关谱表示如下：

$$S_{u_1u_2}^c(r,n) = \sqrt{S(z_1,n)S(z_2,n)} \cdot \mathrm{e}^{-\hat{f}} \tag{5.4-12}$$

其中：

$$\hat{f} = \frac{n[C_z^2(z_1 - z_2)^2 + C_y^2(y_1 - y_2)^2]^{\frac{1}{2}}}{\frac{1}{2}[U(z_1) + U(z_2)]} \tag{5.4-13}$$

其中，C_z和C_y由地表粗糙度决定，分别取为10和16。

应用所建立的方法对西堠门大桥在均匀流场和紊流场中的静风稳定性能开展了研究。通过比较，动力有限元和静力有限元的计算结果吻合很好，两种方法均表明风速超过115m/s后结构开始出现扭转发散，两者的吻合验证了采用动力有限元法求解桥梁静风扭转发散是有效的。

图5.4-3为平均风速U_0 = 115m/s时，结构分别在紊流场和均匀流场中的扭转位移响应时程，与均匀流场中扭转发散不同的是，紊流场的扭转发散表现为有巨大扭转峰值的随机振动过程，紊流场中的扭转发散时程有3个明显的特征。首先是它的响应峰值大，扭转峰值达到0.9rad(51.6°)，达均匀流下稳态响应的10倍，而均匀流场下风速U_0 = 115m/s时结构并没开始出现扭转发散，在紊流场中如此大的扭转振幅表明结构应当已处于发散状态，由此可见，紊流场中扭转发散临界风速低于均匀流场中的临界风速。第二，与均匀流场不同的是紊流场中的扭转发散表现为不连续的形式，在整个振动时程内为随机和间歇性的失稳。第三是响应峰值呈非对称分布，很明显正方向的扭转峰值（发散方向）比负方向的扭转峰值绝对值大得多，凸起十分明显。

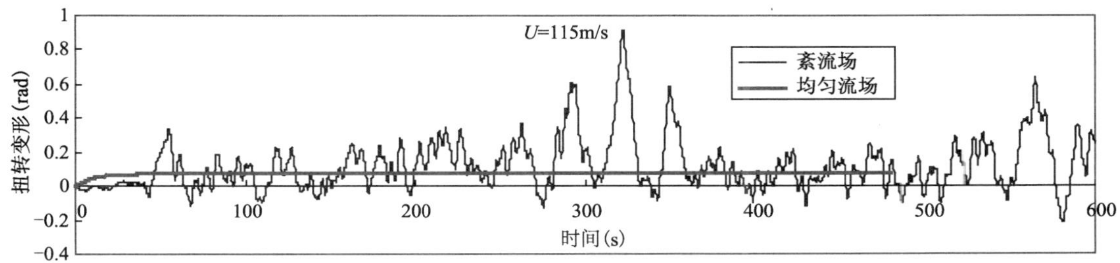

图 5.4-3 均匀流场与紊流场下扭转响应

表5.4-2给出了跨中点扭转振动响应的最大值,从表中可看出,最大响应值在风速90m/s和95m/s之间有一个跳跃,从风速95m/s下最大响应值17.18°可以判定,紊流场中此时结构扭转发散。

跨中点最大响应值 表5.4-2

U_0(m/s)	80	85	90	95
侧向(m)	26.08	30.66	32.74	48.19
竖向(m)	19.98	23.63	26.95	27.16
扭转(°)	7.96	9.73	11.13	17.18

为了研究紊流强度对扭转发散的影响,定义紊流参数如下:

$$U(t) = U_0 + \lambda \cdot u(t) \tag{5.4-14}$$

$$W(t) = \lambda \cdot w(t) \tag{5.4-15}$$

式中:$U(t)$——水平风速;

U_0——平均风速;

$u(t)$、$w(t)$——分别为水平、竖向脉动风;

$W(t)$——竖向风速;

λ——紊流参数。

本节所模拟的紊流场在跨中点位置的紊流度分别为18%(水平向)和8.6%(竖向),表5.4-3给出U_0=110m/s时,不同紊流强度下跨中点的最大扭转响应值与RMS值。很明显,在平均风速不变的情况下,紊流度对扭转发散特性的影响很大。当平均风速为U_0=110m/s,紊流参数增加到0.3即对应水平与竖向紊流度分别增加到5.4%和2.58%时,结构已出现明显的间歇性扭转发散。需提及的是,临界紊流参数或临界紊流度由平均风速决定,平均风速越大,则导致扭转发散的临界紊流度越小。

U_0=110m/s下跨中点的最大扭转响应值和RMS值 表5.4-3

紊流参数	0.1	0.2	0.3	0.4
最大响应值(rad)	0.1074	0.1765	0.2656	0.3629
RMS(rad)	0.0184	0.0286	0.0468	0.0693

为了分析来流空间相关性对结构静风稳定性的影响，需要模拟不同相关性的风场。本节通过改变参数 C_z 和 C_y，模拟了三种不同空间相关程度的风场，相对风场 2 而言，风场 1 代表弱相关脉动风场，风场 3 代表强相关脉动风场。

表 5.4-4 列出相应的最大响应值与 RMS 值。与紊流度类似，紊流空间相关性对桥梁的扭转发散也起着很重要的作用，结构在风场 1（弱相关风场）中保持稳定，而在相关性较强的风场 3 中出现很大的扭转振幅，出现间歇性扭转发散。

$U_0 = 110$m/s、$\lambda = 0.2$ 时跨中点的最大扭转响应值和 RMS 值 表 5.4-4

空间相关类型	风场 1	风场 2	风场 3
最大响应值（rad）	0.121 3	0.176 5	0.318 6
RMS 值（rad）	0.019 03	0.028 6	0.045 6

5.4.4 静风失稳概率性评价

虽然大跨径桥梁的静风失稳临界风速可以通过理论分析和风洞试验两种方法进行计算和测试，但是这两种方法在确定静风失稳临界风速过程中所采用的理论假设、计算方法和试验方法等都存在着不确定性和随机性，有些是在缺乏基本原理条件下的主观假定经验值，有些则是在缺少统计资料背景下客观误差随机值，因此采用可靠性分析方法来确定桥梁静风失稳概率比仅给出一个静风失稳临界风速更为合理。

桥梁静风失稳可靠性分析模型可以采用一个超越极限状态问题来表达，当在给定重现期内桥址处期望风速超过桥梁静风失稳临界风速时发生静风失稳。在这个极限状态问题中期望风速显然是随机变量，根据桥梁静风失稳中最大风速的定义，设计风速概率模型可以表达为：

$$U_m = G_v U_b \tag{5.4-16}$$

式中：G_v——考虑最大脉动风速影响的阵风系数；

U_b——桥址处桥面高度的 10min 时距平均基准风速，可根据现有的风速记录来确定。

两者都是随机变量，必须采用概率分布函数来描述。

根据桥位相邻测站的风速统计资料和极值 I 型概率分布函数，可以计算出舟山站和普陀站用于西堠门大桥桥面高度基准风速计算的极值 I 型分布参数 a 和 b、均值 μ 和方差 σ 以及 100 年重现期的期望风速 U_b^{100}，其中舟山站结果如表 5.4-5 所示。

舟山站基准风速统计参数 表 5.4-5

序号	风向	a(m/s)	b(m/s)	μ(m/s)	σ(m/s)	U_b^{100}(m/s)
1	N	5.71	21.05	24.35	7.33	47.28
2	NNE	5.71	21.05	24.35	7.33	47.28
3	NE	6.67	24.56	28.41	8.55	55.16
4	ENE	3.57	13.16	15.22	4.58	29.55
5	E	4.76	17.54	20.29	6.11	39.40
6	ESE	5.71	21.05	24.35	7.33	47.28

续上表

序号	风向	a(m/s)	b(m/s)	μ(m/s)	σ(m/s)	U_b^{100}(m/s)
7	SE	5.71	21.05	24.35	7.33	47.28
8	SSE	5.71	21.05	24.35	7.33	47.28
9	S	3.33	12.28	14.20	4.27	27.58
10	SSW	2.38	8.77	10.15	3.05	19.70
11	SW	1.90	7.02	8.12	2.44	15.76
12	WSW	3.81	14.03	16.23	4.89	31.52
13	W	3.81	14.03	16.23	4.89	31.52
14	WNW	4.76	17.54	20.29	6.11	39.40
15	NW	4.76	17.54	20.29	6.11	39.40
16	NNW	5.24	19.30	22.32	6.72	43.34

阵风系数 G_v 是指最大阵风风速与10min平均风速的比值，一般应当考虑桥梁基准高度、桥址地表粗糙度和桥梁结构跨度等等的影响，是一个非常复杂的随机变量。假定阵风系数 G_v 服从正态分布，其均值可按B类地表和1 650m跨径，参照《公路桥梁抗风设计规范》(JTG D60-61—2004)中表5.4-5取值为：

$$E[G_v] = \mu_G = 1.20 \tag{5.4-17}$$

阵风系数 G_v 的方差可通过假定偏差系数 $\delta = \sigma/\mu = 0.1$ 确定如下：

$$\sigma[G_v] = \sigma_G = 0.1\mu_G = 0.12 \tag{5.4-18}$$

在桥梁静风稳定概率分析的极限状态方程中，结构抗力变量就是实际结构的静风稳定临界风速，实桥静风失稳临界风速的随机性主要来自于结构特性和风场特性，因此，实桥的静风失稳临界风速 U_{cr} 可用两个独立的随机变量来表示：

$$U_{cr} = C_w U_s \tag{5.4-19}$$

式中：C_w——计入了风场特性中不确定因素的临界风速修正系数；

U_s——计入结构特性中不确定因素的基本临界风速，可以通过全桥气弹模型风洞试验或三维静风稳定有限元计算确定。

基本临界风速是指通过全桥气弹模型或三维静风稳定有限元计算确定的静风失稳临界风速，由于结构特性中存在着随机因素，基本临界风速是一个随机变量，必须用概率分布函数来表示。为了简化起见，基本临界风速选用一个对数正态分布随机变量来表示，其统计特性偏于安全地取为：

$$E[U_s] = \mu_{us} \tag{5.4-20}$$

$$\sigma[U_s] = \sigma_{us} = 0.1\mu_{us} \tag{5.4-21}$$

式中：μ_{us}——基本临界风速均值，取用全桥气弹模型风洞试验结果。

风速修正系数是用来修正实桥风环境模拟中各种随机性的，这些需要模拟的风环境特性既包括平均风特性又包括脉动风特性，所有这些风特性都有自己的随机特征，在统计特性上既可能相互独立也可能相互关联。模型试验和实桥测试的比较结果表明，由模型到实桥的风速修正系数的变化较大，但却没有一个明显的规律。为了简化计算起见，假定风速修正系数的均值为1.0、偏差系数$\delta=\sigma/\mu=0.1$，并且服从最基本的正态分布，即：

$$E[C_w]=\mu_c=1.0 \tag{5.4-22}$$

$$\sigma[C_w]=\sigma_c=0.10 \tag{5.4-23}$$

在随机风速作用下的桥梁静风失稳可靠性分析中，实桥的极限状态函数可以表示成临界风速U_{cr}减去期望风速U_m，即：

$$f(U_{cr},U_m)=U_{cr}-U_m \tag{5.4-24}$$

安全域度函数M依赖于基本变量$X=(C_w,U_e,G_s,U_b)$的统计特性，即：

$$M=f(X)=C_wU_e-G_sU_b \tag{5.4-25}$$

桥梁静风失稳概率可按下式计算：

$$P_F=P\{M\leqslant 0\}=\int_{M\leqslant 0}f_x(x)\mathrm{d}x \tag{5.4-26}$$

式中：$f_x(x)$——基本变量的联合概率密度函数。

因为直接通过这个积分公式来计算失效概率比较困难，所以这里将应用基于一次二阶矩理论的方法来计算失效概率，其中包括中心点法、验算点法以及推广验算点法。

表5.4-6列出了西堠门大桥静风失稳概率性评价中用到的四个基本变量的统计特性，由于桥梁基本为南北走向，因此采用两个气象站偏西(W)和偏东(E)风向的基本风速变量的相关系数。采用中心点法和推广验算点法进行可靠性数值分析，可以得到静风稳定可靠指标β和静风稳定概率P_f如表5.4-7所示。不难发现，推广验算点法的分析结果更为精确和安全，而中心点法的结果较为粗略，并偏于危险。因而应当采用推广验算点法进行计算。

基本随机变量的均值和方差 表5.4-6

风况	μ_c	σ_c	μ_{ue}	σ_{ue}	μ_G	σ_G	μ_{ub}	σ_{ub}
舟山偏西	1.00	0.1	95	9.5	1.2	0.12	16.23	4.89
舟山偏东	1.00	0.1	95	9.5	1.2	0.12	20.29	6.11
普陀偏西	1.00	0.1	95	9.5	1.2	0.12	17.90	5.39
普陀偏东	1.00	0.1	95	9.5	1.2	0.12	16.27	4.90

概率性评价数值计算结果 表5.4-7

风况	中心点法		推广验算点法	
	β	P_f	β	P_f
舟山偏西	5.107	1.643×10^{-7}	4.576	2.374×10^{-6}
舟山偏东	4.559	2.575×10^{-6}	3.947	3.958×10^{-5}
普陀偏西	4.880	5.305×10^{-7}	4.298	8.610×10^{-6}
普陀偏东	5.102	7.365×10^{-7}	4.568	2.458×10^{-6}

5.5　特大跨径中央开槽箱梁悬索桥抖振响应精细化分析

5.5.1　风洞试验概述

根据合同要求、风洞试验段尺寸以及本桥主缆拉伸刚度的特点，将模型的几何缩尺比和风速比定为 $C_L=1:124$ 和 $C_U=1:11.14$，由相似条件可得频率比为 $C_f=11.14:1$。考虑到悬索桥成桥或施工状态的主梁振动主要可能由一阶对称和反对称竖弯、一阶对称和反对称扭转四个振型构成，其最大响应可能位于中跨跨中截面和1/4跨度处，因而试验采用6个激光位移计和5个加速度传感器分别布置在中跨跨中截面和1/4跨度处。这样，在试验中就可获得传感器所在位置的位移和加速度。

5.5.2　典型施工状态抖振试验结果及分析

在进行施工状态试验时，模型桥面高度处的最大试验风速为4.3m/s，略高于实桥施工阶段设计风速（实桥施工阶段设计风速47m/s，换算到风洞中为4.2m/s）。试验模型的风攻角分别为0°，+3°。试验分别考察了1/4跨和1/2跨3个方向的抖振位移响应。根据气弹模型试验，得到如下结论：

（1）该桥的风致抖振响应主要包含了前两阶反对称竖弯、前一阶对称竖弯、对称扭转和反对称扭转以及第一阶对称横弯振型的贡献；

（2）在各个施工阶段，横向位移值均随风速的增大而增加，并且在很大程度上表现为静风位移，而抖振现象并不显著；

（3）在施工的不同阶段，对称振型和反对称振型分别影响1/2跨和1/4跨位置处的抖振响应位移；

（4）通常+3°风攻角下的抖振振幅要比0°攻角下的抖振振幅大；

（5）在施工的前三个主要阶段（主跨分别保留4、8、12号梁段），梁段自身的响应显著降低，主要表现为刚体运动，此时主要是索在振动。

5.5.3　典型施工状态梁段的内力计算

对于各个施工阶段，抖振内力计算时，取设计基准风速47m/s作为确定抖振响应的参考风速，根据抖振试验所得到各个施工状态在该试验风速下的抖振响应位移，用有限元法和SRSS（平方之和开方法）反演，可得各个典型施工状态主跨梁段的抖振内力计算结果。各施工阶段主跨梁段最大内力值由最大静风内力和3.5倍最大抖振内力叠加而成，具体如表5.5-1所示。

不同施工阶段梁段最大弯矩值（单位：kN·m）　　表5.5-1

施工状态	横向内力	竖向内力	施工状态	横向内力	竖向内力
合龙	425 098	20 412	32 梁段	20 424	62 198
78 梁段	49 649	15 869	20 梁段	8 409	14 447

续上表

施工状态	横向内力	竖向内力	施工状态	横向内力	竖向内力
64 梁段	21 494	23 344	12 梁段	4 465	19 402
52 梁段	14 083	18 008	8 梁段	1 227	21 652
40 梁段	24 067	23 031	4 梁段	416	4 744

5.5.4 临时连接件加固抗风设计

1)桥位处的风速统计及架梁计划

根据气象部门提供的风速统计资料,并按照指数律换算为桥面高度处的风速,对于在台风期间的施工阶段(中跨架设39片梁),取重现期为20年,其相应的设计风速为47.0m/s;对于台风期过后的施工阶段(39片梁后继续架设),其设计风速为35.0m/s。因此临时连接件的设计和校核分为两个阶段,一是台风期,风速为47.0m/s;二是台风期之后,风速为35.0m/s。

另外,对于北塔处和南塔处预先架设的梁段将经历整个箱梁的架设阶段,即应按照台风期的风速即47.0m/s来考虑,由于它们各自都处于梁段相对较长的悬臂状态,风致内力也较跨中梁段显著增大,因此两处临时连接件的加固措施将单独设计;对于合龙施工状态,由于主梁的各向约束已基本形成,主梁的变形受到限制,其内力将比不合龙时显著增大,因此该阶段临时连接件的加固措施也需要单独设计。

2)常规临时连接件的承载力分析

(1)整体受力计算

主要考虑横向弯矩和竖向弯矩对临时连接件的影响。按照各个拉杆的实际分布位置和实际截面、材料特征,用空间梁单元进行模拟,建立有限元模型。模型中,各个拉杆的一端设置固定约束,另一端则通过刚臂连接起来,形成一个整体进行内力的分配,并在刚臂端的中心节点加载。其有限元计算模型如图5.5-1所示。

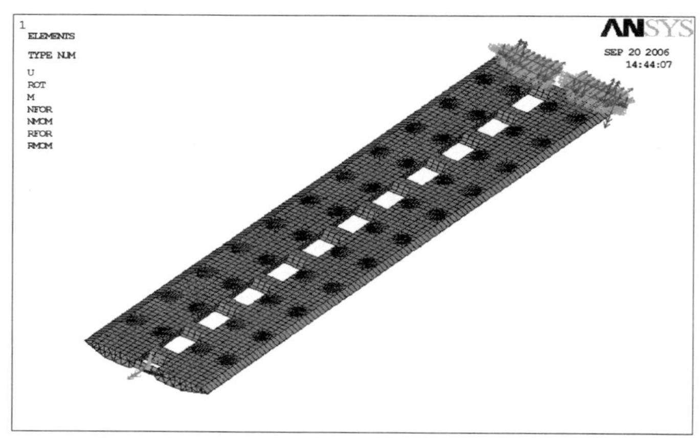

图5.5-1 考虑临时连接作用时的有限元计算模型

计算结果：竖向弯矩作用下，下底板上的拉杆分配的轴力最大为72.5N、上顶板拉杆最大为38.5N，数值上分别占施加力矩1 000N · m的7.25%和3.85%；横向弯矩作用下，上顶板上在边缘处的拉杆5、6号和11、12号轴力最大为12.3N，下底板拉杆最大为9.0N，数值上分别占施加力矩1 000N · m的1.23%和0.9%；扭矩作用下，各杆的扭矩一致，为5.36N，占施加扭矩1 000N · m的0.536%，此时轴力为0.01～0.04N。

从以上结果来看，拉杆的轴力主要有竖向和横向的弯矩产生，根据线性叠加原理，拉杆的最大轴力应是两种内力作用效果的叠加，取下底板D2的拉杆在竖向弯矩作用下的轴力72.5N，和其在横向弯矩下的轴力9N进行叠加，得到最大轴力为81.5N。在具体数值的分析中，应将静风作用下横向和竖向的弯矩值乘上各自的轴力分配系数后进行叠加，并加上两个方向中最大抖振弯矩所产生的轴力值（由于横向和竖向的振动相对独立，因此两个方向的最大抖振内力不会同时发生，当一方的数值为最大时，另一方的数值可以忽略），即得到梁端临时连接件拉杆的实际最大轴力。各个梁段的最大综合内力由静风作用下考虑梁段变形非线性影响的横向和竖向弯矩在拉杆上产生的轴力叠加，再加上这两个方向上由抖振产生的最大轴力，具体算法如下：

$$F = \mathrm{ABS}(A \cdot 9/1\,000) + \mathrm{ABS}(B \cdot 72.5/1\,000) + \mathrm{MAX}(C \cdot 9/1\,000, D \cdot 72.5/1\,000)$$

其中，9/1 000和7.25/1 000分别为下底板拉杆在单位弯矩作用下，在横向和竖向分配到的轴力比例；A为横向弯矩，B为竖向弯矩，C和D分别为横向和竖向的抖振弯矩。

（2）上连接件D1的受力状态分析

对上顶板临时连接件D1进行弹塑性分析计算，荷载作用大小为900kN，承载板的厚度为30mm。加载的位置分为前板加载和后板加载（前板定义为靠近梁段接缝的承载板，后板则定义为其相对位置的另一块承载板）。考虑到实际梁体的上顶板对临时连接件的约束作用，将该模型的周边进行固定约束处理。由于临时连接件采用的是Q345钢材，因此塑性分析计算结果中对应的应力均为MISES应力。

从计算结果可以得到如下结论：

①无论在前面还是在后面加载，D1的应力都集中在承载板及其附近区域，对梁顶钢板的影响比较小。

②梁顶板的弹性变形相对较大，但绝对变形很微小，在后孔加载时顶板局部下挠，在前孔加载时顶板局部上挠。

③D1能承受900kN的作用力，并具有一定的安全储备。

（3）下底板临时连接件计算

对下底板临时连接件D2进行弹塑性分析计算，荷载作用大小为500kN，承载板的厚度为20mm。考虑到实际梁体的U形肋对临时连接件承载板的约束作用，将该模型承载板周边按固定约束处理。

从计算结果可以得到如下结论：

①无论在前承载板还是在后承载板加载，D2的应力都集中在承载板及其附近区域，对梁底钢板的影响比较小，造成的局部变形也很微小。

②D2仅能承受500kN的作用力，安全储备较低。

因此整个临时连接件系统的承载力由下底板上的 D2 控制,为 500kN。

(4)各个施工阶段梁段内力校核

根据以上计算分析结果,在考虑塑性变形时,临时连接件承载板可承受 500kN 的由螺栓传递的轴力。各个梁段的最大综合内力由静风作用下考虑梁段变形非线性影响的梁端横向和竖向弯矩在下底板拉杆上产生的轴力叠加,再加上这两个方向上由抖振产生的最大轴力。为了考虑实际情况,也按照线性转换的关系,由 47m/s 风速时的内力值分别转换到 35m/s 和 25m/s,并和容许轴力 500kN 放在一张图上。校核结果表明,当以梁段临时件 D2 的承载力 500kN 进行校核,在台风期架设,主跨梁段只有 4 号梁段和 8 号梁段的施工状态满足 47m/s 的抗风要求,12 ~ 40 号梁段的施工状态均不满足;在非台风期架设,4 ~ 20 号梁段的施工状态及 52 号梁段的施工状态满足 35m/s 的抗风要求,其余各施工阶段均不满足;合龙施工状态的各梁段甚至不能满足 25m/s 的抗风要求。

此外,由于 D2 不具备安全储备,出现稍大开裂即失效。因此,为了满足台风期 47m/s 和非台风期 35m/s 的抗风要求,必须对 D2 进行加固处理,提高其承载力和安全储备,必要时还需要在个别梁段增加几套 D2 连接件并进行相应的加固处理,以降低拉杆的最大轴力。

3)临时连接件 D2 的加固处理

(1)添置纵撑

消除应力集中,在两个承载板间焊接一块钢板(纵撑)协助受力,但钢板不和梁底焊接。通过添置纵撑板的计算,得出以下结论;加入纵撑前后承载板的变形都是相似的,对整体应力水平的降低作用不显著,但纵撑使承载板局部应力集中情况得到了改善,集中处的应力水平显著降低。但在加入纵撑后,在纵撑和栓孔的焊接位置也出现了应力集中,在板比较薄的情况下,有发生局部屈曲的可能。因此,实际工程中选用了 20mm 厚度的纵撑。

(2)在 D2 上增焊 40mm 钢垫板

由于板在受到螺栓的压力时局部区域会产生应力集中现象,因此,以栓孔为中心,在承载板上增焊一块厚度 16mm 的钢垫板,并通过比选,最后决定采用厚度为 40mm(此时纵撑板厚度为 20mm)的钢垫板。计算表明,当荷载为 900kN 时,在板的受拉区,板与螺栓接触面的最大应力为 543MPa,表明孔边的钢板(非全厚度)已经接近或达到了材料的极限承载状态;但承载板整体的应力水平不高,且应力分布相对均匀,表明整体安全储备较高。经以上计算可得,在台风期架设,4-20 梁段施工阶段的各梁段内力值能满足 47m/s 的抗风要求,但 32 号梁段跨中有多数梁段以及 40 号梁段施工状态跨中有少数梁段不能满足 47m/s 的抗风要求,仍需要在这几个梁段采取进一步的加固措施;在非台风期架设,除合龙施工状态外,其余施工状态均满足 35m/s 的抗风要求;合龙施工状态的大多数梁段不能满足 35m/s 的要求,也需要进行有针对性的加固处理。

4)中跨梁段台风期的特别加固处理

为了使台风期架设施工的 32 号梁段施工状态和 40 号梁段施工状态 D2 的承载力达到 47m/s 的抗风要求,除了进行必要的补强措施外,还需要在下底板上添置一套 D2,具体位置在梁底外侧第 2 个 U 肋和第 3 个 U 肋间。由计算可得,在下底板添置一套 D2 后,拉杆的最大分配轴力已由 72.5N 下降到了 48.7N,降幅达到 32.8%,同样以 900kN 的承载力进行 32 号梁段和 40 号梁段施工状态承载力校核,由结果可知,相应梁段在添置 D2,对 D2 进行加固处理后,这两个施工状态各梁段能达到47m/s的抗风要求。根据以上计算结果，结合施工单位架梁的顺序，并考虑经济性的要求，认为1号风要求（中跨南北方向兼有）的梁段之间需要添置两套D2，并对D2进行加固处理（40mm厚钢垫板加20mm厚钢纵撑）。

此外，在下底板的临时连接件得到加强后，同时也需要对相应梁段上顶板临时连接件D1进行加固处理，以使梁段上下地临时连接件刚度相当，并增加D1的安全储备，使两者更好地协同受力。加固方案即在D1的承载板上焊接一块厚度为20mm，直径为100mm，材料为Q345C的圆环形钢垫板，加固后D1整体应力得到显著降低，安全储备得到显著增强。

5）边跨梁段和北塔梁段的内力计算及校核

由计算可得，当把边跨梁段临时件D2的承载板进行加固处理后（增加40mm厚的钢板和20mm厚的纵撑），在台风期架设的32号施工阶段边跨少许梁段不能满足47m/s的抗风要求，需要在下底板上添置两套D2，添置的梁段号为北边跨21号梁段，进行加固处理后，这3个施工状态均能满足47m/s的抗风要求。

6）北塔（南塔）处梁段特别加固计算

北塔（南塔）处的双悬臂梁段在47m/s风速下的内力远远超过临时连接件的承载力，因此需要对此处的各个梁段进行特别的加固处理。通过对比分析，考虑经济性和实用性，决定采用添置多套马板的方法。由北塔梁段各个方向的静风力和抖振力可知，该处梁段主要受到静风横向弯矩作用，竖向和扭转的力矩都比较小，抖振力也相对较小。因此，在布置马板时，使马板尽量往梁段的两端靠，以提高横向抗弯惯矩。为了达到较好的加固效果，整个梁断面上下左右对称布置共28块马板。为此采用了简化模型和局部模型对各块马板的受力状态进行了详细计算。此外，由于南塔先架梁段在合龙前也属于悬臂结构，其风致内力也和北塔（南塔）处梁段相当，对于北塔梁段的加固方案同样适用于南塔梁段，因此文中仅计算了北塔附近的梁段内力和加固方案，南塔梁段的加固也按照此方案进行处理。

（1）基于杆件系统的整体计算

由于马板面积和箱梁本身相比很小，主要靠自身的轴向刚度传递轴力，因此可以将马板也等效为拉杆进行计算，而忽略其局部的弯曲变形，将马板连同各个拉杆当作一个整体的框架系统进行计算，得到各个马板和拉杆的轴力分配。上顶板上共14块马板，彼此间距30cm，和上斜腹板间距也为30cm；下底板上共14块马板，均匀的布置在5个U形肋间的空隙里。

通过计算可以得到，在1 000N·m的横向弯矩作用下，马板的最大轴力为4.32N，拉杆为1.62N；竖向弯矩作用下，马板最大20.32N，拉杆为16.52N；扭矩作用下，马板为3.47N，拉杆为1.02N。

（2）基于马板拉杆整体计算结果的内力校核

由以上计算结果可知，加了马板后，拉杆的轴力得到了显著的降低，其承载力得到提高；由于马板刚度大于拉杆，其分配到的轴力要大于拉杆；马板采用的是Q345钢，根据其抗拉极限强度550MPa，马板可以承受2 200kN的均匀拉力，而拉杆继续由900kN的承载力控制。通过计算可以得出，添置马板后，上下临时连接件D1和D2中拉杆分配的轴力显著降低，在台风期架设的各个施工阶段（中跨架设40号梁段施工状态前）梁段均满足47m/s的抗风要求，而在非台风期架设的各施工阶段梁段也满足35m/s的抗风要求。

7）合龙施工状态跨中梁段特别加固

由于梁段合龙后受到约束，导致梁段自身内力急剧变大，按照跨中梁段原有的加固方法(所有跨中梁段的D2补强，1号约束梁段间添置两套已补强的D2，并对这些梁段的D1进行补强)，仍不满足35m/s的非台风期抗风要求，因此需要对跨中梁段在合龙施工状态时采取进一步的加固措施。具体方案如下：49号和50号、51号梁段之间仍然采用北塔(南塔)处的马板数量和布置形式；50号和43号，51号和43号梁段将马板数量由北塔(南塔)处的从28块减少到20块；43号和42号梁段马板数量较少到12块；中跨的其他梁段均为8块马板(中跨1号板中已添置两套D2的梁段也要相应添置上8块马板)。北边跨则还需要在42号和41号梁段间增加8块马板进行过渡。减少的方式以梁段中心线为中心，由内向外进行减少，且每次减少的上下马板数量是相同的。由校核计算结果可知，马板和拉杆承载板的轴力都在允许范围内。

5.5.5 斜风条件下成桥状态主梁的抖振试验结果及分析

斜交风条件下的气动弹性模型试验，主要是为了研究不同风向角条件下成桥状态加劲梁的抖振响应。在进行试验时，模型桥面高度处的最大试验风速为7.2m/s，高于实桥成桥阶段设计风速(实桥设计风速67m/s，换算到风洞中为6m/s)。试验模型的风攻角分别为0°、+3°。从成桥状态不同风向角和风攻角主桥不同位置的位移时程曲线和功率谱可以看出，各工况下横向抖振位移均大于竖向值，且3/8跨和1/2跨的值比较接近，并结合抖振位移功率谱曲线可推知，大桥的横向抖振主要受第一阶横向对称振型影响；竖向位移和扭转位移均为1/2跨的值大于1/4跨的值，表明竖向和扭转受第一阶对称振型的影响最大，而第一阶反对称振型影响相对较小；此外，竖向抖振位移成分中大于二阶的高阶振型影响在功率谱中无明显反映。

由0°攻角和+3°攻角下各测点抖振位移RMS值(均方根)随风速的变化曲线可知，10°风向角条件下抖振位移值最大，约比0°风向角下的值大10%；20°大风向角下的值约比0°风向角向下的值小15%左右，而30°风向角下的值则比0°风向角下的值小30%。若从抖振位移随风向角的变化趋势来看，最大的抖振位移值在10°～15°风向角之间。

5.5.6 斜风条件下加劲梁气动参数识别

1)动态风压测量内容

本研究用风压系数和风压来表示风作用在西堠门大桥分体式钢箱梁表面的风荷载。有了风压系数的分布，可以很容易地算出桥面的风压分布，进而得到结构所受的风荷载。由于在紊流场中风速是随机变化的，因此，桥面每个点的瞬时风压系数是随机变化的。因此，研究测试的重点是获取桥面各点的瞬时风压系数及其统计特征，并得出桥面所受到的阻力、升力和扭转力矩。本次测压试验所采用的模型参数见表5.5-2。模型表面上测压点布置如图5.5-2和图5.5-3所示。试验所用的测压仪器是自行研制的200路同步动态测压系统，该系统可以同时获得192个测压孔的动态压力数据。

模型尺寸列表　　表5.5-2

长度(mm)	宽度(mm)	高度(mm)	宽高比
2 340	900	88.1	10.3

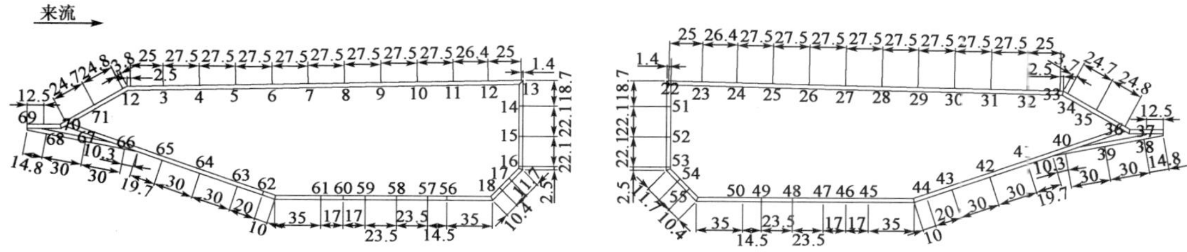

图 5.5-2 中央开槽断面测压孔横向布置图(尺寸单位:mm)

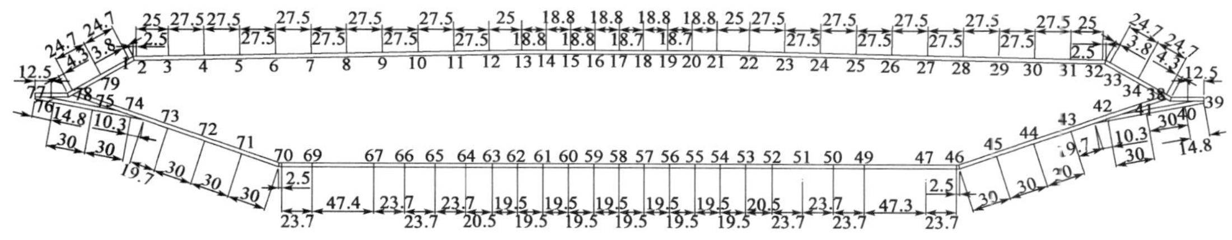

图 5.5-3 流线型断面测压孔横向布置图(尺寸单位:mm)

2)典型断面的三分力系数

表 5.5-3 给出了 0°风向角条件下体轴与风轴坐标系下成桥状态静力三分力系数随攻角的变化关系曲线。测试结果表明,通过测压方式获得的结果与通过天平侧力获得的结果非常接近。由于在梁侧布置的测压点数量相对较少,阻力系数的差异较大。

成桥状态主梁静力三分力系数(0°风向角) 表 5.5-3

攻角(°)	C_H	C_V	C_M	C_D	C_L
-9	0.455 77	-0.496 34	-0.134 08	1.2440 55	-0.483 257
-7	0.624 9	-0.316 1	-0.079 8	1.014 2	-0.306 3
-5	0.495 5	-0.224 5	-0.025 4	0.693 7	-0.219 5
-3	0.655 9	-0.080 9	-0.009 4	0.698 3	-0.077 4
-1	0.528 2	0.003 4	0.030 7	0.527 5	0.004 3
0	0.394 7	0.050 4	0.033 8	0.394 7	0.050 3
1	0.400 6	0.127 4	0.049 37	0.423 3	0.126 7
3	0.257 2	0.263 37	0.073 447	0.397 79	0.261 697
5	0.115 76	0.421 18	0.109 7	0.490 657	0.418 59
7	-0.119 6	0.552	0.141 63	0.569 1	0.549 32
9	0.041 37	0.623 1	0.156 8	1.037 4	0.614 77

3)基于斜风条件下三维气动导纳的抖振计算

为了和风洞试验结果进行比较,研究中采用传统的抖振频域计算方法分析了 0°和 30°风向角条件下,0°和 3°攻角下的西堠门大桥成桥态的抖振响应。计算时考虑大桥的前 60 阶振型,分别采用下文中拟合得到的 0°和 3°攻角、0°和 30°风向角下的三维气动导纳,抖振气动力相关性采用测压试验结果。风速范围从 5 ~ 70m/s,间隔 5m/s。图 5.5-4 和图 5.5-5 分别比较了主梁跨中横向、竖向和扭转的抖振响应。从计算和试验结果的对比可以看出,采用此方法计算获得的抖振响应值和试验值较为接近(试验结果偏大),从而验证了该方法计算斜风抖振响应的有效性。

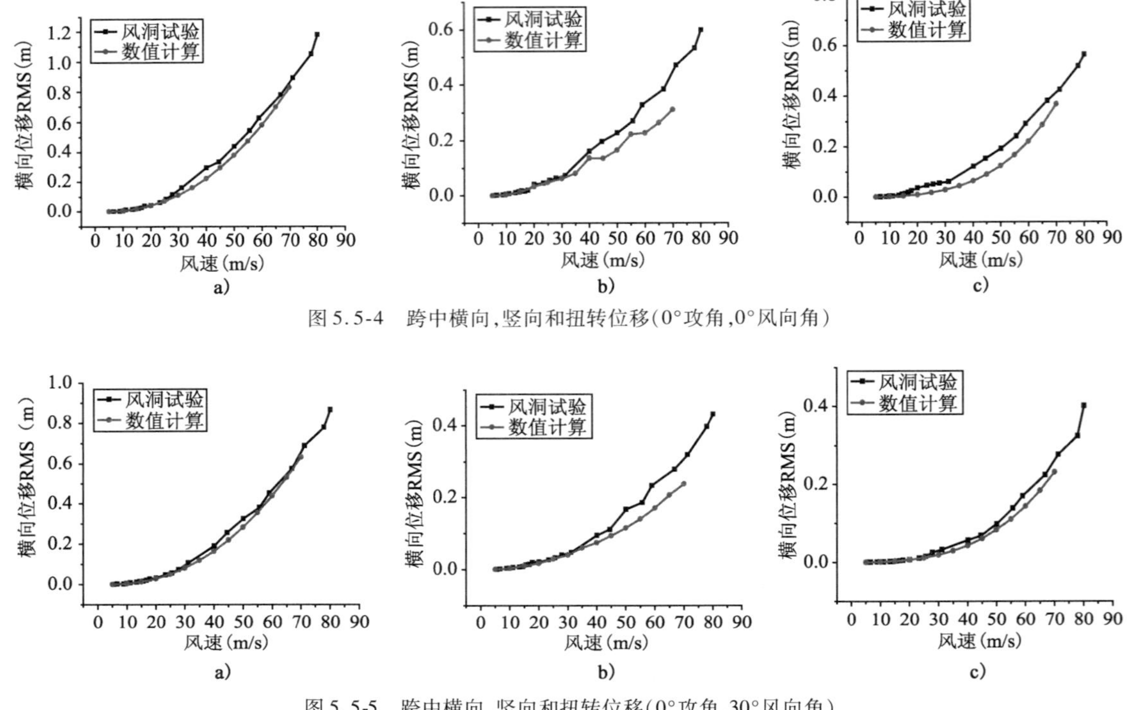

图 5.5-4 跨中横向,竖向和扭转位移(0°攻角,0°风向角)

图 5.5-5 跨中横向、竖向和扭转位移(0°攻角,30°风向角)

5.5.7 抖振响应精细化分析主要结论

对于典型施工状态,大桥的横向抖振位移值均随风速的增大而增加;竖向和扭转抖振位移在各个施工状态变化较小,但当架设梁段在 12 号梁段以下时,加劲梁的竖向和扭转抖振位移将显著增大。

1)梁段临时连接件加固设计结论

(1)D2 在未加固时仅能承受 500kN 的作用力,在受力过程中可能出现拉杆脱落栓孔的情况,安全储备很低;加固设计中应增焊直径为 160mm,厚度为 40mm 的钢垫板后,整体承载力能达到 900kN,并具有较高的安全储备,与此同时应在 D2 的前后两块承载间焊接一块厚度为 20mm 的纵向钢板,以减少应力集中;D1 在未加固时能承受 900kN 的作用力,但其安全储备较小,建议必要时仿照 D2 做相应的加固处理。

(2)对于不同施工状态的不同区域,由于梁段的风致内力不均匀,因此在个别内力较大的梁段位置应考虑增设多套临时连接件,以降低单块承载板的受力;对于内力较大的施工态和梁段(如 32 号梁段施工状态的跨中区域梁段),可以采用添置螺母的方法,使两块承载块共同受力,但必须在纵联板与承载板的交接处进行局部加固,防止纵联板在高拉应力下发生破坏;北塔和南塔处梁段可以采取马板的方式进行加固处理。

2）大桥运营阶段在斜风条件下的抖振响应分析结果

（1）采用刚性模型测压的方法，结合同步测量的风谱，可以获得西堠门大桥中央开槽断面在不同风攻角和风向角下的三维气动导纳，以及气动力相关系数；三维气动导纳数值在低频部分低于 Sears 函数，而在高频部分则高于该值；而跨向的气动力相关要大于风速相关。

（2）不同风向角下成桥状态风洞试验抖振位移结果表明，0°风向角条件下（正交风）的抖振响应水平小于 10°风向角下的值，而 20°和 30°风向角下的抖振位移值又要低于 0°风向角的值，从抖振位移随风向角的变化趋势看，最大抖振位移出现在 10°～15°风向角之间。

（3）通过在传统抖振频域分析理论中引入斜风下的气动导纳和气动力相关系数、斜风下的三分力系数等，建立了斜风作用下的抖振频域分析方法。采用该方法计算得到的抖振位移值和风洞试验值较为接近，并略小于风洞试验值。

5.6　桥面行车风环境及其改善方法

5.6.1　桥面侧向风速

定义桥面行车的 10m 高度的 10min 平均风速的最大值为安全行车基本风速。并参照现行桥梁设计规范中汽车荷载与风荷载组合时的最大风速、浙江省高速公路管理处制定的高速公路管理规定和目前舟山地区海上渡轮的最大通航风速，将西堠门大桥的安全行车基本风速确定为 $v_{10}=27\text{m/s}$。

无障碍物影响时，不同高程处的风速可以按照指数率风剖面进行推算。车辆侧向受风面的中心距桥面也有一定的高度，因此将桥面以上 1.5m 的位置作为研究桥面侧向风速的基准高度 H，将基准高度处按指数率风剖面计算的风速称为基准高度风速。当安全行车基本风速为 27m/s 时，西堠门大桥不同位置的基准高度风速如表 5.6-1 所示。

安全行车基本风速为 27m/s 时西堠门大桥不同位置处的基准高度风速　　表 5.6-1

位　置	桥面距水面高度 h(m)	基准高度 H(m)	基准高度风速 v_H(m/s)
起点	39.969	41.469	33.9
北塔	54.395	55.895	35.6
跨中	64.706	66.206	36.5
南塔	54.395	55.895	35.6

风吹过桥梁时，桥面系构件和加劲梁断面本身都会对周围一定范围内的气流产生干扰，桥面以上风速的大小随着离开桥面的距离而变化，变化规律也因加劲梁断面和桥面系构件不同而不同，为了衡量桥面以上一定范围内侧向风速的大小，根据总风压相等的原则定义桥面等效风速为：

$$V_{\text{eff}}=\sqrt{\frac{1}{2r}\int_0^{z_r}V^2(z)\,\mathrm{d}z} \tag{5.6-1}$$

式中：z_r——等效范围，与车辆在桥面上行驶时受侧风影响的高度范围相对应，对集装箱货车和小客车 z_r 分别取 4.5m 和 2.0m。

一般情况下由于桥梁和桥面系构件的影响,桥面等效风速会小于基准高度风速。即桥梁和桥面系构件具有遮挡作用,使得桥面以上一定高度范围内的总风压小于桥梁上游来流的总风压,因此将桥面等效风速和基准高度风速的比值定义为侧风折减系数

$$\beta = \frac{v_{\mathrm{eff}}}{v_{\mathrm{H}}} \tag{5.6-2}$$

侧风折减系数反映了桥梁及附属构件对来流风速的干扰作用的大小,在某些情况下也会出现侧风折减系数大于 1 的情况,即桥梁和桥面系构件对桥面侧向风速有增大作用。

侧风控制标准是指为保证行车安全而规定的桥面等效风速的最大允许值。桥面侧风控制标准与车辆本身的气动性能和行驶速度密切相关,参照国家高速公路管理的有关风速标准,取桥面侧向风速控制标准为 25m/s。即西堠门大桥任何里程桩号处,当 10m 高度、10min 平均风速小于或等于 27m/s 时,所有行车道位置的桥面等效风速不得超过 25m/s。确定了桥面侧风控制标准后,在不同桥位处,根据桥面到水面或地面的距离,即可确定将基准高度风速(即来流风速)降低到桥面侧风控制标准所需要的侧风折减系数,称为该桥位的容许侧风折减系数。西堠门大桥不同位置处的容许侧风折减系数如表 5.6-2 所示。容许侧风折减系数最小值为0.68。

安全行车基本风速 27m/s 时西堠门大桥不同位置处的容许侧风折减系数 表 5.6-2

位置	桥面距水面高度 h (m)	基准高度 H (m)	基准高度风速 v_{H} (m/s)	风速控制标准 (m/s)	容许侧风折减系数
起点	39.969	41.469	33.9	25.0	0.74
北塔	54.395	55.895	35.6	25.0	0.70
跨中	64.706	66.206	36.5	25.0	0.68
南塔	54.395	55.895	35.6	25.0	0.70

5.6.2 侧风控制措施

采用数值模拟分析和加劲梁节段模型绕流测速试验的方法,研究桥面等效风速。其中,数值模拟分析采用基于 Lattice Boltzmman 方法的软件——LBFlow;为了验证数值模拟分析结果,重要工况下的桥面等效风速采用节段模型绕流风洞试验进行验证,节段模型的比例为 1:40,试验是在同济大学 TJ-2 边界层风洞中进行。

加劲梁结构和桥面系构件都会改变桥面基准高度风速,形成实际桥面风速,是否需要增加侧风控制措施必须依据实际桥面风速。为此,对原断面和 14 种风障形式的挡风效果进行了数值模拟比选,结论如下:

(1)在行车道位置中,侧风折减系数都是 A、B 车道分界处最大,控制设计。

(2)风障横杆单独一列时的挡风效果比横杆位于防撞栏上方的挡风效果差。

(3)风障位置和透风率相同的情况,风障横杆数较多的方案挡风效果较差。

(4)风障位置、透风率和横杆数量都相同的情况,断面形状较扁平风障横杆挡风效果较好。

(5)挡风效果好的风障方案,气动阻力系数也大。

根据数值模拟方案的比选结果，5 根 200mm × 80mm 矩形横杆的风障方案挡风效果最优，因此进一步对设置风障前后的桥面风速进行风洞试验测量，在 A、B 车道分界处同时还测量了不同风攻角对桥面风速的影响，试验结果发现：无风障时风洞试验结果小于计算结果，有风障时风洞试验结果大于计算结果。

根据数值模拟和风洞试验结果，西堠门大桥加劲梁的侧风折减系数由迎风侧行车道与紧急停车带分界处控制，无风障时 4.5m 和 2.0m 等效高度的计算结果分别为 1.01 和 0.83，大于容许侧风折减系数 0.68，因此需要全桥设置风障。综合风洞试验和计算结果，建议采用 5 根 200mm × 80mm 矩形横杆风障。考虑到设置风障后主梁气动阻力系数有显著增加，桥梁结构难以承受，因此建议采用可变姿态的风障，需要挡风时风障直立，风速超过限值时风障水平，同时满足行车安全性和桥梁结构抗风安全性的要求。风障结构如图 5.6-1 所示。

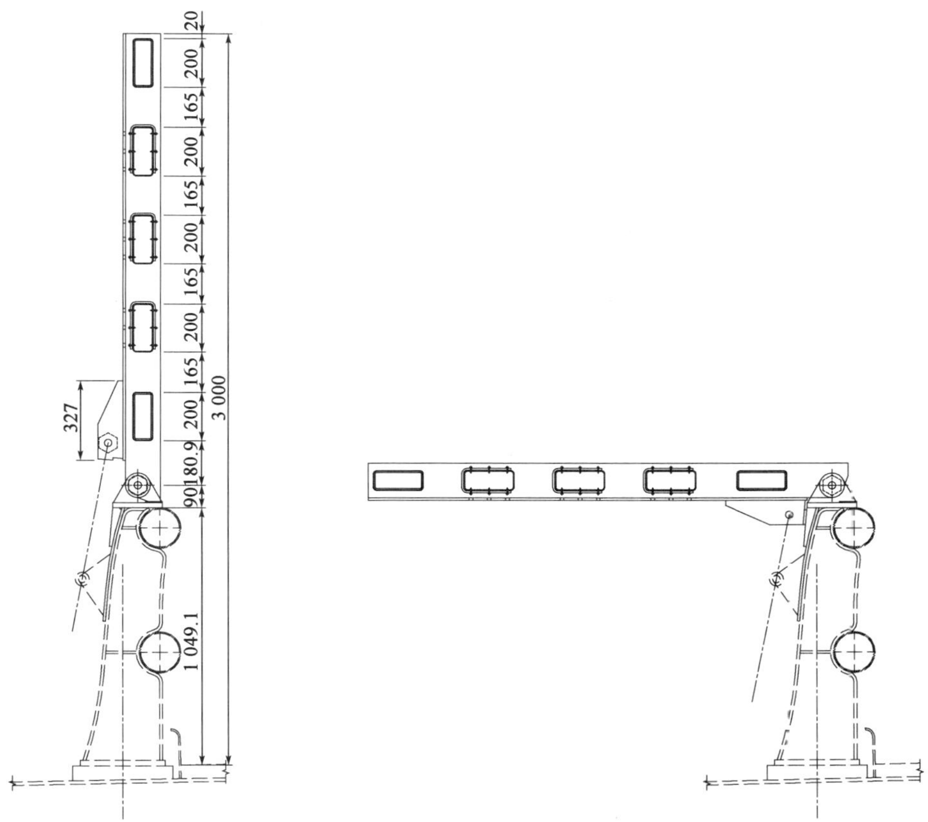

图 5.6-1　西堠门大桥风障结构图（尺寸单位：mm）

5.6.3　风障对结构抗风性能的影响

设置风障后加劲梁的迎风面积和周围的气流都发生了变化，从而使得作用在加劲梁上的气动力与没有风障时不同。风洞试验和计算结果表明，增加风障后加劲梁的静力三分力系数有较大改变，特别是阻力系数增加明显，有必要重新进行桥梁结构风荷载验算。计算结果同时给出了防撞栏和风障本身的阻力系数,用于局部结构计算。

设置5根200mm×80mm矩形横杆风障后,风障处于水平和竖直两种状态下的颤振临界风速风洞试验结果都大于检验值。

增设风障后西堠门大桥涡激共振试验分别采用1:40和1:20两种模型进行试验。采用1:40的模型时,设置风障后各工况下都没有明显的竖弯涡激共振,扭转涡振振幅小于规范允许值。采用1:20的模型的涡振试验结果表明,风障水平状态时出现了明显的涡激共振,但竖向振幅和扭转振幅都小于规范允许值。风障竖直状态时没有出现明显的涡激共振。需要注意的是,1:20模型试验的阻尼比小于规范推荐值,阻尼比增大时涡振振幅会减小。

5.6.4 风障效果现场实测

为了检验风障的实际效果,对西堠门大桥安装风障后的桥面风速进行了现场实测。共完成风障水平状态、竖直状态两种工况的桥面风速测量。

风速测量采用美国NRG 40号风杯式风速计,开始风速0.78m/s,最大风速96m/s,精确度在5~5m/s范围内≤0.1m/s。风向测量采用NRG200风向标,360°内连续旋转,灵敏度1m/s,精确度≤2°。数据采集采用NRG Symphonie数据记录仪,2s取样时间间隔,按10min时间间隔存储每个通道平均值、标差、最大最小值及时间标识。

为测量桥面风速沿高度的分布,在测试位置竖立6m高度的直杆,竖杆外径0.12m,风速计和风向标采用专用横向水平支架固定于竖杆上,风速仪和风向标离开竖杆水平距离分别为1.2m和0.4m,以尽可能减小竖杆对风速的干扰。在6m高度范围内共布置6个风速计和3个风向标,6个风速计距桥面的高度分别为0.9m、1.8m、2.7m、3.6m、4.5m和6.0m;3个风向标距桥面的距离分别为1.8m、3.6m和6.0m。不同风障状态下风速测量仪器安装情况如图5.6-2所示。

a)

b)

图5.6-2 不同桥位处风速测量仪器安装情况

水平风障和垂直风障以4.5m和2m高度等效高度的侧风折减系数实测如表5.6-3和表5.6-4所示。实测结果表明,西堠门大桥风障竖直状态达到了预期的挡风效果,实测侧风折减系数小于最小容许值。

水平风障侧风折减系数实测结果 表5.6-3

等效高度	车道位置	水平风障实测值	无风障风洞试验值	无风障数值计算值
4.5m	A、B车道分界处	0.89~0.93	0.96	1.01
	B车道中间	0.91~0.93	0.93	0.98
实测1.8m 风洞、计算	A、B车道分界处	0.57~0.59	0.79	0.83
	B车道中间	0.55~0.58	0.71	0.76

竖直风障侧风折减系数实测结果 表5.6-4

等效高度	车道位置	实测值	风洞试验值	数值计算值
4.5m	A、B车道分界处	0.55~0.62	0.77	0.66
	B车道中间	0.57~0.65	0.62	0.58
	B、C车道分界处	0.57~0.62	0.57	0.54
	C车道中间	0.53~0.62	—	0.51
实测1.8m 风洞、计算2m	A、B车道分界处	0.18~0.53	0.78	0.76
	B车道中间	0.30~0.56	0.62	0.64
	B、C车道分界处	0.52~0.57	0.61	0.60
	C车道中间	0.42~0.58	—	0.60

5.6.5 侧风行车安全分析

车辆行驶的安全性与车辆外形、动力配备和荷载情况等因素有关。为了使侧风作用下车辆的行驶安全研究具有较广泛的适用性，本节主要从气动稳定性角度考虑，选用大众桑塔纳2 000小轿车、重庆长安之星小客车、沈飞中型客车、沈飞大型客车、东风厢式货车和40英尺标准集装箱拖车等6种车型作为基本车型。

首先对在弯道半径R，超高角度α的桥面上匀速行驶的车辆进行受力分析。如图5.6-3所示，假设侧风吹向弯道外侧，行驶中的车辆所受的与侧倾有关的作用力包括：侧向气动力F_S，气动升力F_L弯道离心力F_I和重力G；在桥面上行驶时为了考虑桥梁风振的影响，考虑桥梁抖振给车辆带来的水平惯性力F_{bH}和竖向惯性力F_{bV}。另外车辆还受到气动阻力、地面的支撑力和摩擦力，但这些力对侧倾力矩没有贡献。

当总侧倾力矩M_{over}大于0时，车辆以风向下游车辆边缘为轴线发生倾覆。当侧风吹向弯道内侧时，考虑水平抖振力方向和竖直抖振力方向的最不利组合来计算总侧倾力矩M_{over}，垂直和平行合力分别为

$$F_{perp} = (G - F_L - F_{bV})\cos(\alpha) - (F_s - F_I + F_{bH})\sin(\alpha)$$

$$F_{para} = (G - F_L - F_{bV})\sin(\alpha) - (F_s - F_I + F_{bH})\cos(\alpha)$$

在侧风下行驶的车辆会受到平行于路面或桥面的合力F_{para}作用，当该作用力足够大时就有可能克服车辆与路面或桥面之间的摩擦力而发生滑移。车辆与路面或桥面之间的摩擦力为

$$F_f = \mu_s F_{perp}$$

式中：μ_s——车辆和路面或桥面之间的摩擦因数，按照干路面、湿路面、积雪路面和结冰路面四种情况分别取为0.7、0.5、0.15和0.07；

F_{perp}——作用在车辆上垂直于路面或桥面的合力。

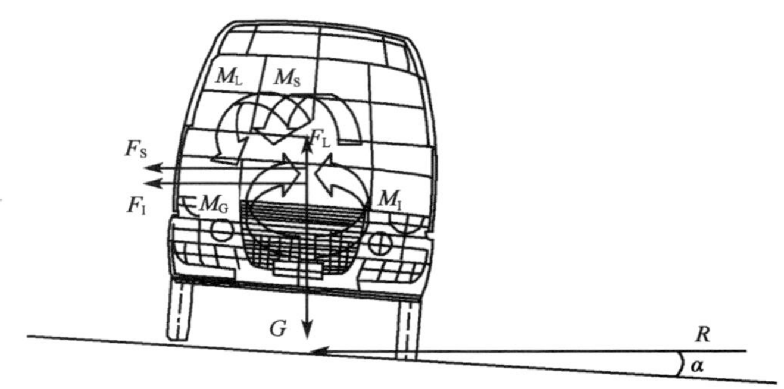

图5.6-3 车辆受力分析

判断车辆是否发生侧滑的标准为

$$F_{para} - F_f > 0$$

此处的侧偏是指在驾驶员未改变方向盘的情况下，车辆在侧向合力的作用下而发生横向偏移，当累积横向偏移量过大就会进入其他车道发生意外。根据文献，当侧风风速小于15m/s时，驾驶控制频率取为1Hz，当侧风风速大于15m/s时，因高风速本身就会提醒驾驶者注意减速行驶和注意侧风的影响，因此取驾驶控制频率为2Hz。本节计算的侧风风速范围跨越了15m/s，为简化起见，计算时长统一取为2Hz，即0.5s，当 $D_s > 0.5$ 时，认为出现车辆侧偏安全问题。

西堠门大桥为柔性悬索桥，分析侧风行车安全时需要考虑桥梁风振的影响。为此，首先对桥面在不同风速下的抖振响应——竖向和水平加速度进行了计算。桥面平曲线为直线、未考虑竖曲线影响、横坡为2%。按前面确定的车辆参数和分析模型，计算出六种基本车型在不同行车速度下的侧倾、侧滑和侧偏临界风速。在侧倾、侧滑和侧偏三个临界风速中，小轿车、小型客车和中型客车的侧倾临界风速最大，而大型客车、厢式货车和集装箱拖车的干路面侧滑临界风速最大，不控制行车安全；在侧滑临界风速所对应的4种桥面情况中，干桥面最大、湿桥面其次、冰雪桥面最小，见表5.6-5。

西堠门大桥侧风行车安全临界风速分析结果 表5.6-5

车型	车速(km/h)	侧倾临界风速(m/s)	侧滑临界风速(m/s)				侧偏临界风速(m/s)
			干桥面	湿桥面	积雪桥面	结冰桥面	
小型客车	20	28.2	27.3	24.3	13.9	8.2	26.8
	30	27.9	26.9	23.9	13.1	7.2	26.1
	40	27.5	26.5	23.3	12.1	6.1	25.2
	50	26.9	25.9	22.6	11.0	5.2	24.3
	60	26.3	25.2	21.8	10.0	4.4	23.3
	70	25.6	24.5	20.9	9.0	3.8	22.3

续上表

车型	车速(km/h)	侧倾临界风速(m/s)	侧滑临界风速(m/s)				侧偏临界风速(m/s)
			干桥面	湿桥面	积雪桥面	结冰桥面	
小型客车	80	24.7	23.6	20.0	8.1	3.3	21.2
	90	23.9	22.7	19.0	7.3	3.0	20.1
	100	22.9	21.8	18.0	6.6	2.7	19.0
	110	22.0	20.8	17.0	6.0	2.4	17.9
	120	21.0	19.8	16.0	5.6	2.2	16.8
集装箱拖车	20	36.0	38.9	33.8	18.4	11.1	33.8
	30	35.5	38.5	33.3	17.7	10.3	33.2
	40	35.1	38.1	32.8	17.0	9.3	32.5
	50	34.5	37.6	32.3	16.1	8.4	31.8
	60	33.9	37.0	31.6	15.2	7.5	31.0
	70	33.3	36.4	30.9	14.3	6.7	30.2
	80	32.6	35.8	30.2	13.3	6.0	29.4
	90	31.8	35.1	29.4	12.4	5.4	28.5
	100	31.0	34.3	28.6	11.6	4.9	27.5
	110	30.2	33.5	27.7	10.8	4.5	26.6
	120	29.3	32.7	26.8	10.1	4.2	25.6

5.6.6　侧风行车安全概率性评价

本节采用的风速资料来源于浙江省气候中心和舟山市气象局共同承担的舟山大陆连岛工程气象观测。在大桥现场附近建立的自动气象观测站的结果显示，现场观测点与北仑气象站之间的最大风速具有很好的相关性。因此选取北仑气象站纪录的从1993年1月～2001年12月的各月极大风速值作为风速分布的样本，并采用极值Ⅰ概率分布对风速样本数据进行拟合。侧风行车安全概率就是桥面等效风速 V_{eff} 大于侧风行车安全临界风速 V_{cr} 的概率就是，即

$$P_f(V_{eff} > V_{cr}) = 1 - \exp\left[-\exp\left(-\frac{\frac{V_{cr}}{R} - b}{a}\right)\right]$$

上述侧风行车安全概率性评价分析过程只考虑了来流风速的大小，并未考虑来流风向效应的影响。实际上对于桥面侧风行车安全，来流风向是非常关键的一个因素。如果桥轴线与主导风向接近正交，则出现对行车不利的侧风效应的可能性较大；如果桥轴线与主导风向接近平行，则出现对行车不利的侧风效应的可能性较小。

如图5.6-4所示，风向效应以按如下方法考虑：与西堠门大桥走向介于±22.5°，风向范围内近似为垂直风向，忽略其他风向的影响。风向频率根据北仑气象站风向频率玫瑰图确定。

在考虑风向风速联合分布后，桥面等效风速 V_{eff} 大于侧风行车安全临界风速 V_{cr} 的概率为：

$$P_f(V_{eff} > V_{cr}) = \left\{1 - \exp\left[-\exp\left(-\frac{\frac{V_{cr}}{R} - b}{a}\right)\right]\right\} \times P_m$$

式中:P_m——与主通航孔桥走向介于 ±22.5°范围内的风向频率。

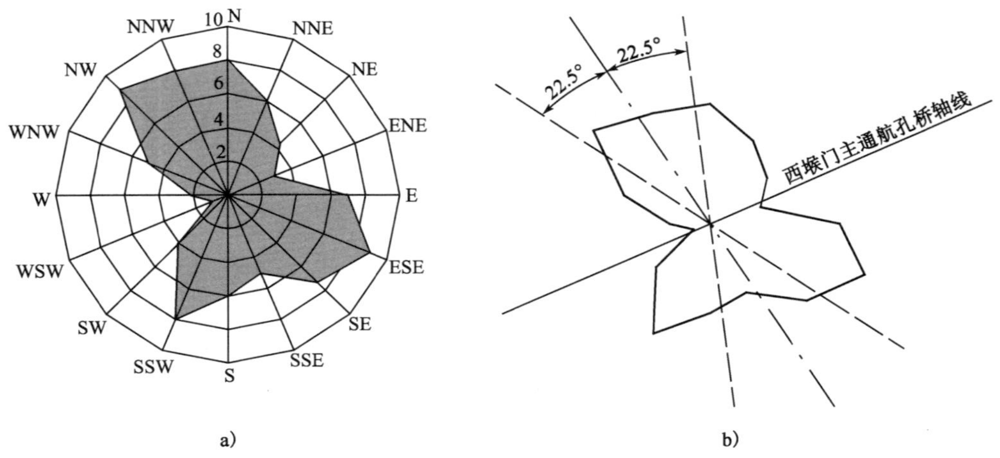

图 5.6-4 北仑气象站风向频率玫瑰图及 ±22.5°风向范围

大桥外侧车道桥面一年等效风速超过侧风控制标准 25m/s 的概率如表 5.6-6 所示。

西堠门大桥桥面一年等效风速超过 25m/s 的概率与月数 表 5.6-6

断面位置	无风障		加设风障	
	概率	月数	概率	月数
跨中	0.230 2	2.76	0.082 5	0.99

5.6.7 侧风行车安全限速标准

西堠门大桥桥面安全行车的最大风速确定为 10 级风,即 10m 高度处 10min 平均风速 27m/s,这一标准高于我国现行公路桥梁安全行车最大风速 25m/s,与现有轮渡最大通航风速基本保持一致,因此,相关路网容许通行时的公路车辆都可以驶入西堠门大桥;西堠门大桥桥面等效风速容许值确定为 25m/s,与现行公路桥梁车辆安全通行风速相同,但是考虑到车辆的气动性能、大跨度桥梁的风致振动和风障绕流后的桥面风环境变化,需要对不同车辆进行限速以满足安全行车的要求。为了便于车辆限速措施的确定,将基本风速划分为五个控制级别,各控制级别下的基本风速如表 5.6-7 所示。

安全行车风速控制等级 表 5.6-7

控制等级	蓝色	黄色	橙色	红色	黑色
蒲氏风级	6 ~ 7 级	7 ~ 8 级	8 ~ 9 级	9 ~ 10 级	10 级以上
基本风速(m/s)	12 ~ 16	16 ~ 19	19 ~ 23	23 ~ 27	>27

采用下列方法确定安全行车控制车速:首先将 10m 高度、10min 平均风速(基本风速)换

算到基准高度风速(高度变化影响),然后将基准高度风速转算到桥面等效风速(主梁、桥面系、风障、车道位置等影响),最后按照是否需要考虑桥面风振的三种行车安全分析模型确定出最小安全行车临界风速(侧倾、侧滑和侧偏分析模型)。

西堠门大桥最小安全行车临界风速控制点为跨中。综合现场实测、风洞试验和数值计算结果,控制点处内侧和外测车道的侧风折减系数以及从基本风速(10m 高度、10min 平均风速)到桥面等效高度风速的换算系数。考虑到舟山地区冬季桥面结冰的可能性比较小,最不利的桥面条件按照积雪桥面来考虑。由此确定的安全行车控制车速需要针对不同情况:即三种桥面(包括干桥面、湿桥面和积雪桥面)、两种车道(包括内侧车道和外测车道)、六种车型(包括小轿车、小型客车、中型客车、大型客车、厢式货车、集装箱拖车)、五级风速(包括蓝色、黄色、橙色、红色和黑色),而车速控制主要是指禁行和具体限速指标。

按照积雪桥面、湿桥面和干桥面等三种桥面,具体确定出控制车速标准。在干桥面条件下,西堠门大桥的安全行车控制车速应根据风速和车道条件参考表 5.6-8 取值。

西堠门大桥干路面安全行车控制车速(单位:km/h)　　表 5.6-8

控制等级		蓝色	黄色	橙色	红色	黑色
蒲氏风级		6~7 级	7~8 级	8~9 级	9~10 级	10 级以上
基本风速(m/s)		12~16	16~19	19~23	23~27	>27
外侧车道	小轿车	120	120	120	120	禁行
	小型客车	120	110	80	40	禁行
	中型客车	120	120	90	50	禁行
	大型客车	120	120	120	90	禁行
	厢式货车	120	110	80	50	禁行
	集装箱拖车	120	120	120	120	禁行
内侧车道	小轿车	120	120	120	120	禁行
	小型客车	120	120	80	50	禁行
	中型客车	120	120	100	60	禁行
	大型客车	120	120	120	100	禁行
	厢式货车	120	120	90	60	禁行
	集装箱拖车	120	120	120	120	禁行

5.7　动力特性测试与分析

5.7.1　现场测试方法、仪器设备、主要工况及分析方法

2008 年 4 月 ~2009 年 7 月期间共对西堠门大桥施工阶段和成桥阶段进行了 4 次现场测试。测试时间及对应的测试阶段、环境条件参见表 5.7-1。

西堠门大桥不同施工阶段现场测试说明　　表 5.7-1

序次	测试时间	测试阶段	环境条件
1	2008 年 4 月 23 ~ 25 日	加劲梁节段焊接完成前	风速:2 ~ 6m/s,温度:13 ~ 20 ℃
2	2008 年 7 月 5 ~ 7 日	加劲梁节段焊接完成后	风速:5 ~ 11m/s,温度:25 ~ 31 ℃
3	2009 年 3 月 18 ~ 20 日	桥面系施工完成后(涡振、人工激振)	风速:2 ~ 9 m/s ,温度:9 ~ 15 ℃
4	2009 年 7 月 20 ~ 28 日	桥面系施工完成后随机激励	风速:2 ~ 8m/s,温度:25 ~ 30 ℃

加速度测试采用无线和有线两种方式。

无线振动测试系统($S \approx V$)包括大质量压电式加速度计、无线振动放大器。放大器输出的信号通过 GPRS 传输到特定 Internet 的 IP 地址,并用多通道动态信号采集系统进行记录、分析(见图 5.7-1)。

a)

b)

图 5.7-1　无线振动加速度测试系统

有线测试采用大质量压电式加速度计(V-935 型加速度计),配用多通道测振放大器(SV-324),放大器输出的信号用一台多通道动态信号采集系统(INV306)进行记录和初步分析(见图 5.7-2)。

动位移测试采用目前测量精度最高的日本共和电业生产的 ASQ-1CA 伺服式测振传感器配 VAQ-700A 信号调理器进行,配多通道动态信号采集系统 INV306。VAQ-700A 信号调理器可同时进行位移、速度和加速度测量(见图 5.7-3)。

动应力测试采用 DH3817 动态应变采集系统和 DH5920 动态数据采集分析系统用以记录并进行初步分析(见图 5.7-3)。

结构动力特性识别采用了三种方法,包括增强型频域分解法(EFDD)、随机子空间法(SSI)和窄带滤波和对数衰减率法。

结构动力响应的测定时,车辆荷载以不同的速度驶过桥梁,逐次记录测试截面应变的时程曲线(见图 5.7-4),并分析得到冲击系数 $\mu = y_{\mathrm{dmax}}/y_{\mathrm{smax}} - 1$。

5.7.2　施工阶段结构动力特性实测分析

加劲梁节段焊接完成前,2008 年 4 月 23 ~ 25 日进行了动力特性实测,测点布置如图5.7-5所示。当天天气晴到多云,风速 2 ~ 6m/s,温度 13 ~ 20℃。大部分加劲梁已焊接,但仍有少数

a)

b)

图 5.7-2　有线振动加速度测试系统

图 5.7-3　动位移测试系统

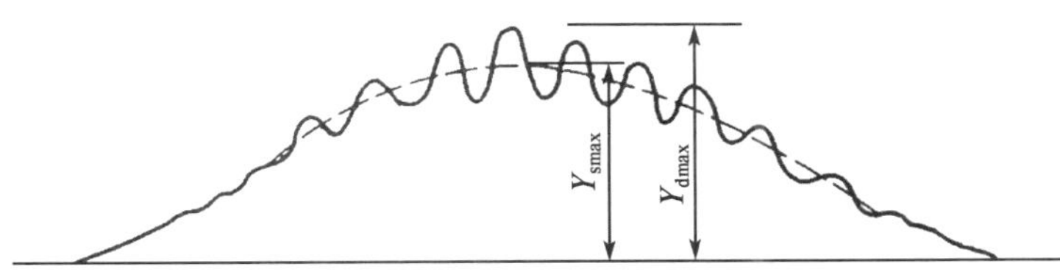

图 5.7-4　移动荷载作用下结构应变曲线

未焊接,梁段接头处有明显的缝隙,个别梁段有明显高差错位。桥面上堆放有一些大型施工设备。采用增强型频域分解法获得加劲梁节段焊接完成前西堠门大桥主梁在0~0.5Hz频带内共17阶振型。大桥桥面第一阶横向弯曲、竖向弯曲和扭转振动频率分别为0.055、0.080和0.135Hz。在环境振动下,大桥实测阻尼比具有离散性,采用区间形式表示。前五阶振型的阻尼比均值介于2.07%~3.32%之间,其他高阶振动阻尼比相对较小,均值在0.69%~1.83%之间。

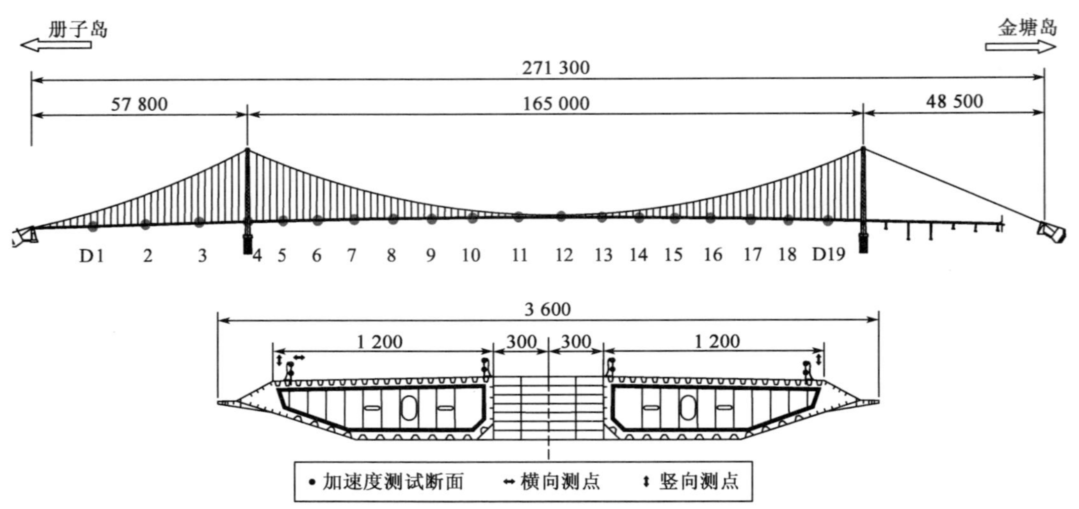

图5.7-5 西堠门大桥主梁振动加速度测点布置图(加劲梁节段焊接完成后)(尺寸单位:cm)

加劲梁节段焊接完成后,2008年7月5~7日进行了动力特性实测,天气晴到多云,风速5~11m/s,温度25~31℃。钢主梁已全部焊接,但桥面未铺装,桥面上仍零散分布有一些施工机械设备。联合运用增强型频域分解法和随机子空间法获得加劲梁节段焊接完成后西堠门大桥0~0.5Hz频带内共17阶振型,如表5.7-2所示。实测阻尼比采用EFDD法比SSI法算得的结果偏大,且EFDD法算得的结果离散性也较大,这是因为EFDD法对噪声较为敏感,在估计输出功率谱时受到噪声的污染。大桥桥面第一阶横向弯曲、竖向弯曲和扭转振动频率分别为0.055、0.095和0.227Hz。在环境振动下,大桥前五阶振型的阻尼比均值用EFDD法计算得介于1.93%~2.27%之间,用SSI法阻尼比均值介于1.64%~3.30%之间。其他高阶振动阻尼比均值相对较小,用EFDD法介于0.34%~1.68%之间,用SSI法介于0.24%~1.22%之间。

西堠门大桥动力特性参数表(加劲梁节段焊接完成后)　　表5.7-2

阶次	频率(Hz)	实测阻尼比(%)[①]		振　型[②]
	实测值	EFDD法	SSI法	
1	0.054	—	2.69~3.91	主梁侧向弯曲(0.5个波)
2	0.095	1.70~2.84	1.36~2.34	主梁竖向弯曲(1个波)
3	0.104	1.76~2.50	1.61~1.83	主梁竖向弯曲(0.5个波)
4	0.127	1.81~2.63	1.28~2.00	主梁侧向弯曲(1个波)
5	0.133	1.55~2.31	1.55~1.87	主梁竖向弯曲(1.5个波)
6	0.183	1.47~1.89	1.03~1.41	主梁竖向弯曲(2个波)

续上表

阶次	频率(Hz)	实测阻尼比(%)①		振 型②
	实测值	EFDD 法	SSI 法	
7	0.198	1.03 ~ 1.51	0.89 ~ 1.39	主梁侧向弯曲(1.5 个波)
8	0.229	0.65 ~ 0.91	0.49 ~ 0.83	主梁竖向扭转(0.5 个波)
9	0.233	0.59 ~ 0.85	0.52 ~ 0.93	主梁竖向弯曲(2.5 个波)
10	0.236	0.57 ~ 1.71	0.29 ~ 1.41	主梁竖向扭转(1 个波)
11	0.280	0.55 ~ 1.37	0.50 ~ 0.96	主梁竖向弯曲(3 个波)
12	0.331	0.35 ~ 1.11	0.31 ~ 0.89	主梁竖向弯曲(3.5 个波)
13	0.353	0.24 ~ 0.86	0.43 ~ 0.61	主梁竖向扭转(1.5 个波)
14	0.386	0.23 ~ 0.55	0.24 ~ 0.58	主梁竖向弯曲(4 个波)
15	0.386	0.36 ~ 0.78	0.14 ~ 0.52	主梁侧向弯曲(2 个波)
16	0.443	0.25 ~ 0.47	0.18 ~ 0.30	主梁竖向弯曲(4.5 个波)
17	0.501	0.17 ~ 0.51	0.08 ~ 0.40	主梁竖向弯曲(5 个波)

注:①实测阻尼比具有离散性,阻尼比采用区间形式表示。
②振型描述中括号内波数为西堠门大桥中跨振型波数。

5.7.3 成桥状态结构动力特性分析

除风障外的桥面系施工完成后,2009 年 3 月 18 日下午,西堠门大桥自 17:00 左右开始出现涡振,持续约 90min。在涡振发生前和涡振发生过程中均对大桥主梁振动加速度进行了现场测试,测点布置见图 5.7-6、图 5.7-7。测得涡振过程中大桥振动能量主要集中在 0.230Hz,最大振幅 18.4cm。采用增强型频域分解法和随机子空间法识别得到涡振发生前后大桥动力特性如表 5.7-3 所示。两种方法识别得到的大桥前若干阶竖向振动频率非常接近。涡振发生过程中,大桥振动主要集中在 0.230Hz 附近,振动形态为竖向弯曲并带有一定程度的扭转。两种方法识别得到的大桥涡振振动频率(0.230Hz)对应的振动阻尼比均值介于 0.27% ~ 0.34% 之间。

西堠门大桥动力特性参数(涡振发生前后) 表 5.7-3

阶次	实测频率(Hz)		实测阻尼比(%)		振 型
	EFDD 法	SSI 法	EFDD 法	SSI 法	
1	0.094	0.095	0.98 ~ 1.04	1.27 ~ 1.48	主梁竖向弯曲(1 个波)
2	0.102	0.103	0.83 ~ 1.11	0.53 ~ 0.92	主梁竖向弯曲(0.5 个波)
3	0.132	0.132	0.71 ~ 0.99	0.67	主梁竖向弯曲(1.5 个波)
4	0.185	0.180	0.41 ~ 0.51	0.22 ~ 0.42	主梁竖向弯曲(2 个波)
5	0.230	0.229	0.28 ~ 0.34	0.27 ~ 0.31	主梁竖向弯曲(2.5 个波)
6	0.275	0.274	0.23 ~ 0.36	0.14 ~ 0.38	主梁竖向弯曲(3 个波)
7	0.325	0.326	0.21 ~ 0.31	0.36	主梁竖向弯曲(3.5 个波)

为进一步验证大桥涡振振型的振动阻尼比,2009 年 3 月 20 日对大桥进行了人工激励试验,试验采用 200 名工人依次在大桥主跨跨中、主跨四分点和主跨八分点位置利用节拍器按照一定的频率跳动,人工激励使得大桥某阶振动响应变大,然后通过窄带滤波,得到各测点不同激励情况下的衰减响应,通过对数衰减率法求得结构阻尼比。频率及振型特征运用增强型频域分解法识别。表 5.7-4 为人工激励得到的大桥四阶固有振动特性参数。

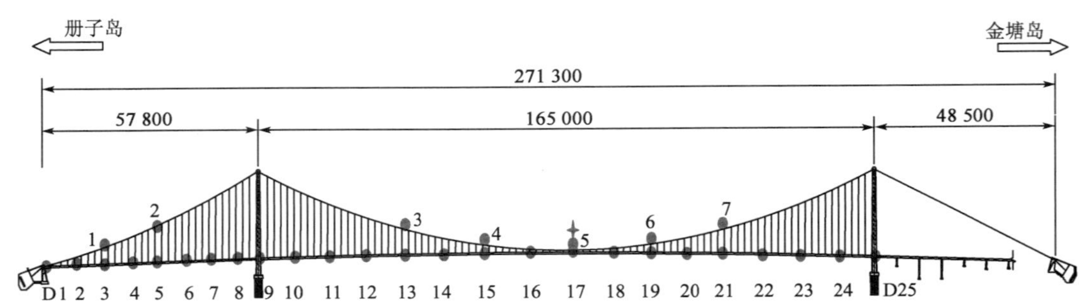

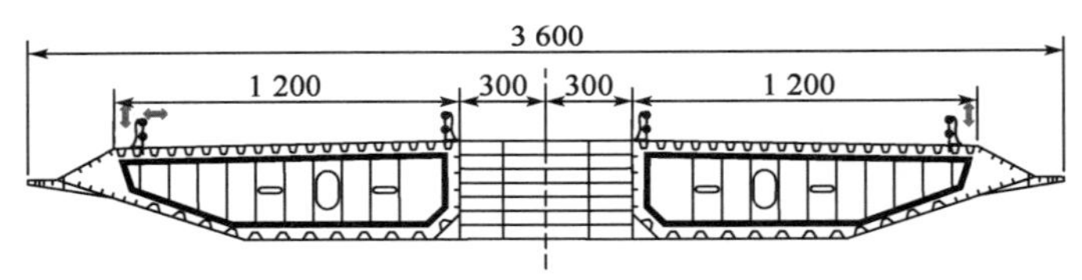

图 5.7-6 桥面系施工完成后随机激励测试主梁、主缆振动特性测点布置图(尺寸单位:cm)

西堠门大桥动力特性参数(人工激励) 表 5.7-4

阶 次	实测频率(Hz)	实测阻尼比(%)①	振 型②
		对数衰减法	
1	0.135	0.47 ~ 0.85	主梁竖向弯曲(1.5 个波)
2	0.180	0.49 ~ 0.92	主梁竖向弯曲(2 个波)
3	0.230	0.41 ~ 1.17	主梁竖向弯曲(2.5 个波)
4	0.275	0.39 ~ 0.46	主梁竖向弯曲(3 个波)

注:①实测阻尼比具有离散性,受人工激励次数限制,阻尼比采用区间形式表示。
②振型描述中括号内波数为西堠门大桥中跨振型波数。

2009 年 7 月 20 ~ 23 日进行了桥面系施工完成后随机激励振动测速,天气晴到多云,风速 2 ~ 8m/s,温度 25 ~ 30℃。主体结构已完工,桥面铺装已完成,大桥两侧风障正在安装,桥面上有少量的施工机械。运用增强型频域分解法和随机子空间法获得西堠门大桥在 0 ~ 1Hz 频带内共 32 阶振型,如表 5.7-5 所示。

西堠门大桥动力特性参数表(通车前) 表5.7-5

阶次	频率(Hz)[③]		实测阻尼比(%)[①]		振型[②]
	实测值	理论值	EFDD法	SSI法	
1	0.054	0.047	1.42~2.60	1.95~2.25	主梁、主缆侧向弯曲(0.5个波)
2	0.095	0.094	1.12~2.64	1.80~2.18	主梁、主缆竖向弯曲(1个波)
3	0.103	0.102	1.39~2.33	1.02~1.62	主梁、主缆竖向弯曲(0.5个波)
4	0.123	0.103	0.82~2.54	1.54~2.02	主梁、主缆侧向弯曲(1个波)
5	0.133	0.132	0.84~2.32	0.90~1.46	主梁、主缆竖向弯曲(1.5个波)
6	0.183	0.178	0.18~1.02	0.37~0.61	主梁、主缆竖向弯曲(2个波)
7	0.202	0.192	0.38~0.64	0.28~0.48	主缆侧向弯曲(两根主缆反相)
8	0.208	0.174	0.23~0.57	0.43~0.67	主梁侧向弯曲(1.5个波)
9	0.209	0.202	0.22~0.68	0.18~0.60	主缆侧向弯曲(两根主缆反相)
10	0.229	0.224	0.27~0.65	0.48~0.94	主梁、主缆竖向扭转(0.5个波)
11	0.229	0.229	0.21~0.59	0.23~0.62	主梁、主缆竖向弯曲(2.5个波)
12	0.233	0.233	0.25~0.41	0.77~0.95	主梁、主缆竖向扭转(1个波)
13	0.268	0.260	0.16~0.94	0.21~0.43	边跨主梁竖向弯曲(1个波)
14	0.276	0.273	0.34~1.14	0.43~0.83	主梁、主缆竖向弯曲(3个波)
15	0.327	0.323	0.35~0.63	0.36~0.68	主梁、主缆竖向弯曲(3.5个波)
16	0.349	0.346	0.40~0.82	0.42~0.88	主梁、主梁竖向扭转(1.5个波)
17	0.379	0.372	0.09~0.75	0.44~0.72	主梁、主缆竖向弯曲(4个波)
18	0.380	0.374	0.16~0.60	0.17~0.51	主梁、主缆侧向弯曲(2个波)
19	0.418	0.399	0.15~0.65	0.28~0.84	边跨主梁竖向弯曲(1.5个波)
20	0.435	0.426	0.25~0.79	0.21~0.37	主梁、主缆竖向弯曲(4.5个波)
21	0.470	0.444	0.18~0.32	0.29~0.59	主缆侧向弯曲(2.5个波)
22	0.491	0.479	0.30~0.58	0.10~0.50	主梁、主缆竖向弯曲(5个波)
23	0.505	0.507	0.03~0.25	0.05~0.37	主缆侧向弯曲(3个波)
24	0.549	0.529	0.11~0.45	0.18~0.64	主梁、主缆竖向弯曲(5.5个波)
25	0.550	0.516	0.16~0.82	0.06~0.24	主梁、主缆侧向弯曲(3.5个波)
26	0.612	0.600	0.12~0.40	0.22~0.56	主梁、主缆竖向弯曲(6个波)
27	0.675	0.658	0.04~0.40	0.20~0.48	主缆侧向弯曲(4个波)
28	0.724	0.704	0.04~0.38	0.36~0.84	主梁、主缆竖向弯曲(6.5个波)
29	0.739	0.737	0.08~0.34	0.12~0.48	主缆侧向弯曲(4.5个波)
30	0.764	0.749	0.04~0.41	0.09~0.33	主梁、主缆竖向弯曲(7个波)
31	0.784	0.780	0.23~0.45	0.46~0.90	主梁、主缆竖向扭转(3.5个波)
32	0.827	0.805	0.20~0.62	0.26~0.78	主梁、主缆竖向弯曲(7.5个波)

注:①实测阻尼比具有离散性,阻尼比采用区间形式表示。

②振型描述中括号内波数为西堠门大桥中跨振型波数。

③此理论值为将加劲梁两端纵向阻尼器模拟为纵向约束时的结果;若计算模拟中将其纵向约束释放,则本阶频率的理论计算值为0.078Hz。

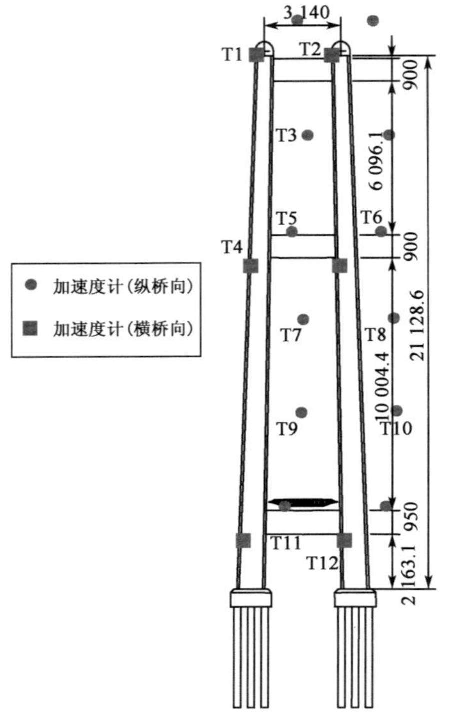

图 5.7-7　桥面系施工完成后随机激励测试主塔振动特性测点布置图(尺寸单位:cm)

大桥加劲梁、主缆各阶实测固有振动频率及振型阶次与理论计算值吻合良好,说明理论模型采用的质量、边界条件等参数能够比较精确的反映桥梁结构的实际状况。环境振动下得到的各阶振动频率比理论计算值稍大,说明实际结构动力刚度略大于计算值。

从加劲梁、主缆振型情况来看,大桥加劲梁、主缆竖向振动时均耦合在一起;大部分侧向振动加劲梁和主缆也耦合在一起,仅个别阶次侧向振动主缆独立振动,基本没有加劲梁独立振动振型。

大桥桥面第一阶横向弯曲、竖向弯曲和扭转振动频率分别为 0.054、0.095 和 0.229Hz(理论值分别为 0.047、0.094 和 0.224Hz)。相对于加劲梁、主缆振动的超低频特性,主塔振动频率较高。

在环境振动下,大桥前五阶振型的阻尼比均值为 1.18% ~2.10%,其他高阶振动阻尼比均值相对较小,介于 0.15% ~0.74% 之间。

5.7.4　交通荷载下的动力放大系数和振动强度

桥梁实际承受的交通荷载多数情况下是移动车辆荷载作用。动载试验主要测试加劲梁在不同行车速度和不同桥面状况下的动应力和动挠度,跑车速度为匀速 20 ~60km/h;跳车试验以长 300cm、底宽 30cm、矢高 5cm 的弓形截面长木板模拟路面障碍物。

交通荷载下,加劲梁各测试截面动力放大系数测试与分析结果表明:

(1)四辆或两辆重车以 20 ~60km/h 的车速匀速驶过测试各测试截面时,钢箱梁顶底板及 U 形肋纵、横桥向测点的动态应力增量不大,动态放大系数均小于 1.08;相对于顶板测点来说,底板动应力测点动态放大系数略小;实测顶板 U 形肋的动态放大系数值由于受车轮的局部影响,其离散程度较大。

(2)两辆重车以 10km/h、20km/h 的车速跨越测试断面处障碍物时对桥梁有一定的冲击作用,顶、底板纵、横桥向测点和顶、底板 U 形肋测点的应力动态放大系数均有明显提高,最大值达到 1.24。

(3)应力动态放大系数与行车速度无明显关系。

交通荷载作用下,大桥动挠度幅值无明显增加。四辆重车以 20 ~60km/h 的车速匀速驶过测试桥面时,中跨跨中截面的动挠度均小于0.5mm。两辆重车以 10km/h、20km/h 的车速跨越桥面测试截面处障碍物时引起的中跨跨中截面动挠度也小于 2.5mm。

5.8 气动参振数、风场参数和抖响应现场实测

5.8.1 西堠门大桥实测情况介绍

本节主要介绍西堠门大桥桥位处的三维风场测量，加劲梁断面的气动压力测量以及加劲梁的抖振位移响应测量，进而分析得到分体式加劲梁的气动参数，具体内容如下：

(1)基于三维超声风速仪和二维风轮风速仪测量系统获得的桥位处的风场特性(平均风速、风向、风攻角、紊流强度、阵风因子、紊流积分尺度、风剖面指数、紊流风空间相关性系数等)；

(2)基于 GPS 动态测量系统的分体式加劲梁抖振位移响应；

(3)基于同步压力测量系统的分体式加劲梁表面的平均和脉动压力分布特性；

(4)基于实测数据获得的分体式加劲梁断面的气动参数。

5.8.2 仪器设备及测试方法

加劲梁断面气动力实测采用自主研制的同步动态测压系统，该系统可以同时获得所有测点的动态压力数据。每个测点的脉动压力通过 π 型压力感受器和长度不大于 30cm 的测压管传送到绝压式脉动压力传感器。GPS 抖振位移测点分别设置在桥面跨中，四分跨、八分跨。桥面高度处三维脉动风速测点设置在加劲梁前缘正上方约 3.5m 高度，4 个风速仪间距分别为 18m，54m，90m。风剖面观测位置选在架立在北塔旁的塔吊上，从下至上共均匀分布 13 个风轮式风速仪，距离海平面分别为：27.61m，42.85m，75.45m，90.45m，105.28m，120.15m，135.25m，150.12m，167.32m，183.16m，214.86m，246.54m，262.17m。湍流风特性观测仪器采用美国 Young 公司生产的 81000 超声风速仪系统。该风速仪具有很高的测量精度和良好的动态跟踪性能。风剖面观测仪器采用美国 Young 公司的 05103V 风轮式风速仪系统。抖振位移测量采用徕卡公司 Leica GPS GMX902 GG 动态位移测量系统，所有测量数据通过数据采集系统同步采集。图 5.8-1 为安装在西堠门大桥上的风速、风压和位移测量设备的安装示意图；图 5.8-2为超声风速仪安装示意图；图 5.8-3 为风剖面测站示意图；图 5.8-4 为安装在现场的风轮式风速仪。

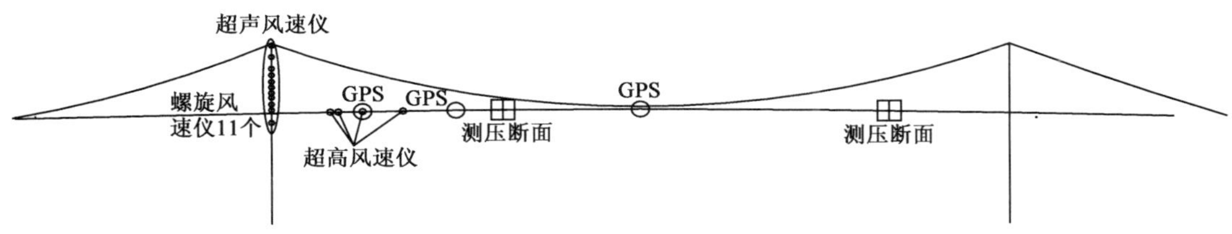

图 5.8-1 西堠门大桥风速、风压和振动同步测量系统传感器布置图

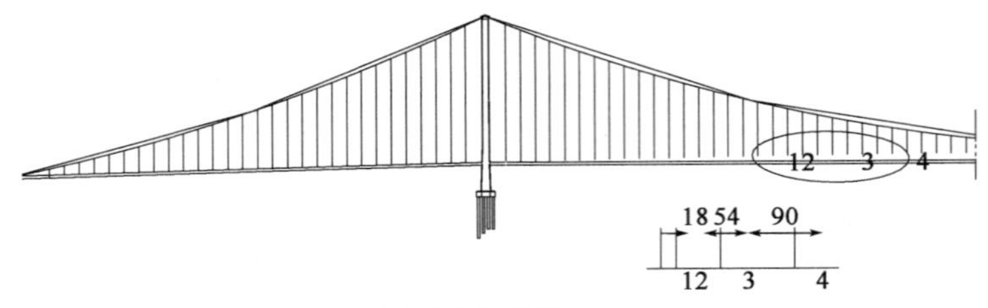

a)安装位置示意图

b)现场的超声风速仪

图 5.8-2　超声风速仪安装示意图(尺寸单位:m)

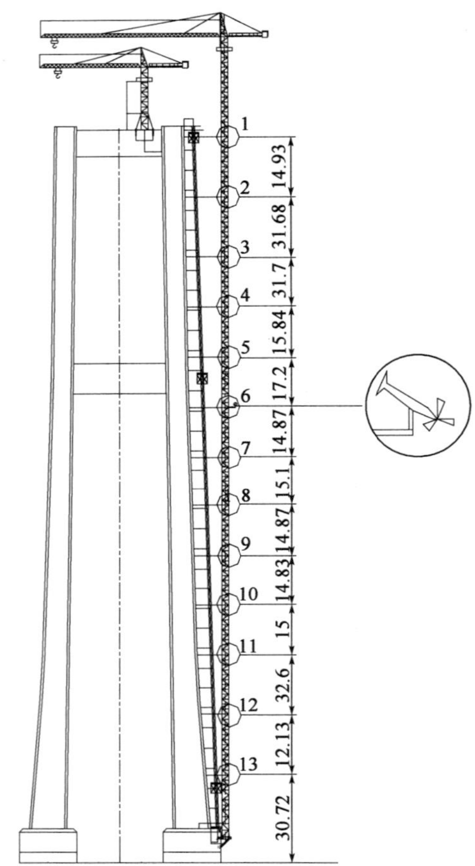

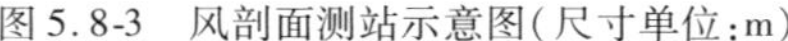

图 5.8-3　风剖面测站示意图(尺寸单位:m)

图 5.8-4　安装在现场的风轮式风速仪

5.8.3　测量结果及分析

1)加劲梁表面气动参数

考察了两种不同断面的分体式加劲梁表面气动压力系数分布特征,并用实测结果与风洞试验结果进行了对比,如图 5.8-5 和图 5.8-6 所示,选取工况为试验 0°攻角,实测 1.16°攻角,风偏角均为 30°。从平均压力分布图上可以看出(图 5.8-5),两种断面在各种攻角和各种方位角情况下,其表面负压占据着很大比例。仅断面的下表面迎风向的半边区域作用着正压力,上下表面的其他区域均作用着负压力。而迎风向风嘴附近压力系数绝对值比较大,而其他区域比较平缓；另外，在导流板、梁底折角和中央开槽区域，压力系数分布较复杂，有突变产生，压力系数绝对值均较大。在0°攻角下，除去前缘部分的影响，断面上下表面的压力值基本对称。研究还发现，在15°风偏角时，断面的平均压力系数接近于0°风偏角时的平均压力系数，在某些区域甚至达到或超过0°风偏角时的平均压力系数，但风偏角为30°和45°时断面的平均压力系数小于0°偏角下的值。此外，研究还发现当攻角从-9°~0°变化时，断面上表面平均压力系数变小，下部平均压力系数变大。当攻角从0°~+9°变化时，断面上部压力系数变大，断面下部的压力系数变小。

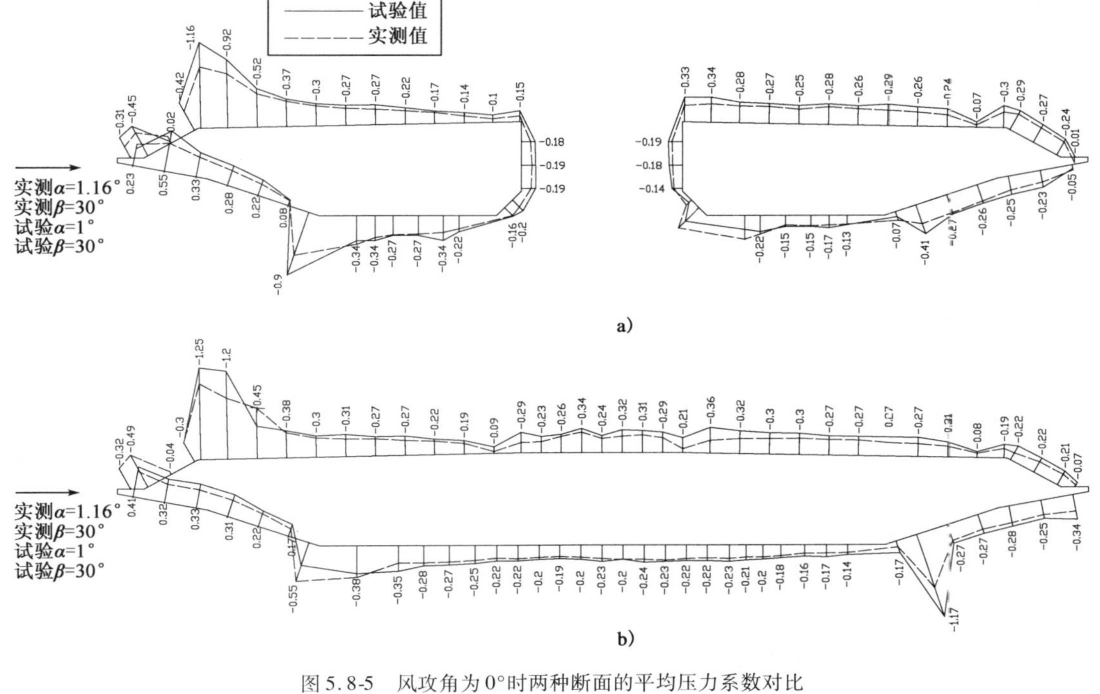

图5.8-5　风攻角为0°时两种断面的平均压力系数对比

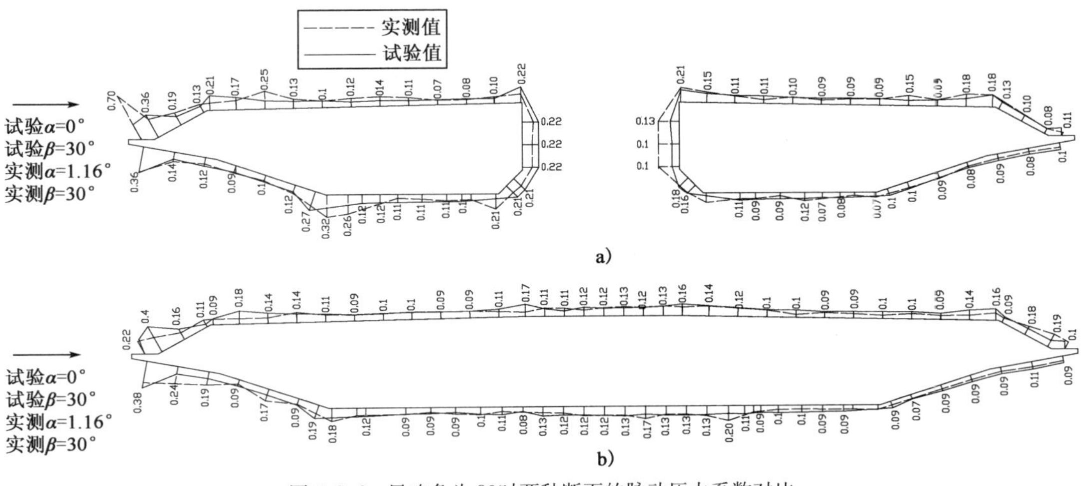

图5.8-6　风攻角为0°时两种断面的脉动压力系数对比

总体来说,从压力的分布情况,分体式加劲梁断面的前缘部分(导流板和风嘴、梁底前缘折角),以及中央开槽部分是压力变化比较大的区域,属于分体式箱梁的气动敏感区域。而分体式主梁的背风侧梁体压力变化较平缓。

由脉动压力系数分布图可知(图5.8-6),脉动压力分布规律与平均压力分布规律较为相似。通过实测结果和风洞试验结果的对比中可以看出,与风洞试验的脉动压力系数相比,现场实测脉动压力系数偏小。现场实测的脉动压力系数分布特征与风洞试验脉动压力分布特征总体上相似,但是在局部上有一定的差别,尤其是风嘴和断面开槽部分,这是因为脉动压力的分布与紊流场的特性密切相关。由于风洞试验时,紊流场很重要的一个参数—紊流积分尺度很难模拟,往往比试验要求值低,这就导致了表面脉动压力分布与实桥相差较大。另外,在现场实测时一些施工设施干扰对断面的压力分布也有一定的影响。这些直接导致了加劲梁抖振力在风洞试验和现场实测之间的差别。

研究还发现,在所有攻角下,上侧测压孔的RMS值均较大。总的趋势是迎风侧和中央开槽处的RMS值大。而从迎风侧到背风侧,测压孔脉动压力的RMS值逐渐变小。攻角的变化对脉动压力系数的分布有一定的影响,特别是对于迎风侧的梁体前缘部分。

2)气动导纳

根据现场实测得到的风谱和抖振力谱以及静力三分力系数,即可识别出阻力、升力和升力矩的等效气动导纳。并根据识别出的气动导纳函数,采用如下表达形式对其进行拟合

$$|\chi_{\mathrm{R}}|^2 = \frac{a}{1+bk^c} \tag{5.8-1}$$

式中:$|\chi_R|^2$——升力、阻力和升力矩气动导纳,($R=L,D,M$);

a、b、c——待定系数,对于升力、阻力和力矩导纳,a、b、c值不同;

k——折减频率,$k=fB/U$。

由于西堠门大桥的断面形式是中央开槽的分离式钢箱梁断面,因此在确定用于抖振分析的气动导纳函数时,将开槽断面和流线型断面的测量气动导纳按照开槽断面和流线型断面的长度进行加权平均,再将此平均气动导纳按照式(5.8-1)进行拟合,此即为分离式钢箱梁断面的阻力、升力和升力矩的气动导纳函数。

分别对开槽型断面和流线型断面在斜风下的气动导纳按照式(5.8-1)进行拟合。Sears函数、Davenport函数、分体式主梁断面实测导纳以及式(5.8-1)拟合气动导纳的四者间对比的代表性图片如图5.8-7和图5.8-8所示,从气动导纳曲线可以看出:

(1)开槽型断面和流线型断面在不同攻角和风偏角下的气动导纳随折减频率变化规律是一致的,均是随着折减频率的增加而降低,两者的升力导纳和升力矩导纳在高频段较接近,在低频段存在差异。

(2)实测导纳在低频段均小于Sears函数值和Davenport导纳,且均小于1。因此,将Sears函数或Davenport函数作为断面的气动导纳函数,在低频范围内将会高估加劲梁的抖振荷载。

(3)由拟合导纳曲线和实测导纳曲线可以发现,拟合导纳能够较好地代表实测导纳。表明采用拟合导纳函数表示实测导纳是有效的。

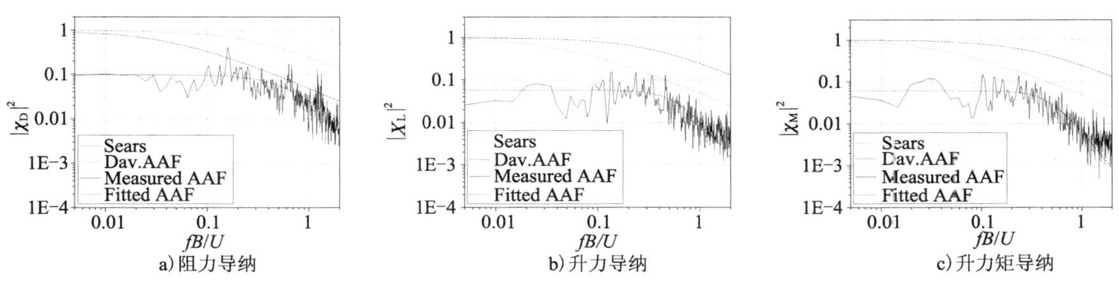

图5.8-7　攻角+0°风偏角0°实测和拟合气动导纳

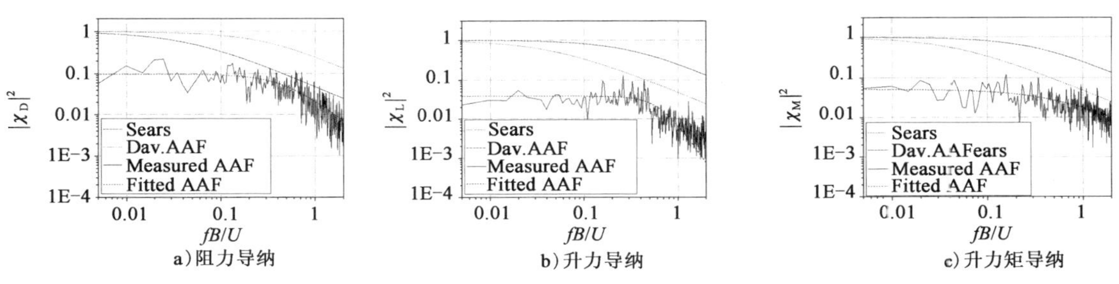

图5.8-8　攻角+0°风偏角15°实测和拟合气动导纳

5.8.4　桥塔高度梯度风测量结果

1）平均风速剖面及特点

选取强风过程中的实测风速来研究平均风速剖面和平均紊流强度剖面。由于施工和雷击等因素的影响，一些风速遭到损坏，可用于分析的竖向观测风速仪为6个（共布置了12个风速仪）。图5.8-9、图5.8-10为桥塔处不同高度处实测风速时程曲线以及相应的脉动风速功率谱曲线。由图可见，各个高度处风速变化趋势相近，其脉动风速功率谱也相近。图5.8-11为不同高度处风向角时程曲线。图5.8-12为平均风速随高度变化曲线。为了便于比较，将实测平均风速和紊流强度进行归一化并绘制在一起，分别如图5.8-13和图5.8-14所示。由图可见，平均风速剖面并不严格遵守指数律关系，即风速并不是严格随着离地高度的增加而升高，这种现象的原因可能为，天气系统本身就具有随机性，在大气边界层内，由于地面粗糙度的影响而出现平均风速随高度增高的规律，而当大气运动具有的强烈涡旋运动和垂直方向上强力混合运动的作用超过地面下垫层粗糙状况的影响时，平均风速的垂直分布就可能不再遵守这种变化规律了。

表5.8-1是几次比较典型的强风过程中风剖面的α指数拟合值，在整过强风过程中，α指数的变化范围是相当大的，其值最大可达到0.12，最小也可小到0.064，甚至出现负值（即：偏离风速随高度变化的幂指数规律）。由表5.8-1可知，幂指数α值具有方向性。在同一风向下，α值随着风速的增大而减小的趋势。在选取的5次强风过程中，α指数平均值比规范规定的A类地表粗糙度指数$\alpha=0.120$值偏小。

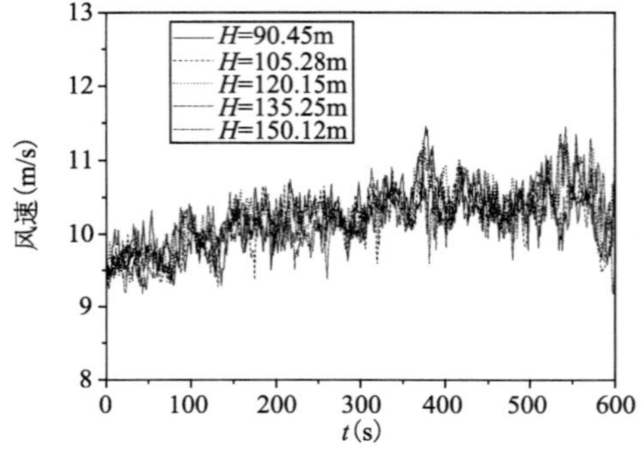

图 5.8-9　各个高度处风速时程曲线

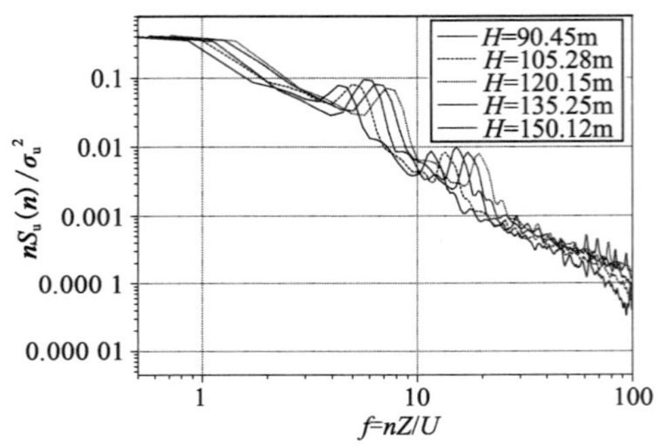

图 5.8-10　各个高度处风速功率谱曲线

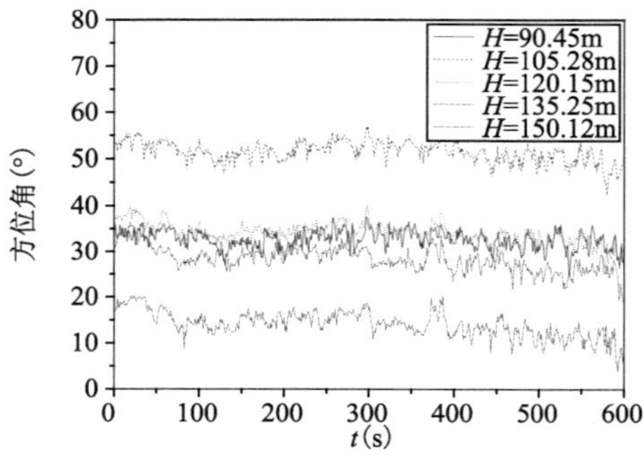

图 5.8-11　各个高度处风向角时程曲线图

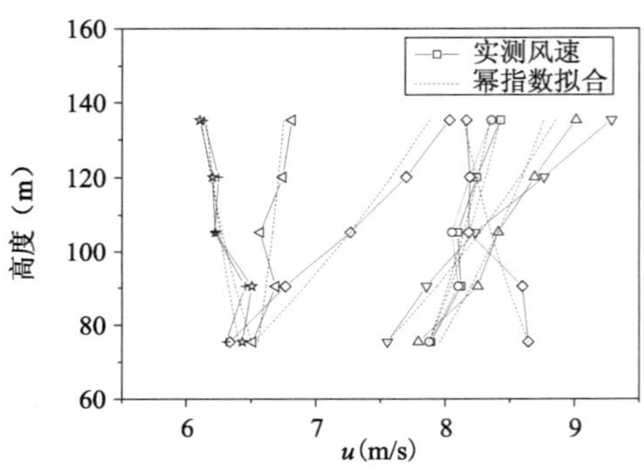

图 5.8-12　风速随高度变化图

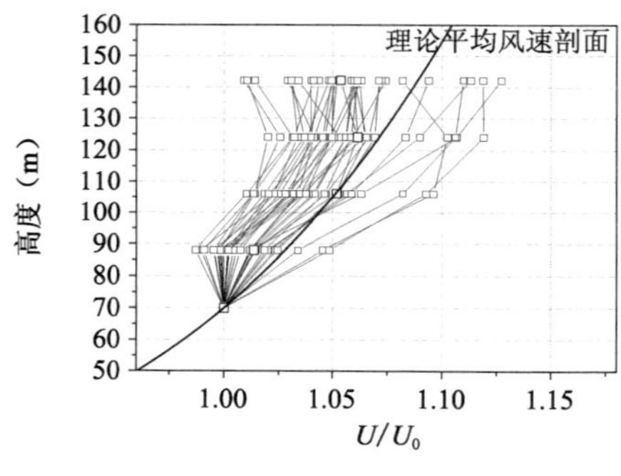

图 5.8-13　平均风速剖面

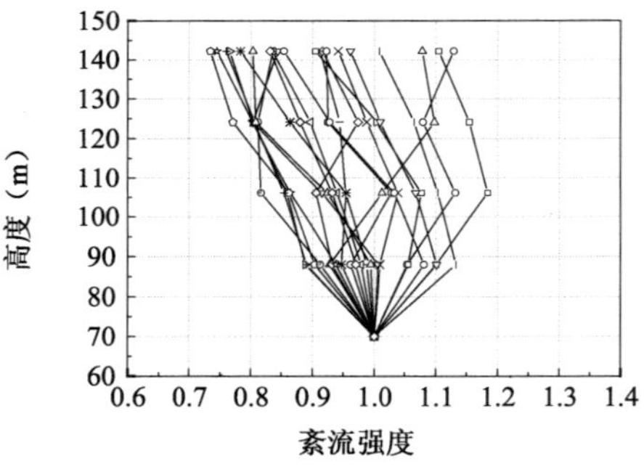

图 5.8-14　紊流强度剖面

大风状况下桥位处的幂指数 α 值(2009 年)　　表 5.8-1

时间(　月　日　时　)	幂指数 α	平均风速(m/s)	平均风向
3 月 17 日 16:30 ~ 18 日 10:00	0.120	9.02	SSE
3 月 21 日 2:07 ~ 16:50	0.064	11.17	SE
3 月 26 日 12:37 ~ 16:28	0.067	10.00	SE
3 月 27 日 0:00 ~ 13:10	0.111	8.52	ESE
4 月 19 日 0:00 ~ 19:00	0.107	12.41	SSE

2）与横档山观测剖面的对比

根据对现场实测数据的分析，西堠门大桥风剖面指数取为 $\alpha = 0.120$。《舟山大陆连岛工程可行性研究之气象观测、风参数研究报告（风参数建议值）》（简称《风参数报告》）中建议西堠门大桥风剖面指数取为 $\alpha = 0.160$。本研究中，现场风场实测地点选在大桥桥位处，采用2008 年 11 月到 2009 年 4 月几次大风过程中的梯度风数据。梯度风不同高度处风速时距取为10min。《风参数报告》风场采集地点距离西堠门大桥桥址一定的距离。而从现场实测结果来看，西堠门大桥桥位的平均风速剖面指数在长期季风条件下的指数 α 小于横档山观测值0.16，且幂指数 α 值具有方向性。在同一风向下 α 值随着风速的增大而呈减小的趋势。

5.8.5 桥面三维风场测量结果

本研究选取在实测时间段内平均风速大于 8m/s 的 40d 实测数据作为样本进行统计分析，具体结论如下。

1）平均风速和风向

桥位处湍流风特性观测数据及其平均风特性有如下特点：

（1）桥位湍流风特性实测获得了相当数量的持续强风样本，可用于湍流风特性分析的数据达到 431.2h，按照 10min 时距划分的有效子样本 2 590 个。

（2）在夏季观测到了 10min 水平平均风速接近 20m/s 的风速数据，时段为 2009 年 4 月 19 日 7:00 ~ 7:10；当天 0:00 ~ 19:00 的总体平均风速达到 12.41m/s，风向为 SSE。该时段的实测数据具有典型的强风代表性。

（3）在冬季冷空气影响下，2007 年 11 月 ~ 2008 年 1 月和 2008 年 1 月 ~ 2009 年 3 月间均测到了较大的平均风速。2007 年 12 月 30 日最大 10min 平均风速达到 15.06m/s，当天 7:08 ~ 17:22 的总体平均风速为 13.10 m/s，风向为 NW；2008 年 12 月 4 日最大 10min 平均风速达到 18.20 m/s；当天 11:04 ~ 05:33 的总体平均风速为 15.14m/s，风向为 NW。

（4）在 2007 年 10 月 6 ~ 8 日，超强台风“罗莎”，袭击西堠门大桥时，超声风速仪记录的风速数据。整个数据样本持续时间接近 28h。最大 10min 水平平均风速达到 15.9m/s。时段为 2007 年 10 月 7 日 18:27 ~ 18:37，风向为 ESE，该时段攻角为 −4.64°。“罗莎”的总体平均风速达到 10.72m/s。风向为 E；平均攻角为 −3.83°，攻角变换范围为 −4.77° ~ −3.14°。

（5）平均攻角正值达到 4.36°，负值达到 −5.25°，即使在 2009 年 4 月 19 日这样持续大风条件下，平均攻角也在 2.37°左右。所有 2 180 个子样本的总体平均攻角为 1.09°。

2）湍流度、阵风因子

分析平均湍流度和阵风因子计算结果，可以总结出以下结论：

（1）所有 2 590 个子样本湍流度的总体平均值分别为：$I_u = 0.117$，$I_v = 0.100$，$I_w = 0.067$，三者的比值平均为：$I_u : I_v : I_w = 1 : 0.85 : 0.57$；我国《公路桥梁抗风设计规范》（JTG/T D60-61—2004）（简称《规范设计》）规定 I 类场地 72 ~ 100m 高度纵向湍流度为 0.11，三个分量的比值为 $I_u : I_v : I_w = 1 : 0.88 : 0.5$，实测分析的总体平均值与《设计规范》值接近。且 $U \geq 10$m/s 的时段共 21 个，平均风速的平均值为 $U = 12.18$m/s，I_u 的平均设计值为 0.109，可见强风的 I_u 值与《设计规范》值相近。

(2)所有 2 590 个子样本阵风因子的总体平均值分别为：$G_u = 1.258$，$G_v = 0.219$，$G_w = 0.161$。$U \geqslant 10\text{m/s}$ 的 21 个时段的阵风因子平均值为 1.22，小于《设计规范》值。最大阵风因子出现在 2007 年 10 月 6 日台风“罗莎”期间，其最大值达到 1.571。

(3)在风向转变和风速变小的时段，湍流度和阵风因子明显增大，短时间的气候不稳定对实测分析结果影响很大。最大湍流度出现在 2007 年 10 月 7 日，当天 17:00 至 18:50 的平均纵向湍流度 I_u 达到 0.247，最大阵风因子达到 1.571。

3)摩阻速度

通过对所选取的 40 个样本的摩阻速度(u_*)分析和脉动速度(σ_u)的方差进行分析。用线性拟合可得到如下关系式：

$$\sigma_u^2 = 0.05 + 1.26u_*^2 \tag{5.8-2}$$

4)湍流积分尺度

桥位处三个湍流积分尺度分量最大分别达到：$(L_u)_{max} = 147.39\text{m}$，$(L_v)_{max} = 214.18\text{m}$ 和 $(L_w)_{max} = 166.83\text{m}$；最小仅有：$(L_u)_{min} = 27\text{m}$，$(L_v)_{min} = 13\text{m}$ 和 $(L_w)_{min} = 1.08\text{m}$，数值非常分散；总体平均值分别为：$(L_u)_{mean} = 94.19\text{m}$，$(L_v)_{mean} = 96.98\text{m}$ 和 $(L_w)_{mean} = 48.78\text{m}$。

5)湍流功率谱密度

分别计算 40 个典型时段的功率谱密度统计平均曲线，分析比较实测湍流功率谱密度函数曲线和理论风速谱，可得如下结论：

(1)实测湍流功率谱曲线与理论曲线在变化趋势上基本一致，更有多个测量区间实测谱与理论谱吻合得相当好。

(2)多数实测结果显示，实测湍流功率谱曲线在高频段比理论曲线高，而低频段的能量略低。

(3)横向脉动速度的功率谱有时垂直分量一致，但大多数实测处于两者之间，且在低频段的能量顺序是：纵向分量大于横向分量大于垂直分量，在高频段的能量顺序恰好相反。

5.8.6 强台风“罗莎”实测结果分析

2007 年第 16 号热带风暴“罗莎”于 10 月 2 日上午在菲律宾以东的西太平洋洋面上形成，2007 年 10 月 5 日凌晨加强为超强台风，其中心附近最大风力达 12 级(m/s)。台风“罗莎”影响西堠门大桥的时间为2007 年 10 月 6 ~7 日。安装在桥面上的 Young 81000 型三维超声风速仪对台风风场进行了全程实测，记录时间为 2007 年 10 月 6 ~7 日，共计 31h，完整地记录了大量的强风原始资料。

1)平均风速、风向和风攻角

2007 年第 16 号台风“罗莎”台风登陆过程中，平均风速逐渐增大。当台风中心通过西堠门大桥桥位时，平均风速达到最大值。图 5.8-15 ~ 图 5.8-18 展示了 10min 时距的平均风速、风向和风攻角的时程曲线。由图 5.8-15 可以看出，台风登陆过程中，平均风速逐渐增大，风向逐渐发生偏转。本次观测到 10min 最大平均风速为 15.9m/s，最小平均风速为 4.74m/s，整个持续时间内平均风速为 10.72m/s。整个观测时期内风攻角为负值，攻角的平均值为 -2.25°，攻角由 -0.85°到 -4.0°变化。从图 5.8-16 可看出，风攻角随着风速的增大呈减小趋势。从图 5.8-17 和图 5.8-18 可知，10min 平均风向由 139.7°逐渐增加到 188.0°。

2）湍流强度和阵风因子

台风持续期间，顺风向紊流强度（I_u）变化范围为7.53%～28.67%，其平均值为16.56%；横风向紊流强度（I_v）变换范围为5.50%～20.19%，其平均值为11.11%；竖向紊流强度（I_w）的变化范围为1.10%～8.89%，其平均值为3.94%。三个方向紊流强度的关系为 I_u: I_v: I_w = 1:0.67:0.24，与我国《设计规范》的规定值 I_u: I_v: I_w = 1:0.88:0.50有一定的差别。10min时距的三个方向阵风因子的平均值分别为：G_u = 1.38，G_v = 0.28，G_w = 0.11。

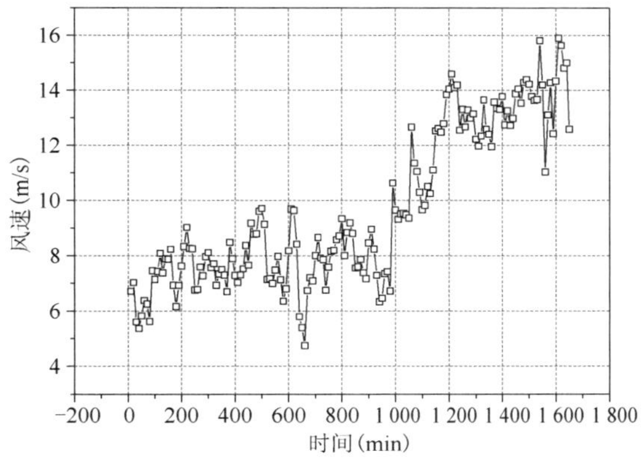

图5.8-15 10min风速时程曲线

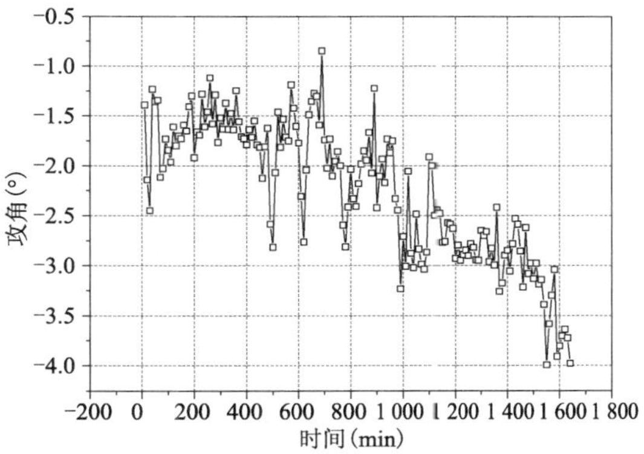

图5.8-16 10min风攻角时程曲线

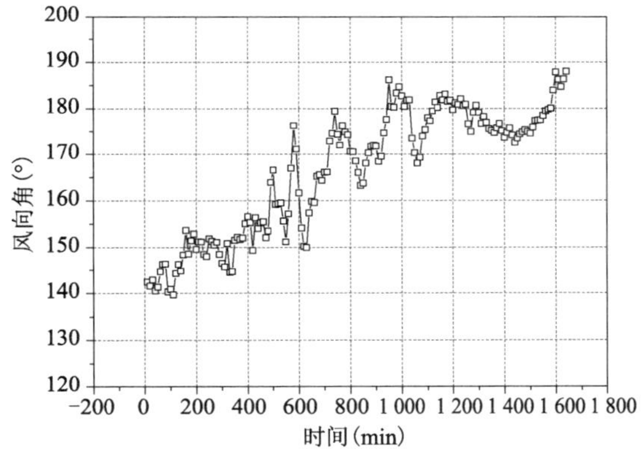

图5.8-17 10min风向角时程曲线

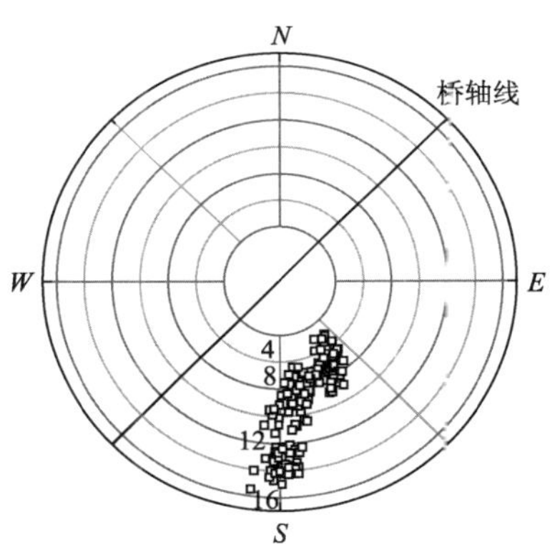

图5.8-18 风速风向分布图

图5.8-19为强风持续期间，顺风向、横风向和竖向紊流强度随时间变化曲线，由图可得到，顺风向紊流强度（I_u）变化范围为0.075～0.287，其平均值为0.166；横风向紊流强度（I_v）变化范围为0.055～0.202，其平均值为0.111；竖向紊流强度（I_w）的变化范围为0.011～0.089，其平均值为0.039。紊流度三个分量之间的比值为 I_u: I_v: I_w = 1:0.67:0.24，该实测结果与《设计规范》的规定值 I_u: I_v: I_w = 1:0.88:0.50有一定的差别。与国内部分台风特性实测结果也有一定的差异。根据《风参数报告》，该地区为B类粗糙度类型，平均风剖面指数 $\alpha = 0.16$；桥面离水面高度按平均潮位计算为 z = 62m。由经验公式 $W = \overline{u_z(t)}$ 可得 $I_u = 0.14$。实测值 $I_u = 0.166$。实测值比经验公式计算建议值略大。

图 5.8-20 为紊流强度之间的相关曲线，图 5.8-21 为强风的紊流强度分量，图 5.8-22 为强风期间阵风因子分布。

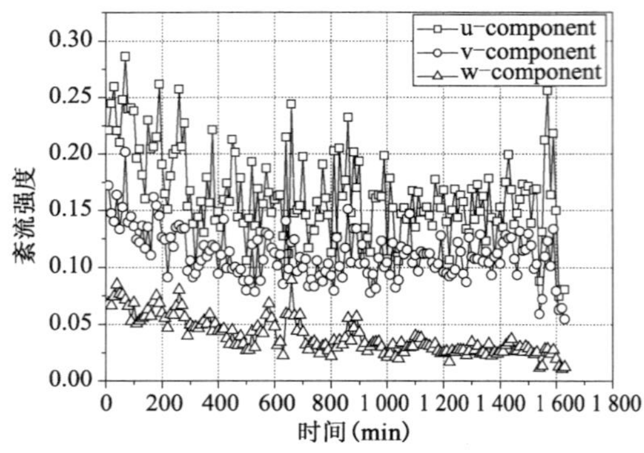

图 5.8-19 紊流强度曲线

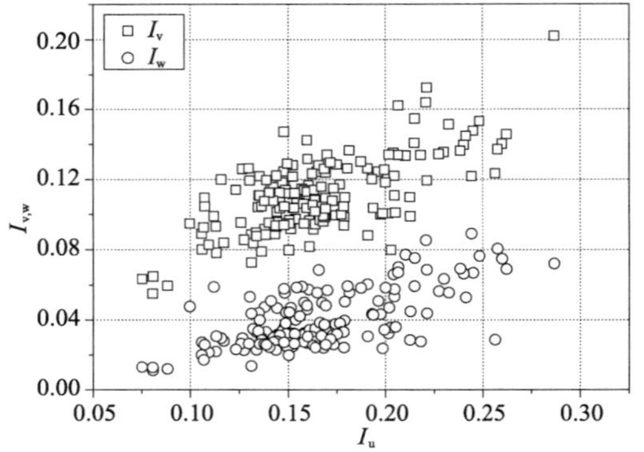

图 5.8-20 紊流强度之间相关曲线

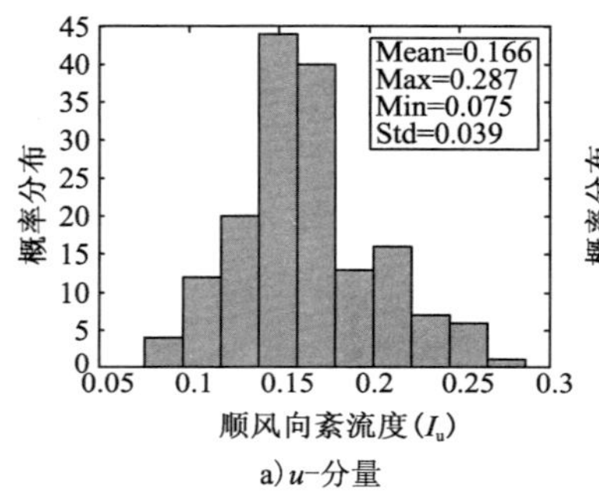

a) u-分量

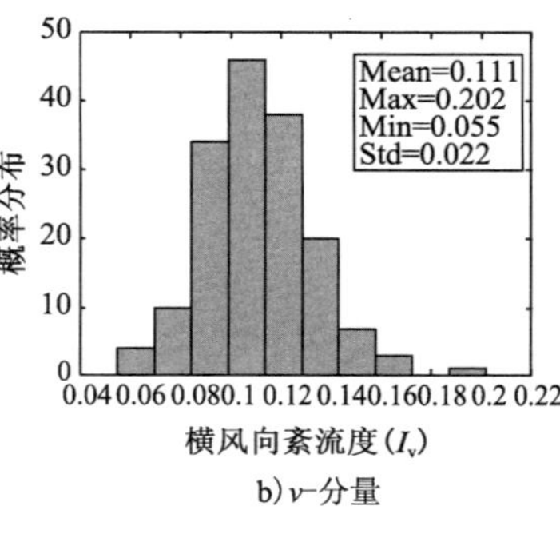

b) v-分量

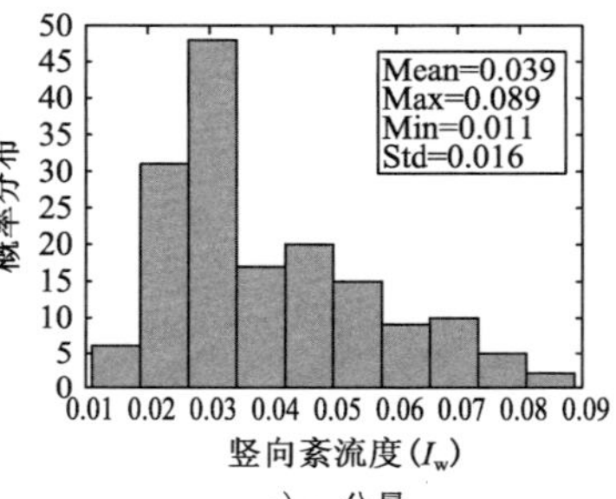

c) w-分量

图 5.8-21 强风的紊流强度分量

3)摩擦速度

图 5.8-23 为摩擦速度平方值(u_*^2)与平均风速的相关性曲线，由图可见，随着平均风速的增大，摩擦速度呈增大趋势。图 5.8-24 为顺风向脉动速度均方根值与摩擦速度平方值的相关性曲线。由图可见，两者之间呈线性关系，即 $\beta_u = \sigma_u / u_* \approx 1.9$。两者之间的相关性可用下式描述。

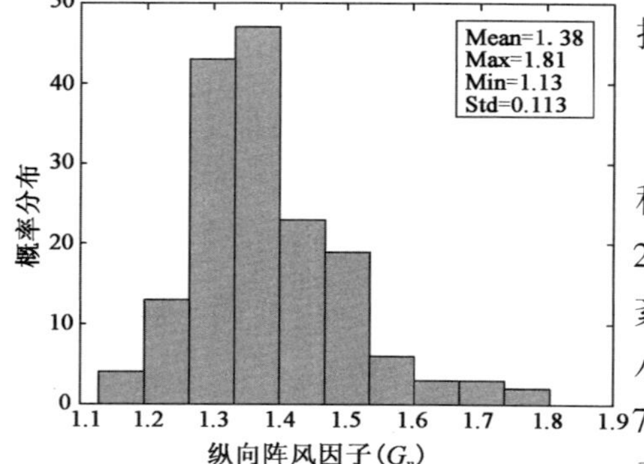

图 5.8-22 强风期间阵风因子分布

4)紊流积分尺度

整个台风持续期间，顺风向、横风向和竖向紊流积分尺度的平均值分别为：$L_u = 127\text{m}$，$L_v = 73\text{m}$，$L_w = 23\text{m}$，三者的比值 $L_u : L_v : L_w = 1 : 0.58 : 0.18$。纵向紊流积分尺度实测值比《设计规范》推荐值 140m 稍小，横向紊流积分尺度实测值与《设计规范》推荐值 70m 接近。紊流积分尺度的概率分布如图 5.8-25 所示。图 5.8-26 为顺风向、横风向和竖向紊流积分尺度与平均风速的相关性曲线。由图可以看出，随着平均风速的升高，紊流积分尺度增大。根据紊流积分尺度经验公式，可得 $L_u=155\text{m}$，该值比实测结果 $L_u=127\text{m}$ 稍大。

$$\sigma_u^2=-0.43+3.59u_*^2 \tag{5.8-3}$$

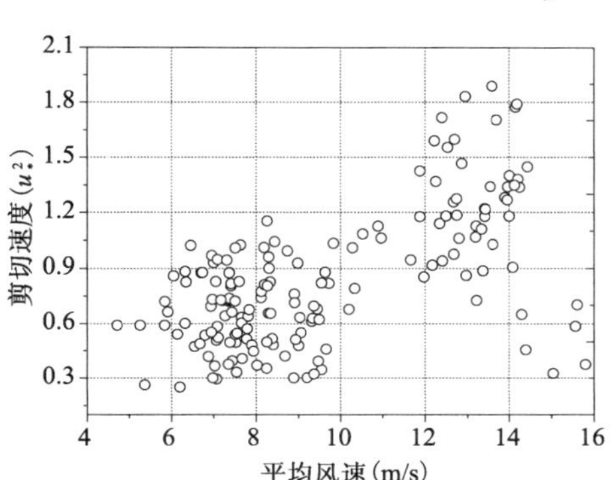

图 5.8-23　摩擦速度与平均风速的相关性图

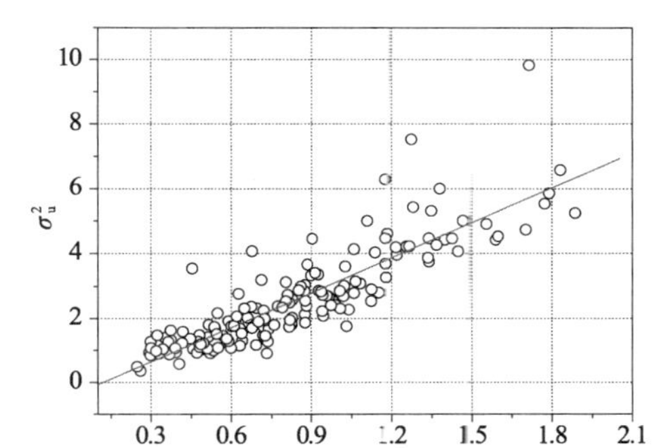

图 5.8-24　顺风向脉动风速与摩擦速度的相关性曲线

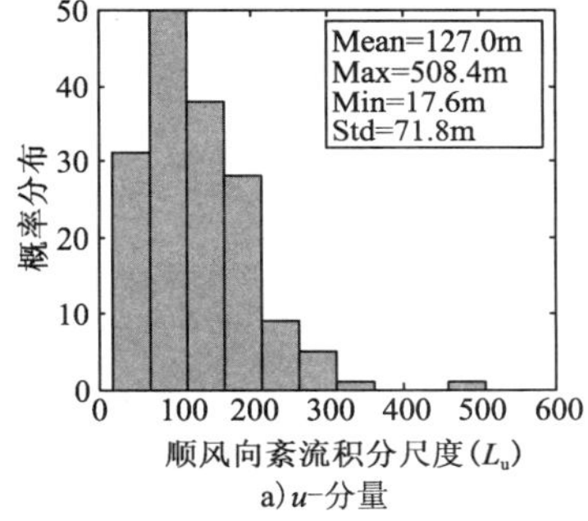

a) u-分量

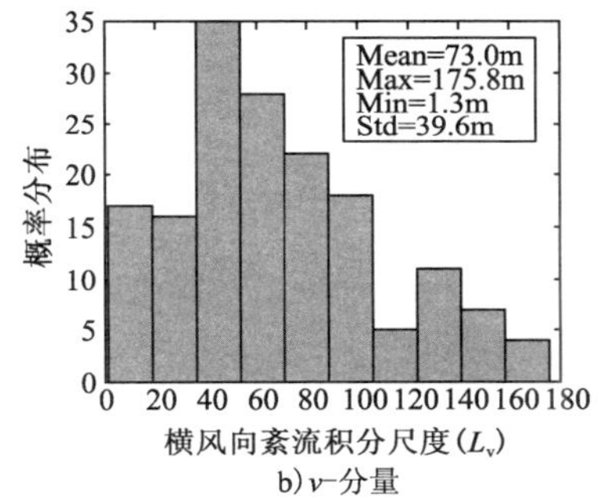

b) v-分量

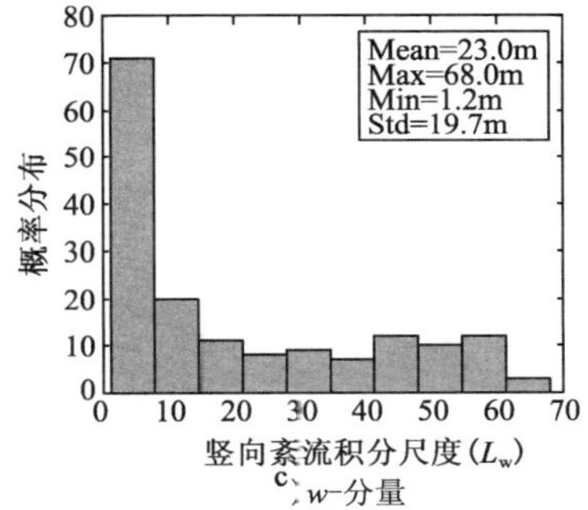

c) w-分量

图 5.8-25　紊流积分尺度概率分布图

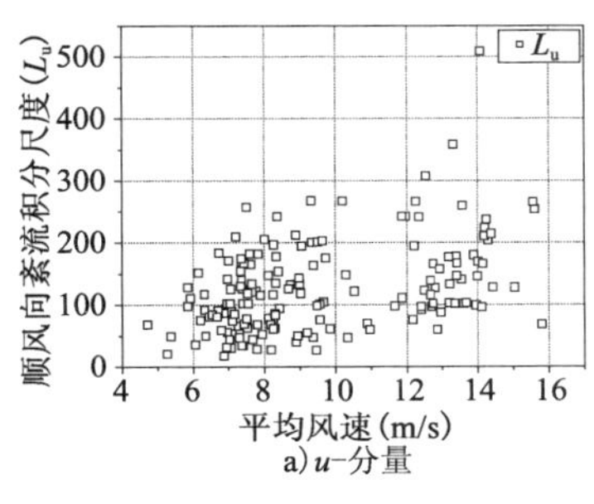

a) u-分量

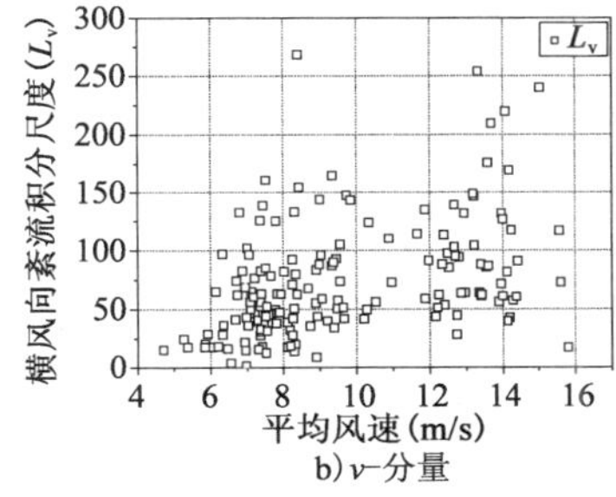

b) v-分量

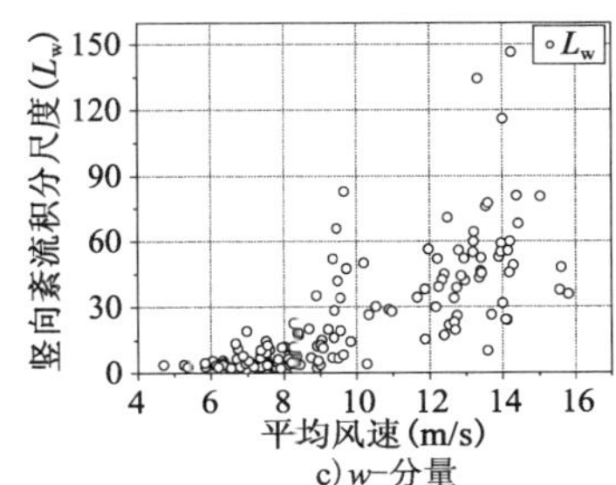

c) w-分量

图 5.8-26　紊流积分尺度与平均风速的关系

5）紊流强度与紊流积分尺度相关性

图 5.8-27 为紊流强度与紊流积分尺度相关性曲线。由图可见，紊流积分尺度和紊流强度两者之间相关性不是很明显，近似呈紊流积分尺度随紊流强度增大而减小趋势，紊流强度与紊流积分尺度主要受大气紊流控制。

6）脉动风速功率谱密度函数

取拟合参数平均值，由表 5.8-2 可以归纳出台风“罗莎”期间，脉动风速功率谱函数：

顺风向脉动风速：

$$\frac{nS_{\mathrm{u}}(n)}{\sigma_{\mathrm{u}}^{2}}=\frac{A_{u}f}{(1+B_{u}f)^{5/3}}=\frac{3.84f}{(1+6.89f)^{5/3}} \tag{5.8-4a}$$

横风向脉动风速谱：

$$\frac{nS_{\mathrm{v}}(n)}{\sigma_{\mathrm{v}}^{2}}=\frac{A_{v}f}{(1+B_{v}f)^{5/3}}=\frac{3.84f}{(1+6.89f)^{5/3}} \tag{5.8-4b}$$

竖向脉动风速谱：

$$\frac{nS_{\mathrm{w}}(n)}{\sigma_{\mathrm{w}}^{2}}=\frac{A_{w}f}{(1+B_{w}f)^{2}}=\frac{0.19f}{(1+0.15f)^{2}} \tag{5.8-4c}$$

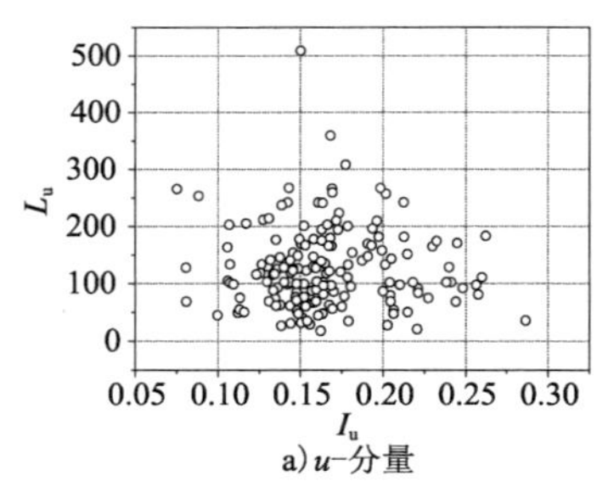

a) u-分量

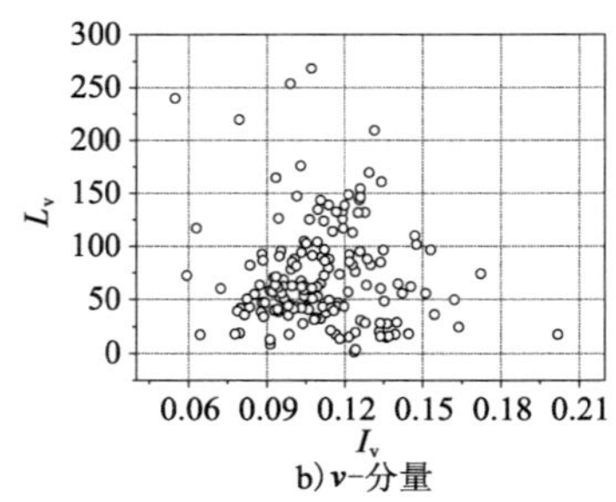

b) v-分量

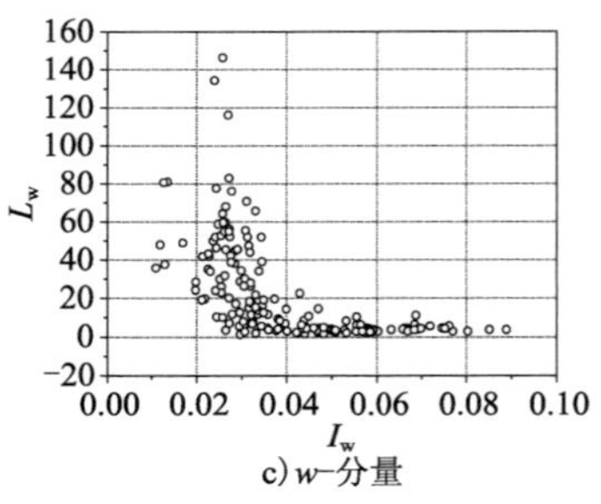

c) w-分量

图 5.8-27　紊流积分尺度与紊流强度的关系

台风期间实测脉动风速功率谱密度函数拟合模型参数　　表 5.8-2

项目	A_u	B_u	A_v	B_v	A_w	B_w
最大值	15.77	27.32	10.23	13.68	0.25	0.19
最小值	0.21	0.87	0.13	0.39	0.15	0.11
平均值	3.84	6.89	2.41	3.93	0.19	0.15

图 5.8-28 比较了实测脉动风速拟合功率谱与规范推荐的 Simiu 谱和 Panofsky 谱。由图可见，在低频段，拟合功率谱比规范推荐的理论谱小，而在高频段，拟合谱要比理论谱大。

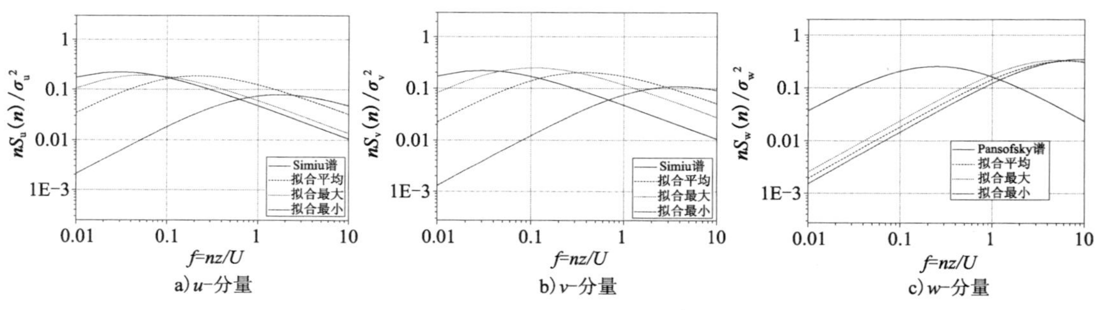

图 5.8-28　西堠门大桥桥位处强风功率谱拟合模型与理论谱比较

5.8.7 强季风风特性分析

为避免小风速下风场特性参数不确定性的影响，按照“强风原则”，选取从 2007 年 9 月 ~ 2009 年 5 月，季风气候下平均风速大于 8m/s 的强季风实测风速数据进行季风风场特性分析，用于分析的季风样本如表 5.8-3 所示：

10min 时距平均风速超过 8m/s 的日期和最大 10min 平均风速(单位:m/s) 表 5.8-3

日期	28-O	01-N	15-N	29-N	01-D	02-D	03-D
风速	15.8	13.2	9.0	10.74	9.6	14.08	13.92
日期	12-D	12-D	13-D	13-D	18-D	22-D	22-D
风速	11.2	12.0	13.1	10.0	7.89	9.24	11.0
日期	24-D	29-D	29-D	30-D	30-D	30-D	1-Jan
风速	8.29	11.8	13.1	15.0	14.1	13.1	13.1
日期	1-Ja	1-Ja	2-Ja	22-J	08-N	19-N	24-N
风速	13.7	13.0	12.6	8.9	13.8	13.4	18.0
日期	27-N	04-D	04-D	05-D	17-D	21-D	26-D
风速	17.2	14.7	19.4	17.2	12.2	14.0	11.3
日期	27-D	18-AJa	19-AJa				
风速	12.9	11.9	20.0				

1)平均风速和风向

现场实测获得了大量具有代表意义的季风风场数据,区域内平均风向随季节变化比较明显,在冬季强风风向大多处在西北方向,而在春夏季,强风风向大多处在东南方向,实测最大季风平均风速达到20.1m/s。实测季风平均风攻角正值达到4.36°,负值达到-5.25°,季风平均风攻角为1.28°。见图5.8-29~图5.8-31。

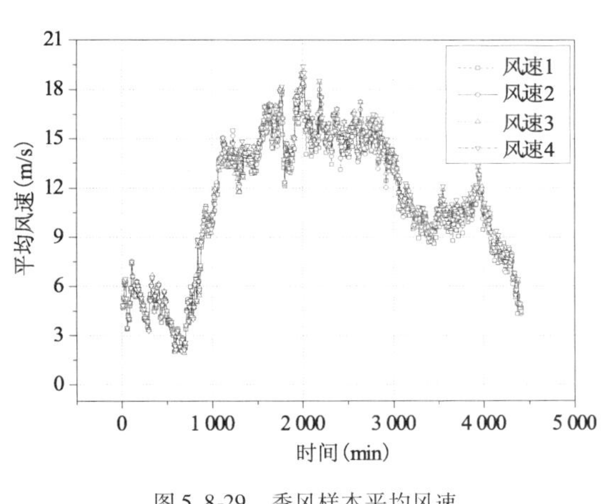

图5.8-29 季风样本平均风速

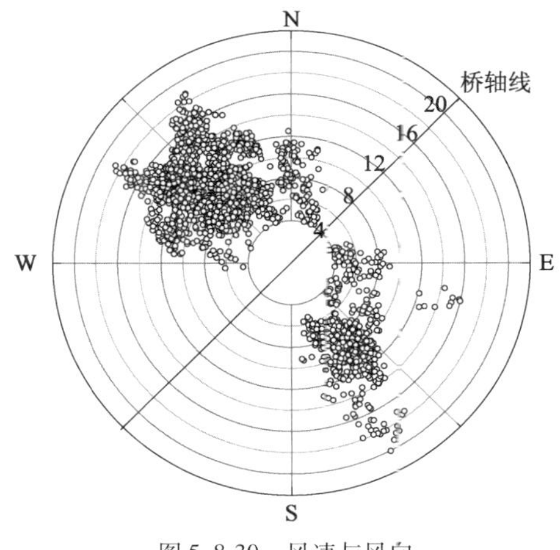

图5.8-30 风速与风向

2)紊流强度、阵风因子

图5.8-32和图5.8-33为紊流强度和阵风因子实测结果,从图中可看出:

(1)紊流强度呈随机分布状态,其概率分布如图5.8-34所示。顺风向、横风向和竖向紊流强度平均值分别为:$I_u=0.105$;$I_v=0.093$,$I_w=0.063$。三者之间的比例关系为I_u:I_v:I_w=1:0.890:0.603,我国《设计规范》规定Ⅰ类场地72~100m高度纵向紊流强度为$I_u=0.11$,紊

流强度分量的比值 I_u:I_v:I_w = 1:0.88:0.5,两者非常接近。根据《风参数报告》,该地区相当于B类地表粗糙度,取 I_u =0.16。本文季风气候下紊流强度实测值比规范值偏小,可能原因是可行性研究中将风速观测铁塔设置在附近的山上,本文风速观测位置位于宽阔海面上,另外,紊流强度离散性较大,顺风向紊流强度最大可达0.44,横风向紊流强度最大可达到0.30。

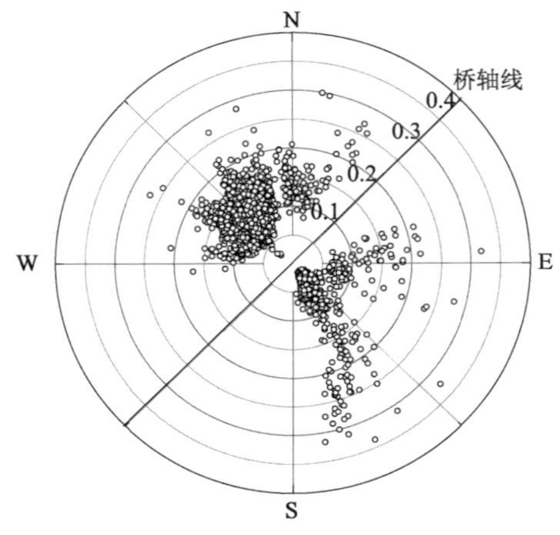

图5.8-31 风向与紊流度

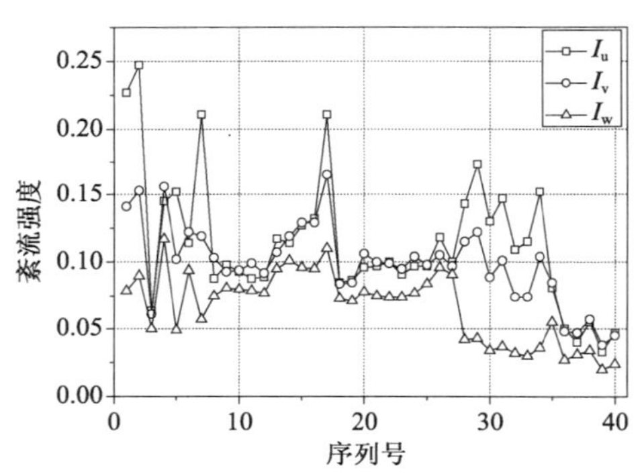

图5.8-32 典型强风时段的平均紊流强度

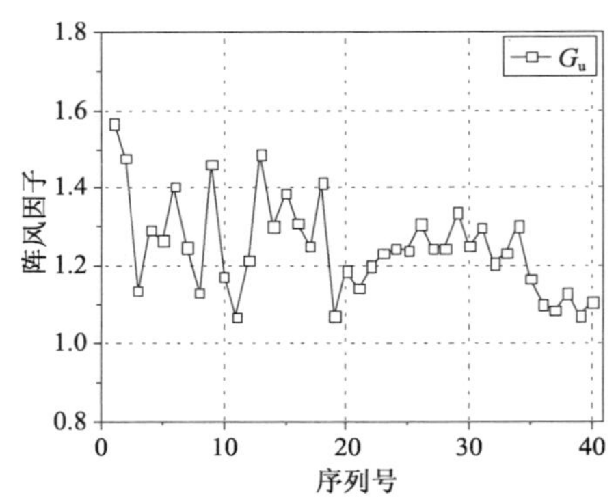

图5.8-33 典型强风时段的平均阵风因子

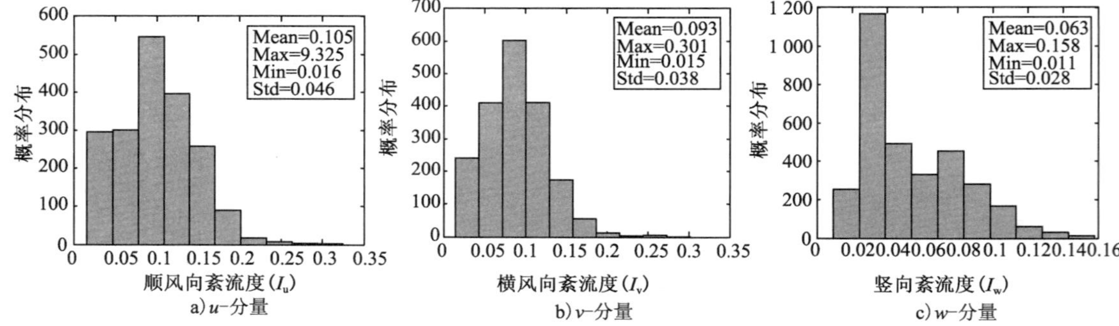

图5.8-34 西堠门大桥桥位处季风实测紊流强度分布

(2)阵风因子呈随机分布状态,其概率分布如图5.8-35所示。顺风向、横风向和竖向阵风因子的平均值分别为 $G_u = 1.25$。

(3)实测阵风因子与紊流强度的相关性如图 5.8-36 所示。由图可看出,两者之间具有强烈的相关性。随着紊流强度的增大,阵风因子也相应地增大。紊流强度和阵风因子相关性可表示为:$G_u = 1 + 1.830I_u$。

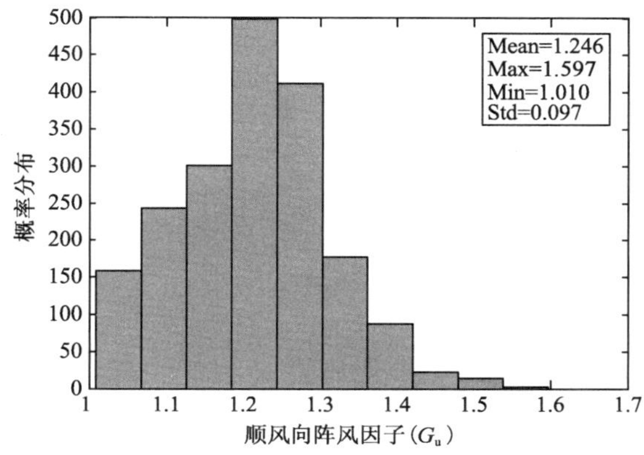

图 5.8-35　西堠门大桥桥位处强季风实测阵风因子分布

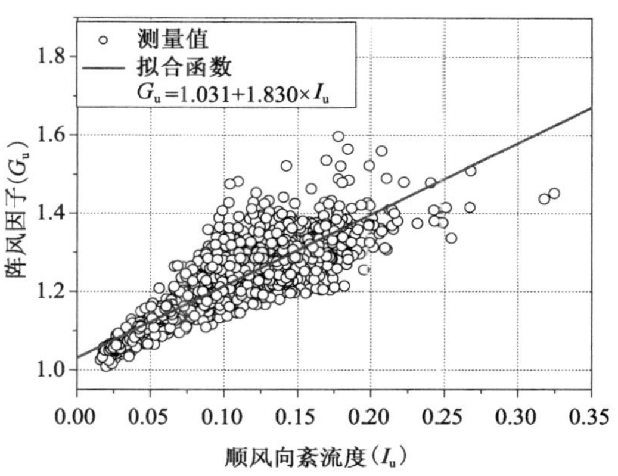

图 5.8-36　西堠门大桥桥位处实测阵风因子与紊流强度的相关性

3)摩擦速度

如果大气边界层是稳定的,摩擦速度主要与地面粗糙程度和平均风速大小有关,此时它与纵向脉动风速的均方根值也存在较好的相关性,如果大气紊流脉动风速功率谱密度函数满足 Kaimal 谱,那么摩擦速度和纵向脉动速度均方根值之间的关系为 $\sigma_u^2 = 6u_*^2$。

图 5.8-37 为顺风向脉动风速方差和摩擦速度的相关性曲线,两者之间的相关性关系可用如下表示:$\sigma_u^2 = 0.05 + 2.56u_*^2$,$\beta_u = \sigma_u / u_* \approx 1.6$。但对每个具体时段而言,两者的关系很不稳定,因为实际大气边界层紊流很难满足中性稳定层结假设。

4)紊流积分尺度

图 5.8-38 为顺风向、横风向和竖向紊流积分尺度平均值。由图可见,受气流影响,紊流积分尺度变化非常大。图 5.8-39 为紊流积分尺度的概率分布图。由图可知,脉动风速分量的紊流积分尺度平均值分别为:L_u = 102.5m,L_v = 44.2m 和 L_w = 15.4m,其比值为:$L_u : L_v : L_w$ = 1:0.43:0.15。

5)脉动风速功率谱密度函数

将所有季风样本按照 10min 时距划分为子样本,分别计算每个子样本的功率谱密度,然后将所有子样本的功率谱密度进行平均,即可得到每个样本的功率谱。所得结果既代表了该时段的紊流功率谱特性,又消除了因离散 Fourier 变换所带来的误差。对季风气候下的脉动风速功率谱惯性子区域 0.2 ~ 5Hz 频率范围进行检验。图 5.8-40 为实测季风脉动风速功率谱及其惯性子区域非线性拟合结果。可以看出,脉动风速紊流功率谱斜率近似符合“ -5/3 律”,即季风气候下脉动风速紊流功率谱惯性子区近似满足各向同性假定。拟合模型参数见表 5.8-4。

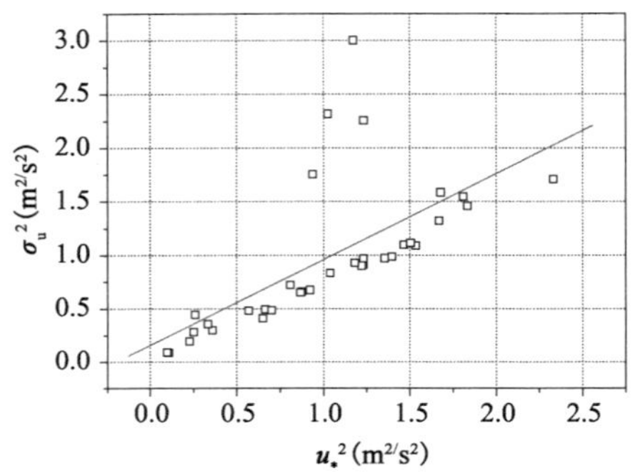

图 5.8-37 顺风向脉动风速方差与摩阻速度的相关性曲线

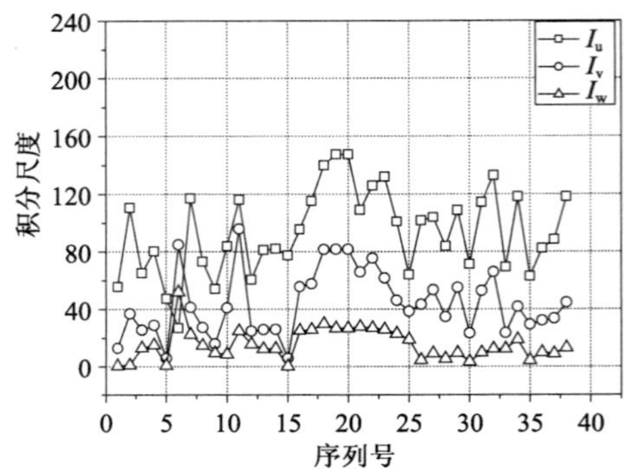

图 5.8-38 季风的平均紊流积分尺度

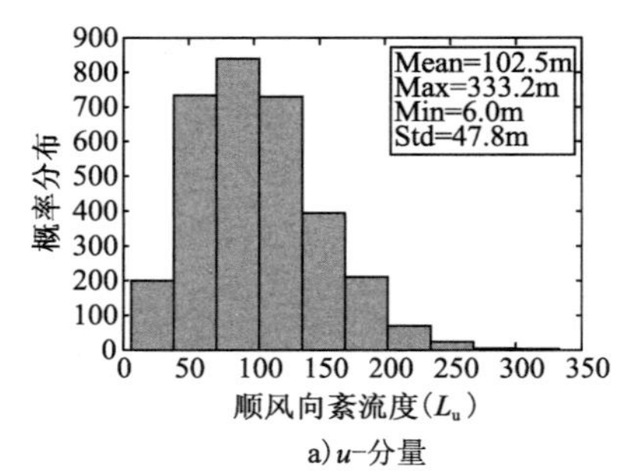

a) u-分量

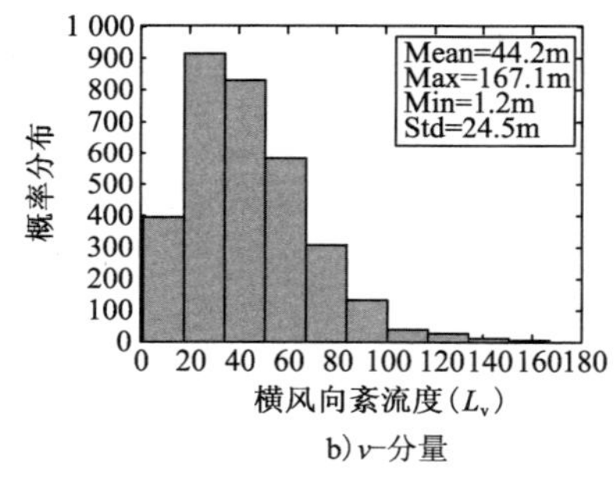

b) v-分量

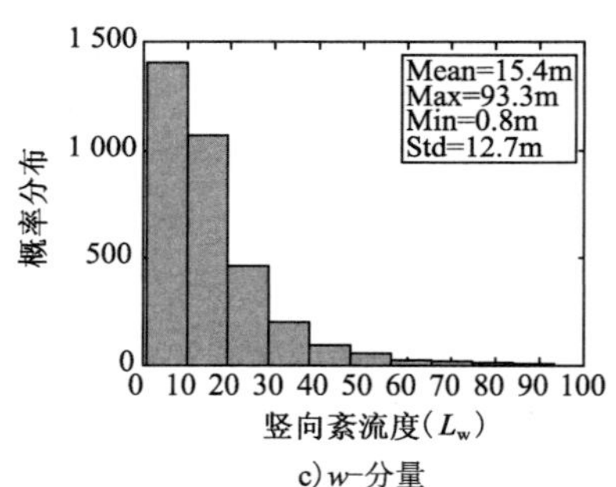

c) w-分量

图 5.8-39 紊流积分尺度概率分布

实测强季风脉动风速功率谱密度函数拟合模型参数 表 5.8-4

项　目	A_u	B_u	A_v	B_v	A_w	B_w
最小值	13.60	18.23	5.29	11.61	1.03	2.06
最大值	33.03	42.26	35.5	48.83	7.94	8.02
均方根值	6.62	7.84	8.05	10.78	1.92	1.71
平均值	23.41	30.63	20.92	29.21	5.24	5.51

实测季风风速拟合功率谱与规范推荐的 Simiu 谱和 Panofsky 谱比较见图 5.8-41，实测功率谱的变化范围比较大，实测功率谱平均值与理论谱比较接近，平均拟合功率谱在低频段比

Simiu 谱和 Panofsky 谱小,而在高频段比 Simiu 谱和 Panofsky 谱大。

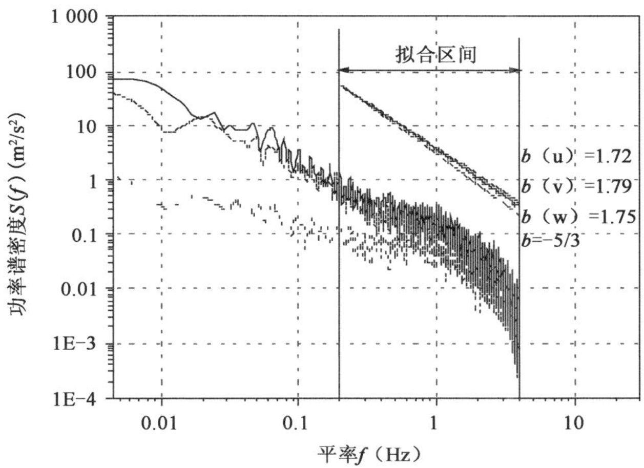

图 5.8-40 脉动风速紊流功率谱密度

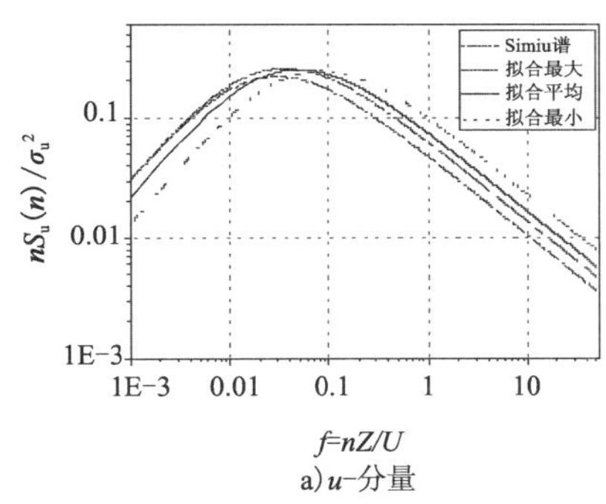

a) u-分量

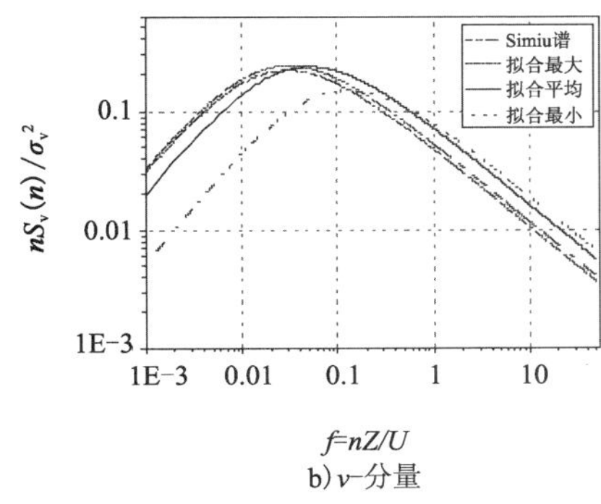

b) v-分量

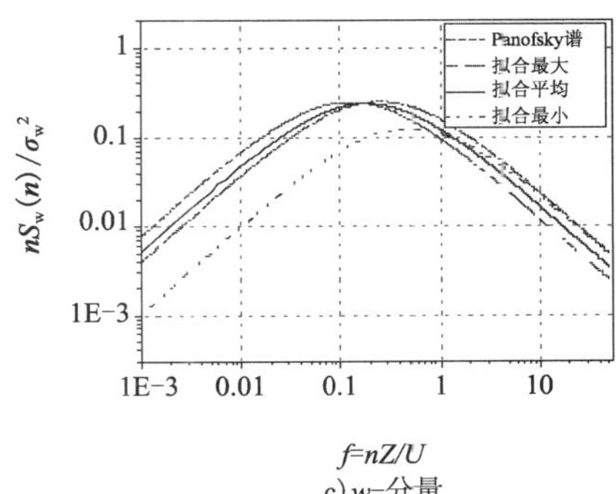

c) w-分量

图 5.8-41 实测拟合谱与 Simiu 谱和 Panofsky 谱的比较

通过对实测功率谱分析,沿海地区季风气候下脉动风速功率谱函数可表示为:

纵向脉动风速谱:

$$\frac{nS_{\mathrm{u}}(n)}{\sigma_{\mathrm{u}}^{2}}=\frac{23.41f}{(1+30.63f)^{5/3}} \tag{5.8-5a}$$

横向脉动风速谱：
$$\frac{nS_v(n)}{\sigma_v^2}=\frac{20.92f}{(1+29.21f)^{5/3}} \tag{5.8-5b}$$

垂直脉动风速谱：
$$\frac{nS_w(n)}{\sigma_w^2}=\frac{5.24f}{(1+5.51f)^2} \tag{5.8-5c}$$

6）脉动风速空间相关性

我国规范中脉动风速功率谱及空间相关性采用式（5.8-5）所表示的 Davenport 相关性模型，即 j 方向上（$j=x,y,z$）相距为 r_j 的两点在脉动风速 i 方向分量（$i=u,v,w$）的空间相关性函数可表示为：

$$coh_{ij}(f)=\exp\left\{-\lambda_{ij}\frac{fr_j}{U}\right\} \tag{5.8-6}$$

式中，λ_{ij} 为表示脉动风速空间相关性的衰减系数，λ_{ij} 的取值范围建议为 7～20，在我国抗风设计中一般保守地取为 $\lambda_{ij}=7$。T. Miyata、R. Toriumi 等在 Ohnaruto Bridge，Akashi-Kaikyo Bridge 等桥上开展的关于脉动风速空间相关性现场实测显示，气候条件对相关性系数的影响较大。在台风气候时，相关性系数随测点间距的增大迅速减小，季风气候时相关性系数随测点间距的增加减小较少。图 5.8-42 给出了本次实测中间距为 18m 两个超声风速仪所测得脉动风速的相关性系数，由图可见，脉动风速分量之间的相关性较强，顺风向脉动风速之间相关系数 $\rho_u=0.42$，横风向脉动风速之间的相关性系数 $\rho_v=0.51$，竖向脉动风速相关系数 $\rho_w=0.13$。由图 5.8-42 可见，当风速两点之间的间距处于紊流积分尺度之内时，两点间的脉动风速是相关的，漩涡作用增强，并且其相关性随着紊流积分尺度增大而成增大趋势。表 5.8-5 中给出了季风气候下按式（5.8-7）分析得到的空间相关性衰减系数结果。

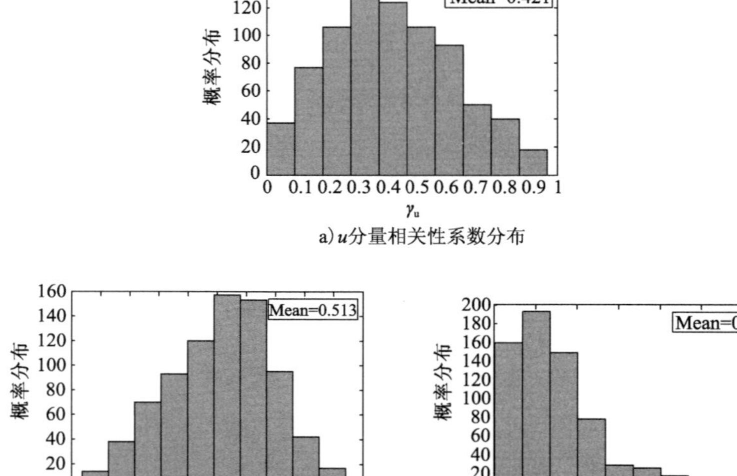

a）u 分量相关性系数分布

b）v 分量相关性系数分布

c）w 分量相关性系数分布

图 5.8-42　间距为 18m 脉动风速空间相关系数

由表5.8-5可看出,脉动风速空间相关性衰减系数变化范围较大 $C_{uu}=8.7\sim22.7$, $C_{vv}=7.8\sim13.2$, $C_{ww}=13.4\sim23.4$,其平均值分别为 $C_{uu}=16.7$, $C_{vv}=10.1$, $C_{ww}=18.8$。本案实测结果处在我国设计规范推荐的衰减系数值范围之内。在大跨度桥梁抗风设计研究中,一般保守取为 $C=7$。本案的实测结果均大于7,说明实际脉动风速的相关性比设计中假定的相关性要低。实测结果显示横风向相关性衰减系数小于顺风向和竖向脉动风速的相关性衰减系数,也说明横风向脉动风速的相关性要比顺风向和竖向脉动风速的相关性要强,与图5.8-43结论一致。苏通大桥桥位处实测的衰减系数变化范围为 $C_{uu}=12.7\sim20.2$, $C_{vv}=11.8\sim17.1$, $C_{ww}=12.3\sim21.5$,平均值分别为 $C_{uu}=16.2$, $C_{vv}=15.0$, $C_{ww}=17.0$。明石海峡大桥脉动风速空间相关性实测中,衰减系数变化范围 $C=4\sim17$,平均值为9.3。

西堠门大桥桥位处脉动风速空间相关性实测结果　　表5.8-5

强风样本		C_{uu}	C_{vv}	C_{ww}	U(m/s)
样本日期	2008年11月08日	21.5	10.9	21.6	12.06
	2008年11月19日	17.6	9.0	23.2	10.93
	2008年11月27日	22.7	11月7	22.9	14.68
	2008年12月04日	20.3	10.7	21.0	12.19
	2008年12月04日	22.7	13.2	23.4	14.91
	2008年12月05日	21.2	12.8	20.7	14.46
	2009年03月17日	11.9	7.8	15.0	8.99
	2009年03月21日	12.6	8.6	17.2	11.21
	2009年03月26日	8.7	9.84	13.4	9.99
	2009年03月27日	14.8	8.8	14.7	8.51
	2009年04月18日	12.5	8.6	15.8	10.05
	2009年04月19日	13.8	9.3	17.0	12.23
计算结束	最小值	8.7	7.8	13.4	8.5
	最大值	22.7	13.2	23.4	14.9
	平均值	16.7	10.1	18.8	11.6

5.8.8　加劲梁抖振响应GPS测量结果

1)抖振响应现场实测观测仪器以及观测位置

抖振位移现场实测采用二维加速度传感器和双频Leica GPS-RTK接收机。加速度传感器测量范围可达±1.0g,现场实测中,为了实现加速度与风速风压相对应,将加逗度传感器安装在主梁测压断面和风速测量位置。安装在现场的加速度传感器如图5.8-43所示。

GPS即全球定位系统(Global Positioning System)是美国从20世纪70年代开始研制,历时

20 余年,于 1994 年全面建成的卫星导航定位系统。作为新一代的卫星导航定位系统,已广泛应用于各领域,如用于各种类型的工程测量、变形观测、海洋测量和地理信息系统中地理数据的采集等。GPS 利用卫星发射的无线电波信号进行定位,具有实时、高动态、高精度、各观测点之间无须通视等优点。特别是随着 GPS-RTK 技术的快速发展以及测量精度的提高,GPS 已广泛应用于高层建筑和大跨桥梁健康监测中。GPS-RTK(Real-Time Kinematic)技术为基于载波相位观测值的实时动态定位技术,它能够实时地提供测站点在指定坐标系中的三维定位结果,其定位精度为 ±(5mm + 1ppm)。GPS 位移观测由基准站和流动站组成,基准站通过数据链将其观测值和测站坐标信息传送给流动站。流动站通过数据链接收来自基准站的数据,同时采集 GPS 观测数据,并在系统内组成差分观测值进行实时处理,给出实时定位结果。图 5.8-44 为安装在现场的 GPS 接收机,其型号为 GMX902 GG。本文 GPS 位移观测系统由一个基准站和三个监测站组成。GPS 基准站安置在北塔附近(图 5.8-45),其周围视野开阔,无遮挡以及产生多路效应的反射物,从而保证实测数据的准确性和可靠性,观测站分别设置在主桥 1/8 跨,1/4 跨和 1/2 跨位置(图 5.8-46)。

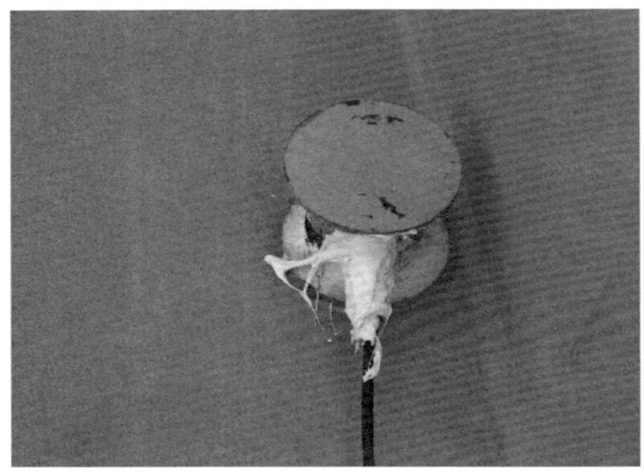

图 5.8-43　加速度传感器

图 5.8-44　Leica GPS GMX902 GG 接收机

图 5.8-45　GPS 基站

图 5.8-46　跨 GPS 观测站

2)合龙状态加劲梁抖振位移测量

图 5.8-47 和图 5.8-48 为季风环境下成桥状态主梁 1/8 跨、1/4 跨和 1/2 跨抖振位移时程曲线,将位移时程数据通过快速傅立叶变换,得到抖振位移频谱曲线,如图 5.8-49、图 5.8-51 所示。从图中可以看出,多阶模态参与了振动,但最低的几个模态集中了几乎全部的能量。

通过加劲梁抖振位移功率谱曲线，识别出的西堠门大桥100%施工态加劲梁振动频率。识别结果如表5.8-6所示。由表中可以看出，实测频率与有限元分析结果比较接近。

西堠门大桥模态实测结果与有限元对比　　表5.8-6

振型编号	有限元	FFT	振型描述	振型编号	有限元	FFT	振型描述
1	0.0475	0.0464	L-S-1	5	0.1106	0.1318	V-A-2 + 纵飘浮
2	0.0790	0.0830	V-A-1 + 纵飘浮	17	0.2347	0.2295	T-S-1
3	0.1029	0.0964	V-S-1	18	0.2384	0.2686	T-A-1
4	0.0986	0.1184	L-A-1				

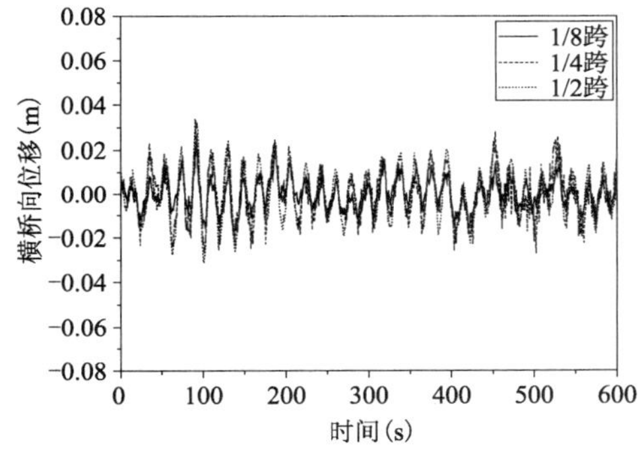

图5.8-47　横向抖振位移时程

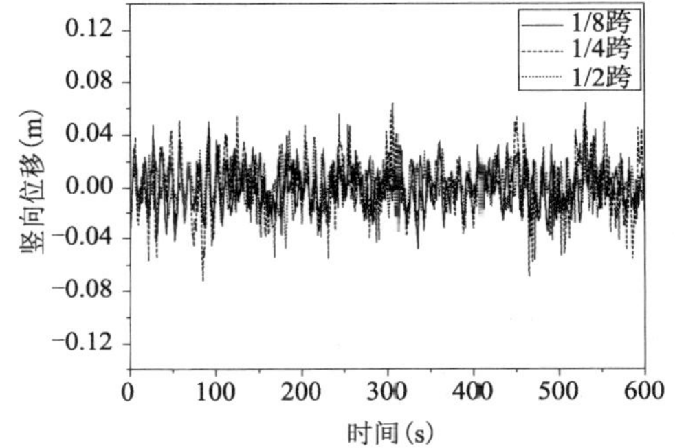

图5.8-48　竖向抖振位移时程

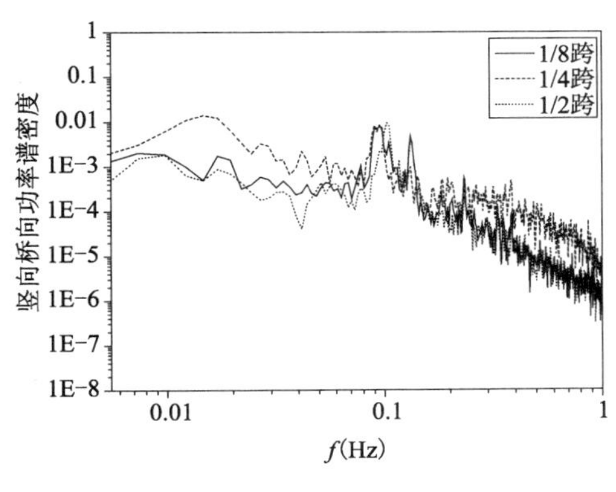

图5.8-49　横向抖振位移功率谱

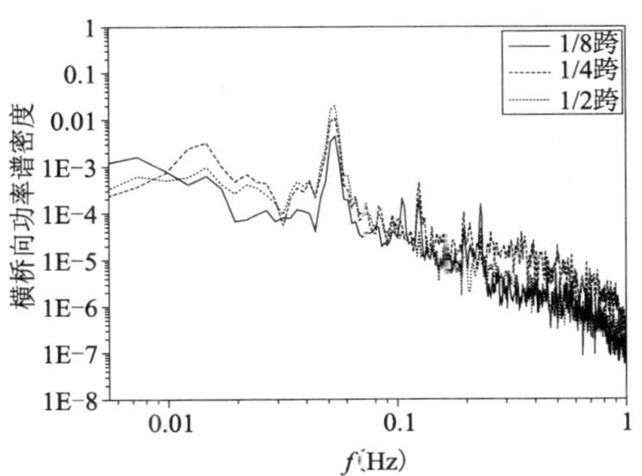

图5.8-50　竖向抖振位移功率谱

表5.8-7为斜风作用下主梁1/8跨、1/4跨、1/2跨抖振位移实测值统计值。由表可知，在100%施工态竖向抖振位移值要大于横向抖振位移，10°风向角时主梁抖振位移值比其他风偏角下时的抖振位移值略大，风偏角对抖振位移有影响。

不同时段加劲梁的实测抖振位移 表 5.8-7

序号	攻角 (°)	风偏角 (°)	风速 (m/s)	横向（RMS-m）			竖向（RMS-m）		
				1/8 跨	1/4 跨	1/2 跨	1/8 跨	1/4 跨	1/2 跨
1	-2.9	27.1	7.1	0.006 8	0.010 4	0.011 7	0.015 1	0.020 8	0.013 1
2	1.38	14.9	6.9	0.007 7	0.012 2	0.016 5	0.019 0	0.024 1	0.022 9
3	-4.06	13.6	9.74	0.006 2	0.007 2	0.007 8	0.016 7	0.018 0	0.012 7
4	-3.19	9.6	7.7	0.011 3	0.012 4	0.014 5	0.020 7	0.021 8	0.017 1
5	-3.37	10	10	0.017 1	0.020 3	0.023 9	0.020 7	0.023 6	0.010 7
6	-3.94	17.2	14.4	0.015 7	0.017 1	0.019 4	0.024 2	0.026 0	0.022 2
7	-3.25	10.4	11.3	0.021 7	0.022 4	0.023 2	0.040 5	0.040 5	0.018 5

5.8.9 现场实测结论

通过对西堠门大桥桥址处紊流风特性和该桥施工阶段的主梁断面的空气动力特性及风致响应的现场实测以及风洞试验对比研究，得到了以下主要结论：

(1)利用自主研制的200路同步脉动压力测量系统，采用测压法，建立了一套针对现场识别桥梁气动导纳的完整方法。

(2)紊流风作用下，断面周围作用着负压力，加劲梁前缘(迎风侧)部分和中央开槽处压力变化比较大，是气流分离比较强烈的地方。

(3)与风洞试验的脉动压力系数相比，现场实测脉动压力系数偏小。现场实测的脉动压力分布特征与风洞试验的脉动压力分布特征变化趋势相近。在局部上有一定的差别，尤其是加劲梁前缘部分。

(4)在“罗莎台风”时测试的紊流强度平均值分别为：$I_u=0.166$，$I_v=0.111$，$I_w=0.039$，阵风因子的平均值分别为 $G_u=1.38$，$G_v=0.28$，$G_w=0.11$。紊流积分尺度平均值分别为 $L_u=127\text{m}$，$L_v=73\text{m}$，$L_w=23\text{m}$。

(5)在季风时，紊流强度平均值分别为：$I_u=0.105$；$I_v=0.093$，$I_w=0.063$，阵风因子的平均值分别为 $G_u=1.246$，$G_v=0.212$，$G_w=0.148$。紊流积分尺度平均值分别为 $L_u=102.5\text{m}$，$L_v=99.8\text{m}$，$L_w=37.7\text{m}$。

(6)随着平均风速的升高，紊流强度和阵风因子有下降趋势。并且，随着平均风速的升高，摩阻速度平方值有增加趋势。

(7)风剖面指数 α 的变化范围是相当大的，其值最大可达到0.12，最小也可小到0.064，甚至出现负值(即：偏离风速随高度变化的幂指数规律)。另外，幂指数 α 值具有方向性。在同一风向下，α 值随着风速的增大而减小。

(8)随着测点空间距离的增大，空间相关系数会迅速减小。本文建议西堠门大桥桥位处的空间相关性衰减系数取测点间距为18m时的实测结果，即 $C_{uu}=17.3$，$C_{vv}=9.8$，$C_{ww}=20.5$。

(9)台风“罗莎”的脉动风速谱可拟合如下：

顺风向脉动风速谱： $\cdot\ \dfrac{nS_{u} n}{\sigma_{u}^{2}}=\dfrac{3.84f}{(1+6.89f)^{\frac{5}{3}}}$

横风向脉动风速谱： $\dfrac{nS_{v}(n)}{\sigma_{v}^{2}}=\dfrac{2.41f}{(1+3.93f)^{\frac{5}{3}}}$

竖向脉动风速谱： $\dfrac{nS_{w}(n)}{\sigma_{w}^{2}}=\dfrac{0.19f}{(1+0.15f)^{2}}$

结合长期观测数据的分析，西堠门大桥桥位处强季风的脉动风速谱如下：

纵向脉动风速谱： $\dfrac{nS_{u}(n)}{\sigma_{u}^{2}}=\dfrac{23.41f}{(1+30.63f)^{\frac{5}{3}}}$

横向脉动风速谱： $\dfrac{nS_{v}(n)}{\sigma_{v}^{2}}=\dfrac{20.92f}{(1+29.21f)^{\frac{5}{3}}}$

垂直脉动风速谱： $\dfrac{nS_{w}(n)}{\sigma_{w}^{2}}=\dfrac{5.24f}{(1+5.51f)^{2}}$

(10)识别出加劲梁开槽断面在斜风作用下的静力三分力系数，以及气动导纳函数。三分力系数小于风洞试验值；气动导纳函数在低频部分显著小于Sears函数和Davenport导纳函数，在高频部分略大于此两者的值。

(11)利用GPS现场实测出，西堠门大桥加劲梁斜风作用下的抖振位移。结果表明，现场实测抖振位移值在10°风向角下的值要大于其他风向角下的值。

5.9 本章小结

跨海特大跨径钢箱梁悬索桥抗风关键技术研究以提升我国大跨度桥梁抗风研究的创新能力和技术竞争力，促进交通行业技术进步为目标，针对台风频发地区特大跨径悬索桥面临的严峻风环境条件和结构抗风性能方面的技术难点，开展大跨度悬索桥抗风性能和抗风设计方法的研究，解决遏制跨海特大跨径悬索桥建设发展的首要问题——结构抗风问题，特别是颤振和涡振问题，为西堠门大桥建设提供重要的技术支撑，为以后同类桥型的建设提供技术积累和参考借鉴。

(1)在加劲梁和桥塔断面的气动选型数值方法上，首次在确定性离散涡方法中提出了涡核尺寸重置法；在格子玻尔兹曼方法中将湍流模型与BGK方程结合，利月Smagorinsky亚格子湍流模型直接从粒子分布函数计算得到湍流松弛时间，实现了对湍流的数值模拟。

(2)发现了分体式箱梁悬索桥颤振临界风速随槽宽变化的特征并揭示了机理；首次获得了风障和中央稳定板对分体箱梁颤振性能影响的规律以及基于颤振稳定性能的悬索桥极限跨径。

(3)首次研究了兼顾桥面侧风行车安全、桥梁结构抗风安全并有效抑制涡振的可变姿态风障，并成功得到应用，首次研究了开槽位置上的中央格栅的涡振控制效果。

(4)首次建立了考虑特征紊流影响的悬索桥静风稳定性能分析计算方法以及悬索桥静风稳定性能概率性评价方法。

(5)首次研究了强风作用下悬索桥施工阶段临时连接件的受力特性,并提出了抗风设计方法;通过现场实测,首次获得了分体式箱梁的气动力分布特性及三维气动导纳。

(6)基于现场风速资料建立了极值风速概率模型,根据风洞试验和数值模拟分析结果,首次获得了增设风障前后桥面等效风速超过侧风控制风速和安全临界风速的概率。

(7)通过对世界首座分体箱梁悬索桥施工阶段的现场跟踪实测,首次获得了实桥抖振和涡振位移的数据。

第6章 大跨径悬索桥缆索系统关键材料研究

6.1 国产特大跨径悬索桥主缆用镀锌钢丝制作技术研究

ϕ5.0mm 系列 1 770MPa、1 860MPa 高性能桥梁缆索用镀锌钢丝，由炼钢到热轧盘条的生产直至镀锌钢丝成品的形成，整个过程是一项流程很长、前后关联性很强的工程性问题，影响因素众多且十分复杂。为此，采用在线的研究方法，即跟踪现场生产过程，分析工艺参数对材料性能的影响规律，通过对盘条生产质量改进前后的比较，研究影响镀锌钢丝成品性能的因素，最终实现使用 B87MnQL 盘条生产 ϕ5.0mm 系列 1 770MPa、1 860MPa 高性能桥梁缆索用镀锌钢丝，达到设计要求，替代国外的产品。

6.1.1 特大跨径悬索桥主缆用镀锌钢丝专用盘条制造技术研究

长期以来，国内桥梁缆索用盘条（特别是超高强度等级的盘条）一直依赖进口。如何采用微合金化技术、超纯净钢冶炼技术、特殊控轧控冷技术研发出 1 770MPa、1 860MPa 级悬索桥主缆专用盘条的质量水平达到并超过进口盘条的质量水平，形成自主创新的工艺技术路线，是镀锌钢丝制造的第一技术难题。

1）研究方法

（1）国外同类产品试样收集和实物解剖

收集国外著名钢厂的镀锌钢丝用盘条、线材生产厂家有：新日铁、日本神户、德国撒斯特等钢厂，尤以日本新日铁生产的 DLP（盐浴淬火）盘条实物质量为最好。

研究上述钢厂生产的镀锌钢丝用盘条的内在质量和表面质量。内在质量检测项目有钢的化学成分、索氏体含量、非金属夹杂物的性质和含量及力学性能（抗拉强度、屈服强度、面缩率、延伸率）。

（2）专用盘条的研制

①钢种化学成分的优化；

②专用盘条的化学成分设计和波动范围的控制；

③确定盘条的冶炼、浇筑工艺及盘条控轧控冷工艺。

2）盘条成分及工艺设计

盘条成分设计是盘条生产所有工序的前提，盘条质量的稳定是镀锌钢丝质量保证的关键。

（1）国外著名钢铁公司同类产品样品剖析

目前国外生产镀锌钢丝用盘条最好的厂家是日本新日铁提供的 DLP 盘条，为此我们剖析了日本新日铁的 DLP（SWRS82B）盘条，为本课题高线开发镀锌钢丝用盘条提供方向。对日本新日铁的 DLP 盘条的化学成分检验结果见表 6.1-1。

DLP 盘条的化学成分(wt%) 表 6.1-1

生产厂家	C	Si	Mn	P	S	Cr	Mo	Cu	Ni	Al(S)	Al(T)	N	O
新日铁	0.83	0.17	0.74	0.013	0.012	0.019	—	<0.03	<0.03	0.021	0.022	0.002 1	0.001 0
新日铁	0.83	0.18	0.71	0.010	0.009 6	0.02	<0.02	—	—	0.025	0.026	0.002 7	0.001 1
JIS3502 标准	0.80 ~ 0.85	0.12 ~ 0.32	0.60 ~ 0.90	≤ 0.025	≤ 0.025	—	—	≤ 0.020	—	—	—	—	—

注:表内—表示没有进行该元素的成分测定或无要求。

参照日本《钢琴用线材》(JIS G 3502—2004)标准,新日铁(DLP)生产的镀锌钢丝用盘条,钢中碳的质量分数控制在其标准的中上限,Mn、Si 元素的质量分数控制在标准的中下限,并且钢中的硫、磷含量控制较严,远远低于标准值。钢中总铝的质量分数与钢中酸溶铝的质量分数相当接近,说明钢中 Al_2O_3 夹杂量较少。与此同时,为了进一步提高钢的纯净度,钢中[O]、[N]量控制极低。

①力学性能

取日本新日铁的 DLP ϕ11.0mm 和 ϕ13.0mm 盘条加工成长约 350mm 的拉伸试样,在 500kN 的拉伸机上进行常规力学性能测试,结果见表 6.1-2。

盘条的力学性能 表 6.1-2

试样编号	规格(mm)	σ_s(MPa)	σ_b(MPa)	δ(50)(%)	ψ(%)	备 注
1	ϕ11	805	1 170	—	—	断夹持处
2	ϕ11	780	1 240	38	44	
3	ϕ11	790	1 240	16	44	
4	ϕ11	765	1 230	16	44	
5	ϕ11	790	1 240	—	—	断夹持处
6	ϕ11	750	1 230	16	44	
7	ϕ11	775	1 240	16	44	
M37687	ϕ13	790	1 250	(1)	44	近标
M38224	ϕ13	775	1 240	(1)	43	
M38229	ϕ13	765	1 230	(1)	41	近标

注:(1)内数据参考《钢的伸长率换算 第 1 部分:碳素钢和低含金刚》(GB/T 17600.1—1998)标准,根据公式将比例标距 $L_0=10d_0$ 伸长率换算成定标距 $L_0=50$mm 伸长率。

由表 6.1-2 可知,新日铁生产的 ϕ11mm 盘条,其抗拉强度控制在 1 170 ~ 1 250MPa 之间,强度波动范围控制在 80MPa。ϕ13mm 盘条其抗拉强度控制在 1 230 ~ 1 250MPa 之间,强度波动范围较小,约 20MPa,各项性能指标较稳定。

②夹杂物定量定性分析

为了分析盘条内夹杂物相对数量及夹杂物的类型,根据《钢中非金属夹杂物的显微试验方法》(JIS G 0555—2003)和《钢中非金属夹杂物显微评定方法》(GB/T 10561—2005)标准中的 ASTM 评级,对盘条试样的纵截面进行夹杂物观察与评定,结果见表 6.1-3、表 6.1-4 所示。

盘条夹杂物观察　　　　表 6.1-3

试样编号	规格（mm）	JIS 0555 标准（%）	试样内夹杂物总量（%）	GB/T 10561—1998 ASTM 标准
1	ϕ11	$d_{\text{硫}}=0.025$，$d_{\text{硅酸盐}}=0.05$，$d_{\text{氧}}=0.04$	0.13	各类夹杂物都为 0.5 级
2	ϕ11	$d_{\text{硫}}=0.0003$，$d_{\text{硅酸盐}}=0.042$，$d_{\text{氧}}=0.021$	0.063	
3	ϕ11	$d_{\text{硫}}=0.1$，$d_{\text{硅酸盐}}=0.12$，$d_{\text{氧}}=0.042$	0.262	
4	ϕ11	$d_{\text{硫}}=0.18$，$d_{\text{硅酸盐}}=0.058$，$d_{\text{氧}}=0.017$	0.255	
5	ϕ11	$d_{\text{硫}}=0.179$，$d_{\text{硅酸盐}}=0.121$，$d_{\text{氧}}=0.038$	0.338	
6	ϕ11	$d_{\text{硫}}=0.075$，$d_{\text{硅酸盐}}=0.092$，$d_{\text{氧}}=0.038$	0.205	
7	ϕ11	$d_{\text{硫}}=0.15$，$d_{\text{硅酸盐}}=0.1$，$d_{\text{氧}}=0.042$	0.292	
M37687	ϕ13	$d_{\text{硫}}=0.104$，$d_{\text{硅酸盐}}=0.03$，$d_{\text{氧}}=0.013$	0.147	
M38224	ϕ13	$d_{\text{硫}}=0.06$，$d_{\text{硅酸盐}}=0.008$，$d_{\text{氧}}=0.004$	0.072	
M38229	ϕ13	$d_{\text{硫}}=0.017$，$d_{\text{硅酸盐}}=0.046$，$d_{\text{氧}}=0.033$	0.096	

根据以前的试验结果，夹杂物长宽比小于3为不可变形夹杂物，夹杂物长宽比大于3为可变形夹杂物。1～7号盘条不可变形夹杂物比例为50%，M37687、M38224、M38229盘条的不可变形夹杂物比例占5%。此结果说明钢中塑性夹杂物占很大的比例。钢中脆性夹杂物量的相对减少，对盘条进一步深加工是有益的。

盘条夹杂物定量分析　　　　表 6.1-4

编号	夹杂物面积含量（%）	单位面积内不同宽度夹杂物个数（个/mm^2）				单位面积内不同长度夹杂物个数（个/mm^2）				夹杂物形状因子分布（%）	
		0～2μm	2～4μm	4～8μm	>8μm	0～10μm	10～20μm	20～0μm	>30μm	长宽比≤3	长宽比>3
1	0.196	3	7	4	0	10	2	1	0	60	40
2	0.0175	1	6	3	0	10	1	0	0	32	18
4	0.0393	6	1	1	1	6	8	6	3	53	47
5	0.0735	21	20	8	1	19	14	8	8	58	32
7	0.032	17	14	2	0	16	8	6	3	13	87
M37687	0.035	32	14	3	0	25	21	4	0	3	97
M38224	0.048	23	12	2	1	15	12	7	3	4	96
M38229	0.0303	19	9	5	0	18	9	5	1	8	92

③盘条索氏体化率的定量分析

取盘条的横截面，经磨制、腐蚀后，用LELCA Q600S图像仪，DMRME显微镜下观察，每个试样边缘、半径1/2处、芯部各取20个视场，在500倍下进行测定，测定结果见表6.1-5所示。

盘条的评价索氏体面积百分比（%）　　　　表 6.1-5

编号	边缘	半径1/2处	芯部	编号	边缘	半径1/2处	芯部
1	99	98	97	2	99	98	97
3	99	97	96	5	99	98	97

续上表

编号	边缘	半径 1/2 处	芯部	编号	边缘	半径 1/2 处	芯部
5	99	95	93	7	99	98	97
6	99	98	98	9	99	97	96
7	99	97	96	687	100	99	99
M38224	100	100	100	229	100	100	99

上述结果表明，镀锌钢丝用钢盘条的索氏体化率很高，盘条芯部索氏体化率最低达到93%，最高达到100%。说明，镀锌钢丝用盘条的冷却工艺控制相当严格。

(2)影响盘条强度与韧塑性因素分析

通过对盘条微合金化成分的合理配比的研究探索，寻找盘条抗拉强度与盘条韧塑性能相平衡的途径。

①影响镀锌成品钢丝强度的主要因素

镀锌钢丝强化一般主要与盘条的强度、盘条与钢丝直径的差值，拉拔条件三个因素有关，其中包括减少热镀锌过程的强度损失。

a. 提高可持续拉拔盘条的强度

一味提高盘条的强度水平，并不意味着成品钢丝能顺利生产及性能指标能达到使用要求，关键在于其盘条的可连续拉拔能力，强度再高，而其可拉拔的程度不高，则也不能取得良好的综合力学性能。美国佛罗里达钢缆公司(FWC)提出盘条可拉拔的总压缩率应≥86%(例如：当 ϕ13mm 盘条拉拔至 ϕ5mm 钢丝时的总压缩率为 85.2%)，且该规定已被各钢丝生产厂家及盘条供应商所认同。因此，在提高盘条强度的同时，在盘条制造过程中，应配合采取各种强韧化措施以提高其可拉拔能力。

b. 提高加工硬化效果

冷拉钢丝强度提高主要与变形程度(一般指总压缩率)和变形条件(冷拉时的变形速度、冷却条件、道次变形程度和润滑条件)有关。同样的变形程度，在不同的拉拔条件下，可得到不同钢丝强度，即所谓时效硬化问题。钢丝生产中应利用时效硬化能提高强度的有利一面，而防止其出现脆性的不利因素，其主要控制钢丝的韧性指标，包括扭转、弯曲和缠绕三个性能。在可拉拔总压缩率范围内，冷拉钢丝的塑性指标，尤其延伸率随变形程度的提高而降低，而与钢丝纤维组织有关的韧性指标则基本呈抛物线的变化。对高碳钢丝而言，扭转次数峰值出现在总压缩率 80% 左右。因而低的变形程度反而致使钢丝扭转裂纹提前出现，必须与盘条强度综合考虑。

c. 减少热镀锌过程的强度损失

热镀锌是钢丝防腐的重要措施，必须要确保镀锌的质量、硫酸铜试验、缠绕三个指标。日本桥梁镀锌钢丝没有硫酸铜考核，取消低松弛性能而追求扭转次数考核，在某些桥梁建设中也加以采用，如在国内的苏通大桥的建设中就追加了钢丝扭转的指标。冷拉钢丝热镀锌是一个回复—再结晶过程。它使冷拉钢丝的强度降低的同时，由于纤维组织变化而致使扭转、弯曲次数的韧性也降低，但塑性指标会提高。热镀锌过程仅与镀锌温度、时间有关，但它的调整幅度较窄。因此从冷拉钢丝的制造过程因素而言、添加 Cr、V 等碳化物形成元素，可阻止或减少纤维组织的变化，都可减少强度和韧性损失。

②提高镀锌钢丝盘条强度的主要途径

在保证盘条可拉拔性能的条件下，利用拉拔工艺或总压缩率来提高钢丝强度的限制增加，目前普遍认同的是利用提高索氏体化盘条的强度来增加拉丝后成品钢丝的强度级别。世界能源危机和熔铅高温污染，使盘条制造业利用盘条轧制成形后的余热对冷却后取得相当铅淬火组织做了大量研究和实践。这种高碳钢的最佳冷拉组织是细化珠光体，亦称索氏体(S)。日本盘条制造在这方面做了大量细致的工作。所有高碳钢盘条的控制冷却，都是围绕取得良好的索氏体组织为目的，从而为钢丝制造业直接拉拔作了组织的准备。一般来说，提高索氏体化盘条的强度主要有以下途径：

a. 微合金强化

为充分发挥斯太尔摩冷却的作用，微合金强化被国际上普遍应用，它是在炼钢时就添加微量合金元素，为盘条轧后余热处理时取得良好索氏体组织创造基础条件。合金强化的途径主要是强化铁素体和渗碳体。桥梁缆索用高碳钢盘条主要添加的合金种类有 Mn、Cr、V、Si 等。

锰是较弱的碳化物形成元素，大部分溶于铁素体而使铁素体强化。但锰具有晶粒长大和脱碳倾向，添加过量会使晶粒粗化，韧性下降，表面脱碳，力学性能下降。其含量一般都控制在≤1.0%。世界各国在碳素结构钢牌号中都有较高含锰量的标准牌号。应用较普遍的日本《钢琴用线材》(JIS G 3502—2004)的 SWRS82B，其含锰量为 0.60% ~0.90%。

铬是强碳化物表成元素，它基本上是置换渗碳体内的铁原子而形成合金渗碳体(Fe. Cr)3C，增强了 Fe 和 C 的亲和力，从而提高其稳定性，阻止热轧时奥氏体晶粒长大，提高索氏体化形成能力。它在高碳结构钢中往往在含锰较高时应用，欧美和日本普遍采用、日本神户制钢加古川厂开发的 KKP 盘条，就是在 SWRS82B 基础上，添加 0.1% ~0.3% 的铬，经斯太尔摩冷却后，取得性能良好的索氏体化盘条。

钒也是强碳化物形成元素，与铬具有相近的特性，钒的添加含量甚微，一般都在0.04% ~0.08% 范围内，但其与氮的亲和力大于铝，因而炼钢时 N 与 Al 含量必须严格控制，控制不当会减少阻止晶粒长大的氮化铝，形成实际粗晶粒，尤其共析钢左右的含碳量，使其韧性下降。日本神户钢厂在 KKP 基础上，又添加约 0.08% 的钒，并改进冷床处理，制造强度更高、离散性更小的盘条称为超级 KKP(KKP-Super)。欧洲也有不少钢厂采用此方法，制取较高强度的索氏体化盘条。

硅是非碳化物形成元素，主要溶于铁素体而形成合金铁素体而达到强化目的。但硅的石墨化倾向较大，促进渗碳体形成石墨碳而使钢的韧塑性和疲劳强度下降，因此作为强化高碳钢的添加元素极少应用。合金化概论普遍认为，当 Si 的含量超过 0.6% 时，其冲击韧性就有下降趋势，因而含硅钢多数用于低碳低合金结构钢和合金弹簧钢。

b. 热处理强化

当前高碳钢盘条轧后余热处理，已成为盘条制造业的工序之一，常见的包括斯太尔摩冷却(Stelmor)、介质热处理(盐浴处理法 DLP 法、水浴处理法、流动粒子处理法 KP 法)。无论是利用哪种方法进行热处理强化，都不可避免存在各种缺陷，例如用斯太尔摩冷却，国际上约有 90% 以上线材(盘条)生产线都是用该方法进行热处理的。它是把终轧后的盘条通过水冷成过冷奥氏体再在风冷段中实现索氏体相变。由于它根据钢的化学成分、盘条规格、终轧实际温度变化而控制水冷和风冷的效果。尤其大规格盘条在冷却不足时会造成延迟强化(时效)。

综上所述,根据西堠门大桥主缆对镀锌钢丝的技术要求并结合原有 SWRH82B 的实际生产经验,单从钢丝拉拔工艺及热处理强化来提升钢丝强度的幅度愈来愈窄,因此提高镀锌钢丝用盘条的强度成为主要的发展趋势,其中微合金化作为提高盘条强度的主要方法被各钢铁生产企业所研究。为达到上述目标,经实验室研究确定了 B87MnQL 的目标钢种进行试生产并不断优化。

为提高桥梁用高强度镀锌钢丝的综合力学性能,对于原始盘条来说,整合以上对产品性能影响因素的分析,采取相应措施进行技术改进。

(3)盘条化学成分设计及技术要求

①盘条化学成分设计

根据对高碳钢盘条的研制及试制实绩、经验及桥梁工程建设对 ϕ5mm 系列高强度桥梁主缆钢丝的要求,实验室系统研究了 C、Si、Mn、Cr、Ni、V 等合金元素以及 S、P、O、N 对材料的组织和力学性能尤其是塑性的影响,最终研发出 B87MnQL 新钢种,初期目标成分见表 6.1-6。

内 控 成 分 表 6.1-6

化学元素	C(wt%)	Si(wt%)	Mn(wt%)	P(wt%)	S(wt%)	Cr(wt%)
含量	0.85～0.91	0.16～0.30	0.65～0.85	≤0.015	≤0.005	0.08～0.18
化学元素	Cu(wt%)	V(wt%)	T. Al(wt%)	H	O	N
含量	≤0.10	0.02～0.08	0.010～0.040	≤2ppm	≤30ppm	≤60ppm

由于在钢丝制作过程中反映:盘条的原始抗拉强度偏低,制成的镀锌钢丝达不到其强度要求的下限,且扭转次数波动大,因此,最终对成分设计进行了优化和调整,见表 6.1-7。

内 控 成 分 表 6.1-7

化学元素	C(wt%)	Si(wt%)	Mn(wt%)	P(wt%)	S(wt%)	Cr(wt%)
含量	0.85～0.91	0.18～0.30	0.70～0.85	≤0.015	≤0.005	0.12～0.22
化学元素	Cu(wt%)	V(wt%)	T. Al(wt%)	H	O	N
含量	≤0.08	0.02～0.08	0.01～0.04	≤2ppm	≤30ppm	≤60ppm

②盘条技术要求

a. B87MnQL 盘条化学成分(熔炼)见表 6.1-8。

化学成分(wt%) 表 6.1-8

化学元素	C	Si	Mn	P	S	Cu	Cr
含量	0.85～0.91	0.12～0.32	0.60～0.90	≤0.025	≤0.025	≤0.10	0.10～0.25

b. 直径与偏差:

ϕ13.5 ±0.25mm　椭圆度≤0.30mm。

c. 表面缺陷深度≤0.10mm,脱碳层深度≤0.07mm。

d. 盘条非金属夹杂物含量≤0.10%。

e. 力学性能:

抗拉强度 σ_b:1 280～1 450MPa;

面收缩率：$\psi \geqslant 30\%$（热态），时效 14d 后 $\psi \geqslant 35\%$；

可拉拔的工艺性能：总压缩率≥85%。

f. 盘条索氏体含量≥90%，不得有马氏体、网状渗碳体和有碍拉拔的其他组织。

3）盘条试制及生产工艺优化

（1）盘条试制及生产工艺

①工艺比较

充分利用现有设备，使盘条的纯净度、力学性能、金相组织等实物质量水平达到（或接近）日本新日铁通过盐浴淬火处理的盘条水平。

目前，本研究与新日铁的设备差异主要是：高线冷却线采用斯太尔摩线冷却（可实现缓冷、空冷、风冷等），而日本新日铁除了高线有的冷却功能外，还可进行盐浴冷却，且对高碳钢盘条以盐浴冷却为主。

②生产工艺流程

铁水→300t 转炉→LF + RH 炉外精炼→钢锭浇筑→初轧均热→初轧→大剪切头、尾→6VH 连轧→飞剪定尺剪切→钢坯冷却→钢坯表面精整→钢坯加热→轧制→吐丝→斯太尔摩线冷却→集卷→盘条检查、取样→盘条打捆、挂牌→盘条入库、出厂。

③工艺参数和工艺控制要点

经过对该钢种的多轮试制及镀锌钢丝的试制结果，最终确定工艺参数和控制要点如下：

a. 冶炼、浇筑要求：

a）废钢使用优质废钢，严格控制残余元素。

b）入炉铁水必须扒渣，扒渣等级为“0”点。

c）装入量必须正确；转炉控制好温度，严格按低[N]冶炼基准操作。

d）在转炉冶炼过程中为满足对[N]、[P]的要求，应做到以下几点：

（a）吹炼过程中保证微正压操作；

（b）禁止再吹；

（c）出钢进行留钢操作，渣厚 <80mm；

（d）转炉出钢仅加脱氧铝。

e）炉后配碳目标：0.50% ~0.75%。

f）LF 炉处理要求：

（a）分批加入石灰、脱硫渣、发泡剂等渣样，确保炉渣流动性良好；

（b）在 LF 操作过程中应造好泡沫渣埋弧，防止增氮；

（c）采用 Al 渣及钙质脱氧化剂强化脱氧，按接近目标上限调整 AL 的成分；

（d）在成分配好、温度调整好进行纯吹 Ar 渣洗时，适当控制吹 Ar 压力及吹 Ar 流量，以弱搅拌为准，禁止钢水翻动至裸露，确保炉渣脱氧效果；采用底吹 Ar，禁用顶枪吹 Ar，纯渣洗时间保持 5min 左右；

（e）Si、Mn、Cr 等可调整到目标范围内，配碳应考虑电极增碳，为保险起见，LF 炉可预留几个碳由 RH 调整；

（f）在 LF 开始及结束测定自由 F[O]，力争 LF 终 F[O]控制在≤5ppm。

g）RH 处理要求：

(a)RH 处理模式为 110,真空度 <2τ,保持 10min 以上;

(b)严格控制碳粉加入量,并调整到工艺卡控制范围内;

(c)纯脱气时间大于 5min;

(d)进行 RH 终 F[O]测定;

(e)控制 RH 终温度控。

h)浇筑及整脱模:

(a)锭模清扫干净,禁止用新、锈及冷模;

(b)选用合适浇筑水口,控制浇筑速度;

(c)控制注余残钢量;

(d)钢锭严禁放冷;

(e)整脱模应准备好 Ar 封砖,浇钢时采用吹 Ar 保护,并控制好 Ar 流量,以防止卷渣,以锭模内钢水不裸露为准;

(f)其余按工艺卡要求规定执行。

b. 初轧要求:

a)均热炉采用热锭加热模式,为消除钢锭的化学成分微观偏析,在均热炉进行高温扩散。

b)待轧时间控制在 2h 内。

c)初轧轧制:钢锭尾部进钢。

d)确保大剪切头率。

e)小方坯轧制规格尽可能按 1452 断面尺寸控制。

f)钢坯精整:对钢坯进行剥皮精整。

c. 高线工艺:

a)为保证线材表面质量,钢坯出炉后要求全除磷。

b)轧制及控冷。轧制工艺如下:

(a)在线温度控制点:NTM 进口温度、RSM 进口温度、LH 温度;

(b)斯太尔摩冷却:采用快冷方式;

(2)生产工艺优化

①试制盘条使用情况

开发的 B87MnQL 桥梁缆索镀锌钢丝用盘条主要生产 1860MPa 钢丝,初期主要反映盘条原始抗拉强度偏低,造成其制成的镀锌钢丝强度偏下限或不合格,为此,主要对盘条成分(Cr 含量)进行微调、对斯太尔摩线控冷工艺进行调整,盘条原始强度得到明显提高。

②生产工艺优化

研究表明:提高钢的纯净度,降低盘条的杂质元素含量,特别是降低钢中的 S、P、N 等元素的含量;降低盘条的夹杂物级别;以利于减少发生层裂的起源,延缓层裂发生是改善扭转性能的关键。另外,B87MnQL 镀锌钢丝用原始盘条部分炉次盘卷线材的成分和组织存在较大偏析,从而导致原始盘条的硬度、索氏体和屈氏体含量和分布、晶界渗碳体等组织存在较大差异。

针对初期出现的问题,主要对冶炼、钢锭均热、高线轧制工艺进行调整及对[P]、[S]、[N]、[Al]等元素进行调整,我们对盘条试制工艺及化学成分进行了优化,主要有:

a. 炼钢采用三脱铁水,降低磷含量;

b. 采用大方坯连铸,使化学成分更均匀、减少成分偏析;

c. 对高线斯太尔摩冷却线辊道速度进行调整。

4)盘条生产技术创新

桥梁缆索用镀锌钢丝与其他金属制品相比,是整座桥梁关键承重(载)部件,技术要求非常苛刻,生产难度很大,同时,随着桥梁缆索用镀锌钢丝不断向高强化发展,使得其研制、生产难度进一步增大。

(1)采用微合金技术,进行化学成分设计

国际上普遍采用的高碳高硅成分配方,其具体配方如表6.1-9。

高碳高硅成分配方(熔炼成分,wt%) 表6.1-9

化学	C	Si	Mn	P	S	Cr	Cu
高碳高硅盘条	0.80~0.85	0.80~1.20	0.60~0.90	≤0.025	≤0.025	—	≤0.20
	0.87~0.92	0.90~1.30	0.30~0.60	≤0.025	≤0.025	0.20~0.30	≤0.20

合金化概论普遍认为,当Si的含量超过0.6%时,其冲击韧性就有下降趋势。因而含硅钢多数用于低碳低合金结构钢和合金弹簧钢。就合金弹簧钢而言,美、英、法、德、日和ISO,其最高含碳量为0.55%~0.65%,相当于中国60Si2MnA、日本JIS G4801《Spring steel》SUP7。同时,硅含量高,必须要求均匀冷却,而对高线控轧控冷工艺控制难度高,容易造成盘条内部存在马氏体等有害组织。宝钢高线采用的是斯太尔摩线冷却(可实现缓冷、空冷、风冷等),不能完全做到对盘条冷却的均匀性,如采用高碳高硅成分设计,势必容易造成盘条内部存在马氏体等有害组织,因此,不宜采用。

为此,我们结合宝钢现有工艺装备水平,采用添加微量合金元素铬(Cr)和钒(V),以增强Fe和C的亲和力,从而提高奥氏体的稳定性,阻止热轧时晶粒长大,提高索氏体化形成能力,进而获得较高力学性能。其具体配方如表6.1-10

宝钢微合金化B87MnQL成分配方(熔炼成分,wt%) 表6.1-10

化学元素	C	Si	Mn	P	S	Cr	Cu
含量	0.85~0.91	0.12~0.32	0.60~0.90	≤0.025	≤0.025	0.10~0.25	≤0.10

(2)超纯净钢冶炼控制技术

由于桥梁缆索用钢的特殊性,必须对钢中的P、S、H、O、N、Ti等杂质元素和气体含量及各类夹杂物级别(或含量)进行严格控制,因此,从使用主原料着手,通过控制钢包清洁度及转炉、精炼工艺全过程来实现降低钢中有害元素的含量,如P、S、H、O、N、Ti等,从而严格控制钢水中各类夹杂物级别(或含量)及气体含量,确保钢的纯净度。具体控制要点如下:

①生产调整

a. 采用BRP脱磷或三脱铁水。

b. LF及RH设备正常,RH真空槽处理本钢种前2炉不生产含钛钢种。

c. 钢包必须无包底,前一炉必须用于不含钛的钢种。

d. 控制LF结束到RH的传搁时间小于20min,RH终到浇铸开始传搁时间按15~25min安排。

e. 工艺路线:深脱硫铁水+BRP(或三脱铁水)→LD→LF→RH→IC(RV92或RV65)。

②转炉冶炼操作要点

a. 装入量312t,铁水比≥90%。要求采用BRP或三脱铁水,入炉[S]≤0.0010%,扒渣等级为"3/4"点。废钢使用厂内返回废钢。

b. 按低N低P模式操作,控制好吹止成分,控制吹止[P]≤0.007%,[S]≤0.0040%。避免再吹。

c. 吹止成分分析结果出来后再出钢,加强挡渣,包内渣厚≤50mm。确保出钢钢水量大于280t,便于RH能进行处理。

d. 出钢前确认吹氩管接好,出钢过程中底吹氩。

e. 使用低氮碳粉进行炉后配碳,配碳按制造标准要求的目标成分。加入适当铝脱氧,控制钢包[Al]≤0.012%。配Si使用低Al低碳硅铁,配Mn使用高纯锰铁。

③LF操作要点

a. LF处理目的:升温、脱氧、脱硫、去夹杂、成分调整。

b. 采用铝质脱氧剂及钙质脱氧化剂强化脱氧,加FeAl按"成品上限值——0.005%"目标调整Al的成分。配碳时应充分考虑电极增碳的可能性,为减少网碳组织,减少在RH的碳粉加入量,LF炉配C目标以"成品目标值"进行。Si等可调整到目标范围内、Mn、Cr可调整到目标下限,配Si使用低Al低碳硅铁,配Mn使用高纯锰铁。V在RH调整。

c. 全程采用钢包底吹Ar,并控制异常增氮。在成分、温度调整好后进行纯吹Ar渣洗时,控制吹Ar压力及吹Ar流量,以弱搅拌为准,禁止钢水翻动至裸露,确保炉渣脱氧效果。

d. 纯渣洗时间保持6~8min。

④RH操作要点

a. 安排槽况好的真空槽处理,处理前2炉不生产含钛钢种,不允许使用长时间富氧烘烤的真空槽处理。

b. RH处理模式为110,纯脱气时间确保大于12min。

c. RH不使用小废钢降温,调温可采用延长环流时间或小流量吹氩降温。

d. 禁止OB升温;根据上工序红外分析结果对C进行调整。碳粉在RH处理前期加入,如不能实现,则最后一批碳粉加入量<100kg。

e. 要求RH终进行F[O]测定。处理结束后加入足量碳化稻壳保温。

⑤铸钢操作要点

a. 钢包必须无包底,状态不差于52A,原则上前一炉必须用于不含钛的钢种。

b. 采用涂锆质汤道,锭模、汤道必须确认清扫干净,禁止用新、锈及冷模。

c. 浇筑:RH结束至开浇镇静时间大于15min;浇铸速度:控制本体注速9min,补注时间3.5min。

(3)化学成分均匀性控制技术

由于本项目产品的碳含量达:0.85%~0.91%,又配有其他微量合金元素,如成分波动大,必将在盘条内部存在网状碳化物、马氏体等有害组织及强度波动大,既影响盘条的拉拔性能,又影响镀锌钢丝的疲劳寿命、塑韧性指标和扭转性能等,为此,主要采取以下措施:

①严格控制专炉出钢碳,使用专用碳粉。

②在LF炉,将各元素基本配到目标成分。

③在 RH 处理前期，将各元素进行微调，确保调整到目标成分要求；并确保 RH 处理时间和纯脱气时间。

④控制好 RH 处理终钢包温度。

⑤控制浇铸温度和浇铸时间。

⑥确保大剪切头率≥13%。

(4)采用特殊控轧控冷技术，以获得高索氏体含量

采用高吐丝温度，提高盘条冷却过冷度，及采月斯太尔摩线分段快速冷却工艺，从而获得较高的索氏体含量(≥90%)及力学性能。

5)生产实绩分析

稳定生产阶段盘条的各项理化性能统计实绩如下：

(1)化学成分(熔炼成分)统计实绩

各成分统计实绩见表 6.1-11。

成分统计实绩 表 6.1-11

化学成分	C (wt%)	Si (wt%)	Mn (wt%)	P (wt%)	S (wt%)	Cr (wt%)	V (wt%)	TAl (wt%)	Cu (wt%)	N (ppm)
最大值	0.85	0.27	0.84	0.010	0.001 5	0.22	0.04	0.039	0.01	50
最小值	0.80	0.24	0.77	0.005	0.000 5	0.19	0.029	0.024	0.00	31
平均值	0.83	0.25	0.80	0.007	0.000 7	0.207 3	0.037 2	0.030 4	0.005	40.09
标准差	0.56	2.05	1.06	1.23	1.40	1.17	2.23	0.95	2.90	0.67

(2)盘条检验结果统计实绩

盘条力学性能统计实绩见表 6.1-12。

盘条力学性能统计实绩列表 表 6.1-12

项目	抗拉强度 (MPa)	断面收缩率 (%)	延伸率 (%)	项目	抗拉强度 (MPa)	断面收缩率 (%)	延伸率 (%)
最大值	1 350	38	15	平均值	1 300	32	11
最小值	1 280	27	8	标准差	0.31	0.63	1.64

(3)夹杂物控制统计实绩

盘条夹杂物统计实绩列表见表 6.1-13。

盘条夹杂物统计实绩列表 表 6.1-13

夹杂物类型	A 粗	A 细	B 粗	B 细	C 粗	C 细	D 粗	D 细
最大值	0	1.0	0	1.5	0	0	0	0.5
最小值	0	0.5	0	0.5	0	0	0	0.5
平均值	0	0.87	0	0.875	0	0	0	0.5
标准差	0	0.22	0	0.32	0	0	0	0

(4)脱碳层深度及索氏体含量统计实绩。

盘条脱碳层深度及索氏体含量统计实绩见表6.1-14。

盘条脱碳层深度及索氏体含量统计实绩列表　　表6.1-14

项目	脱碳层深度(mm)	索氏体含量(%)	项目	脱碳层深度(mm)	索氏体含量(%)
最大值	0.07	95	平均值	0.009	90.75
最小值	0	90	标准差	0.023	1.81

(5)盘条非常规检验结果(见表6.1-15)。

按JIS G 0555标准对夹杂物检验结果统计实绩见表6.1-15。

按JIS G 0555标准对夹杂物检验结果统计实绩列表　　表6.1-15

项目	A(%)	B(%)	C(%)	总计(%)
最大值	0.020 8	0.008 3	0.016 7	0.025
最小值	0	0	0	0
平均值	0.004 7	0.001 2	0.004 0	0.009 8
标准差	0.005 4	0.002 4	0.004 1	0.006 7

统计结果表明:盘条抗拉强度波动80MPa,这与斯太尔摩冷却工艺有关,由于采用风机控冷模式,盘条在斯太尔摩线上冷却不均匀所致。因此,盘条在斯太尔摩线上的冷却不均匀是造成盘条强度波动大的关键原因,而且,盘条原始强度越高,波动越大。

由于高碳高强度盘条的时效原因,盘条初样断面收缩率均偏低,盘条经过时效期后,盘条的断面收缩率可达35%以上,且经过时效期后检验,其断面收缩率平均在38%~39%。盘条的B类细系夹杂物除个别试样为1.5级外,其他各类夹杂物均≤1.0级,完全满足使用要求。盘条的索氏体含量均≥90%,也完全满足使用要求。对盘条按《钢中非金属夹杂物的显微试验方法》(JTS G 0555—2003)进行夹杂物检验,其夹杂物最大含量为:0.025%,远远小于0.1%的要求。

从对钢坯的中心碳、对角线1/4碳、钢坯中心碳偏析及对角线1/4碳的检验结果统计实绩看,均控制良好。

6.1.2 特大跨径悬索桥主缆用镀锌钢丝制造技术研究

1)主缆用镀锌钢丝制造工艺分析

(1)桥梁缆索用镀锌钢丝主要性能指标

桥梁缆索用镀锌钢丝性能在很大程度上影响了缆索的性能,合理地规定钢丝性能对桥梁的设计很重要,经归纳,桥梁缆索用钢丝的主要性能有以下几方面:

①线径及其偏差。悬索桥设计时往往是根据主缆断面的理想排列,先确定钢丝根数,再反求线径,一般线径选定是镀后直径在ϕ5.00~ϕ5.50mm之间。偏差取±0.06mm。除了单丝的允许偏差外,为保证主缆的安装精度及线形,设计中还规定了索股及整个主缆的平均线径允许偏差,索股±0.03mm,整缆±0.01mm。斜拉索用镀锌钢丝一般线径选定是镀后直径为ϕ7.00±0.06mm,不圆度≤0.07mm。

②强度。桥梁缆索用镀锌钢丝的强度是设计的重要指标,除极限强度外,还有屈服强度的

规定。目前普遍采用的极限强度为1 670MPa。屈服强度一般规定为残余应变为0.2%时的强度或应变为0.7%时的强度，这两者数值接近，一般为设计强度的70% –80%，屈服强度反映了出现塑性变形前的强度。不作特别说明时，计算强度的面积是包含锌层在内的钢丝截面积。

③弹性模量。弹性模量对桥梁缆索来说是一项很重要的指标，缆索的预制、安装，成桥后的线形控制、受力和变形均与弹性模量有直接的关系。设计要求弹性模量有较高的数值，并且不能有过大的离散性。然而弹性模量理论上是材料的一种固有特性，与加工工艺及组织状态联系不大，而与材料内部的原子排列有关。设计一般规定镀锌丝的弹性模量为$(1.9 \sim 2.1) \times 10^5$MPa，弹性模量计算采用的是包含锌层在内的钢丝横截面积。

④韧性指标。镀锌丝的韧性指标包括扭转、反复弯曲和缠绕。扭转曾经是一个有争论的指标，有人认为它是与反复弯曲、缠绕性质相似的性能，但大量的实验显示，反复弯曲、缠绕均合格的钢丝，扭转性能不一定合格，从本质上来说，扭转是材料内外缺陷的综合体现。

⑤塑性指标。镀锌钢丝的塑性指标包括延伸率、断面收缩率。延伸率是主要的塑韧性指标，一般要求大于4%。

⑥应力松弛。应力松弛是指形变固定，应力随作用时间延长而衰减的现象，它是材料在应力作用下发生蠕变的结果。当钢丝承受的永久应力超过极限强度的50%时，松弛迅速增大，悬索桥的设计中主缆的安全系数最小也达到2，若恒载占85%，永久应力也仅是极限应力的43%，因而悬索桥主缆钢丝不考虑低松弛要求，一般采用普通松弛或无松弛要求的钢丝，普通松弛要求70%初载1 000h的松弛损失不大于7.5%。

⑦镀锌层的性能指标。热镀锌作为预应力钢丝优良的防腐金属镀层，已被国际所认可。预应力构件镀锌可能产生的“氢脆”争议，已被1992年12月国际预应力联合会专业委员会(FIP)报告所释议，相继颁布了法国的第一个产品标准《预应力热镀锌圆钢丝和钢绞线》(NF A35—035)和中国的《桥梁缆索用热镀锌钢丝》(GB/T 17101—1997)。对锌层的要求有单位面积的锌层质量(g/m^2)、硫酸铜腐蚀次数和锌层附着力。硫酸铜腐蚀实验是在一定温度及浓度的硫酸铜溶液中，镀锌钢丝每次浸渍1min所能试验的次数直至钢丝出现大于5mm^2的露铜为终点，它反应的是镀层的均匀性。锌层附着力试验是通过$5d$(d钢丝直径)芯棒缠绕2周以检验锌层是否开裂剥落。

(2)镀锌钢丝指标

①从表6.1-16可知，西堠门大桥与日本本州联络桥相比，除扭转次数因考核松弛率而适当降低外，直线性、抗拉强度、屈服强度都高于日本标准，并增加了反复弯曲、弹性模量、硫酸铜次数的考核。总体来讲，西堠门大桥主缆使用钢丝技术参数严于日本本州联络桥技术的参数。

西堠门大桥主缆镀锌钢丝主要技术参数表　　表6.1-16

序号	项　目	日本本州四国联络桥	西堠门大桥
1	直径及公差(mm)	5.0 ±0.06	5.25 ±0.06
2	不圆度(mm)	≤0.06	0.06
3	直线性(mm/m)	矢高≤50	≤30
4	抗拉强度(MPa)	≥1 760 ~ 1 960	≥1 770
5	屈服强度(MPa)	≥1 370	≥1 410
6	延伸率(%)	≥4.0	≥4.0

续上表

<table>
<tr><th>序号</th><th colspan="2">项　目</th><th>日本本州四国联络桥</th><th>西堠门大桥</th></tr>
<tr><td>7</td><td colspan="2">反复弯曲(次)</td><td>无要求</td><td>≥4</td></tr>
<tr><td>8</td><td colspan="2">扭转(次)</td><td>≥14</td><td>≥8</td></tr>
<tr><td>9</td><td colspan="2">缠绕</td><td>3d　8 圈</td><td>3d　8 圈</td></tr>
<tr><td>10</td><td colspan="2">松弛(%)</td><td>无要求</td><td>≤8.0</td></tr>
<tr><td>11</td><td colspan="2">弹性模量(GPa)</td><td>无要求</td><td>200 ± 10</td></tr>
<tr><td rowspan="7">12</td><td rowspan="7">化学成分(%)</td><td>C</td><td rowspan="7">按钢丝强度级别分别选用
σ_b:1 570 ~ 1 760MPa
选用 SWRS77B
σ_b:1 760 ~ 1 960MPa
选用 SWRC82B</td><td>0.80 ~ 0.85</td></tr>
<tr><td>Si</td><td>0.15 ~ 1.00</td></tr>
<tr><td>Mn</td><td>0.60 ~ 0.9</td></tr>
<tr><td>S</td><td>0≤0.025</td></tr>
<tr><td>P</td><td>≤0.025</td></tr>
<tr><td>Cu</td><td>≤0.06</td></tr>
<tr><td>Cr</td><td>≤0.20</td></tr>
<tr><td>13</td><td colspan="2">锌层质量(g/m^2)</td><td>≥ 300</td><td>≥ 300</td></tr>
<tr><td>14</td><td colspan="2">附着力</td><td>5d　2 圈</td><td>5d　2 圈</td></tr>
<tr><td>15</td><td colspan="2">硫酸铜试验(次)</td><td>无要求</td><td>≥4</td></tr>
<tr><td>16</td><td colspan="2">疲劳 $0.45\sigma_b$</td><td>无要求</td><td>无要求</td></tr>
</table>

②开发 ϕ5.1mm、1 860MPa 主缆用镀锌钢丝的技术指标见表 6.1-17。

ϕ5.1mm、1 860MPa 主缆用镀锌钢丝技术指标　　表 6.1-17

序　号	项　目	参　数	序　号	项　目	参　数
1	直径及公差(mm)	5.10 ±0.06	8	扭转(次)	≥8
2	不圆度(mm)	≤0.06	9	缠绕	3*d*　8 圈
3	直线性(mm/m)	≤30	10	松弛(%)	≤8.0
4	抗拉强度(MPa)	≥1 860	11	弹性模量(GPa)	200 ± 10
5	屈服强度(MPa)	≥1 490	12	锌层质量(g/m^2)	≥ 300
6	延伸率(%)	≥4.0	13	附着力	5*d*　8 圈
7	反复弯曲(次)	≥4	14	硫酸铜试验(次)	≥4

(3)高强度主缆用镀锌钢丝制造工艺分析

桥梁缆索用镀锌钢丝的高强度和高韧性是通过优质的线材和合适的拉拔加工及随后的镀锌和稳定化工艺获得的。钢丝的拉拔其实是钢材的形变硬化过程,通过钢丝拉拔,一方面获得所需要的形状和尺寸,另一方面获得预期的机械性能和材料组织。再经过镀锌及稳定化处理,即可获得桥梁用镀锌钢丝产品。

原始材料选用高碳热轧盘条,盘条组织为索氏体,有利于拉拔变形;通过冷拉拔形变强化作用,大大提高材料的强度,保证最终的承载能力;热浸镀锌形成防腐蚀性能良好的锌层,可以大大延长钢丝的使用寿命。

①桥梁缆索用镀锌钢丝的生产工艺

目前，镀锌钢丝通常采取的生产工艺如图 6.1-1 所示。

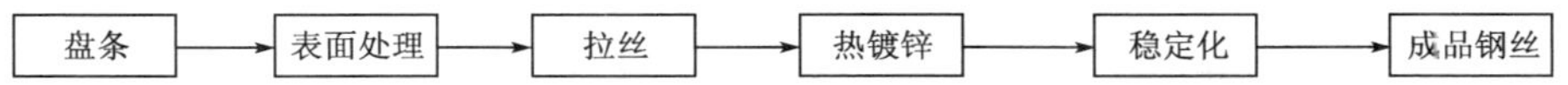

图 6.1-1　桥梁主缆用镀锌钢丝生产工艺流程

原始材料选用高碳热轧盘条，盘条组织为索氏体，有利于拉拔变形；通过冷拉拔形变强化作用，大大提高材料的强度，保证最终的承载能力；热浸镀锌形成防腐蚀性能良好的锌层，可以大大延长钢丝的使用寿命。

②镀锌钢丝各生产工序要求及关键技术

a. 线材的表面处理

a）线材的表面处理

钢丝拉拔前对盘条进行的表面处理主要包括以清除盘条表面氧化皮为主的表面清净处理，以及随后进行的润滑涂层处理两个内容。目的是为了降低拉拔时钢丝与模壁间的摩擦因数，确保钢丝表面质量。主要包括：酸洗、磷化涂层和干燥等几个方面。

高强度桥梁镀锌丝所用线材均为高碳热轧盘条，其表面存在一层硬脆的氧化皮，它的质量约占线材质量的 0.5%。氧化皮在拉拔前必须清除掉，否则作为载体的润滑涂层不能很好地与钢基体牢固结合，同时在拉拔过程中，硬脆的氧化皮还会划伤模具和钢丝，或被压入钢丝基体，产生拉拔缺陷。

涂层是指钢丝表面经处理或化学作用，在钢基表面附上一层涂层，其作用是钢丝拉拔时，涂层可黏附润滑剂载入模内。是盘条酸洗后进行表面处理的最后一道工序。要求与钢基具有一定的结合强度，不会在进入拉丝模前或在模内被破坏或被刮掉；要求具有一定的抗热性，不致被高速拉拔发出的热量所破坏；要求具有足够的塑性，能随同钢基一起延展变形而始终覆盖住整个钢丝表面；要求易于黏附润滑剂，涂层表面就较粗糙，从而提高润滑效果。

盘条的表面预处理不仅仅是为了后部工序的拉丝生产提供润滑载体，对镀锌产品来讲，盘条表面处理后的清洁与否对镀锌层质量的影响是很大的。

b）研究采用的表面处理工艺

主要工艺内容：采用 10% ~20% 盐酸去除氧化铁皮后，进行漂冲洗，再浸入以磷酸二氢锌为主液的缸内进行磷化处理，然后进行硼化处理，最后烘干。

b. 钢丝的拉拔

a）钢丝拉拔的作用

钢丝的拉拔主要目的是为了获得具有稳定的形状、尺寸和性能指标，并符合产品技术要求。由于是大压缩率拉拔，钢丝形变量大，加工硬化导致强度、硬度不断升高，变形的抗力也不断加大，塑性则不断下降，当变形量达一定值后，硬化趋于极限，钢丝无法继续冷加工变形，往往表现为拉拔脆断。被变形金属所能承受的最大变形程度而不发生脆断的数值，称为该金属的冷加工极限。桥梁缆索用镀锌钢丝的原材料为索氏体化程度很高的热轧盘条，它的冷加工极限高达 90% 以上，实际生产中采用多模连续拉拔，较低的部分压缩率，避免了钢丝变形过快而产生温升异常现象，是保证钢丝高强韧性的有效手段。

对高强度镀锌钢丝而言，必须考虑后部热镀锌工序钢丝强度的回跌损失和上锌量而导致镀锌钢丝直径增加的尺寸精度。

b)研究采用的拉拔工艺(以 ϕ5.1mm、1 860MPa 镀锌钢丝制作为例)

根据经验:热镀锌强度损失为 3% ~5%;成品锌层质量按≥300g/m^{2}计算后的钢丝直径 ϕ5.03mm,拉拔后钢丝强度控制≥1950MPa,盘条规格的确定按居林科夫公式计算如下:

$$D = \left(\frac{R_m}{R_{mb} \cdot \kappa}\right)^2 \times d = \left(\frac{1\,950}{1\,280 \times 0.95}\right) \times 5.03 = 13\ (\text{mm})$$

式中:D——盘条直径,mm;

R_m——拉拔后钢丝抗拉强度(1 950),MPa;

R_{mb}——盘条抗拉强度(1 280),MPa;

κ——拉拔系数 0.95 ~1.05,取 κ =0.95;

d——拉丝半成品直径(5.03),mm。

则拉丝的总压缩率:

$$\varepsilon_\Sigma = 1 - \left(\frac{d}{D}\right)^2 = 1 - \left(\frac{5.03}{13}\right)^2 = 85\%$$

钢丝拉拔道次:

13.0→(16.5)11.8→10.29→9.08→8.05→7.21→6.49→5.88→5.4→5.03 ±0.02mm

c. 钢丝的镀锌

a)钢丝镀锌的主要方法

镀锌的方法主要有电镀法和热镀法。电镀法在理论上可获得任何厚度的锌层,实用中最高上锌量可达到 1 200g/m^{2}左右。热镀锌一般的上锌量在 300g/m^2 左右。相比较而言,热镀锌工艺控制简单,易于操作。电镀锌由于存在氢脆倾向,在大桥缆索中是禁用的,热镀锌因热作用无氢脆隐患,大桥缆索钢丝均采用热镀锌。

钢丝热镀锌温度控制在 440 ~460℃,速度决定于设备设计参数。钢丝进入熔池前需经过严格的表面清理和准备,主要包括脱脂、除锈、助镀剂处理,钢丝引出锌池后,可采用木炭擦拭或气体擦拭。气体擦拭效果好于木炭,但操作复杂,设备维护困难。锌层质量(上锌量)主要通过调整钢丝行进速度、锌液温度、擦拭和冷却来控制。

b)试制采用的工艺

试制采用的工艺:铅缸温度 420℃,锌缸温度 450℃;助镀液温度 60℃,车速 14m/min,擦拭系统为“砂砾抹拭 + H2S”抹拭系统。

d. 钢丝的稳定化处理

钢丝经镀锌处理后,大部分的力学性能已满足规范要求,但钢丝的松弛性能、直线性需经过稳定化处理才能符合要求。

稳定化处理目的,主要是为了消除镀锌钢丝中残余应力、增加镀锌钢丝抗蠕变的能力,同时改善和提高镀锌钢丝的直线性、扭转次数等其他性能指标。稳定化处理的关键参数是张力、温度的匹配与设定。

本项目研究时采用的稳定化工艺,张紧张力 12 000N,温度 400℃,生产速度 70 ~150m/min。

2)镀锌钢丝的组织和力学性能分析

研制的 ϕ13.0mm 镀锌钢丝专用盘条,经过冷拉拔至直径为 5.03mm 钢丝半成品,再经过热浸镀锌加工,生产出镀锌钢丝(约 ϕ5.10mm)。在此生产过程中,材料的组织和力学性能都发生显著的变化。

(1)力学性能

ϕ13.0mm 专用盘条的化学成分如表 6.1-18 所示,力学性能如表 6.1-19。轧盘条经过连续 9 道次的冷拉拔加工至 5.03mm 半成品钢丝,随后再进行热浸镀锌处理,在钢丝表面形成镀锌层,此时镀锌钢丝的直径约为 5.13mm。其力学性能见表 6.1-20。

专用盘条化学成分(wt%) 表 6.1-18

化学元素	C	Si	Mn	P	S	Cu	Cr
熔炼成分	0.85~0.91	0.12~0.32	0.60~0.90	≤0.025	≤0.025	≤0.10	0.10~0.25
允许偏差	±0.02	±0.03	±0.03	+0.00	+0.00	±0.03	±0.03

专用盘条力学性能 表 6.1-19

牌号	直径(mm)	允许偏差(mm)	不圆度(mm)	抗拉强度(MPa)	断面收缩率(%)
B87MnQL	13.0	±0.3.0	≤0.48	1300±40	≥30(时效后≥35)

专用盘条、钢丝、镀锌钢丝力学性能的变化 表 6.1-20

状　态	盘条	钢丝	镀锌钢丝
抗拉强度 R_m(MPa)	1 320	1 980	1 860

从表 6.1-20 可以看到,热轧盘条抗拉强度仅为 1 320MPa,经过拉拔加工,其强度急剧上升至 1 980MPa,这是由于盘条在拉丝过程中,在拉拔力作用下,形成两向压应力(径向)和单向拉应力(轴向)的三向应力状态,随着形变量的增加,金属内部晶粒不断产生滑移,随着滑移系的减少及晶格产生位错,阻止再形变进行,故使塑性变形抗力增加,金属形成"冷加工硬化"现象加剧,因而导致钢丝的抗拉强度升高。钢丝经过热镀锌后,抗拉强度略有下降,一方面是由于冷拉钢丝热镀锌时,对钢丝内部组织实际上起了一个短时间的退火作用,使钢丝的加工硬化有一定程度的回复,钢丝的内应力得以释放,同时由于钢丝表面形成了一层低强度的镀锌层所致。

(2)金相组织

热轧盘条、半成品钢丝、镀锌后钢丝的相组织如图 6.1-2 ~ 图 6.1-4,其中图 6.1-2 是热轧盘条组织金相照片;图 6.1-3 为冷拉光面钢丝组织金相照片;图 6.1-4 为镀锌后组织钢丝金相照片。

从图中可以看到:热轧态的组织,珠光体晶粒呈等轴状,沿纵向和横向均无明显的方向性;盘条经过拉拔变形,钢丝横截面上晶粒被显著细化,仍呈等轴状,但纵截面上晶粒被拉长,呈纤维状分布;钢丝镀锌后,基体组织未发生显著变化,与镀锌前基本一致。

通过扫描电镜对不同状态下珠光体的片层形貌进行了观察可以看到,纵截面与横截面上珠光体团为随机取向,各珠光体团之间边界非常明显,渗碳体片很平直,两个截面上珠光体(渗碳体与铁素体)片层间距基本一致,片层结构非常清晰;而形变后(钢丝)则不然,片层结构已经不再像热轧盘条的组织那样清晰规则,珠光体片层间距显著减小且变得很模糊,渗碳体片也变得弯曲，尤其沿拉丝形变方向更为突出。关于渗碳体片的变形与拉丝形变之间的关系已有过研究，研究认为，随着拉丝形变量的增加，Fe_3C 片逐渐转到与拉丝轴平行的方向上，最后变成纤维状，基本与拉丝轴方向一致。并且 Fe_3C 片越接近平行于拉丝方向排列，越有利于拉丝形变的进行。一般认为，热轧盘条珠光体片层间距越细小，越有利于其变形，并且钢丝强度也越高。

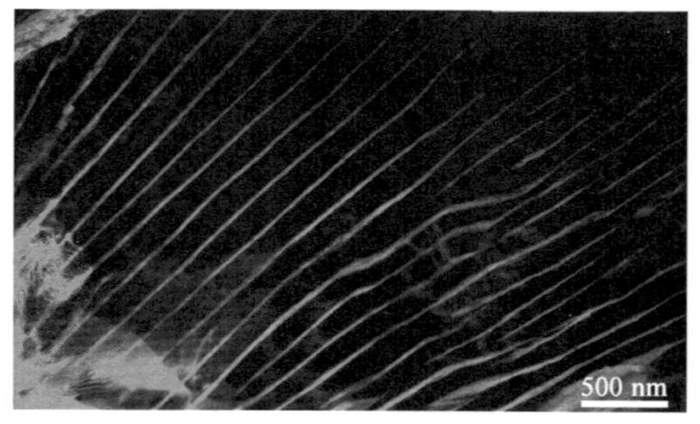

图 6.1-2　B87MnQL 盘条金相照片

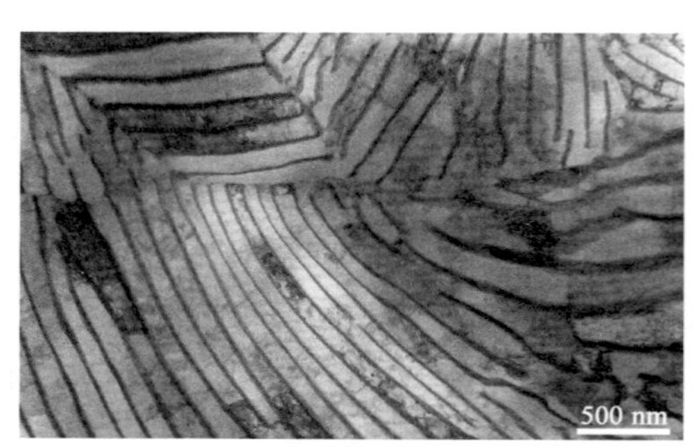

图 6.1-3　冷拉光面钢丝组织金相照片

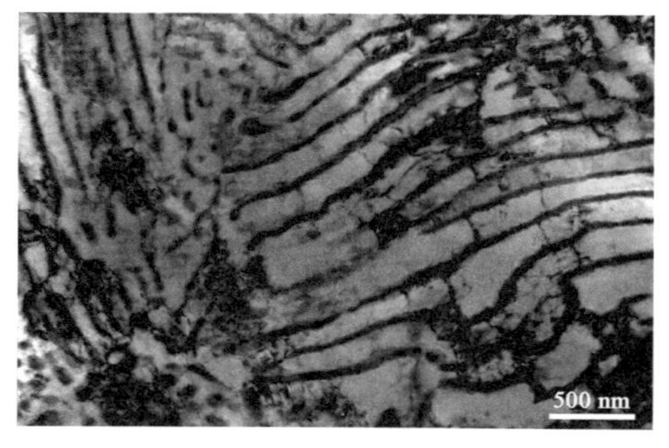

图 6.1-4　镀锌后组织钢丝金相照片

(3)结论

ϕ5.1mm、1 860MPa 级高强度镀锌钢丝采用的专用盘条，其组织为索氏体，盘条横、纵截面上珠光体团均呈等轴状，无方向性，且渗碳体片层结构清晰，排列平直有序；盘条经过拉丝变形，横截面上组织显著细化，但仍呈等轴状，而纵截面上呈现明显的拉丝织构现象，晶粒沿着轴向被拉长。渗碳体片层不再像热轧态那样平直有序，横截面上可见明显的弯曲变形，纵截面上片层变得更薄。镀锌后，材料基体组织与镀锌前钢丝基本一致。

专用盘条经过拉拔变形，钢丝的抗拉强度达到 1 980MPa，镀锌后略下降至 1 860MPa。完全满足1 860MPa级镀锌钢丝的使用要求，且扭转性能良好。

3)镀锌钢丝制造关键技术创新

(1)稳定化工艺方案的技术创新

长期以来，桥梁主缆用镀锌钢丝的稳定化处理都是采用“单张紧模拔”工艺技术方案。其工作原理如图 6.1-5 所示。

由图 6.1-5 可知：在减径模与张紧轮之间，镀锌钢丝在受到张力的同时被感应炉加热而完成了稳定化处理。这种“单张紧模拔”工艺技术方案(简称“模拔工艺”)的关键是减径模对镀锌钢丝的压缩率的设计。减径模的压缩率过小，钢丝的拉拔力小，钢丝受到的张力就小，导致镀锌钢丝在稳定化后的直线性差，松弛性能难以达标；减径模的压缩率过大，钢丝的拉拔力大，钢丝受到的张力就大，而过大的张力会导致镀锌钢丝在稳定化过程中产生“缩丝”现象和镀锌层受损，甚至使镀锌钢丝被拉断。

研制的高强度镀锌钢丝的稳定化生产线依托宝钢装备的优势，既可以采用“单张紧模拔”

工艺技术方案,又可以采用“双张紧”工艺技术方案。其工艺技术方案的工作原理如图 6.1-6 所示。

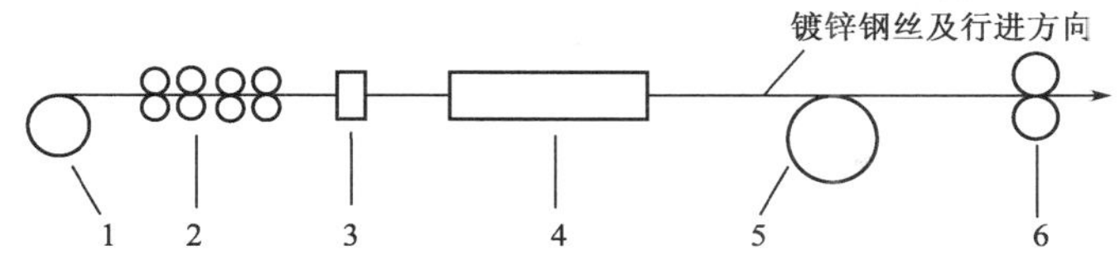

图 6.1-5 镀锌钢丝稳定化“单张紧模拔”工艺技术方案示意图
1-镀锌钢丝放线盘;2-校直轮组;3-减径模;4-感应加热炉;
5-张紧轮;6-夹送轮

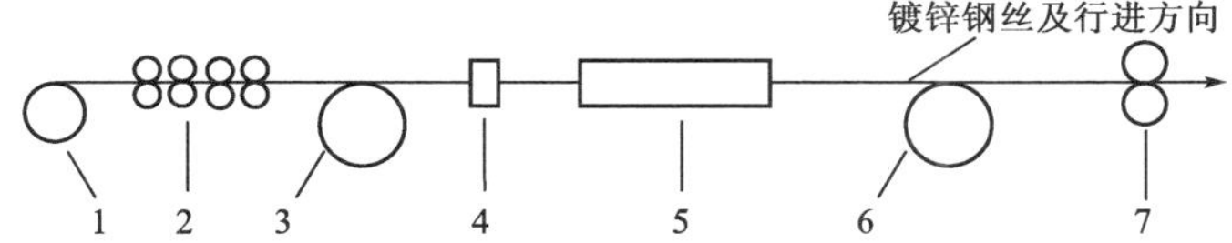

图 6.1-6 镀锌钢丝稳定化工艺技术方案示意图
1-镀锌钢丝放线盘;2-校直轮组;3-前张紧轮;4-拉丝模位置;5-感应加热炉;
6-后张紧轮;7-夹送轮

由图 6.1-6 可知:当去掉拉丝模时,在前、后张紧轮之间,镀锌钢丝在受到张力的同时被感应炉加热而完成了稳定化处理,从而形成了“双张紧”工艺技术方案。“双张紧”工艺技术方案(简称“双张紧工艺”)的张力大小可以通过 PLC 控制系统随时调整,灵活性更大。

比较分析两种不同的工艺技术方案,模拔工艺在稳定化过程中通过模具对镀锌钢丝的拉拔,不仅提高了镀锌钢丝的尺寸精度,还使镀锌钢丝相对粗糙的表面得到加工,从而使镀锌钢丝的表面镀锌层较为光滑;双张紧工艺由于去掉了拉丝模,稳定化过程中未能对镀锌钢丝表面起到有效的加工作用,而未经加工的热镀锌钢丝的表面镀锌层通常都是比较粗糙的。因此,从产品的表面质量看,模拔工艺比双张紧工艺要好。然而,也正是由于模拔工艺在减径模压缩率(通常为 15% ~30%)的作用下,镀锌钢丝产生了塑性变形,金属结构的“位错”密度增加,使扭转性能下降;反之,双张紧工艺在稳定化过程中镀锌钢丝未受到塑性变形,故其扭转性能要好得多。

ϕ5.1mm、1 860MPa 镀锌钢丝通条性试验数据如表 6.1-21 所示。

ϕ5.1mm、1 860MPa 镀锌钢丝通条性试验 表 6.1-21

试验类型	标准值	试样编号									
		1	2	3	4	5	6	7	8	9	10
抗拉强度(MPa)	≥1 860	1 890	1 900	1 890	1 900	1 900	1 900	1 900	1 890	1 870	1 880
屈服强度(MPa)	≥1 450	1 740	1 760	1 730	1 740	1 760	1 780	1 760	1 750	1 770	1 760

续上表

试验类型	标准值	试样编号									
		1	2	3	4	5	6	7	8	9	10
伸长率(%)	≥4	5.5	5.0	5.5	5.0	5.0	5.5	5.0	5.0	5.5	5.0
扭转(转)	≥8	20	21	20	21	23	21	22	24	23	18
缠绕(合格)	3d×8(圈)	合格	合格	合格	合格	合格	合格	合格	合格	合格	合格

通过分析,我们确定了"双张紧+限径模"工艺技术方案,在双张紧工艺的基础上,增加一个限径模。限径模的内径按成品公差的上限设计,目的是在镀锌钢丝过模时尽可能不参与塑性变形,同时对表面粗糙的镀锌层起到加工、规圆的作用,使得扭转性能与镀锌层表面质量两大指标严重对立的难题得到了破解。

(2)热镀锌操作技术的研究创新

由于"双张紧+限径模"的稳定化工艺技术方案相对"模拔"工艺而言对镀锌钢丝的变形压缩率较低(甚至为0),镀锌钢丝表面未能得到最有效的加工。因此,镀锌钢丝的表面质量在很大的程度上取决于钢丝的热镀锌。

研究的热镀锌生产线的抹拭系统采用的是砂砾抹拭+H2S系统,这种系统的抹拭方式在国内的热镀锌生产线上的应用相对较少,故控制热镀锌的表面质量没有现成的经验可以对比与参照。

锌层质量的控制主要是控制锌液在锌铁合金层表面的黏附和流散。在采用木炭屑擦拭时,钢丝表面镀锌层厚度大小主要和热镀锌的车速有关;但在"沙砾抹拭"时,镀锌层厚度与抹拭石子的"三度"关系密切,即:沙砾堆积高度、沙砾致密度、沙砾颗粒度。对于ϕ5.0mm系列镀锌钢丝,沙砾的"平均颗粒度"一般情况下应控制在ϕ7mm~ϕ10mm之间为宜。

砂砾抹拭"三度控制"理论的应用和操作技术的提高,为本研究课题镀锌钢丝的表面质量提高奠定了基础。

4)生产实绩分析

镀锌钢丝实物质量见表6.1-22、表6.1-23。

ϕ5.25mm、1 770MPa镀锌钢丝检测数据 表6.1-22

参数名称	西堠门大桥技术参数标准	钢丝自检数据			第三方监测数据		
		最大	最小	平均	最大	最小	平均
直径及公差(mm)	5.25±0.06 平均值5.25±0.01	5.30	5.20	5.256	5.28	5.20	5.25
抗拉强度(MPa)	≥1 770	1 930	1 770	1 830	1 910	1 770	1 842
屈服强度(MPa)	≥1 410	1 770	1 430	1 650	1 760	1 450	1 638
延伸率(%)	≥4.0	6.0	4.2	5.04	6.0	4.0	5.15
反复弯曲(次)	≥4	11	4	8	11	4	7.8
扭转(次)	≥8	26	8	16	33	9	20.6
弹性模量(GPa)	200±10	206	190	197	200	190	196.1
锌层质量(g/m^2)	≥300	474	300	355	423	301	357.5

ϕ5.1mm、1 860MPa 镀锌钢丝检测数据　　表 6.1-23

参数名称	ϕ5.1mm、1 860MPa 镀锌钢丝技术参数标准	钢丝自检数据			第三方监测数据		
		最大	最小	平均	最大	最小	平均
直径及公差(mm)	5.1 ±0.06	5.13	5.08	5.10	5.13	5.07	5.11
抗拉强度(MPa)	≥1860	1 930	1 860	1 894	1 910	1 870	1 891
屈服强度(MPa)	≥1 490	1 890	1 680	1 767	1 800	1 600	1 687
延伸率(%)	≥4.0	5.5	4.0	4.78	5.0	4.0	4.0
反复弯曲(次)	≥4	11	7	9	10	7	8
扭转(次)	≥8	25	14	21	27	19	21
弹性模量(GPa)	200 ± 10	199	191	193	207	193	198
锌层质量(g/m^2)	≥300	448	300	371	402	320	362

6.2　特高强度大规格吊索钢丝绳研制

6.2.1　吊索钢丝绳结构设计计算机模型平台开发

1)西堠门大桥吊索钢丝绳技术条件

钢丝绳吊索是上部结构的重要组成部分,采用高破断拉力钢丝绳吊索降低上部结构的自重成为亟待解决的问题。西堠门大桥一般吊索要求钢丝绳最小破断拉力≥2 400kN、北边跨短吊索要求钢丝绳最小破断拉力≥4 600kN、北塔处长吊索要求钢丝绳最小破断拉力≥5 884kN。按照钢丝绳国家标准规定:8 股钢丝绳最小破断拉力

$$F_0 = \frac{0.346 \times d^2 \times R_0}{1\ 000\text{kN}} \tag{6.2-1}$$

式中:d——钢丝绳直径;

R_0——钢丝绳公称强度级。

若选择常规公称强度级 1 770MPa 的钢丝绳,直径分别达到 62.60mm、86.67mm、98.02mm;若要满足一般吊索选择 8 ×41SW + IWR − 60.0mm、最小破断拉力≥2 400kN、北边跨短吊索选择 8 ×41SW + R − IWR − 80.0mm、最小破断拉力≥4 600kN、北塔处长吊索选择 8 × 55SWS + R − IWR − 88.0mm、最小破断拉力≥5 884kN 的要求,则西堠门大桥的吊索钢丝绳比标准同种强度级钢丝绳的最小破断拉力高 2 ~ 3 个强度级,提高率分别达 9.1%、11.1%、12.0%,即钢丝绳的实际强度级将分别达到 1 927MPa、2 077MPa、2 196MPa,而且还要具有良好的耐疲劳性能。对于这种大规格、特高强度级钢丝绳的设计、制造和耐疲劳性能提出了前所未有的挑战。西堠门大桥吊索钢丝绳技术条件见表 6.2-1。

西堠门大桥吊索钢丝绳技术条件　　表 6.2-1

项目＼用途	一般吊索钢丝绳	北边跨短吊索钢丝绳	北塔处长吊索钢丝绳
钢丝绳结构	8×41SW+IWR	8×41SW+R-IWR	8×55SWS+R-IWR
规格(mm)	ϕ60.0	ϕ80.0	ϕ88.0
强度级(N/mm^2)	1 770(实际强度 1 927)	1 870(实际强度 2 077)	1 960(实际强度 2 196)
最小破断拉(kN)	≥2 400	≥4 600	≥5 884
弹性模量(MPa)	≥1.15×10^5	≥1.15×10^5	≥1.15×10^5
捻向	ZS、SZ	ZS、SZ	ZS、SZ
钢丝绳捻距	≥公称直径的 8±0.2 倍	≥公称直径的 8±0.2 倍	≥公称直径的 8±0.2 倍
钢丝绳直径公差	0 ~ +6%	0 ~ +6%	0 ~ +6%
钢丝绳表面	ZAA	ZAA	ZAA
执行标准	GB/T 8918—1996	YB/T 5225—1993	YB/T 5225—1993

2)计算机模型平台开发的过程

针对西堠门大桥选择的大规格、特高强度级、耐疲劳性能钢丝绳,本研究进行了全面的研发工作。优化吊索钢丝绳的结构设计,使钢丝绳内部金属填充充分,增大金属面积和承载能力;使钢丝绳内部接触应力小,减小应力疲劳,提高钢丝绳吊索的耐疲劳性能。

使钢丝绳股内所有组成钢丝之间呈线状接触,这样也可使接触面积大、接触应力小,并消除钢丝之间的二次弯曲,使钢丝绳金属填充系数提高、有效金属面积大,这些都有益于提高钢丝绳的承载能力和耐疲劳性能。

从吊索钢丝绳的直径、结构、捻距、捻向、强度,各股的结构、捻距、捻向的输入,到组成钢丝绳的各种钢丝直径及其捻制参数的输出的一次性操作完成,就是吊索钢丝绳结构设计计算机模型平台的开发。

图 6.2-1、图 6.2-2 是典型吊索用线接触结构钢丝绳的断面。当钢丝绳的外层绳股定为 8 股、直径为 D 时(捻制状态的钢丝绳直径)、外股直径 d_3、金属绳芯直径 D_0都被确定,根据各参数之间的几何关系列出关系式,利用高阶导数弦位法或电子计算机程序可求出各参数之间的这一关系。

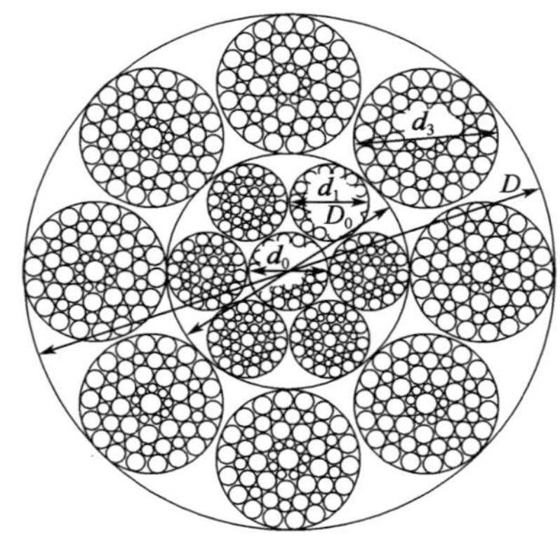

图 6.2-1　典型吊索钢丝绳全组成断面

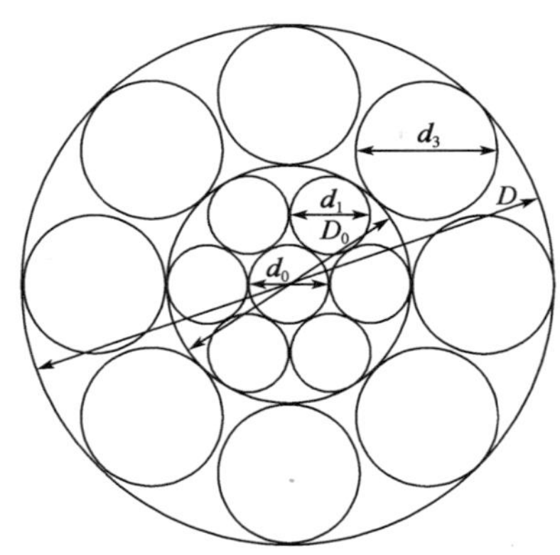

图 6.2-2　典型吊索钢丝绳股组成绳断面

图6.2-2是典型吊索钢丝绳股组成绳断面。当金属绳芯的外层绳股定为6股、直径为D_0（捻制状态的金属绳芯直径）时、绳芯外股直径d_1、绳芯中心股直径d_0都被确定，根据各参数之间的几何关系列出关系式，利用高阶导数弦位法或电子计算机程序可求出各参数之间的这一关系。

图6.2-3、图6.2-4是典型吊索钢丝绳丝组成单股断面。当外层绳股定为55SWS结构、直径为d_3（捻制状态的股直径）时、中心丝δ_0、第1层丝δ_1、第2层丝δ_2、第3层大丝δ_3、第3层小丝δ_4、第4层丝δ_5都被确定，根据各参数之间的几何关系列出关系式，利用高阶导数弦位法或电子计算机程序可求出各参数之间的这一关系。

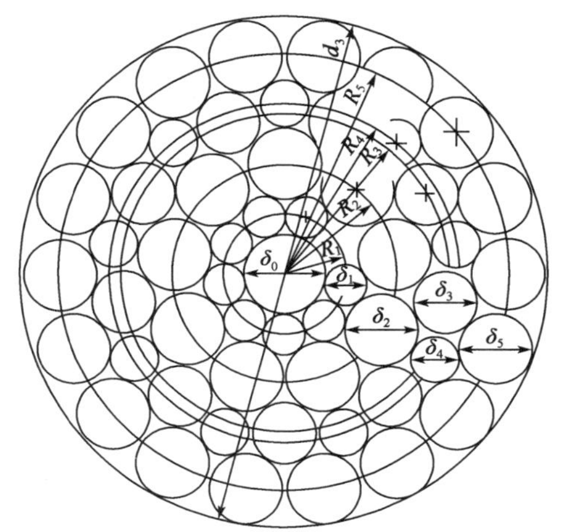

图6.2-3 典型吊索钢丝绳丝组成单股断面

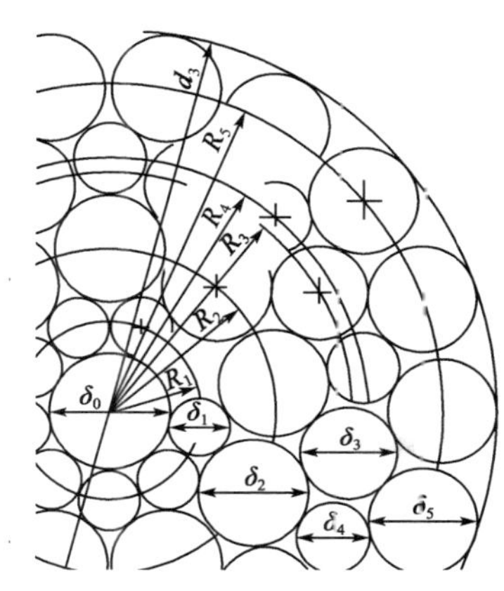

图6.2-4 典型吊索钢丝绳丝组成单股断面（局部放大）

综合上述各步骤，从吊索钢丝绳的直径、结构、捻距、捻向、强度，各股的结构、捻距、捻向的输入，到组成钢丝绳的各种钢丝直径及其捻制参数的输出的一次性操作完成，就是吊索钢丝绳结构设计计算机模型平台的开发。

计算模型的建立：以8×55SWS+IWR钢丝绳为例。

第一步：计算外股直径（d）和芯绳直径（D_0），见图6.2-5。

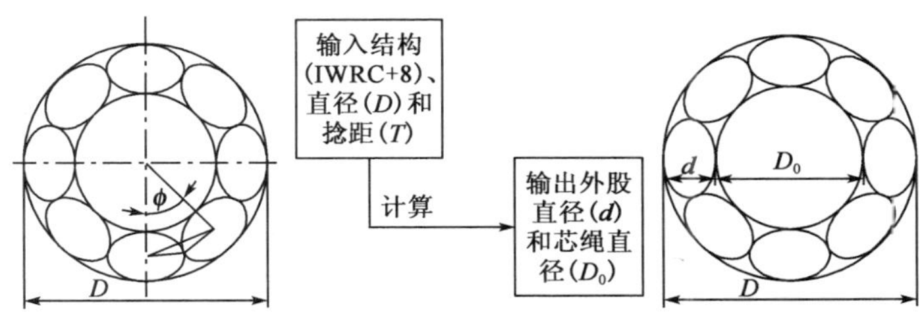

图6.2-5 计算外股直径（d）和芯绳直径（D_0）

第二步：计算外股组成钢丝直径（$\delta_0\cdots$），见图6.2-6。

第三步：计算绳芯组成股直径（d_0、d_1、d_2），见图6.2-7。

第四步：计算中心股组成钢丝直径（$\delta_0\cdots$），见图6.2-8。

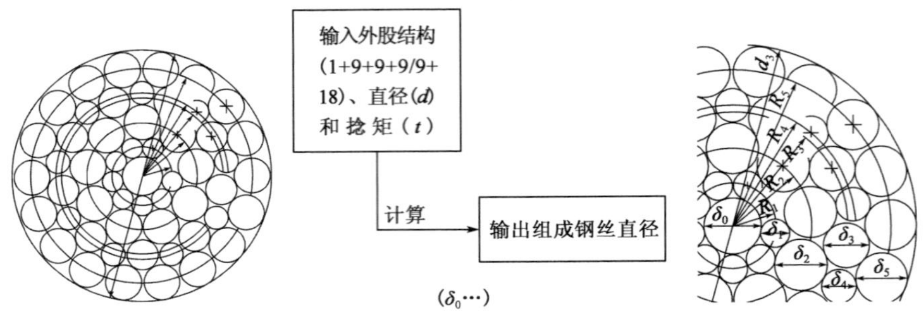

图 6.2-6　计算外股组成钢丝直径($\delta_0\cdots$)

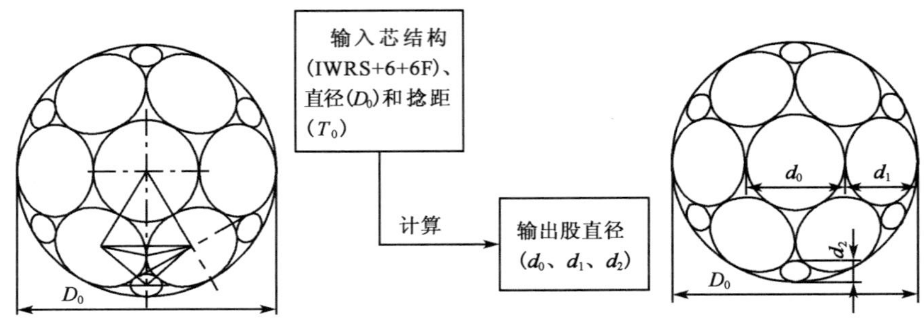

图 6.2-7　计算绳芯组成股直径(d_0、d_1、d_2)

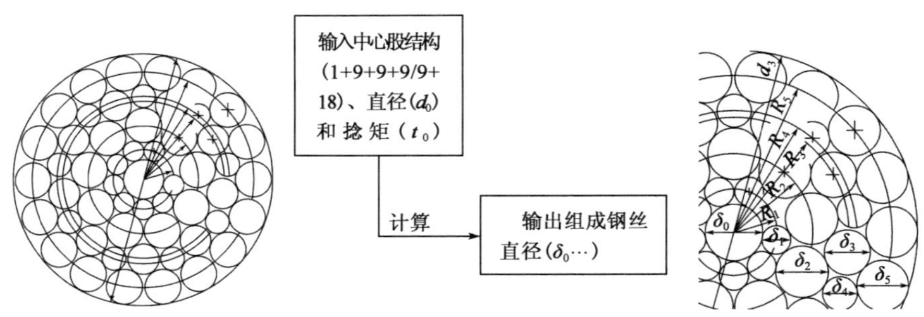

图 6.2-8　计算中心股组成钢丝直径($\delta_0\cdots$)

第五步:计算绳芯外股组成钢丝直径($\delta_0\cdots$),见图 6.2-9。

第六步:计算绳芯填充股组成钢丝直径($\delta_0\cdots$),见图 6.2-10。

第七步:将所有钢丝直径输入计算模型,进行丝、股间的间隙复核(或优化)和钢丝绳断面图形生成。

第八步:输出组成各股的钢丝直径和捻制参数、组成绳的股直径和捻制参数。

计算模型逻辑框图,见图 6.2-11。

3)开发的计算机模型平台

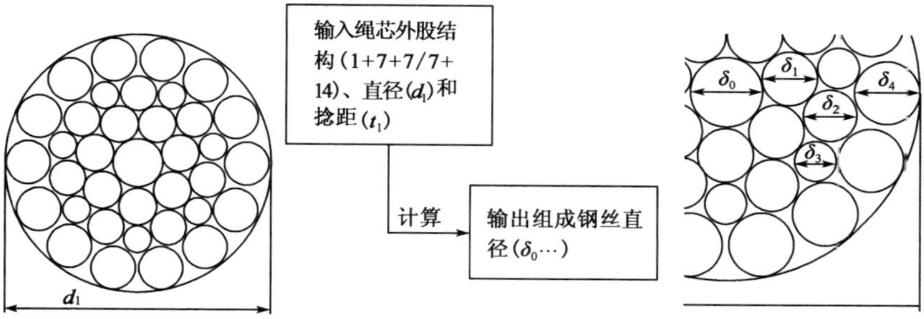

图 6.2-9 计算绳芯外股组成钢丝直径(δ_0…)

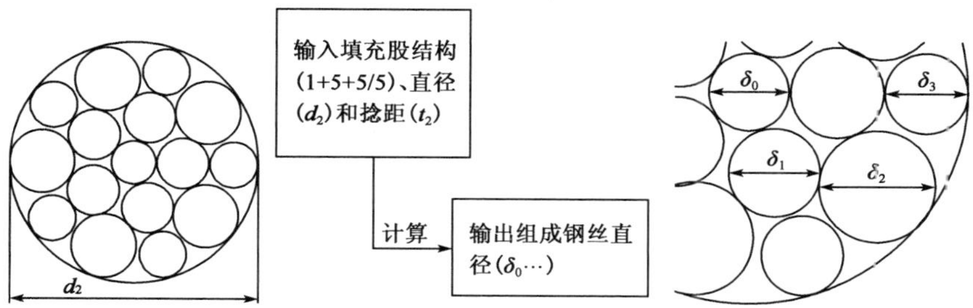

图 6.2-10 计算绳芯填充股组成钢丝直径(δ_0…)

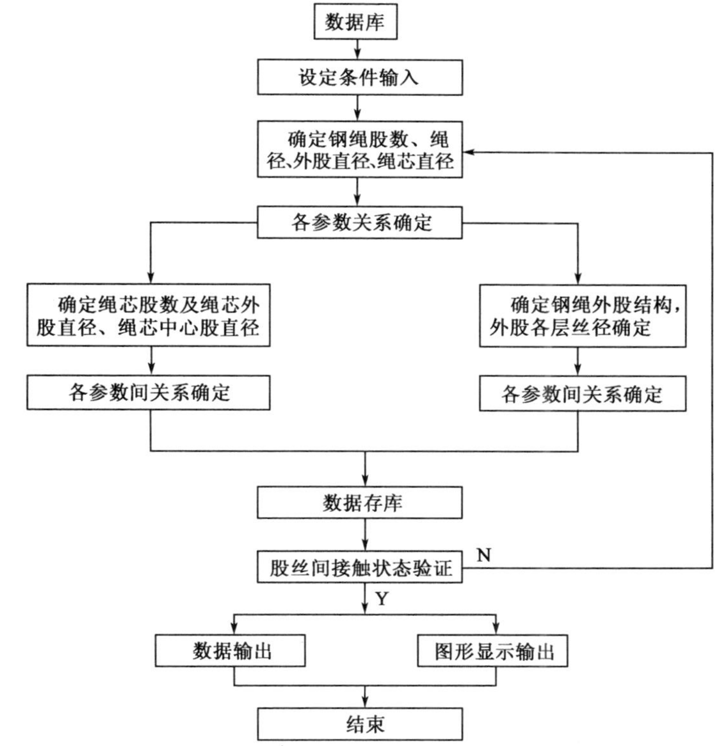

图 6.2-11 计算模型逻辑框图

图 6.2-12 是 Windows XP 平台上吊索钢丝绳结构设计软件 Ropedesign 的输入界面，图 6.2-13是 Windows XP 平台上吊索钢丝绳结构设计软件 Ropedesign 的输出界面。本项目开发的 Ropedesign 设计软件包括各种复杂结构的钢丝绳结构设计。

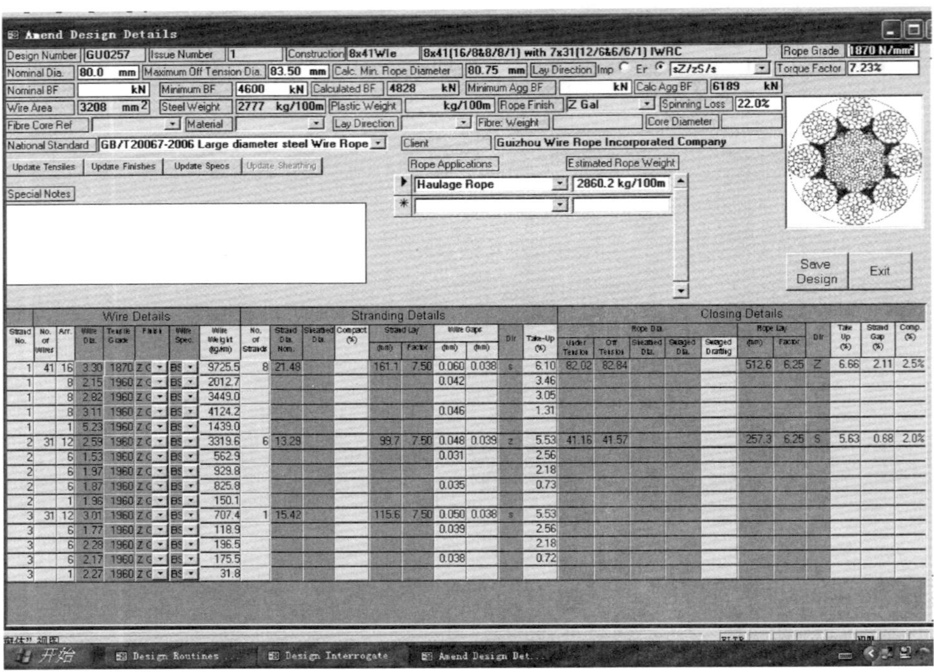

图 6.2-12　吊索钢丝绳结构设计输入界面

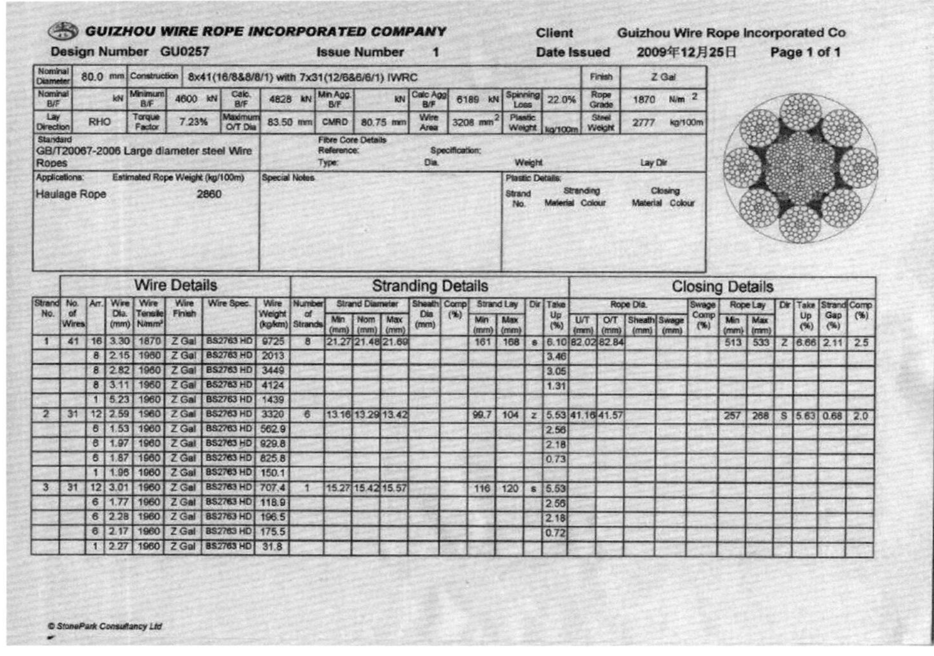

GUIZHOU WIRE ROPE INCORPORATED COMPANY　　Client　Guizhou Wire Rope Incorporated Co

Design Number　GU0257　　Issue Number　1　　Date Issued　2009年12月25日　　Page 1 of 1

Nominal Diameter	80.0 mm	Construction	8x41(16/8&8/8/1) with 7x31(12/6&6/6/1) IWRC							Finish	Z Gal
Nominal B/F	kN	Minimum B/F	4600 kN	Calc. B/F	4828 kN	Min Agg. B/F	kN	Calc Agg B/F	6189 kN	Spinning Loss	22.0%
Rope Grade	1870 N/m²										
Lay Direction	RHO	Torque Factor	7.23%	Maximum O/T Dia	83.50 mm	CMRD	80.75 mm	Wire Area	3208 mm²	Plastic Weight	kg/100m
Steel Weight	2777 kg/100m										

Standard: GB/T20067-2006 Large diameter steel Wire Ropes

Fibre Core Details　Reference:　Specification:　Type:　Dia.　Weight　Lay Dir

Applications:　Estimated Rope Weight (kg/100m)

Haulage Rope　2860

Special Notes

Plastic Details:　Strand No.　Stranding Material Colour　Closing Material Colour

Wire Details								Stranding Details										Closing Details										
Strand No.	No. of Wires	Arr.	Wire Dia. (mm)	Wire Tensile N/mm²	Wire Finish	Wire Spec.	Wire Weight (kg/km)	Number of Strands	Strand Diameter Min (mm)	Strand Diameter Nom (mm)	Strand Diameter Max (mm)	Sheath Dia (mm)	Comp (%)	Strand Lay Min (mm)	Strand Lay Max (mm)	Dir	Take Up (%)	Rope Dia. U/T (mm)	Rope Dia. O/T (mm)	Rope Dia. Sheath (mm)	Rope Dia. Swage (mm)	Swage Comp (%)	Rope Lay Min (mm)	Rope Lay Max (mm)	Dir	Take Up (%)	Strand Gap (%)	Comp (%)
1	41	16	3.30	1870	Z Gal	BS2763 HD	9725	8	21.27	21.48	21.69			161	168	s	6.10	82.02	82.84				513	533	Z	6.66	2.11	2.5
		8	2.15	1960	Z Gal	BS2763 HD	2013										3.46											
		8	2.82	1960	Z Gal	BS2763 HD	3449										3.05											
		8	3.11	1960	Z Gal	BS2763 HD	4124										1.31											
		1	5.23	1960	Z Gal	BS2763 HD	1439																					
2	31	12	2.59	1960	Z Gal	BS2763 HD	3320	6	13.16	13.29	13.42			99.7	104	z	5.53	41.16	41.57				257	268	S	5.63	0.68	2.0
		6	1.53	1960	Z Gal	BS2763 HD	562.9										2.56											
		6	1.97	1960	Z Gal	BS2763 HD	929.8										2.18											
		6	1.87	1960	Z Gal	BS2763 HD	825.8										0.73											
		1	1.96	1960	Z Gal	BS2763 HD	150.1																					
3	31	12	3.01	1960	Z Gal	BS2763 HD	707.4	1	15.27	15.42	15.57			116	120	s	5.53											
		6	1.77	1960	Z Gal	BS2763 HD	118.9										2.56											
		6	2.28	1960	Z Gal	BS2763 HD	196.5										2.18											
		6	2.17	1960	Z Gal	BS2763 HD	175.5										0.72											
		1	2.27	1960	Z Gal	BS2763 HD	31.8																					

© StonePark Consultancy Ltd

图 6.2-13　吊索钢丝绳结构设计输出界面

4）西堠门大桥吊索钢丝绳结构设计

利用上述吊索钢丝绳结构设计计算机软件对本专题的吊索钢丝绳设计如下：

一般吊索钢丝绳的计算机软件设计结果见表6.2-2。

一般吊索钢丝绳的计算机软件设计结果 表6.2-2

参数 股别	钢丝直径（mm）		股（芯）直径（mm）	捻距（mm）	股（绳）捻向 SZ	股（绳）捻向 ZS
1×31SW（中心股）	中心丝	1.67	11.39	102.5	Z	S
	第一层	1.60				
	第二层大丝	1.70				
	第二层小丝	1.32				
	外层	2.22				
6×31SW（内层股）	中心丝	1.48	10.09	90.77	S	Z
	第一层	1.42				
	第二层大丝	1.50				
	第二层小丝	1.16				
	外层	2.97				
7×31SW（金属芯）	—	—	—	—	ZS	SZ
8×41SW（外层股）	中心丝	3.90	16.10	144.9	Z	S
	第一层	2.33				
	第二层大丝	1.55				
	第二层小丝	2.35				
	外层	2.48				

北边跨短吊索钢丝绳的计算机软件设计结果见表6.2-3。

北边跨短吊索钢丝绳的计算机软件设计结果 表6.2-3

参数 股别	钢丝直径（mm）			股（芯）直径（mm）	捻距（mm）	股（绳）捻向 SZ	股（绳）捻向 ZS
1×41SW（中心股）	中心丝（股）	中心丝	1.32	3.72	33.48	Z	S
		外层	1.20				
	第一层	2.22		15.32	137.9	Z	S
	第二层大丝	2.03					
	第二层小丝	1.55					
	外层	2.35					
6×36SW（内层股）	中心丝	2.64		13.43	120.87	Z	S
	第一层	1.95					
	第二层大丝	1.89					
	第二层小丝	1.45					
	外层	2.30					
（金属芯）	—	—		—	—	ZZ	SS

续上表

<table>
<tr><th rowspan="2">参数
股别</th><th colspan="3" rowspan="2">钢丝直径
(mm)</th><th rowspan="2">股(芯)直径
(mm)</th><th rowspan="2">捻距
(mm)</th><th colspan="2">股(绳)捻向</th></tr>
<tr><th>SZ</th><th>ZS</th></tr>
<tr><td rowspan="4">6×16W
(填充股)</td><td>中心丝</td><td colspan="2">0.78</td><td rowspan="4">4.74</td><td rowspan="4">42.66</td><td rowspan="4">S</td><td rowspan="4">Z</td></tr>
<tr><td>第一层</td><td colspan="2">1.05</td></tr>
<tr><td>第二层大丝</td><td colspan="2">1.23</td></tr>
<tr><td>第二层小丝</td><td colspan="2">0.93</td></tr>
<tr><td rowspan="6">8×41SW
(外层股)</td><td rowspan="2">中心丝
(股)</td><td>中心丝</td><td>1.83</td><td rowspan="2">2.23</td><td rowspan="2">47.07</td><td rowspan="2">Z</td><td rowspan="2">S</td></tr>
<tr><td>外层</td><td>1.70</td></tr>
<tr><td>第一层</td><td colspan="2">3.12</td><td rowspan="4">1.58</td><td rowspan="4">194.23</td><td rowspan="4">Z</td><td rowspan="4">S</td></tr>
<tr><td>第二层大丝</td><td colspan="2">2.85</td></tr>
<tr><td>第二层小丝</td><td colspan="2">2.17</td></tr>
<tr><td>外层</td><td colspan="2">3.33</td></tr>
</table>

北塔处长吊索钢丝绳的计算机软件设计结果见表6.2-4。

北塔处长吊索钢丝绳的计算机软件设计结果 表6.2-4

<table>
<tr><th rowspan="2">参数
股别</th><th colspan="2" rowspan="2">钢丝直径
(mm)</th><th rowspan="2">股(芯)直径
(mm)</th><th rowspan="2">捻距
(mm)</th><th colspan="2">股(绳)捻向</th></tr>
<tr><th>SZ</th><th>ZS</th></tr>
<tr><td rowspan="6">1×55SWS
(中心股)</td><td>中心丝</td><td>2.62</td><td rowspan="6">16.74</td><td rowspan="6">150.69</td><td rowspan="6">Z</td><td rowspan="6">S</td></tr>
<tr><td>第一层</td><td>1.32</td></tr>
<tr><td>第二层</td><td>2.40</td></tr>
<tr><td>第三层大丝</td><td>2.08</td></tr>
<tr><td>第三层小丝</td><td>1.57</td></tr>
<tr><td>外层</td><td>2.33</td></tr>
<tr><td rowspan="5">6×36SW
(内层股)</td><td>中心丝</td><td>2.90</td><td rowspan="5">14.75</td><td rowspan="5">1 232.76</td><td rowspan="5">Z</td><td rowspan="5">S</td></tr>
<tr><td>第一层</td><td>2.13</td></tr>
<tr><td>第二层大丝</td><td>2.08</td></tr>
<tr><td>第二层小丝</td><td>1.60</td></tr>
<tr><td>外层</td><td>2.53</td></tr>
<tr><td>(金属芯)</td><td>—</td><td>—</td><td>—</td><td>—</td><td>ZZ</td><td>SS</td></tr>
<tr><td rowspan="4">6×16W
(填充股)</td><td>中心丝</td><td>0.85</td><td rowspan="4">5.19</td><td rowspan="4">46.71</td><td rowspan="4">S</td><td rowspan="4">Z</td></tr>
<tr><td>第一层</td><td>1.15</td></tr>
<tr><td>第二层大丝</td><td>1.35</td></tr>
<tr><td>第二层小丝</td><td>1.02</td></tr>
<tr><td>8×55SWS
(外层股)</td><td>中心丝</td><td>3.70</td><td>23.62</td><td>212.6</td><td>Z</td><td>S</td></tr>
</table>

上述吊索钢丝绳结构设计使钢丝绳内部丝间接触状态得以改善，ϕ60、ϕ80 和 ϕ88mm 钢丝绳的金属填充率从 0.599、0.605 和 0.605 分别提高到 0.643、0.641 和 0.648，提高率达 7.367%、5.930% 和 7.053%，见表 6.2-5。吊索钢丝绳结构见图 6.2-14。

钢丝绳填充率表 表 6.2-5

钢丝绳结构、规格	钢丝绳断面积 (mm^2)	实际面积 (mm^2)	实际金属填充率	标准金属面积 (mm^2)	标准填充率
8×41SW+IWR-ϕ60mm	2 827.433	1 817.716	0.643	1 692.994	0.599
8×41SW+R-IWR-ϕ80mm	5 026.548	3 223.018	0.641	3 042.586	0.605
8×55SWS+R-IWR-ϕ88mm	6 082.123	3 941.178	0.648	3 681.529	0.605
钢丝绳断面积 = $\pi \times D^2/4$					

注：1. 实际面积 = 本课题设计的钢丝绳所有组成钢丝面积之和。
2. 实际金属填充率 = 实际面积/钢丝绳断面积。
3. 标准金属面积 = $K' \times K'' \times D^2$，ϕ60mm 的 $K'=0.356$，ϕ80、ϕ88mm 的 $K'=0.346$，ϕ60mm 的 $K''=1.321$，ϕ80、ϕ88mm 的 $K''=1.374$。
4. 标准填充率 = 标准金属面积/钢丝绳断面积。

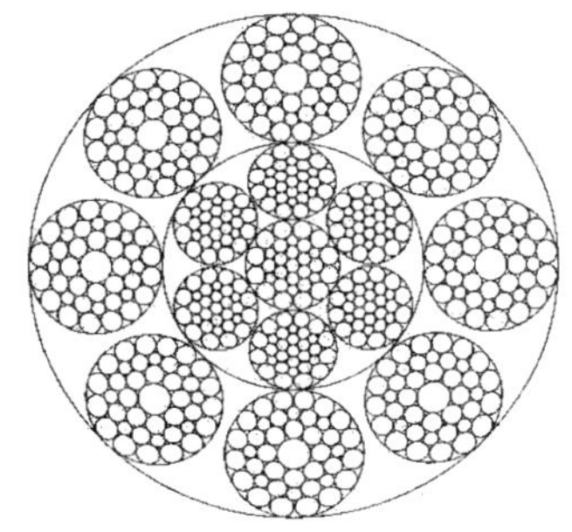
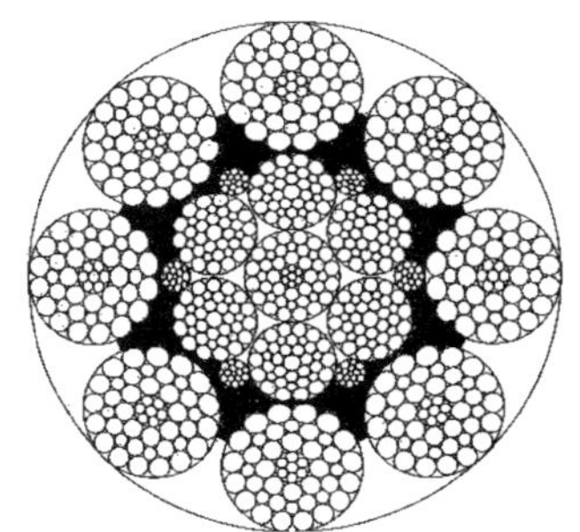

图 6.2-14 吊索桥丝绳结构图

6.2.2 拉拔工艺优化与创新研究

吊索钢丝绳生产用钢丝的拉拔是利用优质的金属线材，通过拉拔模具的作用使得金属变形，从而获得所需要的形状、尺寸和力学性能的一种金属压力加工方法。西堠门大桥的吊索钢丝绳分别选择最小破断拉力≥2 400kN、4 600kN、5 884kN 的 ϕ60.0、ϕ80.0、ϕ88.0mm，其强度级分别达到 1 927MPa、2 077MPa、2 196MPa，并满足 200 万次的振动疲劳。钢丝拉拔是控制钢丝绳力学性能的关键工序之一，为了达到钢丝加工的硬化强度和韧、塑性指标的要求，必须研究严重影响钢丝性能的参数，变形量的分配、模具孔形的几何参数、道次压缩率、表面防护锌层的质量、冷却条件等参数，并进行严格控制。

1）制绳钢丝生产工艺

（1）制绳钢丝规格及技术要求

制绳钢丝规格及技术要求见表 6.2-6。

制绳钢丝规格及技术要求表 表 6.2-6

序号	线径(mm)	强度(MPa)	锌层级别	韧性级别	执行标准
1	1.67	1 870	A	重要	GB/T 8919—1996
2	1.60	1 870	A	重要	GB/T 8919—1996

续上表

序号	线径(mm)	强度(MPa)	锌层级别	韧性级别	执行标准
3	1.70	1 870	A	重要	GB/T 8919—1996
4	1.32	1 870	A	重要	GB/T 8919—1996
5	2.22	1 870	A	重要	GB/T 8919—1996
6	1.48	1 870	A	重要	GB/T 8919—1996
7	1.42	1 870	A	重要	GB/T 8919—1996
8	1.50	1 870	A	重要	GB/T 8919—1996
9	1.16	1 870	A	重要	GB/T 8919—1996
10	1.97	1 870	A	重要	GB/T 8919—1996
11	3.90	1 570	A	重要	GB/T 8919—1996
12	2.33	1 870	A	重要	GB/T 8919—1996
13	2.13	1 870	A	重要	GB/T 8919—1996
14	1.62	1 870	A	重要	GB/T 8919—1996
15	2.48	1 870	A	重要	GB/T 8919—1996
16	1.32	1 960	A	重要	GB/T 8919—1996
17	1.20	1 960	A	重要	GB/T 8919—1996
18	2.22	1 960	A	重要	GB/T 8919—1996
19	2.03	1 960	A	重要	GB/T 8919—1996
20	1.55	1 960	A	重要	GB/T 8919—1996
21	2.35	1 960	A	重要	GB/T 8919—1996
22	2.64	1 960	A	重要	GB/T 8919—1996
23	1.95	1 960	A	重要	GB/T 8919—1996
24	1.89	1 960	A	重要	GB/T 8919—1996
25	1.45	1 960	A	重要	GB/T 8919—1996
26	2.30	1 960	A	重要	GB/T 8919—1996
27	0.78	1 960	A	重要	GB/T 8919—1996
28	1.05	1 960	A	重要	GB/T 8919—1996
29	1.23	1 960	A	重要	GB/T 8919—1996
30	0.93	1 960	A	重要	GB/T 8919—1996
31	1.83	1 960	A	重要	GB/T 8919—1996
32	1.70	1 960	A	重要	GB/T 8919—1996
33	3.12	1 870	A	重要	GB/T 8919—1996
34	2.85	1 870	A	重要	GB/T 8919—1996
35	2.17	1 870	A	重要	GB/T 8919—1996
36	3.33	1 870	A	重要	GB/T 8919—1996
37	2.62	1 960	A	重要	GB/T 8919—1996

续上表

序号	线径(mm)	强度(MPa)	锌层级别	韧性级别	执行标准
38	1.32	2 160	A	重要	GB/T 8919—1996
39	2.40	1 960	A	重要	GB/T 8919—1996
40	2.08	1 960	A	重要	GB/T 8919—1996
41	1.57	2 160	A	重要	GB/T 8919—1996
42	2.33	1 960	A	重要	GB/T 8919—1996
43	2.90	1 960	A	重要	GB/T 8919—1996
44	2.13	1 960	A	重要	GB/T 8919—1996
45	2.08	1 960	A	重要	GB/T 8919—1996
46	1.60	2 160	A	重要	GB/T 8919—1996
47	2.53	1 960	A	重要	GB/T 8919—1996
48	0.85	2 160	A	重要	GB/T 8919—1996
49	1.15	2 160	A	重要	GB/T 8919—1996
50	1.35	2 160	A	重要	GB/T 8919—1996
51	1.02	2 160	A	重要	GB/T 8919—1996
52	3.70	1 770	A	重要	GB/T 8919—1996
53	1.87	2 160	A	重要	GB/T 8919—1996
54	3.37	1 870	A	重要	GB/T 8919—1996
55	2.93	1 960	A	重要	GB/T 8919—1996
56	2.21	1 910	A	重要	GB/T 8919—1996
57	3.30	1 910	A	重要	GB/T 8919—1996

(2)制绳钢丝生产工艺流程(见图6.2-15)。

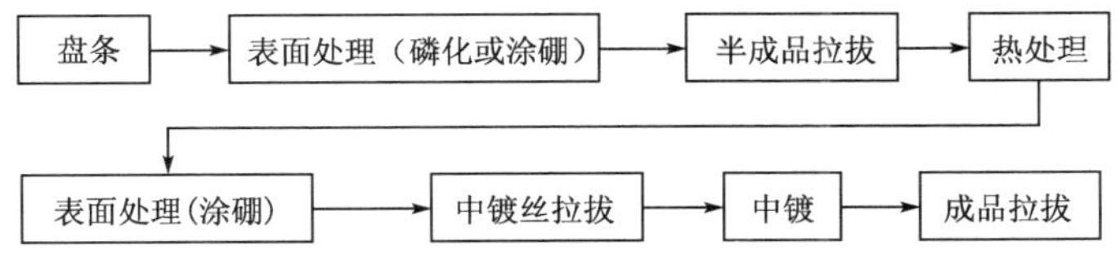

图6.2-15　工艺流程框图

(3)制绳钢丝的拉拔

钢丝采用多道次小压缩率拉拔,确保成品钢丝强度的同时具有良好的韧、塑性。制定拉拔路线的原则是:

①总压缩率≥80%;

②平均部分压缩率≤17%;

③拉丝模具:采用直线型拉丝模。

钢丝采用定(倍)尺生产、保证在绳、股捻制过程中钢丝不电接,按GK01—2006内控标准的相应强度组织生产和检验。

生产前必须保证生产机台、半成品和成品堆放环境的清洁。

生产镀前半成品时采用一速生产,AT2 拉拔粉拉拔,不得使用直接水冷,电接下线。抽样送检后合格品才能送下道工序生产。

在生产、堆放、运输过程中必须保证钢丝表面清洁,不得有油污和其他表面质量缺陷(表面刮伤、镀层粗糙、漏镀、镀层发黑等)存在,且单独堆放、并进行覆盖和铺垫。

(4)镀锌

①镀后直径偏差 ±0.02mm。

②镀后钢丝恢复原始标识。

③镀前清洗必须干净,镀后钢丝每班必须取 5 根以上做拉力、上锌量及缠绕试验,当取样钢丝中出现一把缠绕不合格或上锌量达不到要求时,当班必须 100% 的对生产的钢丝取样做上锌量试验,不合格的不能作正品打吊,镀锌检测报告见表 6.2-7。

④检验:成品钢丝委托进行拉力、弯曲、扭转检验及上锌量试验。

镀锌钢丝试验数据 表 6.2-7

试验标准	钢丝直径(mm)	试验编号	上锌量(g/m^2)		试验结果
GK01—2006 双样(复试)	2.33	17-1	234	233	A
	2.33	17-2	232	229	A

2)ϕ2.40mm 典型制绳钢丝的研制

(1)技术要求

通过对 ϕ2.40mm 高强度镀锌制绳钢丝生产研制,结合用户要求及国家相关标准的相关要求,制订了公司对强韧性特高强度镀锌制绳钢丝的内控标准,各项技术参数要求见表 6.2-8。

强韧性特高强度镀锌制绳钢丝的技术要求 表 6.2-8

规格(mm)	光面公差(mm)	强度(MPa)	360°扭转(次)	180°弯曲(次)	上锌量(g/m^2)
2.40	-0.02 -0.06	2 190 ~ 2 230	≥26	≥14	≥230

(2)生产工艺的研究

①确定原料:为了达到钢丝加工硬化强度和韧、塑性指标的要求,首先必须具有与拉拔后的性能相匹配的材料成分和材料质量。由于本课题对钢丝强韧性和疲劳性能要求很高,因此需要保证盘条在索氏体化热处理后不出现网状铁素体,索氏体化率要达到 95% 以上,同时提高材料的纯净度和成分均匀性。为此对盘条成分进行了设计:

C:0.79%~0.85%, S:<0.01%, P:<0.015%(SWRH82B)其余按标准执行。

本研究采用的盘条分别为宝钢 10.0mm,首钢的 8.0mm、6.5mm 的 SWRH82B。经检测,均符合生产要求。

通过适当增加含碳量即超过共析点碳含量,可以避免网状铁素体的出现,提高材料纯净度有助于增加材料韧性和钢丝的强度。控制总压缩率为 70% ~85%,增加拉拔道次适当降低和合理分配部分压缩率,有助于提高钢丝的韧性。

②半成品压缩率的确定。

根据屠林科夫公式：

$$\sigma_b = K\sigma_0\sqrt{\frac{D}{d}} \tag{6.2-2}$$

式中：σ_b——成品抗拉强度，MPa；

K——拉拔系数；

σ_0——半成品钢丝热处理后强度，MPa；

D——半成品直径，mm；

d——成品直径，mm。

根据以上公式，结合实际情况，进行综合考虑并进行反复验算，计算出当 $\sigma_0 \geq 1\ 330$MPa 时，$D = 6.20$mm，此时能较好满足成品强度的要求。

③热处理工艺的研究

钢丝热处理后抗拉强度的高低，决定钢丝拉拔后抗拉强度的高低。在原料及半成品规格已经确定的前提下，合理制订热处理工艺，可以在一定范围内提高半成品钢丝的抗拉强度，有效地降低拉拔过程中韧性值的损失，从而在保证成品钢丝特高强度的前提下具有良好的韧性，生产出综合机械性能优良的强韧性特高强度制绳钢丝。

组织控制的优化热处理工艺：钢丝索氏体化热处理是保证钢丝拔制性能和最终钢丝综合性能的关键工艺。为达到钢丝高强韧目的需要考虑索氏体化率、片层间距以及铁素体状态等组织因素。优化组织的思路如下：

a. 显著提高索氏体化率达到95%以上，消除网状铁素体；

b. 索氏体层间距小于200nm；

c. 尽量降低铁素体中固溶的间隙原子数量来提高 α 相的形变强化容量，提高形变硬化指数。

按上述思路对组织进行控制就可以达到提高钢丝拔制性能和强韧性目的。为达到上述组织控制参量需要对加热温度、淬火等温温度、收线速率等参数进行优化试验。通过试验，结果表明：加热温度过高会粗化奥氏体晶粒。适当的淬火等温温度可以显著细化片层间距。适当的收线速率可以获得高的索氏体化率、提高形变硬化指数，且具有高的形变强化容量，从而保证钢丝具有良好的拔制性能、优异的强韧性配合，并对提高钢丝疲劳寿命具有重要作用。

为了合理选择参数，我们分别对加热温度、铅淬火温度及收线速度三个重要因素进行研究。根据经验值，加热温度选择 880～920℃（每 10℃一个试验点），铅淬火温度选择 540～560℃（每 5℃一个试验点），收线速度为选择 7～11m/min（每 1m/min 为一个试验点）来进行试验研究。

方案一：加热温度选择 880℃、收线速度选择 10m/min，变化铅淬火温度，铅淬火温度选择 540～560℃（每 5℃一个试验点），具体工艺参数及半成品热处理后抗拉强度见表 6.2-9。

ϕ6.20mm 半成品铅温参数变化及对应编号表 表 6.2-9

编号	淬火温度(℃)	加热温度(℃)	收线速度(m/min)	热处理后抗拉强度(MPa)
S_1	540	880	10	1 285
S_2	545	880	10	1 293
S_3	550	880	10	1 310
S_4	555	880	10	1 286
S_5	560	880	10	1 276

从表 6.2-9 中可以看出，对于 ϕ6.20mm 半成品钢丝的抗拉强度，S_3 抗拉强度最高。

方案二：铅淬火温度选择 550℃、收线速度选择 10m/min，变化铅加热温度，铅淬火温度选择 880～920℃（每 10℃一个试验点），具体工艺参数及半成品热处理后抗拉见表 6.2-10。

ϕ6.20mm 半成品加热温度参数变化及对应编号表 表 6.2-10

编号	加热温度（℃）	淬火温度（℃）	收线速（m/min）	热处理后抗拉强度（MPa）
S_6	880	550	10	1 290
S_7	890	550	10	1 320
S_8	900	550	10	1 338
S_9	910	550	10	1 330
S_{10}	920	550	10	1 330

从表 6.2-10 中可以看出，对于 ϕ6.20mm 半成品钢丝的抗拉强度，S_8 抗拉强度最高。

方案三：加热温度选择 900℃、铅淬火温度选择 550℃，变化收线速度，收线速度选择 7～11m/min（每 1m/min 为一个试验点），具体工艺参数及半成品热处理后抗拉强度见表 6.2-11。

ϕ6.20mm 半成品加收线速度参数变化及对应编号表 表 6.2-11

编号	收线速（m/min）	加热温度（℃）	淬火温度（℃）	热处理后抗拉强度（MPa）
S_{11}	7	900	550	1 290
S_{12}	8	900	550	1 320
S_{13}	9	900	550	1 365
S_{14}	10	900	550	1 330
S_{15}	11	900	550	1 330

从 6.2-11 中可以看出，对于 ϕ6.20mm 半成品钢丝的抗拉强度，S_{13} 抗拉强度最高。

一般情况下，热处理后的抗拉强度，常作为判断钢丝索氏体化处理质量的简易标准。钢丝热处理后抗拉强度的高低，决定钢丝拉拔后的机械性能。在上述热处理后抗拉强度最高的 S_3、S_8、S_{13} 三组试样中，S_{13} 钢丝强度 1 365MPa，S_3 钢丝强度 1 310MPa，两编号钢丝强度差 55MPa。

我们分别对 S_3 和 S_{13} 这两组试样进行金相显微分析，其内部组织同样存在差异。在 500 倍显微镜下观察，S_{13} 钢丝索氏体比例大于 96%，组织细小均匀；S_3 组钢丝索氏体比例大于 96%，但组织相对粗大且不均匀，因此 S_3 强度低于 S_{13}，两组钢丝的显微组织见图 6.2-16。

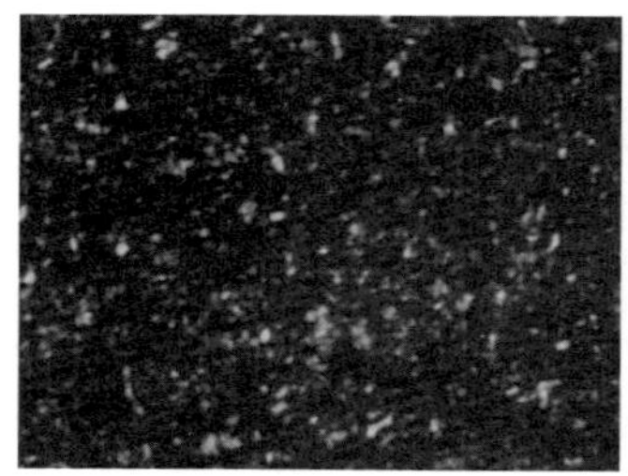

a）S_{13} 金相显微组织×500

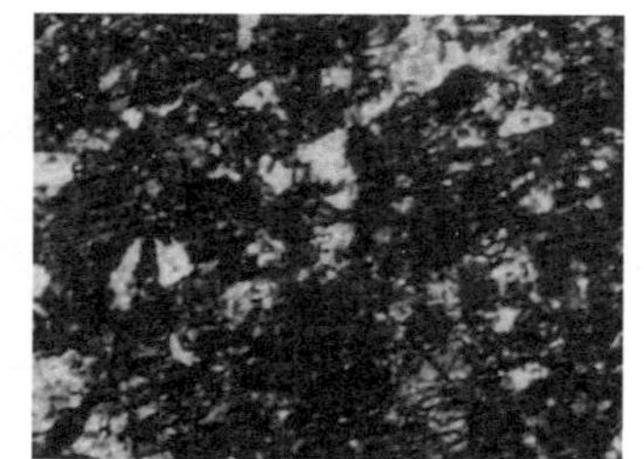

b）S_3 金相显微组织×500

图 6.2-16 金相显微组织

④ϕ2.40mm 光面钢丝机械性能。

我们将 S_3、S_{13} 热处理之后的半成品拉拔成 ϕ2.40mm 光面钢丝，对应的钢丝机械性能见表 6.2-12。

ϕ2.40mm 光面钢丝机械性能 表 6.2-12

编号	扭转(次)	弯曲(次)	抗拉强度(MPa)
S_3	24.3	12.8	2 165
S_{13}	29.3	15.8	2 212

3)试制结果分析

经成品钢丝综合机械性能检验表明(见表 6.2-13)，S_{13} 热处理后的质量较好，故拉拔后 ϕ2.40mm 光面钢丝的综合机械性能也较好。这充分说明了选择 S_{13} 的热处理工艺，即加热温度 900℃，铅淬火温度 550℃，收线速度为 9m/min，完全能满足钢丝抗拉强度、弯曲及扭转值的要求。通过镀锌工艺钢丝镀锌前后的性能差距很小，具有良好的质量稳定性。之后，我们多次用上述热处理工艺为客户生产的 ϕ2.40mm、ϕ2.50mm、ϕ2.70mm，强度在 2 190 ~ 2 230MPa 的镀锌制绳钢丝，都能满足用户的使用要求。

ϕ2.40mm 镀锌钢丝机械性能及上锌量 表 6.2-13

编号	扭转(次)	弯曲(次)	抗拉强度(MPa)	上锌量(g/m^2)
S_3	24.5	12.7	2 161	245
S_{13}	29.1	16.1	2 209	243

采用合适化学成分、具有优良内部组织的原材料及其半成品，通过优化热处理工艺和拉拔工艺路线中加热温度、铅淬火温度及收线速度三个重要工艺参数，能够生产出强度高、韧性好的特高强度镀锌钢丝。

(1)在保证合适的热处理工艺、拉拔、冷却及润滑条件的前提下，选择 SWRS82B 可以生产出强度高、韧性好的特高强度镀锌钢丝。

(2)通过对半成品钢丝热处理工艺的研究，本课题采用：加热温度 900℃，铅淬火温度 550℃，收线速度为 9m/min 的生产工艺，完全能满足钢丝抗拉强度、弯曲及扭转值的要求。

6.2.3 捻制工艺优化与结构研究

吊索镀锌钢丝绳的破断拉力、耐疲劳持久性不仅取决于提高金属填充系数的钢丝绳结构的精确设计，还取决于吊索镀锌钢丝绳捻制工艺技术的研制。对于大规格高强度多丝线接触吊索镀锌钢丝绳，要使众多直径规格的高质量、高强度钢丝和绳股按工艺设计参数要求顺畅地捻制于规定的位置和状态，且尽可能地减少捻制损失及损伤，就必须要研制特殊的捻制工艺技术和捻制工艺装备。有效并强力的捻制工艺装备加之优良的捻制工艺技术，使吊索镀锌钢丝绳的所有钢丝和绳股受力均匀、捻制损失及损伤少、捻制应力小，从而保证吊索镀锌钢丝绳具有足够高的破断拉力和有效减少或减慢吊索镀锌钢丝绳在交变载荷下疲劳源的生成，使吊索镀锌钢丝绳获得较高的破断拉力、耐疲劳性能。

1)钢丝绳生产工艺

钢丝绳生产工艺流程如图6.2-17。

图6.2-17 钢丝绳生产工艺流程图

2)捻制工艺要求

(1)卷线、捻股、合绳前必须将生产机台的油脂擦干净,且生产和运输过程中保证钢丝、钢丝绳不接触油污。

(2)捻股不喷油、不滴油,捻绳不涂油,钢丝绳表面必须保持洁净。

(3)卷线、捻股时外层钢丝不电接,卷线过锭子油。

(4)捻股、合绳捻制应力应消除良好,不得打扭;严格控制各丝、股张力,保证各丝、股间间隙均匀一致。捻绳用预变形量适中,压线瓦成型即可,不能压紧过度、损伤钢丝。定径辊只规圆,不得发出异常声响,矫直器视情况少用。钢丝绳松散不作严格考核,但绳端必须牢固捆扎。

(5)为防止污染,每件钢丝绳合绳完毕后必须进行简易包装。

3)结果分析

(1)检测要求

8×41SW+IWR-ϕ60mm 成品钢丝绳按标准《钢丝绳》(GB/T 8918—1996)的方法一取样检验。

8×41SW+R-IWR-ϕ80mm 和 8×55SWS+R-IWR—ϕ88mm 每大件取样做拆股检验。

(2)检测结果

①8×41SW+IWR-ϕ60mm 成品钢丝绳检测结果见表6.2-14。

8×41SW+IWR-ϕ60mm 成品钢丝绳检测结果 表6.2-14

钢丝绳破断拉力(kN)	规定值(≥)2 400 实际值 2 418							
钢丝公称直径(mm)	1.62		2.13		2.33		2.48	
钢丝公称抗拉强度(MPa)	1 770		1 770		1 770		1 770	
试验项目	最大值	最小值	最大值	最小值	最大值	最小值	最大值	最小值
抗拉强度(MPa)	1 980	1 920	2 010	1 970	2 010	1 860	1 990	1 920
反复弯曲次数(次)	17	12	19	13	16	12	16	12
扭转次数(次)	38	31	40	30	35	31	38	27
镀锌层质量	A		A		A		A	
弹性模量 E(MPa)	122 767							

②8×41SW+R-IWR-ϕ80mm 成品钢丝绳检测结果见表6.2-15。

8 ×41SW + R-IWR-ϕ80mm 成品钢丝绳检测结果 表 6.2-15

钢丝破断拉力总和(kN)	规定值(≥)6 133 实际值 6 691.18							
钢丝公称直径(mm)	2.17		2.85		3.12		3.33	
钢丝公称抗拉强度(MPa)	1 870		1 870		1 870		1 870	
试验项目	最大值	最小值	最大值	最小值	最大值	最小值	最大值	最小值
抗拉强度(MPa)	2 140	1 820	2 200	1 960	2 170	1 990	2 100	1 890
扭转次数(次)	37	20	33	24	30	19	37	16
镀锌层质量	A		A		A		A	
弹性模量 E(MPa)	114 476							

③8 ×55SWS + R-IWR-ϕ88mm 成品钢丝绳检测结果见表 6.2-16。

8 ×55SWS + R-IWR-ϕ88mm 成品钢丝绳检测结果 表 6.2-16

钢丝破断拉力总和(kN)	规定值(≥) 7 485.00 实际值 7 901.7									
钢丝公称直径(mm)	1.87		2.21		2.93		3.3		3.37	
钢丝公称抗拉强度(MPa)	1 960		1 960		1 960		1 960		1 960	
试验项目	最大值	最小值	最大值	最小值	最大值	最小值	最大值	最小值	最大值	最小值
抗拉强度(MPa)	2 390	1 940	2 040	1 940	2 190	1 920	2 060	1 910	2 020	1 920
扭转次数(次)	37	22	43	28	31	23	32	19	28	21
镀锌层质量	A		A		A		A		A	
弹性模量 E(MPa)	115 924									

通过对多丝高强度、大规格吊索钢丝绳捻制工艺优化与钢绳结构研究，提出了合理的捻制工艺参数和钢绳捻制结构，同时对捻制工艺生产装备进行升级改造并加强工艺制度。目前所生产的西堠门大桥 8 ×41SW + IWR − ϕ60.0mm、8 ×41SW + R-IWR − ϕ80.0mm、8 ×55SWS + R − IWR − ϕ88.0mm 吊索钢丝绳，经试验其所有指标达到相关标准要求，研究成果使钢绳产品性能成功满足了西堠门大桥建设需要。

6.2.4 吊索钢丝绳内部填充材料工艺研究

1)吊索钢丝绳的试验要求

8 ×41SW + IWR − ϕ60mm 吊索钢丝绳成品每大件按《钢丝绳》(GB/T 8918—1996)的方法一取样检验，8 ×41SW + R-IWR − ϕ80mm 和 8 ×55SWS + R − IWR − ϕ88mm 每大件取样按《粗直径钢丝绳》(YB/T 5225—1993)做拆股检验，以测试吊索钢丝绳的基本性能。

吊索钢丝绳成品检验合格后，按照《公路悬索桥吊索》(JT/T 449—2001)制作吊索样品进行吊索静载试验、弹性模量、弯曲静载试验、疲劳试验。

弹性模量是钢丝绳吊索长度设计、制作的重要依据，必须进行准确的测量和计算。

钢丝绳吊索的弯曲静载试验、静载试验和疲劳试验是模拟使用要求对钢丝绳吊索进行试验研究。静载试验主要是检验吊索钢丝绳、锚杯浇铸合金的承载性能以及验证钢丝绳吊索的结构可靠性和制造工艺的合理性；吊索的弯曲静载试验主要是检验钢丝绳吊索在主缆索夹上弯曲时的承载性能；疲劳试验主要是检验成品钢丝绳吊索、锚杯浇铸合金、耐疲劳性能以及验证钢丝绳吊索的结构可靠性和制造工艺的合理性。

2）吊索钢丝绳试制

（1）吊索钢丝绳第一次试制

第一次设计试制的 ϕ60mm、ϕ80mm、ϕ88mm 吊索钢丝绳结构断面如图 6.2-18。

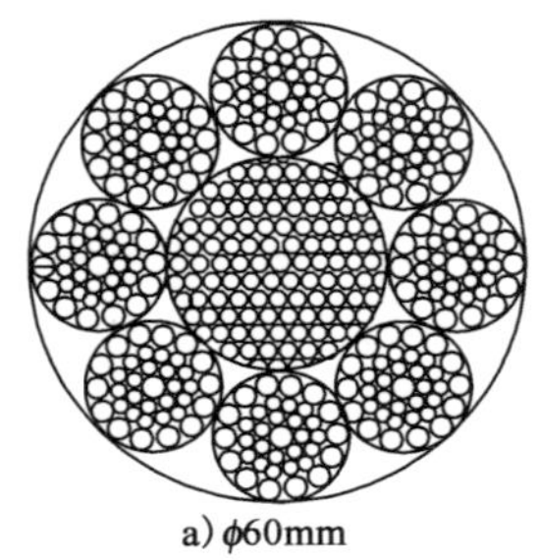

a) ϕ60mm

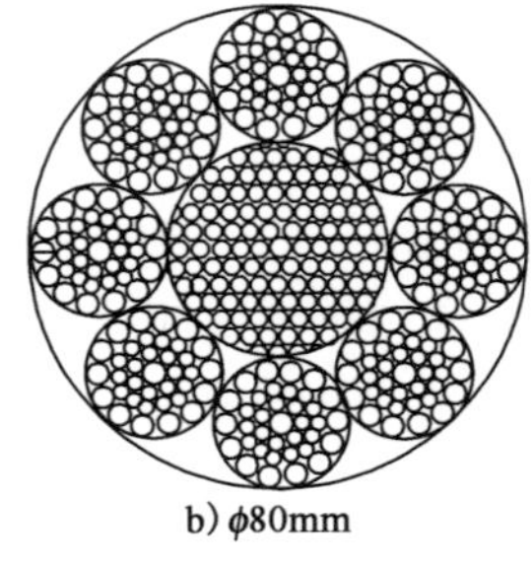

b) ϕ80mm

c) ϕ88mm

图 6.2-18　第一次试制结构图

第一次试制吊索钢丝绳检验结果和结论：钢丝绳的基本性能全部合格、钢丝绳吊索静载试验、弹性模量、弯曲静载试验全部合格，但钢丝绳吊索疲劳试验均不合格，待改进。

（2）吊索钢丝绳第二次试制

第二次设计试制的 ϕ60mm、ϕ80mm、ϕ88mm 吊索钢丝绳结构断面如图 6.2-19。

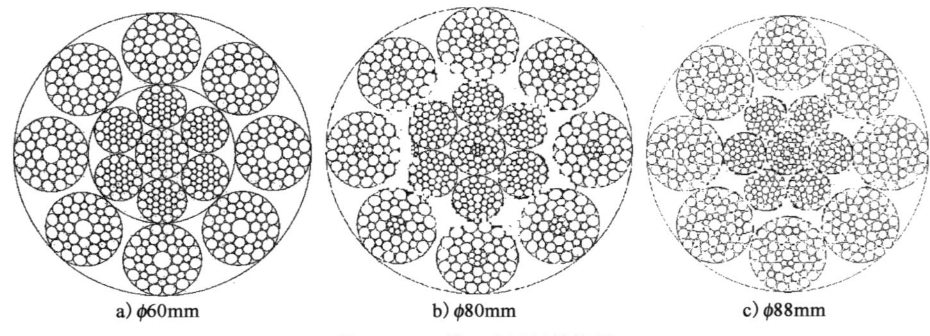

a) ϕ60mm　b) ϕ80mm　c) ϕ88mm

图 6.2-19　第二次试制结构图

第二次试制吊索钢丝绳检验结果和结论：钢丝绳的基本性能全部合格、钢丝绳吊索静载试验、弹性模量、弯曲静载试验全部合格，但钢丝绳吊索疲劳试验除 ϕ60mm 合格外，其余均不合格。锁定 ϕ60mm 方案，继续改进 ϕ80mm、ϕ88mm 规格吊索钢丝绳。

（3）吊索钢丝绳第三次试制

第三次设计试制的 ϕ80mm、ϕ88mm 吊索钢丝绳结构断面如图 6.2-20。

第三次试制吊索钢丝绳检验结果和结论：钢丝绳的基本性能全部合格、钢丝绳吊索静载试验、弹性模量、弯曲静载试验全部合格，但钢丝绳吊索疲劳试验 ϕ80mm 合格而 ϕ88mm 不合格。锁定 ϕ80mm 方案，持续改进 ϕ88mm 规格吊索钢丝绳。

（4）吊索钢丝绳第四次试制

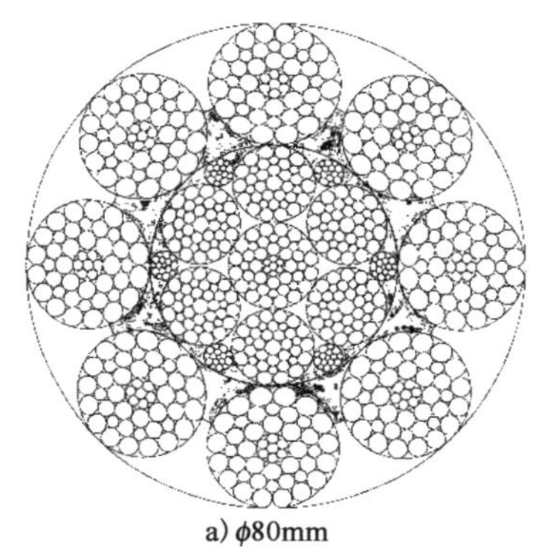

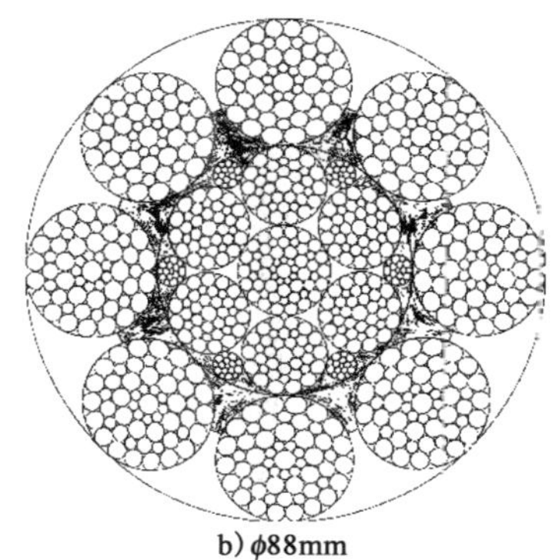

图 6.2-20　第三次试制结构图

第四次设计试制的 ϕ88mm 吊索钢丝绳结构断面如图 6.2-21 所示。

第四次试制吊索钢丝绳检验结果和结论：钢丝绳的基本性能全部合格、钢丝绳吊索静载试验、弹性模量、弯曲静载试验、疲劳试验全部合格，锁定 ϕ88mm 方案。

3）吊索钢丝绳试制结果分析

本课题在吊索钢丝绳结构设计、生产试验中在两个大方向展开研发工作：

①优化吊索钢丝绳各钢丝、各绳股之间的接触状态，使其钢丝绳的金属面积增大、钢丝绳各钢丝和各绳股之间的接触应力减小而均匀，从而提高吊索钢丝绳的破断拉力和耐疲劳性能；

②另外在吊索钢丝绳内填充改性塑胶垫层有效地缓冲吊索钢丝绳承受脉动载荷时绳内各股之间相互挤压和刻痕，降低接触应力，避免应力集中，从而提高吊索镀锌钢丝绳的耐疲劳性能，满足脉冲循环加载试验的要求。

我们先后做了四批次生产试验，并按交通部《公路悬索桥吊索》（JT/T 449—2001）标准进行脉冲循环加载试验，根据试验情况逐步改进，最终解决了西堠门大桥用大规格、特高强度级吊索钢丝绳的耐疲劳性能问题，满足了交通部《公路悬索桥吊索》（JT/T 449—2001）标准 6.1.5条“经 2×10^6 次脉冲循环加载试验后，吊索钢丝绳断丝率不大于 5%”之规定。

8×55SWS + IWR-88.0mm 前后 4 次吊索钢丝绳的设计、试制、试验情况分析如下：

第一批次：钢丝绳结构为 8×55SWS + IWR-ϕ88.0mm，其中 IWR 为 6×36SW + 1×55SWS，钢丝绳结构的横断面如图 6.2-22 所示。

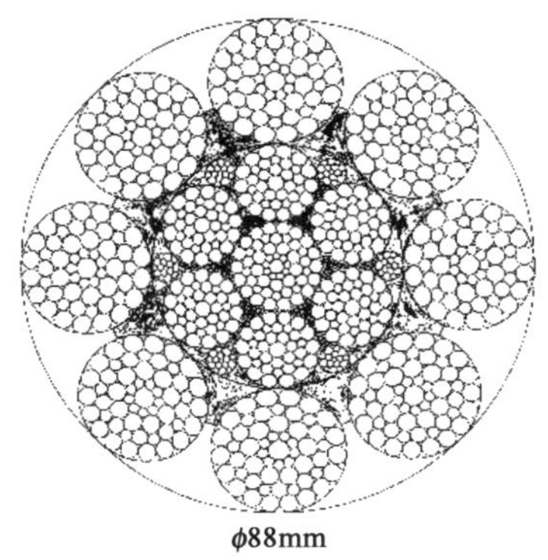

图 6.2-21　第四次试制结构图

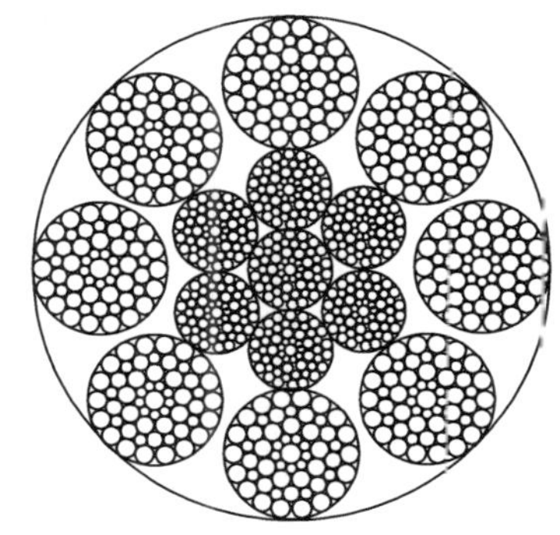

图 6.2-22　钢丝绳第一批次试制结构图

第二批次：钢丝绳结构为 8 ×55SWS + IWR － ϕ88.0mm，其中 IWR 为 6 ×16W +6 ×36SW +1 ×55SWS，钢丝绳结构的横断面如图 6.2-23 所示。

第三批次：钢丝绳结构为 8 ×55SWS + R-IWR，其中 R 为填充改性塑胶垫层，IWR 为 6 ×16W +6 ×36SW +1 ×55SWS，钢丝绳结构的横断面如图 6.2-24 所示。

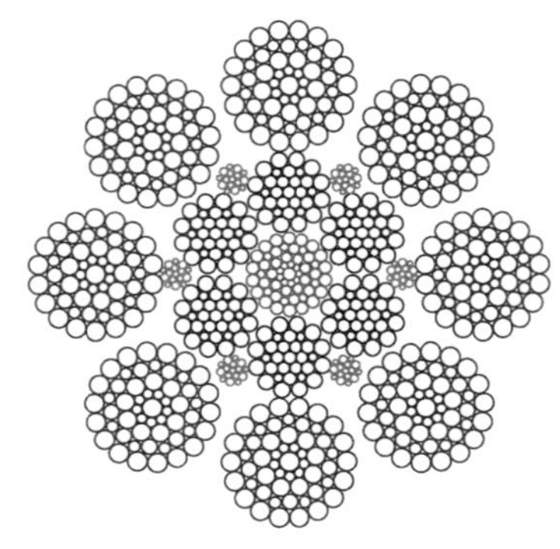

图 6.2-23　钢丝绳第二批次试制结构图

图 6.2-24　钢丝绳第三批次试制结构图

第四批次：钢丝绳结构为 8 ×55SWS + R-IWR，其中 R 为全填充改性塑胶垫层，IWR 为 6 ×16W +6 ×36SW +1 ×55SWS，钢丝绳结构的横断面如图 6.2-25 所示。

上述四批次生产试验结果如表 6.2-17。

生产试验结果　　表 6.2-17

序号	生产批次	结构、规格	试验结果	EA 值	备 注
1	第一批	8 ×55SWS + IWR － ϕ88mm	断丝率 >5% 不合格	128 000MPa	超标、改进
2	第二批	8 ×55SWS + IWR － ϕ88mm	断丝率 >5% 不合格	129 000MPa	超标、改进
3	第三批、一次涂塑	8 ×55SWS + R-IWR － ϕ88mm XSϕ88-2 号	断丝率 >5% 不合格	501 416kN	超标、改进
	第三批、一次涂塑	8 ×55SWS + R-IWR － ϕ88mm XSϕ88-1 号	断丝率 >5% 不合格	515 955kN	超标、改进
4	第四批、二次涂塑	8 ×55SWS + R-IWR － ϕ88mm XSϕ88-3 号	断丝率 <5%、合格	517 974kN	锁定工艺
	第四批、二次涂塑	8 ×55SWS + R-IWR － ϕ88mm XSϕ88-4 号	断丝率 <5%、合格	497 792kN	锁定工艺

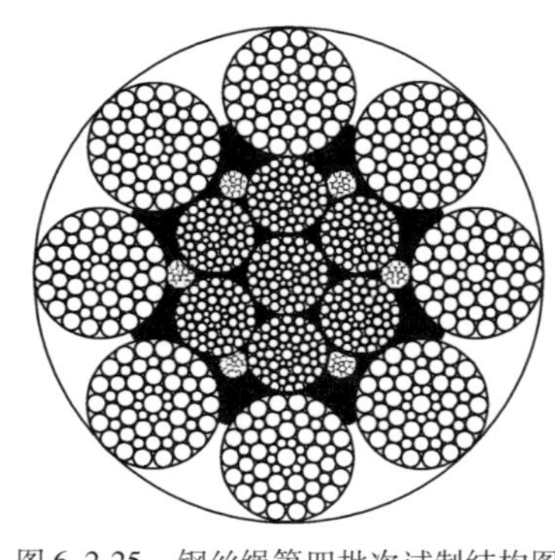

图 6.2-25　钢丝绳第四批次试制结构图

第一～二批次吊索钢丝绳的常规检验项目全部合格，但按《公路悬索桥吊索》（JT/T 449—2001）标准进行脉冲循环加载试验，钢丝绳的耐疲劳性能都未达到要求，钢丝断丝率均大于 5%，而第四批次经过脉冲循环加载试验，钢丝绳的耐疲劳性能大幅度提高，西堠门大桥的吊索钢丝绳最终优化结构是 8 ×55SWS + R-IWR － ϕ88mm，钢丝绳经过 2×10^6 脉冲循环加载试验后进行了解剖，证明该次改进的吊索钢丝绳达到了标准要求。

在西堠门大桥的吊索钢丝绳的研发过程中，经过上述四批次的生产试验，从初步设计的钢丝绳结构 8×55SWS+IWR-φ88.0mm 到最终优化的钢丝绳结构 8×55SWS+R-IWR-φ88mm，逐步解决了大规格、特高强度级吊索钢丝绳的耐疲劳性能问题。下面就在生产试验中出现的问题、优化吊索钢丝绳的结构设计，如何逐步改善吊索钢丝绳内部受力状态，减小钢丝绳内部接触应力，提高钢丝绳的耐疲劳性能做理论上的分析。

不同批次钢丝绳的断丝率如图 6.2-26 所示。

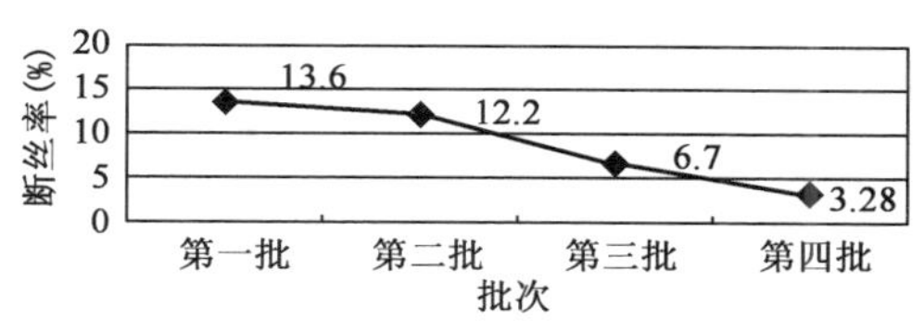

图 6.2-26 不同批次钢丝绳的断丝率

从图 6.2-26 可以看出，第一批次和第二批次生产试验的吊索钢丝绳，其结构是 8×55SWS+IWR-φ88.0mm[第二批次生产试验改变了 IWR(绳芯)的结构，增加了绳芯的金属截面积，其破断拉力有所增加，而疲劳性能改善不大]，按要求在做完脉冲循环加载试验后发现疲劳断丝相当严重，断丝主要集中在绳股与绳芯接触处，主要原因是：8×55SWS+IWR-φ88.0mm 是圆股线接触钢丝绳，线接触钢丝绳的股内相邻层钢丝在全长上呈线接触状态，其接触面积较大，而外股与绳芯的捻向为交互捻，其相互间的接触形式呈点接触状态，其接触面积较小，根据物理学原理：$p=F/A$(p 为压强、F 为挤压力、A 为接触面积)，吊索钢丝绳在做脉冲循环加载试验时，绳股内钢丝之间的相互挤压的压强较小，绳股内部钢丝所受的接触应力 6 就小，而绳股与绳芯之间的相互挤压的压强较大，其产生的接触应力 6 相对较大，使钢丝很容易产生疲劳断裂，特别是高强度级的钢丝绳对应力集中比较敏感，耐疲劳性能会大幅度下降。综上所述，改善吊索钢丝绳内部受力状态，减小钢丝绳内部接触应力产生的应力疲劳，提高吊索钢丝绳的耐疲劳性能，关键点是如何减小吊索钢丝绳绳股和绳芯之间的接触应力 6。

我们在第三批次和第四批次的吊索钢丝绳生产试验中，在钢丝绳内部填充了改性塑胶，第三批次只填充了一层(在未填充的绳股间还存在应力集中问题)，而第四批次是将钢丝绳内部完全填充，使之形成垫层，在绳股与绳芯之间起着隔离作用，这样就能有效地缓冲吊索钢丝绳承受脉动载荷时绳内各股之间的相互挤压力，另外，钢丝绳内部相互间的接触面积也增大了，相互挤压的压强大幅度减小，其产生的接触应力 6 相对也大幅度减小，也避免了钢丝绳内部的应力集中，从而改善了吊索钢丝绳内部受力状态，吊索钢丝绳的耐疲劳性能大幅度提高，使钢丝不容易产生疲劳断裂。从试验数据图表可以看出，第三批次生产试验的吊索钢丝绳经过脉冲循环加载试验后的断丝率大幅度降低，而第四批次的完全填充改性塑胶的吊索钢丝绳经 2×10^6 次脉冲循环加载试验后断丝率的数据是 3.28%，低于交通部《公路悬索桥吊索》(JT/T 449—2001)标准规定的 5%。本研究课题依托西堠门大桥项目开展的改善吊索钢丝绳内部受力状态，减小钢丝绳内部接触应力，提高钢丝绳的耐疲劳性能，研发大规格、高强度级吊索钢丝绳的工作获得成功。

6.2.5 预张拉稳定化处理及工艺设计研究

随着悬索桥跨径的增加，对主缆和钢丝绳吊索性能的要求也越来越高。为此，对吊索钢丝

绳的预张拉稳定化处理及制作工艺进行严格的设计及研究，通过多套试制方案的反复试验及实践，摸索最佳预张拉制作工艺。

1）工艺试验

（1）工艺试验方案

①技术要求：按照《公路悬索桥吊索》（JT/T 449—2001），张拉力确定为钢丝绳最小破断拉力的55%，持荷时间为1h。每段钢丝绳预张拉次数不少于3次，钢丝绳最后预张拉的结构伸长量之差不大于预张拉长度的0.015%。

②试验结构采用8×41SW＋IWR－ϕ60mm，先采用原有的预张拉生产线进行试验，如果原有生产工艺不能满足要求，则对生产工艺进行研究。

③按原有的张拉生产线进行试验。

④为提高钢丝绳吊索的长度精度，钢丝绳预张拉处理后，在钢丝绳承受恒定载荷条件下，采用Leica DISTOTE激光测距仪（仪器精度±5/100 000）进行长度测量。同时还应考虑测量工作环境的具体温度，利用高碳钢的热膨胀系数（α）和温度修正公式：

$$L = L_0 + \Delta L_n, \Delta L_n = L_0 \times (t - t_0) \times \alpha$$

将实测长度修正到相同条件下进行分析比照。

⑤张拉方式见图6.2-27。

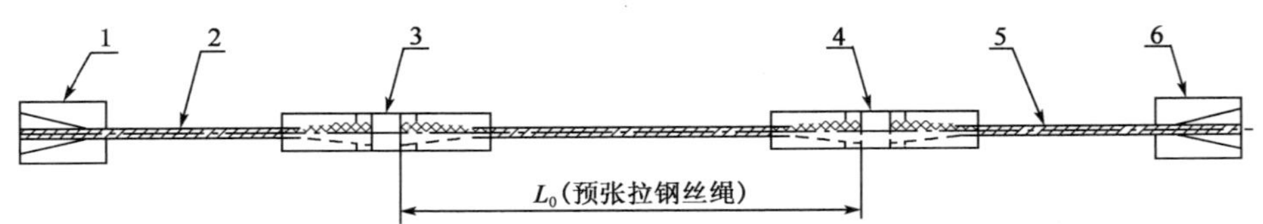

图6.2-27　张拉示意图

1-被动夹具；2-工具索1；3、4-连接器；5-工具索2；6-主动夹具

⑥取在规定恒载10% F_0条件下（承受240kN）测量钢丝绳初始长度L_0＝24m进行预张拉试验，数据见表6.2-18。

预张拉试验数据　表6.2-18

测量标距 L_0（10% F_0）	张拉次数	温度修正前		温度修正后	
		L_n（mm）	测量温度（℃）	L_n（mm）	非弹性变形率（%）
24 000mm（环境温度27 ℃）	第1次	24 028	27	24 026.172	0.116 67
	第2次	24 045	28	24 042.909	0.069 66
	第3次	24 055	29	24 052.647	0.040 5
	第4次	24 062	28	24 059.908	0.030 19
	第5次	24 068	29	24 065.646	0.023 85
	第6次	24 073	28	24 070.907	0.021 86
	第7次	24 073	29	24 075.645	0.019 68

（2）试验分析

在预张拉载荷下，持载荷1h，钢丝绳经过3次张拉其残余结构伸长率为0.040 5%，将预张拉次数增加，进行长度测量及修正，至第7次预张拉后其残余结构伸长率为0.019 68%，仍然大于0.015%，可见采用此种预张拉要达到钢丝绳的残余结构伸长率不大于0.015%非常困难。但从曲线图可看出，随着张拉次数的增加，非弹性变形总量逐步增加，变形量呈递减趋势。其非弹性变形规律如图6.2-28和图6.2-29所示。通过原因分析得出：钢丝绳经过7次张拉其残余结构伸长率仍不能满足要求，其主要原因是：这种张拉方式在测量非弹性伸长量时，极易受到连接器、工具索1、工具索2的影响，严重影响其测量精度，造成非弹性伸长误差。

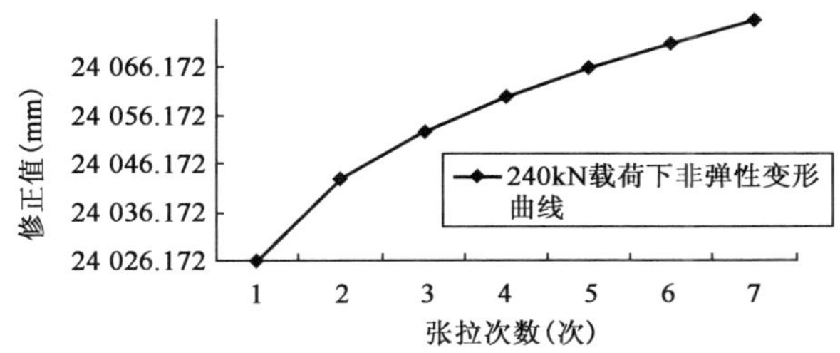

图6.2-28　预张拉载荷下非弹性变形曲线

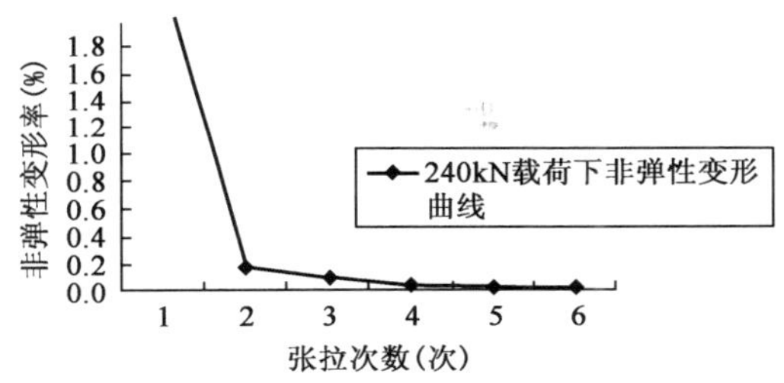

图6.2-29　非弹性变形增量曲线

(3)改进工艺试验

①为了能寻找最佳工艺，将预张拉方式进行改进(见图6.2-30)，取消连接器、工具索1、2改用直拉方式。在其他技术条件不变，增加张拉次数，取钢丝绳的长度为$L_0=98.884$m。

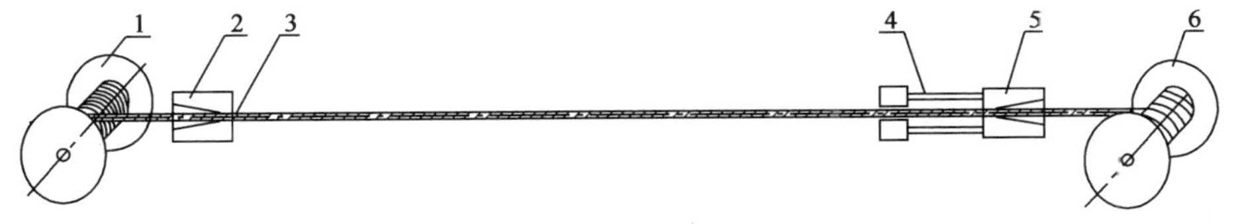

图6.2-30　改进预张拉方式示意图

1-放绳轮盘；2-被动夹具；3-测力装置；4-施力装置；5-主动夹具；6-收绳轮盘

②我们将6次张拉的测量长度修正为设计温度、恒载索力下的标准长度，采用Leica DISTOTE激光测距仪(仪器精度±5/100 000)进行长度测量。同时还应考虑测量工作环境的具体温度，按照高碳钢的热膨胀系数(α)，温度修正公式：$L=L_0+\Delta L_n$，$\Delta L_n=L_0\times(t-t_0)\times\alpha$(修正结果见表6.2-19)。

③试验分析。

钢丝绳在经过3次预张拉其残余结构伸长率≤0.015%，随着张拉次数逐渐增加非弹性变形总量逐步增加，变形量呈递减趋势。为了寻求最佳工艺，将张拉次数又增加了3次，当张拉次数达到第六次时，残余结构伸长率为0.003%。非弹性变形几乎完全消除。由试验得出，增加钢丝绳的张拉次数无疑对消除非弹性伸长有利，在实际生产过程中是不可能的，增加张拉次数会造成生产成本的增加，效率降低。为了降低生产成本，确定张拉次数为3次。非弹性变形变化规律见图6.2-31和图6.2-32。

6次张拉修正结果 表6.2-19

测量标距 L_0 ($10\% F_0$)	张拉次数	温度修正前		温度修正后	
		L_n(mm)	测量温度(℃)	L_n(mm)	非弹性变形率(%)
98 884mm（环境温度27 ℃）	第1次	99 118	27	99 110.459	0.236 64
	第2次	99 137	28	99 128.380	0.018 08
	第3次	99 149	29	99 139.301	0.011 02
	第4次	99 153	28	99 144.378	0.05 12
	第5次	99 158	29	99 148.300	0.004 96
	第6次	99 162	29	99 153.378	0.003 03

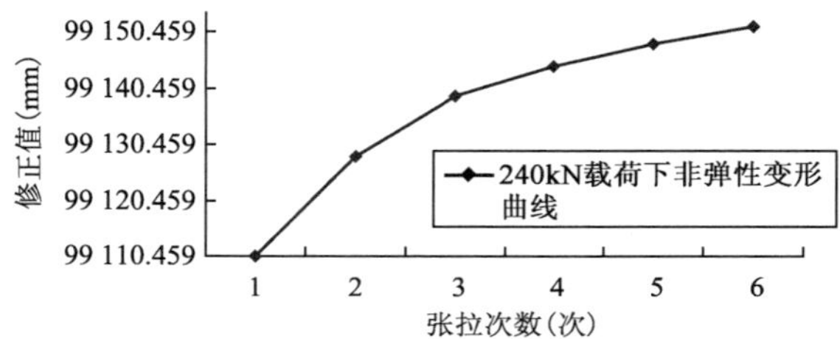

图6.2-31 预张拉载荷下非弹性变形曲线

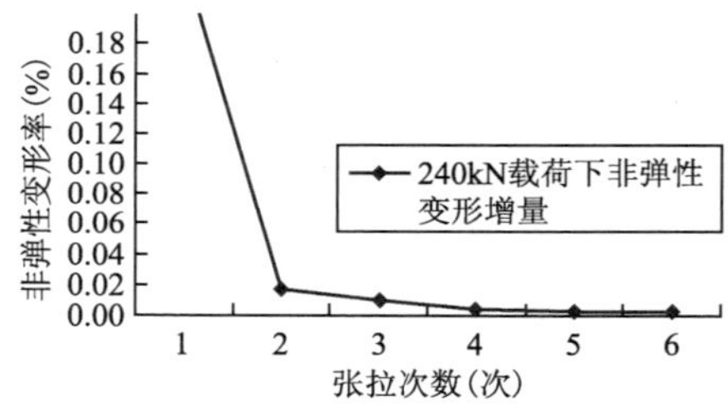

图6.2-32 非弹性变形增量曲线

2）预张拉稳定化处理工艺研究

（1）预张拉前准备

钢丝绳进行预张拉前必须对预张拉设备进行擦拭、检修，保证各运动件灵活，场地干净，钢丝绳不得粘上任何油污。

钢丝绳张拉前，认真检查待张拉钢丝绳是否与卡片内容（绳径、捻向、捻距）一致，表面状况、压瓦孔型尺寸是否符合相关技术要求。

（2）预张拉稳定化处理设备

8×41SW+IWR－ϕ60.0mm钢丝绳拟在贵州钢绳股份有限公司YZ2500预张拉稳定化处理生产线上进行，而8×41SW+R-IWR－ϕ80.0mm和8×55SWS+R-IWR－ϕ88.0mm钢丝绳

拟在 YZ5000 预张拉稳定化处理生产线上进行。YZ2500 和 YZ5000 预张拉稳定化处理生产线的工作原理相同，都可以对小直径钢丝绳进行直拉或绕拉稳定化处理。

（3）预张拉方案

对舟山西堠门大桥用 8×41SW + IWR - ϕ60.0mm、8×41SW + R-IWR - ϕ80.0mm 和 8×55SWS + R-IWR - ϕ88.0mm 吊索钢丝绳，都采用直拉的稳定化处理工艺。

YZ2500 和 YZ5000 预张拉稳定化处理生产线的组成如图 6.2-33 所示。

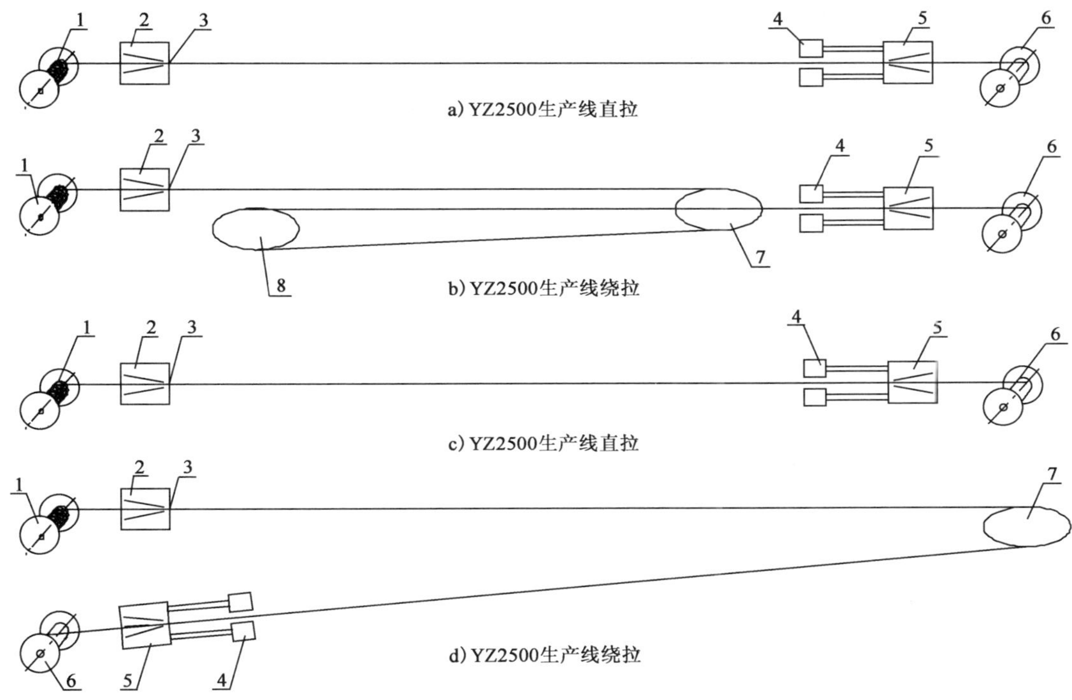

图 6.2-33　预张拉稳定化处理生产线的组成

1-放绳轮盘；2-主动夹具；3-测力装置；4-施力装置；5-被动夹具；6-收绳轮盘；7、8-张拉盘

（4）钢丝绳预张拉工艺流程

①每段钢丝绳预张拉不低于 3 次，预张拉力为钢丝绳最小破断拉力的 55%，持荷时间为 60min，最后两次预张拉的结构伸长之差不大于预张拉长度的 0.015%，大于则增加预张拉次数，直到满足上述要求为止。（预张拉段基本长度 L_0——每次预张拉将钢丝绳从松弛状态加载到钢丝绳最小破断拉力的 5% 时测量的起点、终点之间钢丝绳的长度。）

②钢丝绳夹紧后，在主、被动托架压瓦（即钢丝绳夹具）口处作标记，在张拉力从 0 升至破断拉力 55% 的过程中，观察预张拉段钢绳是否产生滑动。

③加载及伸长量的测量。

a. 当钢丝绳从松弛状态加载到钢丝绳最小破断拉力的 5% 时，停止加载，在起点、终点处按贵绳公司《高精度钢丝绳长度测量方法》（贵绳技（中）字 80—2002 修）做好标记，测量出预张拉段基本长度 L_0（L_0 尽可能接近 100m 且全长段必须是未张拉过的钢丝绳）。

b. 继续加载到钢丝绳最小破断拉力的 55%。

c. 保持 60min 后（时间为完成 55% 的钢丝绳规定破断拉力开始计时），缓慢卸载至松弛态,并在此状态保持2~3min,然后,再加载到钢丝绳最小破断拉力的5%时,用激光测距仪测量预张拉段基本长度L_0预张拉后的长度,第1次预张拉结束。

d. 依次重复上述两步骤,完成第2,3…n次预张拉,并按公式$(L_n - L_{n-1})/L_{n-1} \times 1\,000 \leqslant 0.15$计算,直至该段钢丝绳满足本工艺的要求($L_n$为预张拉段第$n$次预张拉后的长度),第一段钢丝绳张拉结束。

e. 第1段预张拉合格后按要求定尺并作好测量标记,绳头处理好后卷入包装轮,待后续需要预张拉的钢丝绳接近被动托架压瓦(即钢丝绳夹具)口前将钢丝绳夹持好后重复上述操作进行第2段钢丝绳的预张拉,以保证整条钢丝绳的每一部分都达到预张拉稳定化处理。如图6.2-34所示。

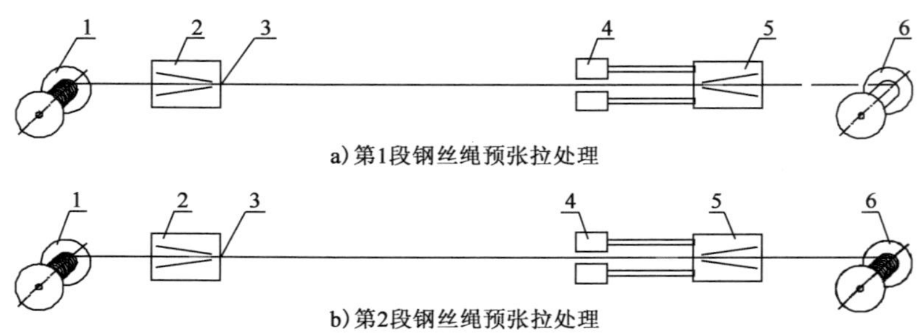

图6.2-34 预张拉稳定化处理组成

1-放绳轮盘;2-主动夹具;3-测力装置;4-施力装置;5-被动夹具;6-收绳轮盘

f. 每件钢丝绳(按粗绳制品号)在预张拉过程中,按每件钢丝绳下料长度的中部预张拉段完成后进行3次弹性模量测量,弹性模量测量报告交技术中心一份(弹性模量数值保留到小数点后第5位)。

g. 预张拉处理合格的钢丝绳按钢丝绳的尺寸长度定尺、下料。

(5)钢丝绳长度测量、下料

a. 下料着色规定。在钢丝绳定长L(见钢丝绳长度及数量表)的起点和终点用红色快干油漆清晰喷出20mm宽色带,起点和终点(即两端红色着色带)之外预留1m,绳端按本工艺规定执行。

b. 测量、下料。钢丝绳预张拉处理合格后(钢丝绳残余非弹性变形小于0.015%),在钢丝绳承受5%的钢丝绳最小破断拉力下,采用Leica DISTOTE激光测距仪(仪器精度±5/100 000)按贵绳公司《高精度钢丝绳长度测量方法》(贵绳技(中)字80—2002修)进行长度测量、下料。

下料时钢丝绳的两端应用细铁丝捆扎,铁丝捆扎带长度不得小于3倍的钢丝绳直径,且每端捆扎带不得少于2个,两捆扎带之间的距离为钢丝绳直径的两倍,切割采用砂轮锯。

严格按钢丝绳预张拉、长度测量记录表做好记录。

(6)卷取和包装

①包装轮要求,钢丝绳所采用的专用包装轮侧面为波纹钢板制作的全钢结构工字轮,包装工字轮轮芯直径不小于钢丝绳直径的20倍,其他尺寸根据钢丝绳长度和相关标准设计委托制造,在保证钢丝绳不损伤的前提下,做到稳固、整洁、美观大方。

②卷取前在工字轮轮芯上缠绕一层防潮纸后才能进行卷取。

③卷取完毕后用防潮纸包裹、麻布和编织布包装并捆扎结实。

3）预张拉稳定化处理结论

（1）通过对西堠门大桥吊索钢丝绳实际生产的 8×41SW+IWR－ϕ60mm、8×41SW+R－IWR－ϕ80mm、8×55SW+R－IWR－ϕ88mm 规格的张拉情况进行统计，钢丝绳在进行第三次张拉后残余结构伸长率均≤0.015%。完全能满足交通行业标准《公路悬索桥吊索》（JT/T 449—2001）公路悬索桥吊索要求。该批吊索用钢丝绳已用于西堠门大桥的工程建设中。为西堠门大桥成功建设提供了保障。

（2）经过改造后的5 000kN 预张拉生产线具有自动恒张力追踪保持功能，能准确地检测钢丝绳的应力长度，为准确分析钢丝绳结构稳定化处理工艺正确性及其效果提供了保证。

（3）该5 000kN 预张拉生产线使用精确度达到万分之三的荷载传感器为该专题的顺利研究和西堠门大桥吊索钢丝绳稳定化处理提供了优良的保证。

6.2.6　钢丝绳吊索制作

1）西堠门大桥用钢丝绳吊索

吊索是悬索桥连接主缆索夹与加劲梁的组件，是悬索桥上部构造悬吊系统的主要组成部分。吊索与主缆的连接方式分为骑跨式和销接式两种。骑跨式吊索有构造简单、吊索对上半部索夹的压紧作用增加了摩擦力，有利于索夹抗滑等优点，其材料一般采用强度高、变形小、耐腐蚀、耐疲劳、柔性好的镀锌钢丝绳，西堠门大桥用钢丝绳结构示意见图6.2-35。

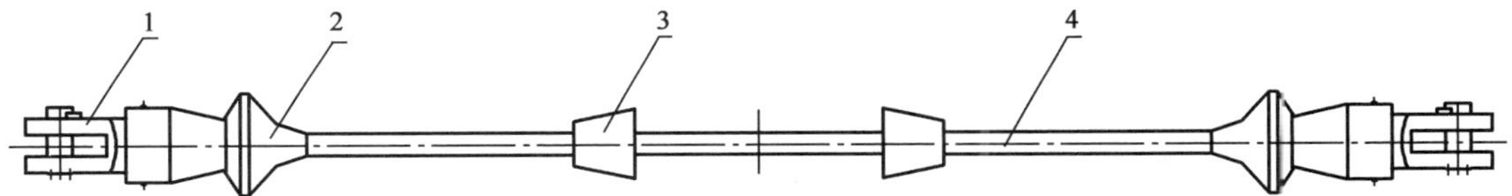

图6.2-35　西堠门大桥用钢丝绳结构示意图

1-锚头；2-缓冲器；3-锥形铸块；4-吊索方向线

2）钢丝绳吊索的制作要求

钢丝绳吊索制作采用的技术规范主要是《公路悬索桥吊索》（JT/T 449—2001）和相关桥梁的施工设计规范等。而吊索实际制作过程中，对索长的控制和吊索强度的确保是极为重要的，因为索长和强度除了直接影响吊索本身几何尺寸和受力外，还影响全桥结构受力和强度，所以在吊索生产制造过程中必须通过各种措施、采用合适的材料、制定严密可行的工艺方案对索长和强度予以保证。

（1）影响索长因素

钢丝绳应力变形：

①钢丝绳在载荷作用下通常会有弹性变形和非弹性变形伴随。弹性变也叫非永久变形，其变形量与钢丝绳承载成正比，满足虎克定律 $F=KX$，当钢丝绳承载相同时，在单位长度内产生的弹性变形应是定值，因而弹性变形对索长影响是一致的。

②钢丝绳制造特性决定了其本身固有非弹性变形，也称永久变形。非弹性变形在载荷的作用下会渐渐显现，去除载荷后变形永久存在，不会回复，从而对索长产生影响。所以此变形在吊索生产过程中必须予以尽可能地消除。

钢热膨胀对索长的影响：物件都有热胀冷缩效应，对于高碳钢（$c_c\approx0.8\%$）的钢丝绳来说，

其热膨胀系数 $\alpha = 10.87 \times 10^{-6}$。因此，在索长测量下料时，应考虑环境温度对索长的影响，并进行必要的计算修正。

工序制作对索长的影响：吊索制作时工艺流程长，工序较多，制作误差不可避免地会影响索长。尤其是在钢丝绳下料、锚杯浇铸、铸体顶压等环节，应用采取综合有效的措施，减小制作误差。

(2)影响吊索强度的因素

钢丝绳吊索强度由组成吊索的钢丝绳索体和锚头给予强度确保。吊索设计时一般按吊索与钢丝绳等强度进行设计，当钢丝绳强度满足规范要求，吊索强度主要取决于锚头强度。锚头构造主要由两部分组成，钢丝绳吊索锚头结构示意如图6.2-36所示由叉形耳板、锚杯、销轴等构件和浇铸的合金铸体构成。吊索制作时确保了锚头构件加工质量和浇铸合金铸体的固结力，吊索强度的可靠性就能得到保证。

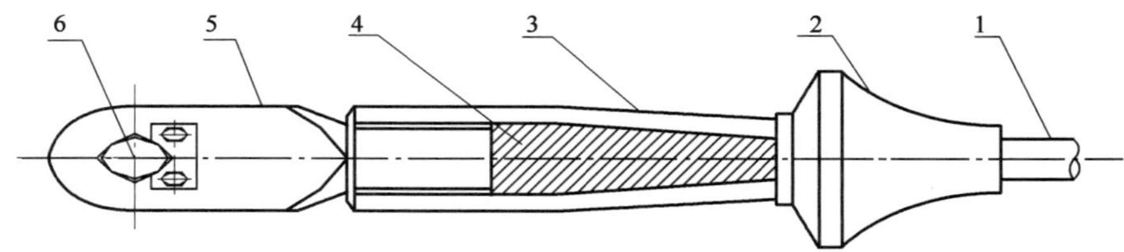

图6.2-36　钢丝绳吊索锚头结构示意图

1-索体；2-缓冲器；3-锚杯；4-合金铸体；5-叉形耳板；6-销轴

3)钢丝绳吊索制作

以 GSS 8×41WS+IWR－60/1770 RM 吊索制作为例，吊索最小破断拉力 $P_b = 2\,400$kN。

(1)制作工艺流程

钢丝绳入场验收→钢丝绳预张拉→钢丝绳定尺下料→热铸锚头→铸体顶压→索长调整、校核→缓冲器、锥形铸块制作→吊索涂装→出厂检验→包装→出厂

(2)钢丝绳预张拉

钢丝绳预张拉旨在消除非弹性变形对索长的影响，预张拉后钢丝绳的非弹性变形率不大于0.015%。

钢丝绳按如图6.2-37所示布置于YZL-5000预张拉设备上，该设备由PLC自动跟踪钢丝绳变形值，通过压力补偿实现全程恒张力控制，能对钢丝绳充分进行稳定化预张拉处理。钢丝绳预张拉工艺布置示意如图6.2-37。

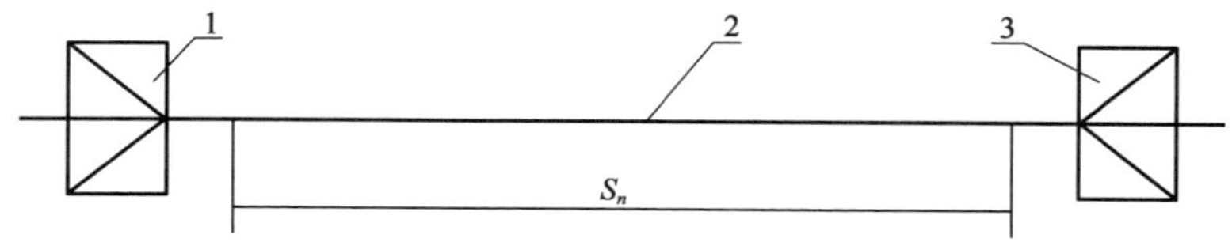

图6.2-37　钢丝绳预张拉工艺布置示意图

1-夹持1；2-钢丝绳；3-夹持2

对钢丝绳实行不少于3次加载，每次加载至1 320kN并保载持荷60min，完成预张拉全过程。预张拉期间，每次加载至132kN时测量非弹性变形考核样本长度 S_n(图6.2-37)，按公

式 $M_n=[(S_{n-1}-S_n)/S_n]\times100\%$（$n$ 为预张拉次数）计算非弹性变形率 M 值。当最后两次的预张拉非弹性变量之差不大于预张拉长度的0.015%时，残余非弹性变形对索长的影响已微乎其微，非弹性变形的控制满足规范要求。否则，应适当增加预张拉次数，直至满足要求为止。ϕ60mm 钢丝绳按上述工艺方案进行预张拉后，非弹性变形率统计表见表6.2-20。

非弹性变形率统计表　　　　表6.2-20

序　号	预张拉次数/60min	非弹性变形率 M
1	第1次	1.601～2.036
2	第2次	0.120～0.347
3	第3次	0.043～0.102

（3）钢丝绳定尺下料

钢丝绳定尺下料的准确性将直接传导至最终索长，此时除了保持恒载索力定尺外，还应考虑锚头铸体顶压位移量、系统精度、环境温度、测量装置等对下料长度的影响。

a.吊索锚头浇铸后，要对合金铸体施加载荷进行顶压，而顶压产生的位移量（W）最终会进入索长并影响索长。为了消除此位移量对索长的影响，可预先制备一定数量的锚头试样进行顶压（试样顶压参数见表6.2-21），以试样顶压位移量的平均值 ΔW，作为钢丝绳定尺下料时一端的扣减值。这样，后工序因顶压产生的索长增量值可先前予以扣减，从而有效消除了顶压位移量对索长的影响。ϕ60mm 规格吊索试样顶压位移量统计见表6.2-21。

ϕ60mm 规格吊索试样顶压位移量统计表　　　　表6.2-21

试样号	顶压载荷（kN）	持荷时间（min）	索体1位移量 w（mm）	单位（mm）
1	1 100	5	4.0	4.0
2	1 100	5	3.4	4.0
3	1 100	5	4.6	3.6
4	1 100	5	4.2	3.8

试样1顶压位移量平均值 $\Delta W\approx4.0$mm，所以钢丝绳在定尺下料时应扣减 $2\Delta W=8$mm。

b. YZL-5000 设备能根据钢丝绳变形量进行实时压力补偿，确保定尺时系统始终处于设计要求的恒载索力。该套设备系统精度达万分之五，测力精度达0.1kN，对钢丝绳定尺的准确性提供了可靠的精度保证。

c.通常情况下索长的设计是以20℃为条件温度，当现场实测环境温度偏离20℃时，应对长度按公式

$$L=L_0\times[1+(t-t_0)\times\alpha] \tag{6.2-3}$$

式中：L_0——设计索长；

t——下料环境温度；

t_0——设计温度（20℃）；

α——热膨胀系数（10.87×10^{-6}/℃）。

进行温度修正，消除钢热膨胀对索长的影响。

在实际操作中可分两次进行测量，每次测量值为 $L/2$。第一次测量 $L/2$ 确定吊索中点，第二次再以中点为起始点，测量并确定终点位。二次测量法既可保证定尺测量要求，又便于后序

吊索的调整、校核。ϕ60mm 吊索钢丝绳下料长度计算示例，见表 6.2-22。

ϕ60mm 吊索钢丝绳下料长度计算示例表　　表 6.2-22

序号	设计索长 L_0(m)	恒载索力(kN)	环境温度(℃)	下料长度 L(m)
1	185.614	327.4	21	185.616
2	135.304	324.9	25	135.311
3	98.904	322.6	18	98.902
4	68.812	320.8	20	68.812

注：表 6.2-22 中的 L 值不包括顶压理论位移量，在实际测量下料时应从表中 L 值扣减 8mm。

d. 注重测设备、测量方法、测量人员对测量值的影响。如选用精度达 ±5/100 000 的激光测距仪、加强人员培训、选用合适的工卡具等。

e. 长度的起点、终点、中点等着色刻线不大于 0.5mm，且易于识别。

(4)锚头浇铸

锚头部件除按照图纸制造加工外，还必须进行相应的磁粉探伤、超声波探伤等，确保工件内部无缺陷。而锚头浇铸是吊索制作工序中影响吊索强度的重要环节，制作时要从以下环节加以控制：

a. 帚头的形成：钢丝绳的扎头应牢固，避免任何形式的退捻现象而降低钢丝绳强度。为了使浇铸后的合金铸体具有良好的致密性，锚杯应进行预热。预热温度控制在 100～110℃。检测每批次合金熔液化学成分，应满足规范要求的锌含量(98 ±0.2)%，铜含量(2 ±0.2)%。

b. 合金浇灌量：锚杯内合金浇灌量越多，铸体合金的致密性就越好，锚头承载就高。合金浇灌的多少一般用填充率来描述，合金填充率在 92% 以时，可满足吊索承载要求。

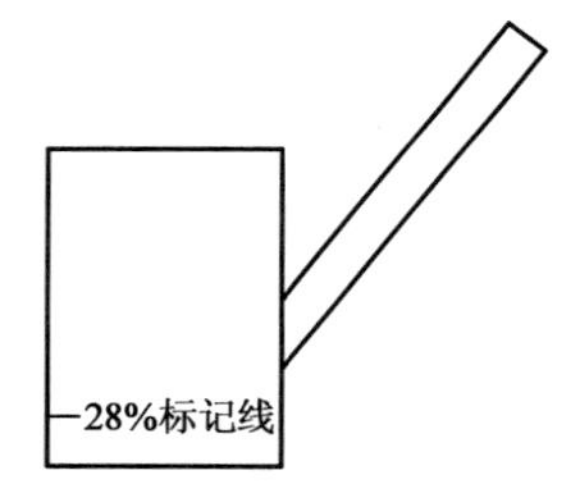

图 6.2-38　标准浇灌勺示意图

以锚杯腔与帚头钢丝的体积差计算出每只锚杯合金理论浇灌量为 13.506kg。依据理论浇灌量的 120% 制作标准浇灌勺(图 6.2-38)，并找好容积分度线。

浇灌后液面低于 28% 标记线，则说明了填充率在 92% 以上。60mm 吊索锚头浇灌填充率分布见表 6.2-23。

c. 锚头顶压的主要目的是考查合金铸体的致密性，消除后期吊索承载时合金索体位移徐变伸长对索长的影响。ϕ60mm 吊索铸体顶压位移量分布情况见表 6.2-24。

ϕ60mm 吊索锚头浇灌填充率分布表　　表 6.2-23

浇灌率(%)	<95	95～96	96～98	>98
锚头数(只)	0	178	535	79

ϕ60mm 吊索铸体顶压位移量分布表　　表 6.2-24

顶压位移量 W(mm)	<3.6	3.6～4.0	4.0～4.4	>4.4
锚头数(只)	0	438	354	0

从表 6.2-23、表 6.2-24 可看出，浇灌后铸体合金填充率在 95% 以上，顶压位移量在 5mm 以下，说明浇铸的铸体合金具有良好的致密性，索体强度可靠性有保证。静载试验结果见表 6.2-25。

ϕ60mm 钢丝绳吊索静载试验结果 表 6.2-25

试件号	最小破断力 P_b(kN)	试验技术要求	试验结果
1	2 400	加载 1.0 P_b 后持荷 2min,继续加载	吊索 2 887kN 破断
2	2 400	加载 1.0 P_b 后持荷 2min,继续加载	吊索 2 640kN 未破断
3	2 400	加载 1.0 P_b 后持荷 2min,继续加载	吊索 2 640kN 未破断

(5)吊索索长调整、校核及强度检验

调整、校核环节是消除制作误差、验证并锁定最终索长的关键环节。采用二次测量法测量索长并进行温度修正计算。根据计算结果确定耳板旋转量,以消除前期制作误差,满足索长精度 $\pm L_0/5\ 000$ 之要求。ϕ60mm 钢丝绳吊索索长实际误差见表 6.2-26。

ϕ60mm 钢丝绳吊索索长实际误差 表 6.2-26

序 号	索 长 (m)	偏 差 ≤ (mm)
1	<60	±2
2	60 ~ 120	±4
3	120 ~ 180	±6
4	180 ~ 280	±8

6.3 超长高强悬索桥主缆索股制造技术研究

6.3.1 超长大规格高强度主缆索股编制技术研究

1)超长大规格高强度索股编制难点分析及其对策

西堠门大桥单根主缆共有通长索股 169 束,北边跨有 6 束背索,南边跨有 4 束背索,通长索股长 2 880m,背索索股长 553m 和 654m,单元索股规格为 ϕ5.25 × 127,镀锌钢丝强度为 1 770MPa,两端配张拉式热铸锚具,单根通长索股重 63t。本研究是以西堠门大桥主缆索股制造技术为基础,以 1 860MPa 等级、超长(长度≤4 250m)、规格为 ϕ5.1 × 169、索股两端配张拉式热铸锚具、单根索股重达近 120t 的特大跨径悬索桥用主缆索股为研究对象,为目前已知悬索主缆索股中规格最大、长度最长、强度等级最高、质量最重。针对这种超大的索股,它所需要的编制设备也须与之适应。索股编制质量的判断主要是索股的形状、精度等方面,要编制满足研究要求的索股主要控制难点分析如下:

(1)索股牵引力的控制

由于索股规格大、长度长,牵引力的控制尤为关键,牵引力过大,产生过大的摩擦力容易损伤镀锌钢丝表面,导致镀锌层脱落,使防腐能力下降;若牵引力过小,会拉不动索股。因此须对牵引设备进行调整,根据以往生产经验和西堠门大桥长度 2 880m 索股的生产经验,同时结合超长大规格高强度单元索股的特性,并对多次试制经验进行总结,得出合适的牵引力。

(2)索股精度的控制

超长(4 250m)大规格(169 丝)索股长度长,在索股试制过程中,按照以前经验发现无法现场对整个索股进行测量,也就无法实现精度检测,研究组结合以往控制经验,采用在索股六角设置6根标准丝的方法,利用6根标准丝的相对误差法进行精度的控制,标准丝上每隔一段距离设置一个标记点,以其中1根标准丝为基准,其余5根为参照,根据位移差,来测量索股偏差,同时将偏差数据及时反馈给技术人员,实时对设备进行调整,已达到控制索股精度。

(3)索股规格较大,索股形状难以控制

在索股编制过程中,由于索股规格较大,外径尺寸变大,钢丝抗拉强度变大,导致索股的预成形现状更加难以控制。为了提高高强度镀锌钢丝可编索性能,使镀锌钢丝编成索股时六角形状更好,夹紧力的控制需恰到好处,在经过多次编索和放索试验后,总结得出需要进行如下调整:通过对绕包间距和绕包层数的调整,来保证合适的张力来控制索股形状;整形装置夹紧力过大,使索股很难拖动,伤害索股表层,过小不能起到整形作用,索股钢丝容易出现鼓丝现象,需对整形装置加紧力的进行合适的调整;同时在成圈过程中,由于索股根数很多,长度较长,容易挤压变形,发现在编制的索股外层增加成圈衬套可以很好地保持索股形状。

(4)索股收放工艺

由于169规格4 250m长度索股是目前已知悬索桥单元索股中的规格最大最长长度,需要对成圈设备进行改进,合理设计成圈内径,使索股不会因成圈内径太小导致张力太大,绕包带崩断。同时采用拥有自主知识产权的水平成圈放索技术,能使索股有序排列,防止了索股散落、松弛现象,很好地保持六边形形状,在放索过程中不出现“呼啦圈”,索股不扭转,不脱落。

2)超长、大规格、高强度索股编制技术研究

(1)超长、大规格、高强度索股编制设备的优化设计

大规格主缆单元索股编制装备的优化设计目的:满足超长、高强度、大规格主缆单元索股的生产需求,使单元索股保持良好的形状,排除施工现场出现呼啦圈、鼓丝等问题。针对研究单元索股的特点进行了如下重新设计和改造。

①标准丝和标记丝生产过程中装备的优化设计

在标准丝生产线上,以前的滚轮机构的间距设置较远,松张时,钢丝易接触到机架,会对镀锌层带来不利影响。另外滚轮的表面未作特殊处理。新生产线上的滚轮机构,每隔1m设置一组。滚轮的材料为优质碳素钢,经表面高频淬火后磨削而成,表面粗糙度为$R_a0.8$,硬度为HRC50。实验与经验告诉我们,钢丝以不大于50m/min的速度在滚轮表面摩擦移动时不会损伤其表面的镀锌层,标准丝生产线示意图如图6.3-1。

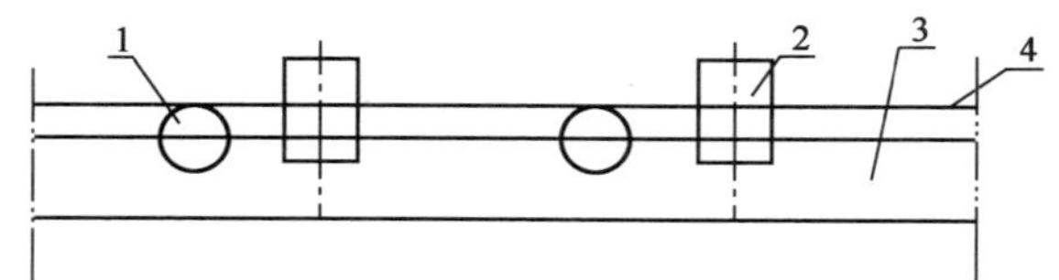

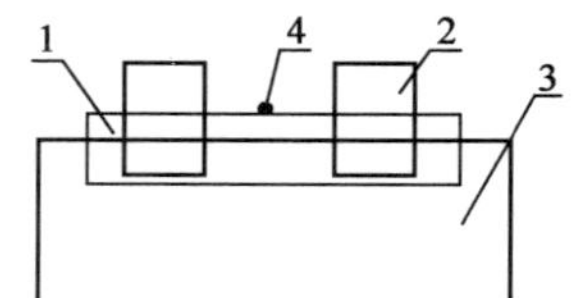

图6.3-1　标准丝生产线示意图

1-水平辊;2-竖辊;3-支架;4-钢丝

②放线盘的重新设计

重新设计的放线架为2层(并预留3层改造能力和空间),单盘放线架的存放能力达到2t多。增加了有效联动制动装置,可使所有放线盘同时制动,并保证所有放线盘的同步性,是保证索股编制精度的第一步。重新设计的多层放线架如图6.3-2所示。

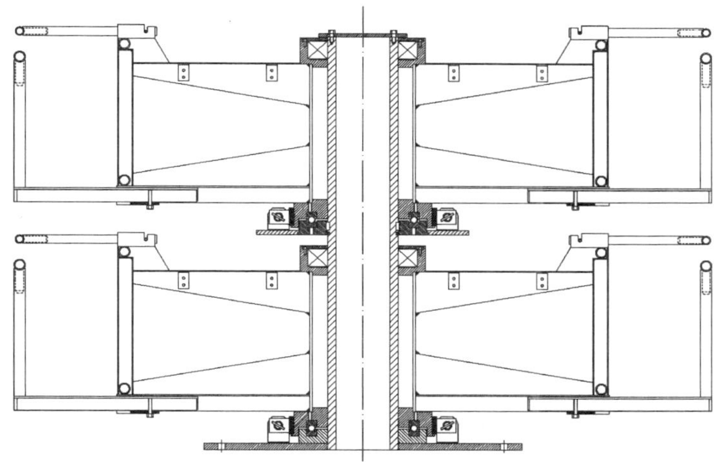

图6.3-2　改制放线盘结构示意图

③单元索股形状的控制

设计了三组六角整形压轮装置(图6.3-3),使索股成型更加紧密,提高索股钢丝之间的平行度,同时在经过多次编索和放索试验后发现将绕包间距由1 500mm调整为1 800mm,层数也由8层调整为10层,保证索股形状和合适的绕包张紧力。从而将169根钢丝长度差减到最低,是保证索股精度要求的第二步。

④索股牵引力与编制精度的优化

针对编制索股的特点,通过试验得出合适的牵引设备结构和牵引力数据,同时牵引装置(图6.3-4)使用不损坏镀锌钢丝镀锌层的高硬度钨钢制成,是保证索股编制精度控制的第三步。

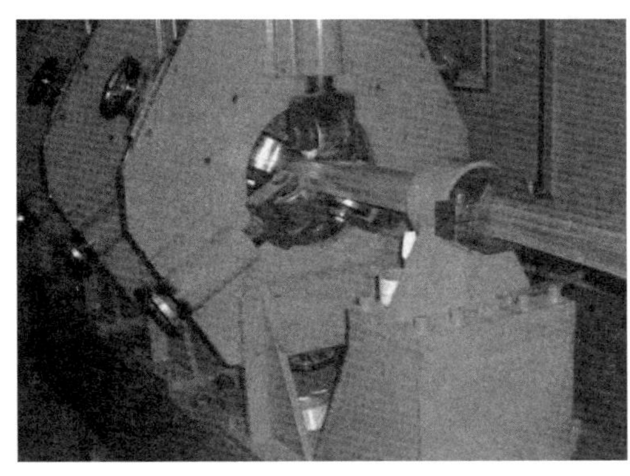

图6.3-3　六角整形压轮

图6.3-4　牵引装置

⑤编制过程中对高强镀锌钢丝镀锌层的保护

放线架的摩擦环和滚轮表面是经过特殊处理的,它由无缝钢管卷制而成,表面进行喷砂,抛光处理,成型机压轮的材料改为尼龙。在分丝板穿丝孔中的衬套里安装拉丝模,此模的材质为钨钢,具有极高的粗糙度和硬度,这些改进都为减少编制装置对镀锌钢丝的摩擦(图6.3-5)。

(2)超长、大规格、高强度索股精度控制技术研究

根据研究要求,单元索股标准钢丝制作精度应达到1/15 000,主缆索股制作精度应达到1/12 000。

图6.3-5　放线架及分丝板

研究人员根据1 670MPa、1 770 MPa等级127规格单元索股的精度控制技术,进行改进,使之满足研究的要求:采用200m基线制作单元索股标准长度钢丝,在索股六角形顶点设置6根标准长度钢丝,控制索股相对精度。

在工厂内部建立200m长的室内测长基线,该测长基线的制作平台与大地靠打桩基来连接,可忽略大地表面对基线长度影响。另外,制作前对基线进行标定,并以基线的起点、终点和每个索号拉索的长度测量点作为进行标定的控制点,基线距采用测距仪配经纬仪测边,其精度为1 + 1ppm。同时,在制作过程中对温度、垂度、张力等都进行了修正,从而保证标准钢丝制作精度。

在用标准丝测长过程中,索股的测长精度与测量基线的测长精度、测量温度、同一标准丝的测量次数、钢丝的直径误差、索股制作的切断、制锚时的锚具安装、反顶时的锚杯合金拔出量的修正误差等因素有关,按照索股长度4 250m对索股的制作精度进行分析计算,从理论分析来看,目前的索股制作工艺是能够满足研究要求的制作精度。并且在长期的生产经验以及检验中证明,其精度也是满足要求的。

(3)超长、大规格、高强度索股编制工艺研究

根据超长大规格高强度单元索股的特点,研究组制定了详细可行的索股制作方案,具体如下,制作工艺流程见图6.3-6。

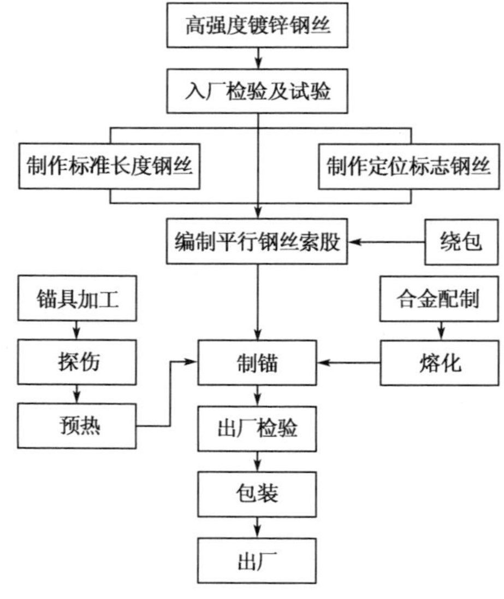

图6.3-6　单元索股制作工艺流程图

①定位标志丝制作

为了在架设主缆时检测平行钢丝索股的扭曲，在平行钢丝索股六角形截面的左上角设置一根定位标志钢丝，全长度涂上红色油漆。

②标准长度钢丝制作

为了控制平行钢丝索股的长度精度，在平行钢丝索股六角形截面的右上角设置一根标准长度钢丝，其测长精度在1/15 000以上。

a. 标准长度钢丝制作采用基线测长法，按平行钢丝索股的长度及各标记点的位置，在200m的长度内预设基线。

b. 基线距采用测距仪配经纬仪测边，其精度为1 +1ppm。

c. 制作用钢丝必须取样做弹模测试，作为测长修正的依据。

d. 制作时在钢丝的两端施以1 940N的力，使钢丝平直。

e. 对应于每根索股有22个标记点，即每200m进行一个标记，在标准钢丝上做出明显的标记。

f. 在200m的长度范围内重复几次直至设计长度。

③平行钢丝索股成形

a. 作为同一个生产过程，其169个放线盘中的钢丝必须是相同倍尺的钢丝（包括标准钢丝）。

b. 工艺流程：放线→分丝→聚并→整形→矫直→绕包→颜色标记→牵引→卷收。

c. 放线：把钢丝分别放入169只放线盘中，并调节好张力，以保证避免钢丝在索股内长短不齐的产生，索股内钢丝间的长度允许误差相当于钢丝抗拉强度1.0%的应力伸长值。

d. 分丝：把169根钢丝穿入分丝板进行分丝。

e. 聚并和整形：通过六角形模使钢丝成束，并调整六角形形状。

f. 矫直：通过一组矫直模来矫直钢丝束。

g. 绕包：绕包间距为1.8m，层数为(8 ~9) +0.25层左右；绕包须有足够的张紧力，且每根索股的绕包位置必须相互错开。

h. 颜色标记：对于索股，在标准钢丝上做出明显标记的对应于两端标记点，涂上红蓝两种油漆各20mm，红蓝分界线为标记截面。标记点间距离精度应在1/15 000以上。

i. 牵引：通过一套履带牵引机械装置牵引钢丝束行进。

j. 主缆索股应以标准长度钢丝为准进行切断，在基准温度（15℃）及零应力状态下，平行钢丝索股的测长精度应在1/15 000以上。

④索股成圈

主缆索股采用垂直排线的水平成圈工艺。

a. 相应每根索股制作一钢制托盘，在钢制托盘上制作有吊点。

b. 将钢制托盘、可脱卸卷筒安装固定于成圈机上。

c. 在上述牵引索股的同时，开动成圈机收卷索股，并按序上下排线。

d. 一根索股收卷完毕，拆除可脱卸卷筒，用起吊设备吊于钢制托盘的吊点，将成圈索股吊至平板运输车，运至制锚场地。

⑤制锚

a. 热铸锚的锚杯按设计要求进行严格检验合格后再使用。锚杯内灌注的锌铜合金，严格控制纯度及配合比。

b. 钢丝索股锚头和锚杯在浇铸台垂直固定，将插入锚杯部分的索股钢丝呈同心圆散开，然后对锚杯内腔用清洗液清洗干净，并灌水测量容积。

c. 先将锚板穿入钢丝索股，并采取保护措施不使钢丝束表面受损。

d. 用配制的清洗酸溶液去除钢丝表面的杂质和油污。

e. 钢丝穿入用以固定钢丝位置的分丝板，能保持各钢丝均匀的间距，应保持索股中心与锚杯中心完全一致，且不会与锚杯内壁接触。

f. 索股穿入锚杯并固定，按工艺卡控制伸入锚杯的钢丝长度。

g. 锚杯与索股用夹具垂直固定，并用角尺校正，使垂直度控制在90°±0.5°。

h. 锚杯下的钢丝索股垂直长度应不小于1 600mm，弯曲半径应大于1 290mm。

i. 锚杯预热至150℃±10℃，并用温度控制仪进行控制。浇铸容器预热至200℃以上。

j. 合金在一个有温控仪控制的容器中加热，浇灌温度为460℃±10℃，并为连续浇铸。

k. 将合金注入锚杯时，应避免任何振动，浇筑一次完成，不得中断。

l. 合金浇铸应密实、无气孔，保证合金铸入率≥92%。

m. 冷却：自然冷却。

n. 锚铸体后端在规定的反顶压力下反顶，顶压力为3 530kN，持荷5min，卸压后测量索股的外移量，外移量应<5mm。

⑥包装、储存

a. 为便于索股的架设，在两端锚杯的同一侧面涂以红色标记，并在锚头顶面用红色油漆为钢丝索股编号。

b. 为运输、安装方便，将制成的主缆索股用适当地收卷装置进行盘绕收卷，使得在收卷或放出平行钢丝索股时不能产生任何阻碍，同时不能损坏平行主缆索股。

c. 在主缆索股外设置钢丝绳吊点时，采取必要措施避免吊装过程中钢丝绳对主缆索股镀锌层的损伤。

d. 锚具用塑料袋包装后，用草绳或麻布衬垫，再用防水编织布包裹；索股以防水编织布包装，整圈索股以整体用蜡帆布统罩包裹，下部收紧帆布罩，并使钢制托盘的吊点外露，以便于吊装。

(4)超长大规格高强度索股成圈技术研究

受传统技术观念的影响，自悬索桥主缆预制平行索股(PPWS法)的技术应用以来，主缆索股的收卷均采用了大直径钢盘收卷、卷绕方向为竖直，水平排线的成盘技术，但对于成盘工艺，一般索股长度超过1 500m，在放索时容易出现“呼啦圈”现象，根据经验，在索股形状保持良好的前提下，采用成盘工艺，在放索时出现“呼啦圈”现象，严重时直接影响到现场施工进度和索股质量。

由于悬索桥主缆索股与其他柔性较好的绳索不同，索股钢丝是平行排列，其突出的表现是弯曲刚性较大，而且索股是六边形截面，所以无法整齐紧密地缠绕在卷筒上，而是左右交互扭曲变形地缠绕在卷筒上，收卷结束，缠绕在卷筒上的索股是有很大的空隙率的，一般在40%～50%。如此大的空隙率在索股自重的作用下，使缠绕的索股形成与卷筒偏心的堕坠，如图6.3-7和图6.3-8。因此在放索施工时，偏心的索股层的旋转在惯性的作用下总是赶不上卷筒的旋转，而索股的内锚头却始终固定在卷筒上(与卷筒始终同转速)，所以索股出现了“呼啦圈”现象。

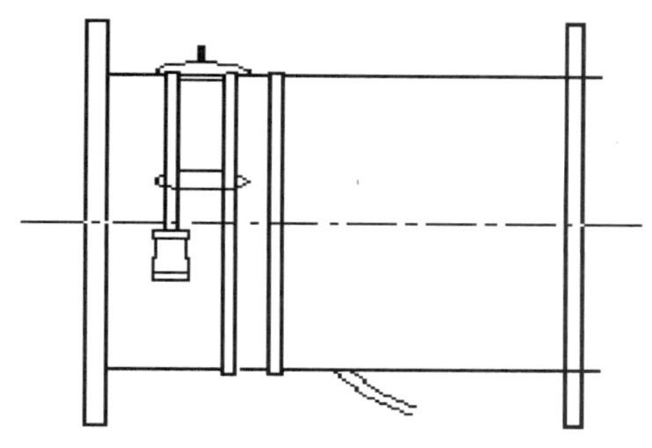

图6.3-7 传统成盘方式

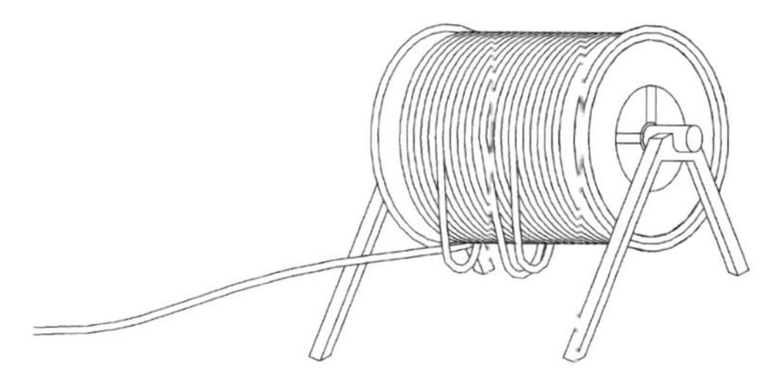

图6.3-8 传统放索方式出现“呼啦圈”现象

水平成圈工艺技术很好地解决了“呼啦圈”问题，而且可以显著提高索股架设效益和索股质量。所以在索股成圈的时就要为平行放索作考虑，选择水平成圈的方式。

在此次4 250m索股的生产中，对整个悬索生产线进行了改造，使之能够适应$\phi5\times169$丝-4 250m超长大规格索股的生产。索股成圈是其生产过程中必不可少的一部分。成圈技术的好坏直接关系到索股的运输、索股的保护以及索股能否在施工现场顺利的施放。

成圈所需用到的设备主要包括：成圈机、轨道车、托盘、成圈内胆、成圈导向架等。由于此次索股在规格、长度及质量上都是前所未有的，所以对上述设备作了改造、从新设计、制造及校核计算等工作。

关于水平成圈设备，如图6.3-9所示。

①成圈机：此次4 250m索股生产所用的成圈设备为120t下沉式成圈机。120t下沉式成圈机为一可旋转装置，上有两根平行轨道，此轨道与生产线其他轨道衔接，可将成圈索股直接送往制锚区及成品堆放区。

图6.3-9 水平成圈设备

②轨道车：轨道车是生产厂区内用于成品索股运输的载重运输工具，其滚轮在车间的特定轨道内行走，可在车间与成品堆放区之间往复运行，轨道车可固定在120t成圈机上，成圈后可直接将索股运往制锚区或成品堆放区等处。

③成品托盘：由于索股长度及规格都增大，所以将120t成品托盘设计成成圈内径2m，外径5m，成圈高度2m，计算得出空隙率为：57.3%，而根据以往经验，索股成圈空隙率低于55%，所以120t成品托盘能满足此次超长大规格索股的成圈。

④成圈内胆：索股成圈时，成圈内胆安装在轨道车上，用螺栓使其与轨道车固定连接。安装后其四片挡板底部向外撑开，形成底大顶小的圆台形。成圈机旋转时，索股围绕成圈内胆缠绕。当4 250m索股全部成圈完毕后，用起吊设备吊起成圈内胆顶部圆环，可将成圈内胆顺利卸下。

⑤成圈导向架：在水平成圈时，索股穿过成圈导向架缠绕到成圈内胆上。成圈导向架的上下移动可能够提高索股成圈的整齐度和紧密度，为水平放索现场的顺利施工打下良好的基础。

(5)超长、大规格、高强度索股运输技术研究

超长大规格平行钢丝索股的运输采用“一个120t成品托盘+一根单元索股”的模式,在超长大规格平行钢丝索股成圈的时候,其底部已经垫了一个120t成品托盘,待到索股所有生产工序完成后,可以将托盘和索股一起移至成品堆放区(位于浦江缆索场内1 000t级船运码头边),等待装船或装车。

索股所有生产工序完成后,首先用工厂内的轨道车沿专用轨道将120t成品托盘及索股一起运往成品堆放区通道,然后用120t起重机将托盘及索股吊往成品堆放区。对于此种120t托盘,只要求场地平整,无积水即可。

①索股包装:平行钢丝索股是一般是由169根相互平行的钢丝组成,其截面呈正六边形。凡是金属产品在运输与存放时一定要非常注意保护,特别是防潮、防雨淋、防雾等,而且在其生产完成后,可能要几周甚至几个月才能架设到大桥上。所以在成圈的时候将塑料薄膜部分平铺在120t成品托盘和索股之间,待索股所有生产工序完成后将塑料薄膜全部铺开并将索股裹住,再用保鲜膜将塑料薄膜裹紧,然后用防雨油布将索股罩住,再在油布外横向及竖向打数道高强度包带。如图6.3-10、图6.3-11所示。

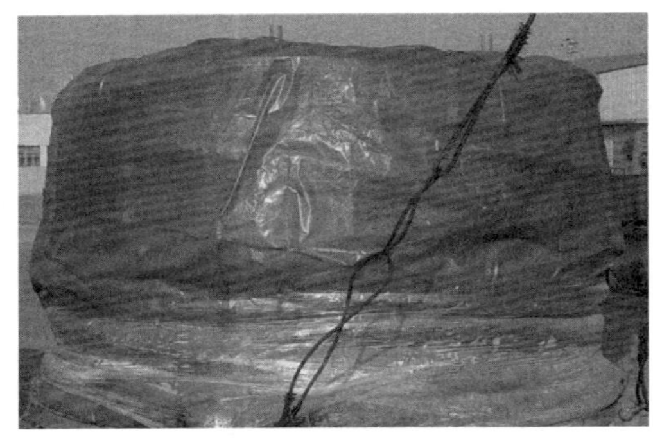

图6.3-10 包装塑料薄膜及保鲜膜

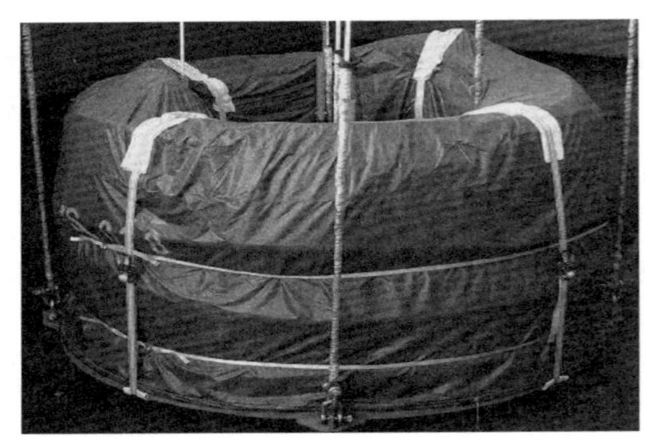

图6.3-11 油布、包带和固定支架已安装

②稳固:平行钢丝索股由于其本身极大的自重,使其在120t托盘上水平存放时能够稳定。大多数的桥梁工程项目都是在做道路的开拓者,造桥所需的物资都必须从崎岖的道路运往建桥工地,有时甚至是陡峭的山路,采用海运方式运输,索股运输须考虑货船60°的摇摆幅度。在水平成圈平行钢丝索股运输时,在成圈索股内部安装有固定支架,使索股相对于托盘的位置保持不变。为验证其在船运条件下起作用,研究组做了倾斜试验,模拟其在船运时遇到大风浪时货船的倾斜状态。使成品托盘、索股及固定支架倾斜30°,并保持30min,最终试验结束后一切正常。如图6.3-12、图6.3-13所示。

图6.3-12 固定支架安装

③起吊:120t成品托盘位于成圈平行钢丝索股的底部,其边缘平均设有8个吊点,通过8组卸扣及钢丝绳与120t十字吊梁连接。120t十字吊梁上部设有另外4根钢丝绳,悬挂于120t

起重起重机的吊钩上。启动起重机后便可将索股吊起。针对超长大规格索股的质量、体积等特征,托盘、吊梁、钢丝绳等进行重新设计制造。如图 6.3-14 所示。

图 6.3-13 安装固定支架后倾斜试验

图 6.3-14 起吊装置

(6)超长、大规格、高强度索股放索试验研究

为了满足日益增大的悬索索股的需求,放索设备部分也尤为重要,索股经过成圈挤压后,由于张力的作用,会导致"呼啦圈"、股丝、绕包带崩裂等现象,运用全新的水平成圈放索技术解决传统方法出现的"呼啦圈"问题,放索设备的主要作用是施放索股和重塑索股六边形形状。

①放索设备

根据研究索股的特点对放索设备进行了如下改造:120t 放索转盘、鱼雷夹、整形模、弯道履带传送装置、智能放索装置等。

a. 120t 放索转盘

此次研究超长高强大规格主缆索股单根质量达到 120t,需要配置与其匹配的 120t 位放索转盘,一般的放索转盘没有动力系统,在放索过程中由卷扬机来牵引索股,供给 5 000 ~ 8 000kN的动力,带动转盘及转盘上的索股转动,转盘底部安装了 8 只托辊平均分布,并且安装有制动系统,其作用在于增加摩擦阻力,在索股放出时,索股有弯曲,在两个反方向拉力的作用下,从放索盘放出 10m 左右长度的弯曲索股会延展伸直开来。

$\phi5.1\times169$ 规格 4 250m 长单元索股直径为 $\phi75$mm,放索盘内径的设计也由为关键,内径太小会导致索股张力太大包带崩裂,太大也会导致索盘体积太大,就会影响到运输,经过试验验证,选取大于 20 倍索股直径的内径,可以恰到好处解决以上问题,见图 6.3-15。

b. 鱼雷夹

鱼雷夹是单元索股放索过程中的夹紧装置,它是由上半索夹和下半索夹通过螺栓连接组成的。夹具内腔是和索股相同现状的正六边形,在放索的同时可以为索股整型,让索股保持形状。并配有手柄可以方便地进行操作。

夹具材料为 1010 尼龙,不会损伤放索托轮,在放索过程中每隔 100m 的距离放置一个索股夹紧装置,使夹具与索股同步前进,索股六边形形状得以保持,防止在牵引过程中,有操作偏差,引起的索股扭转和鼓丝现象,提高索股的放索质量。如图 6.3-16 所示。

c. 六角索股滚压整形模

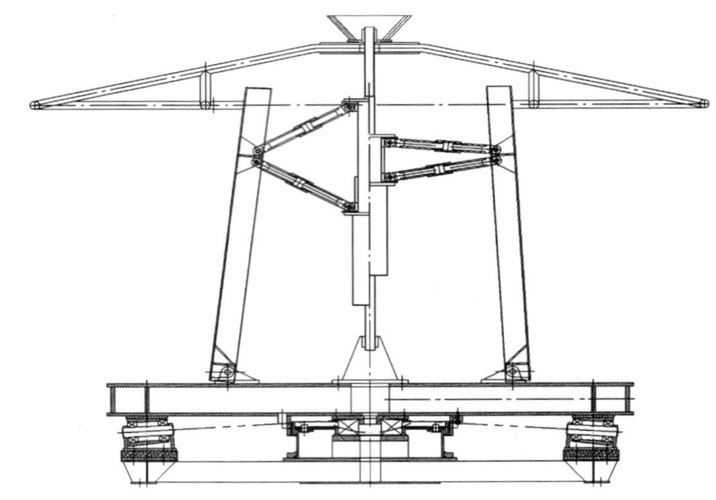

图 6.3-15　120t 放索架结构图

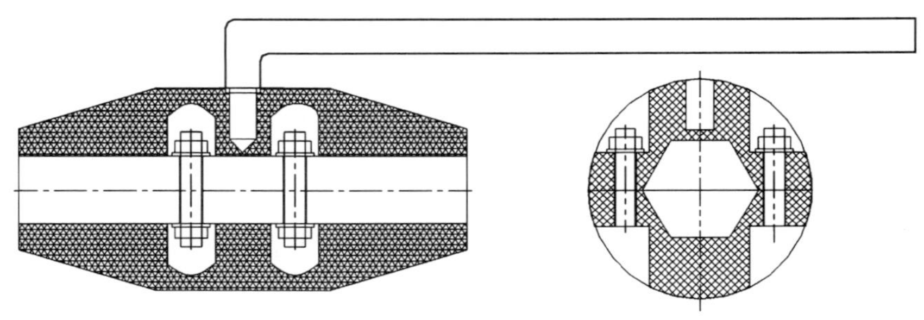

图 6.3-16　鱼雷夹示意图

$\phi5.1\times169$ 规格单元索股，长度达成 4 250m，因此在编制过程中边编制边收圈。收圈方法有两种：一种成盘，一种成圈，这两种方式都由于索股张力太大，导致放索时六角形变形，及鼓丝，绕包带断裂等等问题，对索股造成一定的变形，严重影响产品质量，成盘带来的更严重后果：影响索股在现场施工架设过程中索股的排列，给索股拼装也带来很大困难。另外，在施工现场，索股一般要通过两座塔，在过塔时候索股跟塔顶托滚之间摩擦力、压力很大，造成六角包带扎捆变形，也会影响主缆索股排列、拼装质量，还影响紧缆效果、使紧缆直径超过设计要求。为了解决以上问题，研究组研究人员研究设计了一套悬索六角整形模装置，在放索架前及过塔后各放置一套，使索股通过上下滚压轮形成的六边形中，通过滚压轮对索股施加的压力，使索股包带绑扎位置成型更紧密，并且使松散或鼓丝处可恢复完整的六角形状，每只压轮对六角形钢丝索股施加压力，六个面同时受力，起到了很好的整形作用，解决了悬索主缆放索施工过程中最为担忧的一个重要问题。其次，由于六角整形模对索股的整形作用，使主缆索股钢丝的平行度更高，这就改善了索股在放索时的扭转状况，使标记钢丝的位置更加稳定，为索股准确安装提供便利，减少施工工人的劳动强度，提高工效。另外，整形模压轮的材料为尼龙，使其具有良好的转动性能，使用时压轮和钢丝索股之间不产生滑移，有效地保护钢丝的镀锌层。使索股经过成圈后出现的变形现象得以重新整形，试验证明索股通过六角整形模后六角包带捆扎位置全部恢复原状，索股现状较好，确保了索股现场架设产品质量，此整形模将被推广到现场施工架设现场使用，可以使索股在紧缆过程达到设计要求。六角索股滚压整形模结构及试验如图 6.3-17、图 6.3-18 所示。

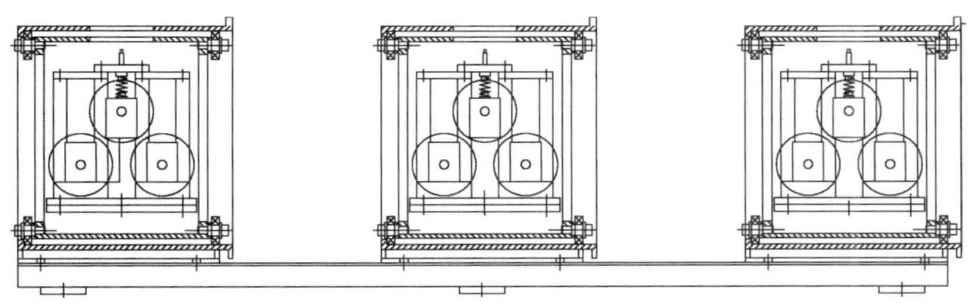
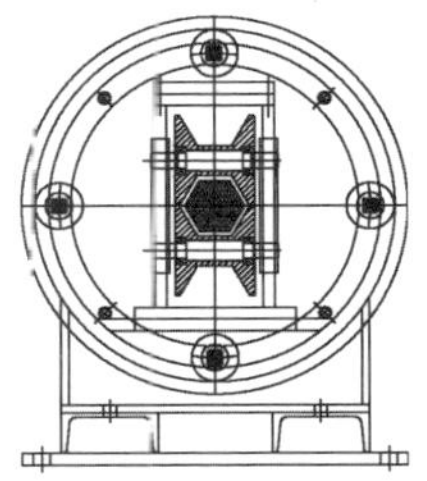

图 6.3-17 六角索股滚压整形模

d. 单元索股放索弯道履带传动装置

由于主缆索股规格较大，长度长达 4 250m，由于场地受到的限制，因此研究模拟现场施工索股架设过塔顶的模式，索股架设需要通过两座塔顶，一般索股过塔时索股已变形，有的绕包带断裂，影响主缆索股的排列及拼装，因此针对这一问题研究设计一套弯道索股安全行走带，是让索股与输送带同步运行，可以起到保护索股变形和防止包带断裂，确保索股过弯道顺利通过，同时可以保持索股有完好的现状，经过多次试验验证，弯道行走带应用于现场索股架设塔顶，现场主缆架设质量必将得到进一步的提高，为我国主缆架设产品质量提高一个台阶。现实架设中，大部分塔顶弯度直径为 7 ~ 8m，为了适应更多的桥梁架设，将放索弯道设计为 6m，经过试验验证，索股经过弯道后，索股与输送带同步运行，保护索股变形和防止包带断裂，更能满足塔顶大于此弯度的放索需要。结构示意及实物如图 6.3-19、图 6.3-20 所示。

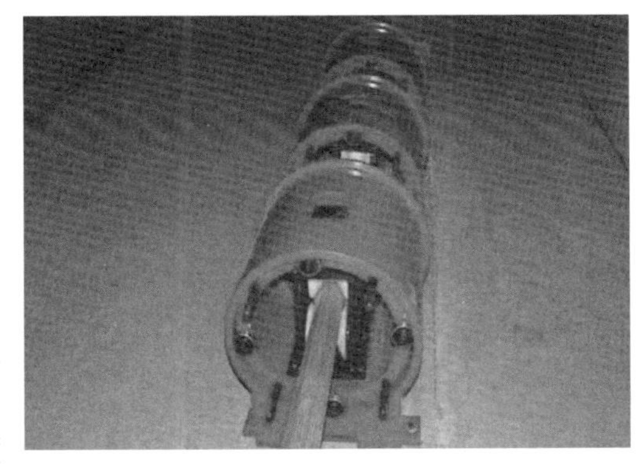

图 6.3-18 六角索股滚压整形模试验

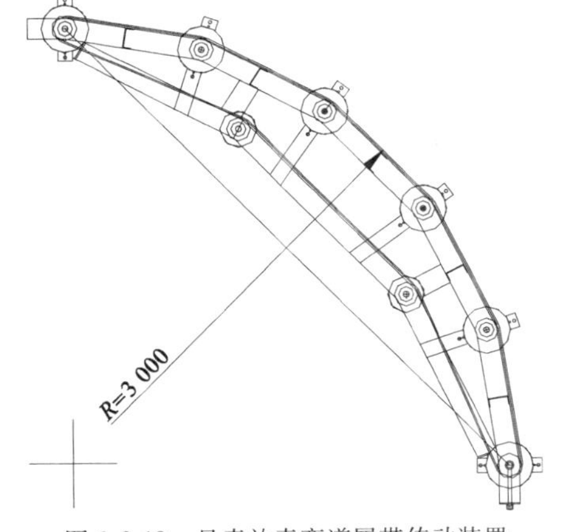

图 6.3-19 悬索放索弯道履带传动装置

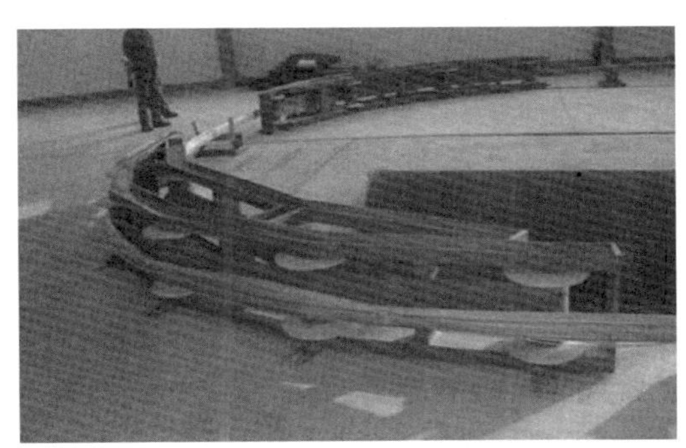

图 6.3-20 悬索放索弯道履带传动装置试验

②放索试验现场工艺

放索试验场地位于浦江缆索公司车间内，车间长约1 000m，展开放索采用一个来回的方案，总长在2 000m左右。主要由放索架、放索托轮、收线装置等组成，观察成圈索股在放索过程中的特点以及成圈索股在放索过程中是否出现“呼啦圈”现象。观察放出的索是否出现散丝、断丝、鼓丝、扭绞和钢丝弯折现象。

a. 放索设备设置、定位、索盘安装程序

把十字吊梁安装在120t起重机吊钩上。十字吊梁上钢丝绳及卸扣销轴和索股托盘销孔进行连接，起吊预制的索股。索股在放下去前先把120t放索转盘上4块支撑板用油泵油管接在支撑板中心千斤顶上收缩到最小范围，然后将托盘吊点在放索盘撑板空档内放下，拆下连接点。把索股放下，然后再用油泵把索股内4块撑板跟索股之间空隙撑紧，油泵压力15MPa。

拆卸油管后把油管重新接在转盘底部与制动千斤顶油管接头连接。放索时转盘速度过快时，油泵压力可以达到5MPa，使转盘制动。

在索股顶部安装压圈及中心螺帽拧紧，能防止上部索股在放索时向上窜动。

把内侧锚头固定在压圈平台上，外圈锚头解松以后先放导向架上。之后再按标记丝方向固定在牵引小车上。小车由专门看管人员控制方向，小车前面安装50kN牵引力测力计和牵引钢丝绳连接。

托滚每个按5m距离安装，弯道安装3个橡胶ϕ215mm竖辊和ϕ80mm平辊，为了确保索股在牵引过程中六角不变形。在布置有两处30°角度方位安装了输送带。

30kN卷扬机主要用于放索过程中作牵引，电器控制设置三个挡位，第1挡20m/min，第2挡40m/min，第3挡60m/min，同是收线过程对钢丝绳进行排列，确保施工方便、安全可靠。鱼雷夹的使用有两种优点：防止索股在牵引过程索股扭转，限制索股牵引过程股丝形状变形。每个鱼雷夹及压棒要配一个操作人员控制其牵引方向。

特别注意索股不能扭转收线成圈，在成圈时由上下排线机进行排线。

b. 放索过程

第1阶段：试验索股用卷扬机牵引。开启卷扬机，先以较慢速度启动。经过第1组导向辊转弯进入直线段，在300m直线段中，当索股头部经过第1个100m内，采用20～30m/min速度牵引并测力，第2个100m内，用30～40m/min速度牵引并测力，第3个100m内用40～60m/min速度牵引并测力。当索头经过第1个导向轮时，降低牵引速度。当索头经过第2个导向轮后，重复以上过程。

第2阶段：用成圈机牵引。当索股头部到达第2个导向辊处，试验索改由成圈机牵引，成圈机的牵引速度为10～30m/min，然后停止牵引进行检查。检查后，继续牵引和放索直至索股重新成好圈。

c. 放索过程中的检验

在牵引阶段，检查放索装置的制动情况，检查不同放圈速度下的索股牵引力，在不同间隔的位置处的截面保持情况、包带情况、索股段钢丝情况（有否鼓丝、弯折、打结、脱锌等情况）；索股扭转情况、索股成圈情况，并做记录。

③水平放索试验

由于受场地及起重设备（120t起重机）、运输设备、牵引设备及收放线设备的限制，放索试验场地位于浦江缆索公司车间内，车间长约1 000m，展开放索采用一个来回的方案，总长在2 000m左右。主要由放索架、放索托轮、收线装置等组成，牵引由铲车或卷扬机完成，放索试验工艺布置如图6.3-21所示。

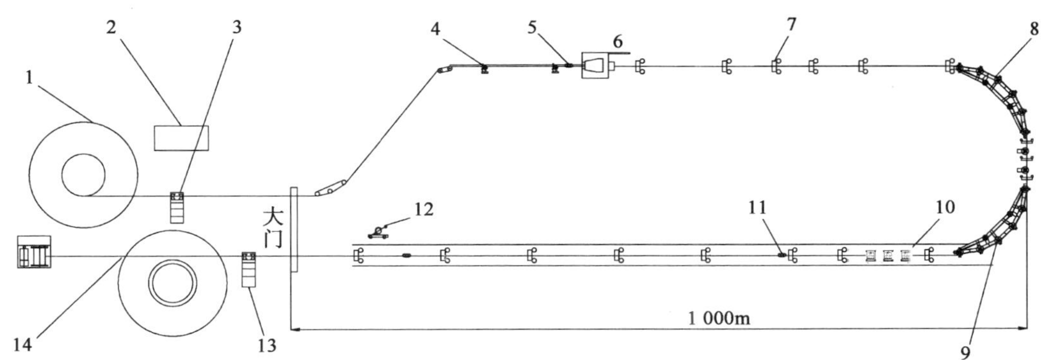

图6.3-21　放索试验工艺布置图

1-放索转盘；2-智能放索PLC控制台；3-智能放索自动排线装置；4-六角索股整型模；5-鱼雷夹；6-错杯、小车、传感器牵引钢丝绳安装点；7-托辊；8-弯道行走带；9-弯道行走带；10-六角索股整型模；11-鱼雷夹；12-切割机；13-排线装置；14-收线机

6.3.2　智能水平放索装置研究

悬索桥PPWS法主缆架设施放主要具有大数量、大吨位、长距离等技术难点。目前，国内悬索桥PPWS牵引系统的设计和操作大都参照日本的经验，在牵引系统的设计方面还缺乏系统化的深入研究，基本上还是参照以往的经验来设计。此外，从牵引系统的运行方面来看，国内还处在较低的水平，只能满足施工的基本要求，还不能较好地满足主缆高质量高效率的施工要求，在施工过程中对于牵引系统各种设备还不能做到实时监控，无法实时了解牵引系统在运行过程中速度和牵引力的变化，由此带来的主缆索股牵引架设时各种质量问题也经常发生。上述问题已经在很大程度上影响了大跨度悬索桥的施工质量，制约着我国悬索桥建造水平的提高。

单元索股水平放索方法的出现，是缆索在桥梁或建筑结构的施工中的一大进步，它的出现减轻了施工的难度，减小放索时钢丝之间的摩擦，避免包带断裂，避免“呼啦圈”的出现以及索股在牵引拽拉过程中的松散，工人不必再忙于对索股的整形和包扎，不必再为“呼啦圈”而停机重新抽紧。

智能水平收放索装置是对钢丝索股水平放索方法的提高，原来放索过程中对油压机和电动机采用手动操作方式，耗费人力资源且操作起来极其不便，数据不能保存。为了提高工作效率，减轻操作人员的工作强度，对原有人工控制方式进行再次开发，使用PLC控制，HMI系统进行监控人机界面操作，系统中的所有设备状态和测量数据都能得到显示，数据还可以保存和形成报表，操作更简单、方便，整个过程实现自动化控制，提高工作效率。

1）水平成圈放索装置

水平成圈放索方法使用的放索架由底座、液压制动、托轮、转盘、穿心拉压式千斤顶、撑杆、挡板、锚头固定装置等组成，如图6.3-22所示。其主要优点是能够通过液压制动让装置迅速停车；其水平放索方式（图6.3-23）能防止放索时的“呼啦圈”现象，避免索股缠绕及索股损坏

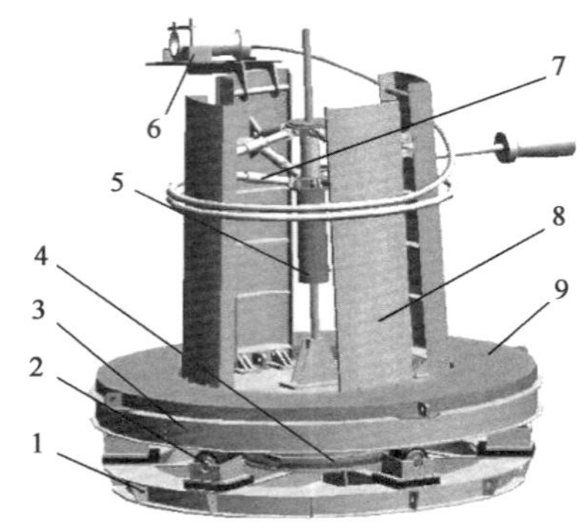

图 6.3-22 主缆索股放索架

1-底座;2-托轮;3-转盘;4-液压制动;5-拉压千斤顶;6-锚头固定装置;7-撑杆;8-挡板;9-成品托盘

等;能防止未放索股从装置上退下,并能预防索股向上窜出毁坏索股;并可以对索股内锚头提供固定位置,防止钢丝索股施放过程中内锚头甩出而发生事故。

2)智能水平放索装置

(1)智能水平放索装置组成

智能水平放索装置的设计制造主要涉及水平放索装置的设计制造、自动导向架的设计制造和 PLC 控制系统的设计制造等方面。

①水平放索装置

悬索主缆索股水平放索装置(图 6.3-24),由底座、托辊、转盘、制动、拉压千斤顶、撑杆、锚头固定装置、油管等组成。其转盘采用半柔性支承方式,即托辊底部所垫垫块具有一定的柔软度,可免去转盘大平面的机加工,安装要求大大降低,具有经济性的同时,对放索场地的要求也大大降低;底座中心设有推力轴承、外圈间隔均布若干托辊,转盘下有液压制动,可对放索盘的旋转施加反向力,保证索股的稳定施放;转盘中心设置一根丝杆,作为拉压千斤顶的定位,随着索股的施放,拉压千斤顶可以调节其四周撑板来撑紧索股,防止索股堕坠的现象发生,使索股始终保持整齐排列;撑板顶部设有内锚头固定装置,对内锚头的固定可以防止钢丝索股施放过程中内锚头的甩出。

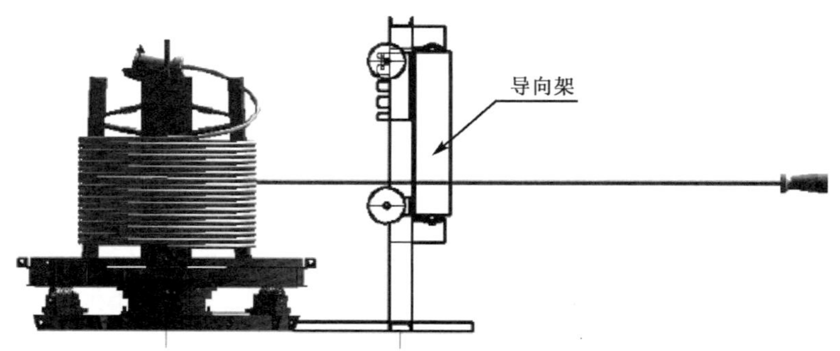

图 6.3-23 水平放索示意图

②自动导向架

成圈索股在施放时,牵出位置随着索股的施放而出现高度的变化,并引起角度变化,这些角度的变化引起索股与地面以及周围设备的摩擦等,继而造成索股损伤。自动导向架作用在于能够根据放索时索股的高度变化,随时地、自动地做出反应,以使导向机构高度与索股高度基本同步,以保护索股。自动导向架通过一组滚轮可作横向移动,设有升降框可作上下移动,以此适应索股位置的变化;升降框内设有滚轮

a) 放索装置　　b) 导向架

图 6.3-24 水平放索装置与自动导向架

以保护索股;由 PLC 控制,能通过数组传感器按照索股高度实时调整索股托辊的高度,测量索股的放索速度和长度。导向架如图 6.3-25 所示。

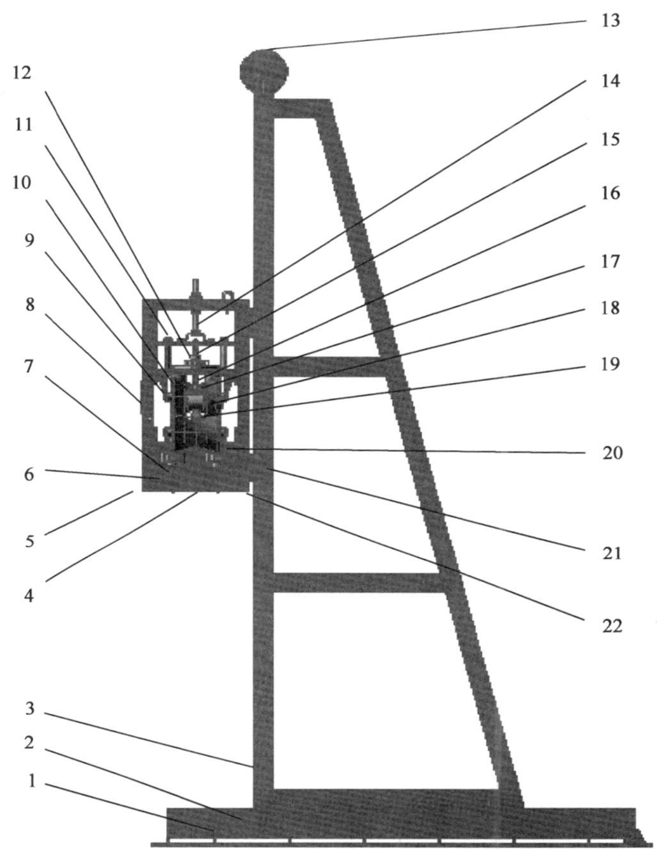

图 6.3-25 自动导向架结构示意图

1-轨道槽;2-底轮;3-导向架;4-升降框;5-封板;6-导向杆;7-压缩弹簧;8-索股入口;9-上辊架;10-上辊;11-连接导杆;12-导向杆;13-钢丝转盘;14-升降螺杆;15-压缩弹簧;16-压缩弹簧;17-测速轮导向杆;18-测速轮;19-索股;20-下辊;21-升降滚轮;22-导向杆

③控制系统

此系统采用现场总线控制器,通过便携式电脑进行监控,监控电脑和 PLC 间通过以太网进行通讯,PLC 主要控制油压机,导向架高度控制电机,放缆架上升和下降,采集缆索速度、导向架的高度、油压机油压、油温等数据。

(2)智能水平放索装置方案设计

PPWS 单元索股放索装置是用在主缆索股架设时的专用工具,系统主要有三个组成部分:放索盘、导向架和控制系统。原系统采用人工控制方式放缆索,对油压机和电动机采用手动操作方式,耗费人力资源且操作起来极其不便,数据不能保存,并且放索过程中经常发生成圈索股掉落以及其他一些原因的导致需要暂停工作的情况造成了工作效率的降低。为了提高工作效率,减轻操作人员的工作强度以及提高工作的安全性,现对原有人工控制方式进行再次开发,使用 PLC 控制,HMI 系统进行监控人机界面操作,系统中的所有设备状态和测量数据都能得到显示和记录,数据还可以形成报表,操作更简单、方便,全过程进行自动化控制,提高工作效率和工作安全性,使整个放索过程得到更加科学的控制和监测。

①通过开发拟实现的功能

a. 实现自动、手动放索操作;

b. 实现按设定的速度放索;

c. 实现按设定阻力放索;

d. 自动调节导向架高度;

e. 可以设定初始高度上限高度,能在设定时间内制动、测量、显示并记录已放索长度、放索速度、放索拉力,测量、显示并记录油压机电机电流、油压力、油温度;

f. 形成报表和打印报表;

g. 系统报警功能;

h. 联机/脱机功能。

②在开发过程中发现的主要技术难点

a. 驱动油压控制较困难;

b. 放索时牵引力感应器数据不稳定;

c. 导向架升降参数设置较困难;

d. 整个工作过程规律不明显。

③系统组成

开发智能放索系统采用现场总线控制器,通过便携式电脑进行监控,监控电脑和 PLC 间通过以太网进行通信,PLC 主要控制油压机,导向架高度升降电机,放索架上限位和下限位,采集放索速度、导向架的高度、油压机油压、油温等数据。系统结构如图 6.3-26 所示。

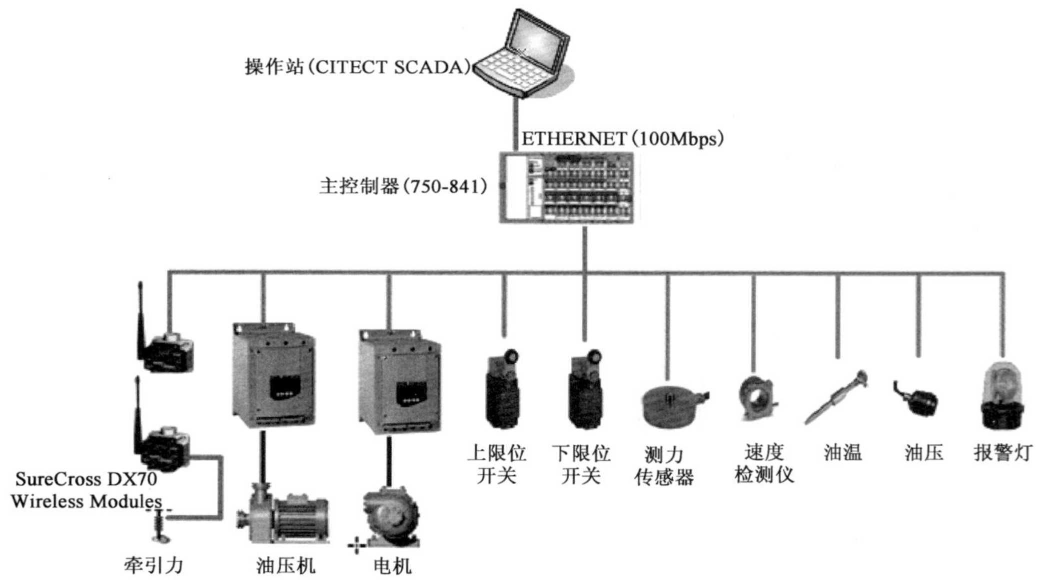

图 6.3-26　智能收放索装置系统架构图示

④实施方案

a. 放索速度测试

在导向架上固定两组导向轮，每组上下各一个导向轮，让放出的索股从导向轮的中穿出，如图 6.3-27 所示，这样在两组导向轮间的索股则保持水平直线，在导向架上安装一个圆滚轮和水平的索股保持接触，保证放索时，通过索股和圆滚轮之间的摩擦力让圆滚轮跟着一起转。在通过检测圆滚轮转的速度和转动的圈数来计算出放索的速度和长度。

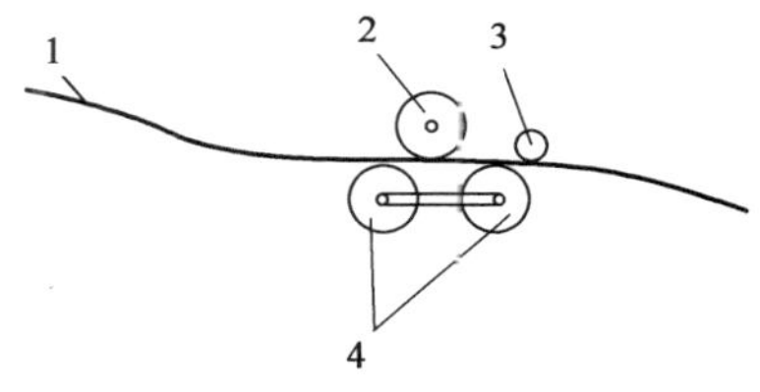

图 6.3-27　放索速度控制理论原理图示
1-索股；2-导向轮；3-速度检测；4-导向轮

b. 放索的速度控制

在放索的牵引力满足速度的情况下，PLC 通过控制放索架底部的制动系统的摩擦力，从而控制放索的速度，通过 PID 调节，使放索的速度更加平稳。调节制动系统的摩擦力是通过 PLC 控制变频器，变频器控制油压电机，从而调节放索盘摩擦力。在牵引力满足设定的放索速度的情况下，通过 PLC 控制可实现按设定的速度进行放索。

c. 按设定阻力放索

根据放索架制动系统油腔内部半径的大小和油压的最大值 P_{max}，可以计算出该制动系统的最大摩擦力，也即是最大的阻力（其他摩擦力忽略），操作人员可设置在此范围的阻力值，通过 PLC 的控制油压机的转速来控制油压压力，从而达到按设定的阻力来控制放索，这样放索的速度就可以通过牵引力来控制。

d. 导向架高度自动调节

图 6.3-28　测力传感器安装图示

导向架支架上安装有 3 个导向轮，分别位于上面 1 个，下面 2 个，导向架可以根据导向架左右两端的索股的高度适当的调整，保证了放索过程的稳定性。上导向轮正下方的两侧分别安装 2 个测力传感器，设备图片见图 6.3-28，可以测出当索股放在上面时的静态值，根据导向架两端索股高度的变化，两传感器的受力之和就会发生变化，根据两个传感器受力之和的变化，来控制导向架的上升和下降。

e. 测量放索架的高度

通过导向架最上端定滑轮上安装的一个旋转编码器可以计算出导向架升降的高度，该高度值可以通过上位机系统的历史趋势记录来记录高度曲线，从而能看出导向架升降速度的平稳性。

f. 系统自动和手动设置

出于对实际操作和安全可靠性的考虑，在上位机控制画面上可设置自动和手动放索点动切换按钮，按下自动按钮，就会切换到手动状态下，同时在上位机上显示手动，指示灯为红色，切换到自动状态时，指示灯为绿色，在自动放缆索情况下，系统自动调节导向轮高度，按设定的阻力或按设定的速度进行放缆索；当设置为手动时，由操作人员手动来调节放缆索的力或速度，以及通过点动卷扬机的电机的正反转来改变导向轮的高度。

g. 系统报警功能

系统出现故障或报警时，PLC 通过现场的声光报警器可以提示操作人员，在上位机系统里也能查看到相应报警信息，增加系统的安全性。

h. 其他主要信号采集

导向升降架限位开关：为了保证滑动导向轮能正常地上下升降，在导向架上安装 2 个限位开关，作为滑动导向轮滑动的最高点和最低点，其信号接入 PLC 控制系统，参与对电机的保护和报警。

油压机压力：通过 PLC 控制系统采集油压机压力，通过压力传感器将油压机油管内的压力信号采集出来，然后通过变送器传递给 PLC，并计算出相应的理论阻力，可以让操作人员了解到油压机的状态，并在上位机上动态显示。

油压机油温：通过 PLC 控制系统采集油压机油温，油温是通过温度变送器采集的温度信号，可以实时监测油压机油温的数值，便于现场工作人员分析油压机的运行状态，对油压机进行合理的操作，这些数据在上位机画面上能够动态显示。

油压机电流：通过 PLC 控制系统采集油压机电流，油压机电流是通过采集变频器电流而实现的，根据油压机电流可以实时的反映油压机工作的状态，这些数据在上位机画面上能够动态显示。

放索架索股中心架控制：通过控制油压电磁阀来控制油缸，控制放索架索股中心架的收缩和舒张。

放索牵引力的采集：放索时，牵引力是放索的动力，由于单元索股的长度很长，最长有 4 ~ 5km，有的甚至更长，造成牵引处和放缆索架的距离很远，为了让操作人员更好的了解放缆索的情况，防止误操作，可通过无线的形式将信号发送给 PLC，考虑到牵引头处供电的问题，可以使用充电电池或畜电池。牵引力是通过无线吊钩秤来测试卷扬机的牵引力的，吊钩秤先将测试出来的力信号传输给一个无线称重显示仪装置，此显示仪通过无线传输能够接收吊钩秤大约 300m 以内的距离，然后通过无线模块（可将信号传输 5 000m 范围）接收显示仪变送出来的 4 ~ 20mA 的信号，传输给 PLC，在上位机上显示。

i. 联机/脱机功能

当 PLC 或上位机出现故障时（短时间无法处理好），PLC 控制系统无法正常工作，为了不影响放缆工作，设计“联机”和“脱机”选择功能，该功能主要是在应急情况下使用。

⑤控制系统适应说明

本控制系统用于向油压机、卷扬机测试间设备提供电源，控制与测试间相关设备的启/停和工艺参数调节。满足油压机供电要求、油压调节要求和卷扬机速度调节要求，保障满足控制台对油压机、卷扬机等所需的各种条件。通过自动功能的实现，减轻操作人员的工作压力，提高工作效率，并且能够实时的记录和测量相关参数以及总结打印相关参数，使工作更科学、安全、可控。

a. 适用性强：因本装置可分为三个部分（放索盘、导向架、控制台）其中放索盘可根据索股实际规格随意更换直相应大小而整个控制不受影响，故理论上可视为本设备可适用所有单元索股规格。本次试验用使用索股为 $\phi5.1\times169$—4 250m。

b. 移动、安装方便：考虑到操作台和放索架大多用于室外作业，为使搬运作业方便，将操作台和放索架间的线缆连接采用直接插拔型。移动操作台和现场设备之间的接线选用重型插件(即插即拔型),安全可靠。

c. 使用方便:因本装置为无动力,驱动速度控制取决于放索盘液压制动的控制强度故不需要考虑在每次使用时定制专用的动力装置,可配合工地实际提供的任何动力装置(功率须大于拖动放索盘)。故理论上可以配合任何速度的动力装置。

d. 安全可靠,可视性强:本装置可以实际测量索体拖动时的拉力和速度以及油泵车的油温等数据系统中的所有设备状态也可以实时监控并且可以随时打印数据,保证了施工安全,也使施工更科学合理。

e. 提高效率:本装置可以提供自动控制功能,减轻操作人员的工作强度,提高了工作效率。

移动操作台使用环境条件广泛,可适应如下条件:

f. 海拔高度:5 000m 以下;

g. 环境气温: -20 ~50℃;

h. 最高日气温:24 小时平均温度 35℃;

i. 最高相对湿度:夏季月平均湿度最高值不大于 90%。

j. 实用性强:因本装置不受索股规格限制,每次使用只需根据实际索股规格更换相应规格放索盘,可反复使用在每个工程。故实用性强。

k. 使用效果明显:使用本装置实施放索工作时成圈索股掉落现象明显改善,人力明显降低,工作效率也明显提高(放索过程只需要更多关注前端锚头拉送部分以及索体中间部分是否有阻碍物,防止发生其他安全隐患)。

(3)智能水平收放索装置制作调试试验

智能水平放索装置智能水平放索装置经过设计、制造、安装后,进行了一系列的调试试验工作。

①自动导向架升降调试

自动导向架调试时用各种不同形式的索股进行试验逐步调整其性能。利用数台起重机模拟索股位置的上下移动,使索股做低于中心线、高于中心线和对齐中心线三种状态,并且记录不同索股在试验时自动导向架传给 PLC 的数据,然后做出分析后再调整,研究组先使用 ϕ90mm 钢丝绳进行调试,如图 6.3-29 所示,使用 $\phi5 \times 127$ 规格索股进行调试,如图 6.3-30 所示,最后进行 $\phi5 \times 169$ 规格索股进行调试,如图 6.3-31 所示。

图 6.3-29　试用 ϕ90mm 钢丝绳调试

图 6.3-30　试用 $\phi5 \times 127$ 索股调试

②自动导向架测速、测长度调试

导向架托轮边有一小轮用于测量索股牵引的速度及牵引长度。首先由两人配合,由一人手动将小轮旋转10圈(约可牵引2.5m),另一人观察电脑显示数据是否符合。然后用约100m的索股做匀速牵引,并记录时间和长度,当索股牵引完100m后观察电脑显示数据是否符合,最后再用1 400m索股调试数据,调试现场如图6.3-32所示。

图6.3-31 试用$\phi5\times169$索股调试

图6.3-32 试用1 400m索股调试

③牵引力测试

因为要模拟大桥主缆的放索过程,所以要考虑其长距离的特性。牵引力测试用一组力敏传感器、一台无线称重显示仪和一组无线传送设备。首先打开力敏传感器并使之受拉力,查看无线称重显示仪工作状态,确定显示仪工作正常后,可进行牵引力测试,将力敏传感器两端分别安装在锚头固定小车后牵引钢丝绳上,启动牵引机,当牵引出1 000m后查看PLC信号收集的强弱,测试现场如图6.3-33所示。

④油泵车参数测试

关于油泵车的测试主要是油温测试和油压变化测试。测试温度传感器之前准备了一杯温水和一杯冷水测试其灵敏度,然后将其热电阻浸入液压油中采集信号。油压变化试验是用PLC给油泵车施加电流频率,以电流频率的变化来控制油压,此时同步观察牵引力的变化,经过数据分析后经过PLC控制系统给油泵车电机设定启动时频率,牵引时频率和停车频率,测试现场如图6.3-34所示。

图6.3-33 试用1 400m索股测试牵引力

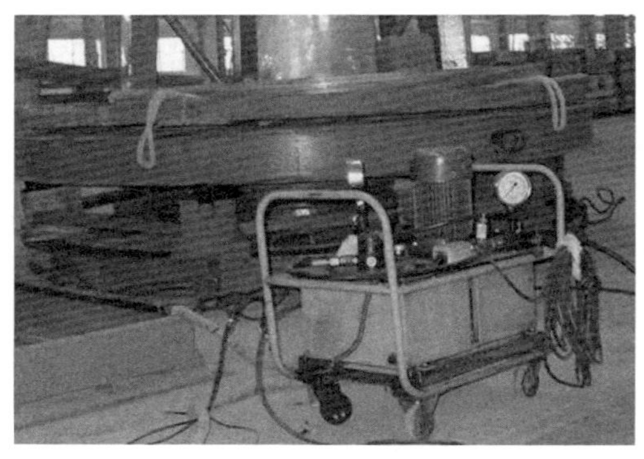
图6.3-34 油泵车参数测试

6.4 本章小结

本项目通过对大跨径悬索桥缆索系统用镀锌钢丝、吊索钢丝绳及索股编制、放索等方面的研究，取得了很大的突破，取得了如下成果：

(1)采用微合金化技术、超纯净钢冶炼技术、特殊控轧控冷技术并形成规模化大生产的特大跨径悬索桥主缆镀锌钢丝专用B82MnQL用盘条，化学成分控制稳定，盘条金相组织良好，索氏体化率达90%以上，夹杂物控制良好，所有盘条试样的检验结果，其A、B类夹杂物均1.5级，C、D类夹杂物均为0.5级；且按《钢中非金属夹杂物的显微试验方法》(JIS G-0555—2003)标准检验的各类夹杂物含量总和均<0.1%，已完全满足生产ϕ5mm系列1 770MPa、1 860MPa级桥梁缆索用高性能镀锌钢丝的要求，并成功应用于西堠门大桥工程，填补了该品种的国产盘条的国内空白，处于国际先进水平。

(2)采用自主创新的盘条制造技术、“双张紧+限径模”的稳定化工艺技术、“三度控制”的热镀锌操作技术，确保了西堠门大桥主缆用镀锌钢丝的质量稳定性，研发的ϕ5.1mm 1 860MPa高性能镀锌钢丝，性能稳定，填补了国内空白，使我国特大跨径悬索桥主缆用高性能镀锌钢丝的制造技术跨入了世界先进的行列。

(3)采用最新开发的钢绳结构设计软件开发平台对该类钢绳的结构进行多方案设计，最终优化吊索钢丝绳的结构，使钢丝绳内部金属填充充分，增大金属面积和承载能力。降低钢丝绳内部接触应力，从而减小股之间的应力集中程度，增加疲劳极限，提高钢丝绳吊索的耐疲劳性能。

(4)在钢丝绳内部注入具有能减轻内部接触应力的高性能塑胶，提高钢丝绳吊索的耐疲劳性能。而且钢丝绳内部注入的塑胶能防止雨水渗入钢丝绳吊索内部空隙、有益于钢丝绳吊索耐锈蚀能力的提高。对吊索钢丝绳的预张拉稳定化处理进行研发，增设大规格钢丝绳的全自动控制预张拉稳定化处理生产线，消除钢丝绳吊索的结构伸长和提高结构稳定性。

(5)开发研制了超长(长度≥4 250m)大规格(规格≥169丝)高强度(索股钢丝强度≥1 860MPa)主缆索股的编制锚固技术。

(6)突破传统的悬索桥主缆索股收放成盘工艺技术，开发了具有自主知识产权的4 250m以上级高性能特大跨径悬索桥主缆索股收放技术，解决了索股架设时出现的“呼啦圈”问题；采用项目研发的智能水平放索装置，实时监控放索数据，大大提高了放索速度和效率。

第7章 海洋环境下特大跨径钢箱梁悬索桥制造、安装及控制关键技术

7.1 特大跨径悬索桥施工控制理论及关键技术

7.1.1 悬索桥施工计算原理

1)悬索桥设计理想状态

悬索桥设计、施工计算与控制的共同目的,就是要高精度地达到设计所要求的成桥状态,其中包括线形的理想状态和内力的理想状态。如果悬索桥通过设计、施工与控制,最后达到了设计所要求的成桥状态,就表明这座桥梁修建非常成功。

(1)线形的理想状态

成桥状态要求达到的线形状态如下:主缆的理论顶点和锚固点在设计指定的位置,主缆和加劲梁的线形误差在允许范围内。加劲梁的线形是由通航净空或者临近的线路确定的,是设计与施工控制的目标。设计者根据加劲梁的跨中高程和最短吊索长度可以确定主跨主缆的跨中高程,然后根据选定的主缆矢跨比可以确定出桥塔塔顶的高程。实际的主缆曲线线形要根据主缆所受的外荷载由计算加以确定,外荷载一旦变化,主缆曲线的线形就发生变化,因此对于实际修建的成桥主缆线形并不能要求每个索夹位置坐标都与设计图纸中的主缆曲线相符,但主缆的理论顶点位置及主跨的矢跨比要求却可以通过施工控制加以实现。

(2)桥塔内力的理想状态

大跨度桥梁的桥塔一般很高,斜拉桥的桥塔受力是由各斜拉索从上到下逐步传递的,各斜拉索形成的弹性支承对桥塔的偏位具有扶正作用。与斜拉桥不同,悬索桥的桥塔塔顶开始段就承受着巨大的压力,当桥塔具有偏斜时,压力会对桥塔产生 $P\text{-}\Delta$ 效应,并使桥塔产生弯矩。因此,悬索桥桥塔设计的理想状态,一般是保证恒载下塔顶没有偏位,塔底没有弯矩;在施工状态,应不超过给定允许值,以保证桥塔的安全。

(3)加劲梁的恒载内力理想状态与施工方法

对于悬索桥加劲梁最理想的内力状态为恒载全由主缆承受,加劲梁在恒载状态下没有弯矩。由于受到施工难度、施工环境、施工方法和施工架设顺序的影响,要达到加劲梁内力理想状态很不容易。常常不得不在下面三种内力状态中选其中之一。

根据加劲梁的施工架设方法,加劲梁成桥基本的恒载内力状态有三种:其一如图7.1-1a)和7.1-1b)所示(弯矩以加劲梁上缘受拉为正,q 为加劲梁的恒载),即恒载全部由主缆承受,加劲梁处于悬臂状态或者简支状态。其二为一期恒载由主缆承担,二期恒载由主缆与加劲梁共同承担,对于单跨简支悬索桥,二期恒载会对加劲梁产生弯矩,如果二期恒载在恒载中所占

的比例很小,选用图7.1-1a)的加劲梁分段方式还有利于削掉一期恒载的弯矩尖峰,所以这种内力状态未必就比第一种的内力状态差。第三种内力状态为一期、二期恒载均由加劲梁和主缆共同承担,加劲梁和主缆的内力按施工阶段逐步形成。

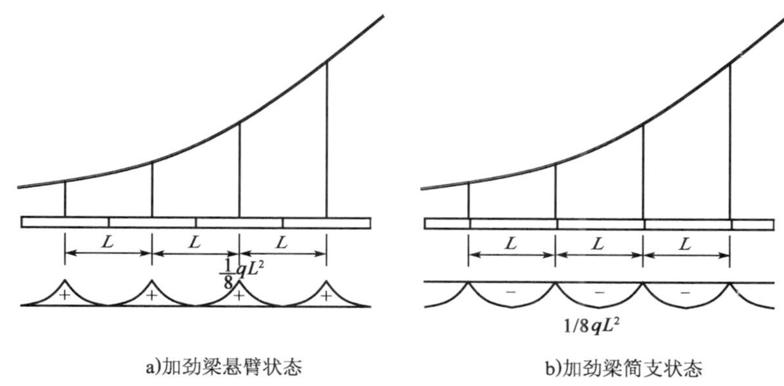

图7.1-1 加劲梁的恒载内力状态

在悬索桥加劲梁实际架设方法中,与上述内力状态一、二对应的施工方法为逐段铰接法,与内力状态三对应的为加劲梁逐段刚接法和刚铰混合法(见图7.1-2)。下面分别对这三种方法加以介绍。

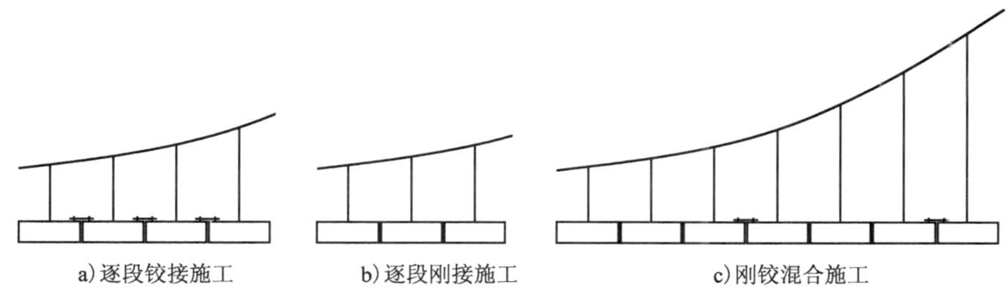

图7.1-2 加劲梁的施工架设方法

(1)逐段铰接施工法

该方法在主缆及吊索安装完成后,开始对称地逐段起吊拼装梁段,如图7.1-2a)所示。在整个梁段吊装期间,梁段直接悬吊于吊索上,已吊好的梁段间采用弯曲刚度可以忽略的临时连接件进行铰接,铰一般设于梁翼缘或弦杆。当梁段吊装完成后才逐段刚接。这就是逐段铰接的施工过程。从本方法架设过程可知,在加劲梁吊装完成前,加劲梁梁段间均为铰接,因而在此期间加劲梁段相互连接处无弯曲内力,但有剪力和较小的轴力存在,在桥梁建成后,梁段一期恒载全由主缆承担。

本方法的桥面铺装等二期恒载的安装顺序有两种:其一为刚接完成后再进行桥面铺装等二期恒载的安装,二期恒载在加劲梁各梁段间参与分配后再由吊索传给主缆,加劲梁因此产生了弯曲内力,其值也相当大,不可忽略,即二期恒载由主缆和加劲梁共同承担,成桥状态的吊索力为施工过程中一期恒载产生的索力加上二期恒载作用在整体结构上分配给吊索的二期恒载索力,内力状态对应为加劲梁基本内力状态的第二种。其二为刚接前先将对应梁段上的二期恒载以等效质量压重,再进行铰接向刚接的转换,然后边卸除压重边进行桥面铺装等二期恒载的施工，这样二期恒载将直接由吊索传给主缆，即二期恒载也由主缆承担，成桥恒载状态下加劲梁的内力状态为简支或者悬臂状态下的内力，对应为基本的内力状态的第二种，吊索力等于对应吊挂梁段及二期恒载的全部自重。

二期恒载的第一种安装顺序用得较多，例如我国的虎门桥、汕头海湾桥、西陵长江大桥和厦门海沧大桥东航道悬索桥等；第二种安装顺序在二期恒载较大的结构中采用得较普遍，例如桥面为混凝土板的悬索桥，丰都长江大桥、忠县长江大桥等。在第8章的分析中还表明，加劲梁铰接法施工的悬索桥受端部梁段及分段长度的影响，在梁端附近可能会承担部分弯矩方能实现梁刚接线形及成桥线形。

由于悬索桥架设过程中主缆的形状改变很大，各相邻梁段之间加劲梁会产生凹凸，所以临时连接一般设于梁上翼缘或上弦杆。该施工方法工序少，工艺简单，用本方法施工的桥，加劲梁恒载弯矩较小或者没有，是一种较理想、较成熟的施工方法。但本方法因施工中加劲梁梁段之间采用铰接，没有足够的刚度，因而其纵横向抗风稳定性能差，在大风地区施工就受到一定影响，必须采用增强抗风能力的其他辅助措施，同时本方法施工期稍长。但本方法优点突出，因而较为常用。

(2)逐段刚接施工法

该方法在主缆及吊索安装完成后，开始吊装加劲梁节段，每吊一个节段，就立即同已吊装好的节段刚接，如图7.1-2b)所示。加劲梁吊装完毕同时也被完全刚接，随后就可作桥面铺装等，这就是逐段刚接施工法的全过程。

由于施工过程中加劲梁节段的及时刚接，所以施工过程中结构的抗弯、抗扭刚度大，抗风稳定性能好。在施工过程中，加劲梁节段是逐步吊装及刚接的，因而在吊装期间加劲梁参与了结构受力，产生了弯曲内力，梁各截面弯矩也随着施工的进行而不断变化，由于悬索桥施工过程中变位非常大，所以弯矩的最大值也可能非常大，在某些情况下，加劲梁可能出现超应力现象，以致梁发生破坏。此外，在施工阶段梁段刚接时，由于加劲梁的线形与成桥状态相差很大，刚接也非常困难，往往需要施加强大的预应力才能进行，这个预应力在后续阶段直至成桥状态都将无法释放，也需由加劲梁来承受。所以这种方法既有施工难度，结构成桥恒载内力状态也并不理想。

该方法的梁段恒载由主缆和加劲梁共同承担，使加劲梁受力复杂，一般采用较少。但在工期紧时也可经过计算后考虑采用，例如我国的江阴大桥，日本的悬索桥也常采用这种方式架设。

(3)刚铰混合施工法

刚铰混合法是由逐段铰接方法和逐段刚接方法结合使用的施工方法，如图7.1-2c)所示。在吊装加劲梁过程中，将加劲梁分为多个大段，在大段内部的各梁段施工时逐段刚接，在大段与大段之间采用铰接，以消除梁段内的施工内力。待吊装完毕后再将这些临时铰接作刚接处理，形成完整的加劲梁，最后进行桥面铺装等二期恒载的施工。

该方法因设置了中间铰而使加劲梁弯曲内力大大减小，相应地吊索力也较逐段刚接施工法均匀得多，这就可以有效地利用材料潜力，也不会导致梁在施工中发生破坏，有效地避免了逐段刚接施工法的突出缺点。因此该方法适用范围较广，在施工中纵横向抗风稳定性也较传统施工法好，但较逐段刚接施工法差。

该方法的梁段恒载也由主缆和加劲梁共同承担，使用本方法施工，宜通过结构分析优化计算将加劲梁分为多个大段，以使加劲梁施工恒载内力变得足够小，这将有利于加劲梁受力，也使成桥后加劲梁恒载弯矩减小，尽量与理想的加劲梁内力状态靠近，利于结构使用。

2)悬索桥施工计算原理

为了更好地对悬索桥进行施工控制，以达到设计所要求的成桥状态，施工计算应该遵守一定的计算原理。

(1)构件质量守恒与无应力尺寸不变原理

这是联系结构成桥设计状态与构件施工初态的纽带，是确定施工计算参数的重要依据，是结构能够顺装、倒拆分析必须遵守的原理，否则顺装与倒拆分析的结果将不闭合。这个原理表明，任意施工状态构件的自重不变；在成桥设计温度下，任意施工状态各构件的无应力尺寸应该等于成桥状态的无应力尺寸。

事实上这个原理不只是悬索桥的施工计算需要遵守，其他任何类型的桥梁施工计算都应该遵守，只是由于其他类型的桥梁各施工阶段变位较小，其影响可忽略不计。

对于悬索桥来说，一旦主缆索股架设完成，索股相对于索鞍是不能有相对位移的；在成桥后锚固点间的距离也是固定的。也就是说，对于确定的设计线形，不论是在架缆状态还是架梁状态，虽然由于锚固点与索鞍分别处于不同的位置或者荷载作用的不同而使主缆有不同的线形，但是锚固点到索鞍中心、索鞍中心到索鞍中心之间主缆的无应力长度应是同一数值，与成桥状态相等。因此，对于悬索桥的主缆来说，不仅主缆各索段的无应力长度在施工状态与成桥状态相等，各跨的主缆无应力长度在施工状态也应与成桥状态相等。悬索桥施工计算所做一切工作，都是围绕着保证主缆各索段和各跨的无应力长度与成桥状态相等而进行的。

(2)成桥主缆理论线形计算原理

为了达到设计要求的成桥线形，必须根据质量守恒和无应力尺寸不变原理获取成桥理论线形下构件的几何参数作为施工计算的数据源，这就需要由设计参数和外荷载确定出成桥主缆的理论线形。

设计者根据线路要求确定了成桥状态主缆的理论顶点、锚固点和主跨的矢跨比(或者跨中点的位置与高程)。其中理论顶点和锚固点的给定，相当于悬索的几何约束边界条件已知。由此通过下列条件和实际各分点的外荷载可以完全确定出主跨主缆的成桥线形：

①主缆各分点的水平位置已知。

②主缆通过给定点，即跨中的高程已知。

③由于桥塔或者索鞍支承要求的内力状态为在恒载下不产生偏位，所以在各索鞍处的平衡条件为索鞍两侧的主缆沿索鞍支承滑移面的分力相等。当索鞍支承滑移面水平时，例如桥塔塔顶的主索鞍，这个条件蜕变为主缆水平分力相等。

由于具有给定的边界几何约束条件、分点几何相容条件和分点力学平衡条件及上述两个已知条件①、②，主跨主缆的线形就完全确定了。对于边跨，缺少上述条件②，但可以通过已计算的邻跨主缆的内力由条件③确定该跨主缆的水平分力。

因此，边跨主缆通过邻跨获得了已知水平分力的条件，主缆线形同样就完全确定了。在具体实施计算方法时，由于主跨主缆线形计算条件完备，可以首先计算出来，然后再计算与主跨相邻的跨，直至边跨、锚跨。最后可通过设计线形由相关理论计算主缆各索段的无应力长度、伸长量、内力和切线角等。

(3)空缆线形与索鞍预偏量计算原理

①索鞍预偏的原因

由于桥塔设计的理论恒载状态是塔顶没有偏位,塔底没有弯矩,因此各索鞍在成桥恒载状态也就没有剪力。成桥状态各跨主缆在索鞍处保持平衡,但各跨作用在主缆上的外荷载并不相等,例如中跨较长,荷载较重,而边跨荷载较轻,甚至没有吊索荷载。在空缆状态这些外荷载还没有施加(梁段、索夹、吊索等还没有安装),这种状态的主缆内力相当于成桥状态的主缆内力减去了外荷载所产生的主缆内力,当然中跨减小得多,边跨减小得少,如果索鞍保持为成桥状态的位置,势必产生强大的不平衡力,该不平衡力将不得不由桥塔变形来予以消除,可能会发生如下情况:

a. 由于需要提供与成桥状态差不多的强大张力来调整索股至成桥位置,调索非常困难,难以保证精度,并且需要特殊的设备;

b. 主缆索股将克服与索鞍槽的摩擦力而在槽内滑动,造成施工困难,无法保证索股垂度的架设精度;

c. 不平衡力通过索股与索鞍槽的摩擦力传给索鞍,为保证支承与索鞍间的相对位置,索鞍的固定限位装置或临时支承就要做得非常强大,提高了施工的造价;

d. 桥塔是高耸结构,不平衡力将引起桥塔的偏位和桥塔塔底的巨大弯矩,从而增加了桥塔的危险性。

因此,靠桥塔变形来改变主缆的跨度以减小不平衡力是不现实的。跨度的改变能够引起跨中垂度的显著改变,从而改变悬索的内力,所以可以对滑板式索鞍进行偏移或者对摇轴式索鞍进行偏转,使其偏离成桥设计位置,以改变各跨主缆的跨度来调整各跨主缆的张力,并让相邻两跨主缆在索鞍处保持一定的平衡关系,这种偏移量或偏转量就是索鞍的预偏量。

②索股架设时理想的索鞍平衡条件

上文分析了索股架设时索鞍要预偏的原因,相邻两跨主缆在索鞍处要保持一定的平衡关系,那么架设索股时索鞍处的理想平衡条件是什么呢?实践中有许多不同的意见,以下就这个问题加以讨论。

考虑如图7.1-3所示的一般情况,T_1 和 T_2 为索鞍两端的主缆的张力;F_1 和 F_2 为索鞍两端的主缆张力沿索鞍滑移面的分力;H_1 和 H_2 为索鞍两端主缆的张力的水平分力。由图7.1-3a)可见:假定索槽完全光滑,那么施工时索股在索鞍内不滑动的条件是索鞍两端的主缆张力相等,即 $T_1=T_2$;由图7.1-3b)可见:索鞍不滑动且鞍底无摩擦的力学平衡条件是主缆张力沿支承滑移面分力相等,即 $F_1=F_2$;由图7.1-3c)可见:塔不偏位的力学平衡条件是主缆张力的水平分力相等,即 $H_1=H_2$。对于一般的情况,要同时满足以上3个条件是不可能的。因此,索鞍处的平衡条件要根据具体情况进行分析,解决主要的问题,忽略次要问题。

对于桥塔上的主索鞍,一般其滑移面是水平的,主缆沿滑移面的分力就是水平分力,即 $H_1=H_2$ 和 $F_1=F_2$,两侧水平分力相等,鞍座就不会滑动,塔顶也不会偏位。如图7.1-4所示的主索鞍图式:图7.1-4a)平衡后 $H_1=H_2$ 或者 $F_1=F_2$,桥塔不会偏位;图7.1-4b)平衡后主缆索股 $T_1=T_2$,索股不会滑动。

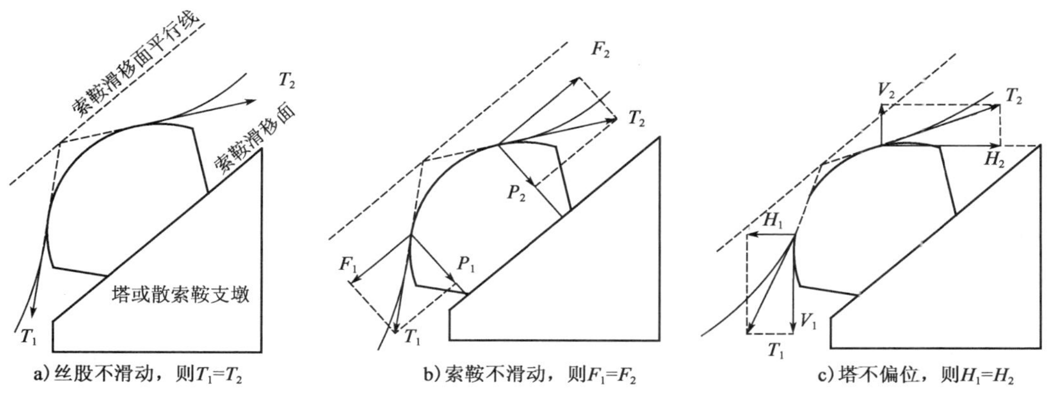

图 7.1-3　索鞍处的力学平衡

考虑到悬索桥使用的一般是小垂度悬索，即 $T \approx H$，故 $H_1 = H_2$ 或者 $F_1 = F_2$ 成立则张力 T 的不平衡力也不会相差太大，加之索股架设时由于设置了预偏量，索股张力较小，施工时索股放入索鞍的索槽后可通过摩擦力来限制索股在索槽内滑动。若利用平衡条件 $T_1 = T_2$，保证了索股架设时两端张力相等，因而调索较易，但随着索股架设的进行，索股沿水平方向的不平衡力增加，索塔偏位逐渐增大，使得架设跨度不固定，降低了施工精度；利用平衡条件 $H_1 = H_2$ 或 $F_1 = F_2$ 可以基本保证在给定温度下架设索股时跨度不变（桥塔不偏位），架设精度较高，调索时的不平衡力也不大，所以施工可行。也就是说，桥塔上的主索鞍在架设索股时可以使用两侧主缆沿滑移面的分力相等或者水平分力相等这个平衡条件来保证施工的顺利进行。

对于散索鞍，其支承构件一般抗弯、抗剪刚度非常大，基本上可以忽略其偏位，所以只需考虑索股不滑动，鞍座底沿滑移面剪力不大的条件。成桥状态散索鞍处主缆的设计特点：保证散索鞍两端的索力相等，散索鞍支于两端主缆的角平分线上，即 $\psi = \phi$，如图 7.1-5 所示。事实上当索鞍两端的索力相等时，沿支承滑移面的分力也是相等的。由于设计时可能存在误差或者设计时的荷载在施工架设时有误差，为了保证鞍座底沿滑移面剪力为零和成桥状态索鞍的位置，在主缆架设时最好保证散索鞍沿支承滑移面的分力相等。因为在架设索股阶段 ψ 和 ϕ 近似相等，所以如果保证两端索力相等时，其沿滑移面的分力也近似相等；相反，保证索鞍两端的主缆沿支承滑移面的分力平衡时，索力也不会相差太大。

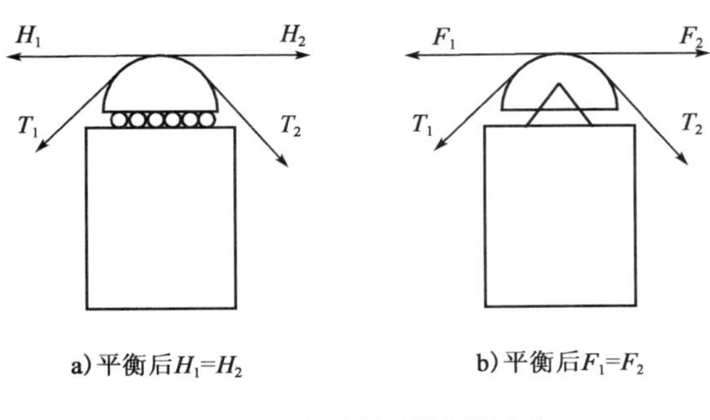

图 7.1-4　主索鞍计算力学图式

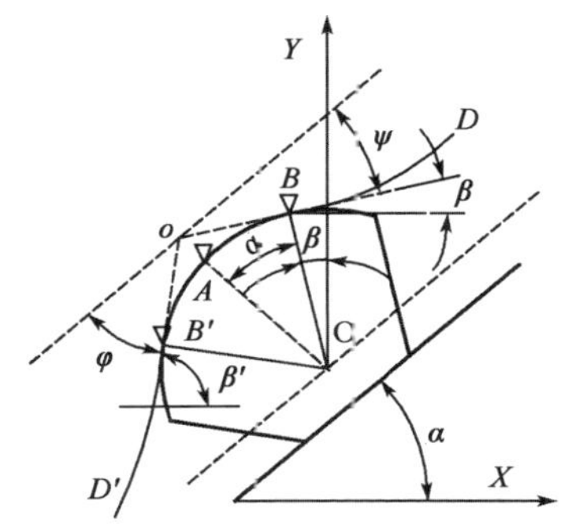

图 7.1-5　散索鞍计算图示

综上分析，无论是散索鞍还是主索鞍，索股架设时最理想的平衡条件为两侧主缆沿滑移面的分力相等。

③空缆线形和索鞍预偏量计算原理

从上面的分析可知，预偏量的设置与计算实际上是通过改变悬索的几何边界约束条件来调整相邻两跨悬索的内力。空缆线形计算条件如下：

a. 根据无应力尺寸不变原理，各跨索鞍中心之间的无应力长度与成桥状态对应跨的无应力长度相等，由此可从成桥理论线形计算结果中获得各跨主缆的无应力长度；

b. 在锚跨锚固点的位置和高程已知，并且保持不变，即左锚跨的左支点和右锚跨的右支点几何边界约束条件已知；

c. 索鞍沿支承滑移面放松，即索鞍只有沿滑移面法向的支承刚度，没有沿滑移面的抗剪刚度，因此索鞍两端的主缆沿索鞍支承滑移面的分力相等；

d. 索鞍的位置为设计位置加上偏移量。

如果假定各索鞍的偏移量，则根据条件 d——索鞍处悬索的几何边界约束条件就确定了，加上条件 b 就可以使悬索的边界几何约束条件完备。由于悬索具有完备的边界几何约束条件、各分点具有几何相容条件、力学平衡条件及上述已知条件①，主缆的线形就完全确定了。如果索鞍没有偏移到正确的位置，在空缆线形下索鞍两端的主缆将存在着沿索鞍支承滑移面的不平衡力，而在 c 条件下索鞍沿滑移面没有抗剪刚度，悬索支点的滑移刚度就只能靠两端的主缆提供，通过滑移刚度可以获得索鞍偏移位置的修正量。根据修正量改变悬索的几何边界约束条件，重新计算空缆线形和悬索支点的不平衡力，再次获得索鞍偏移位置的修正量。反复进行这个过程，最终将获得精确的空缆线形和预偏量。

(4)加劲梁吊装施工计算原理

当悬索桥的主缆架设完成后，主缆的实际线形已经确定，以后的施工过程不可能对主缆进行调整。悬索桥架梁阶段的施工控制计算主要是实时跟踪和预测各种施工工况下主缆的内力和线形、桥塔内力、加劲梁(桥面)位置、桥塔偏移量等。施工中要根据以上数据确定鞍座顶推阶段、顶推量及加劲梁刚性连接时间和连接数量，根据线形确定施工中的一些安全事项。

对于悬索桥来说，与单独的一段索还有较大差别。首先它是多跨度，除锚固点外，各跨间的跨度会由于受力而改变；其次在加劲梁架设阶段，散索鞍一般是处于放松状态，滑移式散索鞍可以滑动，摇轴式散索鞍可以转动；桥塔是弹性结构，在外荷载和温度作用下将发生变形，由于塔有一定的水平刚度，当塔两侧的索力水平力分量不相等时，桥塔会产生剪力。

经过上述分析，可以建立如图 7.1-6 所示的计算图式，对于散索鞍，可以根据主缆索力沿滑移面的分力相等的原则进行计算；对于桥塔，可以事先计算桥塔的水平抗推刚度，将其当作弹性支承进行模拟。

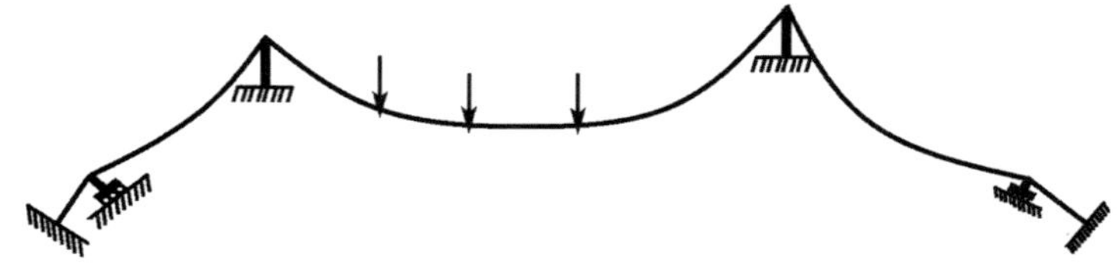

图 7.1-6　主缆在梁段吊装阶段的计算图式

利用有限元法计算桥塔的水平抗推刚度方法如下:顺桥向将其处理为平面刚架,为能准确地模拟塔顶鞍座及塔底承台的影响,将桥塔离散为带刚端的平面梁单元,并可考虑剪切变形的影响。通过几座桥梁的测试表明,这种桥塔抗推刚度的计算方法是很精确的。

悬索桥的加劲梁架设过程要涉及以下工况:温度的影响,紧缆缠丝施工,安装索夹及吊索,安装缆载起重机,加劲梁的吊装,鞍座顶推等。其计算原理与预偏量的计算有相同之处,都是索鞍处的几何边界约束条件未知;也有不同之处:悬索支点的滑移刚度既有两端的主缆提供,也有桥塔的水平抗推刚度提供。在悬索桥的加劲梁架设过程中,主缆线形的计算条件如下:

①根据无应力尺寸不变原理,在索段标准温度下,各种工况的无应力索长应等于成桥时的设计无应力索长。

②在锚跨锚固点的位置和高程已知,并且保持不变,即左锚跨的左支点和右锚跨的右支点的几何边界约束条件已知。

③索鞍的位置为预偏位置加上偏移量。

④桥塔的偏移量等于索鞍的偏移量;主索鞍处悬索的支点滑移刚度由主缆和桥塔弹性支承的水平抗推刚度提供;散索鞍沿支承滑移面放松,即散索鞍只有沿滑移面法向的支承刚度,没有沿滑移面的抗剪刚度,因此散索鞍两端的主缆沿索鞍支承滑移面的分力相等。

索鞍的初始位置在预偏位置处,与预偏量计算方法类似,假定各索鞍偏移量,则可计算出各跨主缆的线形,同时计算此时索鞍处沿支承滑移面的不平衡力,并根据条件④修正计算索鞍的偏移量,再次进行计算。反复进行这个过程,最终将获得精确的主缆架设线形和桥塔偏移量、索鞍滑动量。

7.1.2 主缆施工控制精细化计算模型应用研究

1)主缆施工控制精细化计算模型

主缆是悬索桥的主要承重构件,主缆线形的正确与否,将直接影响主缆的下料长度、索夹的安装位置及相应吊索的无应力长度等重要参数的正确性。这些参数的误差又将直接影响悬索桥的成桥线形和受力状况,最终影响桥面线形。而主缆一旦架设完成,就几乎无法再调整主缆线形。因此,主缆线形的精确计算显得尤为重要。

主缆线形的计算方法通常分为有限单元法和解析法,有限元法的优点是通用性强,可考虑加劲梁的影响,可对施工过程进行分析,但目前用有限元法模拟主缆与鞍座的接触是比较困难的,往往采用多个杆单元来模拟塔顶鞍座,算法不够简洁和高效,由于计算模型不能自动保证主缆与鞍座相切这一条件,当整个计算收敛后,还必须验证主缆与鞍座是否相切,如不相切必须重复整个计算过程,并且只能采用试算的方法,耗时长,计算精度也不高。而采用解析的方法,通过不断迭代可计算成桥时主缆与鞍座的切点位置,计算准确可靠,但是解析计算方法若用于施工过程中,考虑塔、梁的影响则很不方便。采用有限元法计算主缆线形时另一种方法是不考虑鞍座曲线形状的影响,直接按成桥理论 IP 点来计算成桥线形,施工过程仍按这一虚拟的交点来计算,这种方法显然无法保证主缆与鞍座正确的几何关系,会产生主缆与鞍座脱空或相交的现象,在大跨径悬索桥的施工控制中会产生较大的误差。

主缆经过散索鞍的转向和分散后由一个主缆离散为多根索股,各索股在锚跨内的空间走向不同,与散索鞍鞍槽的切点位置也不同,索股的索力也存在差异,随着散索鞍的位置不断变化各索股与鞍座的切点位置也相应变化，各索股的索力变化量并不相等。目前有限元计算中散索鞍直接用一杆单元代替，同时以锚面中心为锚点将锚跨索股作为一个整体进行计算，将分散的索股合在一起当成一根主缆，假定索股均集中在合力线上，所有索股的索力假定相等，这样处理没有考虑各索股的差异，不能准确计算在施工阶段或成桥运营阶段锚跨索股的索力分布及施工过程中每根索股的索力变化情况，给施工和控制带来了盲目性，同时也降低了主缆的安全系数。

为克服以上不足，将解析法和有限单元法结合起来，研究提出了一种三节点的鞍座单元，该单元包括了塔顶主缆与鞍座，自动满足主缆与鞍座相切的条件，先利用解析法迭代出切点坐标，然后推导出的单元的切线刚度矩阵，将该刚度矩阵直接用于悬索桥的有限元计算中。为考虑锚跨索股分散性和锚碇整体位移与转动的影响，将锚碇、锚跨索股及散索鞍合在一起研究建立了一种三节点的锚碇—锚跨单元，该单元自动满足各索股与散索鞍相切，随着散索鞍的滑移或转动各切点的位置相应变化，精确考虑了各索股的空间走向，推导出了该单元的切线刚度矩阵，用于有限元计算中，能准确计算出各个施工工况各索股的索力值，为索股的张拉提供准确的依据。

在大跨径悬索桥的结构计算中，通过引入鞍座单元及锚碇—锚跨单元，得到精细化的计算模型（示意图如图 7.1-7 所示），能较大幅度提高计算精度，实现大跨径悬索桥精细化分析，为施工控制提供更加准确的理论依据。

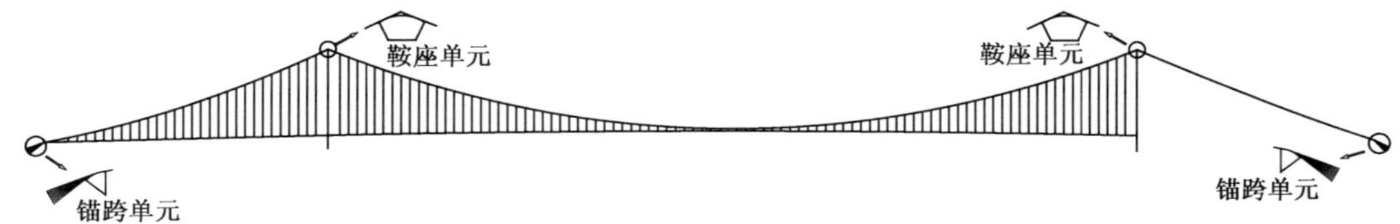

图 7.1-7　悬索桥精细化计算模型示意图

（1）鞍座单元的应用研究

悬索桥施工过程中，主缆在鞍座上做切线运动，切点位置相对于鞍座的变化对主缆线形的影响是不可忽略的，为此提出并建立了一个三节点鞍座单元（如图 7.1-8 所示）。鞍座单元的计算原理是主缆与鞍座是相切的，两节点间主缆的无应力长度不变。根据已知条件（三节点的坐标、节点间主缆的无应力长度、主缆的参数、鞍座的位置及参数）迭代出主缆与鞍座的切点

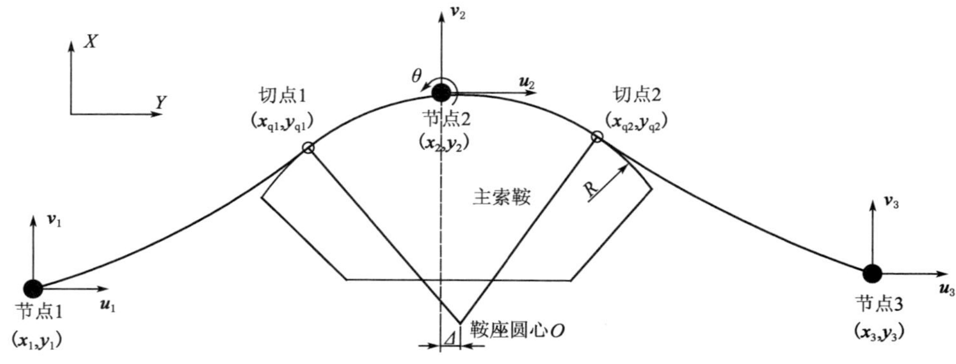

图 7.1-8　鞍座单元示意图

坐标、切点处缆力、切线角及切点到节点间主缆的无应力长度，可计算出鞍座两侧悬空段主缆的切线刚度矩阵，进而根据鞍座与主缆的几何关系及静力平衡条件求出鞍座单元的切线刚度矩阵。在每次非线性迭代计算后，应根据新的节点坐标、主缆缆力及鞍座位置重新计算主缆与鞍座的切点信息，修正鞍座单元的切线刚度矩阵。鞍座单元的计算模块如图7.1-9所示。

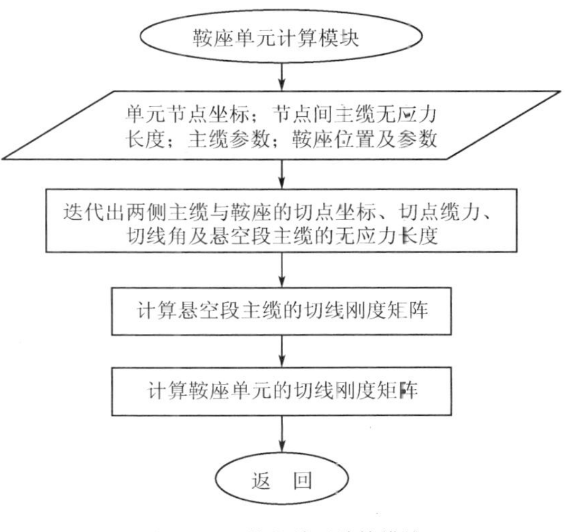

图7.1-9　鞍座单元计算模块

(2)锚碇—锚跨单元的应用研究

悬索桥的散索鞍支撑在锚碇上，锚跨索股也锚固在锚碇上，锚碇的沉降、滑移和转动将引起锚跨索股索力的变化，为考虑锚碇、锚跨索股及散索鞍间的相互关系及影响，提出并建立了三节点的锚碇—锚跨单元(图7.1-10)。锚碇—锚跨单元能精确考虑锚跨内每根索股的不同空间位置及与散索鞍的不同切点，索股在进、出鞍座处自动满足与鞍座的相切且两节点间索股的无应力长度保持不变。边跨主缆经散索鞍的转索和分散后由“一股”分成“多股”后锚固到锚碇上，因此在散索鞍处有多种锚跨索股张力的组合方式与边跨主缆张力平衡，只有确定了锚跨索股索力的分布模式，才能计算出各索股的索力。索股在散索鞍鞍槽内既有竖弯也有平弯，且散索鞍竖弯曲线为多段变半径的圆弧组成，索股与散索鞍的几何关系较为复杂，需先建立索股与散索鞍几何关系的数学模型。锚碇—锚跨单元切线刚度矩阵的推导与鞍座单元类似，先根据已知条件及假定的索力分布模式，迭代出各索股与散索鞍的切点坐标、索力等参数，然后可求出单元的切线刚度矩阵。

锚跨是悬索桥主缆受力较大甚至是受力最大的位置，成桥时锚跨索股索力的分布情况将决定锚跨索股或主缆的实际安全系数，而索股的截面一般是相同的，为使各索股的安全系数相同就要求各索股切点处索力相同，因此，假定各索股切点处索力相等应是一个合理的模式。另外假定每根索股各自满足对散索鞍的平衡条件，将总体上的平衡条件应用到每根索股上，是一种很自然的选择。为此，提出以下两种悬索桥锚跨索股索力的分布模式：

模式1——锚跨各索股在与散索鞍的切点处的索力相等；

模式2——各索股各自满足对散索鞍的平衡条件。

①索力分布模式1

索力分布模式1是假定锚跨各索股在与散索鞍的切点处的索力相等，当散索鞍的位置、边跨主缆与鞍座的切点及缆力确定时，锚跨各索股与散索鞍的切点及索力就确定了。计算流程如图7.1-11所示。计算过程如下：

a.根据已知条件迭代出边跨主缆与散索鞍的切点坐标、切点缆力及切线角；

b.根据散索鞍的位置及索股锚点的坐标计算出索股的平弯角度；

c.假设全部索股的竖弯角初值，可按理论IP点与索股锚点的连线与IP点与边跨侧切点连线的夹角来确定；

d.根据散索鞍的平衡条件计算锚跨索股与鞍座切点处的索力；

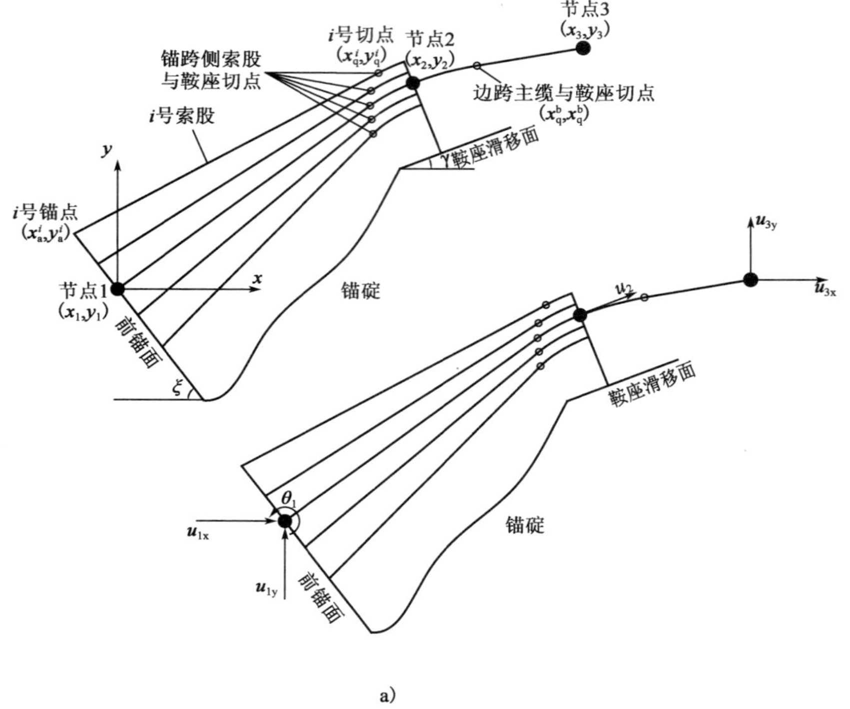

a)

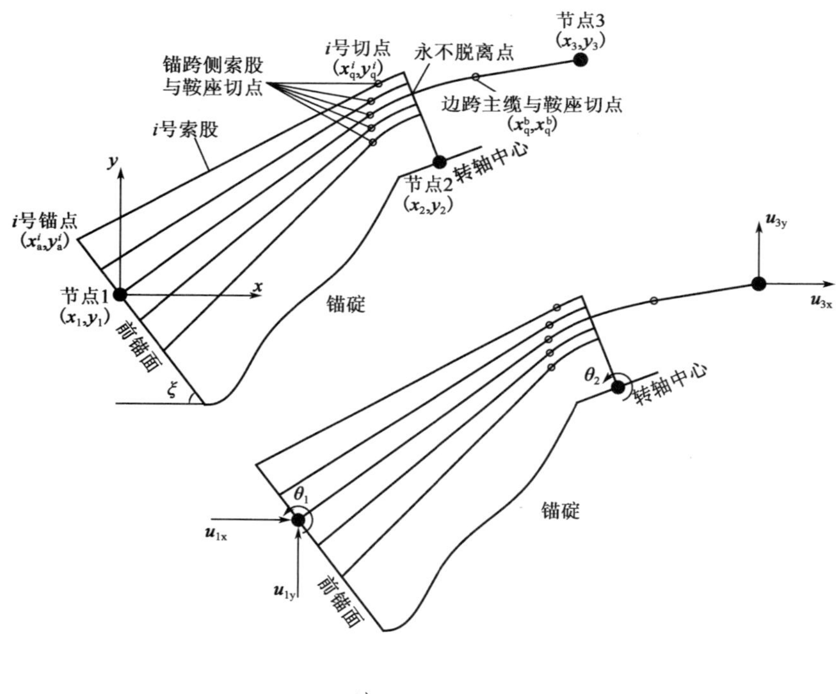

b)

图 7.1-10　锚碇—锚跨单元模型

e. 根据各索股平、竖弯转角计算切点坐标；

f. 由切点处的索力及切点与锚点的水平坐标差计算悬空部分索股的无应力长度及锚点处竖向 y 坐标；

g. 若索股竖向 y 坐标的误差在容许范围内，则暂不修正竖弯转角，其他索股若竖向 y 坐标的误差超限，则修正竖弯转角，切点处的索力保持不变，直到该索股竖向 y 坐标的误差在容许范围内为止；

h. 根据各索股第一轮修正后的竖弯转角重新计算切点坐标及切点处索力，计算悬空部分索股的无应力长度及锚点处竖向 y 坐标，检验 y 坐标；

i. 按上述过程反复迭代，直到所有索股均满足要求为止。

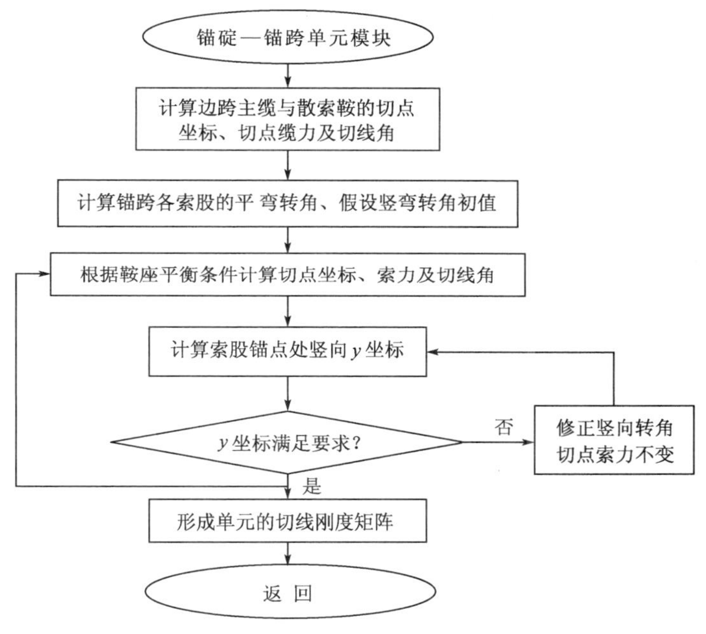

图 7.1-11 模式 1 锚跨索股计算流程图

②索力分布模式 2

若假定锚跨索股索力分布模式按照各索股各自满足对散索鞍的平衡条件，计算流程如图 7.1-12所示，则计算过程如下：

a. 根据已知条件迭代出边跨主缆与散索鞍的切点坐标、切点缆力及切线角；

b. 根据散索鞍的位置及索股锚点的坐标计算出索股的平弯角度；

c. 假设索股的竖弯角初值，可按理论 IP 点与索股锚点的连线与 IP 点与边跨侧切点连线的夹角来确定；

d. 根据散索鞍的平衡条件计算锚跨索股与鞍座切点处的索力；

e. 根据索股平、竖弯转角计算切点坐标；

f. 由切点处的索力及切点与锚点的水平坐标差计算悬空部分索股的无应力长度及锚点处竖向 y 坐标；

g. 若索股竖向 y 坐标的误差超限，则修正竖弯转角重复过程 d ~ f 直到该索股竖向 y 坐标的误差在容许范围内为止；

h. 按上述过程对锚跨所有索股进行迭代计算。

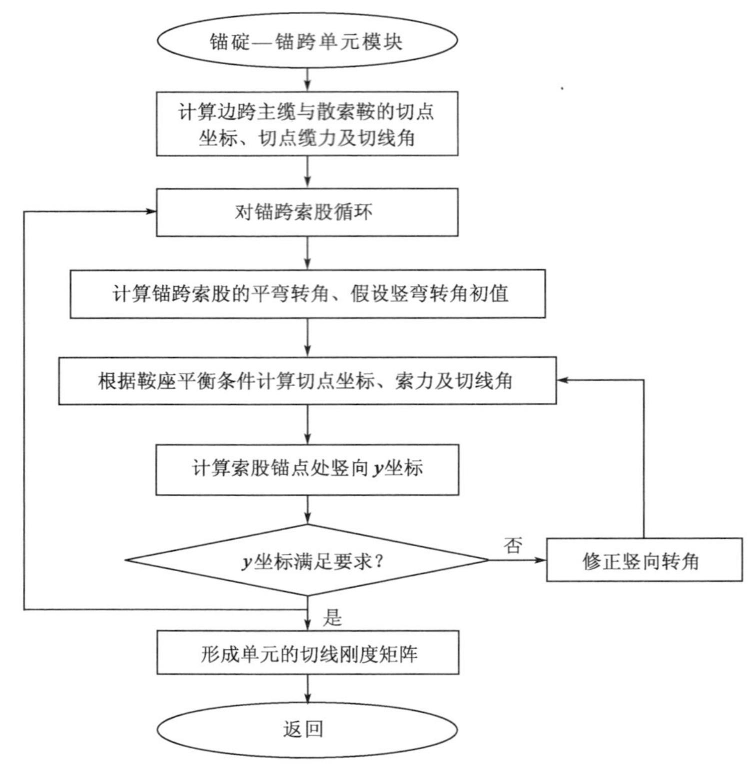

图 7.1-12　模式 2 锚跨索股计算流程图

(3)计算流程

数值解析法和有限元法是悬索桥施工过程分析的两种重要方法，其中数值分析法特别适合于成桥状态这种控制点位置已知的场合，能准确计算主缆与鞍座的切点坐标，但不能精确考虑主塔刚度的影响，也不能考虑加劲梁的影响，因而受到一定的限制。而有限元法是结构分析的通用方法，通用性强，能考虑塔、梁的影响，但对鞍座及锚跨索股离散性的模拟较困难。如将这两种方法有机地结合起来，必然能提高悬索桥计算分析的精度和效率。在悬索桥有限元计算中引入鞍座单元和锚碇—锚跨单元计算模块，这两种单元均隐含了主缆索股与鞍座相切和节点间主缆索股无应力长度不变两个条件，每次迭代后根据新的节点坐标不断修正单元的切线刚度矩阵，能准确计算鞍座对主缆线形和锚跨索股张力的影响。图 7.1-13 给出了这种方法的恒载状态下流程图，具体方法简述如下：

①根据已知设计参数，并假定各吊索的索力（可根据施工过程近似确定吊索索力），由数值解析法计算出节点坐标、主缆各段和吊索的无应力长度，以及鞍座单元、锚碇—锚跨单元的节点坐标、节点间主缆索股无应力长度等参数，作为有限元分析的初值。

②按照设计的施工顺序逐工况计算直到成桥状态，计算中调用鞍座单元模块及锚碇—锚跨单元模块以修正主缆索股与鞍座的切点位置，最终成桥计算结果与设计的理想恒载状态相

比较，收敛条件为成桥状态各控制参数小于给定的允许误差。

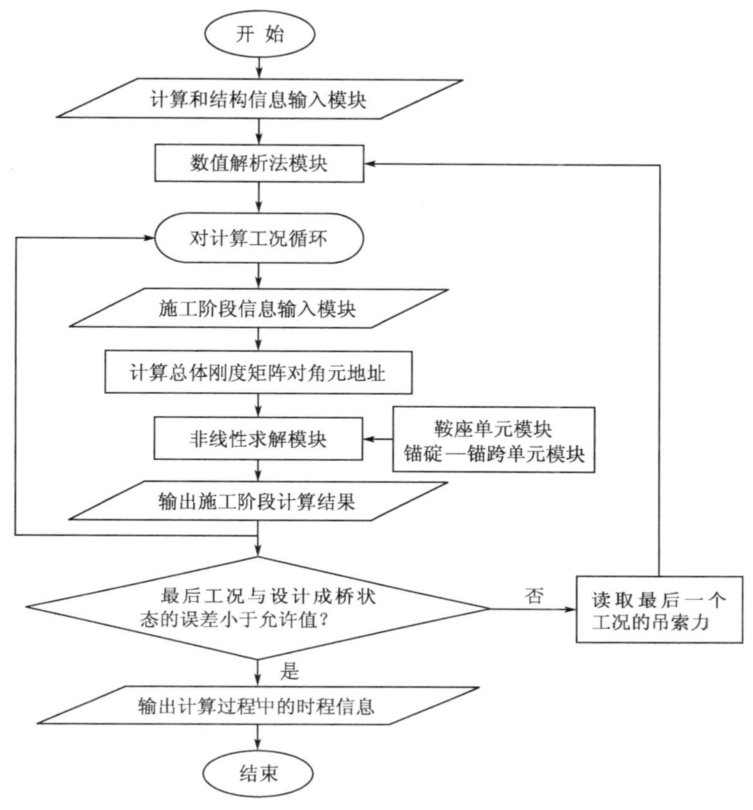

图 7.1-13　数值法与有限元法相结合的恒载状态计算流程图

③如未收敛，则采用前项有限元分析得出的吊索力，采用数值解析法重新计算主缆各段和吊索的无应力长度及鞍座单元、锚碇—锚跨单元的计算参数，作为有限元程序输入数据的修正值。

④重复以上②、③项，直至收敛为止。

显然，只要吊索力足够精确，数值解析方法提供的初值就是足够精确的。而通过有限元程序的多次迭代，吊索力必逐渐逼近真实值，因此，采用上述方法总能收敛到理想的恒载状态，而且收敛速度应该是比较快的。在计算中调用鞍座单元模块及锚碇—锚跨单元模块，能实时的修正主缆索股与鞍座的切点位置，准确计算主缆线形及锚跨索股张力，使计算模型更加接近实际情况，提高悬索桥结构计算精度。

2）精细化模型在施工控制中的应用

将上面研究的鞍座单元及锚碇—锚跨单元应用于西堠门大桥的施工控制中，使计算模型更加接近真实情况，分析两种新单元在施工监控计算中对主缆线形和锚跨索股索力的影响，为主缆线形及锚跨索股的张力的控制提供准确的计算依据。

（1）鞍座对主缆线形的影响

西堠门大桥为主跨 1 650m 的两跨连续的钢箱梁悬索桥，鞍座单元在成桥状态下主要参数如下：节点1的坐标为（1 310.068，232.349），节点2的坐标为（1 318.590，235.715），节点3的坐标为（1 323.939，234.320）；节点1、2间主缆的无应力长度为9.204m，节点2、3间主缆的无应力长度为5.565m；主缆弹性模量为$1.941\ 2\times10^5$MPa，面积为0.463 1m^2，荷载集度为36.546 8kN/m；塔顶鞍座主缆中心处半径为8.2m，鞍座圆心与理论IP点的水平距离为0.304m。

按建立的鞍座单元的计算方法可计算出各个施工阶段鞍座与主缆的切点坐标和切点处索力等结果，将成桥和空缆状态下的计算结果列入表7.1-1中。

鞍座单元的计算结果　　表7.1-1

对应状态	切点1				切点2			
	X坐标(m)	Y坐标(m)	切线角(°)	水平力(kN)	X坐标(m)	Y坐标(m)	切线角(°)	水平力(kN)
成桥状态	1 315.303	234.894	25.942	262 237.7	1 321.976	235.117	-22.108	262 237.7
空缆状态	1 314.095	234.918	25.554	80 529.2	1 320.492	235.205	-20.413	80 529.2

为考虑鞍座对主缆线形的影响，将鞍座单元应用到主缆线形的计算中，为简化计算取对称结构来分析，从成桥采用倒拆的方法计算空缆线形，分别以不考虑鞍座直接采用理论IP点、考虑塔顶主索鞍、同时考虑主索鞍及散索鞍三种方式建立计算模型，图7.1-14给出了按三种模型计算出的空缆线形与理论空缆线形的高程差值，从图7.1-14可以得出以下结论：

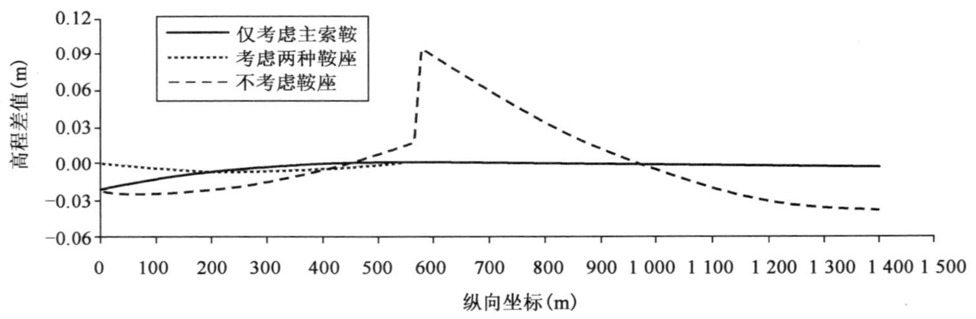

图7.1-14　三种模型计算的空缆线形与理论空缆线形的差异

①不考虑鞍座对主缆的约束而直接按理论IP点进行计算将产生较大误差，靠近桥塔处的主缆高程差异最大，约9cm，中跨跨中处的差异在4cm左右；

②主索鞍对线形的影响远大于散索鞍，仅考虑主索鞍时，中跨线形接近理论线形，边跨靠近散索鞍处的差异在2cm左右；

③同时考虑散索鞍时，能改善边跨的线形，而中跨线形与仅考虑主索鞍几乎没有差异。

综上所述，索鞍特别是主索鞍对主缆线形的影响是明显的，在有限元计算中不考虑主索鞍的影响将带来不可忽略的误差。在悬索桥的结构计算中引入鞍座单元能大幅度提高主缆线形计算精度，可精确地分析悬索桥的施工过程。

（2）锚跨索股分析

锚跨索股索力计算的主要参数取值如下：主跨跨径为1 650m，边跨跨径为578m，锚跨跨径为 30.311m，中跨主缆垂跨比为 1∶10；主缆弹性模量为 $1.941\ 2 \times 10^5$MPa；每根主缆中，中跨有 169 根索股，主缆钢丝面积为 0.463 133m^2，边跨及锚跨共有 175 根索股，面积为 0.479 576m^2；成桥状态下主缆重度为 78.878 5kN/m^3，空缆状态下主缆重度为 76.977 1kN/m^3；散索鞍鞍槽底半径从边跨向锚跨依次为 8.0m、6.4m、4.2m、2.1m，对应的圆心角为 9.834 4°、5.5°、6.0°，散索鞍鞍槽侧壁的平弯半径为 11.0m；成桥时鞍座位置取设计位置，散索鞍支撑面的水平倾角为 20.694 8°，空缆时散索鞍向锚跨方向转动 0.901°。索股在前锚面及散索鞍鞍槽内的布置如图 7.1-15 所示。

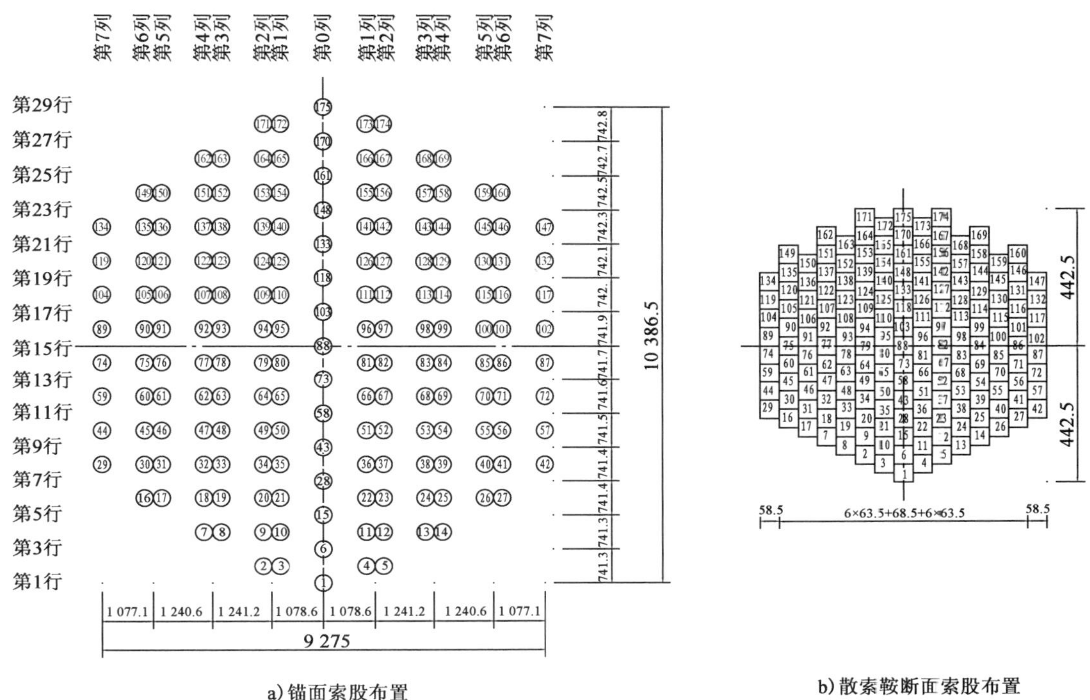

a）锚面索股布置

b）散索鞍断面索股布置

图 7.1-15　锚面索股布置图（尺寸单位：mm）

对西堠门大桥的主缆建立有限元计算模型，考虑锚跨各索股的空间走向及其与散索鞍的不同切点位置。分四种情况来分析锚跨索股的索力分布：

情况 1——以空缆状态为基础建立计算模型，锚跨各索股按空缆时切点处索力均相等的原则来考虑，正装计算成桥状态下各索股的索力；

情况 2——以空缆状态为基础建立计算模型，锚跨各索股按空缆时各自满足对散索鞍的平衡条件来考虑，正装计算成桥状态下各索股的索力；

情况 3——以成桥状态为基础建立计算模型，锚跨各索股按成桥时切点处索力均相等的原则（即模式 1）来考虑，倒拆计算空缆状态下各索股的索力；

情况 4——以成桥状态为基础建立计算模型，锚跨各索股按成桥时各自满足对散索鞍的平衡条件（即模式 2）来考虑，倒拆计算空缆状态下各索股的索力。

①情况 1

在空缆状态下锚跨各索股在切点处的索力均相等，散索鞍绕转轴向边跨侧转到成桥位置后，索股的索力分布发生了变化，成桥状态下锚跨各索股在散索鞍切点处的索力分布如图7.1-16。从图7.1-16中可以看出，索力的分布很有规律，即同一列索股从下到上索力逐渐增大，同一行索股从里向外索力上下波动，总趋势是减小的。索力最大值是171号、174号索股的索力值1 599.94kN，最小值是1号索股的1 455.05kN，两者相差约9.5%。可见，若按空缆状态锚跨各索股索力相等的原则来张拉索股必将导致成桥状态索股索力的差异，降低安全系数。

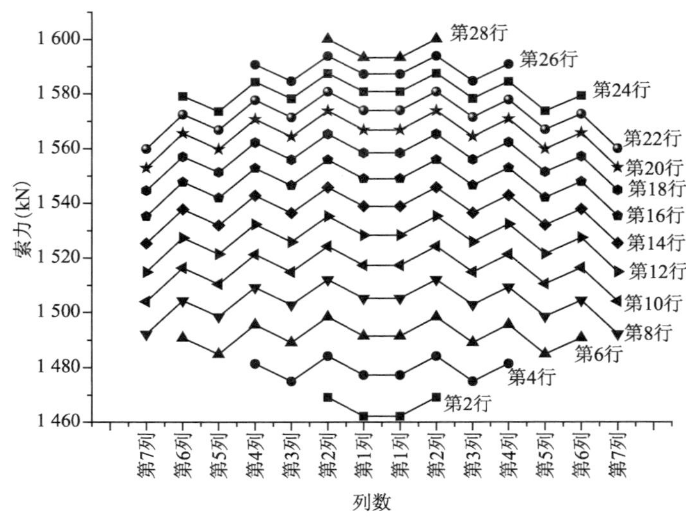

图7.1-16　成桥状态下锚跨各索股的索力分布

表7.1-2列出了空缆状态及成桥状态锚跨各索股切点坐标，可见两种状态索股切点坐标的最大差值在纵向、竖向及横向分别为：$|\Delta X|=0.036\text{m}$，$|\Delta Y|=0.019\text{m}$，$|\Delta Z|=0.013\text{m}$。

表7.1-3列出了两种状态下索股切点处索力与过锚面中心的竖直面的夹角及切点处索力对转轴中心的力臂、夹角，夹角的最大差值为0.014°，力臂的最大差值为0.004m，可见差异很小。

空缆状态和成桥状态锚跨各索股切点坐标(单位：m)　　表7.1-2

索股编号	空缆状态			成桥状态			差值(成桥-空缆)		
	X	Y	Z	X	Y	Z	ΔX	ΔY	ΔZ
1	739.594	40.389	0.000	739.616	40.409	0.000	0.022	0.019	0.000
2	739.573	40.448	-0.209	739.596	40.467	-0.210	0.023	0.019	-0.001
3	739.593	40.426	-0.126	739.615	40.445	-0.127	0.022	0.019	-0.001
4	739.593	40.426	0.126	739.615	40.445	0.127	0.022	0.019	0.001
5	739.573	40.448	0.209	739.596	40.467	0.210	0.023	0.019	0.001
6	739.592	40.462	0.000	739.615	40.482	0.000	0.023	0.019	0.000
7	739.573	40.522	-0.401	739.596	40.541	-0.404	0.023	0.019	-0.002
8	739.592	40.499	-0.321	739.615	40.519	-0.323	0.023	0.019	-0.002
9	739.573	40.522	-0.208	739.596	40.541	-0.209	0.023	0.019	-0.001
10	739.592	40.499	-0.125	739.615	40.519	-0.126	0.023	0.019	-0.001

续上表

索股编号	空缆状态			成桥状态			差值(成桥-空缆)		
	X	Y	Z	X	Y	Z	ΔX	ΔY	ΔZ
11	739.592	40.499	0.125	739.615	40.519	0.126	0.023	0.019	0.001
12	739.573	40.522	0.208	739.596	40.541	0.209	0.023	0.019	0.001
13	739.592	40.499	0.321	739.615	40.519	0.323	0.023	0.019	0.002
14	739.573	40.522	0.401	739.596	40.541	0.404	0.023	0.019	0.002
15	739.593	40.536	0.000	739.616	40.556	0.000	0.023	0.019	0.000
16	739.576	40.596	-0.581	739.598	40.616	-0.585	0.022	0.019	-0.004
17	739.595	40.574	-0.504	739.617	40.593	-0.507	0.022	0.019	-0.003
18	739.576	40.596	-0.399	739.598	40.616	-0.402	0.022	0.019	-0.002
19	739.595	40.574	-0.319	739.617	40.593	-0.321	0.022	0.019	-0.002
20	739.576	40.596	-0.206	739.598	40.616	-0.208	0.022	0.019	-0.001
21	739.595	40.574	-0.124	739.617	40.593	-0.125	0.022	0.019	-0.001
22	739.595	40.574	0.124	739.617	40.593	0.125	0.022	0.019	0.001
23	739.576	40.596	0.206	739.598	40.616	0.208	0.022	0.019	0.001
24	739.595	40.574	0.319	739.617	40.593	0.321	0.022	0.019	0.002
25	739.576	40.596	0.399	739.598	40.616	0.402	0.022	0.019	0.002
26	739.595	40.574	0.504	739.617	40.593	0.507	0.022	0.019	0.003
27	739.576	40.596	0.581	739.598	40.616	0.585	0.022	0.019	0.004
28	739.597	40.611	0.000	739.619	40.630	0.000	0.022	0.019	0.000
29	739.599	40.648	-0.672	739.622	40.668	-0.676	0.023	0.019	-0.005
30	739.581	40.672	-0.578	739.604	40.691	-0.582	0.023	0.019	-0.004
31	739.599	40.648	-0.501	739.622	40.668	-0.504	0.023	0.019	-0.003
32	739.581	40.672	-0.397	739.604	40.691	-0.399	0.023	0.019	-0.003
33	739.599	40.648	-0.317	739.622	40.668	-0.319	0.023	0.019	-0.002
34	739.581	40.672	-0.205	739.604	40.691	-0.206	0.023	0.019	-0.001
35	739.599	40.648	-0.123	739.622	40.668	-0.124	0.023	0.019	-0.001
36	739.599	40.648	0.123	739.622	40.668	0.124	0.023	0.019	0.001
37	739.581	40.672	0.205	739.604	40.691	0.206	0.023	0.019	0.001
38	739.599	40.648	0.317	739.622	40.668	0.319	0.023	0.019	0.002
39	739.581	40.672	0.397	739.604	40.691	0.399	0.023	0.019	0.003
40	739.599	40.648	0.501	739.622	40.668	0.504	0.023	0.019	0.003
41	739.581	40.672	0.578	739.604	40.691	0.582	0.023	0.019	0.004
42	739.599	40.648	0.672	739.622	40.668	0.676	0.023	0.019	0.005
43	739.606	40.688	0.000	739.625	40.705	0.000	0.019	0.017	0.000
44	739.628	40.738	-0.664	739.629	40.743	-0.672	0.001	0.005	-0.008
45	739.609	40.760	-0.572	739.611	40.767	-0.578	0.002	0.006	-0.006
46	739.628	40.738	-0.495	739.629	40.743	-0.501	0.001	0.005	-0.006

续上表

索股编号	空缆状态			成桥状态			差值（成桥－空缆）		
	X	Y	Z	X	Y	Z	ΔX	ΔY	ΔZ
47	739.609	40.760	-0.393	739.611	40.767	-0.397	0.002	0.006	-0.004
48	739.628	40.738	-0.313	739.629	40.743	-0.317	0.001	0.005	-0.004
49	739.609	40.760	-0.203	739.611	40.767	-0.205	0.002	0.006	-0.002
50	739.628	40.738	-0.122	739.629	40.743	-0.123	0.001	0.005	-0.002
51	739.628	40.738	0.122	739.629	40.743	0.123	0.001	0.005	0.002
52	739.609	40.760	0.203	739.611	40.767	0.205	0.002	0.006	0.002
53	739.628	40.738	0.313	739.629	40.743	0.317	0.001	0.005	0.004
54	739.609	40.760	0.393	739.611	40.767	0.397	0.002	0.006	0.004
55	739.628	40.738	0.495	739.629	40.743	0.501	0.001	0.005	0.006
56	739.609	40.760	0.572	739.611	40.767	0.578	0.002	0.006	0.006
57	739.628	40.738	0.664	739.629	40.743	0.672	0.001	0.005	0.008
58	739.651	40.787	0.000	739.645	40.788	0.000	-0.006	0.001	0.000
59	739.674	40.836	-0.654	739.668	40.838	-0.663	-0.006	0.001	-0.009
60	739.655	40.859	-0.564	739.649	40.861	-0.571	-0.006	0.001	-0.007
61	739.674	40.836	-0.488	739.668	40.838	-0.494	-0.006	0.001	-0.006
62	739.655	40.859	-0.387	739.649	40.861	-0.392	-0.006	0.001	-0.005
63	739.674	40.836	-0.309	739.668	40.838	-0.313	-0.006	0.001	-0.004
64	739.655	40.859	-0.200	739.649	40.861	-0.203	-0.006	0.001	-0.002
65	739.674	40.836	-0.120	739.668	40.838	-0.121	-0.006	0.001	-0.002
66	739.674	40.836	0.120	739.668	40.838	0.121	-0.006	0.001	0.002
67	739.655	40.859	0.200	739.649	40.861	0.203	-0.006	0.001	0.002
68	739.674	40.836	0.309	739.668	40.838	0.313	-0.006	0.001	0.004
69	739.655	40.859	0.387	739.649	40.861	0.392	-0.006	0.001	0.005
70	739.674	40.836	0.488	739.668	40.838	0.494	-0.006	0.001	0.006
71	739.655	40.859	0.564	739.649	40.861	0.571	-0.006	0.001	0.007
72	739.674	40.836	0.654	739.668	40.838	0.663	-0.006	0.001	0.009
73	739.698	40.885	0.000	739.692	40.887	0.000	-0.006	0.001	0.000
74	739.722	40.934	-0.644	739.717	40.936	-0.653	-0.005	0.001	-0.009
75	739.704	40.958	-0.556	739.698	40.959	-0.563	-0.006	0.001	-0.007
76	739.722	40.934	-0.480	739.717	40.936	-0.487	-0.005	0.001	-0.006
77	739.704	40.958	-0.382	739.698	40.959	-0.386	-0.006	0.001	-0.005
78	739.722	40.934	-0.304	739.717	40.936	-0.308	-0.005	0.001	-0.004
79	739.704	40.958	-0.198	739.698	40.959	-0.200	-0.006	0.001	-0.002
80	739.722	40.934	-0.118	739.717	40.936	-0.119	-0.005	0.001	-0.002
81	739.722	40.934	0.118	739.717	40.936	0.119	-0.005	0.001	0.002
82	739.704	40.958	0.198	739.698	40.959	0.200	-0.006	0.001	0.002

续上表

索股编号	空缆状态			成桥状态			差值(成桥－空缆)		
	X	Y	Z	X	Y	Z	ΔX	ΔY	ΔZ
83	739.722	40.934	0.304	739.717	40.936	0.308	-0.005	0.001	0.004
84	739.704	40.958	0.382	739.698	40.959	0.386	-0.006	0.001	0.005
85	739.722	40.934	0.480	739.717	40.936	0.487	-0.005	0.001	0.006
86	739.704	40.958	0.556	739.698	40.959	0.563	-0.006	0.001	0.007
87	739.722	40.934	0.644	739.717	40.936	0.653	-0.005	0.001	0.009
88	739.747	40.983	0.000	739.742	40.985	0.000	-0.005	0.001	0.000
89	739.773	41.032	-0.634	739.768	41.033	-0.643	-0.005	0.001	-0.009
90	739.755	41.056	-0.547	739.750	41.057	-0.554	-0.005	0.001	-0.007
91	739.773	41.032	-0.473	739.768	41.033	-0.479	-0.005	0.001	-0.006
92	739.755	41.056	-0.376	739.750	41.057	-0.381	-0.005	0.001	-0.005
93	739.773	41.032	-0.299	739.768	41.033	-0.303	-0.005	0.001	-0.004
94	739.755	41.056	-0.195	739.750	41.057	-0.197	-0.005	0.001	-0.002
95	739.773	41.032	-0.115	739.768	41.033	-0.117	-0.005	0.001	-0.002
96	739.773	41.032	0.115	739.768	41.033	0.117	-0.005	0.001	0.002
97	739.755	41.056	0.195	739.750	41.057	0.197	-0.005	0.001	0.002
98	739.773	41.032	0.299	739.768	41.033	0.303	-0.005	0.001	0.004
99	739.755	41.056	0.376	739.750	41.057	0.381	-0.005	0.001	0.005
100	739.773	41.032	0.473	739.768	41.033	0.479	-0.005	0.001	0.006
101	739.755	41.056	0.547	739.750	41.057	0.554	-0.005	0.001	0.007
102	739.773	41.032	0.634	739.768	41.033	0.643	-0.005	0.001	0.009
103	739.800	41.081	0.000	739.795	41.082	0.000	-0.005	0.001	0.000
104	739.827	41.129	-0.624	739.822	41.130	-0.632	-0.005	0.001	-0.009
105	739.810	41.153	-0.539	739.805	41.154	-0.546	-0.005	0.001	-0.007
106	739.827	41.129	-0.465	739.822	41.130	-0.471	-0.005	0.001	-0.006
107	739.810	41.153	-0.370	739.805	41.154	-0.375	-0.005	0.001	-0.005
108	739.827	41.129	-0.294	739.822	41.130	-0.298	-0.005	0.001	-0.004
109	739.810	41.153	-0.192	739.805	41.154	-0.194	-0.005	0.001	-0.002
110	739.827	41.129	-0.113	739.822	41.130	-0.115	-0.005	0.001	-0.002
111	739.827	41.129	0.113	739.822	41.130	0.115	-0.005	0.001	0.002
112	739.810	41.153	0.192	739.805	41.154	0.194	-0.005	0.001	0.002
113	739.827	41.129	0.294	739.822	41.130	0.298	-0.005	0.001	0.004
114	739.810	41.153	0.370	739.805	41.154	0.375	-0.005	0.001	0.005
115	739.827	41.129	0.465	739.822	41.130	0.471	-0.005	0.001	0.006
116	739.810	41.153	0.539	739.805	41.154	0.546	-0.005	0.001	0.007
117	739.827	41.129	0.624	739.822	41.130	0.632	-0.005	0.001	0.009
118	739.855	41.177	0.000	739.850	41.179	0.000	-0.005	0.001	0.000

续上表

索股编号	空缆状态			成桥状态			差值（成桥－空缆）		
	X	Y	Z	X	Y	Z	ΔX	ΔY	ΔZ
119	739.899	41.233	-0.611	739.879	41.227	-0.622	-0.020	-0.006	-0.011
120	739.880	41.257	-0.529	739.862	41.251	-0.537	-0.018	-0.006	-0.008
121	739.899	41.233	-0.456	739.879	41.227	-0.464	-0.020	-0.006	-0.008
122	739.880	41.257	-0.364	739.862	41.251	-0.369	-0.018	-0.006	-0.006
123	739.899	41.233	-0.288	739.879	41.227	-0.293	-0.020	-0.006	-0.005
124	739.880	41.257	-0.188	739.862	41.251	-0.191	-0.018	-0.006	-0.003
125	739.899	41.233	-0.111	739.879	41.227	-0.113	-0.020	-0.006	-0.002
126	739.899	41.233	0.111	739.879	41.227	0.113	-0.020	-0.006	0.002
127	739.880	41.257	0.188	739.862	41.251	0.191	-0.018	-0.006	0.003
128	739.899	41.233	0.288	739.879	41.227	0.293	-0.020	-0.006	0.005
129	739.880	41.257	0.364	739.862	41.251	0.369	-0.018	-0.006	0.006
130	739.899	41.233	0.456	739.879	41.227	0.464	-0.020	-0.006	0.008
131	739.880	41.257	0.529	739.862	41.251	0.537	-0.018	-0.006	0.008
132	739.899	41.233	0.611	739.879	41.227	0.622	-0.020	-0.006	0.011
133	739.948	41.291	0.000	739.912	41.276	0.000	-0.036	-0.014	0.000
134	739.997	41.348	-0.595	739.961	41.333	-0.608	-0.036	-0.014	-0.013
135	739.979	41.372	-0.516	739.943	41.357	-0.526	-0.036	-0.014	-0.010
136	739.997	41.348	-0.444	739.961	41.333	-0.453	-0.036	-0.014	-0.009
137	739.979	41.372	-0.355	739.943	41.357	-0.362	-0.036	-0.014	-0.007
138	739.997	41.348	-0.281	739.961	41.333	-0.287	-0.036	-0.014	-0.006
139	739.979	41.372	-0.184	739.943	41.357	-0.188	-0.036	-0.014	-0.003
140	739.997	41.348	-0.108	739.961	41.333	-0.110	-0.036	-0.014	-0.003
141	739.997	41.348	0.108	739.961	41.333	0.110	-0.036	-0.014	0.003
142	739.979	41.372	0.184	739.943	41.357	0.188	-0.036	-0.014	0.003
143	739.997	41.348	0.281	739.961	41.333	0.287	-0.036	-0.014	0.006
144	739.979	41.372	0.355	739.943	41.357	0.362	-0.036	-0.014	0.007
145	739.997	41.348	0.444	739.961	41.333	0.453	-0.036	-0.014	0.009
146	739.979	41.372	0.516	739.943	41.357	0.526	-0.036	-0.014	0.010
147	739.997	41.348	0.595	739.961	41.333	0.608	-0.036	-0.014	0.013
148	740.047	41.405	0.000	740.011	41.390	0.000	-0.036	-0.014	0.000
149	740.080	41.485	-0.503	740.044	41.471	-0.514	-0.036	-0.014	-0.010
150	740.097	41.461	-0.432	740.061	41.446	-0.442	-0.036	-0.014	-0.009
151	740.080	41.485	-0.347	740.044	41.471	-0.353	-0.036	-0.014	-0.007
152	740.097	41.461	-0.273	740.061	41.446	-0.279	-0.036	-0.014	-0.006
153	740.080	41.485	-0.180	740.044	41.471	-0.183	-0.036	-0.014	-0.003
154	740.097	41.461	-0.104	740.061	41.446	-0.107	-0.036	-0.014	-0.003

续上表

索股编号	空缆状态			成桥状态			差值（成桥－空缆）		
	X	Y	Z	X	Y	Z	ΔX	ΔY	ΔZ
155	740.080	41.485	0.104	740.044	41.471	0.107	-0.036	-0.014	0.003
156	740.080	41.485	0.180	740.044	41.471	0.183	-0.036	-0.014	0.003
157	740.097	41.461	0.273	740.061	41.446	0.279	-0.036	-0.014	0.006
158	740.080	41.485	0.347	740.044	41.471	0.353	-0.036	-0.014	0.007
159	740.097	41.461	0.432	740.061	41.446	0.442	-0.036	-0.014	0.009
160	740.080	41.485	0.503	740.044	41.471	0.514	-0.036	-0.014	0.010
161	740.149	41.517	0.000	740.113	41.502	0.000	-0.036	-0.014	0.000
162	740.183	41.596	-0.338	740.147	41.582	-0.345	-0.036	-0.014	-0.007
163	740.200	41.572	-0.266	740.164	41.557	-0.272	-0.036	-0.014	-0.006
164	740.183	41.596	-0.175	740.147	41.582	-0.179	-0.036	-0.014	-0.003
165	740.200	41.572	-0.101	740.164	41.557	-0.104	-0.036	-0.014	-0.003
166	740.200	41.572	0.101	740.164	41.557	0.104	-0.036	-0.014	0.003
167	740.183	41.596	0.175	740.147	41.582	0.179	-0.036	-0.014	0.003
168	740.200	41.572	0.266	740.164	41.557	0.272	-0.036	-0.014	0.006
169	740.183	41.596	0.338	740.147	41.582	0.345	-0.036	-0.014	0.007
170	740.252	41.626	0.000	740.216	41.612	0.000	-0.036	-0.014	0.000
171	740.288	41.706	-0.171	740.252	41.691	-0.175	-0.036	-0.014	-0.003
172	740.305	41.681	-0.098	740.269	41.666	-0.100	-0.036	-0.014	-0.003
173	740.305	41.681	0.098	740.269	41.666	0.100	-0.036	-0.014	0.003
174	740.288	41.706	0.171	740.252	41.691	0.175	-0.036	-0.014	0.003
175	740.358	41.734	0.000	740.322	41.720	0.000	-0.036	-0.014	0.000
min							-0.036	-0.014	-0.013
max							0.023	0.019	0.013

空缆状态和成桥状态锚跨各索股的夹角及力臂　　表7.1-3

编号	空缆状态		成桥状态		差值		编号	空缆状态		成桥状态		差值	
	夹角	力臂	夹角	力臂	夹角	力臂		夹角	力臂	夹角	力臂	夹角	力臂
	(°)	(m)	(°)	(m)	(°)	(m)		(°)	(m)	(°)	(m)	(°)	(m)
1	0.000	4.029	0.000	4.030	0.000	0.001	10	1.317	4.113	1.315	4.116	-0.003	0.002
2	1.765	4.087	1.762	4.089	-0.004	0.002	11	1.317	4.113	1.315	4.116	-0.003	0.002
3	1.314	4.057	1.311	4.059	-0.003	0.002	12	1.769	4.143	1.766	4.145	-0.004	0.002
4	1.314	4.057	1.311	4.059	-0.003	0.002	13	3.083	4.113	3.076	4.116	-0.006	0.002
5	1.765	4.087	1.762	4.089	-0.004	0.002	14	3.538	4.143	3.530	4.145	-0.007	0.002
6	0.000	4.085	0.000	4.087	0.000	0.002	15	0.000	4.141	0.000	4.144	0.000	0.003
7	3.538	4.143	3.530	4.145	-0.007	0.002	16	5.326	4.198	5.315	4.201	-0.011	0.003
8	3.083	4.113	3.076	4.116	-0.006	0.002	17	4.868	4.169	4.858	4.172	-0.010	0.003
9	1.769	4.143	1.766	4.145	-0.004	0.002	18	3.545	4.198	3.537	4.201	-0.007	0.003

续上表

编号	空缆状态		成桥状态		差值		编号	空缆状态		成桥状态		差值	
	夹角	力臂	夹角	力臂	夹角	力臂		夹角	力臂	夹角	力臂	夹角	力臂
	(°)	(m)	(°)	(m)	(°)	(m)		(°)	(m)	(°)	(m)	(°)	(m)
19	3.089	4.169	3.082	4.172	-0.006	0.003	52	1.778	4.307	1.774	4.311	-0.004	0.004
20	1.773	4.198	1.769	4.201	-0.004	0.003	53	3.097	4.277	3.090	4.281	-0.006	0.004
21	1.320	4.169	1.317	4.172	-0.003	0.003	54	3.554	4.307	3.547	4.311	-0.007	0.004
22	1.320	4.169	1.317	4.172	-0.003	0.003	55	4.880	4.277	4.871	4.281	-0.010	0.004
23	1.773	4.198	1.769	4.201	-0.004	0.003	56	5.340	4.307	5.329	4.311	-0.011	0.004
24	3.089	4.169	3.082	4.172	-0.006	0.003	57	6.694	4.277	6.681	4.281	-0.013	0.004
25	3.545	4.198	3.537	4.201	-0.007	0.003	58	0.000	4.304	0.000	4.308	0.000	0.004
26	4.868	4.169	4.858	4.172	-0.010	0.003	59	6.698	4.331	6.685	4.335	-0.013	0.004
27	5.326	4.198	5.315	4.201	-0.011	0.003	60	5.343	4.361	5.332	4.365	-0.011	0.004
28	0.000	4.196	0.000	4.199	0.000	0.003	61	4.884	4.331	4.874	4.335	-0.010	0.004
29	6.687	4.223	6.674	4.227	-0.013	0.004	62	3.556	4.361	3.549	4.365	-0.007	0.004
30	5.334	4.253	5.323	4.257	-0.011	0.004	63	3.099	4.331	3.092	4.335	-0.006	0.004
31	4.875	4.223	4.865	4.227	-0.010	0.004	64	1.779	4.361	1.775	4.365	-0.004	0.004
32	3.550	4.253	3.543	4.257	-0.007	0.004	65	1.324	4.331	1.322	4.335	-0.003	0.004
33	3.093	4.223	3.087	4.227	-0.006	0.004	66	1.324	4.331	1.322	4.335	-0.003	0.004
34	1.776	4.253	1.772	4.257	-0.004	0.004	67	1.779	4.361	1.775	4.365	-0.004	0.004
35	1.322	4.223	1.319	4.227	-0.003	0.004	68	3.099	4.331	3.092	4.335	-0.006	0.004
36	1.322	4.223	1.319	4.227	-0.003	0.004	69	3.556	4.361	3.549	4.365	-0.007	0.004
37	1.776	4.253	1.772	4.257	-0.004	0.004	70	4.884	4.331	4.874	4.335	-0.010	0.004
38	3.093	4.223	3.087	4.227	-0.006	0.004	71	5.343	4.361	5.332	4.365	-0.011	0.004
39	3.550	4.253	3.543	4.257	-0.007	0.004	72	6.698	4.331	6.685	4.335	-0.013	0.004
40	4.875	4.223	4.865	4.227	-0.010	0.004	73	0.000	4.358	0.000	4.362	0.000	0.004
41	5.334	4.253	5.323	4.257	-0.011	0.004	74	6.700	4.385	6.686	4.389	-0.014	0.004
42	6.687	4.223	6.674	4.227	-0.013	0.004	75	5.345	4.415	5.334	4.419	-0.011	0.004
43	0.000	4.250	0.000	4.254	0.000	0.004	76	4.885	4.385	4.875	4.389	-0.010	0.004
44	6.694	4.277	6.681	4.281	-0.013	0.004	77	3.557	4.415	3.550	4.419	-0.007	0.004
45	5.340	4.307	5.329	4.311	-0.011	0.004	78	3.100	4.385	3.093	4.389	-0.006	0.004
46	4.880	4.277	4.871	4.281	-0.010	0.004	79	1.780	4.415	1.776	4.419	-0.004	0.004
47	3.554	4.307	3.547	4.311	-0.007	0.004	80	1.325	4.385	1.322	4.389	-0.003	0.004
48	3.097	4.277	3.090	4.281	-0.006	0.004	81	1.325	4.385	1.322	4.389	-0.003	0.004
49	1.778	4.307	1.774	4.311	-0.004	0.004	82	1.780	4.415	1.776	4.419	-0.004	0.004
50	1.323	4.277	1.321	4.281	-0.003	0.004	83	3.100	4.385	3.093	4.389	-0.006	0.004
51	1.323	4.277	1.321	4.281	-0.003	0.004	84	3.557	4.415	3.550	4.419	-0.007	0.004

续上表

编号	空缆状态		成桥状态		差值		编号	空缆状态		成桥状态		差值	
	夹角（°）	力臂（m）	夹角（°）	力臂（m）	夹角（°）	力臂（m）		夹角（°）	力臂（m）	夹角（°）	力臂（m）	夹角（°）	力臂（m）
85	4.885	4.385	4.875	4.389	-0.010	0.004	117	6.695	4.494	6.681	4.497	-0.014	0.004
86	5.345	4.415	5.334	4.419	-0.011	0.004	118	0.000	4.521	0.000	4.525	0.000	0.004
87	6.700	4.385	6.686	4.389	-0.014	0.004	119	6.688	4.548	6.674	4.552	-0.014	0.003
88	0.000	4.412	0.000	4.416	0.000	0.004	120	5.336	4.578	5.325	4.582	-0.011	0.004
89	6.699	4.440	6.685	4.443	-0.014	0.004	121	4.877	4.548	4.867	4.552	-0.010	0.003
90	5.344	4.469	5.333	4.473	-0.011	0.004	122	3.552	4.578	3.545	4.582	-0.007	0.004
91	4.884	4.440	4.874	4.443	-0.010	0.004	123	3.095	4.548	3.088	4.552	-0.006	0.003
92	3.557	4.469	3.550	4.473	-0.007	0.004	124	1.777	4.578	1.773	4.582	-0.004	0.004
93	3.099	4.440	3.093	4.443	-0.006	0.004	125	1.323	4.548	1.320	4.552	-0.003	0.003
94	1.779	4.469	1.776	4.473	-0.004	0.004	126	1.323	4.548	1.320	4.552	-0.003	0.003
95	1.325	4.440	1.322	4.443	-0.003	0.004	127	1.777	4.578	1.773	4.582	-0.004	0.004
96	1.325	4.440	1.322	4.443	-0.003	0.004	128	3.095	4.548	3.088	4.552	-0.006	0.003
97	1.779	4.469	1.776	4.473	-0.004	0.004	129	3.552	4.578	3.545	4.582	-0.007	0.004
98	3.099	4.440	3.093	4.443	-0.006	0.004	130	4.877	4.548	4.867	4.552	-0.010	0.003
99	3.557	4.469	3.550	4.473	-0.007	0.004	131	5.336	4.578	5.325	4.582	-0.011	0.004
100	4.884	4.440	4.874	4.443	-0.010	0.004	132	6.688	4.548	6.674	4.552	-0.014	0.003
101	5.344	4.469	5.333	4.473	-0.011	0.004	133	0.000	4.576	0.000	4.579	0.000	0.003
102	6.699	4.440	6.685	4.443	-0.014	0.004	134	6.679	4.604	6.665	4.606	-0.014	0.003
103	0.000	4.467	0.000	4.470	0.000	0.004	135	5.329	4.633	5.318	4.636	-0.011	0.003
104	6.695	4.494	6.681	4.497	-0.014	0.004	136	4.870	4.604	4.860	4.606	-0.010	0.003
105	5.341	4.524	5.330	4.527	-0.011	0.004	137	3.547	4.633	3.540	4.636	-0.007	0.003
106	4.881	4.494	4.871	4.497	-0.010	0.004	138	3.091	4.604	3.084	4.606	-0.006	0.003
107	3.555	4.524	3.548	4.527	-0.007	0.004	139	1.775	4.633	1.771	4.636	-0.004	0.003
108	3.098	4.494	3.091	4.497	-0.006	0.004	140	1.321	4.604	1.318	4.606	-0.003	0.003
109	1.779	4.524	1.775	4.527	-0.004	0.004	141	1.321	4.604	1.318	4.606	-0.003	0.003
110	1.324	4.494	1.321	4.497	-0.003	0.004	142	1.775	4.633	1.771	4.636	-0.004	0.003
111	1.324	4.494	1.321	4.497	-0.003	0.004	143	3.091	4.604	3.084	4.606	-0.006	0.003
112	1.779	4.524	1.775	4.527	-0.004	0.004	144	3.547	4.633	3.540	4.636	-0.007	0.003
113	3.098	4.494	3.091	4.497	-0.006	0.004	145	4.870	4.604	4.860	4.606	-0.010	0.003
114	3.555	4.524	3.548	4.527	-0.007	0.004	146	5.329	4.633	5.318	4.636	-0.011	0.003
115	4.881	4.494	4.871	4.497	-0.010	0.004	147	6.679	4.604	6.665	4.606	-0.014	0.003
116	5.341	4.524	5.330	4.527	-0.011	0.004	148	0.000	4.632	0.000	4.634	0.000	0.002

续上表

编号	空缆状态		成桥状态		差值		编号	空缆状态		成桥状态		差值	
	夹角	力臂	夹角	力臂	夹角	力臂		夹角	力臂	夹角	力臂	夹角	力臂
	(°)	(m)	(°)	(m)	(°)	(m)		(°)	(m)	(°)	(m)	(°)	(m)
149	5.319	4.690	5.308	4.692	-0.011	0.002	164	1.768	4.747	1.764	4.748	-0.004	0.001
150	4.862	4.660	4.851	4.662	-0.010	0.002	165	1.316	4.717	1.313	4.718	-0.003	0.001
151	3.541	4.690	3.534	4.692	-0.007	0.002	166	1.316	4.717	1.313	4.718	-0.003	0.001
152	3.085	4.660	3.079	4.662	-0.006	0.002	167	1.768	4.747	1.764	4.748	-0.004	0.001
153	1.772	4.690	1.768	4.692	-0.004	0.002	168	3.079	4.717	3.072	4.718	-0.006	0.001
154	1.319	4.660	1.316	4.662	-0.003	0.002	169	3.534	4.747	3.526	4.748	-0.007	0.001
155	1.319	4.690	1.316	4.692	-0.003	0.002	170	0.000	4.746	0.000	4.747	0.000	0.001
156	1.772	4.690	1.768	4.692	-0.004	0.002	171	1.764	4.805	1.760	4.805	-0.004	0.001
157	3.085	4.660	3.079	4.662	-0.006	0.002	172	1.313	4.775	1.310	4.776	-0.003	0.001
158	3.541	4.690	3.534	4.692	-0.007	0.002	173	1.313	4.775	1.310	4.776	-0.003	0.001
159	4.862	4.660	4.851	4.662	-0.010	0.002	174	1.764	4.805	1.760	4.805	-0.004	0.001
160	5.319	4.690	5.308	4.692	-0.011	0.002	175	0.000	4.805	0.000	4.805	0.000	0.000
161	0.000	4.688	0.000	4.690	0.000	0.002	min	—	—	—	—	-0.014	0.000
162	3.534	4.747	3.526	4.748	-0.007	0.001	max	—	—	—	—	0.000	0.004
163	3.079	4.717	3.072	4.718	-0.006	0.001							

②情况 2

情况 2 是空缆状态下锚跨索股满足各自对散索鞍的平衡条件，即索股在锚跨侧切点处索力在竖直面的分量对转轴中心形成的力矩与该索股在边跨侧切点处的索力对转轴中心的力矩相等。按此索力分布模式计算的空缆状态下各索股的索力存在微小差异，索力在 470.9 ~ 477.5kN 范围内变化。散索鞍绕转轴向边跨侧转到成桥位置后，得到成桥状态下锚跨各索股的索力值，索股索力的分布规律与情况 1 一致，索力最大值是 171 号、174 号索股的索力值 1 600.84kN，最小值是 1 号索股的 1 451.30kN，两者相差约 9.8%。可见，情况 1 与情况 2 差异很小，即在空缆状态下按锚跨各索股索力相等或各自满足对散索鞍的平衡条件两种模式计算得到的成桥索力差异很小。

③情况 3

假设在成桥状态下锚跨各索股在切点处的索力均相等(即按索力分布模式 1 考虑)，散索鞍绕转轴向锚跨侧转到空缆位置后，索股的索力分布发生了变化，空缆状态下锚跨各索股在散索鞍切点处的索力分布如图 7.1-17 所示。从图 7.1-17 中可以看出：索力的分布很有规律，即同一列索股从下到上索力逐渐增大，同一行索股从里向外索力上下波动，总趋势是增加的。索力最大值是 1 号索股的索力值 559.36kN，最小值是 171 号、174 号索股的 412.61kN，两者相差约 30.2%。可见，按成桥状态锚跨索股索力相等的原则来计算空缆状态的索股索力，得出空缆状态索股索力存在较大差异，约 30%，因此要满足成桥状态锚跨各索股索力相等这一目标，必然要求控制各索股架设时的张拉力，按图 7.1-17 来控制各索股空缆时的索力即可实现成桥各索股索力均相等这一目标。

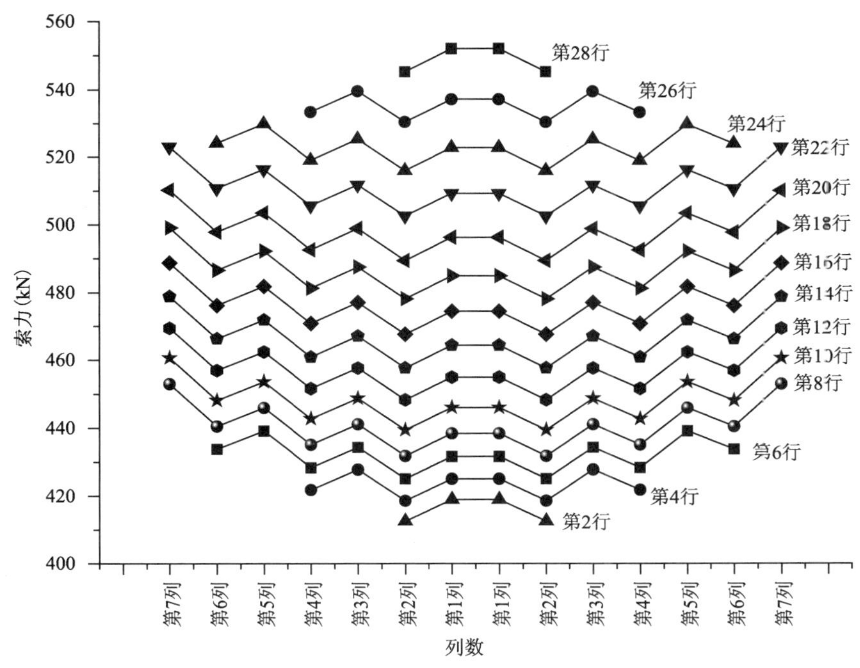

图 7.1-17 空缆状态下锚跨各索股的索力分布

④情况 4

情况 4 是成桥状态下锚跨索股满足各自对散索鞍的平衡条件,即索股在锚跨侧切点处索力在竖直面的分量对转轴中心形成的力矩与该索股在边跨侧切点处的索力对转轴中心的力矩相等。按此索力分布模式计算的成桥状态下各索股的索力存在微小差异,索力在 1 528.0kN ~1 551.2kN 范围内变化。散索鞍绕转轴向锚跨侧转到空缆位置后,得到空缆状态下锚跨各索股的索力值,索股索力的分布规律与情况 3 一致,最大值是 1 号索股的索力值 547.7kN,最小值是 171 号、174 号索股的索力值 416.5kN,两者相差约 27.2%。可见,情况 4 与情况 3 索力值差异很小,即在成桥状态下按锚跨各索股索力相等或各自满足对散索鞍的平衡条件两种模式计算得到的空缆索力差异很小。

综合上述 4 种情况,从空缆到成桥状态,散索鞍绕转轴中心向边跨侧转动,上层索股的伸长量比下层索股大,从而使上层索股的索力增量比下层索股的索力增量大。若按空缆时锚跨各索股索力相等的原则来控制索股的张拉必将导致成桥状态下各索股索力产生一定的差异,降低了主缆的安全系数,可考虑空缆时采用不同索股张拉力来保证成桥时各索股索力相等。按两种索力分布模式计算得到的索力差异很小,两种模式均是合理可用的。

7.1.3 主缆锚跨张力控制技术研究

1)概述

在大跨度悬索桥中,边跨到锚跨要通过散索鞍(或散索套)来将索股分散开,从而将一根主缆分成多股锚固到锚碇上。由于是“一根”分成“多股”,因此这是一个超静定结构,在散索鞍处有多种锚跨索股张力的组合方式与边跨主缆张力平衡，只有确定了锚跨索股力的分布模式，才能计算出各索股的索力。在悬索桥主缆索股架设中，中、边跨一般根据垂度进行控制，而锚跨则按张拉力控制，因此锚跨索股张拉力的计算与控制是悬索桥施工控制的一项重要内容。锚跨索股的成桥理论设计条件为：

①锚跨索股的张力按一定模式分布；

②对滑移式散索鞍，在成桥恒载状态下各根索股张力沿散索鞍滑移面的分力的总和与边跨主缆张力沿滑面的分力的总和相等；

③对转轴式散索鞍，在成桥恒载状态下各根索股绕转轴轴心的张力矩的总和与边跨主缆张力矩的总和相等；

④主缆对散索鞍压力的合力线通过理论 IP 点与散索鞍支撑面的垂线。

悬索桥主缆索股张力控制主要从锚跨张力的控制、测试入手。以往悬索桥以线形控制为主，一般不对索股张力进行特别控制。这样，可能会出现以下不良后果：

①散索鞍约束解除后，边跨线形可能发生变化；

②索股在鞍槽内有滑动的可能；

③拉杆上的不平衡力影响锚固体系的安全；

④各索股受力不均，降低主缆整体安全系数。

因此，在悬索桥锚跨索股架设及其随后的施工工序中，通过严格控制锚跨索股的张力，以实现施工过程中对主缆目标线形和内力的控制。锚跨张力控制的主要内容包括散索鞍自立状态控制、锚跨张力的初调控制和锚跨张力的微调控制。

2）散索鞍自立状态控制

在大跨度悬索桥中，边跨到锚跨要通过散索鞍将索股分散开。散索鞍的支承形式有两种：一种是以一斜面为支承，鞍底设滚轴，散索鞍沿斜面滑动；另一种是在鞍底设转动轴，散索鞍可绕转动轴摆动。前一种称为滑移式散索鞍，后一种称为转轴式散索鞍。在成桥状态下，散索鞍达到设计位置，锚跨索股和边跨主缆对散索鞍的作用应满足散索鞍的平衡条件：对滑移式散索鞍，锚跨索股切点处的合力沿滑移面的分力与边跨主缆切点处缆力沿滑移面的分力相等；对转轴式散索鞍，锚跨索股切点处的索力和边跨主缆切点处的缆力对转轴中心点的力矩相等。因在散索鞍处有多种锚跨索股张力的组合方式与边跨主缆张力平衡，此时，要求出各索股与散索鞍的切点，需先假定锚跨索股的索力分布模式，有了锚跨索股的索力分布模式，根据边跨主缆的切点位置及切点处的缆力，就可以求出锚跨各索股的索力。

（1）锚跨索股的索力分布模式

锚跨是悬索桥主缆受力较大的位置，成桥时锚跨索股索力的分布情况将决定锚跨索股实际的安全系数，因此，事先确定锚跨索股索力分布情况，以此来限制索股索力的变化范围，应是一个合理的方法。为此，提出以下两种悬索桥锚跨索股成桥状态索力的分布模式：

模式 1——各索股各自满足对散索鞍的平衡条件；

模式 2——锚跨各索股在与散索鞍的切点处的索力相等。

模式 1 将总体上的平衡条件应用到每根索股上，是最自然的选择，但由此得出的索股索力各不相同，因此合理与否还要看索力偏差的情况而定。切点处的索力是锚跨索股的最大索力，而索股的截面一般是相同的，为使各索股的安全系数相同就必须使各索股切点处索力相同，因此，模式2也是一种合理的索力分布模式。有了锚跨索股索力分布模式，根据边跨主缆缆力和锚跨索股布置情况，锚跨索股的索力就是唯一的了。

(2)散索鞍的平衡条件

对转轴式散索鞍，散索鞍的平衡条件如图7.1-18所示。设边跨侧主缆在散索鞍上的切点坐标为(x_q^b,y_q^b)，切点缆力为T_q^b，缆力与水平线的夹角为α；在锚跨侧第i号索股与散索鞍的切点坐标为(x_q^i,y_q^i)，切点索力为T_q^i，索力与竖直面的夹角为γ_i，在竖直平面内与水平线的夹角为β_i，散索鞍转轴中心的坐标为(x_0,y_0)；M_G为散索鞍的自重引起的对转轴中心的力矩，对转轴式散索鞍的平衡条件可表示为：

$$T_q^b\cos\alpha(y_q^b - y_0) + T_q^b\sin\alpha(x_0 - x_q^b) = \sum_{i=1}^{n}\{T_q^i\cos\gamma_i[\cos\beta_i(y_q^i - y_0) + \sin\beta_i(x_0 - x_q^i)]\} + M_G \tag{7.1-1}$$

对滑移式散索鞍，散索鞍的平衡条件如图7.1-19所示。设边跨侧主缆在散索鞍上的切点坐标为(x_q^b,y_q^b)，切点缆力为T_q^b，缆力与滑移面的夹角为α；在锚跨侧第i号索股与散索鞍的切点坐标为(x_q^i,y_q^i)，切点索力为T_q^i，索力与竖直面的夹角为γ_i，在竖直平面内与滑移面的夹角为β_i；F_G为散索鞍的自重沿滑移面的分量，对滑移式散索鞍的平衡条件可表示为：

$$T_q^b\cos\alpha = \sum_{i=1}^{n}T_q^i\cos\gamma_i\cos\beta_i + F_G \tag{7.1-2}$$

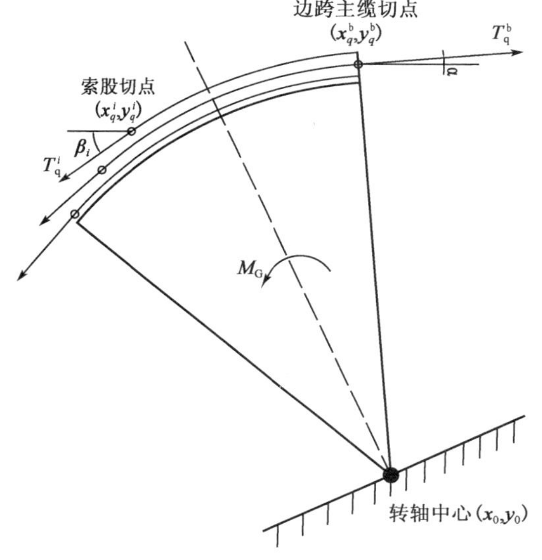

图7.1-18　转轴式散索鞍的平衡条件

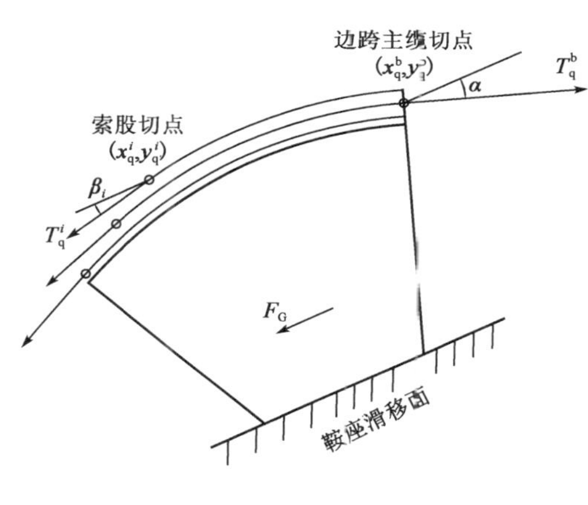

图7.1-19　滑移式散索鞍的平衡条件

(3)锚跨索股索力的计算方法

中、边跨主缆按整体计算，锚跨考虑索股的差异逐根计算，主缆或索股采用精确的悬链线解析解模拟。当散索鞍和索股锚固点的位置确定后，索股在平弯面上的平弯角就确定了，因此，计算时只需找出索股的竖弯转角即可确定其切点位置。首先，计算索股的平弯转角，并假定一竖弯转角初值，然后根据索力分布模式计算切点处的索力，最后通过迭代计算即可得出索股下端纵向坐标满足要求时的竖向坐标误差，通过修正竖弯转角就能使竖向坐标也满足精度要求。当锚跨索股索力分布按模式2计算时，先计算全部索股的平弯转角和竖弯转角的初值，从而求得满足平衡条件的切点处索力，根据前述方法对索股逐一计算，最后校核散索鞍两侧的平衡条件，如不满足，按照新的切点位置重新计算切点处的索力后进行迭代计算。图 7.1-20 给出了锚跨索股索力按模式 1 分布时的成桥状态计算的流程图。

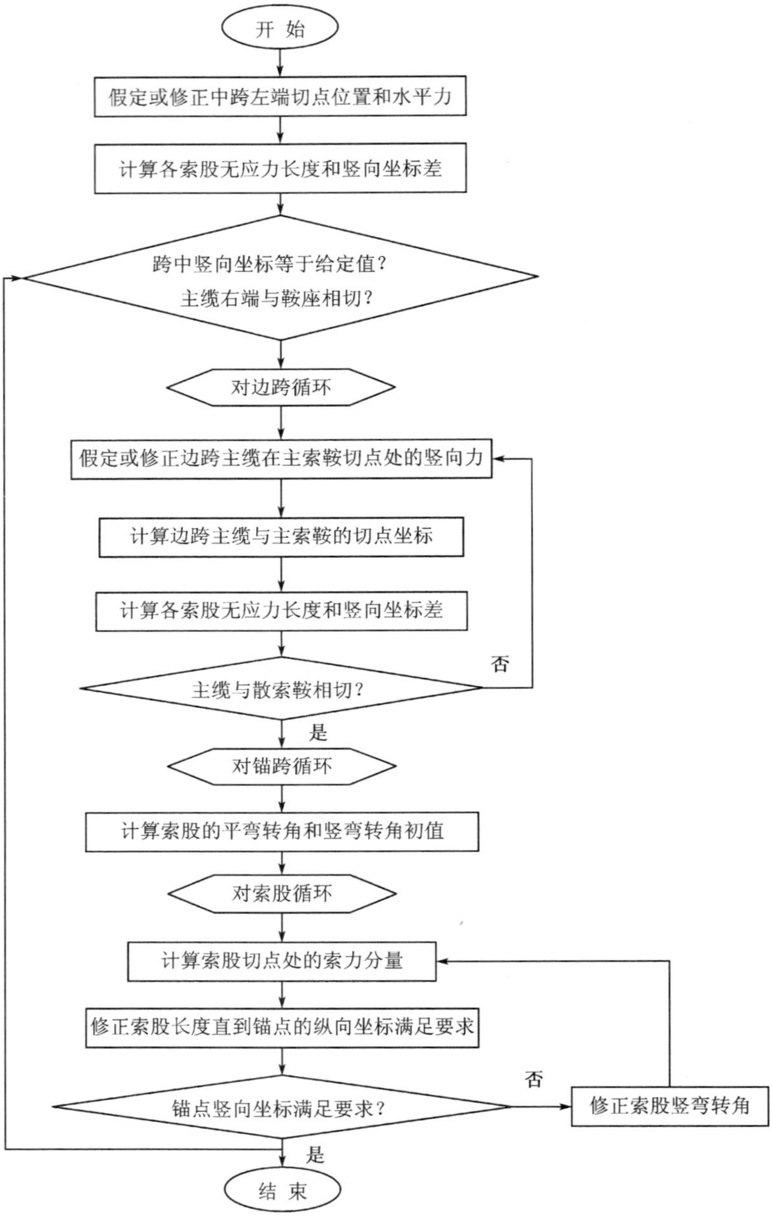

开 始

假定或修正中跨左端切点位置和水平力

计算各索股无应力长度和竖向坐标差

跨中竖向坐标等于给定值？
主缆右端与鞍座相切？

对边跨循环

假定或修正边跨主缆在主索鞍切点处的竖向力

计算边跨主缆与主索鞍的切点坐标

计算各索股无应力长度和竖向坐标差

主缆与散索鞍相切？（否 → 返回“假定或修正边跨主缆在主索鞍切点处的竖向力”）

是

对锚跨循环

计算索股的平弯转角和竖弯转角初值

对索股循环

计算索股切点处的索力分量

修正索股长度直到锚点的纵向坐标满足要求

锚点竖向坐标满足要求？（否 → 修正索股竖弯转角 → 返回“计算索股切点处的索力分量”）

是

结 束

图 7.1-20　成桥状态计算流程图

3）锚跨张力的初调控制

锚跨张力控制包括两部分内容：一是在主缆架设过程中对锚跨张力的调整，将锚固每束索股的两根连接拉杆的拉力之和调整至设计值，并限制两拉杆之间的不平衡力；二是在钢箱梁吊装过程中及成桥以后，对各束索股张力进行监测，考察其与理论值是否相符，并观察索股受力的均匀性。相应地，锚跨张力的控制可分为初调控制和微调控制。

在国内，锚跨索股的张力测试通常采用液压法、压力传感器法、弦振法等一些相对比较成熟的方法。往往需要同时采用以上几种方法，利用不同测试方法得到的锚跨张力值并相互校核后可作为锚跨张力的初调控制值。

液压法即直接使用张拉索股的油压千斤顶的油压表来测试索力。该方法的最大优点是不用另外添加仪器设备而且比较直观，但其缺点也很突出：一是测试精度低，即使事先对张拉系统进行了仔细标定，但由于千斤顶漏油等因素的影响，测试精度较低；二是张拉千斤顶笨重，测一根索力费时较长；三是对已经安装好的索股，无法测其索力。

压力传感器是一种精度较高的测力体系，而且对各个施工阶段索力的变化情况能随时反映出来，但仍有其缺点：一是稳定性受环境影响较大；二是对安装条件要求高，并对精度产生影响；三是仅能做中短期观测，无法实现长期控制；四是造价高，只能部分选用。正因如此，只能对 10% ~15% 的索股用压力传感器对其张力进行控制。

弦振法是利用附着在索股上的高灵敏度传感器，拾取索股在环境振动激励下的振动信号，经过滤波、放大、谱分析，根据频谱图来确定索股的自振频率，然后再根据自振频率和索力的关系确定索力的一种方法。这种方法技术成熟、操作简便、精度较高，并且可随时进行大规模的索力测试。所以，它是索股安装完成以后索力测试的主要方法。弦振法测试索力的关键在于如何考虑抗弯刚度、垂度以及支撑边界等因素对索力与频率关系的影响。

在西堠门大桥锚跨张力控制中，通过主缆索股张拉千斤顶的油压表读数得到的锚跨张力值，借助压力传感器和弦振法测得的张力值对千斤顶测试结果进行校核可得到相对精确的锚跨张力值，以此张力值作为初调控制的锚跨索股张力值。

4）锚跨张力微调控制

在主缆架设施工过程中，要保证主缆的线形、内力及索股间的紧密结合，索股张拉施工中必须精确控制锚跨索股的初张拉力。根据上述对几种索力测试方法的分析可知，锚跨张力的初调控制所得到的锚跨张力可能无法完全达到理想状态，主要表现在以下两个方面：一是两拉杆受力可能不均；二是索股张力可能不准。为了进一步逼近真实索力值，以实现对成桥线形和内力的控制，对锚跨张力做进一步微调是非常必要的，特提出采用无应力索长增量法对锚跨索股的索力进行调整，即利用张拉杆上的螺纹间距这一确定长度来控制锚跨索股的调出量以实现对锚跨张力的微调。

在西堠门大桥锚跨张力控制中，在主缆紧缆完成后，对各锚室的所有索股进行了测试。结果表明，部分索股张力偏差较大，个别甚至可能存在着张拉错误。为此对所有的索股进行了统计分析，并以目标成桥状态的张力偏差为目标，确定了控制原则，提出了无应力索长增量法对锚跨索股进行了重新调整，最终使锚跨张力达到了控制要求。

7.1.4　主缆索股架设线形的参数控制法

1）传统方案的缺陷

传统的主缆索股调整与线形测量方法的影响参数只有一个，即温度 t。计算方法如下：将裸塔状态的坐标视为成桥状态桥塔的目标，在测量裸塔状态的坐标之后，建立主缆线形计算模型，同时修正猫道架设引起的偏位影响。在此模型下，通过测试不同的温度来计算目标线形，并加以调整。这个主缆线形计算模型的缺陷如下：

(1)只考虑了猫道架设引起的偏位影响，未计及桥塔内部变化及所受的实时可变荷载的影响，如截面非均匀温度变化；

(2)只考虑了猫道等既有结构在一定状态的桥塔偏位，这些结构在后期可变荷载的影响下也会产生新的桥塔偏位；

(3)鞍座由于预偏未作用在桥塔中心，随着主缆索股的架设，鞍座对桥塔的偏心压力不断增加，这个偏心压力对桥塔偏位也有较大的影响。

2)温度对主缆线形的影响

温度是主缆索股架设线形重要的影响因素之一。图7.1-21和图7.1-22分别示出了润扬大桥和海沧大桥索股架设跨中高程的温度变化率随温度变化的曲线。

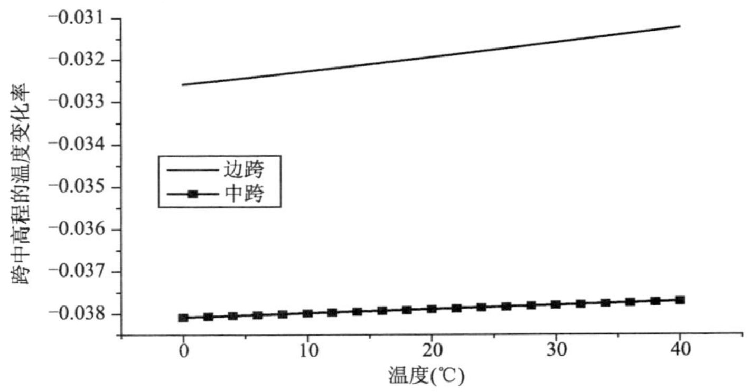

图7.1-21　润扬大桥跨中高程随温度的变化率

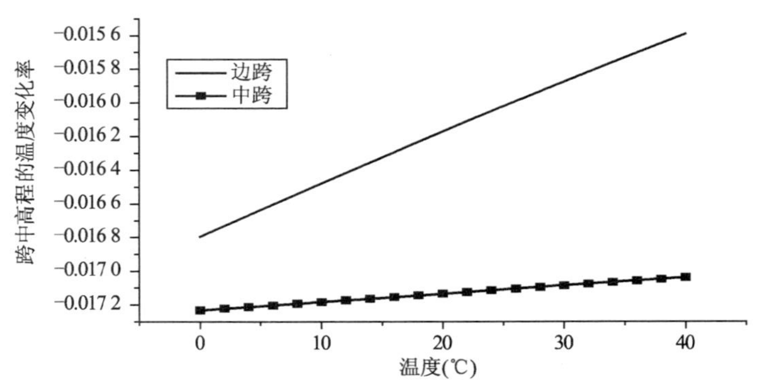

图7.1-22　海沧大桥跨中高程随温度的变化率

从图中可以看出：跨中高程受温度的影响很大，温度每升高1℃，在润扬大桥的中跨将降低约38mm，边跨约降低32.5mm，在海沧桥的中跨将降低约17mm，边跨约降低16.5mm；跨中高程的温度变化率随温度变化始终为负值，表明跨中高程随温度的升高而降低；随着温度升高，跨中高程的温度变化率的绝对值减小，表明变化速度减慢，但减慢量值极小。

从图中还可以看出，跨中高程的温度变化率随温度变化为近似直线，表明跨中高程的变化量呈近似抛物线变化趋势，可表示为：

$$\frac{d\Delta y}{d\Delta t}=\frac{d^2y}{dt^2}=k \tag{7.1-3}$$

式中：Δy——跨中高程随温度的变化量；

k——直线的斜率。将(7.1-3)式积分得：

$$y_t=y_0+k_0(t-t_0)+k_1(t-t_0)^2 \tag{7.1-4}$$

式中：y_t——任意温度 t 时的跨中高程；

y_0——温度为 t_0 时精确的跨中高程值；

k_0——高程的温度变化率均值；

t_0——索股架设期间的平均温度；

k_1——高程的温度变化率随温度变化的曲线斜率。

实践表明，公式(7.1-3)中的二次项去掉，其精度也是很高的。表 7.1-4 给出了 4 座悬索桥成桥阶段的跨中位置和高程在施工阶段时随温度(0～40℃)按抛物线、直线处理的误差情况。从表可以看出，由于中跨的两端等高，将跨中位置和高程随温度处理为直线变化时精度已是很高；边跨处理为抛物线变化时精度极高，处理为直线变化时误差稍大，若施工时按直线变化处理，则可以将温度范围进行分段，即分成多段按直线变化处理边跨跨中位置与高程随温度的变化情况，一般分成 4 段即可使误差小于 1mm。

线形随温度变化按抛物线、直线处理时的误差情况(单位：m)　　表 7.1-4

桥 名	桥 跨	抛物线变化最大误差		直线变化最大误差	
		跨中位置	跨中高程	跨中位置	跨中高程
润扬大桥	边跨	3.5619×10^{-5}	9.475×10^{-5}	3.2530×10^{-3}	8.5800×10^{-3}
	中跨	2.1594×10^{-14}	3.8084×10^{-6}	1.3930×10^{-14}	1.0180×10^{-5}
宜昌大桥	边跨	6.2780×10^{-5}	1.3844×10^{-4}	1.8014×10^{-3}	3.8789×10^{-3}
	中跨	1.3161×10^{-11}	2.3605×10^{-6}	2.8276×10^{-9}	7.7793×10^{-4}
虎门大桥	边跨	8.6543×10^{-6}	2.6007×10^{-5}	1.4193×10^{-3}	4.3162×10^{-3}
	中跨	1.6217×10^{-10}	3.2040×10^{-6}	4.5563×10^{-8}	9.1060×10^{-4}
海沧大桥	边跨	2.0912×10^{-5}	6.1188×10^{-5}	1.3840×10^{-3}	4.0494×10^{-3}
	中跨	2.4813×10^{-14}	2.2356×10^{-6}	6.4299×10^{-4}	2.0791×10^{-12}

3)跨度变化对线形的影响

主缆跨度变化也是主缆索股架设线形重要的影响因素，主缆跨度变化的根本原因是由于桥塔偏位引起两个鞍座之间的距离发生变化。

索结构的垂度随跨度的变化系数与矢跨比、支点高差变化的关系：索垂度随跨度的增加而减小，使跨中高程增加；当矢跨比很小时，跨度的增加将引起垂度显著的增加；矢跨比越小，跨中垂度随跨度的变化越快，跨度的增加始终使跨中高程增大；当悬索的两个支点存在高差时，垂度随跨度变化更加迅速。

对于悬索桥，主跨的垂跨比一般为 1/12～1/9，边跨与主跨之比一般为 1/4～1/3，加之悬索桥边跨与中跨的主缆在桥塔处的平衡关系，所以各个悬索桥的跨中高程随跨度的变化率的差别不大，中跨为 2.0 左右，边跨为 5.0 左右。图 7.1-23 为润扬大桥和海沧大桥索股的跨中高程随跨度变化的变化率曲线，其中海沧大桥由于为三跨连续加劲梁悬索桥，边跨成桥阶段承受着桥面荷载，变化率曲线陡一些。

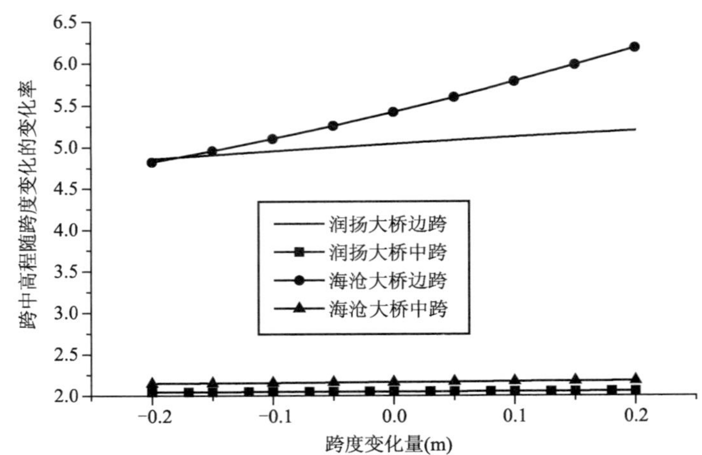

图 7.1-23　跨中高程随跨度变化的变化率

从图 7.1-22 可以看出，对于矢跨比、支点高差跨度比已经给定的悬索桥主缆，跨中高程随跨度变化的变化率仍然可以看成直线，与跨中高程随温度变化处理一样，按抛物线模拟跨中高程随跨度变化量的变化关系。

$$y_D = y_0 + K_0(D - D_0) + K_1(D - D_0)^2 \tag{7.1-5}$$

式中：y_D——任意跨度变化量为 D 时的跨中高程；

y_0——跨度变化量为 D_0 时精确的跨中高程值；

K_0——高程的跨度变化率均值；

D_0——索股架设期间的平均温度；

K_1——高程的跨度变化率随跨度变化的曲线斜率。

将表 7.1-5 为四座悬索桥的索股线形随跨度变化模拟为按抛物线、直线变化的误差情况计算。从表 7.1-5 中可以看出，无论以抛物线还是直线处理跨度变化引起的索股线形变化，都相应比处理温度变化的误差大，但可在跨度变化范围进行分段处理。

线形随跨度变化按抛物线、直线处理时的误差情况(单位：m)　　表 7.1-5

桥 名	桥 跨	抛物线变化最大误差		直线变化最大误差	
		跨中位置	跨中高程	跨中位置	跨中高程
润扬大桥	边跨	1.4929×10^{-4}	3.9404×10^{-4}	4.3192×10^{-3}	1.1350×10^{-2}
	中跨	3.0531×10^{-15}	6.3496×10^{-7}	6.1062×10^{-14}	3.9751×10^{-4}
宜昌大桥	边跨	2.5524×10^{-3}	5.6020×10^{-3}	1.6125×10^{-2}	3.5334×10^{-2}
	中跨	1.8430×10^{-14}	1.5755×10^{-6}	4.6071×10^{-12}	6.1912×10^{-4}
虎门大桥	边跨	1.6072×10^{-4}	4.9470×10^{-4}	1.0214×10^{-2}	3.1543×10^{-2}
	中跨	1.2017×10^{-10}	2.7806×10^{-6}	7.3597×10^{-13}	1.1003×10^{-3}
海沧大桥	边跨	7.2809×10^{-4}	2.1532×10^{-3}	1.5863×10^{-2}	4.7051×10^{-2}
	中跨	3.8858×10^{-15}	4.7285×10^{-6}	3.7066×10^{-8}	8.5940×10^{-4}

4）丝股架设线形的控制方法

前面已经分析了主缆丝股现场架设温度变化及跨度变化对线形的单独影响情况。实际上这两个因素是同时作用的，可以将现场的施工温度和桥塔偏位同时考虑，建立丝股架设线形计算公式，得到精确的跨中位置和高程，但这样需要现场计算人员和计算机，需增加人力与财力。因此有必要将控制数据事先制成表格，按表施工。

表格中的施工控制数据必须能适用于任意温度和跨度变化对丝股的架设线形的确定。但在表格中计算大量的指定温度和塔偏位下精确的丝股线形是不可能的，因为无论如何也不可能包含所有的温度点和塔偏位情况，并且这样做也是没有必要的。

通过前面的研究得知，丝股线形随温度和跨度的变化具有强烈的线性成分或者抛物线变化规律。可以通过精确计算少量的数据后在现场按直线或抛物线内插，得到任意的温度和跨度变化下的丝股线形。

设线形随跨度和温度变化的函数为 $y=f(D,t)$，线形的全增量为：

$$\Delta y = f(D+\Delta D,t+\Delta t) - f(D,t) \tag{7.1-6}$$

由式（7.1-5）和式（7.1-6）可表示为：

$$\Delta y = k_0(D-D_0) + k_1(D-D_0)^2 + k_0(t-t_0) + k_1(t-t_0)^2 + O(\Delta D,\Delta t) \tag{7.1-7}$$

其中，$O(\Delta D,\Delta t)$ 为误差项。

在 SBSGKZ 中可以指定控制精度，软件将自动把精确计算出来的大量数据根据，控制精度将温度变化范围及跨度变化范围进行分段曲线拟合，使 $|O|<\varepsilon$，得到温度变化和跨度变化区段内的满足控制精度要求的简单公式，现场用计算器即可实现对架设线形的控制。这种分段控制方法在西堠门大桥已成功地运用。

7.1.5　施工控制新技术及软件在西堠门大桥中的应用

1）基准索股架设控制

西堠门大桥东临东海，西望大陆，位于北亚热带，属东亚季风气候区，全年四季分明，气候温和湿润，降水充沛。冬季由于受欧亚大陆冷空气团控制，盛行西北风，寒冷干燥；夏季因受太平洋暖湿气流控制，盛行东南风，台风多发。春、秋两季因冬夏冷暖气团交替，时冷时热，天气多变。

该桥基准索股的架设时间为 2006 年 11 月 24 日 ~12 月 15 日，秋冬季节变化交接期，一般时间温度在 14℃左右，寒流来袭时温度较低，在 7℃左右；该段时间处于季风期，基本上每天都有 5 ~7 级风。施工条件恶劣，必须利用每天风小的间隙期来调整基准索股。

（1）基准索股架设线形公式

由第 7.1.4 节的研究结果可以看出，基准索股架设线形的主缆是悬索桥的生命线，其重要性可想而知。大跨度悬索桥在架设各个阶段中消除误差是比较困难的，主缆一旦架设完毕，就无法再调整其长度，因此必须在后期误差预估的基础上，在架设前对主缆进行准确计算和在架设过程中对索股进行严格控制，才能很好地实现主缆线形。基准索股线形是主缆线形的基础，是其他主缆索股架设的尺子，在悬索桥结构线形的控制中，尤以基准丝股的架设控制最为重要。

利用成桥理论状态计算出主缆无应力长度，根据“构件质量守恒与无应力尺寸不变原理”可以计算出基准索股的架设线形。基准索股线形受施工时温度、桥塔纵向偏位、桥塔高程等参数影响，为将所有主要影响因素考虑进去，参考文献[6]提出了基准索股架设参数公式法。基准索股的跨中线形计算参数公式如下：

$$y = f(D,T,H,p) \tag{7.1-8}$$

式中：y——跨中纵向位置或者高程；

D——索股跨度；

T——温度；

H——桥塔高程；

p——其他参数。

当(D,T,H)变化时，则跨中线形变化量如下：

$$\mathrm{d}y = \frac{\partial f}{\partial D}\mathrm{d}D + \frac{\partial f}{\partial T}\mathrm{d}T + \frac{\partial f}{\partial H}\mathrm{d}H \tag{7.1-9}$$

设现场参数理论值为(D_0,T_0,H_0)，则对任意的(D,T,H)，基准索股的跨中线形如下：

$$y \approx y_0 + \Delta y = f(D_0,T_0,H_0,p) + \frac{\partial f}{\partial D}\Delta D + \frac{\partial f}{\partial T}\Delta T + \frac{\partial f}{\partial H}\Delta H \tag{7.1-10}$$

其中，$D = D_0 + \Delta D, T = T_0 + \Delta T, H = H_0 + \Delta H$。式(7.1-10)表明：基准索股的跨中线形可近似为参数理论值所对应的理论线形与参数变化引起的修正值的叠加。

对于西堠门大桥，由于左右幅主缆的弹性模量不同，各跨左右幅基准索股的线形也不同。

对于中跨跨中，由于温度变化不引起纵向位置的变化，因此对于纵向位置，式(7.1-10)中的 $\frac{\partial f}{\partial D}=0$。表7.1-6给出了左幅中跨基准索股在不同温度和跨度改变量的情况下的跨中线形公式，其中D为跨度变化量，T为该跨平均温度。

C2-L 基准索股中跨跨中线形公式（温度：$-6℃ \leqslant T \leqslant 18℃$） 表7.1-6

序号	跨度变化范围(m)	测点与北塔的X坐标差(m)	丝股中心高程(m)
1	$-0.12 \leqslant D < -0.04$	$X = 825.495\,51 + 0.5D$	$Y = 85.301\,86 - 0.042\,167T + 2.034\,41D + 0.013\,21D^2$
2	$-0.04 \leqslant D < +0.04$	$X = 825.495\,51 + 0.5D$	$Y = 85.302\,07 - 0.042\,209T + 2.034\,41D + 0.0132\,5D^2$
3	$+0.04 \leqslant D < +0.12$	$X = 825.495\,51 + 0.5D$	$Y = 85.302\,29 - 0.042\,252T + 2.034\,41D + 0.013\,29D^2$

对于边跨，温度变化将引起跨中测点位置的变化，对应于不同的测点，应达到不同的高程；温度与跨度改变引起的公式系数变化也比较大，为反映这些参数的影响，将温度和跨度变化分若干段给出。表7.1-7和表7.1-8为左幅主缆北边跨与南边跨测点位置与测点高程随参数变化的计算公式的一组典型表达式。

对于温度变化、外荷载及桥塔收缩徐变等因素引起的桥塔高程变化而导致的索股跨中高程修正量如下：

北边跨： $\Delta = 2.11\Delta H_1$

中　跨： $\Delta = 0.5(\Delta H_1 + \Delta H_2)$

南边跨： $\Delta = 2.54\Delta H_2$

式中：ΔH_1——北塔高程变化量；

ΔH_2——南塔高程变化量，均向上为正。

C2-L 基准索股北边跨跨中线形公式(温度:10℃ ≤T≤18℃)　表 7.1-7

序号	跨度变化量 (m)	北塔与测点的 X 的坐标差 (m)	丝股中心高程 (m)
1	$-0.06 \leqslant D < -0.03$	$X = 290.36213 - 0.01219T + 2.09919D + 0.10938D^2$	$Y = 119.80652 - 0.03659T + 4.73900D + 0.32268D^2$
2	$-0.03 \leqslant D < +0.00$	$X = 290.36285 - 0.01224T + 2.09916D + 0.10882D^2$	$Y = 119.80861 - 0.03674T + 4.73889D + 0.32096D^2$
3	$+0.00 \leqslant D < +0.03$	$X = 290.36356 - 0.01229T + 2.09916D + 0.10815D^2$	$Y = 119.81068 - 0.03689T + 4.73889D + 0.31890D^2$
4	$+0.03 \leqslant D < +0.06$	$X = 290.36426 - 0.01234T + 2.09920D + 0.10735D^2$	$Y = 119.81274 - 0.03704T + 4.73903D + 0.31646D^2$

C2-L 基准索股南边跨跨中线形公式(温度:10℃ ≤T≤18℃)　表 7.1-8

序号	跨度变化量 (m)	测点与南塔的 X 的坐标差 (m)	丝股中心高程 (m)
1	$-0.06 \leqslant D < -0.03$	$X = 240.72476 - 0.01346T + 2.52168D + 0.13089D^2$	$Y = 128.88732 - 0.03426T + 5.11331D + 0.33028D^2$
2	$-0.03 \leqslant D < +0.00$	$X = 240.72548 - 0.01352T + 2.52125D + 0.12393D^2$	$Y = 128.88911 - 0.03439T + 5.11222D + 0.31265D^2$
3	$+0.00 \leqslant D < +0.03$	$X = 240.72616 - 0.01356T + 2.52124D + 0.11623D^2$	$Y = 128.89081 - 0.03452T + 5.11219D + 0.29311D^2$
4	$+0.03 \leqslant D < +0.06$	$X = 240.72680 - 0.01361T + 2.52174D + 0.10772D^2$	$Y = 128.89238 - 0.03463T + 5.11345D + 0.27155D^2$

对于基准索股的锚跨张力控制,则采用如下参数公式:

北锚 C2-L:　　$567.1 - 6.276T$

南锚 C2-L:　　$588.1 - 5.916T$

上述各参数公式为拟合公式,式(7.1-10)为近似式,公式与精确计算的精度需要检验。为此对上述各公式进行了 203 010 次测试,测试温度间隔 0.1℃,跨度变化间隔 1mm,桥塔高程变化间隔为 1mm,采用精确计算和参数公式分别计算并对比,对比结果表明:最大纵向误差为 0.2mm,最大高程误差 0.6mm,表明拟合公式具有很高的精度,可以应用于现场架设。

(2)基准索股调整控制

为了提高调索速度,需要研究索股跨中高程变化与索长变化量的关系。经过计算,索股跨中高程变化与索长变化量的关系如下:

中　跨:　　$\Delta s = \Delta h/2.08$

北边跨:　　$\Delta s = \Delta h/5.65$

南边跨:　　$\Delta s = \Delta h/6.42$

在高程偏离理论高程 ±70cm 的范围内,上述关系均具有较高的精度。因此可用于索股高程的调整,应用如下:

①从中跨调出索长 1cm,则中跨的控制点高程增加约 2.08cm,调入 1cm 索长到中跨,则中跨的控制点高程减少约 2.08cm;如果中跨实测高程与理论高程之差 Δh = 实测高程 − 理论高程,则调索量为 $\Delta s = \Delta h/2.08$,Δh 为正时调入,Δh 为负时调出。

②从北边跨调出索长 1cm,则北边跨的控制点高程增加约 5.65cm,调入 1cm 索长到北边跨,则北边跨的控制点高程减少约 5.65cm;如果北边跨实测高程与理论高程之差 Δh = 实测高

程 - 理论高程，则调索量为 $\Delta s = \Delta h/5.65$，Δh 为正时调入，Δh 为负时调出。

③从南边跨调出索长1cm，则南边跨的控制点高程增加约6.42cm，调入1cm索长到南边跨，则南边跨的控制点高程减少约6.42cm；如果南边跨实测高程与理论高程之差 Δh = 实测高程 - 理论高程，则调索量为 $\Delta s = \Delta h/6.42$，Δh 为正时调入，Δh 为负时调出。

运用上述关系，可以使基准索迅速达到要求精度。

(3)基准索股架设过程监控与分析

根据基准索股架设参数公式，如要实现对基准索股线形的严格监控，保证基准索股的架设精度，就需要对影响基准索股的各参数进行严格监控。

①24h 独塔偏位及大气温度监测

在桥塔完成后的独塔状态，监控单位对桥塔进行了24h变形监测，其中反映了桥塔偏位随日照、温度、温差和时间的变化规律。主要结果如下：桥塔每天在无载的情况下发生的最大纵向偏位约2.5cm，基本上没有扭转变形；其中12:00为偏位变化的拐点，即12:00的偏位较大，此后逐渐恢复；大气温度从5:00开始升高，至15:00开始下降，18:00点以后比较稳定。图7.1-24是主缆上几个典型点从晚上19:00到次日6:00的温度随时间的变化过程，该图说明，从晚上19:00开始到次日3:30这段时间，温度比较稳定；在从北到南的整个长度范围，温度场比较稳定，最大温差在1℃左右。

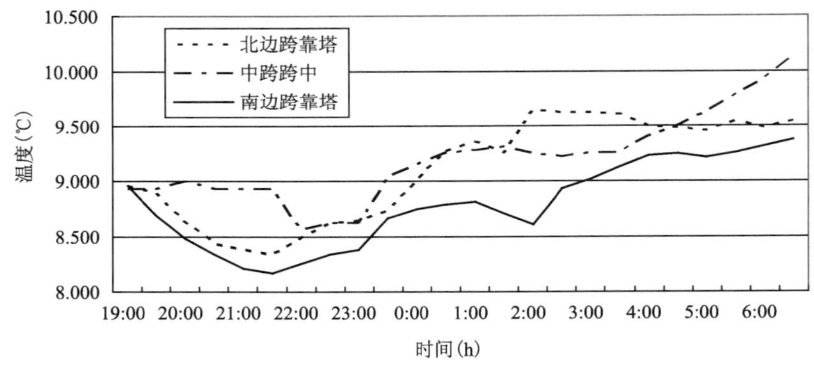

图7.1-24　中跨跨中测点温度随时间变化曲线

通过现场的测量表明：在基准索股的每次调整时均应重新测量桥塔偏位(反映桥塔跨度变化参数)，而不应该用猫道完成后、基准索股架设前测定的桥塔偏位状态作为定值代替基准索股架设时的桥塔偏位；由于晚上19:00点以后丝股表面温度就趋于稳定，因此桥位处施工期的主缆线形调整时间可定在晚上21:00至次日4:00这段时间。

②基准索股调整测量系统的精度控制

大气折光系数是影响测量精度的一个重要参数。试验发现，桥位处折光系数与其他桥址的折光系数有显著的差别，特点如下：不同日期的大气折光系数不同；同一晚上的大气折光系数基本相同；大气折光系数具有方向性。因此在基准索股调整的每个晚上均应事先测定大气折光系数。

通过对基准索测量系统的精度评定，在原施工测量方案上增加了一个测量基准索中跨的测站，提高了测量系统的精度，使基准索的位置与高程测量和桥塔偏位测量精度均符合要求。

③基准索股的温度监测

西堠门大桥基准索股的温度监测系统如图7.1-25所示，其中包括7个采集模块，1个传输转换模块，2台计算机。对基准索13个断面进行了监测：中跨5个，边跨2个，锚跨2个；每个断面3个传感器。每个桥塔布置了4个传感器，2个阴面，2个阳面。由于温度采用自动监测系统，减少了人为误差，提高了温度变化量的测量精度。

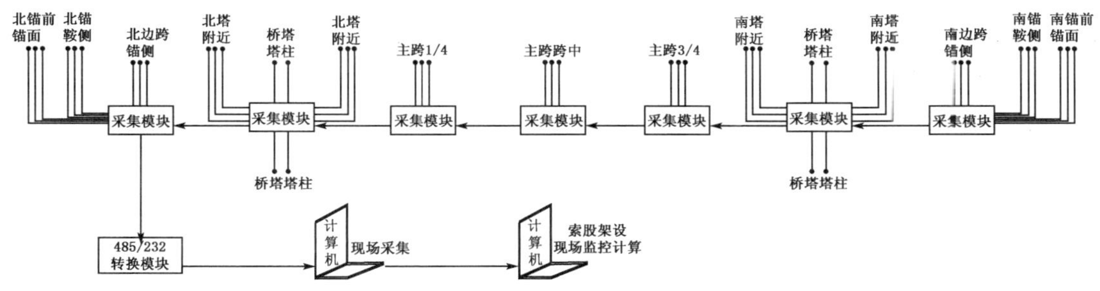

图7.1-25　基准索股温度采集系统

④桥塔高程变化量的监测

上列各项工作解决了基准索测量(x,y)、桥塔偏位测量(现场参数D)、温度测试(现场参数T)等问题。对于桥塔高程(现场参数H)，随着猫道的架设、桥塔的收缩徐变、索股的牵引以及温度的变化，桥塔将发生变形，与独塔状态相比，桥塔高程将发生变化。对于高程变化量，可以在每次调索时进行实时测量，与独塔状态的高程之差，便是桥塔高程变化量。

由于基准索股的调整季节是桥位处季风的季节，通过多次的测量发现，只要桥上风力在5级以上，桥塔高程测量的测回较差精度就满足不了要求，同时进行一次高程测量需要花费较多的工作时间。已经进行过的测量表明，塔顶高程随温度变化的规律与理论计算基本一致，因此本桥塔顶高程采用猫道架设完成后的桥塔测量高程加温度修正的方式确定。

⑤基准索股的调整分析

施工单位于12月3日、12月4日、12月5日对基准丝股线形进行了调整，基准丝股于12月5日精调完成。12月3日从20:30开始，约3:00结束，此后由于风速加大超过规定风速停止调索。该次主要调定了北边跨，调索数据见表7.1-9。如北边跨左侧，调索过程如下：首先第1次测量跨中的高程，根据理论高程与实测高程之差可求得理论调索量为0.231m，实际调索为0.135m，由此可得剩余未调量为0.096m；第2次测量主要为了检测在第1次调整0.135m后的状态的理论调索量与第1次的剩余未调量是否吻合，第2次测量得到的理论调索量为0.098m，可见与剩余未调量0.096m完全吻合，表明测量系统、测试系统的精度较高，各种计算参数的取值正确，最后实际调整了0.095m，经测量结果验证，表明已达到了精度要求。

北边跨的调索数据　　表7.1-9

缆位置	调索次号	温度(℃)	北塔偏位(m)	北塔高程变化(m)	理论高程(m)	实测高程(m)	高程差(m)	理论调索量(m)	实际调索量(m)
北边跨左侧	1	12.4	0.067	−0.0212	119.6276	118.3211	1.3065	0.231	0.135
	2	12.4	0.067	−0.0212	119.6276	119.0745	0.5531	0.098	0.095
	3	12.4	0.067	−0.0212	119.6276	119.5997	0.0279	0.005	—

续上表

缆位置	调索次号	温度(℃)	北塔偏位(m)	北塔高程变化(m)	理论高程(m)	实测高程(m)	高程差(m)	理论调索量(m)	实际调索量(m)
北边跨右侧	1	12.4	0.072	-0.021 2	119.649 2	118.421 0	1.228 2	0.217	0.170
	2	12.4	0.072	-0.021 2	119.649 2	119.385 3	0.263 9	0.047	0.045
	3	12.4	0.072	-0.021 2	119.649 2	119.634 0	0.015 2	0.003	—

⑥基准索股稳定性的监测

监控单位于12月6日、12月10日和12月12日与施工单位、监理单位一起对基准索股进行了稳定观测。其中监控单位在12月6日和12月12日独立地对基准丝股进行了检测，检测结果见表7.1-10。12月5日最终调定的基准索股的温度约为13℃、风速为4m/s；12月6日的温度约为16℃、风速为4.6m/s；12月10日的温度约为6℃、风速为5m/s；12月12日的温度约为9℃、风速为4.5m/s。稳定观测历时7d，在温度约为13℃、16℃、6℃、9℃等较大的温度变化下仍满足误差要求，可以认为基准索股已经稳定。

基准索股检测数据 表7.1-10

位置	日期(年 月 日)	时间(时 分)	温度(℃)	左塔偏位(m)	右塔偏位(m)	左塔高程下沉量(m)	右塔高程下沉量(m)	跨中理论高程(m)	实际高程(m)	高程误差(mm)	理论相对垂度(mm)	实际相对垂度(mm)	相对垂度误差(mm)
北边跨左侧	2006-12-6	21:36	15.9	0.000	0.057	0.000 0	-0.012 7	119.465 6	119.473 9	8.3	36.1	27.3	8.8
北边跨右侧	2006-12-6	21:37	15.9	0.000	0.063	0.000 0	-0.012 7	119.501 7	119.501 2	-0.5			
北边跨左侧	2006-12-12	23:56	9.70	0.000	0.050	0.000 0	-0.026 5	119.635 5	119.647 4	11.9	21.6	19.3	2.3
北边跨右侧	2006-12-12	23:11	9.70	0.000	0.053	0.000 0	-0.026 5	119.657 1	119.666 7	9.6			
中跨左侧	2006-12-6	21:30	16.5	0.057	0.012	-0.012 7	-0.012 6	84.500 3	84.511 7	11.4	105.4	99.7	5.7
中跨右侧	2006-12-6	21:30	16.5	0.059	0.017	-0.012 7	-0.012 6	84.605 7	84.611 4	5.7			
中跨左侧	2006-12-12	23:08	9.44	0.050	0.028	-0.026 5	-0.027 5	84.828 3	84.820 7	-7.6	97.4	102.0	4.6
中跨右侧	2006-12-12	23:09	9.44	0.053	0.030	-0.026 5	-0.027 5	84.925 7	84.922 7	-3.0			
南边跨左侧	2006-12-6	21:40	16.3	0.013	0.002	-0.012 6	-0.001	128.238 5	128.262 5	24.0	-4.8	-5.4	0.6
南边跨右侧	2006-12-6	21:40	16.2	0.016	0.002	-0.0126	-0.001	128.233 7	128.257 1	23.4			
南边跨左侧	2006-12-12	23:04	9.23	0.028	0.002	-0.027 5	-0.001	128.367 1	128.386 9	19.8	-0.1	-10.1	10.0
南边跨右侧	2006-12-12	23:03	9.23	0.030	0.002	-0.027 5	-0.001	128.367 0	128.376 8	9.8			

注：对于北边跨，左塔是指北散索鞍，右塔是指北塔；对于中跨，左塔是指北塔，右塔是指南塔；对于南边跨，左塔是指南塔，右塔是指南散索鞍。

(4)总结

西堠门大桥基准索股调整气候及气候环境恶劣,文中采用参数公式法提出了基准索股的线形公式,一系列的监控工作围绕公式中的参数监控而展开。虽然基准索股调整与稳定观测经历将近20d,但累计工作时间不超过30h。施工实践表明,监控工作富有成效、监控方法正确、监控参数取值合理。基准索股达到了调整及稳定观测的要求。

2)钢箱梁长度控制

为了测量钢箱梁的长度及剩余伸缩缝长度,特在钢箱梁及伸缩缝端头处布设了如图7.1-26所示测点。用全站仪测量BL1、BL2、BL3、BL4,NL1、NL2、NL3、NL4的三维坐标,然后根据BL1、BL2、BL3、BL4,NL1、NL2、NL3、NL4的三维坐标,计算出钢箱梁的空间长度值。由于伸缩缝较短,可以直接用钢尺量取剩余伸缩缝长度。钢箱梁及剩余伸缩缝长度测量结果及计算结果见表7.1-11、表7.1-12。

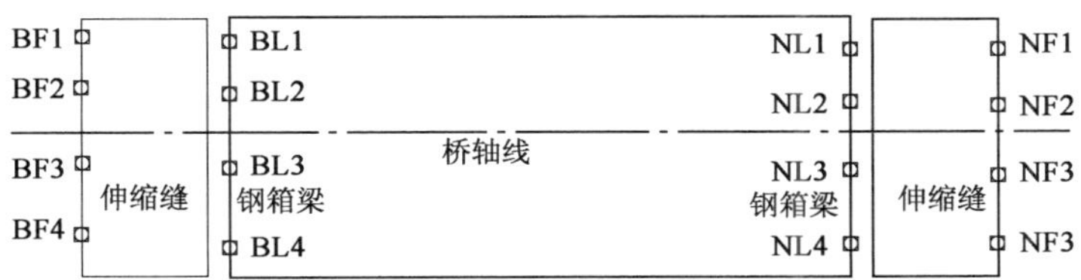

图7.1-26　钢箱梁长度及剩余伸缩缝跨度测量点位布置示意图

钢箱梁长度测量成果表(单位:m)　　表7.1-11

实测坐标及长度					计算坐标及长度				实测值与计算值之比较(实测－计算)
测量日期:2009年4月18日		大气温度:14.8℃		天气:阴	20℃	14.8℃			
测量时间:20:30至20:55		风速:6m/s		气压:998hPa					
点号	位置坐标X	坐标Y	高程	实测长度	坐标位置X	温度修正量	坐标	计算长度	长度误差
BL1	1 426.163 6	−13.554 8	43.117 5	2 220.755 6	1 426.151 0	0.072 8	1 426.223 8	2 220.752 2	0.003 4
NL1	3 646.919 2	−13.513 0	57.527 5		3 647.050 0	−0.074 1	3 646.975 9		
BL2	1 426.169 2	−4.013 5	43.288 5	2 220.759 7	1 426.151 0	0.072 8	1 426.223 8	2 220.752 2	0.008 5
NL2	3 646.928 9	−3.991 9	57.717 2		3 647.050 0	−0.074 1	3 646.975 9		
BL3	1 426.163 4	3.990 9	43.292 4	2 220.770 2	1 426.151 0	0.072 8	1 426.223 8	2 220.752 2	0.018 0
NL3	3 646.933 6	4.027 2	57.716 8		3 647.050 0	−0.074 1	3 646.975 9		
BL4	1 426.164 3	13.543 2	43.128 2	2 220.754 8	1 426.151 0	0.072 8	1 426.223 8	2 220.752 2	0.002 6
NL4	3 646.919 1	13.568 2	57.532 9		3 647.050 0	−0.074 1	3 646.975 9		

从实测结果可以看出,梁的总长偏长,钢箱梁长度测量结果与伸缩缝测量结果基本一致,钢梁最大偏长约1.8cm,平均偏长约0.8cm,满足检验评定标准中小于2cm的要求。这与桥面铺装前的钢梁测量成果基本一致。

各点测量结果彼此之间有一定的差别,这是由于测量误差所致,包括测量误差、人为因素等。从坐标位置来看,钢梁向南侧移动了约6cm,这可能与梁段环焊时的长度调整位置有关,在桥面铺装前的测量成果也反映了这一点。

剩余伸缩缝长度测量成果表(单位:m)　　表 7.1-12

伸缩缝实际测量结果							伸缩缝设计	实测值与设计值比较
测量日期:2009 年 4 月 22 日			大气温度:16.4℃		天气:阴		20℃	
测量时间:06:30 至 07:30			风速:5m/s		气压:1 012hPa			
位置	起点	终点	剩余伸缩缝长度测量		伸缩缝总长	备注	伸缩缝总长	实测 - 设计
			实测值	平均值				
北左幅梁端	BL1	BF1	3.245 0	3.243	左幅	伸缩缝温度为 18.6	左幅	左幅
	BL2	BF2	3.240 0					
北右幅梁端	BL3	BF3	3.262 0	3.265	6.818		6.83	-0.012
	BL4	BF4	3.268 0					
南左幅梁端	NL1	NF1	3.574 0	3.575	右幅	伸缩缝温度为 16.1	右幅	右幅
	NL2	NF2	3.575 0					
南右幅梁端	NL3	NF3	3.550 0	3.551	6.816		6.83	-0.014

3)主缆线形控制

主缆线形测量,中跨部分及边跨有索区均测至八分点;边跨无索区测至四分点。为了保证线形的整体性及精度,采用 4 台仪器,4 组人员同时测量。一组人员在 BMP1 点设站,后视 ZLS17 点,测量北边跨主缆线形点;一组人员在 BTP1 设站,后视 NTP1 点,测量中跨偏北边部分的主缆线形点;一组人员在 NTP2 设站,后视 BTP2 点,测量中跨偏南边部分的主缆线形点;一组人员在 JMB10 设站,后视 ZLS15 点,测量南边跨主缆线形点。其中,测量点的平面位置采用极坐标的方式直接测量,高程采用单向三角高程加实时大气折光改正进行观测。主缆线形测量成果见表 7.1-13 和表 7.1-14,主缆线形测量成果分析见表 7.1-15。

主缆线形测量成果表(左幅)　　表 7.1-13

测量日期:2009 年 4 月 22 日					大气温度:12.6℃		天气:阴	
测量时间:22:45 至 2:30					风速:6m/s		气压:998hPa	
位　置		索夹号	索夹倾角(°)	索夹半径(m)	左　幅			
					主缆线形实测(索夹顶面中心)		主缆线形换算(缆中心)	
					X(m)	*H*(m)	*X*(m)	*H*(m)
北边跨	N2	N2	13.103	0.564	1 489.910	56.144	1 490.037	55.595
	N6	N6	14.915	0.534	1 561.981	73.777	1 562.118	73.261
	N10	N10	16.714	0.534	1 633.950	93.941	1 634.103	93.429
	N14	N14	18.496	0.534	1 706.011	116.722	1 706.181	116.215
	N18	N18	20.26	0.534	1 777.978	142.045	1 778.163	141.544
	N22	N22	22.005	0.534	1 849.928	170.010	1 850.128	169.514
	N26	N26	23.728	0.534	1 921.811	200.579	1 922.026	200.090
中跨	10	10	-15.867	0.522	2 185.665	170.651	2 185.522	170.150
	21	21	-11.011	0.522	2 383.798	119.072	2 383.698	118.540
	32	32	-6.088	0.522	2 581.895	86.554	2 581.839	86.036

续上表

测量日期:2009 年 4 月 22 日					大气温度:12.6℃		天气:阴	
测量时间:22:45 至 2:30					风速:6m/s		气压:998hPa	
位 置		索夹号	索夹倾角(°)	索夹半径(m)	左 幅			
					主缆线形实测(索夹顶面中心)		主缆线形换算(缆中心)	
					X(m)	H(m)	X(m)	H(m)
中跨	43	43	-1.128	0.522	2 779.957	73.008	2 779.946	72.487
	54	54	3.839	0.522	2 977.999	78.106	2 978.034	77.586
	65	65	8.783	0.522	3 176.092	101.915	3 176.171	101.399
	76	76	13.673	0.522	3 374.180	144.800	3 374.304	144.293
南边跨	S19	S19	-24.604	0.524	3 764.093	188.930	3 763.875	188.454
	S12	S12	-21.69	0.524	3 890.123	138.041	3 889.930	137.554
	S5	S5	-18.673	0.524	4 016.044	89.613	4 015.876	89.117

主缆线形测量成果表(右幅) 表 7.1-14

测量日期:2009 年 4 月 22 日					大气温度:12.6℃		天气:阴	
测量时间:22:45 至 2:30					风速:6m/s		气压:998hPa	
位 置		索夹号	索夹倾角(°)	索夹半径(m)	右 幅			
					主缆线形实测(索夹顶面中心)		主缆线形换算(缆中心)	
					X(m)	H(m)	X(m)	H(m)
北边跨	N2	N2	13.103	0.564	1 489.931	56.136	1 490.059	55.586
	N6	N6	14.915	0.534	1 561.966	73.753	1 562.104	73.237
	N10	N10	16.714	0.534	1 633.955	93.940	1 634.108	93.428
	N14	N14	18.496	0.534	1 706.028	116.688	1 706.197	116.189
	N18	N18	20.26	0.534	1 777.987	141.996	1 778.172	141.525
	N22	N22	22.005	0.534	1 849.966	169.994	1 850.166	169.499
	N26	N26	23.728	0.534	1 921.831	200.554	1 922.046	200.065
中跨	10	10	-15.867	0.522	2 185.700	170.618	2 185.557	170.136
	21	21	-11.011	0.522	2 383.817	119.043	2 383.717	118.531
	32	32	-6.088	0.522	2 581.897	86.544	2 581.842	86.025
	43	43	-1.128	0.522	2 780.013	72.988	2 780.003	72.467
	54	54	3.839	0.522	2 978.007	78.080	2 978.042	77.560
	65	65	8.783	0.522	3 176.096	101.890	3 176.175	101.375
	76	76	13.673	0.522	3 374.221	144.824	3 374.345	144.318
南边跨	S19	S19	-24.604	0.524	3 764.221	188.867	3 764.003	188.391
	S12	S12	-21.69	0.524	3 890.169	138.013	3 889.975	137.527
	S5	S5	-18.673	0.524	4 016.106	89.552	4 015.933	89.056

主缆线形测量成果分析表(单位:m) 表7.1-15

跨号	索夹号	测量值						计算值		差值	
		左幅		右幅		上下游		左幅	右幅	左幅	右幅
		位置	高程	位置	高程	位置差	高差	高程	高程	差值	差值
北边跨	N2	1 490.037	55.595	1 490.059	55.586	-0.022	0.009	55.666	55.662	-0.071	-0.076
	N6	1 562.118	73.261	1 562.104	73.237	0.015	0.024	73.285	73.280	-0.024	-0.043
	N10	1 634.103	93.429	1 634.108	93.428	-0.005	0.001	93.447	93.442	-0.017	-0.014
	N14	1 706.181	116.215	1 706.197	116.189	-0.016	0.026	116.178	116.173	0.037	0.015
	N18	1 778.163	141.544	1 778.172	141.525	-0.009	0.019	141.506	141.503	0.038	0.022
	N22	1 850.128	169.514	1 850.166	169.499	-0.039	0.016	169.462	169.460	0.052	0.039
	N26	1 922.026	200.090	1 922.046	200.065	-0.020	0.025	200.030	200.029	0.060	0.036
中跨	10	2 185.522	170.150	2 185.557	170.136	-0.035	0.013	170.030	170.027	0.119	0.109
	21	2 383.698	118.540	2 383.717	118.531	-0.019	0.008	118.405	118.397	0.135	0.134
	32	2 581.839	86.036	2 581.842	86.025	-0.003	0.011	85.945	85.934	0.091	0.091
	45	2 779.946	72.487	2 780.003	72.467	-0.057	0.020	72.350	72.338	0.137	0.129
	59	2 978.034	77.586	2 978.042	77.560	-0.008	0.026	77.488	77.477	0.098	0.083
	70	3 176.171	101.399	3 176.175	101.375	-0.004	0.024	101.399	101.390	0.000	-0.016
	81	3 374.304	144.293	3 374.345	144.318	-0.041	-0.024	144.314	144.309	-0.021	0.008
南边跨	S19	3 763.875	188.454	3 764.003	188.391	—	—	188.380	188.378	0.074	0.014
	S12	3 889.930	137.554	3 889.975	137.527	—	—	137.514	137.509	0.041	0.018
	S5	4 015.876	89.117	4 015.938	89.056	—	—	89.066	89.062	0.052	-0.006

从表7.1-15可以看出:主缆的高程测量值与计算值的最大差值约13.7cm,这与表7.1-16的主梁线形一致;上下游实测高差最大约2.6cm,满足简评标准中小于4cm的要求。

4)加劲梁线形控制

本次加劲梁线形测量,测量每个吊点处上下游桥面设计高程位置对应处的高程。由于桥面铺装后,前期在梁面作的点已经被遮盖,因此此次工作开展前先标示出设计点位(距桥轴线3.5m的位置)。该项目测量采用三台水准仪、三组人员同时进行测量。北边跨一组人员,测量北边跨上下游吊点处设计高程位置点,并联测BMS1和BTS1点构成闭合水准路线;北中跨一组人员,测量北中跨上下游吊点处设计高程位置点,并联测BTS1点构成闭合水准路线;南中跨一组人员,测量南中跨上下游吊点处设计高程位置点,并联测NTS1点构成闭合水准路线。加劲梁线形测量成果见表7.1-16,加劲梁实测线形、计算线形见图7.1-27。

从表7.1-16的数据比较可见,在桥面铺装完成后,桥面测量高程与监控计算的高程完全一致,监控与实测高程比较接近,数据变化规律性较好,北边跨稍低,中跨1/4附近稍高。实测高程结果与计算结果绝对差值为-83~139mm,左幅桥面高程实测值与计算值均方根误差为68mm,右幅为63mm,绝对差值跨度比为1 650/0.14 =1/11 400,远小于西堠门国家科技支撑课题五中高程容许误差1/5 000的要求;从本次测量结果看来,与其他桥比较,本桥桥面高程的控制精度相当高(厦门海沧大桥:跨度648m,误差:-38~59mm;韩国永宗大桥:跨度300m,误差:167mm);桥面纵坡平顺,左幅实测纵坡与计算纵坡差值的均方误差为 0.062%,右幅为 0.060%,与计算纵坡绝对差值在 -0.16% ~0.18% 范围内,满足检评标准中容许 ±0.2% 的要求(取检评标准中伸缩缝安装纵坡的要求)。

从图 7.1-27 可见,监控线形与实测线形完全一致,结构的线形精度控制非常好,彼此间无明显差异,这说明全桥的监控是成功的,精度是非常高的。图 7.1-27 的结果说明结构曲线设计、监控与实测三者非常一致,桥面达到了平顺、美观的效果。

加劲梁测量线形结果与分析 表 7.1-16

测试值(2009 年 4 月 17 日 5:00 ~7:00)						计 算 值			误 差			
大气温度:12℃		风速:6m/s		气压:1 001hPa	天气:阴	温度修正 12℃			高程误差 (m)		纵坡误差 (%)	
位置	梁号	左幅高程 (m)	纵坡 (%)	右幅高程 (m)	纵坡 (%)	纵向位置 (m)	高程 (m)	纵坡 (%)	左幅	右幅	左幅	右幅
北侧梁端	17	43.312	—	43.311	—	—	—	—	—	—	—	—
北边跨	20	44.452	2.45	44.453	2.45	790.571	44.490	—	-0.038	-0.037	—	—
	21	44.896	2.46	44.896	2.46	808.573	44.946	2.531	-0.050	-0.050	-0.071	-0.071
	22	45.350	2.52	45.342	2.48	826.575	45.401	2.528	-0.051	-0.059	-0.008	-0.048
	23	45.796	2.48	45.786	2.46	844.578	45.855	2.526	-0.059	-0.069	-0.046	-0.066
	24	46.239	2.46	46.230	2.47	862.580	46.310	2.523	-0.071	-0.080	-0.063	-0.053
	25	46.682	2.46	46.681	2.45	880.582	46.764	2.521	-0.082	-0.083	-0.061	-0.071
	26	47.144	2.57	47.140	2.55	898.585	47.217	2.519	-0.073	-0.077	0.051	0.031
	27	47.600	2.53	47.591	2.56	916.587	47.670	2.516	-0.070	-0.079	0.014	0.044
	28	48.049	2.49	48.041	2.50	934.590	48.122	2.514	-0.073	-0.081	-0.024	-0.014
	29	48.495	2.48	48.496	2.47	952.592	48.574	2.511	-0.079	-0.078	-0.031	-0.041
	30	48.958	2.57	48.943	2.54	970.594	49.026	2.508	-0.068	-0.083	0.062	0.032
	31	49.404	2.48	49.409	2.59	988.597	49.477	2.506	-0.073	-0.068	-0.026	0.084
	32	49.851	2.48	49.846	2.43	1 006.599	49.928	2.503	-0.077	-0.082	-0.023	-0.073
	33	50.319	2.60	50.312	2.59	1 024.601	50.378	2.501	-0.059	-0.066	0.099	0.089
	34	50.781	2.57	50.773	2.56	1 042.604	50.828	2.498	-0.047	-0.055	0.072	0.062
	35	51.229	2.48	51.220	2.48	1 060.606	51.277	2.496	-0.048	-0.057	-0.016	-0.016
	36	51.684	2.53	51.672	2.51	1 078.609	51.726	2.493	-0.042	-0.054	0.037	0.017
	37	52.125	2.45	52.109	2.43	1 096.611	52.174	2.490	-0.049	-0.065	-0.040	-0.060
	38	52.562	2.43	52.551	2.46	1 114.613	52.622	2.488	-0.060	-0.071	-0.058	-0.028
	39	53.000	2.43	52.988	2.43	1 132.616	53.069	2.485	-0.069	-0.081	-0.055	-0.055
	40	53.460	2.55	53.444	2.54	1 150.618	53.516	2.482	-0.056	-0.072	0.068	0.058
	41	53.920	2.56	53.906	2.57	1 168.620	53.963	2.480	-0.043	-0.057	0.080	0.090
	42	54.370	2.50	54.357	2.50	1 186.623	54.409	2.477	-0.039	-0.052	0.023	0.023
	43	54.806	2.42	54.789	2.40	1 204.625	54.854	2.475	-0.048	-0.065	-0.055	-0.075

续上表

测试值(2009 年 4 月 17 日 5:00 ~7:00)								计 算 值			误 差		
大气温度:12℃		风速:6m/s		气压:1 001hPa	天气:阴		温度修正 12℃			高程误差(m)		纵坡误差(%)	
位置	梁号	左幅高程(m)	纵坡(%)	右幅高程(m)	纵坡(%)		纵向位置(m)	高程(m)	纵坡(%)	左幅	右幅	左幅	右幅
北边跨	50	55.250	2.47	55.227	2.44		1 222.587	55.299	2.474	-0.049	-0.072	-0.004	-0.034
	49	55.668	2.32	55.661	2.36		1 240.549	55.743	2.475	-0.075	-0.0082	-0.155	-0.115
	48	56.123	2.42	56.113	2.45		1 258.551	56.190	2.480	-0.067	-0.077	-0.060	-0.030
	47	56.578	2.64	56.567	2.63		1 276.553	56.638	2.489	-0.060	-0.071	0.151	0.141
	46	57.031	2.52	57.023	2.54		1 294.556	57.088	2.502	-0.057	-0.065	0.018	0.038
北塔区	44	57.628	2.41	57.626	2.43		1 318.558	57.695	2.525	-0.067	-0.069	-0.115	-0.095
中跨北	46	58.228	2.42	58.224	2.41		1 342.575	58.296	2.506	-0.068	-0.072	-0.086	-0.096
	47	58.673	2.47	58.676	2.51		1 360.580	58.740	2.466	-0.067	-0.064	0.004	0.044
	48	59.131	2.55	59.132	2.53		1 378.585	59.177	2.425	-0.046	-0.045	0.125	0.105
	49	59.584	2.52	59.593	2.56		1 396.590	59.606	2.380	-0.022	-0.013	0.140	0.180
	51	60.016	2.40	60.009	2.31		1 414.426	60.021	2.331	-0.005	-0.012	0.069	-0.021
	43	60.442	2.37	60.427	2.33		1 432.262	60.428	2.278	0.014	-0.001	0.092	0.052
	42	60.854	2.29	60.842	2.30		1 450.268	60.828	2.223	0.026	0.014	0.067	0.077
	41	61.256	2.23	61.242	2.22		1 468.274	61.218	2.168	0.038	0.024	0.062	0.052
	40	61.632	2.09	61.624	2.12		1 486.280	61.598	2.111	0.034	0.026	-0.021	0.009
	39	61.999	2.04	61.991	2.04		1 504.286	61.968	2.054	0.031	0.023	-0.014	-0.014
	38	62.374	2.08	62.363	2.07		1 522.293	62.328	1.998	0.046	0.035	0.082	0.072
	37	62.722	1.94	62.712	1.94		1 540.299	62.677	1.941	0.045	0.035	-0.001	-0.001
	36	63.061	1.88	63.057	1.92		1 558.306	63.017	1.884	0.044	0.040	-0.004	0.036
	35	63.399	1.88	63.379	1.79		1 576.313	63.346	1.828	0.053	0.033	0.052	-0.038
	34	63.714	1.75	63.695	1.76		1 594.320	63.665	1.771	0.049	0.030	-0.021	-0.011
	33	64.041	1.82	64.027	1.84		1 612.328	63.973	1.714	0.068	0.054	0.106	0.126
	32	64.366	1.80	64.353	1.81		1 630.335	64.272	1.658	0.094	0.081	0.142	0.152
	31	64.661	1.64	64.650	1.65		1 648.343	64.560	1.601	0.101	0.090	0.039	0.049
	30	64.951	1.60	64.942	1.62		1 666.351	64.838	1.544	0.113	0.104	0.056	0.076
	29	65.223	1.51	65.205	1.46		1 684.359	65.106	1.487	0.117	0.099	0.023	-0.027
	28	65.487	1.47	65.464	1.44		1 702.367	65.364	1.431	0.123	0.100	0.039	0.009
	27	65.728	1.34	65.706	1.34		1 720.375	65.611	1.374	0.117	0.095	-0.034	-0.034
	26	65.965	1.32	65.939	1.30		1 738.384	65.848	1.317	0.117	0.091	0.003	-0.017
	25	66.208	1.35	66.183	1.35		1 756.392	66.075	1.260	0.133	0.108	0.090	0.090
	24	66.430	1.23	66.403	1.23		1 774.401	66.292	1.204	0.138	0.111	0.026	0.026

续上表

测试值(2009 年 4 月 17 日 5:00 ~ 7:00)							计　算　值		误　差			
大气温度:12℃		风速:6m/s		气压:1 001hPa	天气:阴	温度修正 12℃			高程误差 (m)		纵坡误差 (%)	
位置	梁号	左幅高程 (m)	纵坡 (%)	右幅高程 (m)	纵坡 (%)	纵向位置 (m)	高程 (m)	纵坡 (%)	左幅	右幅	左幅	右幅
中跨北	23	66.629	1.11	66.610	1.14	1 792.409	66.499	1.147	0.130	0.111	-0.037	-0.007
	22	66.818	1.05	66.796	1.04	1 810.418	66.695	1.090	0.123	0.101	-0.040	-0.050
	21	67.000	1.01	66.983	1.04	1 828.427	66.881	1.033	0.119	0.102	-0.023	0.007
	20	67.182	1.01	67.157	0.96	1 846.436	67.057	0.976	0.125	0.100	0.034	-0.016
	16	67.348	0.92	67.323	0.92	1 864.445	67.222	0.919	0.126	0.101	0.001	0.001
	15	67.508	0.89	67.479	0.87	1 882.455	67.378	0.863	0.130	0.101	0.027	0.007
	14	67.661	0.85	67.630	0.84	1 900.464	67.523	0.806	0.138	0.107	0.044	0.034
	13	67.795	0.74	67.766	0.76	1 918.473	67.658	0.749	0.137	0.108	-0.009	0.011
	12	67.919	0.69	67.890	0.69	1 936.483	67.782	0.692	0.137	0.108	-0.002	-0.002
	11	68.030	0.61	68.005	0.64	1 954.492	67.897	0.635	0.133	0.108	-0.025	0.005
	10	68.126	0.54	68.098	0.52	1 972.502	68.001	0.578	0.125	0.097	-0.038	-0.058
	9	68.209	0.46	68.193	0.52	1 990.511	68.095	0.521	0.114	0.098	-0.061	-0.001
	8	68.289	0.44	68.274	0.45	2 008.521	68.178	0.464	0.111	0.096	-0.024	-0.014
	7	68.367	0.44	68.352	0.44	2 026.530	68.252	0.407	0.115	0.100	0.033	0.033
	6	68.407	0.22	68.395	0.23	2 044.540	68.315	0.350	0.092	0.080	-0.1030	-0.120
	5	68.456	0.27	68.439	0.25	2 062.550	68.367	0.293	0.089	0.072	-0.023	-0.043
	4	68.495	0.22	68.473	0.19	2 080.560	68.410	0.236	0.085	0.063	-0.016	-0.046
	3	68.521	0.15	68.506	0.19	2 098.569	68.442	0.179	0.079	0.064	-0.029	0.011
	2	68.556	0.19	68.534	0.16	2 116.579	68.464	0.122	0.092	0.070	0.068	0.038
	1	68.549	-0.04	68.526	-0.05	2 134.589	68.476	0.065	0.073	0.050	-0.105	-0.115
中跨南	2	68.536	-0.07	68.518	-0.04	2 152.599	68.477	0.007	0.059	0.041	-0.077	-0.047
	3	68.515	-0.12	68.499	-0.11	2 170.609	68.468	-0.050	0.047	0.031	-0.070	-0.060
	4	68.497	-0.10	68.478	-0.11	2 188.618	68.449	-0.107	0.048	0.029	0.007	-0.003
	5	68.469	-0.16	68.455	-0.13	2 206.628	68.419	-0.165	0.050	0.036	0.005	0.035
	6	68.428	-0.23	68.408	-0.26	2 224.638	68.379	-0.222	0.049	0.029	-0.008	-0.038
	7	68.368	-0.33	68.359	-0.27	2 242.648	68.329	-0.280	0.039	0.030	-0.050	0.010
	8	68.314	-0.30	68.314	-0.25	2 260.657	68.268	-0.337	0.046	0.046	0.037	0.087
	9	68.260	-0.30	68.244	-0.39	2 278.667	68.197	-0.395	0.063	0.047	0.095	0.005
	10	68.184	-0.42	68.156	-0.49	2 296.677	68.115	-0.453	0.069	0.041	0.033	-0.037
	11	68.063	-0.67	68.047	-0.60	2 314.686	68.023	-0.510	0.040	0.024	-0.160	-0.090
	12	67.967	-0.53	67.941	-0.59	2 332.696	67.921	-0.568	0.046	0.020	0.038	-0.022

续上表

测试值(2009 年 4 月 17 日 5:00～7:00)						计 算 值			误 差			
大气温度:12℃		风速:6m/s		气压:1 001hPa	天气:阴	温度修正 12℃			高程误差(m)		纵坡误差(%)	
位置	梁号	左幅高程(m)	纵坡(%)	右幅高程(m)	纵坡(%)	纵向位置(m)	高程(m)	纵坡(%)	左幅	右幅	左幅	右幅
中跨南	13	67.854	-0.63	67.827	-0.63	2 350.705	67.808	-0.625	0.046	0.019	-0.005	-0.005
	14	67.727	-0.70	67.713	-0.64	2 368.715	67.685	-0.683	0.042	0.028	-0.017	0.043
	15	67.589	-0.77	67.577	-0.75	2 386.724	67.552	-0.741	0.037	0.025	-0.029	-0.009
	16	67.427	-0.90	67.418	-0.88	2 404.733	67.408	-0.798	0.019	0.010	-0.102	-0.082
	20	67.272	-0.86	67.266	-0.85	2 422.742	67.254	-0.856	0.018	0.012	-0.004	0.006
	21	67.122	-0.83	67.101	-0.92	2 440.752	67.090	-0.913	0.032	0.011	0.083	-0.007
	22	66.950	-0.96	66.922	-0.99	2 458.761	66.915	-0.971	0.035	0.007	0.011	-0.019
	23	66.768	-1.01	66.756	-0.92	2 476.770	66.730	-1.028	0.038	0.026	0.018	1.008
	24	66.572	-1.09	66.552	-1.13	2 494.778	66.534	-1.086	0.038	0.018	-0.004	-0.044
	25	66.360	-1.18	66.338	-1.19	2 512.787	66.328	-1.144	0.032	0.010	-0.036	-0.046
	26	66.145	-1.19	66.122	-1.20	2 530.796	66.112	-1.201	0.033	0.010	0.011	0.001
	27	65.929	-1.20	65.913	-1.16	2 548.804	65.885	-1.259	0.044	0.028	0.059	0.099
	28	65.685	-1.35	65.686	-1.26	2 566.813	65.648	-1.316	0.037	0.038	-0.034	0.056
	29	65.427	-1.44	65.434	-1.40	2 584.821	65.401	-1.374	0.026	0.033	-0.066	-0.026
	30	65.175	-1.40	65.181	-1.41	2 602.829	65.143	-1.431	0.032	0.038	0.031	0.021
	31	64.903	-1.51	64.910	-1.51	2 620.837	64.875	-1.489	0.028	0.035	-0.021	-0.021
	32	64.611	-1.62	64.603	-1.71	2 638.845	64.596	-1.546	0.015	0.007	-0.074	-1.064
	33	64.314	-1.65	64.298	-1.69	2 656.852	64.308	-1.603	0.006	-0.010	-0.047	-0.087
	34	63.993	-1.79	63.991	-1.71	2 674.860	64.009	-1.661	-0.016	-0.018	-0.129	-0.049
	35	63.683	-1.72	63.675	-1.75	2 692.867	63.699	-1.718	-0.016	-0.024	-0.002	-0.032
	36	63.370	-1.74	63.371	-1.69	2 710.875	63.379	-1.776	-0.009	-0.008	0.036	0.086
	37	63.033	-1.87	63.028	-1.90	2 728.882	63.049	-1.833	-0.016	-0.021	-0.037	-0.067
	38	62.692	-1.89	62.687	-1.90	2 746.889	62.709	-1.890	-0.017	-0.022	0.000	-0.010
	39	62.357	-1.86	62.352	-1.86	2 764.895	62.358	-1.948	-0.001	-0.006	0.088	0.088
	40	61.983	-2.08	61.982	-2.05	2 782.902	61.997	-2.005	-0.014	-0.015	-0.075	-0.045
	41	61.595	-2.16	61.593	-2.16	2 800.908	61.626	-2.062	-0.031	-0.033	-0.098	-0.098
	42	61.209	-2.14	61.214	-2.11	2 818.914	61.244	-2.119	-0.035	-0.030	-0.021	0.009
	43	60.844	-2.13	60.839	-2.18	2 836.920	60.853	-2.177	-0.009	-0.014	0.047	-0.003
	52	60.446	-2.21	60.438	-2.22	2 854.766	60.454	-2.234	-0.008	-0.016	0.024	0.014
	49	60.016	-2.39	60.020	-2.32	2 872.613	60.045	-2.291	-0.029	-0.025	-0.099	-0.029
	48	59.598	-2.32	59.597	-2.35	2 890.618	59.622	-2.349	-0.024	-0.025	0.029	-0.001

续上表

测试值(2009年4月17日5:00～7:00)							计　算　值			误　差			
大气温度:12℃		风速:6m/s		气压:1 001hPa		天气:阴	温度修正 12℃			高程误差(m)		纵坡误差(%)	
位置	梁号	左幅高程(m)	纵坡(%)	右幅高程(m)	纵坡(%)		纵向位置(m)	高程(m)	纵坡(%)	左幅	右幅	左幅	右幅
中跨南	47	59.157	-2.45	59.151	-2.48		2 908.623	59.189	-2.407	-0.032	-0.038	-0.043	-0.073
	46	58.699	-2.55	58.696	-2.53		2 926.628	58.745	-2.466	-0.046	-0.049	-0.084	-0.064
	45	58.240	-2.55	58.241	-2.53		2 944.632	58.290	-2.525	-0.050	-0.049	-0.025	-0.005
	44	57.727	-2.35	57.728	-2.35		—	—	—	—	—	—	—

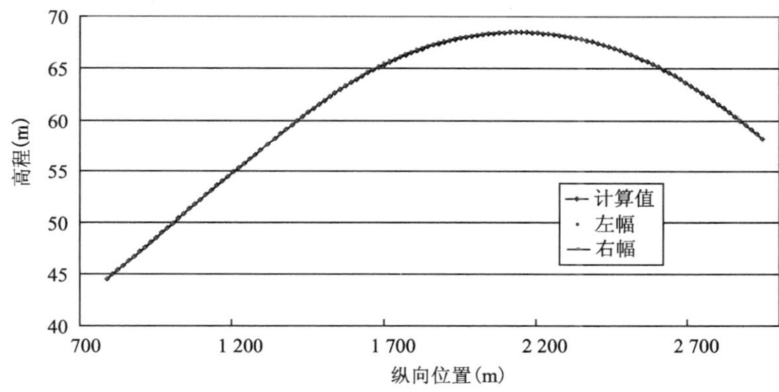

图7.1-27　桥面铺装前吊点实测线形与计算线形

5)加劲梁横坡控制

加劲梁横坡测量,边跨测量至四分点,中跨测量至八分点,加上南北两梁端处断面和北塔区断面,共计测量十七个断面的横坡,每个断面布设有四个点,点布设在车道路缘石内侧边缘如图7.1-28所示。通过测量点 a_1 与 a_2 和 a_3 与 a_4 之间的高差,计算出左、右两车道在此断面处的横坡值。钢箱梁横坡测量成果见表7.1-17。

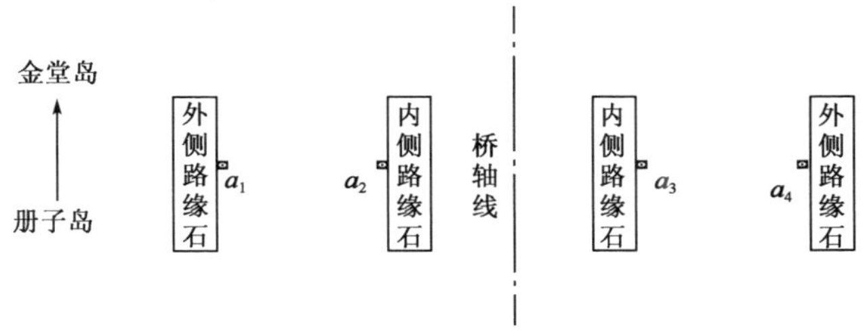

图7.1-28　横断面测量点位布置示意图

从表7.1-17可以看出,桥面横坡为-1.77%～2.12%,横坡误差为-0.24%～0.12%,满足检评标准中容许值小于±0.3%的要求。

加劲梁横坡测量成果表 表 7.1-17

测量日期:2009 年 4 月 21 日		大气温度:18℃			天气:阴	
测量时间:17:00 ~ 19:00		风速:2m/s			气压:990hPa	
序号	位置	左幅			右幅		
		高差(m)	横坡(%)	误差(%)	高差(m)	横坡(%)	误差(%)
1	北边跨梁端	0.194 2	1.85	-0.15	0.184 5	1.76	-0.24
2	北边跨 1/8	0.202 9	1.93	-0.07	0.203 2	1.94	-0.06
3	北边跨 2/8	0.203 7	1.94	-0.06	0.210 6	2.01	0.01
4	北边跨 3/8	0.193 6	1.84	-0.16	0.211 8	2.02	0.02
5	北边跨 4/8	0.185 6	1.77	-0.23	0.208 8	1.99	-0.01
6	北边跨 5/8	0.191 3	1.82	-0.18	0.207 7	1.98	-0.02
7	北边跨 6/8	0.189 7	1.81	-0.19	0.205 5	1.96	-0.04
8	北边跨 7/8	0.202 1	1.92	-0.08	0.204 6	1.95	-0.05
9	北塔中	0.201 4	1.92	-0.08	0.222 6	2.12	0.12
10	中跨 1/8	0.186 8	1.78	-0.22	0.207 1	1.97	-0.03
11	中跨 2/8	0.189 0	1.80	-0.20	0.218 3	2.08	0.08
12	中跨 3/8	0.187 1	1.78	-0.22	0.221 3	2.11	0.11
13	中跨 4/8	0.187 6	1.79	-0.21	0.218 4	2.08	0.08
14	中跨 5/8	0.185 6	1.77	-0.23	0.219 4	2.09	0.09
15	中跨 6/8	0.193 2	1.84	-0.16	0.214 1	2.04	0.04
16	中跨 7/8	0.196 5	1.87	-0.13	0.197 3	1.88	-0.12
17	南塔梁端	0.200 1	1.91	-0.09	0.200 5	1.91	-0.09

6)桥塔偏位控制

桥塔的偏位测量结果见表 7.1-18,结果表明北塔的偏位约 6cm,南塔的偏位为约 3cm,均向边跨侧偏。引起桥塔偏位的原因是温度变化,由于测量时的温度为 11.6℃,低于设计温度 20℃,致使桥塔向边跨侧偏移。

主塔偏位测量成果表 表 7.1-18

测量日期:2009 年 4 月 23 日			大气温度:12.6℃	天气:阴
测量时间:00:20 ~ 02:35			风速:6m/s	气压:998hPa
点号	初始塔偏(m)	本次实测(m)	偏位(mm)	备注
BTP1	1 995.861 3	1 995.801	-60.3	北塔左幅外侧
BTP4	1 995.874 4	1 995.808	-66.4	北塔右幅外侧
NTP2	3 652.503 8	3 652.533 2	29.4	南塔右幅内侧
NTP3	3 652.411 6	3 652.432 4	20.8	南塔左幅内侧

计算结果表明:当体系温度变化约 8℃时,桥塔偏位约 43mm,中跨跨径变化约 86mm,实测中跨跨径变化为 87.2 ~ 89.7mm,与计算值较吻合。实测北塔与南塔偏位有一定的差别,这主要是由于实际纵向温度场并非均匀,由于该桥较长,南北温度可能相差 2 ~ 3℃;此外,桥塔塔身混凝土温度场也不均匀,导致桥塔在自身非均匀温度场作用下发生偏位。

7)桥塔中心坐标控制

桥塔顶中心点即塔柱相对应的格栅中心，主索鞍中心与塔顶纵向相对位置关系，即为主索鞍接缝处与格栅中心的纵向距离。主索鞍接缝处与格栅中心的纵向相对位置可以通过直接量取格栅中心预留标志与主鞍座接缝处的距离得到；由于现阶段桥塔顶部主鞍座已经完全将格栅遮挡住，因此直接测量桥塔顶中心点的坐标是不现实的，所以本次采用间接测量的方法测量桥塔顶中心点的坐标，如图7.1-29所示。可以以主鞍座接缝处为标志，测量接缝处点 a 的坐标，并结合其与格栅中心 O'点的相对位置关系，换算出格栅中心 O'点的坐标值。主索鞍中心与塔顶纵向相对位置测量、桥塔顶中心坐标测量及计算成果见表7.1-19。从表7.1-19可以看出，北塔偏位约6.6cm，南塔偏位约3.8cm，与表7.1-18基本一致。

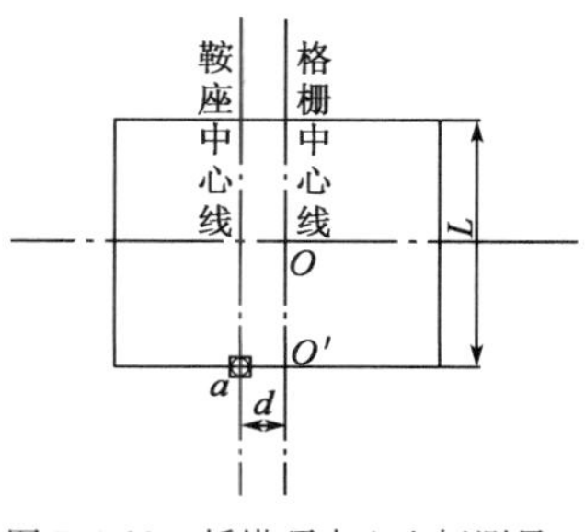

图7.1-29　桥塔顶中心坐标测量方法示意图

桥塔顶中心坐标成果表　　表7.1-19

测量日期:2009年4月21日			大气温度:11.7℃		天气:阴	
测量时间:23:30			风速:6m/s		气压:998hP	
位置	鞍座接缝处 a 点测量		纵向相对位置 d 测量(m)	横向相对位置 l 测量(m)	格栅中心 O 点计算	
	X(m)	Y(m)			X(m)	Y(m)
北塔左	1 999.926 4	−14.095 6	0.009	3.202	1 999.935 4	−15.695 6
北塔右	1 999.927 6	14.091 2	0.005	3.200	1 999.932 6	15.691 2
南塔左	3 650.042 4	−14.091 8	−0.010	3.200	3 650.032 4	−15.691 8
南塔右	3 650.054 3	14.094 6	−0.011	3.201	3 650.043 3	15.694 6

8)跨径控制

鉴于目前桥塔顶部主鞍座已经完全将格栅遮挡住，锚碇处散索鞍完全被顶板覆盖，直接测量跨径很难实现，本次跨径测量，通过测量主鞍座接缝处标志为参考点坐标进行推算。如图7.1-30所示，中跨跨径利用南北两塔测量出的主索鞍格栅中心坐标数据进行计算从而得出中跨跨径的当前数值；在北锚左右主缆出锚口顶面各布设一个点，在南锚左右主缆出锚口顶面也各布设一个点，边跨跨径通过测量这些点的坐标与主索鞍格栅中心坐标进行计算(此处计算的边跨跨径并非理论意义上的边跨跨径，必须加入参考点与散索鞍格栅中心的相对位置关系进行修正)。参考点坐标测量与跨径计算结果见表7.1-20。

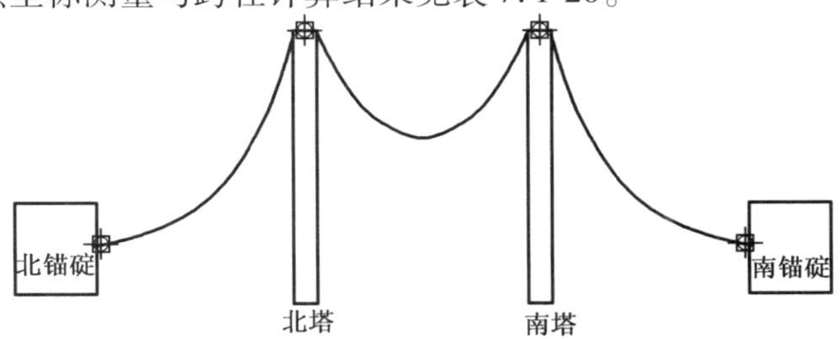

图7.1-30　跨径测量点位示意图

跨径参考点实测坐标及跨径计算结果表(单位:m)　　表 7.1-20

测量日期:2009 年 4 月 21 日			大气温度:11.2℃				天气:阴
测量时间:23:30			风速:6m/s				气压:998hPa
点号	坐标 X	坐标 Y	跨径计算				备　注
			边跨跨径计算		中跨跨径计算		
			计算值	平均值	计算值	平均值	
BZM	1 427.449 1	-15.716 9	572.486 3	572.486 6	1 650.097 0	1 650.103 9	北锚碇左幅散索鞍出口点
BZF	1 999.935 4	-15.695 6					北塔左幅主索鞍格栅中心
BYF	1 999.932 6	15.691 2	572.486 8				北塔右幅主索鞍格栅中心
BYM	1 427.445 8	15.687 9					北锚碇右幅散索鞍出口点
NZM	4 131.012 4	-15.707 5	480.980 0	480.984 7	1 650.110 7		南锚碇左幅散索鞍出口点
NZF	3 650.032 4	-15.691 8					南塔左幅主索鞍格栅中心
NYF	3 650.043 3	15.694 6	480.989 3				南塔右幅主索鞍格栅中心
NYM	4 131.032 6	15.711 9					南锚碇右幅散索鞍出口点

注:表中跨径已换算到 67m 高程面。

跨径测量、桥塔中心坐标测量和桥塔偏位测量均是为了测量桥塔变位状态的情况,从表 7.1-20 的测量结果表明,中跨跨度增大约 10.77cm,与表 7.1-16、表 7.1-17 测量结果是一致的。由于温度的影响(计算时采用全桥均匀体系温度变化),导致北塔偏位 4.95cm,南塔偏位 4.8cm,均向边跨侧偏移,扣除温度的影响,各跨跨径与设计跨径吻合,结果见表 7.1-21。

跨径测量结果(单位:m)　　表 7.1-21

跨　号	中　跨		北　边　跨		南　边　跨	
	左幅	右幅	左幅	右幅	左幅	右幅
扣除温度的测量值	1 649.999 5	1 650.013 2	577.985 1	577.983 8	485.015 6	485.006 7
设计值	1 650		578		485	
误差	0.000 5	0.013 2	-0.014 9	-0.016 2	0.015 6	0.006 7

由于体系非均匀温度和截面非均匀温度的影响,导致南北桥塔偏位有所差异,但计算时未对此进行反应,故表 7.1-19 的结果与真实的误差相比是偏大的。本次测量结果表明,各跨跨径误差均小于 2cm。

9)吊索力控制

表 7.1-22 为全桥吊索力测量计算结果(仅计算吊索长度大于 20m 的吊索)。由于制造、施工、安装等误差的影响,每根吊索力实际上不能完全达到设计的理论值。

从测量结果表可知,一个吊点索力测量值与设计值的绝对误差为 -64kN ~ 66kN,相对误差约为 ±4%。可见,吊索力实测值与设计值吻合较好,吊索力分布均匀,达到了监控要求;吊索单股测量值与设计值的绝对误差为 -35kN ~ 34kN,相对误差为 -8.7% ~ 8%,同一位置的四股之间也存在着差值,误差也为 4%。

吊索索力测试结果 表7.1-22

吊索号		左幅						右幅					
吊点	吊索各肢	测试值 频率(Hz)	测试值 索力(kN)	设计值 索力(kN)	误差 绝对(kN)	误差 相对(%)	总索力差(kN)	测试值 频率(Hz)	测试值 索力(kN)	设计值 索力(kN)	误差 绝对(kN)	误差 相对(%)	总索力差(kN)
N5	1	4.086	404.9	394.9	10.0	2.53	35.3	4.13	413.5	394.9	18.6	4.7	66.0
	2	4.106	409.0	394.9	14.1	3.56		4.13	413.5	394.9	18.6	4.7	
	3	4.068	404.0	394.9	9.1	2.31		4.09	409.2	394.9	14.4	3.6	
	4	4.033	397.1	394.9	2.2	0.55		4.09	409.2	394.9	14.4	3.6	
N6	1	3.406	407.1	396.5	10.6	2.68	53.0	3.35	394.1	396.5	-2.4	-0.6	44.7
	2	3.409	407.8	396.5	11.3	2.86		3.37	397.6	396.5	1.1	0.3	
	3	3.420	412.8	396.5	16.3	4.12		3.44	418.7	396.5	22.2	5.6	
	4	3.413	411.3	396.5	14.8	3.72		3.45	420.4	396.5	23.9	6.0	
N7	1	2.862	396.9	396.8	0.2	0.05	42.5	2.81	383.4	396.8	-13.3	-3.4	-51.5
	2	2.853	394.6	396.8	-2.2	-0.55		2.80	379.9	396.8	-16.8	-4.2	
	3	2.934	419.4	396.8	22.7	5.72		2.82	386.8	396.8	-10.0	-2.5	
	4	2.931	418.6	396.8	21.8	5.50		2.81	385.4	396.8	-11.4	-2.9	
N8	1	2.544	418.2	397.7	20.5	5.16	38.9	2.53	412.1	397.7	14.4	3.6	-3.8
	2	2.546	418.9	397.7	21.2	5.33		2.52	410.5	397.7	12.8	3.2	
	3	2.464	394.1	397.7	-3.6	-0.90		2.41	377.1	397.7	-20.6	-5.2	
	4	2.478	398.4	397.7	0.8	0.19		2.44	387.2	397.7	-10.5	-2.6	
N23	1	0.686	390.5	400.9	-10.4	-2.60	-41.8	0.69	395.6	400.9	-5.3	-1.3	-36.4
	2	0.682	385.9	400.9	-15.0	-3.73		0.67	376.4	400.9	-24.5	-6.1	
	3	0.689	394.7	400.9	-6.2	-1.55		0.69	399.9	400.9	-1.0	-0.3	
	4	0.685	390.7	400.9	-10.2	-2.55		0.69	395.3	400.9	-5.6	-1.4	
N24	1	0.653	396.8	398.0	-1.3	-0.32	-51.7	0.66	401.0	398.0	3.0	0.8	18.4
	2	0.647	390.1	398.0	-7.9	-1.99		0.66	403.5	398.0	5.4	1.4	
	3	0.634	375.3	398.0	-22.8	-5.72		0.66	403.0	398.0	5.0	1.3	
	4	0.637	378.2	398.0	-19.8	-4.97		0.66	403.0	398.0	5.0	1.3	
N25	1	0.630	412.5	391.9	20.6	5.26	38.4	0.61	388.6	391.9	-3.3	-0.8	10.1
	2	0.624	405.3	391.9	13.4	3.43		0.61	389.9	391.9	-2.0	-0.5	
	3	0.617	397.0	391.9	5.1	1.30		0.62	400.8	391.9	9.0	2.3	
	4	0.613	391.2	391.9	-0.7	-0.17		0.62	398.3	391.9	6.4	1.6	
N26	1	0.582	392.4	387.8	4.6	1.19	23.6	0.59	397.8	387.8	10.0	2.6	33.5
	2	0.599	415.0	387.8	27.2	7.01		0.60	410.1	387.8	22.3	5.8	
	3	0.573	380.4	387.8	-7.4	-1.92		0.58	389.1	387.8	1.3	0.3	
	4	0.578	387.1	387.8	-0.8	-0.19		0.58	387.7	387.8	-0.1	0.0	

续上表

吊索号		左幅						右幅					
吊点	吊索各肢	测试值		设计值	误差		总索力差（kN）	测试值		设计值	误差		总索力差（kN）
		频率（Hz）	索力（kN）	索力（kN）	绝对（kN）	相对（%）		频率（Hz）	索力（kN）	索力（kN）	绝对（kN）	相对（%）	
N27	1	0.557	398.8	382.6	16.3	4.26	45.9	0.56	396.0	382.6	13.4	3.5	18.5
	2	0.559	401.7	382.6	19.2	5.01		0.56	403.2	382.6	20.6	5.4	
	3	0.545	381.8	382.6	-0.8	-0.20		0.54	375.5	382.6	-7.1	-1.8	
	4	0.553	393.8	382.6	11.2	2.94		0.54	374.1	382.6	-8.4	-2.2	
N28	1	0.414	531.8	537.2	-5.4	-1.01	37.1	0.42	555.2	537.2	17.9	3.3	52.7
	2	0.419	544.7	537.2	7.5	1.39		0.42	552.6	537.2	15.3	2.9	
	3	0.424	557.4	537.2	20.2	3.76		0.42	548.2	537.2	11.0	2.0	
	4	0.422	552.2	537.2	14.9	2.78		0.42	545.6	537.2	8.4	1.6	
N29	1	0.547	1 022.8	1 017.3	5.5	0.54	-11.7	0.55	1 024.6	1 017.3	7.4	0.7	48.1
	2	0.549	1 032.1	1 017.3	14.9	1.46		0.54	1 006.0	1 017.3	-11.3	-1.1	
	3	0.545	1 016.9	1 017.3	-0.3	-0.03		0.55	1 048.9	1 017.3	31.7	3.1	
	4	0.536	985.4	1 017.3	-31.8	-3.13		0.55	1 037.6	1 017.3	20.3	2.0	
1	1	0.546	1 031.6	1 016.8	14.9	1.46	54.5	0.55	1 031.6	1 016.8	14.8	1.5	-3.9
	2	0.540	1 009.1	1 016.8	-7.7	-0.76		0.54	1 020.3	1 016.8	3.5	0.3	
	3	0.548	1 035.7	1 016.8	19.0	1.86		0.54	1 003.8	1 016.8	-13.0	-1.3	
	4	0.550	1 045.2	1 016.8	28.4	2.80		0.54	1 007.5	1 016.8	-9.2	-0.9	
2	1	0.419	554.6	536.9	17.6	3.29	58.3	0.41	528.4	536.9	-8.5	-1.6	-7.1
	2	0.414	541.4	536.9	4.5	0.84		0.41	528.4	536.9	-8.5	-1.6	
	3	0.419	553.7	536.9	16.8	3.13		0.42	548.4	536.9	11.5	2.1	
	4	0.420	556.4	536.9	19.4	3.62		0.41	535.4	536.9	-1.6	-0.3	
3	1	0.537	380.5	382.3	-1.7	-0.45	23.3	0.54	386.2	382.3	3.9	1.0	-38.7
	2	0.537	379.8	382.3	-2.4	-0.64		0.54	384.8	382.3	2.5	0.7	
	3	0.548	395.7	382.3	13.4	3.50		0.53	363.1	382.3	-19.1	-5.0	
	4	0.548	396.4	382.3	14.1	3.69		0.52	356.3	382.3	-26.0	-6.8	
4	1	0.566	384.5	387.1	-2.7	-0.68	14.8	0.56	379.1	387.1	-8.1	-2.1	-21.3
	2	0.565	383.1	387.1	-4.0	-1.04		0.57	387.2	387.1	0.1	0.0	
	3	0.575	395.5	387.1	8.4	2.16		0.56	379.8	387.1	-7.3	-1.9	
	4	0.578	400.3	387.1	13.2	3.41		0.56	381.2	387.1	-6.0	-1.5	
5	1	0.592	381.4	387.1	-5.7	-1.48	37.9	0.60	385.9	387.1	-1.2	-0.3	18.7
	2	0.596	386.6	387.1	-0.6	-0.15		0.60	389.8	387.1	2.7	0.7	
	3	0.613	408.9	387.1	21.8	5.63		0.61	401.0	387.1	13.8	3.6	
	4	0.614	409.6	387.1	22.5	5.81		0.60	390.5	387.1	3.3	0.9	

续上表

吊索号		左幅						右幅					
吊点	吊索各肢	测试值		设计值	误差		总索力差(kN)	测试值		设计值	误差		总索力差(kN)
		频率(Hz)	索力(kN)	索力(kN)	绝对(kN)	相对(%)		频率(Hz)	索力(kN)	索力(kN)	绝对(kN)	相对(%)	
6	1	0.626	386.5	397.2	-10.7	-2.70	-24.9	0.62	383.4	397.2	-13.8	-3.5	-30.5
	2	0.625	385.8	397.2	-11.4	-2.86		0.62	382.2	397.2	-15.0	-3.8	
	3	0.631	392.6	397.2	-4.6	-1.15		0.63	395.1	397.2	-2.1	-0.5	
	4	0.636	398.9	397.2	1.7	0.42		0.64	397.6	397.2	0.4	0.1	
7	1	0.670	400.4	400.4	0.0	0.00	11.8	0.66	388.6	400.4	-11.8	-3.0	1.3
	2	0.669	398.7	400.4	-1.8	-0.45		0.66	392.1	400.4	-8.3	-2.1	
	3	0.675	405.7	400.4	5.3	1.33		0.68	413.0	400.4	12.6	3.1	
	4	0.678	408.8	400.4	8.3	2.08		0.68	409.4	400.4	8.9	2.2	
8	1	0.715	410.8	401.9	8.9	2.22	35.9	0.72	413.1	401.9	11.2	2.8	56.2
	2	0.711	405.6	401.9	3.8	0.94		0.72	418.9	401.9	17.0	4.2	
	3	0.716	411.2	401.9	9.3	2.32		0.72	412.4	401.9	10.5	2.6	
	4	0.720	415.8	401.9	14.0	3.47		0.72	419.3	401.9	17.4	4.3	
9	1	0.745	400.1	402.7	-2.6	-0.63	-26.0	0.75	410.4	402.7	7.7	1.9	0.4
	2	0.735	390.0	402.7	-12.7	-3.15		0.75	408.3	402.7	5.6	1.4	
	3	0.746	401.0	402.7	-1.7	-0.41		0.74	394.6	402.7	-8.1	-2.0	
	4	0.739	393.5	402.7	-9.2	-2.27		0.74	397.8	402.7	-4.9	-1.2	
10	1	0.764	377.0	402.5	-25.6	-6.35	-62.2	0.78	396.5	402.5	-6.0	-1.5	-52.7
	2	0.771	383.9	402.5	-18.6	-4.63		0.78	392.5	402.5	-10.1	-2.5	
	3	0.788	400.8	402.5	-1.7	-0.43		0.77	379.8	402.5	-22.8	-5.7	
	4	0.773	386.2	402.5	-16.3	-4.06		0.78	388.7	402.5	-13.8	-3.4	
84	1	0.667	396.6	406.2	-9.6	-2.36	-23.0	0.66	391.3	406.2	-14.9	-3.7	-40.5
	2	0.683	416.5	406.2	10.3	2.53		0.67	394.8	406.2	-11.4	-2.8	
	3	0.665	394.9	406.2	-11.3	-2.78		0.67	403.9	406.2	-2.3	-0.6	
	4	0.664	393.7	406.2	-12.5	-3.07		0.66	394.3	406.2	-11.9	-2.9	
85	1	0.646	411.5	402.0	9.6	2.38	4.3	0.65	419.9	402.0	17.9	4.5	65.4
	2	0.659	428.9	402.0	27.0	6.71		0.65	412.2	402.0	10.2	2.5	
	3	0.623	384.0	402.0	-18.0	-4.47		0.65	415.4	402.0	13.5	3.4	
	4	0.626	387.7	402.0	-14.3	-3.55		0.66	425.8	402.0	23.8	5.9	
86	1	0.616	413.0	408.3	4.7	1.15	29.7	0.61	409.6	408.3	1.4	0.3	-19.8
	2	0.625	425.2	408.3	16.9	4.13		0.61	404.3	408.3	-4.0	-1.0	
	3	0.617	415.0	408.3	6.7	1.65		0.60	397.0	408.3	-11.2	-2.8	
	4	0.613	409.6	408.3	1.4	0.34		0.61	402.3	408.3	-6.0	-1.5	

续上表

吊索号		左幅						右幅					
吊点	吊索各肢	测试值		设计值	误差		总索力差(kN)	测试值		设计值	误差		总索力差(kN)
		频率(Hz)	索力(kN)	索力(kN)	绝对(kN)	相对(%)		频率(Hz)	索力(kN)	索力(kN)	绝对(kN)	相对(%)	
87	1	0.594	423.2	407.6	15.6	3.83	-0.9	0.60	431.1	407.6	23.5	5.8	52.6
	2	0.580	403.5	407.6	-4.1	-1.01		0.60	426.8	407.6	19.2	4.7	
	3	0.577	400.0	407.6	-7.6	-1.87		0.59	413.2	407.6	5.6	1.4	
	4	0.579	402.7	407.6	-4.9	-1.19		0.59	411.8	407.6	4.2	1.0	
88	1	0.566	423.3	403.3	20.0	4.96	52.4	0.57	424.8	403.3	21.5	5.3	53.1
	2	0.552	401.9	403.3	-1.4	-0.35		0.56	407.0	403.3	3.7	0.9	
	3	0.568	426.2	403.3	22.9	5.68		0.57	425.4	403.3	22.1	5.5	
	4	0.560	414.3	403.3	11.0	2.72		0.56	409.1	403.3	5.8	1.4	
89	1	0.524	398.1	391.7	6.5	1.65	41.5	0.53	408.8	391.7	17.2	4.4	33.4
	2	0.525	399.6	391.7	8.0	2.04		0.54	415.0	391.7	23.3	6.0	
	3	0.527	403.3	391.7	11.7	2.97		0.52	386.6	391.7	-5.0	-1.3	
	4	0.530	407.1	391.7	15.5	3.95		0.52	389.6	391.7	-2.0	-0.5	
90	1	0.565	506.0	512.9	-6.9	-1.35	17.3	0.57	512.3	512.9	-0.7	-0.1	-33.0
	2	0.572	519.5	512.9	6.6	1.29		0.58	525.0	512.9	12.0	2.3	
	3	0.566	509.4	512.9	-3.5	-0.68		0.56	496.9	512.9	-16.0	-3.1	
	4	0.580	534.0	512.9	21.1	4.12		0.55	484.5	512.9	-28.4	-5.5	

10)主缆锚跨张力控制

北锚测量了全部索股，而南锚由于内部照明设施不足，测量过程的危险性很大，因此仅按要求在每个锚室各选取有代表性的50根索股进行了测量。图7.1-31～7.1-33为锚跨张力测试值与设计值示意图，图7.1-34、7.1-35为锚跨张力偏差示意图。结果表明：北锚左幅锚跨张力绝对误差-57kN～64kN，均方根误差为±27kN，相对误差为-4.6%～3%；北锚右幅锚跨张力绝对误差-40kN～56kN，均方根误差为±23kN，北锚右幅锚跨张力误差为-4.8%～1.5%；南锚左幅锚跨张力绝对误差-80kN～34kN，均方根误差为±29kN，相对误差为-4.8%～2%；南锚右幅锚跨张力绝对误差-75kN～65kN，均方根误差为±35kN，南锚右幅锚跨张力误差为-4.7%～4%。

11)监控成果总结

悬索桥结构由主缆、吊索、桥塔、锚碇及加劲梁组成，而结构的线形又与主缆的弹性模量、主缆内应力分布均匀程度、结构的各部分质量、测量的准确温度以及桥塔的沉降、锚碇沉降与位移等多种因素有关，同时由于悬索桥结构的线形监控又不能采用一般混凝土桥或斜拉桥的跟踪调整的方法，因此要达到成桥线形与设计完全一致是不可能的。通过上列实测结果与计算结果的比较表明，在监控计算与实测所考虑的范围内，本桥各项指标均满足检评标准的要求，部分指标达到了很高的精度。表明监控过程中对结构参数的选取把握很准，计算模型与实际非常一致，对特殊位置的高程控制准确，完成结果达到了较高水平。主要的成果如下：

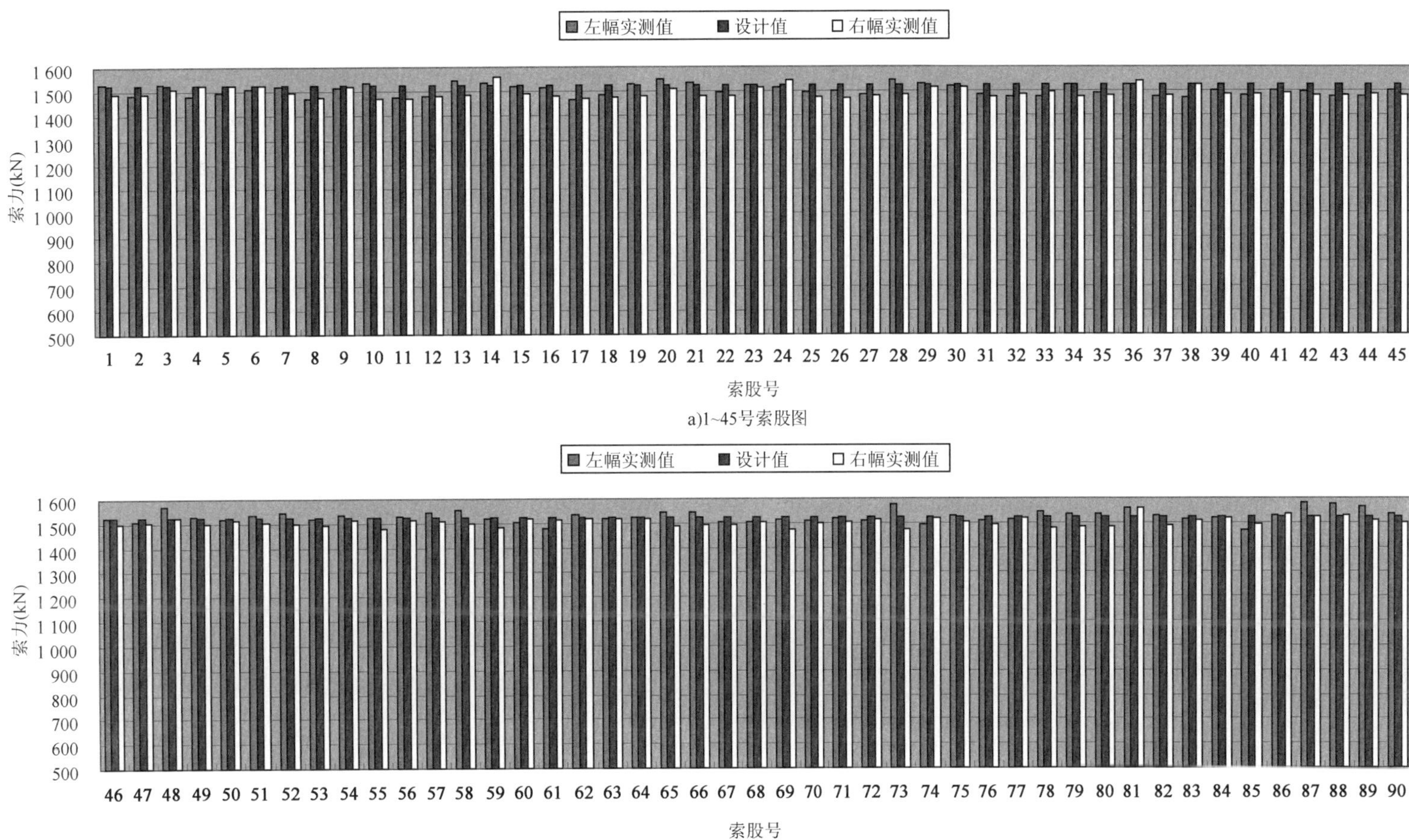

a)1~45号索股图

b)46~90号索股图

图7.1-31 北锚跨张力柱状图

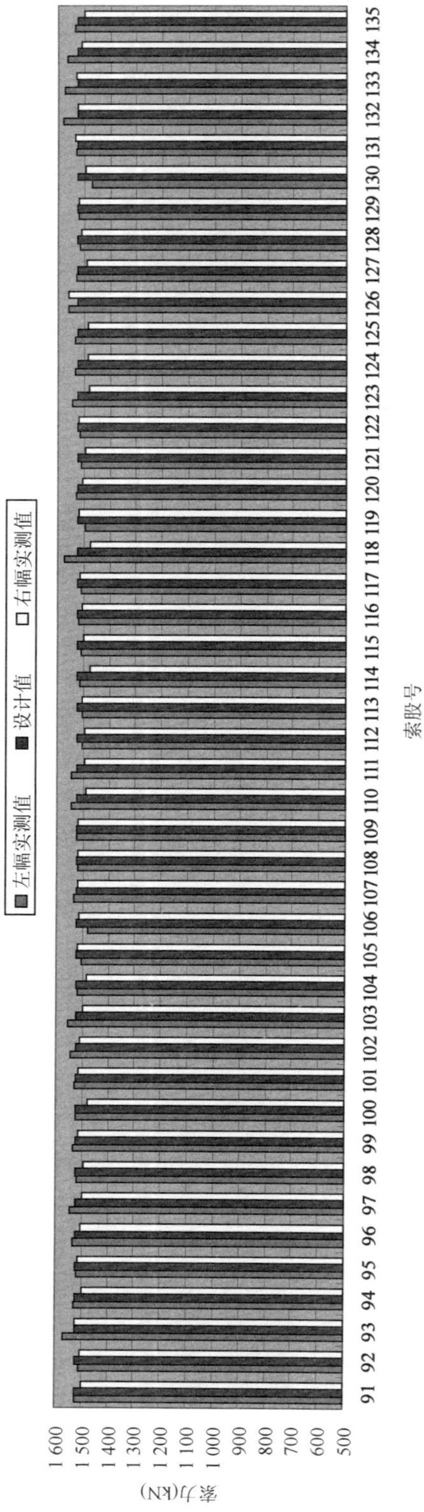

左幅实测值　设计值　右幅实测值

索力(kN)

1 600 1 500 1 400 1 300 1 200 1 100 1 000 900 800 700 600 500

91 92 93 94 95 96 97 98 99 100 101 102 103 104 105 106 107 108 109 110 111 112 113 114 115 116 117 118 119 120 121 122 123 124 125 126 127 128 129 130 131 132 133 134 135

索股号

a)91~135号索股图

左幅实测值　设计值　右幅实测值

索力(kN)

1 600 1 500 1 400 1 300 1 200 1 100 1 000 900 800 700 600 500

136 137 138 139 140 141 142 143 144 145 146 147 148 149 150 151 152 153 154 155 156 157 158 159 160 161 162 163 164 165 166 167 168 169 (SB1) (SB1) (SB2) (SB2) (SB3) (SB3)

索股号

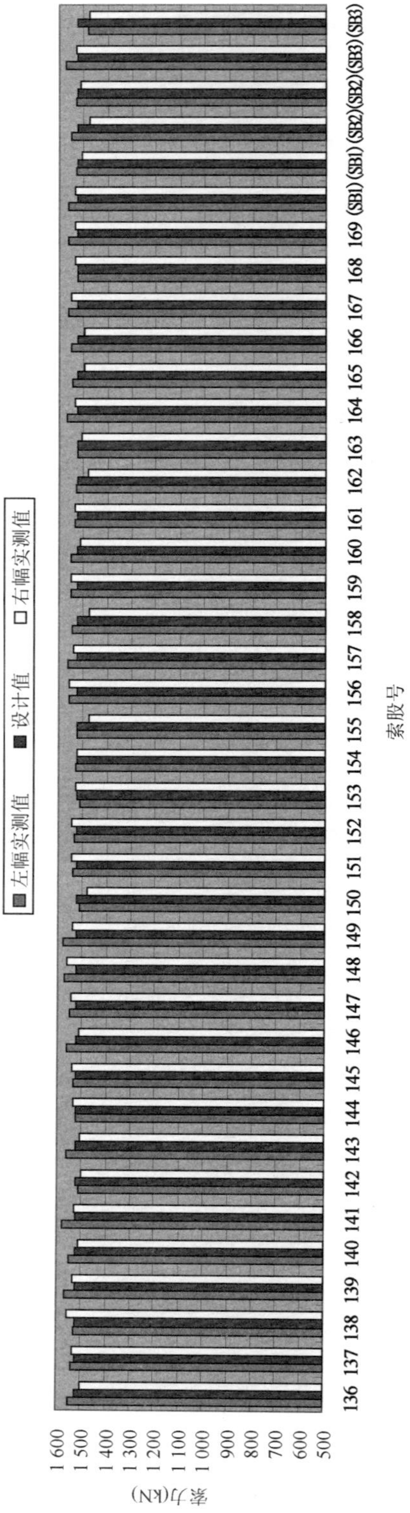

b)136~169号索股图

图7.1-32　北锚索股张力柱状图

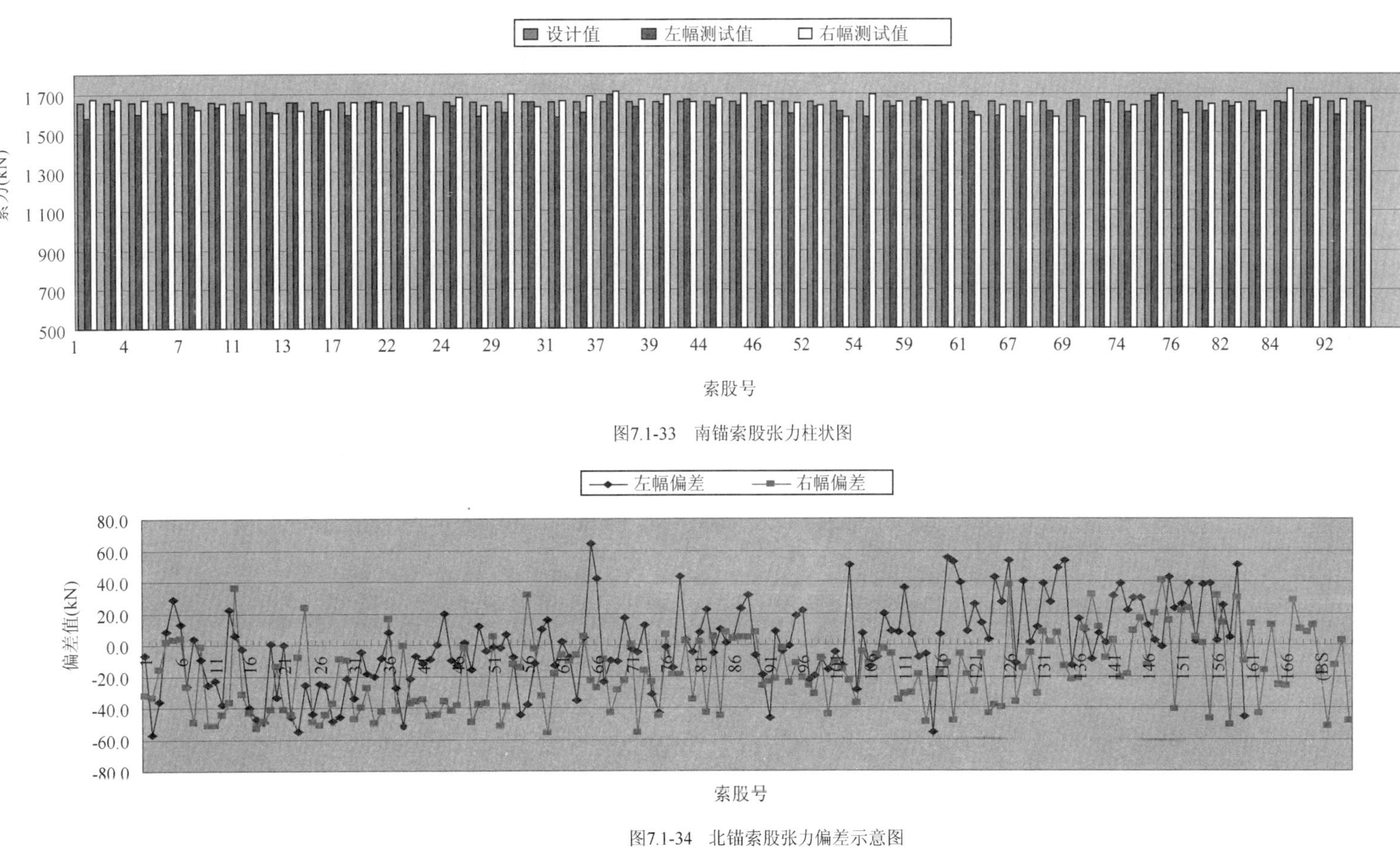

图7.1-33　南锚索股张力柱状图

图7.1-34　北锚索股张力偏差示意图

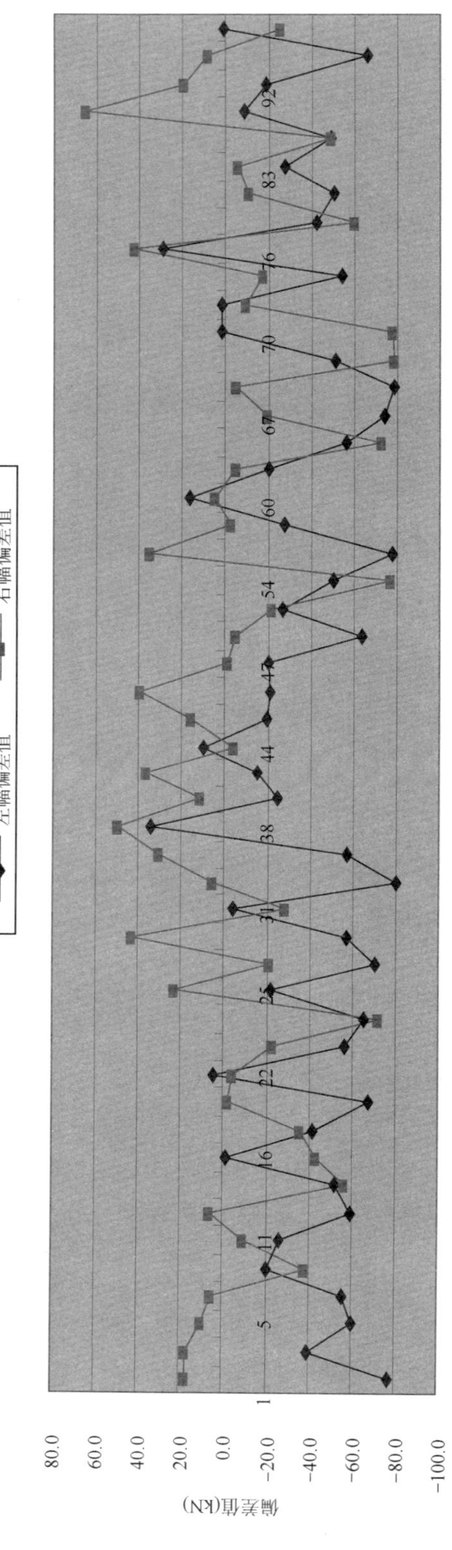

图7.1-35　南锚索股张力偏差示意图

(1)梁的总长基本与设计一致,钢箱梁长度测量结果与伸缩缝测量结果对应一致,钢梁长度最大误差约1.8cm,平均误差约0.8cm,满足检验评定标准中小于2cm的要求。

(2)主缆的高程测量值与计算值的最大差值约13.7cm;左幅比右幅高(空缆线型架设是右幅比左幅高),左、右幅实测相对高差最大约2.6cm,满足检评标准中小于4cm的要求。

(3)加劲梁监控(考虑温度影响的设计高程)与实测高程比较接近,数据变化规律性较好,北边跨稍低,最大值-83mm;中跨1/4附近稍高,最大值139mm。实测高程结果与计算结果绝对差值约-83~139mm,左幅桥面高程实测值与计算值均方根误差为68mm,右幅为63mm,绝对差值跨度比为1 650/0.14=1/11 400;从本次测量结果看来,与其他桥比较,本桥桥面高程的控制精度相当高(厦门海沧大桥:跨度648m,误差:-38~59mm;韩国永宗大桥:跨度300m,误差:167mm)。

(4)桥面纵坡平顺,左幅实测纵坡与计算纵坡差值的均方误差为0.062%,右幅为0.06%,与计算纵坡绝对差值在-0.16%~0.18%范围内,满足检评标准中容许±0.2%的要求(取检评标准中伸缩缝安装纵坡的要求)。监控线形与实测线形完全一致,无明显差异,这说明全桥的监控是成功的,精度是非常高的。

(5)桥面横坡在-1.77%~2.12%时,横坡误差为-0.24%~0.12%,满足检评标准中容许值小于±0.3%的要求。

(6)温度作用下的实测桥塔偏位与计算结果基本一致,扣除温度的影响,各跨的跨度误差小于2cm,满足检验评定标准中小于2cm的要求。

(7)在施工架设及恒载安装过程中,长期的沉降观测表明,北塔沉降累计值约3mm,南塔沉降累计值约5mm,考虑到测量误差,可以判定北塔和南塔在测量周期内桥塔无明显沉降变形。

(8)吊索力实测值与设计值吻合较好,实测值与设计值的绝对误差为-64kN~66kN,相对误差约为±4%,精度均控制5%之内,表明吊索力分布均匀,达到了监控要求。

(9)北锚主缆索股张力绝对误差-57kN~64kN,均方根误差为±27kN,相对误差为-4.6%~3%;南锚主缆索股张力绝对误差-80kN~65kN,均方根误差为±35kN,南锚右幅锚跨张力误差为-4.8%~4%。精度均控制5%之内,表明锚跨张力计算模型是准确的,锚跨张力控制达到了较高的精度。

以上结果表明,西堠门大桥施工监控取得了圆满的成功,结构成桥状态的内力与计算结果一致,吊索力和主缆锚跨力分布均匀,达到了设计要求;结构线形平顺,实测线形与设计线形一致,保证了桥面线形的平顺与美观,实现了监控目标状态,为现代化的悬索桥建设积累了大量的经验。

7.2　特大跨径悬索桥分体式钢箱梁制造关键技术研究

7.2.1　分体式钢箱梁组装技术研究

1)1:2节段模型及1:1锚箱试验件制作工艺研究

西堠门大桥钢箱梁首次采用分体式钢箱梁结构,目前国内尚无成功制造、施工经验可循。

制造时除按新产品的生产程序进行认真充分的施工技术准备外，先行制作了标准节段1:2模型试验及1:1锚箱结构试验件，通过模型试验件的生产对钢箱梁的整体组装及锚箱工艺进行了验证，总结并制定分体式钢箱梁的组装顺序，形成制造工艺技术；另外，通过首节段分体式钢箱梁的制造，对实物数据进行分析，完善和优化制造工艺；形成适合分体式钢箱梁制造的组装、焊接工艺技术，为后续分体式钢箱梁批量制造奠定数据和理论基础。

(1)1:2节段模型试验件制作工艺

①总体工艺方案

节段模型试验件结构复杂，焊缝集中，钢板较薄，焊接变形控制难度大，钢箱梁节段模型试验件制造采用"板→板块(或部件)→单元块→钢箱梁整体"的方式生产，即先生产顶底板板块、横隔板块、中间单元块、锚箱单元、连接工型、连接箱型等9个部件，再将部件组焊成钢箱梁整体的总体制造方案。1:2节段模型试验件简图见图7.2-1。

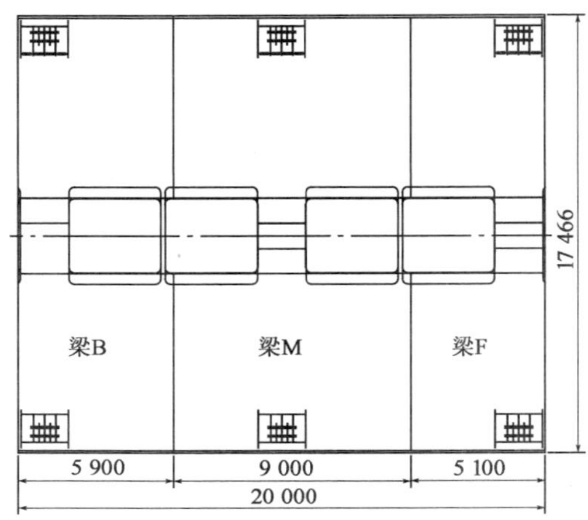

图7.2-1　1:2节段模型试验件简图(尺寸单位:mm)

②工艺流程

首先，将钢板进行滚平和预处理，按钢箱梁节段模型实验件板块单元的划分情况进行零件的下料、矫正、加工，再进行部件(板块、单元件)的组装、焊接、焊缝检查、修整、涂装，完成顶板板块、底板板块、横隔板、单元块、锚箱单元、箱型横梁、工型横梁等的制造工作。

之后，在拼装现场的整体组装胎架上，采用"正装法"将单元块、连接横梁组装并焊接，然后以整体组装胎架为外胎，横隔板为内胎，依次将底板板块、横隔板单元、锚箱单元、顶板板块及其他件在胎架上组焊成梁段，并以合理的施焊顺序、优化的焊接工艺控制和减少结构的焊接变形。待胎架上的所有组焊作业完成后，解除马板。打磨点马部位，焊接位置补涂装。

(2)1:1锚箱模型试验件制造工艺方案

锚箱单元是西堠门大桥主桥钢箱梁主要受力部位，锚箱单元结构复杂、熔透焊缝密集、焊接操作空间有限，焊接后易发生应力集中。为了制定合理的锚箱组装、焊接顺序和焊接工艺，确保锚箱成品质量，进行了锚箱单元制作试验，模型的比例取为1:1。

为确保锚箱位置熔透角焊缝的焊接质量，避免仰焊，把部分斜顶板、承力板、耳板、内、外腹板及其加劲板组成一个锚箱单元，其中三块承力板与内外腹板作为一个部件单元制造，锚箱单元可按焊接位置的要求翻转，确保其熔透焊缝质量。锚箱单元的零件全部用刨、铣床加工周边并开焊接坡口，部件采用辅助工装定位组装，并执行经评定的焊接工艺进行焊接，保证焊接质量。对锚箱熔透角焊缝进行100%超声波探伤。采用锤击工艺，降低锚箱耳板与补强板焊缝的应力峰值，均化焊接内应力，保证加工精度，稳定加工尺寸。锚箱单元制作工艺流程见图7.2-2。

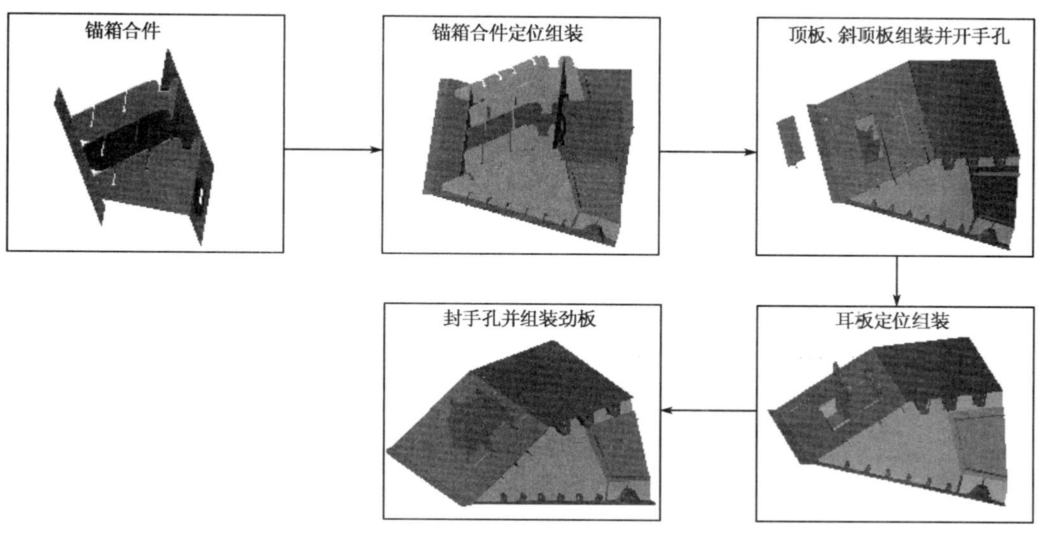

图7.2-2 锚箱单元制作工艺流程图

另外，为防止耳板在焊接时的焊接变形，在不影响焊接的前提下，对原组装工艺进行调整，将耳板加劲板的组装与耳板的组装同时进行，利用劲板约束耳板的焊接变形。

(3)模型试验制作结论

西堠门大桥梁段模型试验件的制作，由于模型试验件的各向尺寸、板件的厚度尺寸均为实际梁段的1/2。所以模型试验件在制作过程中操作空间狭小，特别是给焊接操作带来很大难度。同时由于所用钢材板厚多为4～7mm的薄板，这样在焊缝集中的锚箱单元、结构特殊的隔板单元中，焊接变形大，修整困难，这些在后续产品制作过程中应予以充分考虑和控制。

2)首制钢箱梁节段制造工艺研究

(1)总体制造方案

根据钢箱梁结构特点，结合国内钢材的供货现状，将每一节标准梁段分为66个块件，其中包括顶板板块12块，底板板块6块，斜顶板板块2块，斜底板板块4块，斜腹板板块8块，直腹板板块8块，横隔板20块，箱型横梁1块，工形横梁1块，锚箱单元2个，检修道单元2个。

钢箱梁板块划分及纵横基线见图7.2-3，钢箱梁的整个制造及施工工艺流程见图7.2-4。

钢箱梁段整体组焊工艺：

单元块、箱型横梁定位→组焊底板单元→组焊检修道和斜底板单元→组焊边横隔板→组焊锚箱和斜顶板单元→组焊边顶板单元→组焊封箱顶板单元→检测吊耳板间距及桥面2%横坡合格后，施焊边箱梁与连接横梁之间的焊缝→梁段纵横基线修整→桥面系附属设施组焊→钢箱梁段全面检测合格后，对钢箱梁顶板纵、横基线进行修正，该线是预拼装用线。

钢箱梁首制节段整体组装现场见图7.2-5。

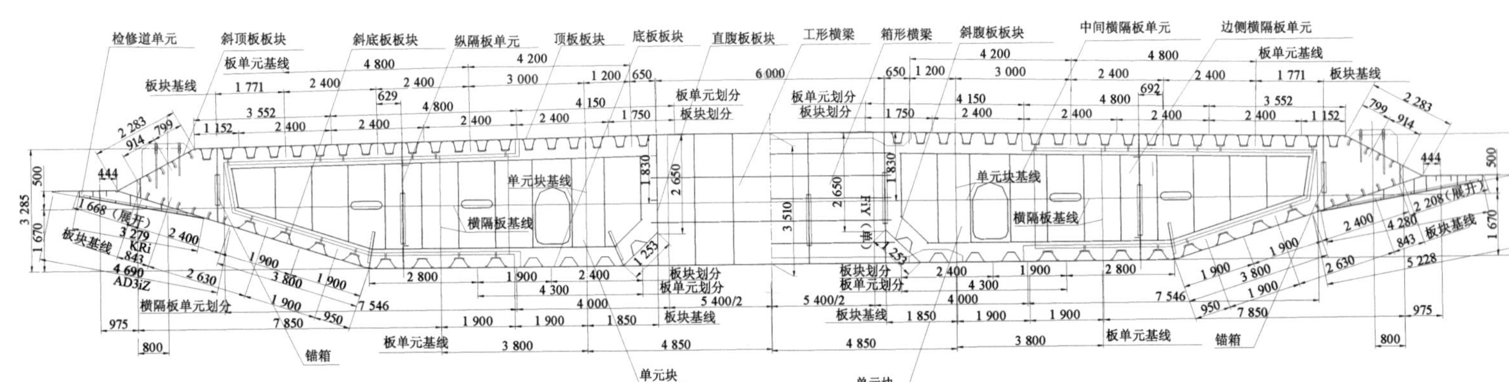

技术要求：

1.图中各拐点尺寸标注均以内轮廓为准；直腹板纵基线与横隔板横基线高度一致。

2.板块单元的横基线均设在理论长度的中心。

图7.2-3 钢箱梁板块划分及纵横基线图示(尺寸单位:mm)

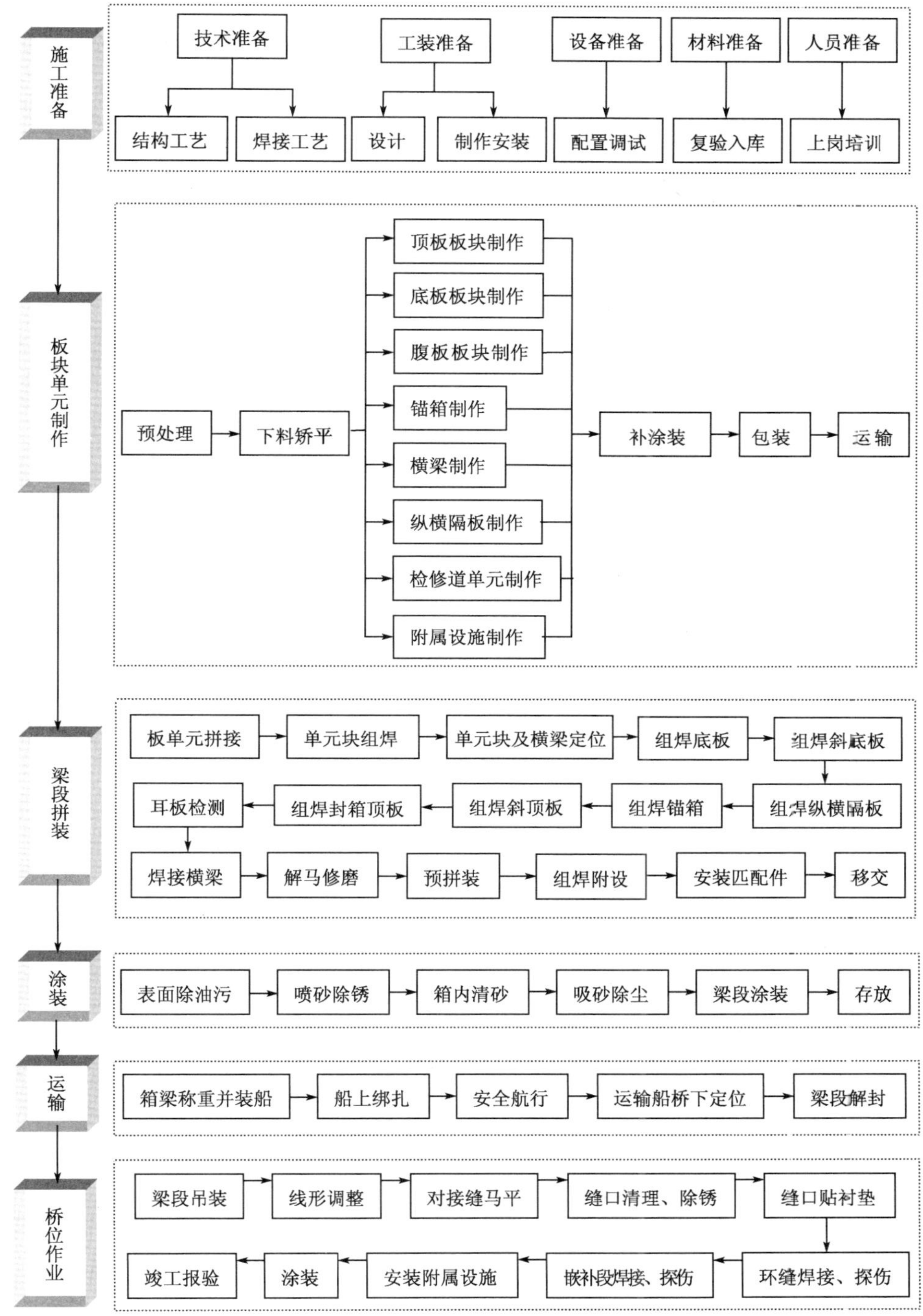

图 7.2-4　钢箱梁制造及施工工艺流程图

(2)节段检测

为保证西堠门大桥钢箱梁制造质量目标的实现,全面控制分体式钢箱梁的制造质量,编制了分体式钢箱梁质量控制流程,在生产过程严格按照质量控制流程进行检验。

a)

b)

图 7.2-5　钢箱梁首制节段整体组装现场

(3)分体式钢箱梁试制结论

通过对分体式钢箱梁模型试验件和首节钢箱梁制造全过程跟踪质量检测和制造质量分析,得出如下结论:

①板块单元件的几何尺寸精度、平面度、焊缝外观及内在质量满足《西堠门大桥钢箱梁制造规则》的要求,满足现场钢箱梁整体组装的要求。

②钢箱梁几何精度均达到《西堠门大桥钢箱梁制造规则》的要求。

③钢箱梁焊缝外观和内部质量优良,接头力学性能满足设计要求,且有较大的韧性储备。

④西堠门大桥钢箱梁制造所采用的工艺方案先进、合理、实用。工艺装备安全可靠、精度高、满足使用要求、能达到控制产品质量的目的,所采用的新工艺、新技术很好地确保了钢箱梁的制造质量,提高了劳动效率。

⑤质量保证体系完善,质量控制程序覆盖了钢箱梁制造的全过程,运行正常有效。

⑥首节钢箱梁制造的质量表明已形成了一套较为完善的分体式钢箱梁的组装、焊接工艺,可用于分体式钢箱梁批量制造。

7.2.2　分体式钢箱梁焊接变形控制工艺措施研究

1)钢箱梁焊接工艺评定报告

(1)钢箱梁的主要焊接接头形式及坡口设计

①对接接头

对接接头设计包括以下内容：

板接料对接接头；顶、底板单元纵向对接、桥位梁段顶、底板横向对接；箱体总拼时底板与斜底板及顶板与斜顶板钝角对接；锚腹板的横向对接接头；桥位梁段间腹板立位对接；U 形肋嵌补段桥位对接；桥位梁段间接口。

②熔透角接接头

熔透角接接头设计包括：箱梁内斜腹板与底板及直腹板熔透角接；斜顶板与斜底板熔透角接；锚箱边腹板与斜顶板、斜底板的熔透角接；锚箱中间腹板与横隔板的立位熔透角接；锚箱承力板与腹板、耳板间的熔透角接；桥塔处梁段直腹板与顶板、斜底板间熔透角接；连接箱盖、腹板熔透角接；连接工形横梁的盖腹板熔透角接；抗风支座仰位、立位、横位熔透角接；箱梁斜腹板与顶板熔透角接。

③不完全熔透坡口角接

不完全熔透坡口角接设计包括以下内容：

U 形肋坡口角焊缝；锚箱承力板、加劲板等坡口角焊缝；锚箱腹板坡口角焊缝。

(2)焊接方法及焊接材料的选择

本桥应用的焊接方法及焊接材料如下：

①焊条电弧焊，焊条选用低氢焊条 E5015(ϕ4mm)。

②埋弧自动焊，焊材选用 H10Mn2 (ϕ5mm)焊丝配 SJ101 焊剂。

③药芯焊丝 CO_2 气体保护自动焊，焊丝选用药芯 E71T-1，规格为 ϕ1.6mm。

④药芯焊丝 CO_2 气体保护半自动焊，焊丝选用药芯 E71T-1，规格为 ϕ1.2mm。

⑤实心焊丝 CO_2 气体保护半自动焊，焊丝选用 ER50-6，规格为 ϕ1.2mm。

(3)焊接设备的选用

埋弧自动焊：成都威达直流电源配 MZ-1-1000 型焊机；CO_2 自动焊采用唐山松下 KR500 型电源、CS-5 自动小车；CO_2 半自动焊采用唐山松下 KR350 型电源；手工电弧焊采用 ZX5-400 逆变焊机。

(4)预热温度的确定

根据抗裂试验结果，采用 CO_2 半自动焊，配 ER50-6(ϕ1.2mm)及 E71T-1(ϕ1.2mm)焊丝；采用焊条电弧焊，配 E5015 焊条焊接 30mm 及以下厚度的 Q345-C 钢板可以不预热，40～50mm 厚钢板采用已评定过的试验结果，施焊时预热 50℃。

(5)焊接工艺评定

针对西堠门大桥的结构特点及接头形式，进行了一系列的焊接工艺评定试验，按照不同焊接工艺因素编制了焊接工艺评定试验任务书和焊接工艺评定指导书，进行了 9 组对接接头、22 组熔透角接接头、7 组坡口不熔透角接接头、2 组 T 形角接接头的工艺评定试验，共 40 组评定。

(6)试件制作与试验结果分析与评定

力学性能试样是在试验焊缝外观检验、超声波探伤合格后，按 GB 2649～2655—1989 标准制备的。并按照《铁路钢桥制造规范》(TB 10212—1998)的相关规定进行评定。由各种接头的试验结果可以看出：

①各接头的焊缝金属拉伸和接头拉伸的各项性能均不低于母材标准值。

②对接接头弯曲试验在 $d=2a$ 或 $d=3a$ 条件下 180°未裂。

③各接头最高硬度 $HV_{max}<350$。

④对接接头0℃冲击功：焊缝及热影响区的 A_{KV} 均大于27J，满足设计要求，且有很大储备。

(7)评定结论

综合以上结果可以得出下面结论：

①试验按照实桥焊接位置进行，完全符合钢梁焊接作业的实际情况。

②试验的各焊接接头经外观检验、超声波探伤检验，质量合格。

③试验的各焊接接头的力学性能试验结果满足技术要求。

④采用 CO_2 半自动焊，配ER50-6(ϕ1.2mm)及E71T-1(ϕ1.2mm)焊丝，采用手工电弧焊，配E5015焊条焊接30mm及以下厚度的Q345-C钢板可以不预热，施焊40~50mm钢板时预热50℃。

⑤以上焊接工艺评定试验结果表明，试验用焊接工艺合理。

2)钢箱梁制作数据分析研究

(1)钢箱梁焊接收缩变形研究

①焊接残余变形

由于焊接加热，熔合线以外的母材产生膨胀，接着冷却，熔池金属和熔合线附近母材产生收缩，因加热、冷却这种热变化在局部范围急速地进行，膨胀和收缩变形均受到拘束而产生塑性变形。这样，在焊接完成并冷却至常温后该塑性变形残留下来。表7.2-1为焊接残余变形的基本形式。实际结构中焊接残余变形呈现出由这些基本形式组合的复杂状态。

焊接残余变形的基本形式 表7.2-1

焊接变形的基本形式		简图	说明
板面内变形	横向收缩		垂直于焊缝方向的收缩
	纵向收缩		沿着焊缝方向的收缩
	旋转变形		坡口焊接时，随着焊接的进行，前方坡口间隙或是张开或是闭合的变形。热源的前方完全不受拘束时，坡口间隙常常张开，焊接输入热量越大，张开量越大
板面外弯曲变形	横向弯曲变形（角变形）		在板厚方向由于焊接引起的温度分布不均匀时，钢板沿焊缝产生的弯折变形
	纵向弯曲变形		沿焊缝方向的弯曲变形

②影响焊接变形的因素

a.焊接方法；

b.接头形式；

c.焊接条件；

d.焊接顺序及拘束条件。

③焊接收缩量数据采集

由钢箱梁结构特点及其几何尺寸控制项可知，除宽度及相邻梁段U形肋匹配与焊接横向收缩密切相关外，其他项均可通过焊后处理措施达到精度要求。所以准确掌握梁段板块焊接横向收缩量是控制钢箱梁段制造几何尺寸精度的关键，所以仅就各种条件下的焊接横向收缩量进行了详细测量。

④焊接工艺参数

经过焊接工艺评定试验，且经过行业专家评审的焊接工艺参数见表7.2-2。

单元对接焊接工艺参数　　表7.2-2

构件	板厚 t (mm)	坡口形式及焊道	焊接方法	每面焊道数	焊丝	电流(A)	电压(V)	焊接速度(m/h)
底板	12	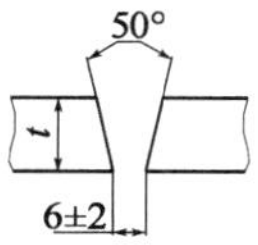 50°; t; 6±2; 坡口形式	两道 CO_2 气体保护焊打底，平焊	1	ER50-6 ϕ1.2mm	175±15	23±1	6~8
				2		240±20	26±2	
			两道埋弧自动焊盖面，平焊	3	H08Mn2E ϕ4mm	590±30	30±1	23~27
				4		590±30	32±1	
顶板	14		两道 CO_2 气体保护焊打底，平焊	1	ER50-6 ϕ1.2mm	175±15	23±1	6~8
				2		240±20	26±2	
			两道埋弧自动焊盖面，平焊	3	H08Mn2E ϕ4mm	590±30	30±1	23~27
				4		590±30	32±1	
斜底板	16	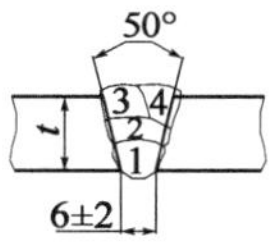 50°; 3 4 2 1; t; 6±2; 焊道示意	两道 CO_2 气体保护焊打底，平焊	1	ER50-6 ϕ1.2mm	175±15	23±1	6~8
				2		240±20	26±2	
			两道埋弧自动焊盖面，平焊	3	H08Mn2E ϕ4mm	590±30	30±1	23~27
				4		590±30	32±1	
横隔板	10		CO_2 气体保护焊2~3道，立焊	1	ER50-6 ϕ1.2mm	175±15	23±1	6~8
	12			其他		240±20	26±2	

⑤测量试验简介

a. 测量对象。

a）为了减少组装胎架上的焊接工作量，先在胎架侧的平台上将2.4m宽的板单元构件两两拼接成4.8m宽的块件，简称拼板，这就使胎架上拼接工作量减少约一半。

b）由于胎下和胎上的约束条件不同，按不同板厚，对其焊接收缩量分别进行了测量。

c）横隔板分块制造，胎架上立焊拼接。因下端已与底板和斜底板焊连，呈较强拘束状态，上端为自由状态，对其横向收缩变形也进行了测量。

b. 测量标距。为了便于采用游标卡尺的测量，测量标距取300mm。

c. 测量环境。为减少温差影响，测量时间定在温度相对恒定的时间内进行。

⑥测量结果分析

a. 数据整理

将测量数据，按照相同板厚、相同焊接工艺、相同约束条件，对横向收缩值按焊缝根部间隙分组，各组数据分布直方图，如图7.2-6所示（图中 G 为焊缝根部间隙，Σ_n 为焊接横向收缩量）；纵向对接焊引起的横向收缩平均值与根部间隙的关系如图7.2-7所示。

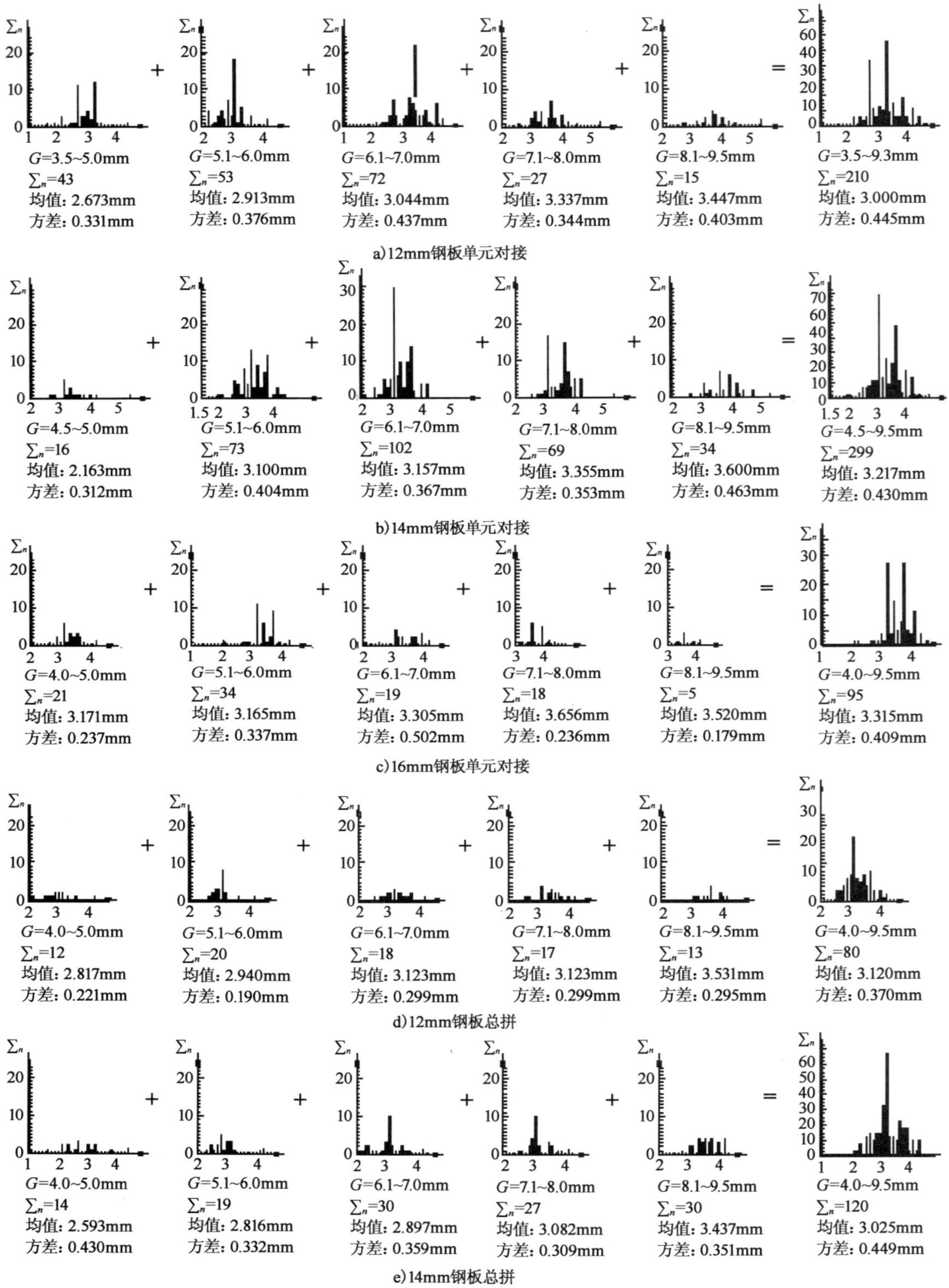

G=3.5~5.0mm $\sum_n$=43 均值：2.673mm 方差：0.331mm
+ G=5.1~6.0mm $\sum_n$=53 均值：2.913mm 方差：0.376mm
+ G=6.1~7.0mm $\sum_n$=72 均值：3.044mm 方差：0.437mm
+ G=7.1~8.0mm $\sum_n$=27 均值：3.337mm 方差：0.344mm
+ G=8.1~9.5mm $\sum_n$=15 均值：3.447mm 方差：0.403mm
= G=3.5~9.3mm $\sum_n$=210 均值：3.000mm 方差：0.445mm

a)12mm钢板单元对接

G=4.5~5.0mm $\sum_n$=16 均值：2.163mm 方差：0.312mm
+ G=5.1~6.0mm $\sum_n$=73 均值：3.100mm 方差：0.404mm
+ G=6.1~7.0mm $\sum_n$=102 均值：3.157mm 方差：0.367mm
+ G=7.1~8.0mm $\sum_n$=69 均值：3.355mm 方差：0.353mm
+ G=8.1~9.5mm $\sum_n$=34 均值：3.600mm 方差：0.463mm
= G=4.5~9.5mm $\sum_n$=299 均值：3.217mm 方差：0.430mm

b)14mm钢板单元对接

G=4.0~5.0mm $\sum_n$=21 均值：3.171mm 方差：0.237mm
+ G=5.1~6.0mm $\sum_n$=34 均值：3.165mm 方差：0.337mm
+ G=6.1~7.0mm $\sum_n$=19 均值：3.305mm 方差：0.502mm
+ G=7.1~8.0mm $\sum_n$=18 均值：3.656mm 方差：0.236mm
+ G=8.1~9.5mm $\sum_n$=5 均值：3.520mm 方差：0.179mm
= G=4.0~9.5mm $\sum_n$=95 均值：3.315mm 方差：0.409mm

c)16mm钢板单元对接

G=4.0~5.0mm $\sum_n$=12 均值：2.817mm 方差：0.221mm
+ G=5.1~6.0mm $\sum_n$=20 均值：2.940mm 方差：0.190mm
+ G=6.1~7.0mm $\sum_n$=18 均值：3.123mm 方差：0.299mm
+ G=7.1~8.0mm $\sum_n$=17 均值：3.123mm 方差：0.299mm
+ G=8.1~9.5mm $\sum_n$=13 均值：3.531mm 方差：0.295mm
= G=4.0~9.5mm $\sum_n$=80 均值：3.120mm 方差：0.370mm

d)12mm钢板总拼

G=4.0~5.0mm $\sum_n$=14 均值：2.593mm 方差：0.430mm
+ G=5.1~6.0mm $\sum_n$=19 均值：2.816mm 方差：0.332mm
+ G=6.1~7.0mm $\sum_n$=30 均值：2.897mm 方差：0.359mm
+ G=7.1~8.0mm $\sum_n$=27 均值：3.082mm 方差：0.309mm
+ G=8.1~9.5mm $\sum_n$=30 均值：3.437mm 方差：0.351mm
= G=4.0~9.5mm $\sum_n$=120 均值：3.025mm 方差：0.449mm

e)14mm钢板总拼

图 7.2-6 横向收缩变形实测数据分布直方图

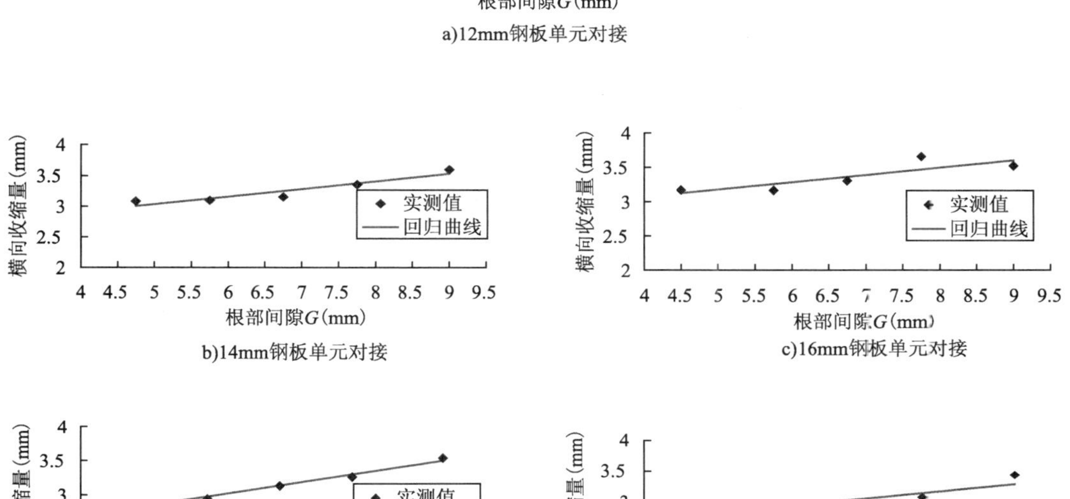

a)12mm钢板单元对接

b)14mm钢板单元对接

c)16mm钢板单元对接

d)12mm钢板块总拼

e)14mm钢板块总拼

图7.2-7 根部间隙对焊接收缩变形的影响

b. 数据分析

纵向对接焊缝引起的横向收缩量纵向焊接残余变形的大小取决于焊接和冷却的规范、被焊构件的热物理参数以及构件的拘束程度等。其中与加热能量成正比,拘束程度成反比。加热能量因素为:焊接线能量及加热长度;拘束程度为:板厚;热物理参数相同。所以设定板单元的纵向焊接收缩量 Δ 与焊接线能量 E 及焊缝长度 L 成正比,与板单元的面板厚度 t 成反比。在焊接方法及其工艺参数相同,可归纳为焊缝断面积、板厚和坡口根部间隙的函数,以公式的形式表示:

$$\Delta = \frac{a \times A_w}{t + b \times G} \tag{7.2-1}$$

式中:Δ——焊接横向收缩量,mm;

A_w——焊缝断面积,mm^2(本文中取坡口断面积加焊缝余高面积,余高按3mm的等腰三角形面积计,不同位置焊缝截面积列于表7.2-3);

t——板厚,mm;

G——焊缝根部间隙,mm;

a、b——经验系数,随焊接条件变化而变化。

焊缝截面积(单位:mm^2)　　表 7.2-3

根部间隙 G 及其平均值(mm)		4.0 ~5.0 均值 4.5	4.5 ~5.0 均值 4.75	5.1 ~6.0 均值 5.75	6.1 ~7.0 均值 6.75	7.1 ~8.0 均值 7.75	8.1 ~9.5 均值 9.0
对应图面积图	图 7.2-7a)	67.7		84.6	98.1	111.6	128.5
	图 7.2-7b)		81.6	97.1	112.6	128.1	147.4
	图 7.2-7c)	87.6		109.5	127.0	144.5	166.6
	图 7.2-7d)	67.8		84.6	98.1	111.6	128.5
	图 7.2-7e)	77.7		97.1	112.6	128.1	147.4

⑦焊接补偿工艺措施

根据测试结果及分析,制造过程中采取一定措施对焊接横向收缩量予以补偿。

a. 顶板、底板、斜底板等板单元构件下料宽度比设计尺寸放宽 3mm,即纵基线两侧每侧放宽 1.5mm,横隔板单元件长度放长 2.0mm;

b. 考虑焊接收缩变形的离散性以及顶板、底板总拼时多道焊缝引起收缩变形误差的累积,在面板和底板边缘处各留一块板单元件配切,消除影响。

(2)板块焊接变形研究

正交异性板单元 U 形肋焊接时会在焊缝处产生角变形,变形后的截面情况如图 7.2-8 所示,为了有效地采用反变形焊接工艺控制角变形,必须准确了解角变形量 θ 的大小。

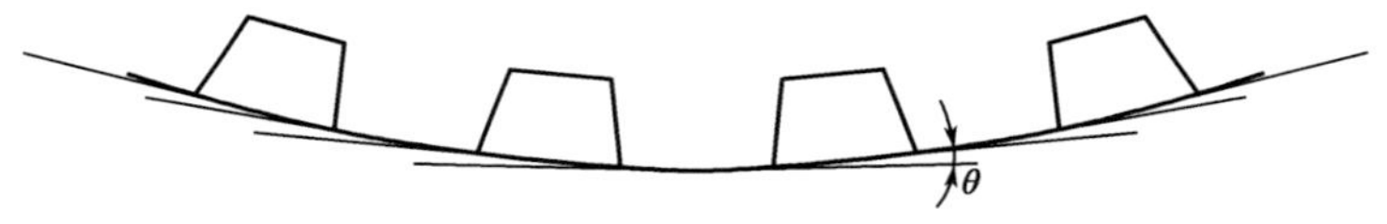

图 7.2-8　焊接反变形测量示意图

在试验中,测量了顶板和底板焊接后的变形弧度曲线,计算了各焊缝在焊接期间发生的角变形量 θ。其测量结果为:

顶板单元角变形弧度平均值:$\theta = 0.006$

角变形弧度标准偏差:$\sigma = 0.000\,45$

底板单元角变形弧度平均值:$\theta = 0.004\,9$

角变形弧度标准偏差:$\sigma = 0.000\,52$

假定角变形量 θ 与焊接线能量 E 成正比,与板单元的面板厚度 t 成反比,根据测量结果,可推得正交异性板单元 U 形肋坡口角焊缝焊接角变形量经验计算公式为:

$$\theta = 0.065E / t - 0.005 \tag{7.2-2}$$

式中:θ——焊接角变形量,rad;

E——U 形肋焊接线能量,J/cm;

t——板单元面板厚度,mm。

根据大量的试验结果,初步确定了顶、底板预加的反向角变形量,再根据生产实践进行改进,设计了专用的反变形焊接胎架进行 U 形肋的焊接,如图 7.2-9 所示。

实践证明,由于反变形工艺预先对板单元施加了反向的角变形,所以大大减少了焊接后的残余角变形,也减少了火焰矫形的工作量,大大提高了板单元的生产效率。

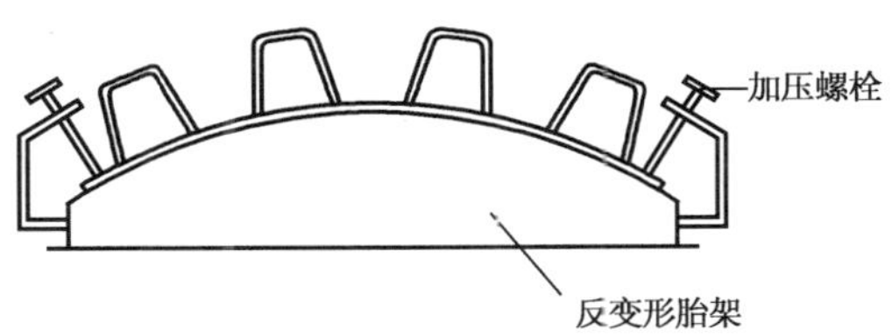

图7.2-9 反变形胎架示意图

3)分体式钢箱梁制造关键技术

(1)分体式钢箱梁制造方案分析

西堠门大桥钢加劲梁为分体式正交异性板钢箱梁,是世界上首次将该种截面形式结构应用于实桥,西堠门大桥钢箱梁结构与常规箱形梁结构的区别:

横向连接箱腹板伸入两侧封闭单箱3.7m,与箱内腹板对接,同顶板、底板焊接;顶板突出直腹板40mm,两者以角焊缝连接。与横向连接箱相关的连接是全桥的生命线,其制造质量的保证,决定了钢箱梁的制造方案。在钢箱梁制造时,一般采用反装法、正装法或两者组合组装法。在制造方案确定时,一般考虑施工的质量可靠、费用情况、进度可控进行技术经济分析。因此,引用层次分析法进行多目标的综合评价,选择最优方案。

(2)制造关键工艺技术

分体式钢箱梁由于其结构特殊,制作工艺也不同于其他类型的钢箱梁。在充分理解分体式钢箱梁结构特点,并借鉴以往国内外钢箱梁制造经验的基础上,依托西堠门大桥分体式钢箱梁,对分体式钢箱梁的制造关键技术进行研究,通过研究总结出一套系统可行、先进的分体式钢箱梁制造工艺技术。

①制造单元划分

划分单元的同时也应考虑划分的制造单元与钢箱梁节段的相对位置关系,以保证划分的单元制造后精确地回到钢箱梁的原定位置上。这里以"一套基准线"为原则,即钢箱梁节段的纵横向基准线为板件、单元件和节段整体组焊唯一基准,钢箱梁节段间也以这一套纵横向基准线为唯一基准进行拟桥位预拼装,依此来确定节段间相对位置的正确性,如图7.2-10所示。单元的纵向、横向的基准线以钢箱梁节段的基准线为基准发生相对位置关系。

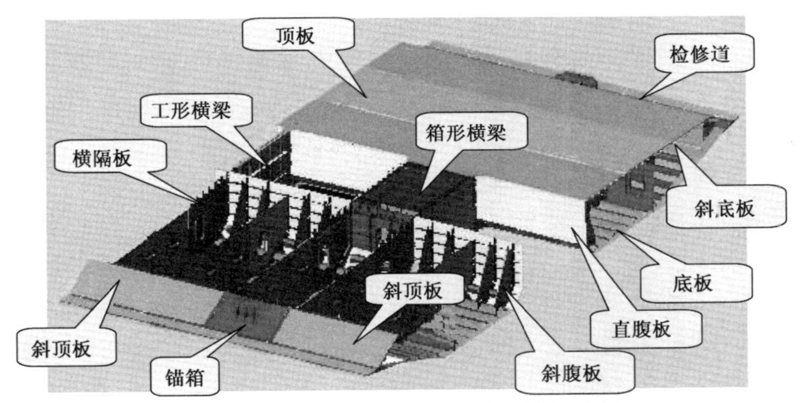

图7.2-10 西堠门大桥钢箱梁制造单元划分示意图

注:节段整体及制造单元横基线均设在理论长度中心处;分别取两边箱梁近横向连接箱顶板的纵基线为钢箱梁节段的纵基线,共两条以梁段中心线对称;横隔板横基线与直腹板纵基线高度一致

②零、部件制造工艺

针对分体式钢箱梁各种零件、单元件的构造特点,结合既有的制造经验,辅以工装、模具,

以合理、简捷的制造模式完成零件、单元件的制造，确保其质量。同时，对各种零件、单元件的生产顺序、数量应结合后续钢箱梁节段制造，分批配套生产，保证“零件→部件→整体”流水作业的顺畅。

a. 板材预处理

为了均化钢板的轧制应力、提高钢板的机械性能、保证钢板的平整度，通常在钢板下料前须对钢板进行滚压。即钢板往复通过多轴联动辊轮，通过辊轮咬合力完成钢板滚压工作。此外必须沿钢板轧制方向通过辊轮才能有效均化钢板轧制应力。滚压工艺如图 7.2-11 所示。

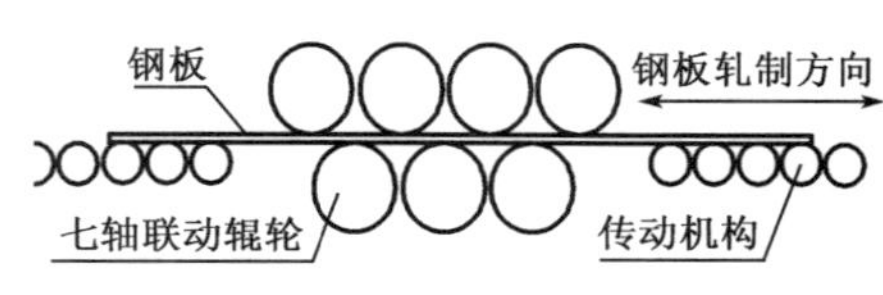

a）钢板滚压工艺简图

b）钢板滚扳机

图 7.2-11　滚压工艺

b. 零件的下料

经预处理后的钢板可根据零件的具体形状和大小确定下料方法。

a）对较长矩形板件采用多嘴头门式切割机精切下料；

b）对隔板等形状复杂的板件采用 CAM 系统的数控切割机精切下料；

c）对较规则的薄板，次要零件采用剪切下料；

d）对较薄的主要零件，采用等离子切割；

e）型钢采用剪切机、锯切机或焰切下料；

f）钢板对接坡口采用火焰精密切割、刨边机或铣边机加工。

c. 板块制造

根据西堠门大桥钢箱梁节段制造单元划分的情况，这里板块指构成边箱梁的顶板板块、斜顶板板块、底板板块、斜底板板块、直腹板板块、斜腹板板块、检修道用板块。根据各自的结构形式，板块基本由钢板、U 形肋（或板条肋）、隔板连接板组成。以控制板块的几何尺寸精度为原则，在板块制造过程中采用图 7.2-12 所示的工艺流程。

d. 纵横隔板单元制造

横隔板是边箱梁组装的内胎，它的几何尺寸精度直接影响钢箱梁的断面尺寸精度。根据钢箱梁节段制造单元划分方案，边箱梁的横隔板分二块制作、运输。横隔板由钢板、水平和竖向加劲板、人孔及管线孔镶圈组成。为了现场横隔板定位组装方便，在横隔板下部增设临时托板。

e. 锚箱单元制造

西堠门大桥钢箱梁的锚箱单元由耳板、三块承力板和腹板组成，耳板在箱体上的位置和角度、耳板与承力板的焊接质量都十分重要，采用图 7.2-13 所示工艺制作。

f. 横梁单元制造

西堠门大桥分体式钢箱梁中横梁单元是两边箱梁主要连接和横向传力构件。箱形横梁由盖板单元、腹板单元和隔板单元组成;工形横梁由盖板、腹板单元组成。由于横梁与两边箱梁在现场采用焊接连接,所以横梁的长度和高度是组装质量控制的关键,主角焊缝是焊接质量控制的关键。考虑到横梁为两边箱梁间主要连接件,依此来控制两边箱梁的相对位置关系,因此在横梁制作过程中将横梁的盖腹板长度加以工艺补偿量,以满足调整两边箱梁与横梁位置关系时的工艺量的需要。

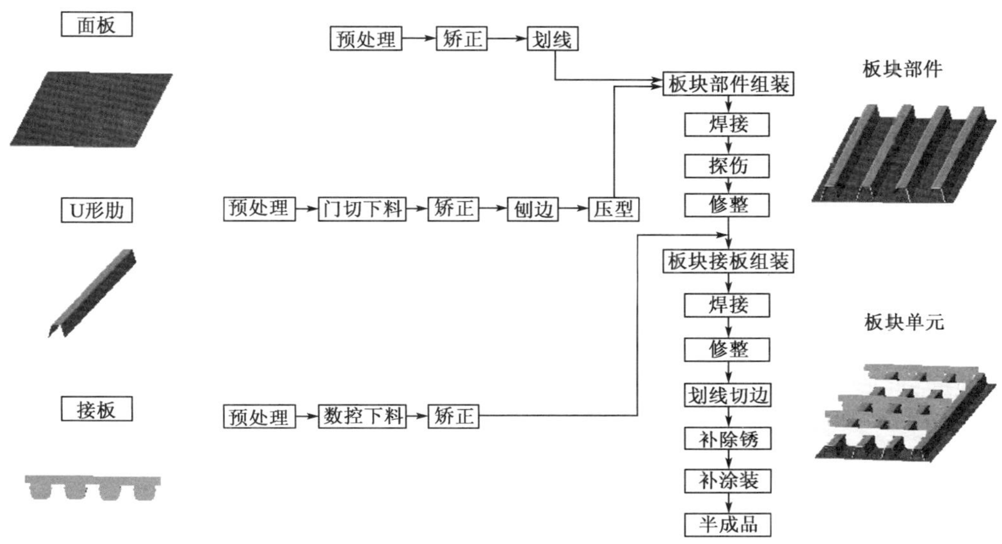

图 7.2-12 板块制作工艺流程图

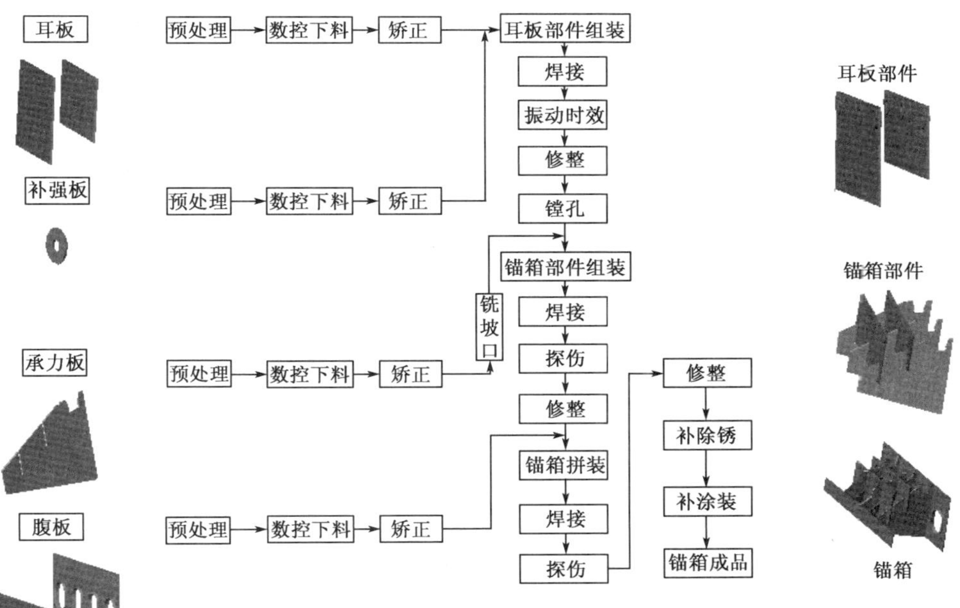

图 7.2-13 锚箱单元制作工艺流程图

箱形横梁单元制作工艺流程如图7.2-14所示。

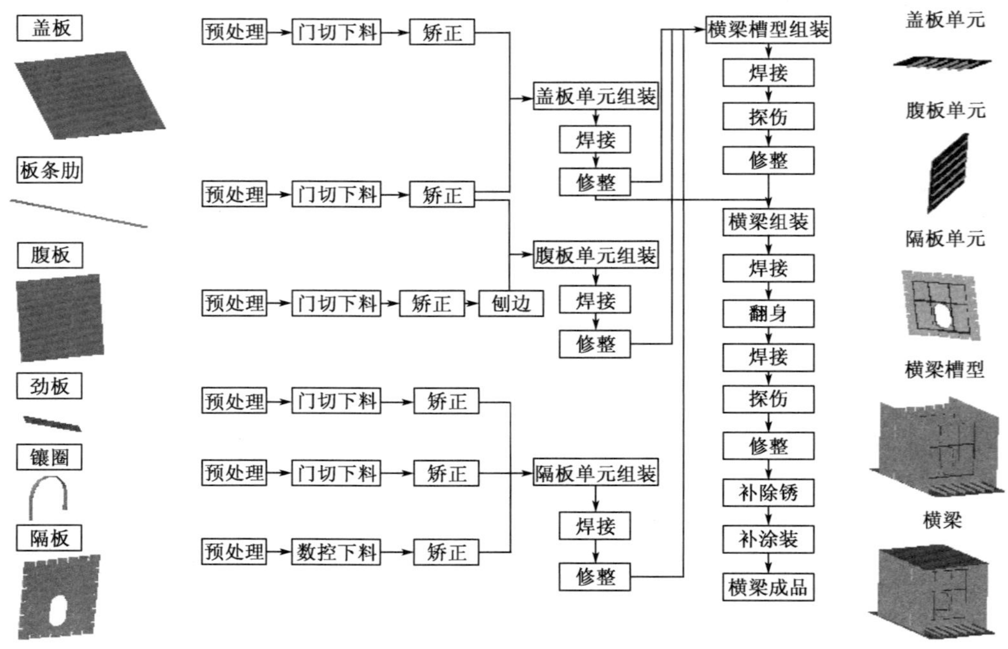

图7.2-14　箱形横梁制作工艺流程图

③钢箱梁组装工艺

钢箱梁节段制造的主要任务是将预先制造的零部件以有序的组装方法和合理的焊接工艺连接成为整体的过程。西堠门大桥分体式钢箱梁的节段制造工艺思路是将钢箱梁节段分成三大块,即两个边箱梁和中间横梁,但先单独制备中间横梁,用中间横梁作为两边箱梁零部件组装边箱梁的定位和限位结构,两边箱梁同时制作,当两边箱梁制造完毕后,再次调整三者相对位置之后构成整体。

图7.2-15　板单元拼接组焊简图

a. 板单元制造

西堠门大桥钢箱梁节段制造单元划分考虑到运输限界、钢板轧制等因素将板块划分的较小,但若直接将这些小板块用于钢箱梁节段组焊,势必造成拼缝数量增多、焊接收缩变形增大等不利因素。因此,可将部分小板块两两或更多板块(考虑设备能力和通用性合理时采用)先拼焊成整体,并以拼焊后整体形式再与钢箱梁节段组焊。这个整体命名为“板单元”,见图7.2-15。

b. 单元块制造

单元块为西堠门大桥钢箱梁制造中的一个“亮点”,也是分体式钢箱梁制造过程中的重点工艺措施。

由于本桥该部位结构形式的构造,此处结构在制造中有构件多、焊缝密、焊接后的焊接变形较大等不利因素。本桥钢箱梁制造过程中考虑可将该部位部分零件提前构成整体,以此来保证该部位的几何尺寸精度，保证分体式钢箱梁结构均衡、对称受力。本桥将分体式钢箱梁边箱梁中近横梁侧的部分构件在钢箱梁整体组焊前预制的构造称为“单元块”。

单元块的构成即分体式钢箱梁边箱梁近横梁侧的顶板单元、底板单元、直腹板单元、斜腹板单元、横隔板、角隔板及加劲板等构成的非对称开口槽型结构，单元块结构如图7.2-16所示。

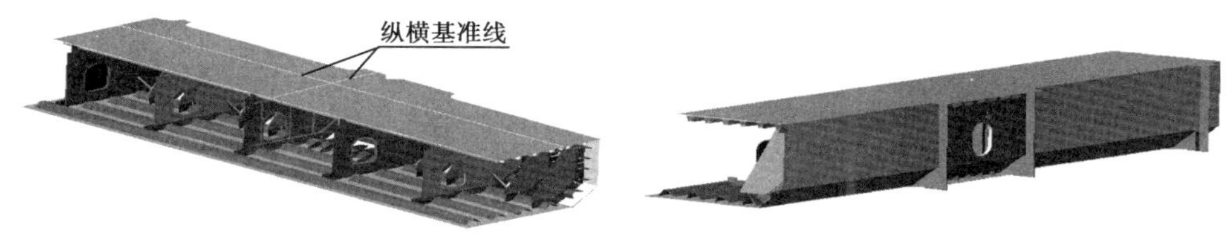

图7.2-16　单元块结构示意图

单元块制作工艺流程：

单元块采用“倒装法”在单元块组焊胎架上进行组装和施焊所有平位焊缝，出胎后采用L形吊具空中翻身使其余焊缝置于平位施焊，采用火焰法进行矫正，工艺流程见图7.2-17。

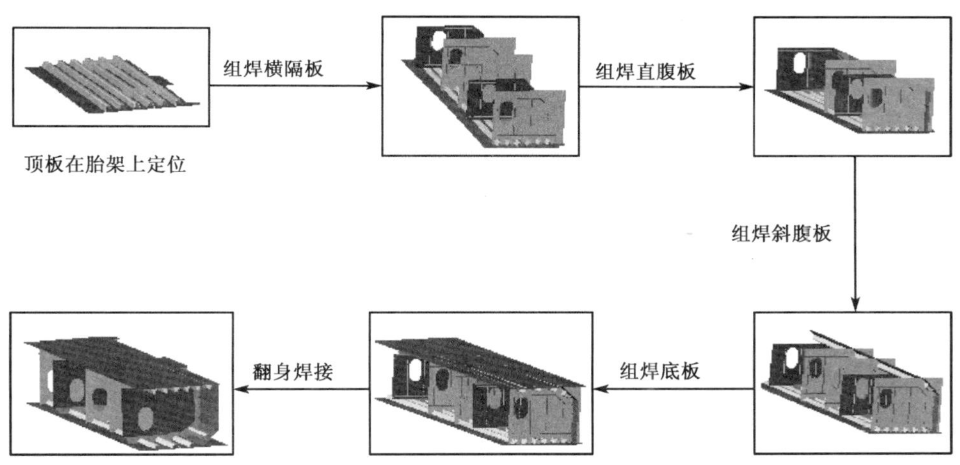

图7.2-17　单元块组焊工艺流程图

c.分体式钢箱梁节段整体制造

西堠门大桥分体式钢箱梁节段整体制造的总体思路是首先将预制的单元块和横梁单元在总拼胎架上找正相对位置关系后定位马固，之后再依据定位后的单元块分别将边箱梁的顶底板单元、横隔板单元、锚箱单元、检修道单元组装成边箱梁整体，在边箱梁组焊成型后再组焊边箱梁与横梁单元构成分体式钢箱梁整体节段。

分体式钢箱梁节段制造工艺：

a)单元块、箱形横梁定位；

b)组焊底板单元；

c)组焊斜底板单元；

d)组焊检修道单元；

e)组焊纵横隔板；

f)组焊锚箱单元；

g)组焊斜顶板；

h)组焊边顶板单元；

i)组焊封箱顶板单元；

j)检测吊耳板间距及桥面2%人字坡合格后,施焊边箱梁与连接横梁之间的焊缝；

k)梁段纵横基线修整。

④分体式钢箱梁制造过程控制

改变原有由结果反推原因的做法,将量化过程管理方法用于本桥分体式钢箱梁制造过程中,有针对性地对钢箱梁制造从零件到部件再到整体的全过程进行分阶段全过程控制检测,将问题消化在过程中,确保了最终的产品质量。

7.3 特大跨径悬索桥架设技术及关键设备研制

7.3.1 台风和强季风环境下钢箱梁架设和安装关键技术

根据工程建设规模和工期,本桥钢箱梁的架设周期较长,无法在一个无台风作用期间完成,必须穿越台风期,其风险与难度极大,这是以往悬索桥施工中所未曾遇到的。

为确保施工过程中结构的抗风安全,在西堠门大桥施工阶段全桥气动弹性模型风洞试验和计算分析研究成果基础上,根据两跨连续的分体式钢箱梁悬索桥施工阶段加劲梁的颤振演化规律,发现了分体式钢箱梁悬索桥在架设初期和中后期均存在一个气动稳定性差的状态(颤振临界风速低于检验风速)。基于上述情形,科学制定了梁段架设计划和相应的钢箱梁架设安装避台风方案,在保障工期的同时,在架梁初期和中后期巧妙避开了台风期,避免了可能发生的加劲梁颤振失稳破坏,完成了大跨度桥梁穿越台风期进行加劲梁架设安装的首次实践。

根据紊流条件下全桥气动弹性模型风致响应风洞试验研究成果,若是在施工中一直采用传统的临时连接件,其在强风作用下很可能会因为构件自身强度的不足而失效,从而导致梁段约束解除,进而发生碰撞损坏的现象。对此问题,根据不同施工阶段加劲梁的风致内力分布特性,有针对性地制定了已架设梁段的“抗台风”方案——主梁临时连接加固及布置方案,特别对于梁段风致内力较大的施工中后期,提出了双承载板连接件措施,以在确保受力性能的同时减少临时连接件用量。该方案的实施,一方面避免了传统临时连接件在强风作用下发生破坏的可能性(将引起相邻梁段的碰撞损伤),另一方面,根据不同施工期梁段受力特点制定了临时连接件优化布置方案,其在梁段上的具体数量和分布由其所处梁段的具体位置而定,不是由最不利施工状态的用量而定的,因此其在总量上是减少的,从而实现了较大经济效益。最后,通过对国内外大跨钢箱梁悬索桥架设过程进行分析比选,确定了西堠门大桥钢箱梁架设安装的技术方案。

根据上述研究成果,制订了具体的钢箱梁架设安装“防台风”方案和“抗台风”措施,保障了首次在穿越台风期间钢箱梁架设安装的施工安全,填补了国内外相关领域的空白,见图7.3-1、图7.3-2。

7.3.2 台风区重载自行式缆载起重机研制

1)概述

缆载起重机是悬索桥梁段安装的关键设备。与其他悬索桥不同,由于主梁架设安装需要穿越台风期,故缆载起重机需要有足够的抗风性能;因其梁段众多,需对现有走行方式进行革新,以提升吊装效率,有效缩短工期,降低施工造价和风险;同时考虑到存在超重梁段,其提升能力应不小于400t。鉴于现有的液压千斤顶步履式起重机存在左右同步协调困难、行走与夹缆构造自动化程度不高、行走效率低下等待解决的问题,亟待研制一套适用于在沿海高风速区作业,并具有自行走功能、自动化程度高的新型缆载起重机。

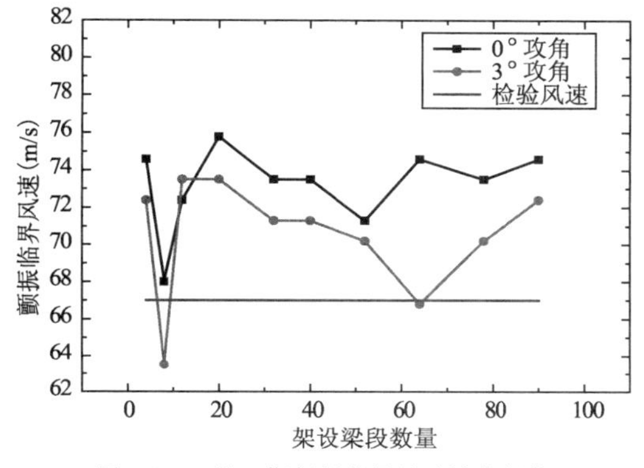

图7.3-1 施工期颤振临界风速演化规律

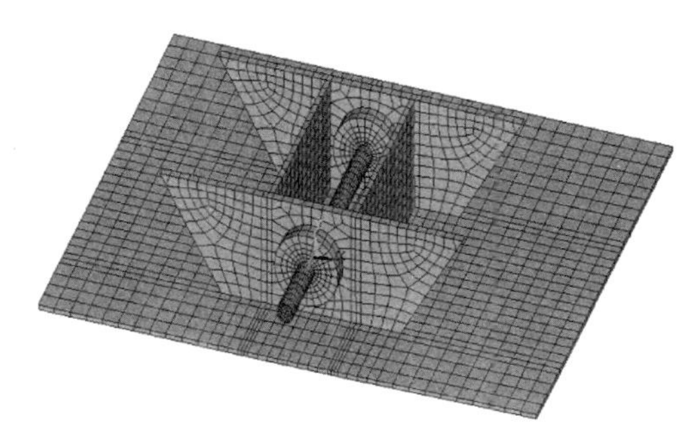
图7.3-2 双承载板连接件有限元模型

鉴于以上问题,开展了新型缆载起重机的研发,新型缆载起重机采用自行走双顶设计方案,具有自动夹缆功能和足够的抗风能力,其具体优点为:

①采用模块化设计,使液压缆载起重机可适用于不同主缆直径和间距,提高了缆载起重机的适用性。主桁架、扁担梁都采用模块化设计,在满足设计安全和使用要求的前提下,改变少量部件即可适用于不同缆径与缆距的悬索桥钢箱梁吊装。

②研发了新型的液压自动夹缆机构,实现了缆载起重机行走的连续性,在确保行走精度的同时提高了行走速度和抗滑能力。为了实现上述要求,放弃了国内外传统的缆载起重机人工辅助走行方式,研发了新型的夹缆技术,设计出了液压驱动的新型自动夹缆机构以及由液压油缸驱动的新型步履式行走系统。该系统不需要索股千斤顶的牵引,只需要使用自动夹缆机构就能满足整机的抗滑要求,由此提高了缆载起重机的缆上运动速度,保证了起重机行走效率(图7.3-3)。

图7.3-3 自行走步履式液压缆载起重机

图7.3-4 缆载起重机模型风洞试验

在初步设计完成后，为保证缆载起重机在大桥施工架设阶段的抗风安全，基于风洞试验数据，专门研发了主桁系统与行走系统连接的抗风装置。制作了 1∶30 缩尺比刚性模型（图 7.3-4），采用微型天平进行了缆载起重机测力风洞试验，首次获得了缆载起重机在不同风攻角和不同风向角条件下的阻力、侧力以及倾覆力矩，从而把握了缆载起重机气动力随风攻角和风向角的变化规律（图 7.3-5），并以试验数据的方式，明确了缆载起重机风致受力的最不利状态。在此基础上，建立了缆载起重机的精细化有限元模型（图 7.3-6），检验和评估了其在 12 级台风和 8 级强风作用下的抗风性能。基于风洞试验结果，在设计中有针对性地研发了缆载起重机的抗风装置，保障了缆索起重机在强台风和季风作用下的安全性。

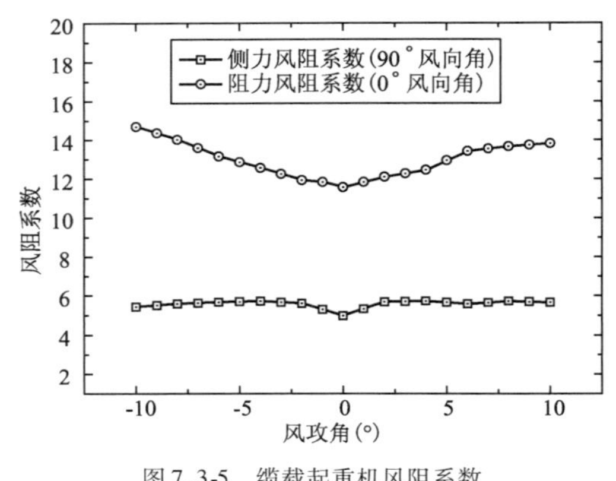

图 7.3-5　缆载起重机风阻系数

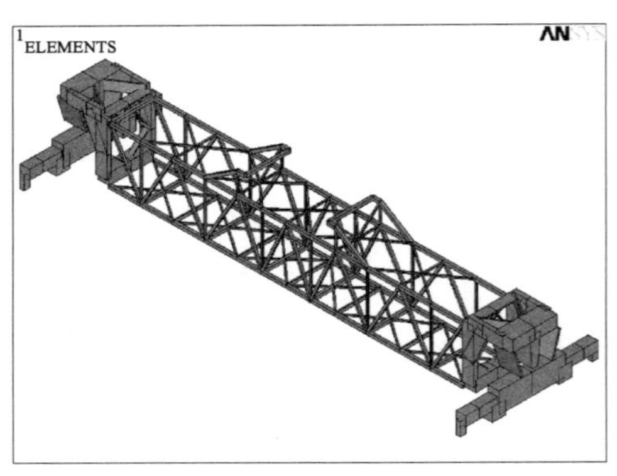

图 7.3-6　缆载起重机结构有限元模型

研发的具有大起重量、自行走，适宜在海洋台风环境下开展钢箱梁吊装任务的新型液压提升缆载起重机，填补了我国在相关领域的空白，其研究成果也为沿海大风区特大跨径钢箱梁悬索桥缆载起重机的设计提供了参考。

2）缆载起重机主要性能参数

根据西堠门大桥钢箱梁、主缆、索夹等设计参数、吊装作业气象条件、吊装工作条件和安全标准以及能适用于其他大跨径悬索桥钢箱梁吊装条件确定其性能参数。

（1）提升能力：400t（安全工作荷载），可两台起重机联机工作。

液压提升千斤顶：2 × 200t（安全工作荷载）。

（2）工作速度：平均提升速度 24m/h，最大提升速度 30m/h（当液压提升千斤顶顶升时），最大下放速度：15m/h。

（3）提升索股长度：250m。

（4）起重机质量（含扁担梁）：140t，起重机作用在主缆上的最大压强 1.0MPa。

（5）起重机适应主缆最大倾角：30°。

（6）缆上平均行走速度（上行速度）：> 10m/h。

（7）行走机构跨越索夹能力：1 700mm（长）× 400mm（高）。

（8）驱动动力源：柴油动力，液压动力箱。

（9）作业气象条件：

工作温度 > −10℃；

风速：工作状态按照 8 级风时的计算风压 500N/m^2（相当于 3s 时距平均瞬时风速

28.3m/s)，并考虑高度变化；非工作状态按照12级风时的计算风压最大为1 500N/m²(相当于3s时距平均瞬时风速49.0m/s)并考虑高度变化。非工作状态最大风速主要用来计算缆载起重机在此风速下的抗风稳定性，在风速超过临界水平时需要增加临时结构或措施，以确保缆载起重机在主缆上的安全稳定。

3)缆载起重机设计

(1)缆载起重机总体结构设计

通过对国内外的各种缆载起重机的结构及优缺点的分析，缆载起重机设计采用了双顶自行式行走方案，如图7.3-7所示，由液压提升系统、缆上支撑及行走系统、钢结构桁梁、控制室、动力系统、扁担梁、辅助系统以及安全防护系统等组成。

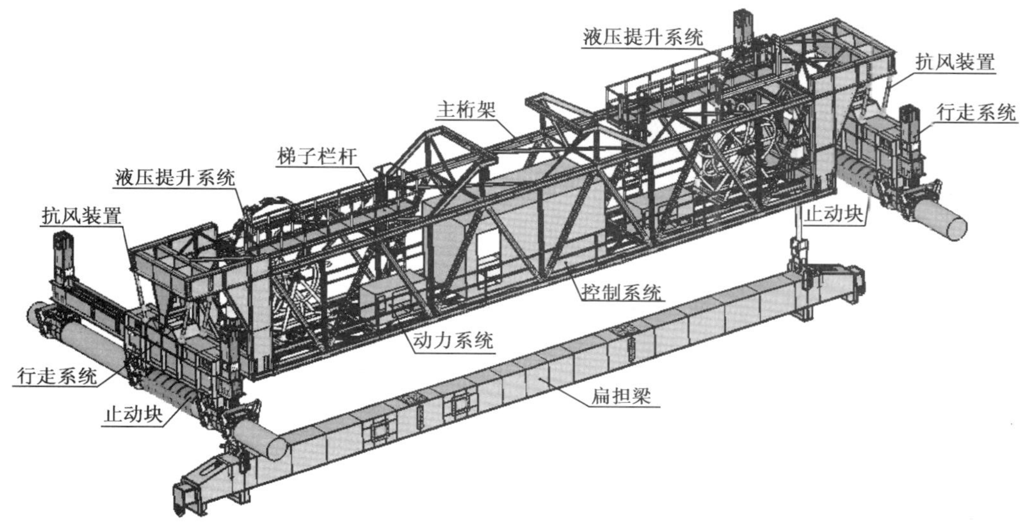

图7.3-7　设计方案示意图

(2)缆载起重机设计特点

①缆载起重机的主桁架、扁担梁采用模块化设计，在满足设计安全和使用要求的前提下，改变中间段的尺寸以及连接系杆，就能适用于不同跨径的悬索桥钢箱梁吊装，更换零部件数量少。

②行走系统采用了可更换的支撑底座，使得缆载起重机仅需更换少量零部件就可适用于不同缆径的悬索桥钢箱梁吊装需要。

③采用两套液压提升系统，单套液压提升系统组成原理相同，只是根据具体的安装位置而部分结构有所改变，都采用大容绳量回绳器，每个回绳器可以在容纳19×ϕ15.24mm×250m的钢绞线。

④起重机抗风能力为工作状态最大风力为6~8级，非工作状态为12级。

⑤单机额定起吊能力为400t。

⑥缆载起重机钢箱梁提升及下放设计速度相同。

⑦起重机采用模块化设计，各单元模块结构简单，组拼快速便捷，运输，最大外形尺寸符合国内公路运输条件。

⑧提出了新的夹缆方法并在此基础上设计出了由液压驱动的新型自动夹缆机构，由此提

出了新的跨越索夹的方法并设计出了由液压油缸驱动的新型的步履式行走系统如图 7.3-8 所示；它不需要索股千斤顶的牵引，在吊装钢箱梁上坡角度小于 20°和处于非吊重状态自行行走上坡角度小于 26°时，只需要使用自动夹缆机构就能满足整机的抗滑要求，实现了缆载起重机的自行行走，由此提高了缆载起重机的缆上运动速度，减少了人工作业量。

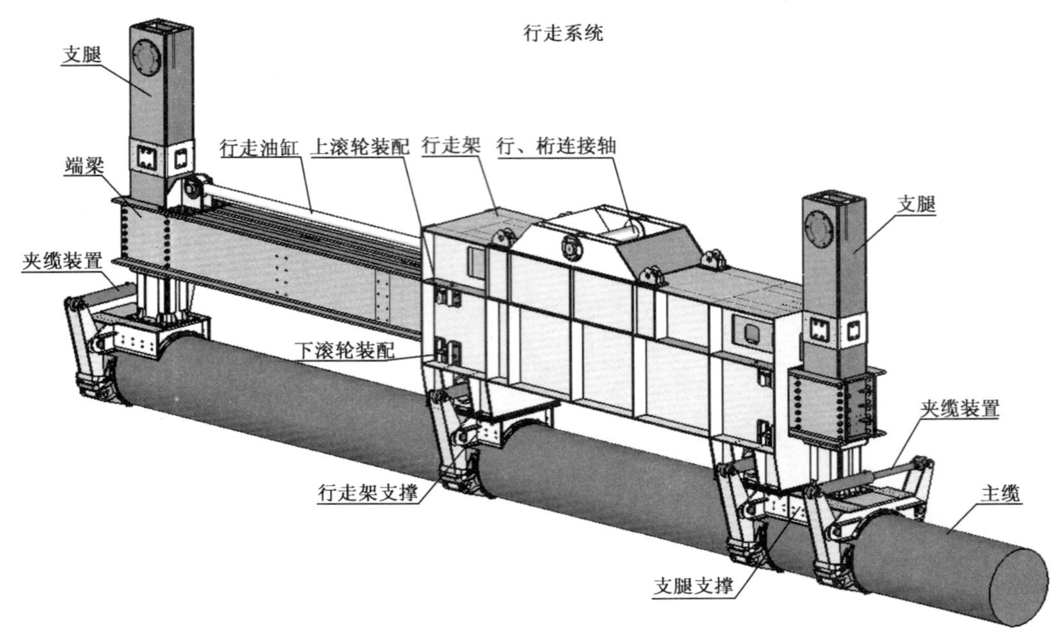

图 7.3-8　步履式行走系统方案示意图

(3)缆载起重机各主要部分结构及原理

①主桁架的结构组成及特点

主桁架采用模块化设计，主要由一个中间段、两个插入段、两个起重机尾段以及回绳器支撑架以及各段之间的连接系杆和防护栏杆等组成，如图 7.3-9 所示。主桁架各组成部分主要通过高强度螺栓连接，共同承担通过液压提升千斤顶和钢绞线传递来的钢箱梁和起重机结构件自重等荷载。起重机尾段上连接有销接板横梁，通过销轴与行走系统相连可相对行走系统转动一定角度，实现在吊装钢箱梁过程中的荡移。同时在起重机尾端上焊接有抗风装置安装座，用于在躲避强风袭击时安装抗风装置，固定住主桁架使其在主缆上保持水平。

当所架设悬索桥的主缆间距发生改变时，在满足使用需要和安全的条件下，可以只重新设计中间段上下部分及相关连接系杆等辅助件，而不需要重新设计整个主桁架，这样可以大大减低成本。当前主桁架两个销孔中心线间距为依照桥梁设计方提供的主缆间距 29 100mm。主桁架在运输过程中可以结合实际运输条件对各组成段进行适当拆分以满足运输要求，在到达工地现场后可按段拼装完成。不可拆分的结构件最大质量为 2 474kg，最大长度为 9 850mm，最大高度为 1 860mm，最大宽度为 3 400mm。

②扁担梁的结构组成及特点

为了满足通用性要求，将扁担梁设计成由一个中间段、两个尾段以及两个伸缩段组成，如图 7.3-10 所示。在尾段端部设有滑动销接头，通过一个装在尾段内的液压千斤顶控制销接头

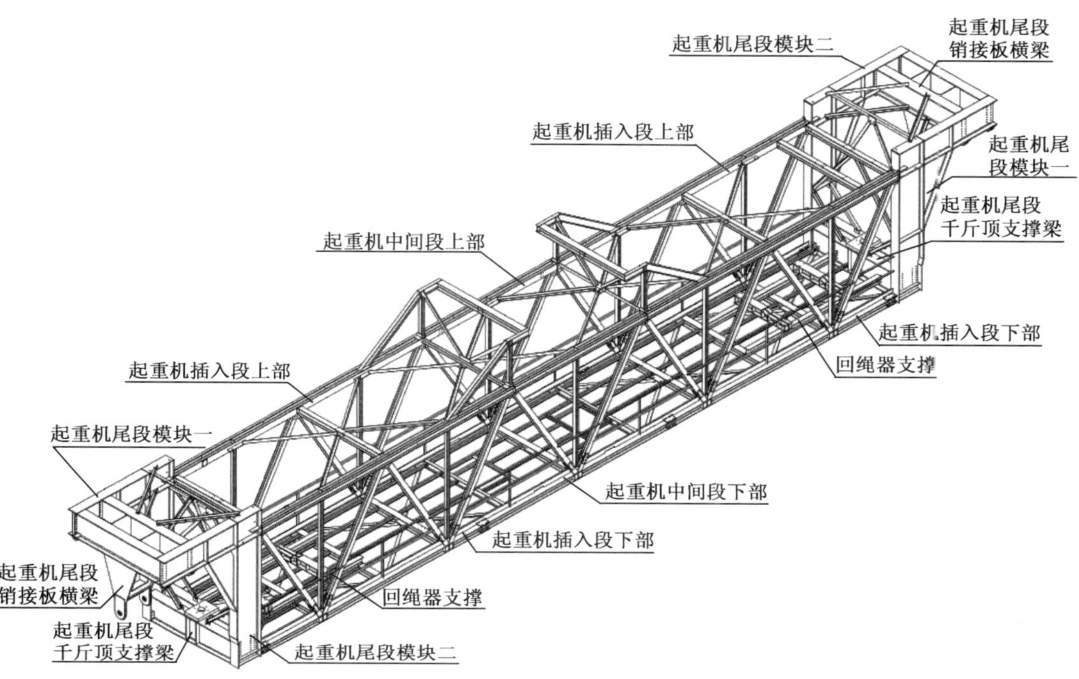

图 7.3-9　缆载起重机主桁架结构示意图

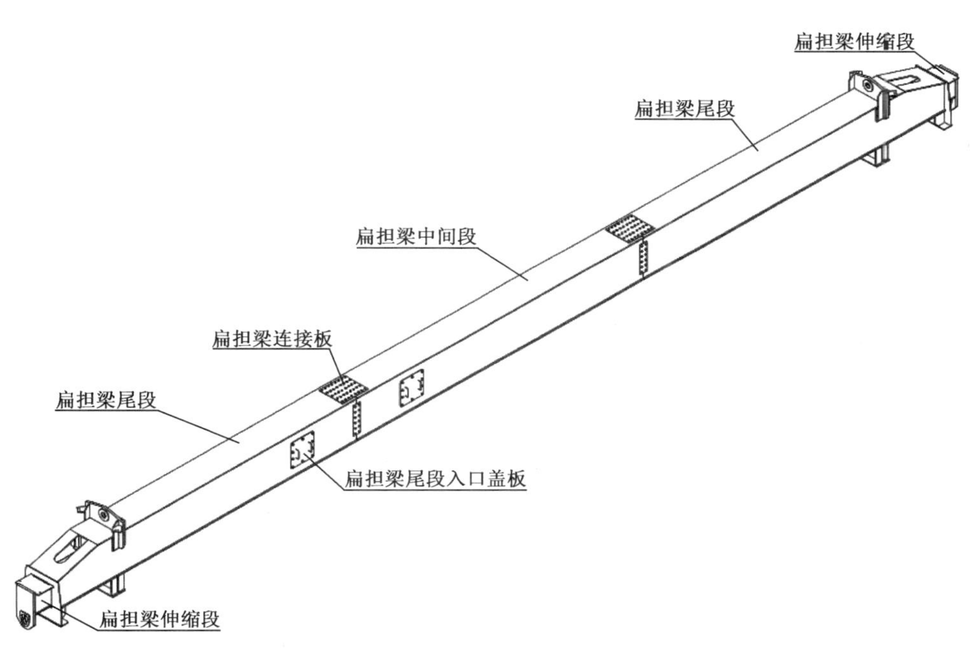

图 7.3-10　扁担梁结构示意图

的滑动。在缆载起重机吊装钢箱梁时，液压油缸将滑动销接头顶出使其与待吊装的钢箱梁上的吊耳通过销轴连接。在起重机吊装完移动前为避开吊索液压千斤顶又将滑动销接头缩回。扁担梁各组成段用高强度螺栓连接，在尾段和中间段上各设有一个矩形入口方便螺栓连接。

扁担梁上面设置两个吊点，用于与液压提升系统下部的200t吊耳连接。

扁担梁的主要特点有：起重机扁担梁采用模块式，当主缆间距、钢箱梁吊耳位置发生改变时，在满足使用需要和安全的条件下，可以只重新设计扁担梁中间段，而不需要重新设计整个扁担梁，这样就可以大大减低成本；将扁担梁尽可能设计成扁平结构，适应跨中梁段吊装条件；扁担梁端头采用液压伸缩端段，能使起重机纵向移动时避开吊索，便于钢箱梁吊装。

③液压提升系统的结构组成及原理

液压提升系统是缆载起重机关键组成部分，是提升钢箱梁的工作装置。采用的关键技术是近年来工程领域通过不断实践逐步成熟起来的液压同步提升技术。它与传统的提升方法不同，采用柔性钢绞线或刚性立柱承重、液压提升千斤顶集群、计算机控制、液压同步整体提升原理；集机、电、液、计算机控制论等多学科高技术于一体；结合现代化施工工艺可将成千上万吨的构件在地面拼装后，整体地提升到预定高度安装就位。在提升过程中，不但可以让结构件在空中长期滞留和进行微动调节，实现倒装施工和空中拼接，完成人力和传统设备难以完成的施工任务，又能使大型构件的起重安装过程既简便快捷，又安全可靠。

a.液压同步提升系统的原理简介

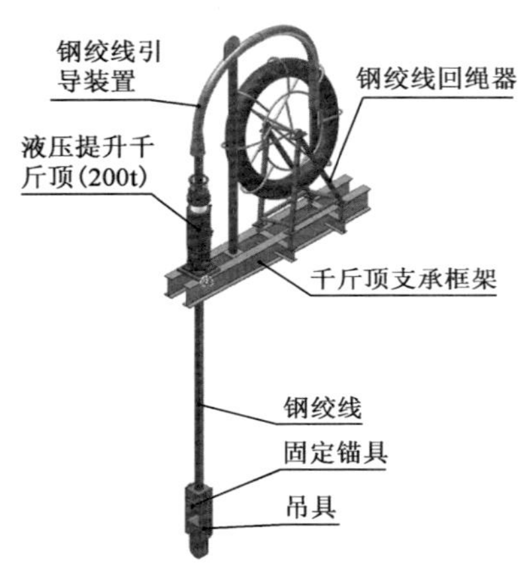

图7.3-11　液压提升系统示意图

基于液压同步提升技术而设计的液压提升系统主要由柔性钢绞线或刚性支架承重系统、电液比例液压控制系统、计算机控制系统及传感器检测系统组成，如图7.3-11所示。

a)柔性钢绞线承重系统

主要由提升千斤顶、提升支撑基座、钢绞线导向回绳器等组成。其中液压提升千斤顶是其关键组成部分，液压提升千斤顶又分为间歇式液压提升千斤顶和连续式液压提升千斤顶。它们两者虽然都能实现上升和下降的功能，但在运动机理上却有本质的区别。间歇式液压提升千斤顶由天锚、上锚具机构、主液压缸、下锚具机构和应急锚组成。而连续式液压提升千斤顶是由上下两个各带锚具机构的主液压缸、天锚、应急锚和刚性支撑杆等组成。除了锚具机构的脱锚方式以及锚具液压缸的活塞杆与主液压缸的活塞杆之间的定位连接方式发生了较大的改变以外，其余结构与间歇式液压提升千斤顶大致相同。连续式液压提升千斤顶的优点在于是将上、下两主液压缸串联组合，利用两主液压缸的速度差进行荷载转换，再配以两锚具交替锁紧钢绞线，实现承载钢绞线在不停顿的情况下交接荷载，连续作业。既提高了提升效率又避免了惯性冲击引起的安全性问题。

b)电液比例液压控制系统

液压泵站为提升提供动力并接收控制系统给出的指令开关电磁阀从而控制油路驱动千斤顶的油缸、夹持油缸动作。使千斤顶形成循环动作。它一般使用二位四通换向阀和三位四通换向阀作为各个油路开关控制元件；用比例电磁阀作为调节流量的控制元件。通过调节电液比例阀的输出流量，改变连续提升千斤顶的上、下缸的运动速度，完成上、下锚具的荷载转换，实现液压连续提升千斤顶的连续上升和下降作业。

c)计算机控制系统及传感器检测系统

计算机控制系统的任务主要有液压提升的顺序动作控制、集群油缸的协调控制、提升结构件的运动姿态控制、提升结构件的内应力控制、自动操作、刚性支架和柔性索具的受力均衡控制等。若不考虑提升过程中的钢绞线自动均载,就会发生钢绞线破断,承载钢绞线数量的减少和破断时产生的冲击更会加剧钢绞线的不合理承载,甚至导致恶性循环。因此刚性支架和柔性索具的均载是液压提升的关键技术。控制吊点均载、并联油缸均载和同一油缸内多根钢绞线的均载,可以实现柔性索具的整体均载。通过大量的试验研究发现:同一提升千斤顶中钢绞线荷载自动均衡是由于提升千斤顶所承受的荷载在从其上锚具承受转换到下锚具承受的过程中,受力钢绞线相对于锚具产生滑移,通过具有弹性的钢绞线最终实现荷载的自动均衡。

液压同步提升系统是一个闭环控制系统,传感器测量结果是计算机控制的原始依据,因此,传感器测量的正确性至关重要。系统控制的精度、响应速度和可靠性在很大程度上取决于传感器。在选用传感器时主要选择合适的传感器参数,优先采用二次仪表与传感器集成或者不需要二次仪表的传感器。传感器信号采用大幅值低阻抗传输,提高传感器测量的可靠性。

b. 缆载起重机液压同步提升系统的设计

a)液压同步提升系统的参数确定

根据所给定的设计参数,缆载起重机液压同步提升系统单机提升钢箱梁的最大质量为400t,最大提升高度为250m。工作速度:平均提升速度24m/h、最大提升速度30m/h、最大下降速度10m/h。

b)连续提升千斤顶选型

缆载起重机采用两套液压提升系统,安装在主桁架尾段上,对称布置在桥轴线两侧,其主要参数见表7.3-1所示。

连续提升千斤顶主要技术参数　　表7.3-1

序　号	项　　目	单　位	参　　数	序　号	项　　目	单　位	参　　数
1	额定油压	MPa	25	5	钢绞线直径	mm	ϕ15.24
2	额定提升力	kN	2 000	6	钢绞线根数	根	19
3	行程	mm	250	7	速度	m/h	2～30
4	穿心孔径	mm	ϕ190	8	外形尺寸	mm	510×510×2 360

c. 回绳系统的设计

回绳系统由钢绞线引导装置和钢绞线回绳器组成,连续提升千斤顶内的钢绞线沿引导装置上的导向滚轮进入回绳器内。据需要容纳的钢绞线的长度、根数和公称直径计算出回绳器的容绳量,并根据钢绞线缠绕时实际情况确定回绳器的主要尺寸。回绳器为一钢管焊制的圆形钢管笼,两轴端通过轴承倾斜安装在千斤顶支承框架上,可容纳一定数量的钢绞线,它自身无动力,通过连续提升千斤顶顶升或下降钢绞线带动其回转。

回绳系统的回绳器安装在主桁架尾端下部的支撑架上,考虑到回绳器的尺寸偏大为避免回绳器旋转时发生干涉,将钢绞线引导装置安装在吊点插入段上部的支撑横梁上。钢绞线的下端用锚具固定在吊具上,吊具再通过销轴与扁担梁尾段上的吊耳相连接。缆载起重机的两侧的两套液压提升系统相距24.1m,缆载起重机的液压同步提升系统如图7.3-12所示。

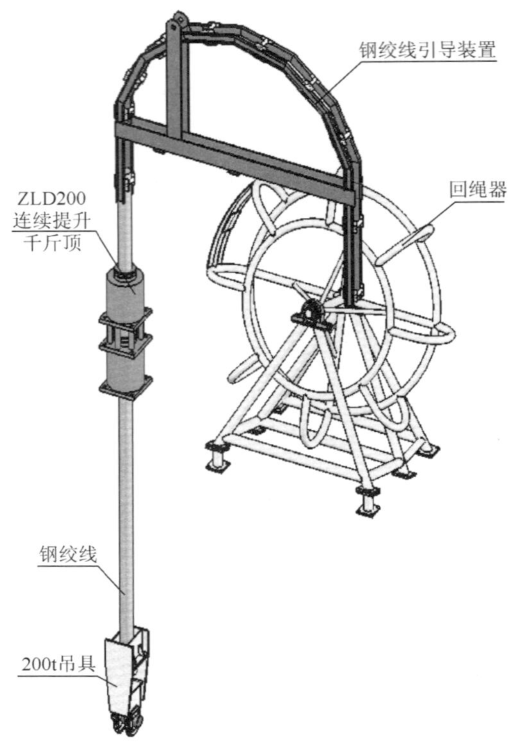

图 7.3-12 液压同步提升系统

④行走系统的结构组成及原理

a. 行走系统的组成

行走系统是缆载起重机的关键组成部分,采用的行走方式、结构原理、自动化程度对缆载起重机整机性能起着至关重要的作用。我国设计的第一台液压提升式缆载起重机在主缆上的行走是通过控制端梁上的顶升油缸升降来伸缩车轮组使其与承重座交替承载,利用位于塔顶的卷扬机牵引来实现缆机行走。在行走就位后需要人工安装下支撑索夹来抱紧主缆防止缆机下滑。中交二公局结合润扬长江大桥工程实际,与英国 DLT 公司合作,设计研制成功了我国第一台特大跨径全液压缆载起重机。其缆上支撑及行走系统主要由起重机移动牵引索股千斤顶、轨道顶推千斤顶、荷载转移千斤顶、行走架和移位器等组成。行走方式采用步履式,且在空载状态下运行。它主要靠行走脚和行走轨道在主缆上交替承受起重机的质量来实现行走,在缆机就位后需要人工用抱箍将行走脚固定在主缆上以防止缆机下滑。这两种缆载起重机的行走速度理论上由牵引系统、液压系统性能所决定,但实际上却因缆机就位后仍需人工来安装或者拆卸抱箍、支撑索夹,这样就降低了缆载起重机的整机吊装性能。

故设计能使缆载起重机实现自行行走又能满足整机工作要求的自动夹缆装置很有必要的。在行走系统研究过程中,结合缆载起重机各个工况要求,确定了自动夹缆装置的性能指标,运用 MATLAB、Soildworks 软件进行参数优化设计和结构设计;设计出一套液压驱动的模块化抗滑能力强、缆径适应范围大能满足缆载起重机吊装和自行行走要求的自动夹缆装置;又创新性地提出了新型步履式行走方式最终完成了整套行走系统的设计。

行走系统主要由行走架、端梁、行桁连接轴、夹缆装置、前后支腿、支腿支撑、行走架支撑、上下侧滚轮、聚四氟乙烯滑块、行走油缸、升降油缸等组成。

b. 行走系统的工作原理

在缆载起重机处于吊装钢箱梁的过程中，每套行走系统通过由液压油缸驱动的四套夹缆装置来夹紧主缆实现缆载起重机的定点提升，当上坡角度较大或吊重量大时同时使用手动抱夹和止动块来增加整部起重机的抗滑力以提高安全性。缆载起重机在缆上的步履式行走主要通过改变四套夹缆装置的松紧状态和安装于前后支腿上的升降油缸和行走架上的行走油缸的交替伸缩来完成时，当上坡较大或者吊重量大时同时使用手动抱夹和止动块来增加整部起重机的抗滑力以提高安全性。在整部缆载起重机液压系统停止工作的状态时由人工用高强螺栓拧紧每对可拆卸的手动抱夹和止动块来抱紧主缆防止起重机沿主缆方向下滑。整部缆载起重机在主缆上的行走距离由悬索桥索夹位置和缆载起重机初始位置决定，在使用前要根据具体的工况制定正确安全的行走方案。

c. 行走系统的步履式行走步骤

a）行走前的准备

升降油缸以支撑座作为承载体，升降油缸活塞杆端不动，将缸筒部分升高 395mm；外侧支腿支撑和内侧的行走架支撑都压紧在主缆上。

四套夹缆装置抱紧主缆，液压油缸处于保压状态；行走油缸根据跨越索夹的需要设定好行程后处于伸出状态，行走油缸行程为 4 000mm。此时行走系统的状态如图 7.3-13 所示。

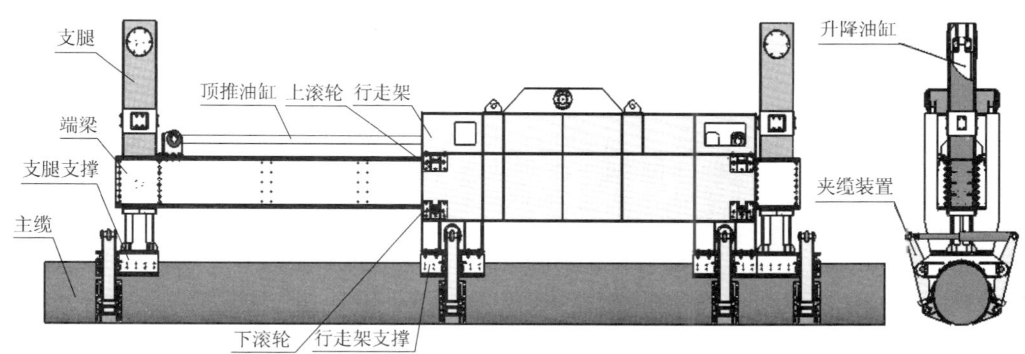

图 7.3-13　行走系统步履式行走步骤一

b）行走架及缆机主体前移

行走系统外侧两套夹缆装置继续处于保压状态夹紧主缆。内侧夹缆装置松开主缆。

升降油缸的活塞杆端不动以外侧的支腿支撑为承载体。顶升升降油缸的缸筒部分行程为 395mm，从而带动行走架、内侧行走架支撑及夹缆装置、端梁、支腿外套筒、主桁架等上升 395mm。

待升降油缸顶升到位后，行走油缸活塞杆端不动，以端梁为承载体根据设定好的行程收缩缸筒部分，从而使行走架及缆机主体沿主缆轴线方向上前进到合适位置；此时行走系统的状态如图 7.3-14 所示。

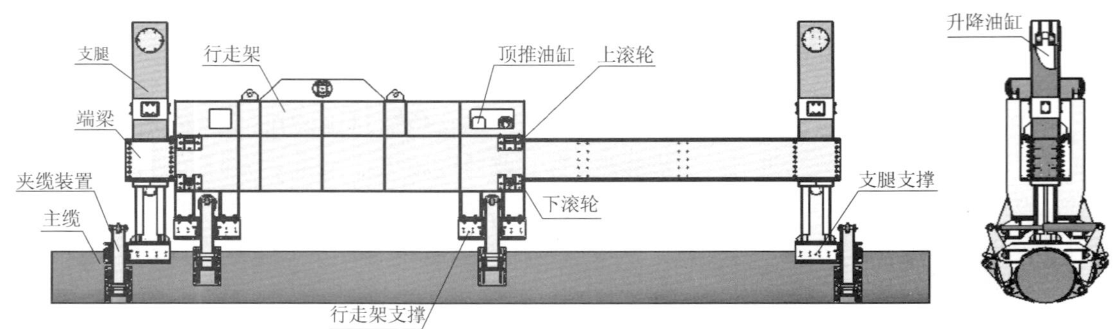

图 7.3-14　行走系统步履式行走步骤二

c)行走架及缆机主体就位下放

待行走油缸将缸筒部分收缩到位后，升降油缸活塞杆端不动，以外侧支腿支撑作为承载体收缩缸筒部分下降 395mm；使内侧行走架支撑座压紧在主缆上，待升降油缸缸筒部分下降到位后，内侧夹缆装置夹紧主缆后处于保压状态。此时起重机由四套夹缆装置共同抗滑，如图 7.3-15 所示。

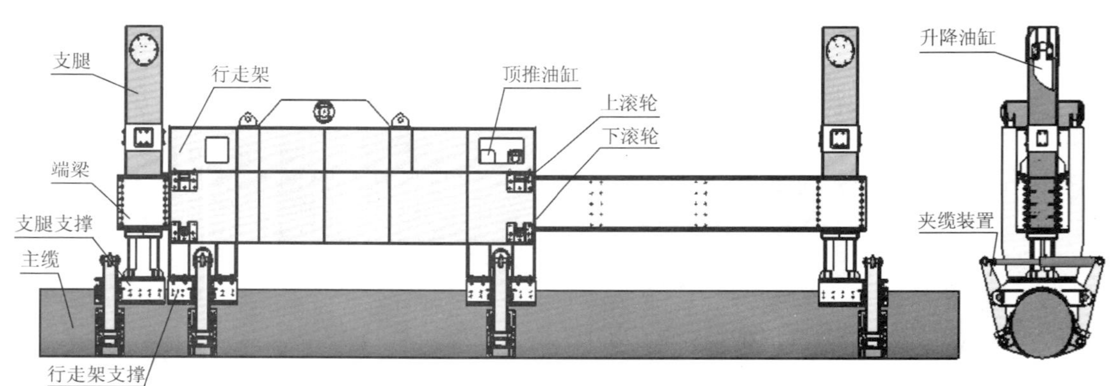

图 7.3-15　行走系统步履式行走步骤三

d)端梁及外侧支腿前移

行走系统内侧夹缆装置夹紧主缆，外侧夹缆装置松开主缆。升降油缸缸筒部分不动提升活塞杆部分，行程为 395mm，从而带动两侧支腿及夹缆装置等上升 395mm。

待升降油缸顶收缩到位后，行走油缸缸筒部分不动，以端梁为承载体根据设定好的行程伸长活塞杆，从而使端梁、外侧支腿、支腿支撑及其夹缆装置等沿主缆轴线方向上前进到合适位置；此时行走系统的状态如图 7.3-16 所示。

e)端梁及外侧支腿就位下放

待行走油缸到达设定好行程后，升降油缸缸筒部分不动以支腿外套筒为承载体顶出活塞杆部分，直到支腿支撑完全压紧主缆；外侧两套夹缆装置抱紧主缆处于保压状态。此时起重机每侧都有四套夹缆装置共同抗滑，缆载起重机准备开始进入下一个行走循环或进行吊装作业。

⑤行走系统各组成部分设计

a. 夹缆装置

夹缆装置主要由支撑座、夹紧臂、抱箍侧夹、夹紧油缸及限位件组成，各部分通过销轴连接。

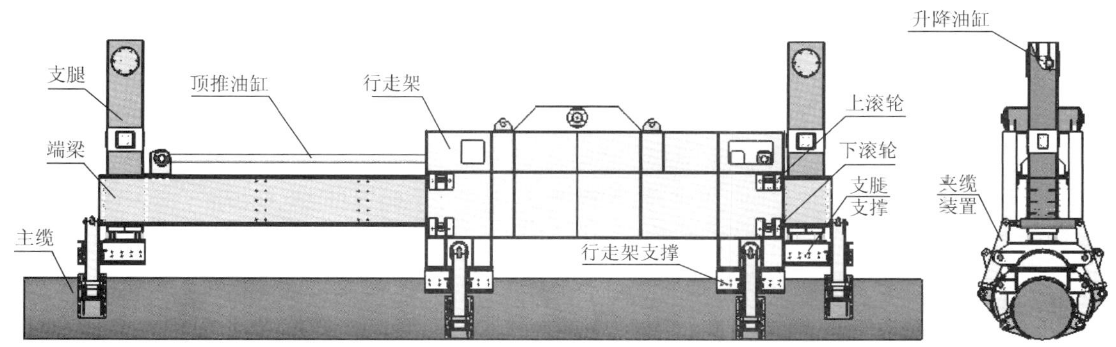

图7.3-16 行走系统步履式行走步骤四

夹缆松缆动作基于杠杆原理实现，当夹紧油缸伸长时，夹紧臂下部和抱箍侧夹一起向主缆靠拢，在自身重力作用下侧夹上部先接触主缆并开始在主缆上滑动，随着夹紧油缸的伸长两抱箍侧夹最终夹紧主缆，夹紧油缸在达到抗滑所要求的压力值后用液压锁来保持夹紧所需的压力。当液压油缸收缩时，抱箍侧夹松开主缆并在重力作用下绕下铰点转动，碰到限位环后与夹紧臂保持一定的相位角整体向外摆动。两侧夹紧臂和抱箍侧夹在限位螺栓的作用下在夹紧油缸完全收缩后保持对称。通过调整抱箍侧夹上的限位环和支撑座上的限位螺栓位置来调节夹紧装置的相位，夹缆装置如图7.3-17所示，在液压系统停机时或大坡度时安装止动块和手动抱夹夹紧主缆来抗滑。在支撑座下部和抱箍侧夹下部安装橡胶垫块与主缆表面接触，以免损坏主缆并提高夹缆装置与主缆间的摩擦因数。

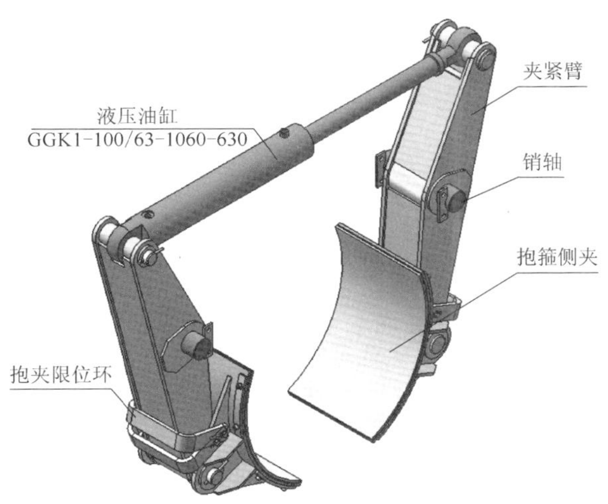

图7.3-17 夹缆装置结构示意图

为保证缆载起重机使用安全，在吊装钢箱梁上坡角度小于20°和处于非吊重状态自行行走上坡角度小于26°时，只使用自动夹缆机构抗滑。当大于此使用条件后通过添加止动块和手动抱夹来抗滑。

为保证缆载起重机在一定范围内适应新的悬索桥吊装需要,自动夹缆装置要能满足主缆直径 606 ~ 860mm 变化及能跨越相对应的索夹。

b. 支腿支撑和行走架支撑

a) 行走架支撑的组成及功能

行走架支撑主要由行走架支撑焊接支座、行走架支撑橡胶垫块、手动可拆卸抱夹、限位螺栓、压紧条等组成,如图 7.3-18 所示。

行走架支撑焊接支座以主缆为支撑安装于行走架的下方,夹缆装置、手动可拆卸抱夹、支撑胶垫、限位螺栓等安装在焊接支座上。支撑胶垫采用模块化设计,由胶板固定板、胶板组成。下侧通过胶板与主缆接触,增加摩擦因数;上侧与的行走架支撑焊接支座用螺钉和压紧条固定,防止径向和沿主缆方向的错动。当主缆缆径小于 860mm 时,行走架支撑只需要重新设计胶板固定板和胶板的尺寸就可以满足夹缆支撑的需要。手动可拆卸抱夹在起重机处于非工作状态时或者为了增加吊装安全系数时,每对手动抱夹用螺栓卡紧在主缆上;以防止起重机沿主缆下滑。安装于行走架支撑焊接支撑上的螺栓用于夹缆装置在收缩夹紧臂张开抱箍侧夹时对夹紧臂限位。

b) 支腿支撑的组成及功能

支腿支撑主要由支腿支撑焊接支座、支撑橡胶垫块、手动可拆卸抱夹、限位螺栓、压紧条等组成,如图 7.3-19 所示。支腿支撑焊接支座以主缆为支撑安装于支腿内套筒上,为支腿以及横梁等提供支撑,其他功能与行走架支撑的功能一样。

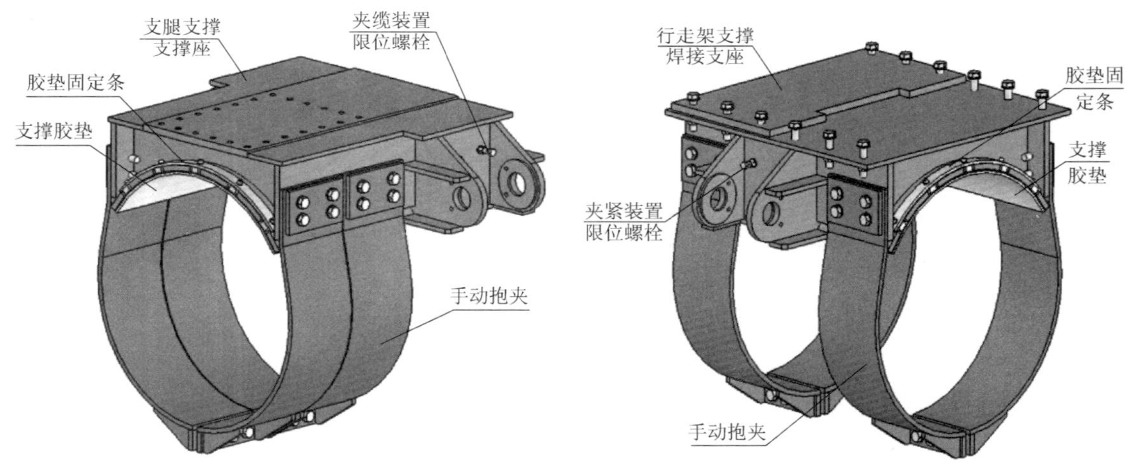

图 7.3-18 行走架支撑结构图

图 7.3-19 支腿支撑结构图

c) 支腿设计

支腿主要由支腿内、外矩形套筒、升降油缸、安装于外套筒内侧的聚四氟滑块等组成,支腿安装于支腿支撑座上,并与横梁连接。矩形支腿主要承受起重机在主缆上产生的弯矩并用于安装升降油缸来交替提升支腿支撑和行走架。当支腿内外套筒滑动时,聚四氟乙烯滑块沿支腿内套筒上的不锈钢钢板滑动起导向作用,如图 7.3-20 所示。

d) 行走架、滑动端梁及滑块滚轮

(a) 行走架

行走架由钢板焊接而成，是整个行走系统的主体，上部与抗风装置、主桁架连接，中部安装顶推油缸推动放入的端梁，下部与行走架支撑用螺栓连接，如图 7.3-21 所示。

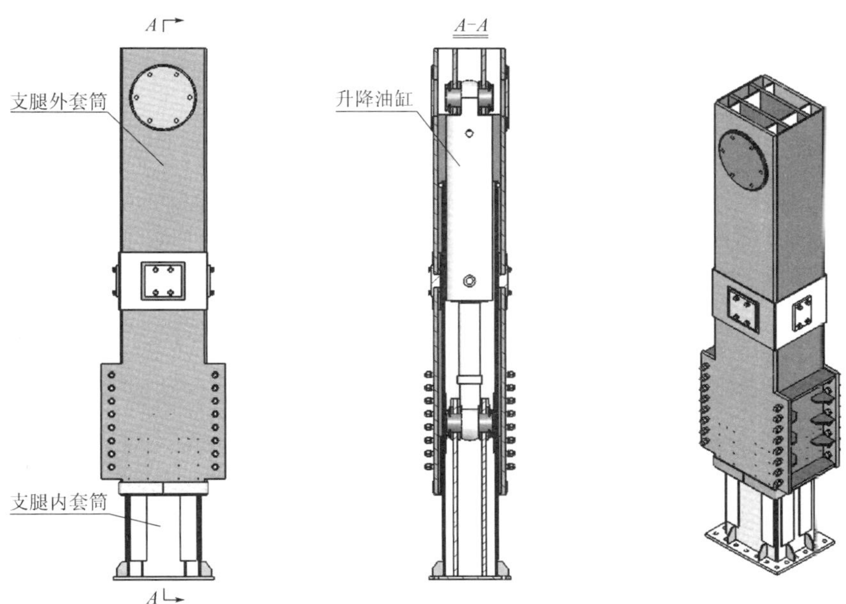

图 7.3-20 支腿结构图

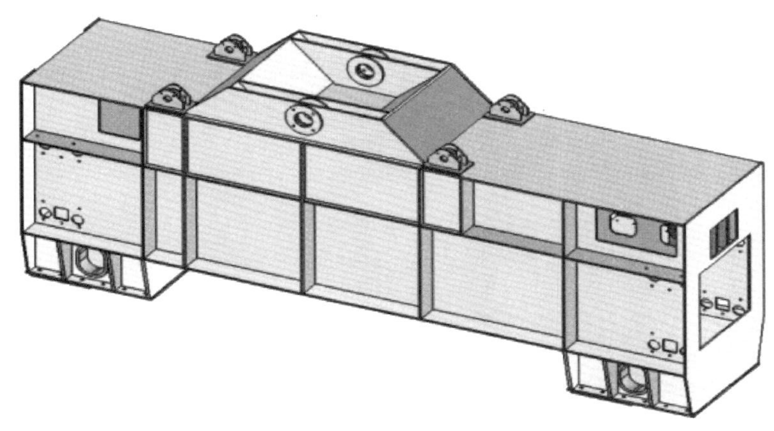

图 7.3-21 行走架结构图

(b)滑动式端梁

端梁由 H 型钢、连接钢板和等边角钢通过螺栓装配而成，在行走系统里与支腿外套筒、顶推油缸等相连，如图 7.3-22 所示。

(c)行走架滑块、上、下滚轮

行走架滑块上安装聚四氟乙烯板，用螺栓固定在行走架上；当以支腿下部为支撑，端梁在升降油缸作用下支撑行走架上升时滑块承重，滑块承受的重量是除开两侧支腿、支腿支撑与两套夹缆装置及端梁外的整部缆载起重机自重，并在行走油缸作用时起减摩作用，如图 7.3-23

所示，上、下滚轮通过螺栓固定在行走架上；在行走油缸推动端梁滑移时，端梁H型钢的外侧翼缘下部压在的滚轮的滚针轴承上，滚轮承受的重量是两侧支腿、支腿支撑与两套夹缆装置及端梁等重量，同时起导向作用，上、下滚轮如图7.3-24、图7.3-25所示。

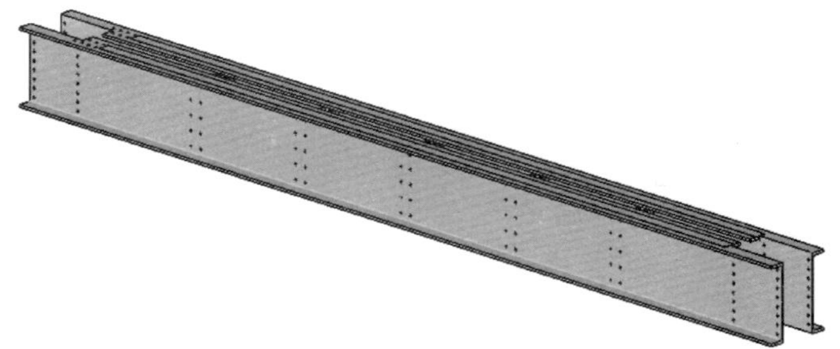

图7.3-22 端梁结构图

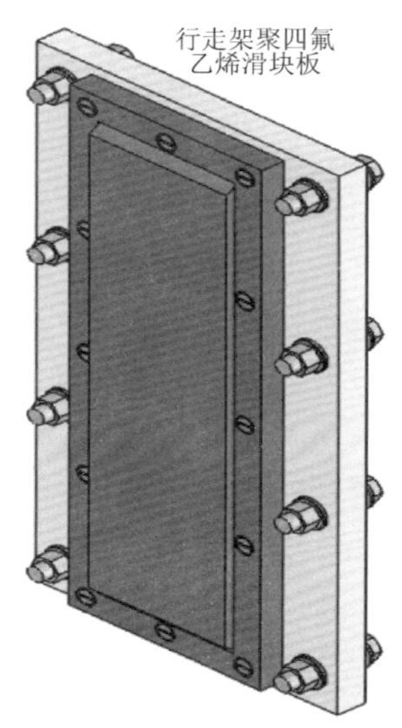

图7.3-23 行走架滑块

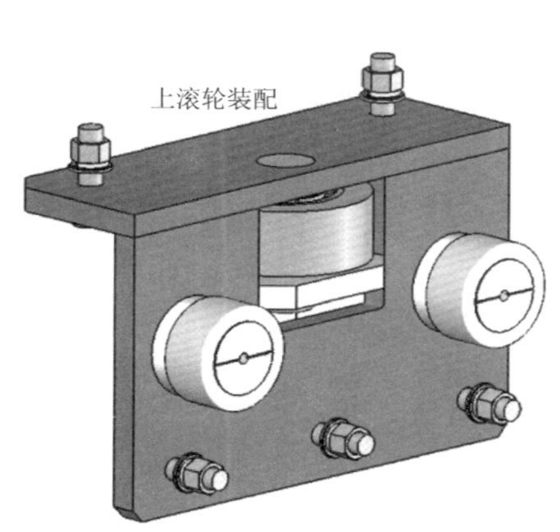

图7.3-24 上滚轮

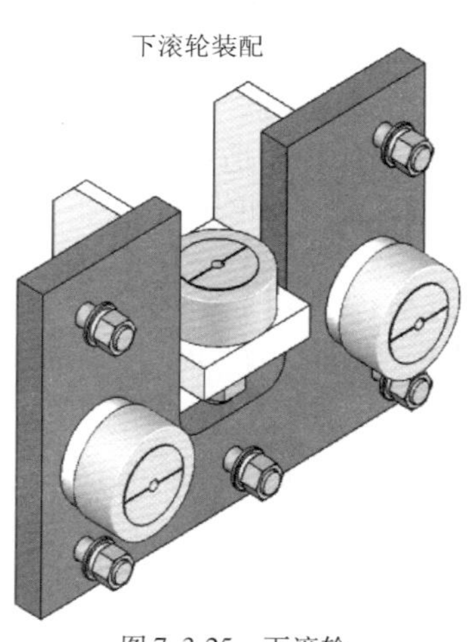

图7.3-25 下滚轮

⑥抗风装置设计

为了提高缆载起重机在非工作状态时抗风能力，用四组抗风拉杆在躲避强风过程中将行走系统与每侧的起重机销接横梁相固连，通过调节长、短抗风拉杆的长度使主桁架中心面与水平面垂直，防止主桁架整体绕铰接点转动，使主桁架与两侧的行走系统一起抗风，如图7.3-26所示。

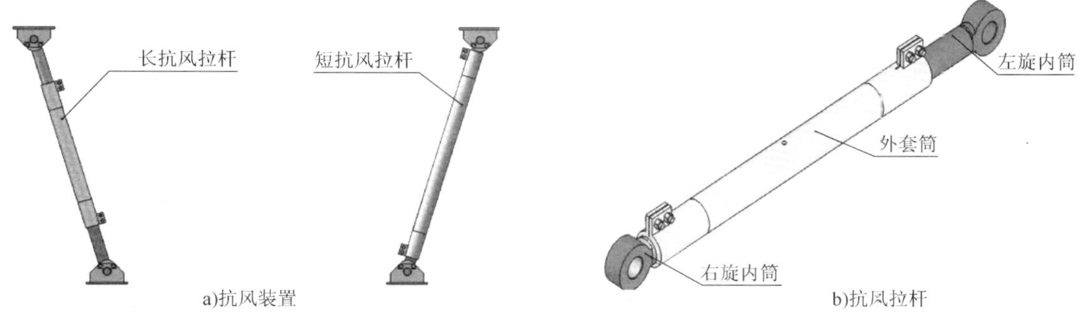

a)抗风装置　b)抗风拉杆

图7.3-26　行走架滑块抗风装置

7.3.3　钢箱梁运输船舶动力定位技术

1)概述

钢箱梁吊装施工中，运梁船将箱梁运输至大桥附近后，需要运用定位技术来确保其准确到达并持续定位于起吊位置下方。为保证钢箱梁垂直起吊，运梁船定位精度要求较高，同时持续定位时间须满足钢箱梁与吊具连接作业时间要求。国内现有的钢梁(或混凝土梁)运输船的定位方式普遍采用抛锚定位方式，对于水深流急、海床无覆盖层海域，无法选用该定位方法，必须考虑采用其他定位技术，同时针对复杂海域特点进行工艺优化。

西堠门大桥地处复杂海洋环境，海域内水深流急，水道海底地形陡峭，海床无覆盖层，即使冒风险地采用传统的抛锚定位技术，还存在海事监管难度大，定位环节多，定位时间长，定位精度不佳，以及不便于快速撤离的诸多问题，因此不宜采用。若采用传统的船舶动力定位技术，虽然具有操纵方便，机动性好，投入和撤出迅速等优点，但目前国内外已有的船舶动力定位系统多用于水下作业，而对于钢箱梁运输定位尚无成熟先例可借鉴，同时该技术的定位精度也不能满足本项目要求。此外，众多数量的梁段架设将带来的长时间的封航，其所造成的负面影响不可忽视。因此，研发适用于复杂条件海域、适合悬索桥构造特点的新型船舶定位技术，是未来跨海大桥建设的迫切需要。

结合西堠门大桥复杂海域的实际情况，吸收已有研究成果，在自航驳船单船直接动力定位技术基础上，对船舶动力定位技术进行了优化，研发出一种天缆辅助运梁船动力定位技术。该技术的核心是在船舶自带动力进行运梁船的初步定位的基础上通过“天缆系统”来辅助船舶进行精确定位。该技术具体为：采用若干钢丝绳将驳船与悬索桥主缆连接，组成辅助定位的天缆系统(该系统主要由主缆锚固点和收放绳系统、受力系统与调位系统组成，如图7.3-27所示)，并利用天缆钢丝绳的横向分力调整船舶横向位置，克服船舶横向移动，从而实现稳固驳船、达到精确动力定位的目的。该技术克服了采用传统的抛锚定位技术中铁锚易出现的“走锚”、“卡锚”现象，和传统大型混凝土锚块的“漂离”、“翻滚”现象，减少了动力定位船舶的制造费用,同时具有作业效率高,占用航道少等优点。

a)

b)

图 7.3-27　天缆辅助运梁船动力定位照片

2)“天缆辅助”动力定位原理

天缆钢丝绳总体布置如图 7.3-28 所示。天缆辅助动力定位原理是:利用天缆钢丝绳的横向分力调整船舶横向位置,克服船舶横向移动,从而实现精确的动力定位。

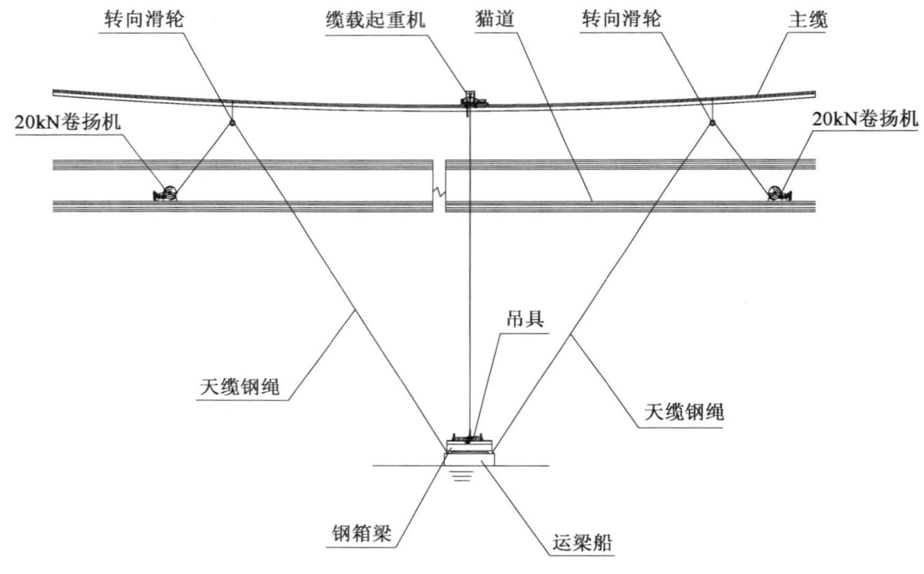

图 7.3-28　天缆辅助动力定位总体布置示意图

钢箱梁利用平潮(高平潮或低平潮)时段,在海况较好的时候(风力小于 6 级,风浪小于 2 级)进行安装。运梁船在平潮来临前逆水流风向运行到吊梁位置进行定位,在潮汐起落水流方向发生改变之前完成提升动作。

运梁船以周围地形和吊点为参照物快速进入施工作业区。在施工作业区内,缆载起重机下放吊具至离水面约 6m(超出运梁船高度),运梁船以放下的吊具作参照,通过自身定位系统调整船舶位置进行初定位,使运梁船定位在吊具下方。

下放辅助定位“天缆”系统,将“天缆”系统两根钢绳与运梁船船首上左、右船舷卷扬机钢绳连接，通过收放钢绳定位船首。舵手只需根据水流速度控制船舶航行速度（航行速度等于水流速度，并方向相反），保持船舶相对静止，同时通过控制船尾双舵，调整船舶船尾位置来进行运梁船的精确定位。“天吊”系统的运用，在提高运梁船定位精度的同时，大大缩短了运梁船的定位时间，保证在一个潮位可利用的时间内完成一片钢箱梁的吊装。

将吊具下放到位，作业人员分组进行吊具与钢箱梁临时吊耳连接穿销工作。穿销完成后，缆载起重机缓步提升钢箱梁，当吊具承受约 20% 钢箱梁质量时，检查钢箱梁与吊具连接情况，合格后再继续提升钢箱梁。当钢箱梁与船体脱离后，快速解除“天缆”辅助系统。操作运梁船倒退或横移并驶离吊装区域。钢箱梁继续起吊并进行安装。

3）天缆系统组成

（1）两种天缆辅助动力定位系统

考虑到西堠门大桥桥区定位条件复杂，设计了两种天缆辅助动力定位系统：

双天缆辅助动力定位：其平面布置如图 7.3-29 所示。在该系统中，船首两根钢丝绳相当于给船艏增加了左右侧推器，但是又比侧推器更容易操纵；纵向位置和船尾姿态可由推进器和舵控制，为了操纵灵活，最好选用双车双舵驳船。

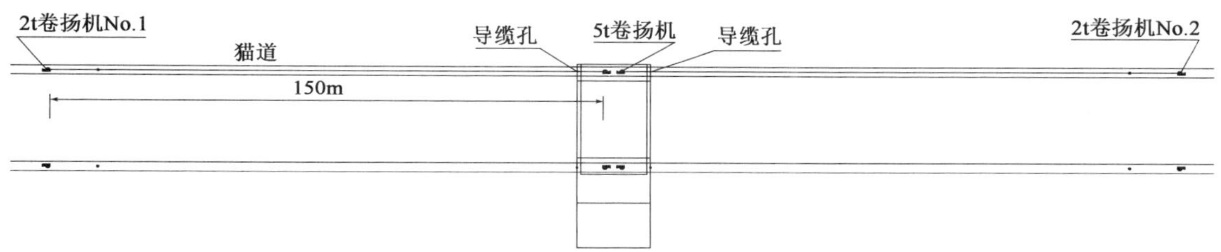

图 7.3-29　双天缆辅助动力定位平面布置图

四天缆辅助动力定位：其平面布置如图 7.3-30 所示。该系统在双天缆辅助动力定位基础上增加了尾部的两套天缆，在动力定位时，只需用车控制纵向位置即可，但天缆钢丝绳连接相对用时较多。

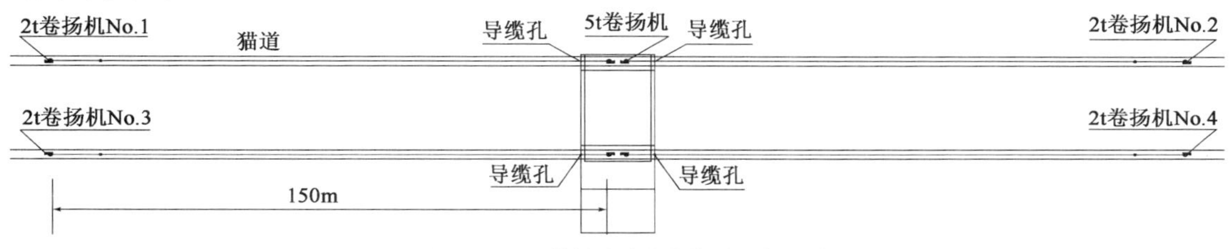

图 7.3-30　天缆辅助动力定位平面布置图

（2）天缆系统组成

天缆系统主要由天缆钢丝绳受力，天缆在运梁船定位时成倒八字形，该系统主要由三大部分组成：

①主缆锚固和收、放绳系统

它包括转向滑轮和猫道上 2t 卷扬机。卷扬机离所吊梁段中心距离大约各 150m，转向滑轮与主缆连接，收放绳过程中起转向作用。

②受力系统

受力系统包括 ϕ17.5mm 的天缆钢丝绳和大桥主缆，每根钢绳大约 200m。当钢丝绳收放完毕后，在定位前，用索卡将天缆钢丝绳锚固在大桥主缆上，因此，在动力定位时主要靠钢丝绳和主缆受力，猫道卷扬机和猫道转向滑轮在动力定位中不受力。

③调位系统

调位系统主要由运梁船上的 5t 卷扬机组成，分别用于调整左右两舷天缆钢丝绳的收放。天缆钢丝绳穿过船首两舷的导缆孔分别与安装于船首部的两台卷扬机连接，在运梁船初定位完成后，通过收放卷扬机，调整驳船横向位置。

(3)钢箱梁运输船舶动力定位方案

通过前述分析，结合西堠门大桥的自然条件，通过现场试验，选择双天缆辅助自航驳船动力定位法作为最终定位方案。

4)西堠门桥运输船舶设计

(1)钢箱梁运输驳船设计原则

按照西堠门大桥运梁船动力定位初步方案，自航驳船在设计时在满足船舶设计规范的前提下，应考虑如下原则：

①较高的稳定性和耐风浪性

船型宜选用方形系数较大的扁平宽体甲板驳船。根据加劲梁段结构尺寸，最重梁段质量为 360t(实际称质量)，标准梁段质量为 250t。标准梁段长度 18.0m，宽度 36.0m；最大长度为 19.6m，最大宽度为 36.0m。根据海事要求和运输装载要求甲板尺寸必须满足钢箱梁的装运尺寸及梁体锚固所需要的空间尺寸，因此船宽应大于 18m。考虑到钢箱梁的装载和固定，除尾楼和船首外还应有长度不少于 45m 的甲板空间，同时甲板必须满足钢箱梁的支点荷载的均匀分布和有效传递。

②较好的操控性

由于船体加宽双机间距加大，船舶动力定位时横向移动性需要加强，采用双主机，双舵；由于西堠门水道实测最大流速达到了 3.65m/s(即 7.09 节)，结合船舶的设计装载量必须具备大功率发动机以满足使用要求。

③具有定位和控制所需的设备和系统

(2)运梁驳船

根据钢箱梁运输和动力定位操控性要求，设计并建造了运梁驳船，如图 7.3-31 所示。

图 7.3-31　西堠门大桥钢箱梁运输驳船

船舶主要配置及参数如下：

①主要尺寸

总　　长：60.00m；

水 线 长：56.40m；

垂线间长：57.60m；

型　　宽：20.00m；

型　　深：4.20m；

设计吃水：2.20m；

满载排水量：2 386.1t。

②满载出港时主要参数

重心高度:3.693m;

横稳心高度:16.925m;

修正后的初稳性高度:13.186m;

稳性衡准数:67.93;

③推进系统

动力配置:8170ZC－015(2台),单台265kW;

齿轮箱:HDC600(2台),减速比5:1。

④位置测量仪器与传感器的选用

差分GPS(2台):品牌Leica,型号MX 9400 DGPS,产地:美国,精度<0.1m;

雷达(2台):品牌DECCA&KONGSBERG,型号DATABRIGE 10TM,产地:挪威;

测深仪(1台):品牌SKIPPER,型号GDS101,产地:挪威;

风向风速仪(1台):品牌DEIF A/S,型号879.3C,产地:丹麦;

GPS罗经:品牌CSI WIRELESS型号Vector Pro,产地:美国,精度<0.3°。

⑤转向系统

液压舵机两台、舵叶两副。

5)船舶控位显示系统的使用

钢箱梁装船、加固后,在船舶控位显示系统中输入预定吊装位置和预定方位,作为预定目标位置和姿态。系统内置航行海区的光栅扫描海图,系统根据钢箱梁尺寸在电子海图上显示钢箱梁吊装时起吊的矩形位置;在运输箱梁驳船上安装GPS罗经,系统根据钢箱梁在船舶上装载位置和GPS罗经的天线位置,计算出钢箱梁的当前位置和姿态,在电子海图上实时地显示钢箱梁的矩形姿态和当前航速。

钢箱梁控位显示比例尺分两种,分别为航行区和动力定位区,显示方式有北向上和首向上两种,操作者可根据自己习惯自行选择。图7.3-32为北向上显示方式,图中左侧大方框外区域为航行区域,表示钢箱梁离目标位置较远;大方框内为动力定位区,包含在大方框内的小方框表示钢箱梁目标位置。图中右侧小方框和箭矢表示船载钢箱梁的当前位置和运动状态,当钢箱梁位于大方框外时,海图比例尺相对较小,系统显示船舶所处环境的全局状态,有利于驾驶人员采取适当的航速和航向向目的地航行。在北向上显示模式下,图中左侧大方框和左侧小方框,即钢箱梁吊装位置保持不变;而右侧小方框和箭矢,即钢箱梁动态随其位置和方位实时地调整。

当运梁驳船进入大方框区域内时,海图显示比例尺自动增大,显示方式为首向上,如图7.3-33所示。海图显示比例尺逐渐放大,船舶运动和钢箱梁预定位置更为直观,为主机减速和航向调整提供更详细的依据。驳船不断靠近吊装作业区域,图中中间小框区域海图信息不断放大。

钢箱梁进入起吊操作区域后,钢箱梁当前矩形姿态与预定姿态的偏差尤为重要。此时,操作人员可摁键盘上的回车键选择精细显示模式,系统仅显示钢箱梁目标姿态和当前姿态,如图7.3-34a)所示。图中实线矩形的内框为钢箱梁目标姿态,外框为考虑纵向允许误差和横向允许误差±0.5m后范围,灰色区域表示当前钢箱梁姿态。动力定位的目标是控制船舶使灰色区域完全包含在实线矩形内部,如图7.3-34b)所示,直至钢箱梁被吊离船舶至不妨碍船舶撤离高度为止。

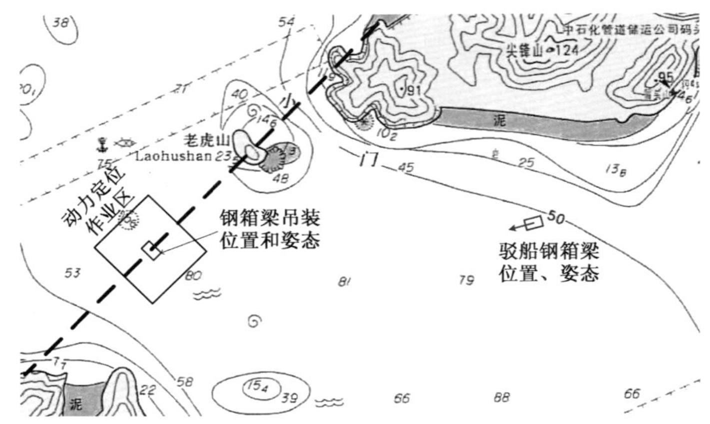

图 7.3-32　船舶控位系统初步定位示意图

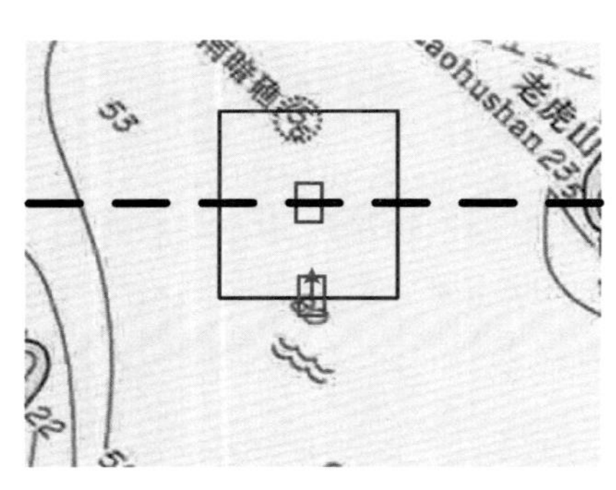

图 7.3-33　船舶进入动力定位作业区时显示方式

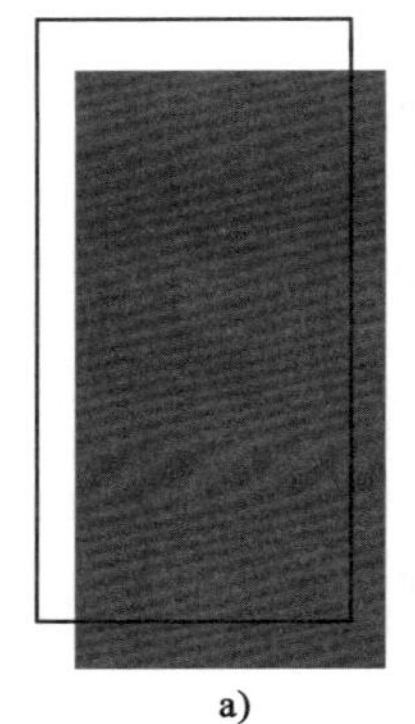

a)　　b)

图 7.3-34　吊装位置与箱梁姿态图

6)西堠门大桥钢箱梁运输船动力定位工法

根据空船动力定位试验和实际装载动力定位试验,决定采用双天缆辅助自航驳船动力定位方案,并提出动力定位实现工法。

(1)工艺流程图

工艺流程见图 7.3-35。

(2)钢箱梁运输和天缆辅助动力定位实现

①装船

钢箱梁装船地点:宝桥专用码头。梁段装载码头采用 250t + 150t 双门起重机起吊装船作业。

②钢箱梁装船和系固

钢箱梁落驳后,绑扎人员将钢箱梁与地锚紧固,检查合格后由船长指挥开航。

③运输

驳船离泊时间参看 2007 年中版《潮汐表》第 2 册,约在沥港平潮前 1 ~ 1.5h,特别是在农历初一到初五和十六到二十这些日期要注意离泊时间。

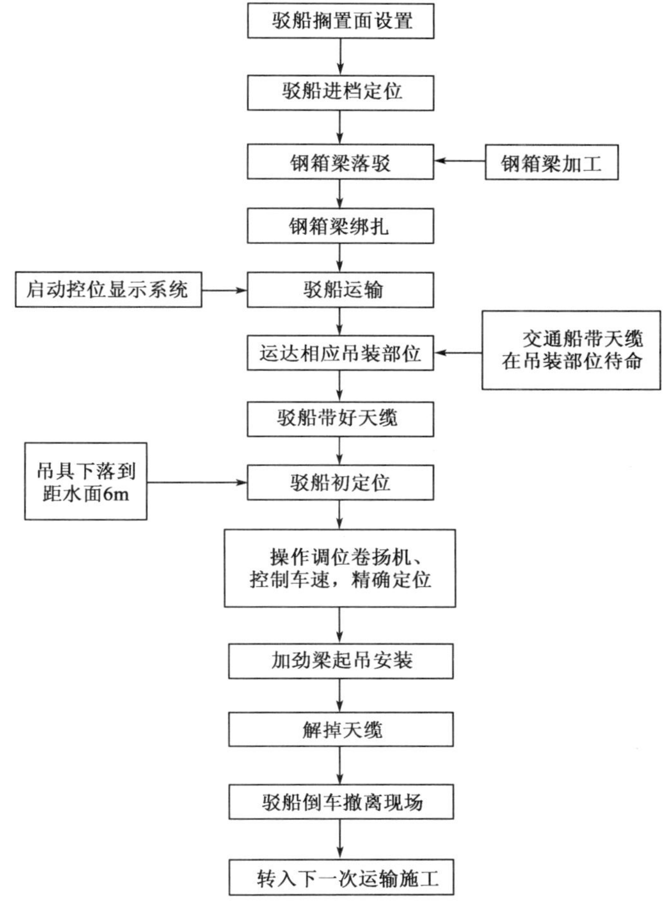

图 7.3-35　钢箱梁运输和动力定位作业流程

钢箱梁运输路线如图 7.3-36 所示，从宝桥码头到西堠门大桥钢箱梁作业现场 3.0 ~ 3.7 海里。在驳船运输期间，交通船将天缆钢丝绳准备好，缆载起重机和吊具就位。

(3)进入作业区

(4)天缆连接

①运梁船在进入作业区间前，天缆钢丝绳(ϕ17.5mm)通过猫道上的卷扬机下放到两艘交通船上；

②当运梁驳船抵达预定位置附近时，交通船低速靠近运梁驳船；

③当交通船靠近运梁驳船时，将撇缆绳一端打到交通船上，驳船作业人员将天缆钢丝绳与驳船钢丝绳卸扣连接；

④猫道卷扬机收钢丝绳，同时驳船卷扬机送钢丝绳，猫道上作业人员用索卡将天缆钢丝绳卡住。

(5)动力定位作业

①当船舶进入吊具下方，表明船舶进入动力定位区。

②驳船驾驶台将控位显示系统设为精细显示模式。

③动力定位指挥人员根据显示的姿态误差，将钢箱梁控制在黄色方框之内。如果钢箱梁存在横向偏差，指挥船首左右两舷卷扬机配合收、放天缆钢丝绳；如果存在纵向偏差，采用进车或倒车调整，同时合理使用双车和双舵摆正驳船尾部姿态。

④收紧两侧天缆钢丝绳，以免船首受风浪影响而摆动。

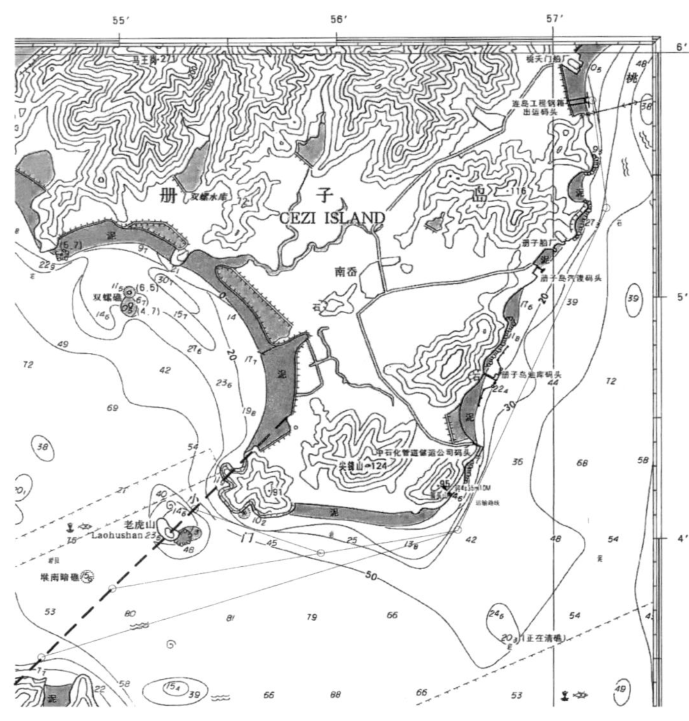

图 7.3-36　钢箱梁运输路线

(6)吊具连接

①现场指挥指挥缆载起重机缓缓降低吊具高度，8 名作业人员分两组，分别负责稳住前后纵向扁担梁，使其落在吊耳之间；

②当扁担梁位置与吊耳位置吻合时，下降吊具使横向扁担梁坐在钢箱梁两吊耳之间；

③将横向扁担梁与吊耳连接钢丝绳套在吊耳上。先套吊耳里侧，再套外侧；

④8 个吊耳钢丝绳全部套好后，作业人员往上提住钢丝绳，保证其套住吊耳，现场指挥人员指挥缆载起重机略微上升，使起重机刚好受力。

(7)动力定位保持和钢箱梁起吊

①在吊具连接作业期间，驾驶台指挥人员要注意控位显示系统中钢箱梁始终控制在黄色方框内，同时注意吊索受力方向；

②当吊索保持垂直时，起吊钢箱梁，否则，重新调整船舶位置。

(8)船撤离

①钢箱梁吊离驳船后，两舷天缆调位卷扬机放松天缆钢丝绳，解掉连接卸扣，猫道卷扬机

和驳船卷扬机分别将钢丝绳收好；

②驳船返航，撤离作业区。

7）作业周期

钢箱梁从运输到起吊各主要环节作业时间如表7.3-2所示，单程作业时间约80min，再加驳船返航时间30min，从接梁到返回宝桥码头，一个运输周期总用时不到2h。其间宝桥码头做好下一片钢箱梁装船准备，另一缆载起重机做好吊装准备，猫道卷扬机调整好位置。每天涨落潮间隔大约5h，一般一天可以完成两片钢箱梁的吊装和安装。

钢箱梁运输和起吊作业时间　　表7.3-2

序　号	作业流程	用时(min)	序　号	作业流程	用时(min)
1	宝桥码头接梁	吊装20+绑扎10=30	5	吊具连接	5
2	水上运输(3.0~3.7海里)	30	6	钢箱梁上人员撤离	2
3	天缆连接	5	7	合计	79~84
4	动力定位	10~15			

7.3.4　固定卷扬机式大角度荡移吊装系统的研发

悬索桥加劲梁的安装，一般采用缆载起重机进行安装；对于塔、锚区特殊梁段，在运输条件受限或深山峡谷地带，一般采用缆索吊装工艺进行钢箱梁的吊装，对于跨水面桥梁塔区吊装受限的情况，一般采用大型浮吊进行吊装。尽管以上三种施工方法均有不同的适用范围和环境，以及各自的优点，但仍无法满足西堠门大桥北塔区特殊梁段的吊装：吊装质量超出了缆载起重机的承载能力，缆索吊装无法实现，浮吊的成本和风险太高，因而需开创其他方法进行吊装。

图7.3-37　塔区特殊梁段的大角度荡移安装

鉴于以上难题，研发了固定卷扬机式大角度荡移吊装系统，如图7.3-37、7.3-38所示。该系统依托主缆作为支撑，通过特殊的索夹设计与千斤绳构造，采用主缆上的卷扬机提供起吊动力，而钢箱梁的平移则借助岸侧的牵引卷扬机提供动力。该系统克服了普通缆载起重机不能完成的大角度、长距离(荡移距离超过52m，荡移角度24.5°)吊装作业难题，具有安装速度快，提升作业安全可靠的特点，能够高效、安全地完成了塔区特殊梁段安装工作，使悬索桥塔区梁段的吊装质量和固定位置荡移距离达到了一个新的高度，这在国内外尚属首次。

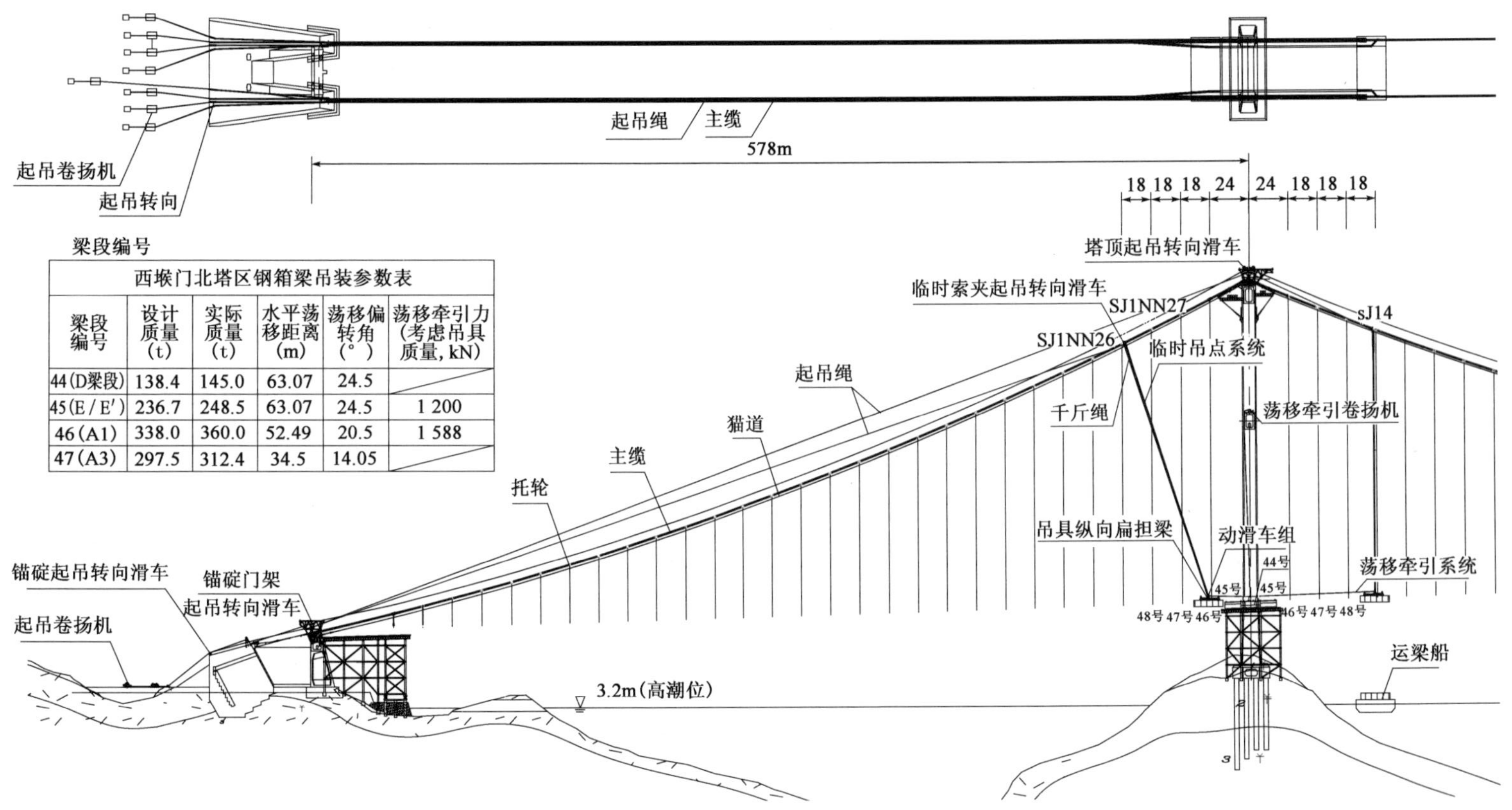

西堠门北塔区钢箱梁吊装参数表					
梁段编号	设计质量(t)	实际质量(t)	水平荡移距离(m)	荡移偏转角(°)	荡移牵引力(考虑吊具质量,kN)
44(D梁段)	138.4	145.0	63.07	24.5	
45(E/E′)	236.7	248.5	63.07	24.5	1 200
46(A1)	338.0	360.0	52.49	20.5	1 588
47(A3)	297.5	312.4	34.5	14.05	

图7.3-38　固定卷扬机式大角度荡移吊装系统

7.4 本章小结

针对复杂建设条件和特大跨径悬索桥重大工程技术问题，重点围绕悬索桥施工控制理论与技术、安装关键技术与装备制造、分体式钢箱梁制造关键技术进行研究，解决了海洋环境下特大跨径钢箱梁悬索桥的一系列关键技术问题，形成一批具有自主知识产权的科技成果，形成并完善钢箱梁悬索桥制造、安装与控制成套技术，为西堠门大桥安全、优质建成提供技术支撑。

1）特大跨径悬索桥施工控制理论及技术研究

（1）突破传统的将悬索桥主缆作为纯索的计算理论，建立能考虑主缆抗弯刚度的劲性索单元、能模拟索夹刚性区域影响、主缆与鞍座切点修正、锚跨索股不均匀受力等影响的多节点组合单元，实现了大跨度悬索桥主缆的精细化计算；通过试验和理论分析，确定劲性索抗弯刚度参数的计算方法。

（2）研究主缆在自然条件下截面内的温度分布特性及不均匀温度对施工与成桥状态主缆的影响，建立了主缆截面温度场的计算方法。

（3）研究基准索股架设的参数控制法和影响参数的实时修正方法，开发基准索股动态寻点控制技术，提高监控效率；研究一般索股架设位置定量控制参数；在主缆精细化计算理论及施工控制新技术研究的基础上，开发适用于特大跨径悬索桥主缆索股架设的专用软件。

（4）以可靠度理论为基础制定特大跨径悬索桥施工控制标准，形成一整套有效的特大跨径悬索桥的施工控制关键技术，编制了《特大跨径悬索桥分体式钢箱梁成套技术指南》。

（5）研究成果直接应用西堠门大桥的施工监控之中，为气象环境特别复杂的西堠门大桥的顺利建成提供了技术支撑，高水平实现了监控目标状态。

2）特大跨径悬索桥分体式钢箱梁制造控制技术研究

通过分体式钢箱梁1:2模型试验段、锚箱结构工艺性试验和足尺分体式钢箱梁节段的制造，研究制定了分体式钢箱梁的制造工艺，并在制造过程中对几何尺寸控制及其影响因素进行了分析，改进和完善了制造工艺，形成了“大跨径悬索桥钢箱梁组装工法”和“分体式钢箱梁制造规程”。

3）特大跨径悬索桥架设及关键设备研究

（1）开展了主缆索股的分层定位控制和主缆实时测量与动态控制技术研究，满足安装精度要求并极大提高了季风期超长索股架设与调整效率。

开展了台风期悬索桥钢箱梁架设研究与实践，进行了抗风稳定性研究，形成台风环境下施工阶段抗风稳定研究成果，制订了台风期架梁的安全措施，保证了西堠门大桥台风期钢箱梁架设成功实施。

（2）开发研制了步履式液压提升缆载起重机，采用了新型的液压自动夹缆机构与行走系统，大幅提高缆载起重机的行走能力与自动化程度，通过风洞试验验证缆载起重机设计参数。

（3）将船舶动力定位技术引入悬索桥施工领域，根据西堠门大桥的海域环境并结合悬索桥结构施工特点，设计制造适用于动力定位作业的运输船舶，创造性地以固定于主缆上的天缆系统辅助船舶定位。

经现场试验验证后用于钢箱梁安装施工，满足了大桥钢箱梁安装需要。

第8章　特大跨径钢箱梁悬索桥结构监测系统研发和应用

8.1　引　　言

近十年来,我国大跨径悬索桥的建设进入了一个崭新的阶段,已建成和在建的跨径超过1 000m的悬索桥超过十座,跨度超过2 000m的公路悬索桥和跨度1 000m以上的公铁两用(多线重载铁路)悬索桥也在研究之中。西堠门大桥主跨达1 650m,是世界上首座特大跨径分体式钢箱梁悬索桥,特大跨径和海洋环境是西堠门大桥最为显著的特点,这两个因素使得西堠门大桥在建设和运营期面临极为严峻的结构施工质量控制和结构安全问题。为保证大桥结构的建设质量和监管水平,降低海洋环境和特大跨径对结构施工和养护管理所带来的风险,结合西堠门大桥的建设和监管需要开展了本章的研究。

本章研究的目的是为西堠门大桥及类似桥梁的建设和监管研究巡检体制和技术、基于工业以太网和GIS技术的分布式数据采集与传输系统的设计和构建方法、决策模型选择和决策系统智能化等若干关键技术,协助西堠门大桥管养单位实时掌控处于运营期桥梁结构的受力状态以及桥梁性能的退化发展趋势,制定合理、高效的维修以及预防性养护措施,有效降低大桥全寿命期的养护维修成本,全面提高我国跨海悬索桥结构监测养护管理的技术水平。

本章探讨了以下六个方面的研究内容:

(1)分析跨海悬索桥全寿命周期的结构安全特征信息和结构危险性,提出相应的养护管理策略。

(2)建立基于风险管理的标准化巡检养护系统。

(3)开展工业以太网和三维GIS技术在跨海悬索桥结构监测领域的应用研究,实现以太网馈电、多种信号源的微秒级同步数据采集及数据三维展示。

(4)研发信号智能调理器,构建西堠门大桥结构监测管理系统。

(5)基于监测、检测数据来源多样性的数据分析处理、专业数据存储与管理研究。

(6)研究桥梁养护管理多决策模型组合,建立可扩充的桥梁病害专业知识库和决策系统。

依托西堠门大桥工程,本章探讨了特大跨径钢箱梁悬索桥结构监测、养护管理的相关理论、技术和方法,不仅对于西堠门大桥运营期监测和养护管理具有重要的意义,对于发展我国特大跨径悬索桥的监管技术,提升我国交通行业竞争力,促进我国向桥梁强国发展具有重要的意义。

8.2 跨海悬索桥结构监测、巡检管理关键技术研究

本章研究分析跨海悬索桥全寿命期的结构危险性，提出相应的巡检养护策略，建立基于风险管理的标准化巡检养护管理系统；开展工业以太网和三维 GIS 技术在跨海悬索桥结构监测中的应用研究，研发信号智能调理器和西堠门大桥结构监测管理系统，实现系统以太网馈电、多种传感信号源的微秒级同步采集和数据三维展示。

8.2.1 跨海悬索桥结构安全特征信息、结构危险性分析技术研究

1）跨海悬索桥结构安全特征信息

结构安全信息可以定义为：结构安全信息本质上是一个宽泛的概念，狭义上是指所有包含结构安全状态的信息，包括结构响应信息、通过人工巡检所直接获取的结构损伤信息以及通过对结构响应监测信息进行深入分析所获取的结构安全状态评估结果等等；广义上讲还包括所有影响结构响应、结构损伤和安全状态评估结果的信息。

具体而言，跨海悬索桥的结构安全特征性息包括：

①桥梁环境信息：自然环境、地质水文、风环境、地震危险性评估等。环境条件对桥梁结构安全的影响主要体现在改变桥梁的耐久性，改变桥梁的边界条件。环境信息为确定桥梁设计风荷载提供了统计资料，同时提供了设计地震动（包括给定概率水平下的加速度幅值，地震反应谱和地震时间历程）。

②桥梁结构信息：包括材料、结构尺寸、构造细节、施工方法等。这类信息是计算结构承载能力的基础。

③桥梁荷载信息：恒载、活载、温度、设计风荷载和地震动等，这类信息是计算结构内力和位移响应的基础，是结构力学状态改变的外因。

④桥梁结构响应信息：静力位移和内力响应，动力位移、速度、加速度响应以及内力响应。结构响应体现了结构抵抗外部荷载作用的能力，如果在类似荷载作用下，结构响应发生了显著改变，则表明结构刚度发生了显著变化。

⑤桥梁损伤（病害）信息：损伤（病害）是通过人工巡检发现的结构表面的损伤，它们是桥梁劣化的外观反应。

⑥桥梁评估信息：桥梁技术状况的评估信息，基于结构分析的结构承载能力评估信息或者是基于荷载试验的承载能力评估等。这类信息是反映了桥梁的安全状态，是桥梁巡检养护决策的基础和支撑。

这里所指的结构安全特征信息主要限于人工巡检系统所涉及的范畴。影响结构安全性的主要因素为：

（1）结构材料在所处自然环境下的退化

混凝土结构的劣化包括混凝土材料本身的劣化，以及混凝土内钢筋和 PC 钢材的锈蚀。混凝土自身材料的劣化虽然不直接引起结构机能的明显降低，但是，它的发生会引起钢筋与 PC 钢材的锈蚀，从而降低结构的机能。

材料的劣化主要有以下几种：中性化（俗称“碳化”）、盐害、混凝土裂缝引起的钢材腐蚀，

钢材的锈蚀等等。

(2)结构耐久性设计

结构耐久性设计是设计中的重要内容,它直接关系到桥梁能否以较小的经济代价达到设计使用年限。由于各结构构件的力学行为差别很大,所处的环境不同,建筑材料不同,所以结构耐久性设计需要针对不同类别的结构单元来进行。

(3)结构构件服役期危险性

除了以上因素,悬索桥构件在服役期的危险还来自于:

①由于设计或施工不恰当导致的先天缺陷;

②外部荷载作用引起的构件承载力下降或失效;

③特殊事件引起的构件损害;

④人为因素导致的病害。

根据国内外针对同类型桥梁的科研成果和工程经验教训,这里归纳总结了悬索桥主要结构构件主缆、吊索、加劲梁、桥塔、锚碇等在各生命周期内可能发生的主要危险。

2)结构危险性分析

(1)结构危险分析简述

结构危险性分析属于风险评估的范畴,它不是一个独立的步骤,它应该是贯穿桥梁从设计到运营的全寿命期。通过业主、大桥设计者及其他领域专家以及未来的管理者的广泛、深入的研究,并考虑危险的并协性、隶属性等特点来开展,其目的是为实现桥梁的风险管理服务,为营运期的巡检养护策略的制定提供基础。

①风险概念

各国学者对风险定义的认识不尽相同,但总体上是围绕危害事件、发生概率、造成后果等几个问题展开的,但各个领域根据其侧重点不同,对风险的理解和具体使用也有不同。

②风险事态的基本属性

虽然从各行业的应用层面看风险的涵盖很广,但总体看来,隶属性、危害性、并协性是所有风险的基本属性。

③分析方法

总体危险性分析方法主要有层次分析方法、专家调查方法,以及模糊综合评判法。

专家调查法又称德尔斐法,就是根据经过调查得到的情况,凭借专家的知识和经验,直接或经过简单的推算,对研究对象进行综合分析研究,寻求其特性和发展规律,并进行预测的一种方法。

层次分析法是一种定性定量综合方法,其整个过程能够体现出人的决策思维的基本特征,即分解、判断与综合,简单实用。

模糊综合评判法综合了层次分析方法、专家调查方法,并运用模糊算子进行综合运算的一个过程。利用专家评分方法构造各级危险因素的判断矩阵,对同层因素间的相对重要性给出评判,可求出各因素的权重值。

④桥梁危险性分析的主要内容

为制定跨海悬索桥巡检养护策略而开展的结构危险性分析属于风险评估的范畴,但其目的不同于桥梁风险评估,根据跨海悬索桥危险性分析的目的和特殊性,其主要工作应该包括结构解析、巡检通道规划、危险源识别、总体危险性分析、单元危险性分析等,在总体危险性分析和单元危险性分析中应当包括相应的对策、施工缺陷危险性分析及对策、事故危险性分析及对策、特殊维修危险性分析及对策。

(2)结构解析

结构解析就是按照一定的原则将悬索桥离散为不同类型的结构单元,以便在单元层次确定大桥的巡检养护策略。

结构解析需遵守这样的原则:环境一致;材料一致;结构形式一致;破坏方式一致。

(3)巡检通道

①全寿命设计要求所有结构构件可到达、可检查、可维修。

②巡检通道是巡检养护管理中的一个重要内容,在巡检养护手册中会明确写明到达每种构件进行巡检的通道。

(4)结构危险源定义

大桥生命周期中可能遭遇的危险大多源于多方面,在危险行分析之前,将根据桥梁的技术文件和所处的自然社会环境,进行危险源识别,也就是甄别出桥梁在生命周期内可能对结构安全构成威胁的结构外部和内部原因,这些原因可能是来自于材料的退化,来自于设计的准则,来自于外部的特殊事件,来自于施工过程或者来自于不恰当的维修方法和过程。

①材料老化包括混凝土材料和钢材耐久性问题等;

②结构:在外部荷载持续作用下,结构发生退化,导致承载能力不足或者刚度不足;

③特殊事件主要包括地震、阵风、车辆撞击、船撞、火灾等;

④施工缺陷施工过程中由于各种原因产生的缺陷可能影响桥梁运营期的结构安全;

⑤特殊维修特殊维修诸如支座更换、伸缩缝维修、吊杆更换等都会对结构产生影响,危险性分析也将这部分危险纳入其中。

(5)结构危险性定义

结构危险性评价指标为结构危险度,其定义为:

$$危险度=f(严重度,概率)$$

式中:严重度——危险发生后对结构影响的严重程度;

概率——危险发生的概率。

严重度的取值见表8.2-1。

危 险 严 重 度 表8.2-1

对结构的影响	对人身安全的影响	严重度	对结构的影响	对人身安全的影响	严重度
较大影响——桥梁坍塌	数人死亡	4	局部影响	一人受伤	2
较大影响——桥梁不坍塌	一人死亡	3	可忽略的影响	无人身伤亡	1

概率取值见表8.2-2。

危 险 概 率 表8.2-2

危险发生的频率	概 率	危险发生的频率	概 率
一年数次	4	十年一次	2
一年一次	3	百年一次	1

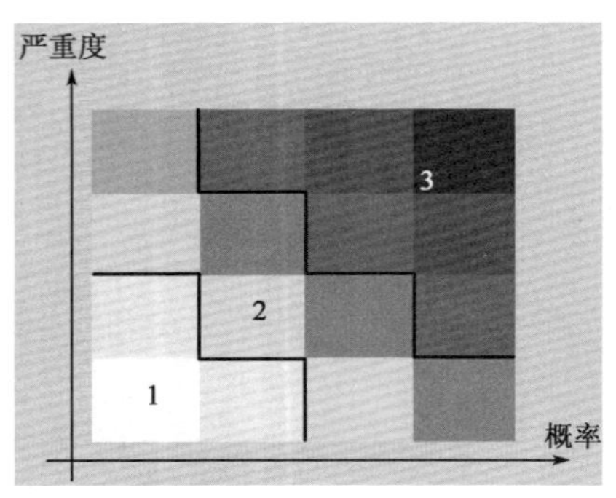

图 8.2-1　危险分类

根据危险度,将危险分为 3 类(图 8.2-1):

1 类:无须采取措施;

2 类:需进行分析研究,确定对策;

3 类:制定措施,将危险降低到允许范围内。

同时,总体危险性分析还包括对危险探测性的分析,对于危险度较大又不可探测的危险,应制定监测机制进行控制。

(6)总体危险性分析

总体危险性分析目的在于识别大桥所有结构物在生命周期内可能遭受的所有危险,根据危险对结构的影响程度、发生的可能性和可探测性来度量这些危险的水平,进而识别出每种类型的结构单元最关键的危险。然后定义适用的控制措施,将结构危险降低到允许范围之内。总体危险性分析分为以下几个步骤:

①建立危险矩阵,在结构解析的基础上,以危险度以及概率为指标建立危险分析矩阵(见图 8.2-2)。

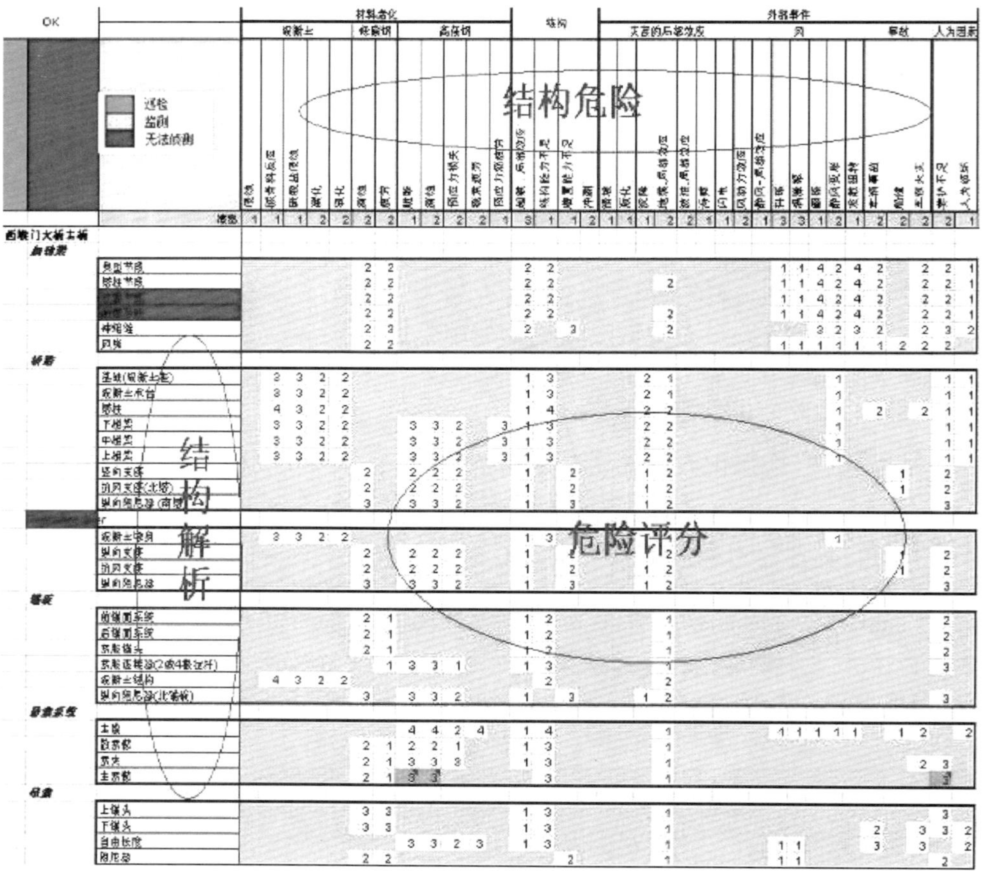

图 8.2-2　总体危险性分析

②专家调查、评分，将危险矩阵以表格的形式分发给各专家，告知评分原则，由各专家分别打分，综合各专家调查结果，确定危险评分。

③危险控制，根据总体危险性分析结果，对于评分较高的关键性危险，给出相应的控制措施，将危险控制在允许范围之内。

(7)单元危险性分析

单元危险性分析是针对每种类型的结构单元，按照总体危险性分析中识别的关键危险，分析其损伤发生的部位即巡检点可能的表现形式，考虑不同类型的损伤的成因和发展特点确定巡检的频率，根据中国现行的养护规范来确定评分方法、损伤出现后的养护措施、检查的通道和方法。

①巡检频率定义

②控制点定义

单元危险性分析见图8.2-3。

(8)施工缺陷分析

和其他任何类型的工作和施工一样，桥梁在施工过程中不可避免会出现了一些缺陷。这些缺陷有可能已经被维修，但是维修过和没有维修的缺陷随着时间的推移可能对结构产生不同程度的影响，所以在危险性分析中需要尽可能追踪施工记录，并分析这些施工缺陷可能带来的结构风险和管理策略。

(9)特殊维修

特殊维修通常是指易损件的更换和典型的病害维修。该项工作旨在修复结构已有的病害，恢复结构的功能。

(10)特殊事件

特殊事件是指桥梁可能遭遇的一些偶然事件，如阵风、地震、车撞、火灾、特殊车辆过桥等。

特殊巡检是指在特殊事件发生后进行的应急性巡检，其目的在于：

①确认事件的性质、等级；

②检查桥梁的损伤状况；

③确认是否有必要采取交通管制；

④确认是否有必要进行后续专项巡检。

8.2.2　标准化、规范化人工巡检技术研究

1)标准化、规范化人工巡检技术

(1)常规巡检和标准化、规范化人工巡检。

①常规巡检是基于桥梁养护规范或者养护手册中的表格，采用纸张为信息载体的巡检方法。但是这种巡检方法对于跨海悬索桥这样的大型复杂桥梁，存在着难以克服的困难。

a. 通用型技术，缺乏针对性，不能满足跨海悬索桥的巡检养护需求；

b. 由于桥梁养护规范适用于中小跨度常规桥梁，巡检养护人员很容易将主观的认识和习惯带入数据记录，这就难以保证数据的一致性，造成数据质量的不规则；

c. 执行巡检需要大量的时间来准备记录文件，需要大量的时间来分析处理数据；

d. 随着桥梁服役时间的增加，将会堆积大量的基于纸基的数据和文件，这样的数据易用性差，很难用于支撑将来的养护决策；

Inspection
Monitoring
Not detectable

		材料老化												外部事件																						
		混凝土					低碳钢		高强度钢					结构			土				危险的局部效应						事故			人为						
		侵蚀	碱骨料反映	硫酸盐侵蚀	碳化	氯化	腐蚀	疲劳	脆断	腐蚀	预应力损失	缆索疲劳	预应力筋疲劳	超载—局部效应	结构能力不足	装置能力不足	冲刷	滑坡	液化	沉降	地震—局部效应	波浪—局部效应	海啸	闪电	动风效应	静风效应	车辆事故	船撞	车辆火灾	养护不足	人为破坏					
	概率	1	1	1	2	2	2	2	1	2	2	2	1	3	1	1	2	1	1	1	2	2	1	1	2	1	2	2	2	2	1	3	3	1	2	1
Deck	Typical segment						2	2						2	2												2		2	2	1	1	1	4	2	4
	Pylon segment						2	2						2	2						2						2		2	2	1	1	1	4	2	4
	Transition pylon segment						2	2						2	2												2		2	2	1	1	1	4	2	4
	Pier segment						2	2						2	2						2						2		2	2	1	1	1	4	2	4
	Expansion Joints						2	3						2		3					2						2		2	3	2			3	2	3
	Wind deflectors						2	2																			1	2	2	2		1	1	1	1	1
Pylon	Foundation (concrete piles)		3	3	2	2								1	3					2	1									1	1				1	
	Concrete Pile Cap		3	3	2	2								1	3					2	1									1	1				1	
	Pylon legs		4	3	2	2								1	4					2	2						2		2	1	1				1	
	Bottom cross beam		3	3	2	2			3	3	2		3	1	3					2	2									1	1				1	
	Middle cross beam		3	3	2	2			3	3	2		3	1	3					2	2									1	1				1	
	Top cross beam		3	3	2	2			3	3	2		3	1	3					2	2									1	1				1	
	Vertical longitudinally guided bearing (South Pylon)						2		2	2	2			1		2				1	2							1		2						
	Wind bearings (only North Pylon)						2		2	2	2			1		2				1	2							1		2						
	Longitudinal damper (South Pylon)						3		3	3	2			1		3				1	2									3						
Transition pier	Concrete pier		3	3	2	2								1	3					1	1														1	
	Vertical bearing						2		2	2	2			1		2				1	2							1		2						
	Wind bearings						2		2	2	2			1		2				1	2							1		2						
	Longitudinal damper						3		3	3	2			1		3				1	2									3						
Anchor chambers	Strand front anchor system						2	1						1	2						1									2						
	Strand rear anchor system						2	1						1	2						1									2						
	Main cable Anchors						2	1						1	2						1									2						
	Strand Connector (2 or 4 bars)							1	3	3	1			1	3						1									3						
	Concrete structure		4	3	2	2									2						2															
	Longitudinal damper (North Anchor chamber)						3		3	3	2			1		3				1	2									3						
Suspension	Main cable								4	4	2	4		1	4						1							1	2		2	1	1	1	1	1
	Splay saddle						2	1	2	2	1			1	3						1															
	Cable clamp						2	1	3	3	3			1	3						1								2	3						
	Pylon saddle						2	1	3	3					3						1									3						
Hangers	Top anchors						3	3						1	3						1									3						
	Bottom anchors						3	3						1	3						1						2		3	3	2					
	Free length								3	3	2	3		1	3						1						3		3		2	1	1			
	Dampers						2	2								2					1									2		1	1			

图8.2-3 单元危险性分析

e. 巡检养护的效率低,费用高。

②标准化、规范化人工巡检是基于风险管理和量化管理理论的现代化的巡检方式。它摒弃了常规巡检中的经验和随意性,这样的巡检系统定制过程标准化,定制的内容规范化。通过分解巡检养护工作,将巡检养护管理离散为各管理子过程;并通过结构危险性分析,确定了每一管理子过程的具体内容,从而达到标准化、规范化的目的。这样的巡检技术具有以下特点:

a. 通过有组织的计算机软件系统,集成了数据管理,巡检,养护等功能;

b. 标准的数据质量, 查错,自动生成报告;

c. 数据立刻可用于后续的分析;

d. 数据随时可以调用,功能强大的工具可用于辅助长期的养护决策;

e. 改进了的养护过程经济高效。

(2)桥梁巡检类型

巡检主要分为初始巡检、日常巡检、定期巡检、特殊巡检以及专项巡检五种类型。

(3)比例效应

比例效应定义为同类单元按照一定的比例进行抽样检查。

(4)桥梁巡检频次

桥梁巡检的频次,是巡检养护计划的关键内容,因为这直接关系到是否能高效及时发现结构损伤的发生和发展状况,同时也直接关系到投入的经费。

①日常巡检;

②定期巡检。

(5)单元危险性分析成果

单元危险性分析成果是制订单元巡检清单和巡检表格的基础。单元巡检清单是单元巡检的知识基础,通过阅读理解单元巡检清单,巡检人员才能正确理解单元巡检表格的内容并正确完成现场巡检、损伤数据采集的工作。

(6)桥梁技术状况评定

根据跨海悬索桥养护管理的特点,按照合理、简单和方便的原则,将跨海悬索桥桥梁技术状况评定分四个层次:损伤评分、单元评分、单元组评分,桥梁整体评定。

损伤评分采用双轴体系,即通过损伤严重度和损伤衍变两个指标对损伤进行评定。

①严重度指标(S):损伤严重度描述损伤对结构安全的影响范围和危害程度,按照损伤对结构安全的影响程度将其分为四个等级。

②衍变指标(A):损伤衍变(A)用来描述损伤的发展,按照损伤发展趋势将其分为三个等级。

③损伤评分(C):

a. 损伤评分为严重度与衍变指标之和,即:$C = S + A$。

b. 单元评分:各单元以最严重的损伤为标准进行评分。

c. 单元组评分:根据组内损伤最大的单元进行评分。

d. 桥梁技术状况评定:根据单元组的评分情况,按损伤最严重单元组进行评定。

(7)桥梁结构损伤的规范化管理

传统桥梁巡检模式的缺点在于巡检人员根据个人经验识别损伤,依据单位或个人的习惯记录损伤。这种没有既定标准的巡检模式,必然造成巡检结果的不可靠,以及桥梁档案的不完全。因此必须建立规范化的损伤管理体系。

(8)桥梁巡检养护的组织和管理

巡检养护工作复杂、烦琐,应由桥梁管理公司、巡检单位以及养护单位等密切配合完成。各单位应分工明确,由桥梁管理公司养护部统一协调。

(9)标准化的管理流程

在桥梁结构量化管理的基础上,制定标准化的巡检养护流程。进行结构解析,明确桥梁资产清单,制定单元巡检养护策略。同时,还应界定工作人员的职责与任务,做到职责明确、工作明确、操作规范。具体体现为巡检人员及时、全面地完成巡检任务,分析人员迅速准确进行桥梁状况的评估,管理人员制定科学的养护策略。

(10)特殊事件的规范化管理

特殊事件是指桥梁可能遭遇的偶然事件,如阵风、地震、车撞、火灾、特殊车辆过桥等。

根据特殊事件的特点,制定针对性的应对策略,包括预防措施以及交通管制、事件后特殊巡检养护等措施等。

(11)专项巡检

人不能到达的或者不能够直接观察的部位,就需要特殊的工具或技术来辅助完成巡检工作;或者在日常巡检、定期巡检基础上发现的对结构安全都较大影响的病害,需要采用专门的检测方法,进一步判定损伤程度,分析损伤发生原因,预测损伤发展趋势。

(12)特殊维修的规范化管理

恰当的养护维修是桥梁保持高质量运营不可或缺的环节,如果桥梁养护维修不当,将会对桥梁带来新的损伤。对于跨海悬索桥,需要针对主缆、吊索、高强度拉杆、支座、伸缩装置、阻尼器等可更换构件的养护操作的制定进行规范。

(13)巡检养护管理系统

标准化、规范化的人工巡检技术最终体现的是桥梁人工巡检养护管理系统。

跨海悬索桥人工巡检系统由巡检养护手册和电子化巡检养护管理系统组成。《巡检养护手册》是大桥巡检养护系统的纲领性文件,对巡检养护的所有内容进行定义和描述;电子化巡检养护系统是《巡检养护手册》的电子化版本,它的主要功能在于记录和管理桥梁损伤信息,分析报告桥梁的技术状况。

2)《巡检养护手册》

《巡检养护手册》是结构危险性分析的成果,章节内容为:

第一章　手册使用指南:对手册的总体介绍,对手册各章节的描述,并且介绍了各章节的更新内容及方法。

第二章　工程描述:对桥梁所有结构进行了详细描述,并提供了全桥的设计信息,实现了从设计施工到运营过程的数据信息的传递,用于理解和回顾设计标准,为后续养护工作提供所需的信息。

第三章　巡检养护概要:本章旨在为巡检养护管理工作提供指导性原则,介绍全桥结构解析的原则以及结构风险评估理念，并详细阐述了西堠门大桥巡检通道，定义了桥梁巡检的类型，对桥梁技术状况评定体系进行了详细的描述。

第四章　养护管理组织：描述了西堠门大桥巡检养护组织机构及其职责范围，以及现场巡检的安全规定及防范措施。

第五章　初始巡检：介绍桥梁初始巡检的时机、巡检内容和方法。

第六章　日常巡检：定义日常巡检养护的相关内容。

第七章　定期巡检：桥梁定期巡检计划是在结构风险评估的基础上，考虑比例效应等因素优化的结果。

第八章　特殊事件管理：主要介绍特殊事件的管理措施，以及特殊事件后的巡检。所涉及的特殊事件主要包括台风、地震、车辆撞击、火灾、特种车辆过桥等。本章内容是在结构风险评估的基础上制定的，用于指导大桥管理人员在桥梁发生特殊事件后应该如何响应。本章内容应根据已获得的类似事件的处理经验进行定期更新。

第九章　专项巡检：主要介绍专项巡检的目的、内容以及方法和频率，并详细描述了损伤产生的可能原因，为后继养护策略的制定提供有力支持。

第十章　特殊维修：提供了现有特殊维修程序和养护工作的关键步骤。

附录：收集了桥梁装置的使用维护手册和相关的技术文档。

3)电子化人工巡检养护管理系统

电子化巡检养护管理系统是巡检养护手册的电子化版本，电子化系统包括软件和配套数据库。通过这套系统，可以实现从巡检养护管理过程中所有信息的采集、分析和整理，建立桥梁养护管理的电子档案。

(1)软件和数据库

软件系统的核心物理构成分为两部分，系统服务器和平板笔记本电脑。系统服务器上部署有基础信息维护管理、巡检管理、报告分析。巡检用平板电脑上部署有现场巡检模块，通过网络访问或文件复制(无网络条件下)实现与系统服务器的数据交换。电子化人工巡检养护管理系统软件的数据库划分为结构基本信息库、损伤知识库、损伤库、养护措施库、评分准则库、同时包括图纸、照片、参考文档等文件数据资料。系统架构如图8.2-4所示。

电子化系统按照结构解析结果组织结构目录，以目录树形式展现结构和巡检单元。系统以结构单元对象，组织单元信息、巡检图纸、巡检表格、照片、相关文档等资料。为了保证系统的开放性，软件预留结构单元接口，用户可以在结构目录树添加和编辑结构单元。电子化巡检养护系统流程如图8.2-5所示。

(2)基本管理模块

管理模块是系统的管理核心，主要功能如下：

①结构信息管理

a. 工程信息(设计、施工、位置、照片、图纸)；

b. 巡检表格；

c. 损伤评分准则定义。

②数据库管理。

③维修养护成本预测与分析。

服务器/工作站
巡检笔记本
数据管理模块
巡检管理模块
报告分析模块
Net 应用程序 Server端
现场巡检模块
Client端
基本信息库
损伤知识库
损伤库
养护措施
评分准则库
巡检图纸照片资料
中心数据库
SQL Server
基本信息库
损伤知识库
损伤库
巡检图纸照片资料
现场照片资料
外场巡检数据库
ACCESS

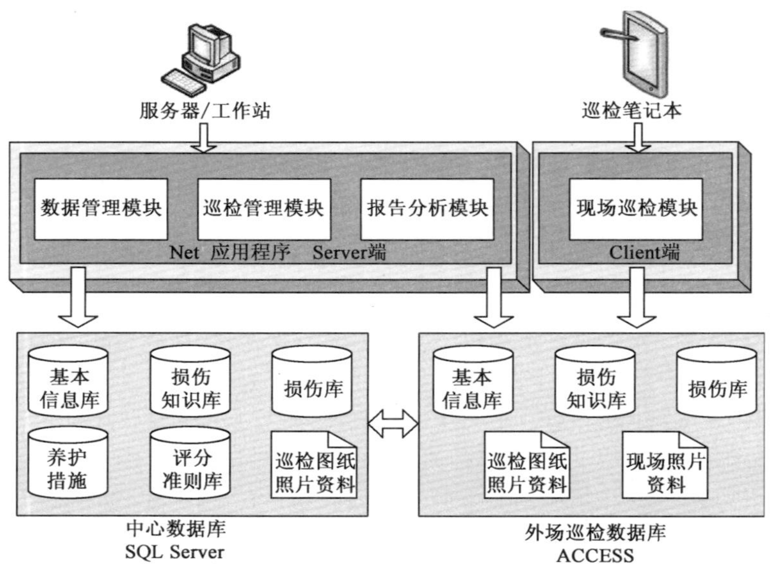

图 8.2-4 系统架构示意图

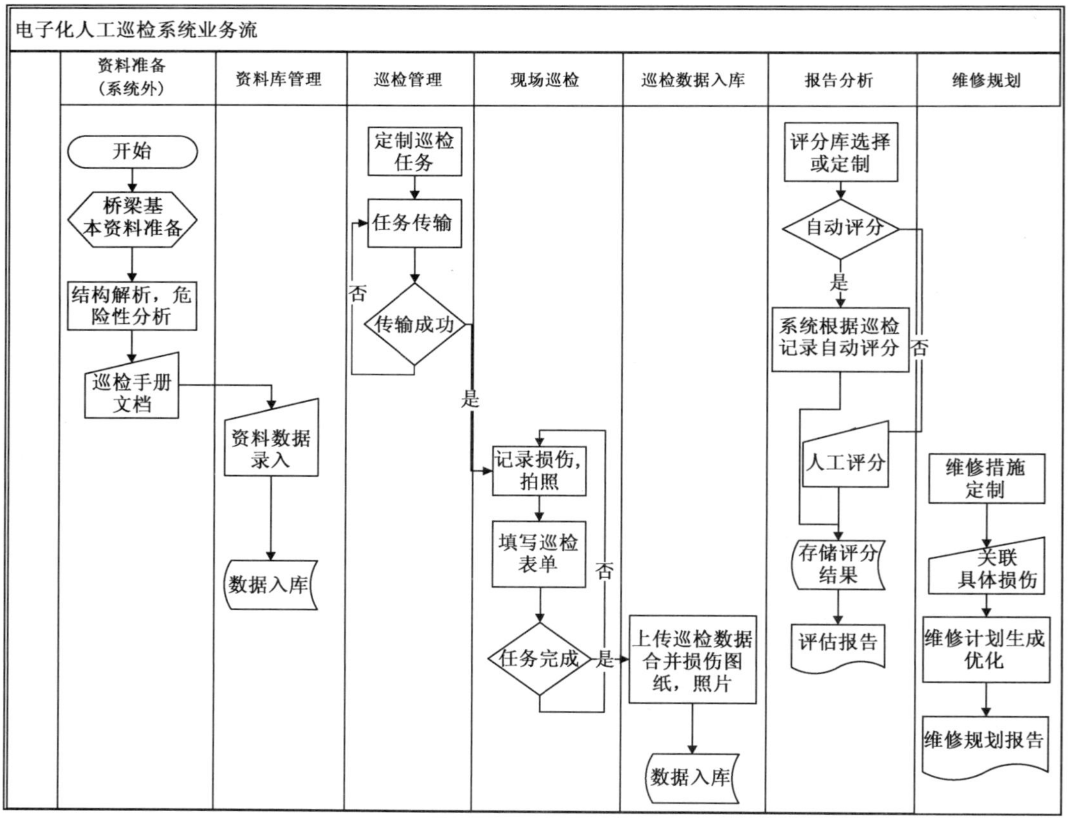

电子化人工巡检系统业务流
资料准备（系统外）
资料库管理
巡检管理
现场巡检
巡检数据入库
报告分析
维修规划
开始
桥梁基本资料准备
结构解析，危险性分析
巡检手册文档
资料数据录入
数据入库
定制巡检任务
任务传输
否
传输成功
是
记录损伤，拍照
填写巡检表单
否
任务完成
是
上传巡检数据合并损伤图纸，照片
数据入库
评分库选择或定制
自动评分
是
系统根据巡检记录自动评分
否
人工评分
存储评分结果
评估报告
维修措施定制
关联具体损伤
维修计划生成优化
维修规划报告

图 8.2-5 电子化巡检养护系统流程

(3)巡检管理模块

巡检管理模块主要功能如下:

a. 定义巡检任务,选择巡检任务需要包括的结构和单元,巡检图纸和巡检表格,以及其他相关信息的填写;

b. 输出巡检任务的子数据库,该数据库将放置在现场巡检计算机上;

c. 合并巡检任务,巡检任务在现场计算机上执行完成后,将包含损伤和评分信息的子数据库合并到主数据库中;

d. 录入巡检子数据库中定义的损伤照片。

(4)现场巡检模块

巡检模块主要有以下功能:

a. 完成现场巡检任务;

b. 在嵌入的 AutoCAD 巡检图纸上记录损伤;

c. 基于内建的损伤库,描述损伤特性;

d. 通过绘制草图和添加文字注释的方式对损伤进行补充描述;

e. 回答巡检表格上各巡检点对应的问题;

f. 针对损伤和单元进行评分;

g. 定义巡检损伤照片;

h. 以不同的颜色提示巡检人员巡检工作是否完成,以防漏检;

(5)分析报告模块

分析报告模块主要有以下功能:

①生成 Word 或 Excel 格式的巡检报告;

②损伤情况对照分析与预测;

③巡检报告模式定制。

图 8.2-6、图 8.2-7 是四大基本模块的示意图。

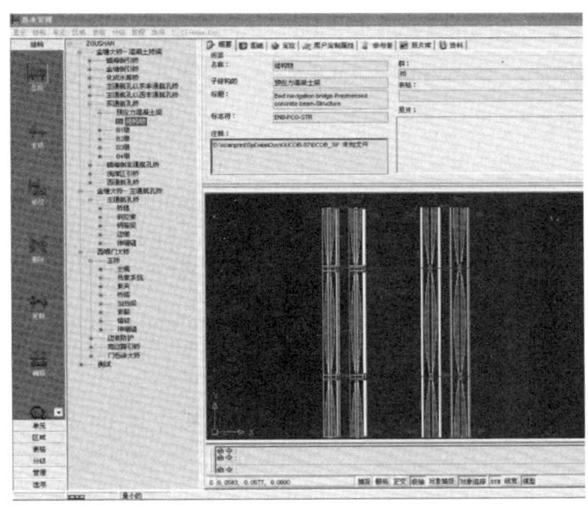

a)基本管理

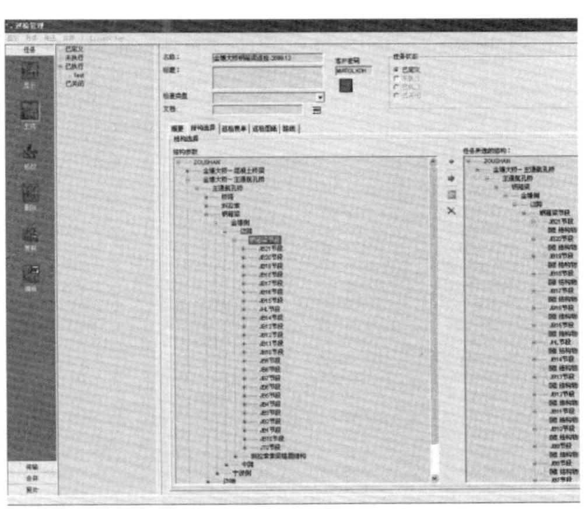

b)巡检管理

图 8.2-6　基本管理和巡检管理模块

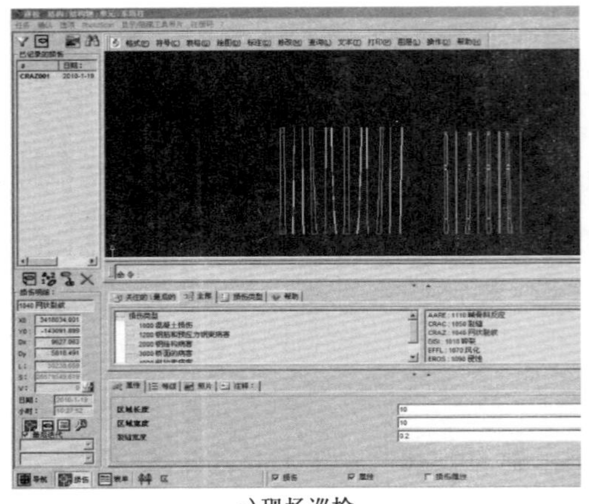
a)现场巡检

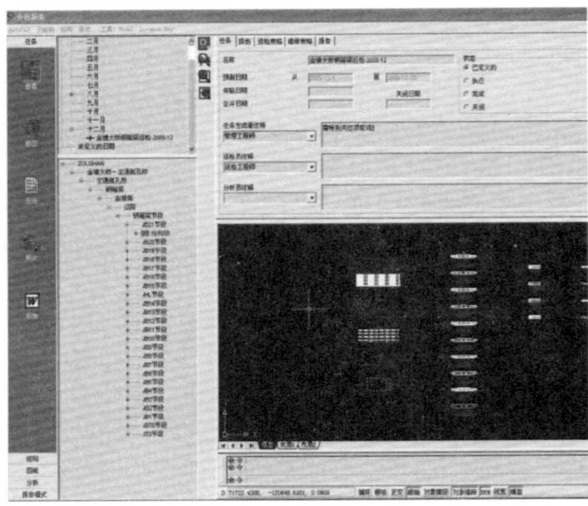
b)分析报告

图 8.2-7 现场巡检和分析报告模块

8.2.3 工业以太网技术在跨海悬索桥结构监测系统中的研究

1)跨海悬索桥结构监测系统总体设计

一般来说,桥梁结构监测系统主要由四个子系统构成,即传感器子系统、数据采集与传输子系统、数据管理子系统以及结构状态识别与综合评估子系统。

传感器子系统通过传感器捕捉到桥梁的各类信息并转换为电(光)信号。数据采集与传输子系统负责将传感器输出的电(光)信号完成模数转换并进行远程传输,将数据传送到监控中心的上位机。数据管理子系统对数据采集与传输子系统上传的数据完成必要的预处理后进行存储、实时展示以及数据的归档、入库、查询等,并负责向结构状态识别与综合评估子系统提供监测数据。结构状态识别与综合评估子系统通过数据管理子系统提取有效的监测数据,然后进行数据分析和挖掘以及桥梁结构状态评估与损伤识别。

传感器子系统和数据采集与传输子系统是整个桥梁结构监测系统的根本,只有监测到正确、有效的数据并上传到监控中心之后,才能谈数据管理和结构状态评估。如果说桥梁结构监测系统是一座高楼大厦,那么传感器子系统和数据采集与传输子系统就是这座大厦的基础。本章着重研究传感器子系统及数据采集与传输子系统。

2)功能设计

桥梁结构的使用期长达几十年、甚至上百年,环境侵蚀、材料老化和荷载的长期效应、疲劳效应与突变效应等灾害因素的耦合作用将不可避免地导致结构和系统的损伤积累和抗力衰减,从而抵抗自然灾害、甚至正常环境作用的能力下降,极端情况下引发灾难性的突发事故。构建桥梁结构监测系统旨在达到如下主要功能:

(1)为运营期桥梁科学有序的养护管理提供平台,建立桥梁全寿命期的数字化、信息化“档案”;

(2)对桥梁结构状态和损伤状况进行预警,保障桥梁结构的安全性、完整性、适用性与耐久性,避免灾难性事故的发生;

(3)实时监测桥梁结构状态,为制定合理、主动、预防性的养护措施提供参考和依据,从而有效降低桥梁养护成本,最大限度延长桥梁的使用年限。

因此,桥梁结构监测系统的功能主要包括传感器能够捕捉到桥梁荷载和响应信息,数据采集与传输子系统完成信号调理、模数转换和数据的远程传输,数据管理子系统实现海量数据的处理、存储、展示、查询和管理等,结构状态识别和综合评估子系统的功能主要是识别桥梁结构的内力状态和损伤状况,对桥梁的安全状态进行评价。

3)监测内容

桥梁结构监测系统的监测内容一般包括两类:荷载监测和结构响应监测。桥梁的荷载主要包括风、雨、温度、湿度、车辆和地震等;结构响应主要有索力、变形(空间变位)、振动加速度以及应力等。

西堠门大桥为主跨1 650m的两跨连续钢箱梁悬索桥,根据悬索桥的受力特点和计算分析结果,实时监测锚碇、索塔、主缆、吊索和加劲梁的安全使用状态,监测项目主要包括:

(1)荷载监测

主要为桥址区域的风荷载、降雨量、大气温湿度、地震、交通荷载。

(2)结构响应监测

①大桥空间变位:主要包括主缆的空间变位(横桥向、顺桥向、竖桥向)、钢箱梁的空间变位(横桥向、顺桥向、竖桥向)、桥塔的空间变位(横桥向、顺桥向);

②钢箱梁应力监测;

③锚跨张力监测;

④箱梁和桥塔的振动;

⑤吊索振动。

4)传感器子系统

(1)传感器选型原则

①传感器选型需本着技术先进、性价比高、长期可靠稳定、满足监测要求和目的原则。

a. 先进性:根据监测要求,尽量选用技术先进、成熟的传感器,以提高建成后桥梁的信息化、数字化管养水平;

b. 精确性:根据结构计算分析和测试结果,选用精度满足监测要求的传感器;

c. 经济实用性:选用性价比高的传感器,节省成本;

d. 可靠性、稳定性:选用耐久性好的工业级传感器,在桥梁运营环境下长期可靠稳定地运行。

②主要传感器的选型原则如下:

a. 风速风向仪:可准确测量风速和风向,需进行风场分析的还要能测量到脉动风,按照桥梁设计风速初步确定量程。传感器的工作温湿度和防护等级应满足桥梁所在地的环境要求。

b. 温度计:传感器的精度和量程满足监测和相关规范要求,量程应满足所在地历史统计的最低和最高温度。传感器的工作温湿度和防护等级应满足所在地的环境要求。

c. 动态称重系统:能准确测量车速、轴重、总重、轴数和车辆数量,其精度和过载能力满足相关行业标准要求。

d. 加速度计:根据桥梁动力特性选用精度、量程和频响合适的传感器,传感器的频响特性要与桥梁的自振特性相匹配。

e. 应变传感器:测量精度满足监测要求,量程与所测材料的极限应变相一致或略高。

f. 位移传感器:根据桥梁计算分析和测试结果确定具体的测量精度和量程。

g. 索力计:根据索(股)力的设计值确定测量精度和量程,其长期可靠性和稳定性需满足监测要求。

h. 其他传感器:其他类型的传感器,可根据监测要求和桥梁计算分析和测试结果确定测量精度、量程、防护等级和工作温湿度要求。

(2)传感器布设方法

根据桥梁结构监测系统的监测内容和功能要求确定合适的传感器和布设位置。

①荷载监测

风荷载多选用风速风向仪,常安装在风荷载较大、受桥梁结构构件影响较小的位置,例如索塔顶部、主梁合龙段;雨量选用雨量计,温湿度选用温湿度仪,桥梁温度荷载的监测应考虑桥梁构件内的温度梯度分布;交通荷载一般采用动态称重系统,多布设在桥头,应在车辆正常高速行驶情况下保持较高的精度;地震多选用强震仪,一般布设在索塔的底部、锚碇内。

②结构响应监测

索力可以采用索力计,主要有压力环式索力计、磁通量式索力计以及频率法测索力等;桥梁结构的位移多采用 GPS 系统、连通管系统以及位移计等,多布设在桥梁变形较大的位置。桥梁结构振动选用加速度计,对基频较低的柔性特大桥而言,应选用低频性能优良的伺服式加速度计;应力监测常用的传感器主要有电阻应变计、振弦式应变传感器、光纤光栅应变计等;电阻应变计动态性能好,但漂移较大,振弦式应变传感器和光纤光栅应变计漂移较小,静态性能优良,光线光栅应变计还可用于监测动应变。应变传感器按照热点应力法进行布设。

(3)西堠门大桥结构监测系统传感器布设

风荷载采用螺旋桨式风速仪和三向超声风速仪监测,分别安装在索塔顶部和桥面上,如图 8.2-8 所示。三向超声风速仪可监测三维风速,可用于计算风谱,量程为 0 ~ 65m/s,最高采样频率为 32Hz,精度为 1.5% RMS,工作温度为 -40 ~ 70℃,工作湿度为 5% ~ 100%,当降雨量到达 300mm 时仍可正常工作。螺旋桨式风速仪可监测风速和风向,量程高达 0 ~ 100m/s。南北塔顶各布设一台螺旋桨式风速仪,钢箱梁主跨中和四分点的左右两侧各布设一台三向超声风速仪。

a)三向超声风速仪

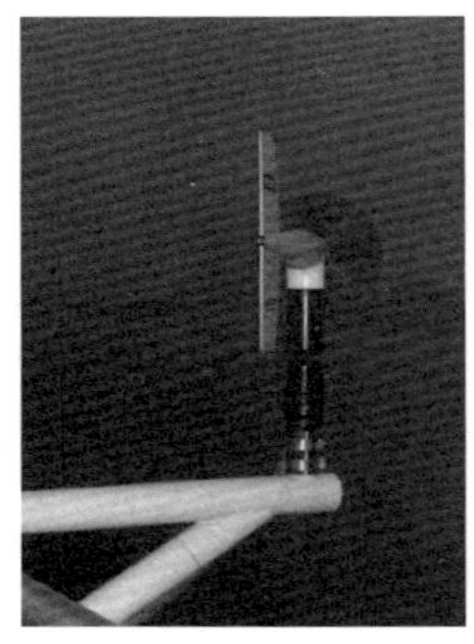

b)螺旋桨式风速仪

c)雨量计

c)温湿度仪

图 8.2-8　风速仪、雨量计和温湿度仪

大气温湿度采用温湿度仪监测,安装在桥面上、钢箱梁和锚室内。温湿度仪可监测所处环境的温度和湿度,温度的测量范围为 -40 ~ 85℃,精度为 ±0.3℃;湿度的测量范围为 0 ~ 100% RH,精度为 ±1.5% RH。主跨中桥面上安装有一台温湿度仪,南、北锚碇的左、右两个锚

室各一台温湿度仪，钢箱梁内布设两台温湿度仪。

交通荷载采用动态称重系统监测，安装在西堠门大桥南侧的引桥上。动态称重系统的速度测量范围为5～200km/h，总重误差范围小于±6%，速度误差为±2km/h，流量统计误差小于1%，单轴承重能力为30t，过载能力(单轴)达200%。

地震信息采用强震仪进行记录，南北塔底各布设1台，南北锚碇内各布设1台，共计4台。

大桥空间变位主要采用GPS系统、倾斜仪和位移计监测，如图8.2-9所示。采用16个GPS监测站和1个GPS基准站监测主缆、钢箱梁和桥塔的空间变位，其中主缆布设8台GPS监测站，钢箱梁布设4台GPS监测站，桥塔布设4台GPS监测站，GPS基准站布设在离大桥不远的监控中心楼顶。采用4个倾斜仪监测钢箱梁的扭转情况，4个位移计监测钢箱梁顺桥向伸缩情况。

a) 加劲梁上的GPS

b) 主缆上的GPS

c) 塔顶的GPS

图8.2-9　GPS系统

应变采用电阻应变计监测，精度为±1με，精度高、动态性能好、耐久性好，在北塔附近布设两个截面，共计24个测点。

根据西堠门大桥的自振特性，分别选用伺服式加速度计和电容加速度计。在钢箱梁和桥塔的振动分别采用12个和6个伺服式加速度计。选取20根吊索采用电容加速度计监测其振动情况。

5）数据采集与传输子系统

数据采集技术主要分为集中式数据采集技术和分布式数据采集技术。集中式数据采集技术系统由于其固有的缺陷(模拟信号传输距离远，抗干扰能力差，造价较高、工作温度范围较小、功耗较大、耐恶劣环境能力差等)而使其在桥梁结构监测系统中应用受到极大的限制，例如基于PCI、PXI等局部总线标准架构的数据采集系统。分布式数据采集系统的优势在于模拟信号的传输距离短，抗干扰能力强，性价比高，能耗较小，严格的工业环境适应性，可在恶劣环境中长期工作。但传统的分布式数据采集系统难以做到高精度的同步采集，这极大地限制其应用和发展，例如基于RS485和CAN等总线架构的数据采集系统。当前，随着工业以太网技术的迅速发展和IEEE1588的出现，分布式数据采集系统攻克了这一技术瓶颈，加上其固有的技术优势，使其可为跨海悬索桥结构监测系统量身定做数据采集与传输系统。

(1)以太网信号调理器的功能设计

在基于工业以太网分布式数据采集与传输系统中，以太网信号调理器是极为关键的设备。

以太网信号调理器负责将各种传感器输出的不同类型的模拟或数字信号转换为统一的标准以太网信号。一般而言，桥梁结构监测系统常用的以太网信号调理器主要包括：应变信号调理器，加速度信号调理器，通用信号调理器（主要针对输出 ±5V 和 4～20mA 的传感器）、温度信号调理器。

基于工业以太网分布式数据采集与传输系统对信号调理器的技术要求和功能要求包括：

①输出标准以太网信号，支持标准 MODBUS TCP 协议，UDP，TCP/IP；

②采用高精度 A/D 转换器；

③可接受 POE 网络供电，作为 PD 端的同时还可向传感器供电，符合 IEEE 802.3af；

④内嵌实时时钟，测量数据带时间标签，支持精确时钟同步协议（IEEE1588），同步精度可达到微秒级；

⑤工业级产品，可在恶劣环境下（工作温度范围：-20～75℃，工作湿度：5%～95%无凝结，海洋盐雾环境等）可靠稳定地长期工作，内含防雷模块，能够有效抵御感应雷及电气浪涌的冲击。

（2）基于工业以太网分布式数据采集与传输系统

西堠门大桥空间范围很大，空间范围在几千米以上，传感器分布在桥梁的各个部位，信号传输距离较远，从而大大增加了数据采集与传输系统构建的难度。基于工业以太网分布式数据采集与传输系统可为西堠门大桥量身定制。在每个传感器附近均安装以太网信号调理器，信号调理器接入桥梁结构监测系统的工业以太网中（常用光纤冗余环网），通过工业以太网与监控中心的上位机通信。由于就近安装了以太网信号调理器，实质上就是将各个传感器转换成为以太网网络智能传感器，这样上位机所需要处理的就仅仅是相同类型的标准以太网信号，可以采用相同的命令格式向不同的传感器发送采集或维护指令，从而大大地提高了数据采集系统的效率和技术先进性。而且信号调理器和传感器之间的距离非常近，模拟电缆很短，使得系统的抗干扰能力大大提高。

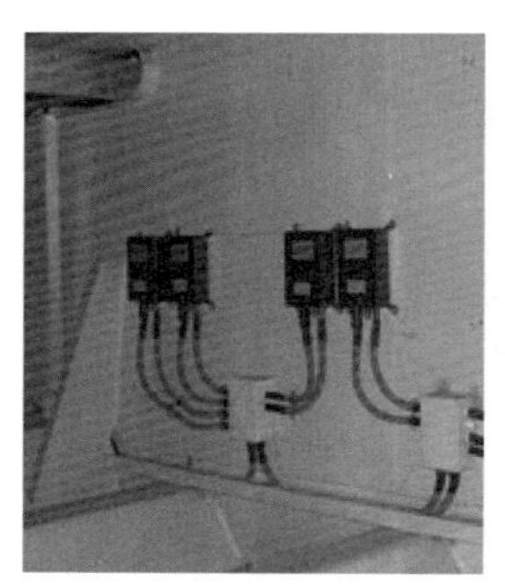

图 8.2-10　以太网信号调理器

根据西堠门大桥结构监测系统的传感器及其输出信号类型，研发了加速度信号调理器、应变信号调理器、温度信号调理器和通用信号调理器。信号调理器的主要特点包括：高精度 24 位 A/D；支持标准 MODBUS TCP 和 UDP 协议；可作为 POE 插入器的受电端，同时向传感器提供 12V、24V 和 ±12V 的直流电源；内嵌实时时钟，支持 IEEE1588 精确时钟同步协议；工作温度范围为 -20～75℃，工作湿度为 5%～100%，耐海洋盐雾等；可抵御雷电瞬间过电压 3 000V。以太网信号调理器如图 8.2-10 所示。

采用工业级管理型以太网交换机构建光纤冗余环网，实现大桥外场各信号调理器与监控中心上位机的实时通信。在局域网内布设拥有精确时钟（GPS 时钟）的服务器用以去校正各信号调理器的时钟，实现微秒级的时钟同步精度，完全满足桥梁结构监测系统对时钟同步精度的要求。基于工业以太网分布式数据采集与传输系统总体架构如图 8.2-11 所示。

工业级交换机、POE 插入器以及电力监控模块、空开、交流接触器、电源和防雷器等安装在大桥外场的机柜内，整套装置称之为“数据采集站”。数据采集站可方便、灵活、甚至“随心所欲”的布置在大桥的各个部位，满足了桥梁空间范围大的特点，体现了分布式数据采集与传输系统的优势。

(3)数据同步采集方案

基于工业以太网分布式数据采集系统的时钟同步是影响和制约这一方案在测控领域广泛应用的关键之一。时钟同步的目的是将时间基准高精度地传递到各测控点。IEEE1588 标准(网络化测量和控制系统的精确时钟同步协议，通常称为 Precision Time Protocol，简称 PTP)使得分布式数据采集系统的时钟同步精度可达到 100μs。

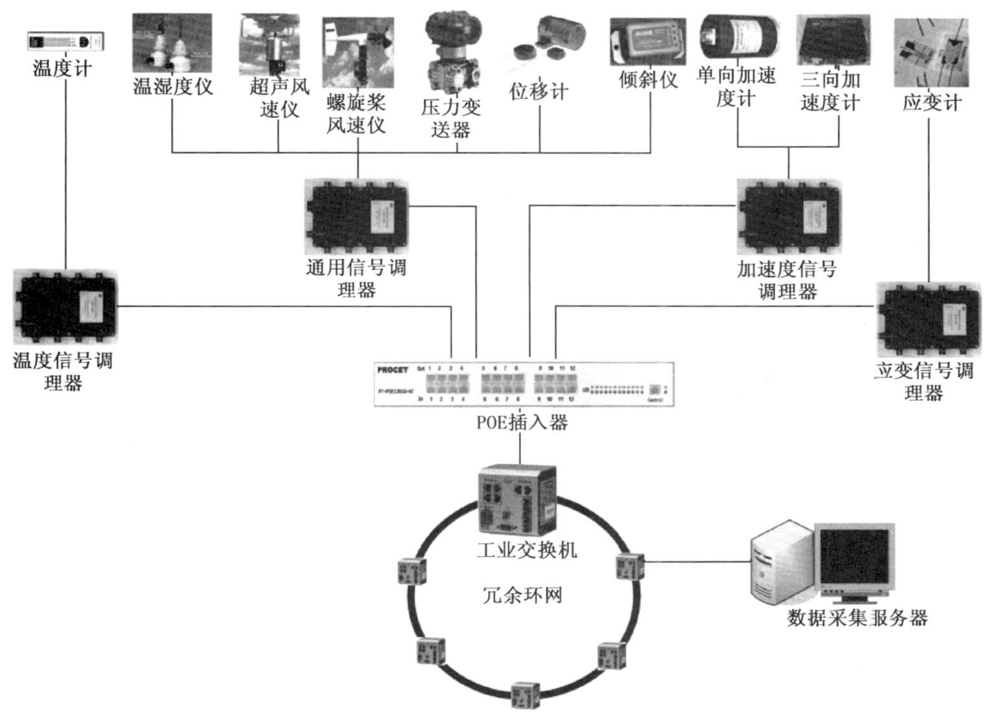

图 8.2-11 基于工业以太网分布式数据采集与传输系统总体架构

IEEE1588 的原理是用网络中最精确的时钟去校正或同步其他时钟，最佳时钟的选取是被自动执行，通过最佳主站时钟算法实现。在网络中有两种类型的时钟：主时钟(用于同步其他时钟)，从时钟(被同步的时钟)。从理论上讲，系统中的所有时钟都有可能成为主时钟和从时钟。但往往网络中时钟是相对固定的，所有从时钟通过与主时钟的同步消息、去校准自己的时间，这个同步过程分为两个阶段，一是偏移校准，二是延迟校准。

①偏移校准：偏移校准是指测量主、从时钟的偏移，并在从时钟上消除这些偏移。在偏移校准阶段，主时钟端周期性(固定的时间间隔，通常是 2s)的传送一个独特的同步消息(Sync)到相关的从时钟端。这个 Sync 消息包含了该消息被完整地传送出去的一个估计时间。主时钟端发送并测量 Sync 帧被传送出去的精确时间，而从时钟测量被接收到的精确时间。然后主时钟端将测量到的 Sync 帧被发出的时间用 Follow Up 帧发送到从时钟端。从时钟端在接收到

Sync 帧和 Follow Up 帧后，则开始计算主从两端的偏移。如果没有传输延迟的话，那么这两个时钟在下一次发送同步帧时两端的时钟是同步的，校准时间是零。

②延迟校准：延迟校准用于确定主从两端的帧传输过程中延迟，这里有一个前提，即从端到主端和主端到从端的延迟是相等的。延迟校准与偏移校准不一样，因为网络拓扑结构不会经常发生改变，特别是在相对固定的网络中（一个没有冲突的以太局域网），延迟更是没有什么变化。故而前者不需要经常进行，其执行周期要比偏移校准要大一些，具体取值可以在 4 ~ 60s 之间。这样设计也可以有效减少网络当中的通信量。

6）以太网信号调理器的研发

（1）基于 IEEE 1588 协议的时钟同步服务器设计方案

①总体设计方案

由于 IEEE 1588 协议是一个客户端和服务器模型（也称之为主从模型），在一个采集网络内至少要存在一个高精度 IEEE 1588 时钟同步服务器。由于 IEEE 1588 对时间精度要求很高，时钟同步服务器设计采用 GPS 系统和高稳定恒温晶振相结合的方法。

GPS 的时钟系统精度为原子钟的精度，其精确时间由 1PPS 信号的上升沿给出，其时间精度优于 1μs。这就保证了分布式监测系统的时间可以和原子钟同步。即使在意外情况下丧失了 GPS 时钟信号，时钟同步服务器还备有一个高稳定恒温晶振，为整个系统提供可靠的精确时钟，保证系统的时钟精度。时钟同步服务器主要有微控制器、数据存储电路、实时时钟电路、以太网通信电路、GPS 接收模块和高稳定恒温晶振组成，系统组成如图 8.2-12 所示，软件部分基于嵌入式开发环境（IDE），利用 C 语言嵌套汇编语言实现。其中 IEEE 1588 协议栈采用 LUMINARY 公司的协议栈，TCP/IP 协议采用 Lwip 协议栈。

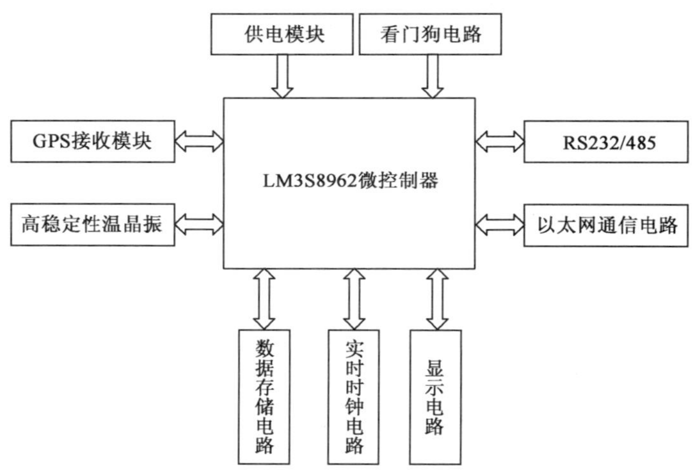

图 8.2-12　时钟同步服务器系统框图

②硬件设计方案

随着 ARM 技术的不断发展和日趋成熟，带 ARM 核芯片的应用越来越广，其原因主要在于其特有的优势：ARM 核的开放性、ARM 芯片高性价比、高可靠性、极低功耗和应用系统软件良好的可移植性，嵌入式操作系统的易植入性。但其在国内测控领域的应用尚处于起步阶段，下面简单介绍基于 ARM 芯片的时钟同步服务器设计。

时钟同步服务器主要包括微控制器电路、PoE 供电电路、复位电路、RS232/485 通信电路、以太网通信电路、实时时钟电路、数据存储电路、GPS 接收电路、电源监测电路。GPS 接收电路接收 GPS 卫星的时间信号,然后将该信号输出给微控制器电路。该时间信号作为微控制器电路运行 IEEE1588 协议的基准时间,桥梁结构监测系统中信号调理器也运行 IEEE1588 协议,使信号调理器的时间与该基准时间保持同步,完成同步采样。

主控制器电路采用基于 ARM Cortex－M3 内核的 32 位控制器 LM3S8962,256K 的 FLASH 和 64K 的 SRAM,最高处理能力为 60MIPS。LM3S8962 同时拥有拓展后的通用 I/O、更大的片上存储器,而且还面向电池驱动型应用进行了低功率优化。LM3S8962 拥有完全整合 10/100 Mbps 以太网的功能,该以太网在一个具有 ARM 架构兼容性的单芯片解决方案中与 Controller Area Network(CAN)具有连通性。LM3S8962 利用 3 个片上 CAN 接口将以太网媒体访问控制(MAC)层与物理层(PHY)层结合了起来,这标志着利用 ARM Cortex－M3 MCU 实现了完全整合的互联网连通。LM3S8962 拥有针对 IEEE1588 PTP 支持的硬件协助。LM3S8962 微控制器使用 MACTS 寄存器的 TSEN 位,MAC 发送和接收中断可用来触发通用定时器 3 上的边沿捕获事件。发送中断被连接到通用定时器 3 的 CCP(偶数)输入,而接收中断被连接到通用定时器 3 的 CCP(奇数)输入。该定时器可被配置为 16 位边沿捕获模式,并且与第三个 16 位的自由运行定时器一起使用来捕获更精确的时间戳以用于发送或接收包。该特性与 IEEE 1588 的协议一起使用来提供更精确的同步包时间戳,提高协议的整体精确性。LM3S8962 微控制器以太网控制器方框图如图 8.2-13 所示。

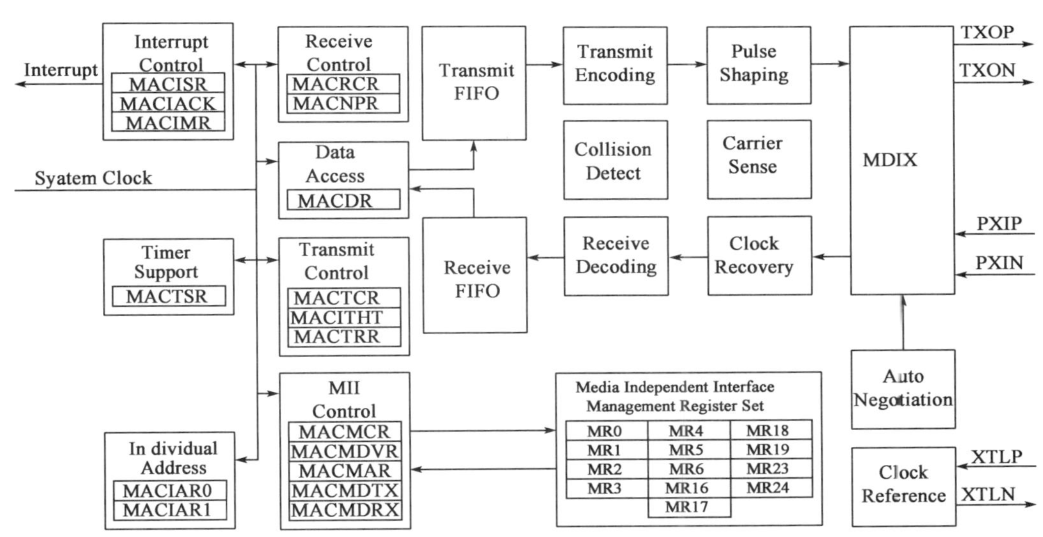

图 8.2-13 以太网控制器方框图

比较了 NVRAM、FLASH 和 FERAM 技术,决定采用铁电存储器(FRAM)作为数据存储器,因为存储的是关键数据,容量不需要很大,选用 24CL16 即可。

实时时钟电路采用 PCF8563,是低功耗的 CMOS 实时时钟/日历芯片,PCF8563 的多种报警功能、定时器功能、时钟输出功能以及中断输出功能,能完成各种复杂的定时功能,可以为 MCU 提供看门狗功能。内部时钟电路、内部振荡电路、内部低电压(1.0V)检测电路以及两线制 I^2C 总线通信方式,使外围电路简单。同时每次读/写数据后,内嵌的字地址寄存器会自动产生增量。

本服务器的复位电路使用了专用微处理器的电源监控芯片 MAX708S,提高系统的可靠性。

时钟同步服务器采用4层板结构,采取了电源保护措施,每个芯片的电源和地之间都放了滤波电容,采用磁珠将模拟地和数字地分开,尽可能减少模拟电路和数字电路之间的干扰,系统外壳用铁板做成,有较强的抗干扰能力,又很好的散热能力,可用于工业现场中。

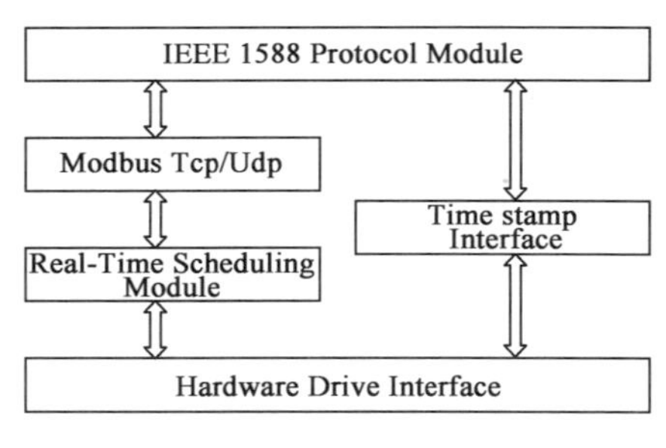

图 8.2-14 软件主要程序流程

③软件设计方案

软件部分基于嵌入式开发环境(IDE),利用C语言嵌套汇编语言实现。其中 IEEE 1588 协议栈采用 LUMINARY 公司的协议栈,TCP/IP 协议采用 Lwip 协议栈,软件主要程序流程如图 8.2-14 所示。

a. IEEE 1588 协议模块:精准时间协议运行模块针对主、从时钟节点的运行状态不同,执行不同的任务。其中,主时钟节点定期发送 Sync 和 Follow Up 报文,并且响应来自从时钟节点的延迟请求;从时钟节点则定期发送延迟请求报文,并根据主时钟节点的响应报文计算时钟偏移,更新本地时钟。

b. Modbus Tcp/Udp 通信模块:IEEE 1588 协议运行在 Modbus Tcp/Udp 协议之上,其中 Sync 和 Delay Req 报文采用组播方式发送。

c. 实时调度模块:IEEE 1588 协议基于确定的实时调度通信机制进行通信,后者采用划分时隙和基于优先级的非周期调度通信方法,保证了以太网通信的确定性,从根本上消除了冲突的可能。

d. 时间戳接口:为保证时间记录的准确,尽可能消除程序引起的抖动,专门在以太网驱动接口部分开辟了时间戳记录通道,实时记录网络数据发送和接受的时间。

e. 硬件驱动接口:网络驱动程序,真正的数据发送、接受物理接口。

④数据同步采集的实现

分布式同步采集系统实质是一个同步数据采集和分析系统。该系统通过信号调理器同步采集监测单元的数据信息,传输到计算机存储设备上;上位分析软件通过建模对监测单元的状态进行分析。

系统采用 IEEE 1588 协议实现数据采集同步,该系统主要由 IEEE 1588 时钟同步服务器、支持 IEEE 1588 协议的信号调理器、支持 IEEE 1588 协议的工业交换机,以及数据采集与分析服务器构成。

支持 IEEE 1588 的信号调理器每秒与时钟同步服务器进行一次同步,达到微秒级同步精度。数据采集与分析服务器用于控制和协调系统的工作,并实现对采样数据进行分析、处理、显示和存储等功能。

(2)支持 IEEE 1588 协议的信号调理器设计方案

①总体设计方案

图 8.2-15 是信号调理器的结构示意图。该信号调理器包括主控制器电路、POE 供电电路、看门狗电路、RS232/485 通信电路、以太网通信电路、“一线总线”接口电路、实时时钟电路、数据存储电路、A/D 转换电路、信号调理电路、电路激励信号发生电路和传感器接口电路。

②硬件设计方案

a. 主控制器电路

主控制器电路采用基于 ARM Cortex－M3 内核的 32 位控制器 LM3S8962，控制器有 256K 的 FLASH 和 64K 的 SRAM，最高处理能力 60MIPS。该微控制器适用于远程监控、测试与测量仪器、工厂自动化、运动控制、医疗器械和网络应用等行业。

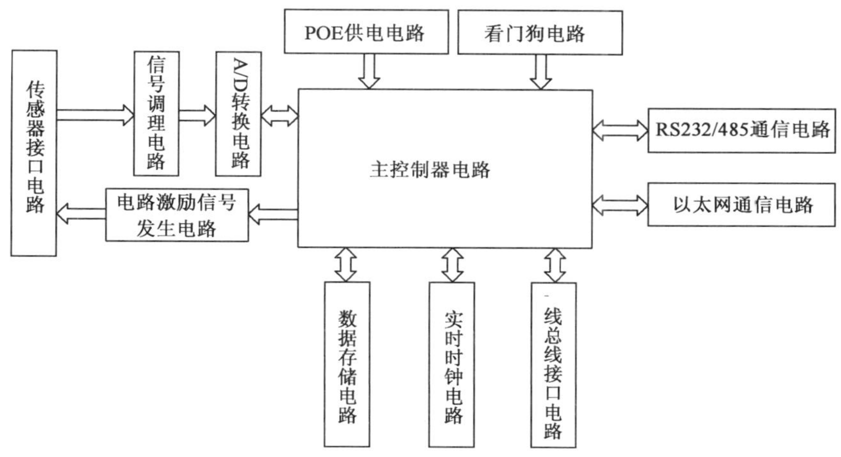

图 8.2-15　信号调理器的结构图

b. A/D 转换电路

A/D 转换电路中的 AD 采用 24 位的 Δ-∑AD，型号选用 ADS1271，是 TI 公司的一款可以最高采样到 105kSPS 的 AD，基准采用优于 10PPMM/摄氏度的 REF192。ADS1271 拥有卓越的 DC 准确度和出色的 AC 性能。高性能斩波稳定调制器在低频段噪声下实现了非常低的漂移。片内抽取滤波器可抑制调制器与信号带外噪声。图 8.2-16 为 ADS1271 的内部结构图。

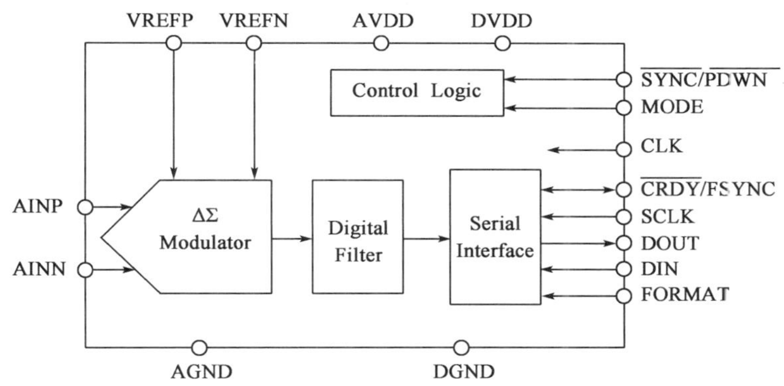

图 8.2-16　ADS1271 内部结构图

c. 供电电路

POE 模块采用隔离型 IEEE 802.3af PD 电源 MAX5074。MAX5074 是内置 MOSFET 的电源 IC，采用电压钳位型双管主电路拓扑，可以用于 11V 到 76V 宽输入范围和高达 15W，还具有可编程欠压锁定、内部热关断和短路保护等功能，开关频率可达 500kHz。POE 模块同时适应于空闲脚供电（4、5,7、8）和数据脚供电（1、2,3、6）。±12V 及 5V 电压输出采用变压器隔离后经稳压后输出。其中纹波20mV左右,符合1%的指标。噪声66mV左右,符合2%的指标。

d. 应变信号的测量

针对应变信号的测量,电路激励信号发生电路采用惠斯通电桥。为了避免开关压降引起的误差,避免引线电阻的误差,电路激励信号发生电路中桥电路的激励采用恒流源激励,测量的效果和精度会更好。对于激励信号采用开关桥电路进行驱动,这样可用抵消放大器的温度漂移和热电偶效应以及电解效应引起的漂移,大大降低前端电路的要求。

电路激励信号发生电路中的激励电流为50mA直流稳定信号,需要经过一个由4个开关构成的桥电路,变成一个对称方波激励。信号测量时,首先测量正向激励的放大器输出VO1,然后再测量反向激励下的放大器输出VO2,这样通过VO1减去VO2,就完全抵消了热电偶效应,放大器温度漂移,失调等引起的温度漂移问题。

对于应变传感器的本身的温度漂移问题,需要提供4个完全一样的桥电路,构成完全对称的桥。另外就是测量的材质要经过足够时间的老化,释放其内部应力。

对于传感器的本身的时间漂移和非弹性形变问题要靠定期的校验解决。

e. 振动信号的测量

针对振动采集要对外部加速度传感器供电,按照加速度传感器要求,通过POE供电模块,产生一个±12V的电源(该电源也给运算放大器供电),±12V的电源经过电阻分压(2:1分压)后,给一个带宽为50Hz的2阶有源低通滤波器(滤波器设计采用巴特沃思型)。电源纹波达到了小于20mV,满足了加速度传感器的要求。

根据振动信号采集的需要,信号调理器实现了2个2阶低通滤波器,1个1阶低通滤波器,1个2阶高通滤波器。

对滤波器的参数进行了分析,3dB点分别在0.008Hz和26Hz附近。对电路的误差进行了蒙特卡罗分析,分析结果在低通的3dB点,转折频率变化小于0.5Hz。

f. 温度信号的测量

针对温度信号的测量,信号调理器首先产生一个由AD基准产生的桥激励电压。8个PT100测量采用三线制接法需要8个桥,另外需要一个参考桥,一共9个桥。通过模拟开关,选择不同的桥的输出,进入AD转换器,测量一个桥的输出信号VO1,再测量参考桥的输出信号VREF,通过运算VO1/VREF,然后查表,把非线性的电压输出转换成温度。这样可以避免由于各种原因引起的误差。

g. 电压及电流信号的测量

针对电压(0~5V)和电流信号(0~20mA)的测量,信号调理器将电压信号通过电阻分压(2:1/4:1分压)后,给一个8:1的模拟开关。经过差分放大器后,给AD采样。对于电流信号,前端需要由一个250Ω、0.1%精度的取样电阻,变成电压信号后进行测量。这个电阻可以通过跳线选择。

信号调理器采用4层板结构,采取了电源保护措施,每个芯片的电源和地之间都放了滤波电容,采用磁珠将模拟地和数字地分开,尽可能减少模拟电路和数字电路之间的干扰,系统外壳用铁板做成,有较强的抗干扰能力,又很好的散热能力,可用于工业现场中。

h. 具体研发

主控制器电路分别与POE供电电路、看门狗电路、RS232/485通信电路、以太网通信电路

"一线总线"接口电路、实时时钟电路、数据存储电路、A/D 转换电路、电路激励信号发生电路连接。信号调理电路分别与 A/D 转换电路、传感器接口电路连接,传感器的信号通过传感器接口电路输入信号调理电路进行滤波、放大等处理后再输入到 A/D 转换电路。电路激励信号发生电路与传感器接口电路 12 连接,用于给传感器输入激励信号。POE 供电电路将以太网上的电源处理后分别给主控制器电路、RS232/485 通信电路、以太网通信电路、A/D 转换电路、电路激励信号发生电路、信号调理电路、看门狗电路和数据存储电路供电。

主控制器电路接收 A/D 转换电路输入的采样信号,对该采样信号进行打包处理,得到符合 MODBUS TCP/IP 协议的数据包,然后将该数据包输出给以太网通信电路。

POE 供电电路将以太网上的电源进行滤波、整流、变压和稳压处理,得到 12V、5V 和 3.3V 电压,分别给主控制器电路、RS232/485 通信电路、以太网通信电路、A/D 转换电路、电路激励信号发生电路、信号调理电路、看门狗电路和数据存储电路供电。

看门狗电路是为了保证系统稳定可靠的工作,当系统由于电磁干扰发生"死机"时,看门狗电路发出复位信号对主控制器电路进行复位以保证系统正常工作。

RS232/485 通信电路和以太网通信电路分别通过一套完善的通信协议使主控制器电路 1 与上位机通信。

"一线总线"接口电路接收传感器接口电路输入的由一线制温度传感器产生的温度信号,然后将该温度信号输出给主控制器电路。

实时时钟电路将时间信号输出给主控制器电路。

数据存储电路接收主控制器电路输入的系统配置参数。

A/D 转换电路接收信号调理电路输入的电压信号,对该电压信号进行采样保持转换,得到采样信号,然后将得到的该采样信号输出给主控制器电路。

信号调理电路接收传感器接口电路输入的电压信号,对该电压信号进行放大和滤波处理,得到电压信号,然后将得到的该电压信号输出给 A/D 转换电路。

电路激励信号发生电路接收主控制器电路输入的控制信号,对该电压信号进行解析得到激励信号,然后将得到的该激励信号输出给传感器接口电路。

传感器接口电路接收电路激励信号发生电路输入的激励信号,然后将得到的该激励信号输出给传感器。该传感器产生的信号输出给传感器接口电路,传感器接口电路产生相应的电压信号传输给信号调理电路。

基于上述结构,工作过程如下:当信号调理器以太网通信电路接收到上位机发来的数据采集命令后主控制器电路进行解析,根据解析结果主控制器电路进行相应的参数配置。主控制器电路控制电路激励信号发生电产生激励信号通过传感器接口电路输出到传感器,传感器产生微弱信号,该微弱信号进入信号调理电路,经信号调理电路放大和滤波处理后输入到 A/D 转换电路做采样保持并转换,A/D 转换结果送入主控制器电路。主控制器电路上电后运行 IEEE1588 协议,保证同步采集数据。采集完成后将采集数据及相关信息通过以太网通信电路回传给上位机,完成整个数据采集工作。

③软件设计方案

a. 通信协议

信号调理器与上位机通信采用 MODBUS TCP/IP 协议和 MODBUS UDP/IP 协议,其中信号调理器支持 MODBUS TCP/IP 协议和 MODBUS UDP/IP 协议，考虑到系统的效率，上位机可采用 MODBUS UDP/IP 协议。约定 TCP 和 UDP 的端口号都是 502，其中信号调理器作为服务器，上位机作为客户端。其实可以制定更为简单和有效的协议，但是考虑到协议的兼容性和开放性问题，本信号调理器还是基本完全按照 MODBUS 协议的要求去制定协议文本。

b. 采集软件

软件采用嵌入式 C 编写，主要包括如下模块：

a）硬件接口模块：初始化所有的硬件，硬件操作的函数等，包括 CPU 内部硬件和 AD 以及中断处理函数等。

b）串口部分：包括串口初始化，串口中断处理。

c）定时器部分：包括定时器初始化，定时器中断处理。

d）网络接口模块：以太网控制器的初始化，中断处理函数，TCP/IP V4 的实现，IEEE1588 精时间同步协议的实现。

e）数据采集部分：包括激励信号的产生，数据的时间标签处理，数据的处理和数字滤波器的实现，DS18B20 温度测量的实现和处理。

f）上层应用部分：MODBUS 协议和 MODBUS TCP 协议的实现。

7）信号调理器的测试

（1）时钟同步服务器测试方案及结果

①报文测试方案

对系统中所有信号调理器与时钟同步服务器进行测试。由数据采集与分析服务器发送一条报文当作测试请求报文，该报文以组播方式发送，时钟同步服务器和信号调理器接收到测试请求报文后，打上各自的本地时间戳放入测试响应报文中，然后向数据采集与分析服务器返回测试响应报文，数据采集与分析服务器收到测试响应报文后取出时间戳，信号调理器与主时钟之间的时间戳的差便是要测试的时间同步偏差。考虑到设备本身存在硬件性能、软件性能的差异，即他们本身存在的反应速度差会给测试精度带来误差，为了减少误差，提高测试结果的准确精度，可以在测试之前先求出两者之间的反应速度偏差作为测试结果的修正值。测试偏差减去测试修正值得到时间同步精度。测试结果表明系统的时间同步精度优于 10μs，见图8.2-17。

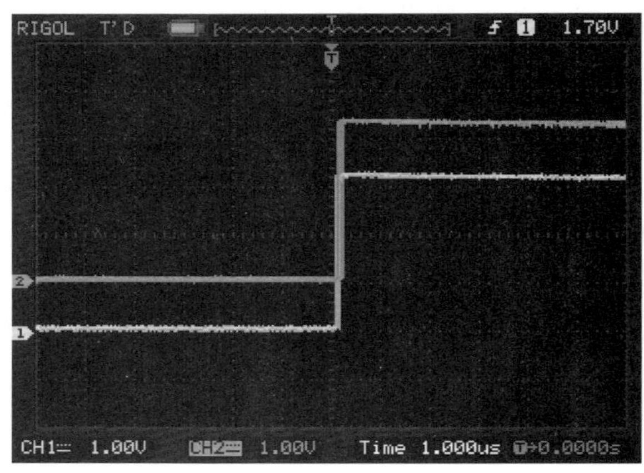

图 8.2-17　时钟同步测试

②时钟沿触发方案

由时钟同步服务器产生一个1PPS信号方波，被同步的信号调理器也产生一个1PPS的方波信号，用示波器的2个通道，分别测试时钟同步服务器和信号调理器的1PPS信号，再测两台信号调理器的1PPS信号，分别在示波器上观察其方波的下降沿或上升沿。测试结果表明：时钟同步服务器与信号调理器的时钟同步精度和信号调理器之间的时钟同步精度均优于±10μs。

(2)信号调理器测试方案及结果

①信号调理器各读数盘置于零，调定灵敏系数$k=2.000$分度值，开机通电若干分钟(按说明书要求)后，调节电阻R及电容C的零位平衡，使指示表指零。继续通电预热30min以后，重新调整R和C零位平衡。

②信号调理器给出被检定点的名义值ε_B，用标准模拟应变量校准器平衡给出被检定点的实际值ε_D。

③信号调理器可直接读出ε_B但被检定点的名义值是由标准模拟应变量校准器给出。

④被检定信号调理器的基本误差(示值误差)δ_i，可按下式计算：

$$\delta_i=\frac{\varepsilon_B-\varepsilon_D}{\varepsilon_D}\times 100\% \tag{8.2-1}$$

式中：ε_B——被检定信号调理器上的指示值，με；

ε_D——标准模拟应变量校准器上的指示值，με。

⑤测试结果不确定度：0.1%($k=2$)，内容详见中国计量科学院校准证书，证书编号：DLzk2009-1165及DLzk2009-1166。

8.2.4　GIS技术在跨海悬索桥结构监测、巡检管理系统中的研究

1)三维GIS技术在跨海悬索桥结构监测、巡检养护中的可视化应用

随着计算机技术的迅猛发展，可视化的概念已大大扩展，它不仅包括科学计算可视化，而且包括工程数据和测量数据的可视化。在悬索桥结构监测巡检管理系统中，全寿命期结构监测数据、历次巡检内容和结果的可视以及可追溯化可以非常清楚地反映出全寿命期桥梁结构状态的变化情况。因此，对监测数据巡检信息的可视化是跨海悬索桥结构监测巡检系统重要的创新功能之一。

(1)三维GIS技术在桥梁结构监测管理中应用的可行性分析

三维GIS数据库能够满足桥梁全寿命期海量图文、数据信息的获取、存储和管理，它的远程调用数据功能方便远程数据传输。三维GIS是把图形管理系统和数据管理系统有机结合起来的信息技术，实现了信息的可视化。GIS具有强大的历史查询功能，多种查询和调用显示方式，方便用户的管理。GIS采用图层来管理数据，形成诸多桥梁全寿命期可控的数据和信息层，方便了桥梁的历次建模和分层管理。这些优势，使得在桥梁结构监测管理系统中引入三维GIS将极大地提高系统的扩展性和信息集成获取能力。

为现代大型桥梁的数字化、信息化管理养护服务，采用三维GIS技术，建立桥梁的三维GIS模型，与桥梁实时的监测数据和历次巡检记录进行关联，通过定位桥梁的各主要构件和附属设施，进行监控系统本身以及桥梁全寿命历次养护、维修、检查信息的关联，这样极大地加强

了用户直观的操控功能。

鉴于目前国内桥梁监测系统绝大部分都是将测量数据进行了二维显示，采用最多的方式是时程曲线，绘制测点坐标随时间变化的轨迹。为了能够更加直观地观察桥梁在任何时候的状态和形状，以三维 GIS 为基础的三维实体模型来做实时动态演示才是比较好的实现方法。但是由于要将实时测得数据可视化，进行实体建模，诸多的绘图软件就捉襟见肘了。如现在常用的 3D 建模软件，许多的动画、加工模型、建筑物效果图等，都常用它来建模，建模效果理想，但是要让它采用实时的数据来建模进行显示，就非常难实现。AutoCAD 提供了二次开发的方法，有强大的图形功能和跨平台的能力，被人们广泛应用于科学可视化、实体造型、CAD/CAM、模拟仿真等诸多领域。而且在现有许多桥梁实时监测系统中，也有一些采用 AutoCAD 作为图形开发工具进行可视化的。同时，采用 GPS 测量得来实时的测点坐标数据，不但使位移图形演示完全做到实时，而且还可以实现对桥梁的实时漫游，并可以同时显示出桥身的位移时程曲线。

另外，桥梁数字化管理养护系统所需要的信息有相当大部分是数字型、文字型以及图片录影数据，并用数字、文字、图片、录影的方式实现数据的输入、维护、查询和统计功能。但在实际应用中，以上的信息与地理位置和桥型 80% 有关，如在桥梁管理养护中，需要对桥梁及桥上监控设备的空间分布图进行管理，同时，要求将业务需要的空间数据和属性数据一一对应联系起来，并可以根据空间位置的相互关系来实现对业务数据的管理。显然在这种情况下，用图形表示比用数字和文字表示更直观和形象。

三维 GIS 技术的诞生，为进行现代化的桥梁管理养护提供了一种全新、直观而先进的手段。它具有支持空间数据的获取、处理、分析、建模和显示的功能，并可以解决复杂的规划和管理问题。它利用计算机建立地理数据库，将地理环境的各种要素，包括它们的地理空间分布状况和所具有的属性数据，进行数字存储，建立有效的数据管理系统。通过对多要素的综合分析，方便快速地获取信息，并能以图形、数字和多媒体等方式来表示结果。将三维 GIS 技术用于跨海悬索桥梁数字化管养系统，在国内尚属首次，它可以实现文、图、表、管一体化管理，对桥梁管理的发展起到积极推动的作用。

(2)三维可视化的要求

三维可视化技术在计算机图形学、虚拟现实领域得到了深入研究。在三维 GIS 中，三维可视化必须与 GIS 的常用功能结合在一起，例如，提供交互式查询和分析，而且三维 GIS 具有数据量巨大等特点，这一点在跨海特大悬索桥西堠门大桥体现得尤为明显。因此，三维 GIS 对于可视化技术提出了特殊的要求，具体表现在以下几个方面：

①图像质量

通常，我们希望三维可视化绘制的图像的逼真度越高越好，计算机产生的三维场景能够给我们最佳的真实感，但是这需要有足够多的几何数据或者纹理图像数据。表示三维对象的几何细节的数据越多，产生的三维场景的真实感就越强。但几何数据的增加又会导致较多的图像绘制时间，需要快速的数据存取和绘制算法。三维 GIS 主要关注地理信息的获取，因此，良好的交互性是其首要目标。为了保证良好的交互性，可以在一定程度上牺牲图像质量。例如当需要快速显示查询获取的三维对象时，这些对象只需能够辨认基本形状和基本位置，或者只对某些重要的对象显示较详细的细节(细节层次技术)。在一些虚拟现实功能(如 fly-over, walk-through）的实现过程中，当一帧场景的绘制速度无法达到要求时，也可以通过降低图像质量来提高绘制速度。不同的三维GIS应用对于图像质量的要求各不相同，需要在图像质量和绘制速度上取得折中，或者能够根据不同场景的不同的绘制速度，动态调整图像质量。

②性能

性能主要由两个参数决定：一帧场景的绘制时间和用户输入的反馈时间。通常，对于静止场景和动态场景的绘制时间要求有很大差别，静止场景的绘制时间可以较长，而变化的场景要求在很短的时间内绘制完成。例如，在实现fly-over时，为了给用户连续的感觉，根据视觉暂留原理，至少应保证每秒十帧的速度。用户输入的反馈时间对于三维GIS应用起着更加重要的作用。系统对用户的输入应该做出迅速和精确的反应，而且，不管可视区域的变化大小，反馈时间应保证在某个阀值之内。当反馈时间超过某个阀值时，可以降低图像质量，减少存取的数据，减少绘制的细节，从而降低反馈时间。

③效率

我们可能采用特殊的算法或者特殊的数据结构，使得只需较少的操作就能得到同样的图像质量和整体性能，这就是高效率。高效率的可视化可以使我们花费较小的代价获得更好的性能。细节层次技术只对最邻近的或最重要的物体显示最详细的细节，从而大大降低了三维场景的数据量，而图像质量受的影响很小，这就是一种高效率的可视化技术。裁剪技术、步进绘制技术等都通过降低数据量来提高绘制的效率。效率的提高也依赖于图形库的选取和硬件的选型，例如OpenGL，Open Inventor等图形库和可视化效率直接相关，显示卡的性能也直接影响了可视化效率。

2）跨海悬索桥三维空间数据的获取技术

近年来，三维空间数据获取技术取得了很大的进步，跨海悬索桥三维模型数据的获取不再成为瓶颈问题。Autodesk公司的CAD在三维空间数据处理方面的应用已经取得较大的进展，其在图形处理与三维建模方面具有独特的技术优势，三维CAD模型已经成为三维桥梁模型的一个重要数据来源。

（1）三维数据获取技术的进步

近年来，三维GIS技术最重要的进展之一就是三维数据获取技术的进步，特别是航空与近景摄影测量、机载与地面激光扫描、地面移动测量与GPS等传感器的精度与速度都有了明显的提高。

基于遥感影像和机载激光扫描的方法适用于大范围三维模型数据获取、车载数字摄影测量方法适用于走廊地带建模、地面摄影测量方法和近距离激光扫描方法适用于复杂地物精细建模等等。其中，基于影像和机载激光扫描系统的三维模型获取方法能够适用于在大范围地区快速获取地面与建筑物的几何模型和纹理细节，虽然现有技术在很大程度上还依赖人工辅助，但这无疑是最有潜力的三维模型数据自动获取技术之一。

基于CAD的人机交互式建模方法将继续被用于一些复杂人工目标的全三维逼真重建。另外，基于图像的建模和绘制（Image Based Modeling& Rendering：IBMR）作为一种新的视觉建模方法，在不需要复杂几何模型的前提下也能够获得具有高度真实感的场景表达，能够较好的解决三维建模过程中模型复杂度、绘制真实感和实时性三者之间的矛盾，大大简化了复杂的数据处理工作。因此也被越来越多地用于各种虚拟环境的建立，基于图形和图像的两种建模技术被综合用于高度真实感的三维景观模型的创建。

随着三维 GIS 的深入发展和广泛应用,人们越来越关注三维模型数据的准确性、逼真性和有用性。在追求三维模型逼真和准确的同时,也带来了数据生产的高投入。与二维空间数据相比,三维空间数据不是简单的一一对应或者扩展,三维空间数据库的建设至今仍然是一项复杂而昂贵的综合性工程。大型三维 GIS 系统建设的生产效率、质量控制、数据安全和有效存储与管理等问题日益突出,并直接关系到系统建设与应用的成败。决定空间数据具体生产方案的三个要素分别是精度、成本和效率,最终系统的有用性和提供的空间分析能力又取决于模型的逼真程度以及所选择的数据源和建模方法。因此,三维 GIS 缺乏有关数据内容、细节程度、定位精度和生产工艺等的技术标准已经成为制约其推广应用的关键问题之一。

(2)跨海悬索桥三维数据的获取

跨海悬索桥三维 GIS 模型数据的获取一直都是构建数字桥梁模型的瓶颈问题。三维桥梁模型多尺度建模往往涉及多种数据源和多种技术手段的集成应用。受应用需求、成本以及建模区域面积和复杂程度等多种因素的影响,人们往往根据不同的需求和技术条件水平来建立功能不同的三维桥梁模型。数据精度、成本和建模效率的要求往往决定了选择何种数据源和建模方法。

在跨海悬索桥三维空间数据采集和更新方面,传统的测绘手段都存在一定的局限性。航空摄影测量与遥感虽然可以提供目标的空间信息、纹理特征等,但获取的主要是桥梁、建筑物、海面、陆地等的顶面信息,漏掉了这些物体的大量几何和纹理数据;地面摄影测量只能获取建筑物的立面信息;激光扫描系统获取的距离图像能较好地提供场景的三维描述,但数据有较多噪声,目前还难以提取形体信息及拓扑关系。不同的数据获取手段之间往往存在互补性,因此利用多传感器获取多源数据,采用融合方法来建立 3D 模型一直是人们关注的焦点。

目前,国内基于三维 GIS 的跨海悬索桥的一个研究方向是根据地面摄影测量和航空摄影测量组合获取 3D 空间数据;根据桥梁的设计文件获取大桥所有构件的 3D 空间数据,利用 AutoCAD 建立几何模型,再对模型进行真实相片纹理映射,生成真 3D 模型;利用“地图 + 激光扫描 + 地面摄影”的组合方式,从平面图和空中激光扫描的数字表面模型(DSM)中获得三维几何信息;从地面摄影测量中获取纹理信息;利用专业的建模工具,如 AutoCAD、3DMax 或 ArcGIS 等建立三维模型,把 CCD 获得的纹理信息镶嵌或粘贴到立体模型上,从而产生一幅逼真的数字景观图。

根据桥梁的原始设计文件可以通过分析得到跨海悬索桥的三维空间数据,并可以在 CAD 中建立三维实体模型。大桥周边环境可以通过地面摄影测量和航空摄影测量组合获取 3D 空间数据,再通过用 AutoCAD、ArcGIS 等软件进行数据设计,能够逼真表现三维数字桥梁模型的精细结构和材质特征,这种方法可以达到较高水平的细节程度。

3)跨海悬索桥三维空间数据模型

从 GIS 的角度讲,数据模型是一组空间实体以及它们之间关系的一般性描述,是真实世界的一个抽象。三维空间数据模型是关于三维空间数据组织的概念和方法,它反映了现实世界中三维空间实体及其相互间的关系。三维空间数据模型的理论和方法是三维 GIS 研究的核心问题。目前,在三维空间数据模型方面许多学者进行了大量的研究工作,大致可以分为:三维栅格数据模型、三维矢量数据模型和混合结构的三维模型。

(1)三维空间数据模型

数据模型是一组实体以及它们之间关系的一般性描述,是对现实世界的抽象。而数据结构则是数据模型的表示,是模型的细化。三维空间数据模型是三维地理信息系统、三维空间信息技术中的数据处理与管理部分的核心。

目前已经提出的三维 GIS 数据模型可分为三大类:三维栅格数据模型、三维矢量数据模型和混合结构的三维模型。栅格数据模型虽然具有存储结构简单、适合空间操作与空间分析的优点,但也有数据量大、模型粗糙、可视化效果差、难于描述拓扑关系、运算速度慢的问题,不适合大范围内的三维建模。三维矢量模型难于组织起有效的空间分析,建立空间索引困难,但它具有数据量小、模型精度高、可视化效果好,适合大区域的三维建模。混合数据模型采用二种或两种以上的数据模型对现实世界建模,理论上能够满足不同的应用要求。但这势必增加系统开发方面的难度,目前难于编程实现。综上所述,现阶段在三维数据模型研究领域主要面临两大难点:其一是模型本身发展还不十分完善,其二是大量的三维空间数据处理在现有的硬件条件下,还不能令人十分满意。因此,目前主流的三维空间数据模型仍然是基于边界表示的三维矢量数据模型。

(2)跨海悬索桥三维空间数据模型

对于跨海特大悬索桥这样的复杂实体模型,使用 CAD 来构建其结构模型,包括:桥塔(基础)、主缆、加劲梁、锚碇、吊索、鞍座、桥面系等。CAD 系统在三维空间数据处理方面的应用已经取得较大的进展,其在图形处理与真三维建模方面具有独特的技术优势,三维 CAD 模型已经成为三维桥梁模型的一个重要数据来源。

本研究中的三维实体主要是跨海悬索桥实体以及其工程系统周围的各种建筑物,例如大桥、接线公路、沿线景观带、收费站、管理用房、海堤、护岸工程、保滩工程及临时设施等。由于实际应用中对建筑物往往只强调物体几何形状的描述,而且其形状比较规则,因此采用基于面表示的面、片结构及边界来描述建筑物三维数据结构是适宜的。根据建筑物实体的几何特征可将其分解为点、线、面、体等基本元素进行绘制。交互式的参数化图形建模实质上就是先将设计对象的图形结构分解为参数化的基本图素,并建立图素库,然后用交互式手段将图素根据一定的约束组合成各种图形结构,并能对图形进行修改。GIS 将建成的实体模型分放在不同的层上进行对象管理,同属于一类或相关的建筑物群存储在独立的层上,这样可以方便地按专题显示和管理。

通过上述分析,对于跨海悬索桥三维模型的建立我们选择使用 Autodesk 公司的 AutoCAD 软件和 ESRI 公司的 ArcGIS 软件来构建实体模型。作为全球最大的 GIS 软件厂商,ESRI 公司的 ArcGIS 软件自 8.3 系列以来提供了一种新的三维元素类型 Muhipatch 作为三维显示的模型。ArcScene 作为三维显示平台中可以显示已有的 Muhipatch 数据类型,同时,在 ArcCatalog 中也可以像创建二维元素类型的 Polygon、PolyLine、Point 数据集那样来创建空白的 Multipatch 数据集。但是,作为实际模型载体的 Muhipatch 数据类型,不能像以上二维元素类型那样可以在 Desktop 的操作中编辑出来,只能通过程序来创建。ArcGIS 的开发组件 ArcObjects 提供了三维开发功能,同样也支持 Muhipatch 元素类型。

现有的三维建模软件 AutoCAD 可以构建较为逼真的三维模型,但是 ArcGIS 桌面产品中只支持作为三维标注符号(3DMakerSymbol)导入这些格式的模型。利用 ArcObjects 可以实现将已经创建好的AutoCAD格式的三维模型转化为Multipatch要素类存储在GeoDatabase中,即可完成跨海悬索桥三维空间数据模型的建立。

4)跨海悬索桥三维空间数据库的建立

GIS空间数据库的设计模式包括定义空间实体及其相互间关系、确定数据实体或目标,设计在计算机中的物理组织、存储路径和数据库结构等。这项工作是以空间数据模型理论为指导的。

(1)三维GIS空间数据库

早期的GIS系统多采用文件方式存放图形数据,而用关系数据库存放属性数据,造成数据的分离,给数据管理及操作带来了很大的困难。合理的做法是将图形及属性数据统一存放到面向对象的数据库中实现数据与操作的无缝结合。

在三维GIS方面,国内外基本达成共识,即应使用面向对象的数据库来存放有关数据,以构建三维GIS系统。具体实现方法主要有两种:其一是从商用数据库向非标准应用领域扩展,将三维空间信息的管理融入RDBMS(Relational Database Management System)中;另外一种做法是从底层开发全新的面向空间的OODBMS(Object Oriented Data Base Management System)。新的发展方向是将三维可视化与三维空间数据的管理耦合起来,形成集成系统。

(2)跨海悬索桥三维空间数据库

跨海悬索桥三维空间数据库使用了Geodatabase,Geodatabase是ESRI公司在ArcGIS8引入的一个全新的空间数据模型,是建立在关系型数据库管理信息系统之上的统一的、智能化的空间数据库。它是在新的一体化数据存储技术的基础上发展起来的新数据模型。实现了Geodatabase之前所有(包括Coverage\shape)空间数据模型都无法完成的数据统一管理,即在一个公共模型框架下对GIS通常所处理和表达的地理空间特征如矢量、栅格、TIN、网络、地址进行统一描述。同时,Geodatabase是一种采用标准关系数据库技术来表现地理信息的数据模型,其地理空间特征的表达较之以往的模型更接近我们对现实事物对象的认识和表达。Geodatabase支持在标准的数据库管理系统(DBMS)表中存储和管理地理信息。

Geodatabase支持多种DBMS结构和多用户访问,且大小可伸缩。从基于Microsoft Jet Engine的小型单用户数据库,到工作组,部门和企业级的多用户数据库,Geodatabase都可以支持。

以西堠门大桥三维GIS系统为例,三维空间数据库使用的就是Geodatabase。西堠门大桥三维GIS中的数据是通过程序将已建好的AutoCAD格式的3D模型转化成Geodatabase的数据格式,并存储在Access数据库中。

5)跨海悬索桥三维可视化表达方法

由于三维GIS空间数据的表达和二维地理信息系统有较大差别,因此在数据实体的表达上也有三维地理实体的特点。经研究提出了表达建筑物和地形三维信息的方法:地形被表达为数字高程模型(DEM)、数字地形模型(DTM);桥梁、构筑物等用实体(CSG)和边界表示(B-rep)。每种不同的表达方式都有各自的特点,根据不同的目的和不同的要求而定。在我国地形数据的表达普遍采用的是DEM和DOM匹配,生成地形图,建筑物通常以2.5维的形式存在,之后进行纹理贴图。

(1)三维地形的表达

DEM主要有三种表示模型,根据表征方式在数据存储和空间关系等方面不同:规则格网模型(GRID)、等高线模型和不规则三角网模型(TIN)。这三种不同数据结构则各有优劣。

格网模型(GRID)实际上就是一个二维数组,其元素为格网结点上的高程值,或高程加属性的值。一般从等高线转换到格网地形,通常需要找到格网结点周围等高线上的点,然后进行插值计算。插值的算法多种多样,但无论采用哪一种方法,都取决于精度与时间之间的平衡。

等高线的数据结构通常是一种矢量结构,高程作为矢量的 *ID*,在 *ID* 之后便是等高线的 *XY* 对,如 Arc/Info 的 Generate 文件。用等高线图直接生成三维地形有两种方法,一种是采用称为 Tiling 的技术,另一种是直接用 Delaunay 三角形对等高线上的点进行三维地形的造型。但直接用等高线进行地形造型有一个明显的缺点,就是造型留有明显的等高线的台阶痕迹,因此地形造型不是连续光滑的。所以,目前通常不采用这种方法,而是将等高线转换成格网数据,即通常所说的数字高程模型 DEM(Digital Elevation Model)。

三角网的数据结构是三类数字地型表示中最复杂的,人们通常要在时间与存储之间找到平衡。如要想在三角形的修改时能快速搜索到需要的数据,就得采用复杂的数据结构,而这需要消耗更多的内存。至于采用哪种数据结构表示地形更具有优越性,众说纷纭。但从显示的角度来看,三角网的地形较有优势,因为大部分三维显示设备的显示速度只与三角形的数量有关,而几乎与三角形的大小无关,而且格网地形简化到三角网地形后,还使三角形的数量大大减少,这样也可以大幅度提高显示的速度。虽然 TIN 在存储空间的要求上相对较高,但在处理任意复杂的地形上具有绝对的优势,加之大多数图形显示硬件都针对三角形进行了特殊优化,因此,在城市规划的三维可视化 GIS 的研究中通常以 TIN 的数据结构作为表达三维地形的数据结构。

地表 TIN 模型的构建表示地形最常见的线模式是一系列描述高程曲线的等高线。由于现有工程地形图大多数都绘有等高线,这便是数字高程模型的现有数据源。为了充分的利用现有的数据源来构造精确的地表模型,有必要对地表的 TIN 模型进行深入探讨,即是实现由等高线来构造 TIN 模型,这也是数字高程、地形可视化等领域研究的重要内容,取得了众多研究成果。

工程中常用的等高线数据为 AutoCAD 数据,其中等高线一般多用多义线 LWPOLY-LINE 来表示,其特点是一条线只有一个高程值,所以适合表达等高线。因此利用等高线建立 TIN 模型,必须首先对 AutoCAD 的转换文件 dxf 进行解译,主要是根据 LWPOLY-LINE 的组码对地形等高线图进行解译。完成对 dxf 的解析后,通过读入 dxf 的等高线信息,主要是读取顶点坐标,即实现对等高线数据的离散化,然后采用上文提到的逐点插入法对这些顶点进行 Delaunay 三角剖分,从而建立了精确的地表 TIN 模型,这是利用等高线来构建 TIN 模型最简单的方法。但是这种方法只独立地考虑了数据中的每一个点,而并未考虑等高线数据的特殊结构,所以会导致很坏的结果,主要是出现“平三角形”,即三角形三个顶点在同一条等高线上,或三角形某一边穿过了等高线这样的情况,这些情形按 TIN 的特性都是不允许的,也不利于可视化表达。为了消除这些情形,广大学者进行了广泛深入的研究,也对该算法进行了改进,提出了将等高线作为特征线的方法,以及自动增加特征点及优化 TIN 的方法等,但是这些方法实现难度较大,而且需要大量的手动调整。

(2)三维空间的表达

由于三维几何表示能提供物体的几何描述,使空间物体可用计算机来存贮、处理、显示。

物体3D表示可以有多种方法，大致分为基于体表示和基于面表示两大类，其中，具有代表性的是结构实体表示（ConstructedSolidGeometry，CSG）和边界表示（B-rep）方法。CSG方法在计算机辅助设计（CAD）中应用广泛，它通过预定义的模型单元来表示空间物体，这些单元具有规则的形状，如：立方体、圆柱体、圆锥体等，单元间的关系主要是布尔操作。CSG方法的优点是模型关系简单，便于显示和数据更新，缺点是空间分析难以进行；而B-rep表示方法可以通过对构成物体边界的点、线、面和体四种类型元素的精确描述，即能够精确表示物体几何位置以及元素间的拓扑关系，虽然B-rep方法适于空间操作和分析，但存储空间占用多，计算速度较慢。

（3）三维模型的可视化表达

为满足工程人员直观、多方位观察与分析的需要，基于三维模型进行各种不同方式的可视化表现是很有必要的，主要包括以下几种方式：

①动态显示方式：根据观察者需求，对三维模型进行平移、缩放、视点转移、观察方向改变等交互操作，从而实现不同角度、不同方位、不同距离的观察。

②单层显示方式：三维模型中各结构体应按图层分层组织管理的，这样可以通过图层控制面板关闭其他图层，而只显示所要浏览的图层，以达到详尽地了解某一结构的情况。

③掀盖层显示方式：是单层显示方式的推广，观察者可以从上到下依次关闭相关图层，就可以不断地掀开上面覆盖的层，而观察到下面的情况。

④三维景观方式：允许从不同角度、不同距离观察三维模型，为了增强模型的真实感，可以通过光照模型、表面纹理等三维"渲染"技术以逼真的表达结构信息。

⑤透视方式：将相应结构体的纹理或颜色设置成一定的透明度，即可方便地使其在渲染模式下具有一定的透明度，从而能穿透三维模型的外面包裹的结构体，直接观察到结构内部细节。

⑥切面方式：通过对三维模型的剖切算法和剖面图绘制方法，生成任意方向剖面图。

6）三维GIS模型自动生成和展示策略

为了减轻建立三维几何模型的工作量，三维GIS模型自动生成和展示策略途径如下：

（1）模型构建建立在三维模型的基础之上

模型构建从建立三维模型开始，再依靠软件产生二维的平面、立面、剖面。修改设计时不能先改二维图，而是先改三维模型，再靠软件产生新的二维图。

（2）对三维几何模型的优化简化

主要采用纵向拉伸的方法，将桥梁平面图，变成垂直方面不变的立体块，也可将复杂的地形纵向拉伸，以表达地形的不规则起伏（即数字地面模型，Digital Terrain Model，DTM），这就大大简化了三维数据结构，一般将这类模型称作二维半或准三维模型。这种简化模型不能表达形体复杂的物体。为了弥补形体太简单的不足，可将现场摄影的建筑立面以平面纹理的方式贴在建筑物上、将航空摄影的地表图像贴在地表上，当然，效果还是不如全三维模型那么真实。简化三维模型使数据输入方便多了，对建筑物来说，只要平面图，以及和平面相对应的高度，对复杂地面来说，只需要若干关键点的三维坐标，计算机软件就可根据上述数据自动产生简化的立体模型。由于几何模型得到简化，计算机的处理量也比全三维模型大大降低。目前只需要一般或性能稍好的计算机就可以实现动态、交互仿真，仿真的灵活性和全三维模型一致。当然，观察到的物体则被明显简化。

图 8.2-18 展示了基于三维 GIS 技术的系统软件界面。

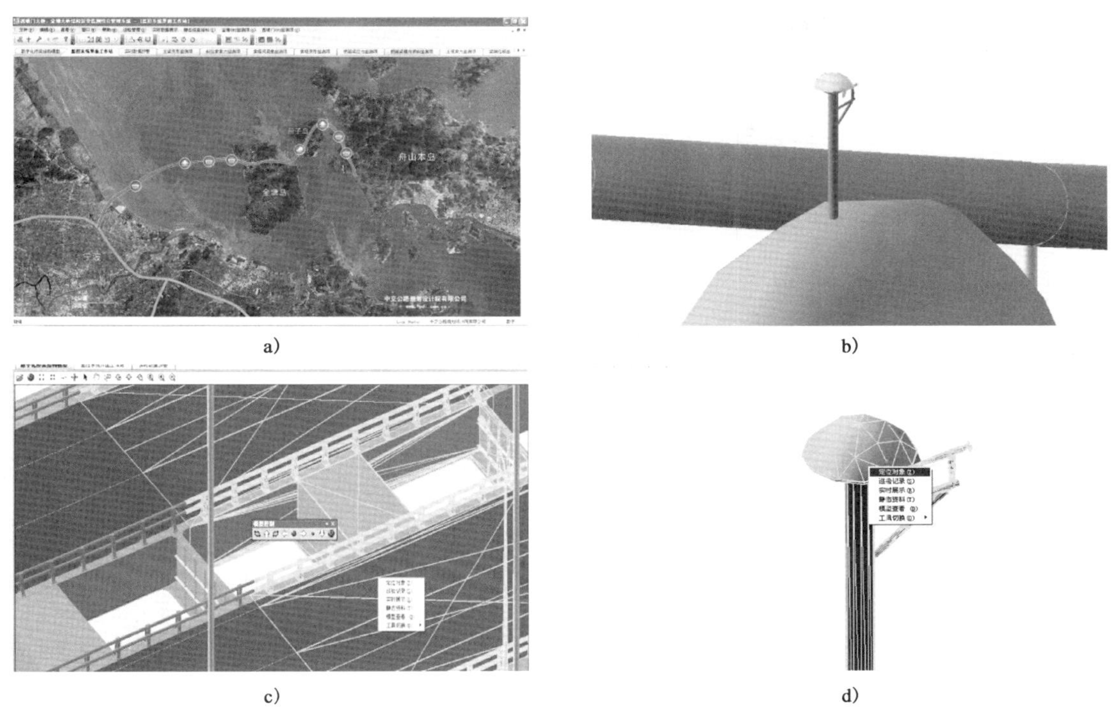

a)　b)　c)　d)

图 8.2-18　基于三维 GIS 技术的系统软件界面

8.3　养护管理智能辅助决策支持系统研究

8.3.1　数据库及其管理系统的研究

1）BMIADSS 专业数据库需求分析

（1）专业数据库特点

西堠门跨海大桥养护管理综合指标体系繁多，每个指标体系包含很多相关指标，每个指标在不同时期的专业数据不尽相同，更多的是动态专业数据，这与普通专业数据库有所区别。使用该专业数据库的用户来自不同的部门，如业主单位、监测单位、维修单位等，不同单位的人员由于关心的侧重点不一样，因而系统应满足不同用户的要求。

（2）专业数据库的性能需求

性能需求分析是专业数据库设计第一阶段，也是非常重要的一个阶段，这一阶段收集到的基础专业数据和一组专业数据流程图是目标专业数据库进行下一步设计的基础。因此，需求分析结果的好坏将直接决定目标专业数据库的成功与否。

2）BMIADSS 专业数据库系统结构设计

（1）数据采集指标体系

系统的专业数据采集旨在收集整理能全面描述桥梁基本特征和当前技术状况的信息。在

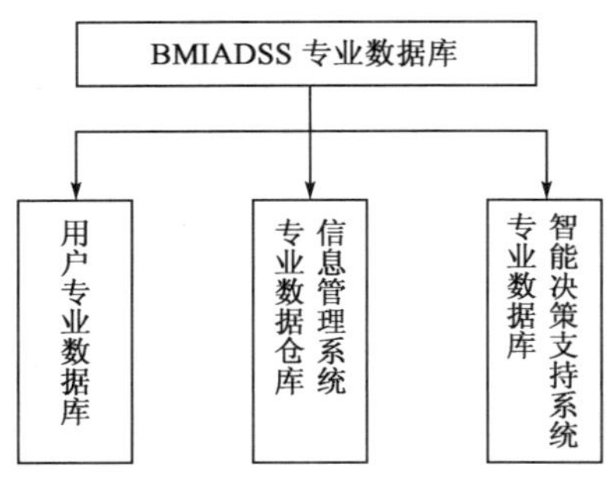

图 8.3-1　BMIADSS 专业数据库

建立桥梁基本信息档案库的同时，提供对桥梁进行评价决策的专业数据支持，从而对桥梁进行有效的管理和状况监控。专业数据采集分两部分内容：桥梁基本专业数据信息和桥梁检查、检测专业数据信息。其中桥梁基本专业数据信息提供该桥所需的基本专业数据资料，包括设计资料、施工资料、竣工资料、重车过桥记录以及维修历史等基本内容。桥梁检查检测专业数据信息是桥梁运营状态评估和决策的主要专业数据来源，它包括人工检查专业数据、仪器检测专业数据和健康监测专业数据。

(2)模块(子专业数据库)设计

各模块(子专业数据库)设计框图如图 8.3-1 ~ 图 8.3-3 所示。

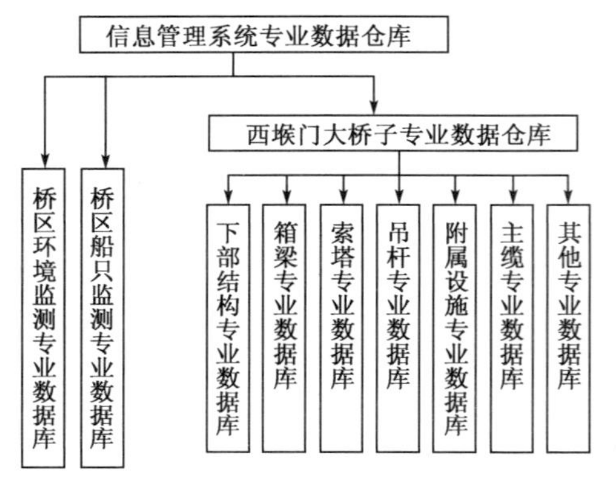

图 8.3-2　信息管理系统专业数据仓库

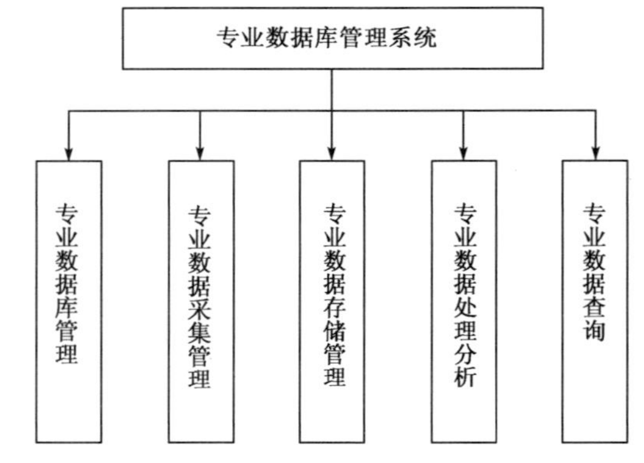

图 8.3-3　专业数据库系统结构

(3)专业数据库文件的归类和关联

此采集一次的基本参数与采集多次的其他文件的关系是一对多的关系，如图 8.3-4 所示。而专业数据分析专业数据库表示在所专业数据库文件的基础上进行分析、查询、计算，这类专

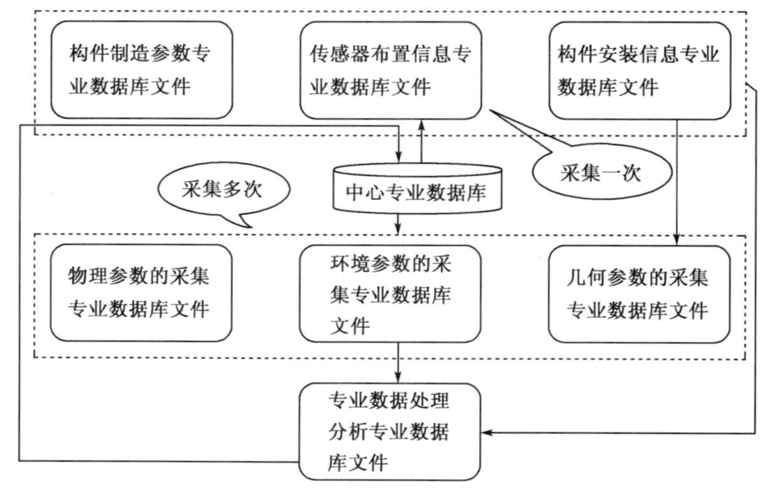

图 8.3-4　专业数据库文件构成

业数据库文件与其他专业数据库文件间的关系是多对一的关系。

专业数据库文件字段分析是确定文件结构的重要分析过程,由此来确定专业数据库文件的结构,包括主键、字段名、字段的专业数据类型及其长度和是否允许为空的确定。各字段的设置应该合理正确,因而在系统开发时,详细字段分析完成后,应确定相应的编码字典,用以确保专业数据库文件中所有专业数据的唯一性。

3)BMIADSS 专业数据库管理系统设计

专业数据库管理是专业数据库拥有者的工作,本专业数据库拥有者为西堠门跨海大桥项目业主单位。专业数据库管理的内容包括创建专业数据库、调整专业数据库的大小、专业数据库日志、专业数据库选项、备份、恢复等,如图 8.3-5 所示。

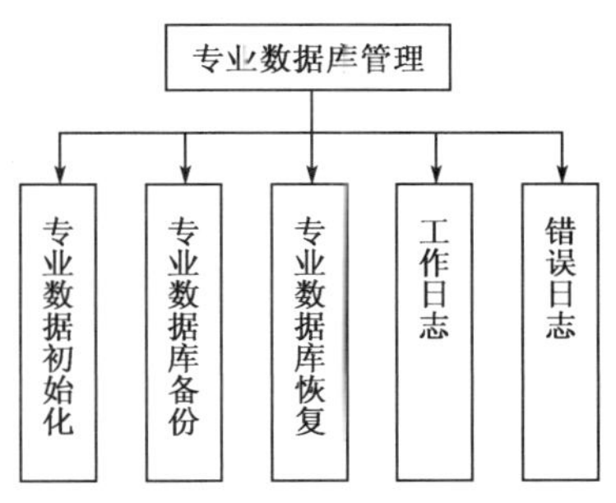

图 8.3-5 专业数据库管理

4)BMIADSS 专业数据采集管理

专业数据采集是指将温度、压力、流量、位移等模拟量转换成数字量后,再由计算机进行存储、处理、显示或者打印的过程。相应的系统称之为专业数据采集系统。

专业数据采集系统主要是由硬件和软件两部分组成。从硬件方面来看,目前的专业数据采集系统的结构形式主要有三种,一是一般的微型计算机专业数据采集系统,二是直接数字控制型计算机专业数据采集系统,三是集散型专业数据采集系统。

专业数据采集分布式系统包括以下几个子系统,即传感器子系统;专业数据采集子系统;专业数据通信与传输子系统;远程综合管理子系统。上述子系统的各部分相互联系、紧密结合、协同工作,共同构成一个有机的整体,每一部分不可或缺,其中专业数据采集子系统搭起了传感器子系统和专业数据通信与传输子系统的桥梁。专业数据采集系统的整体结构,如图 8.3-6 所示。

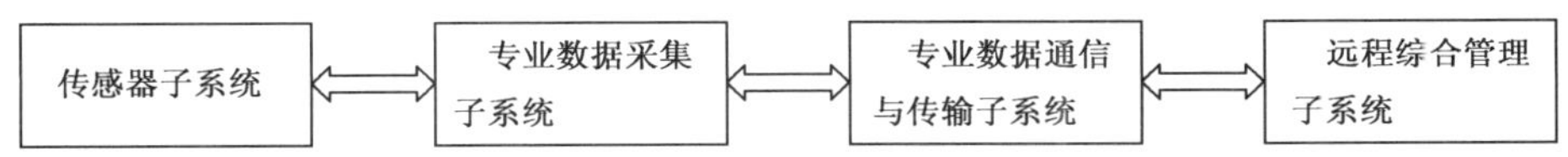

图 8.3-6 专业数据采集系统整体结构

5)BMIADSS 专业数据处理分析

专业数据库经过数十年的发展,已经保存了大量的专业数据。随着技术的进步,人们希望计算机能够做更多的工作,除了能进行传统的事务处理外,还希望计算机能够辅助决策,进行一些分析型的工作。而在事务处理的专业数据环境下让计算机进行分析型的操作是很难做到的。

近年来发展迅速的辅助决策支持系统就是建立在专业数据库之上,由业务专业数据库系统和辅助决策支持系统组成。而辅助决策支持系统(Decision Support System 简称 DSS)又由 2 层次内容组成:专业数据库和 OLAP。

(1)基于专业数据仓库和 OLAP 的新型决策支持系统

专业数据仓库及 OLAP 技术的出现为 DSS 开辟了新途径。专业数据仓库侧重于存储和管理面向决策主题的专业数据;而 OLAP 则侧重于专业数据仓库的专业数据分析,并将其转换为辅助决策信息。OLAP的一个主要特点是多维专业数据分析,这与专业数据仓库的多维专业数据组织正好形成相辅相成的关系。

专业数据挖掘(Data Mining)是一个利用各种分析方法和分析工具在大规模海量专业数据中建立模型和发现专业数据间关系的过程,这些模型和关系可以用来做出决策和预测。选择或者建立一种适合专业数据挖掘应用的专业数据环境是专业数据挖掘研究的重要课题之一。专业数据挖掘对大量专业数据的探索式分析的起点是OLAP。专业数据挖掘需要对大量专业数据进行反复查询操作,关心专业数据存取方式的方便性与可操作性。

(2)联机分析处理(OLAP)关键技术

OLAP关键技术:新型DSS中OLAP专业数据仓库的专业数据量十分庞大,要对这么大量的专业数据实现快速的查询响应、分析处理,在实现上要有许多相应技术的支持。目前,学术界在OLAP实现上的研究工作主要集中在两个方面:

①Data Cube(专业数据立方体)的实现机制以及在该机制下如何提高Data Cube计算的性能等。主要包括物化视图的选择、设计和维护,Data Cube的存储机制,稀疏矩阵的压缩,OLAP操作的高效算法及优化策略。

②多维专业数据模型的研究。

Data Cube的构建:针对不同OLAP专业数据存储方式,具有不同Data Cube的构建策略。OLAP是以专业数据仓库或专业数据库为基础,其根本的专业数据来源于OLAP专业数据库系统。从专业数据组织和实现方式来看,主要有多维OLAP(Multidimensional OLAP简称MOLAP)、关系OLAP(Relational OLAP,简称ROLAP)。

MOLAP是指OLAP专业数据存储在多维专业数据库上,从概念上讲是将专业数据存储在多维数组的单元中,例如可以把一个销售系统中的专业数据视为一个三维数组,分别对应于产品、顾客和时期。各单元中的值表示在相应的时期内出售的相应产品的数量。MOLAP的物理存储方式和其逻辑组织是十分相似的,而且此类产品中还会提供大量的统计和数学函数、可视化工具和报表生成工具。

ROLAP是指OLAP专业数据存储在传统的SQL专业数据库,即关系专业数据库中。ROLAP将多维结构进行了分解,利用两种表来表达多维信息:用维表来记录多维专业数据库中的维度,将多维专业数据立方体的坐标轴上的各个取值一一记录在一张维表中,用事实表来记录多维专业数据立方体中各个维度的交叉点的度量值。这样,多维立方体各个坐标轴上的刻度以及立方体各个交叉点的取值都被记录下来,因而专业数据立方体的全部信息就都被记录下来。

从技术上来说,Cube操作就是对于关系专业数据的冗余多维投影,对所有的可能结果,映射到N维空间中,Cube操作的提出很快被专业数据库的学术界和工业界所接受,并被作为SQL的扩展形式得到广泛的支持和应用。

OLAP中Cube计算及优化:OLAP分析是基于多维专业数据上的即席查询分析。通常多维专业数据可以表示为$R(d_1,d_2,\cdots,d_i;m_1,m_2,\cdots,m_i)$,其中$d_i$是维,表示分析角度,$m_i$是度量,表示分析目标。此类分析所涉及的专业数据具有明显的统计汇总特征,需要按属性维进行聚集操作。如果不进行预计算,会等待很长时间,很难达到OLAP技术提出的快速、交互访问的目的。因此,绝大多数OLAP产品在进行专业数据分析之前,都要进行预计算(即Cube计算),生成物化视图。

把所有可能的聚集即全聚集都计算出来即完全物化,可以得到最快的系统查询响应时间,但即使暂且不管计算聚集所花费的CPU处理时间,只是随着维数的增加,这样做就有可能导致专业数据爆炸。在商业应用中,全聚集占据200倍于原始专业数据的空间,另外它的更新维护也需要花费很长时间,所以计算聚集时应在聚集所占用的空间、CPU处理时间和OLAP系统查询响应时间之间有一个权衡。

8.3.2　模型库及其管理系统的研究

BMIADSS桥梁决策支持系统(图8.3-7)在以上研究的基础上,主要通过运用计算机技术和决策理论,通过设置桥梁监测工具,对桥梁进行观察和检测,并利用桥梁检测数据,建立包括桥梁的缺损状态、历史维修、特检信息和评价指标的桥梁动态数据库,构造一系列评价指标和评价模型来衡量桥梁的健康状态,为管理人员提供决策支持。

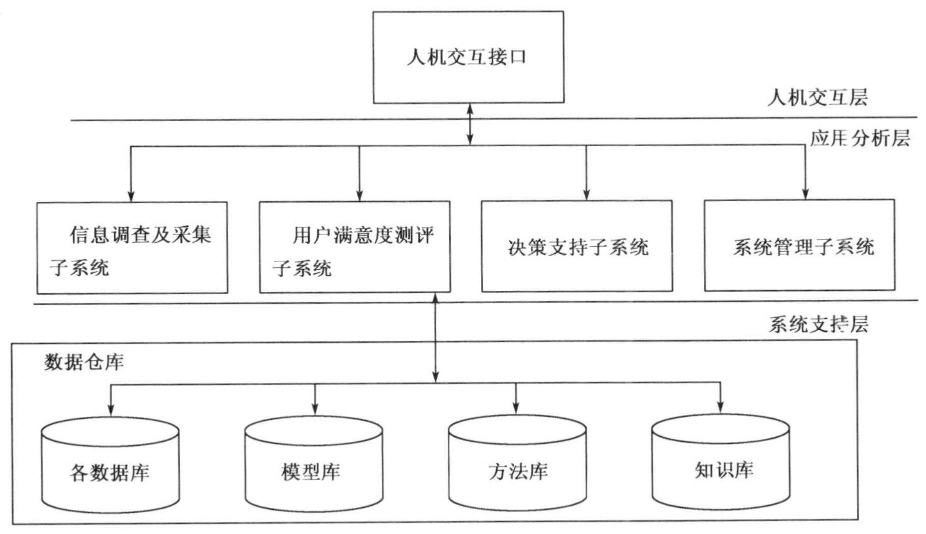

图8.3-7　BMIADSS桥梁决策支持系统的构成

模型库的构成元素主要是各类模型,人们一般通过逻辑推理法、实验法和模型法来认识和研究现实世界,模型法是人们对系统的属性及其运行状态的主观描述,是系统本质属性用某种数学或非数学表示的形式,它通过分析现实世界存在的客观规律,利用相关理论揭示现实事物的内在本质,进而根据事物的属性及研究的目的和要求,提炼出能准确地描述事物间内在联系的系统。因此,任何模型都是来源实际,它们利用比现实世界的更简单、更抽象的方式,揭示现实世界,是对现实世界的事物现象过程或系统的简化描述。由于模型比现实世界容易操作,尤其是一些参数值的改变在模型中操作比在实际问题中操作更容易。因而人们一直以各种各样的模型来表现和描述错综复杂的现实世界,从而揭示它们的客观规律性。模型的表现形式包括图像、图画、声音、实物、表格、文字和数学公式。

模型库作为一个资源平台,其特点是将众多的模型按一定的结构形式组织起来,将多个模型组合起来构成更大的模型,保证其内部模型可被不同系统重复调用,为此需要通过模型库管理系统对各个模型进行有效的管理和使用。模型库一般由模型结构库、模型数据库和模型目录库三部分组成，模型类型一般分为预测类、评价类和对策类，其内部结构如图 8.3-8 所示。

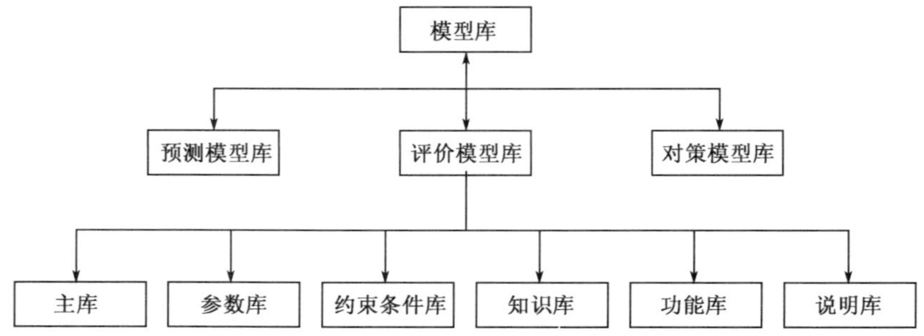

图 8.3-8　模型库的结构

为使模型库有效的工作，必须对模型库进行有效的组合，模型库系统平台就是对模型库的有效组合和运用，主要包括模型库、模型库管理系统、以模型库为基础的应用程序和模型库管理员等 4 个组成部分，如图 8.3-9 所示。

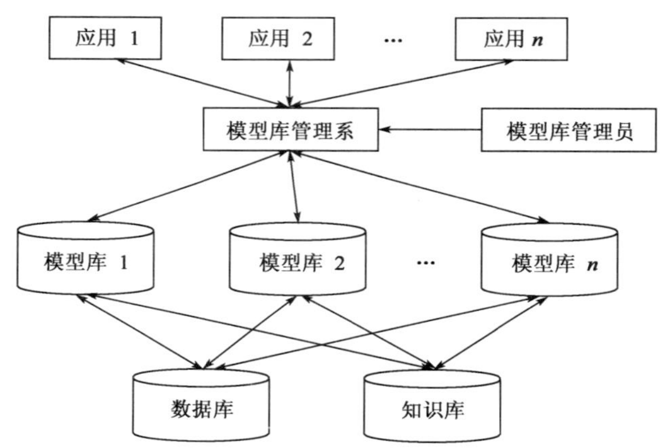

图 8.3-9　模型库系统平台的总体框架

1）桥梁决策模型库的主要研究内容及方法

桥梁决策模型库是 BMIADSS 系统的核心，它包括模型库和模型管理库管理系统。而模型库管理系统肩负着为应用模型提供良好运行环境重任，因此，模型库管理系统的水平决定着模型应用效能的高低。

（1）桥梁决策模型库管理系统

桥梁决策模型库管理系统的主要功能是快速简便地构造新模型，通过数据库将若干模型连接起来构成合成模型，对模型进行分类和维护，方便地实现对模型的建立、修改、维护、连接和使用。模型库子系统与综合评价系统人机对话部分的交互作用，可使用户控制对模型的操作、处置和使用；并且通过与数据库系统的交互作用，可以提供模型所需要的数据，实现模型输入，输出和中间结果存取的自动化，模型管理结构见图 8.3-10 所示。

设计模型库管理系统时，为实现上述功能要求，必须考虑模型库与决策支持系统的连接问题,通过模型库管理系统把模型库与数据库,知识库和人机界面连接起来,使得模型库能从数据库中获得有关数据,并把模型运算的结果送到人机界面,进而实现与用户进行交互。

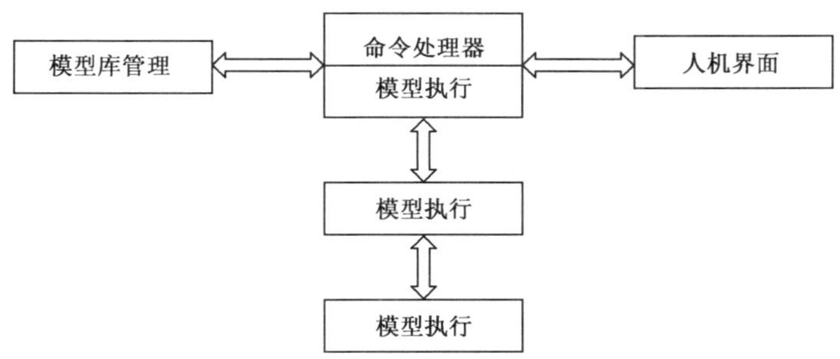

图 8.3-10　模型管理结构图

(2)桥梁决策模型库管理系统研究

目前,一个完整的模型库管理系统通常由模型、模型字典、外部数据库和模型管理模块构成,如图 8.3-11 所示。同时,要使一个模型能正常地生成和运转,则模型的建立和管理应确认以下几方面的内容:问题提出、模型建立、模型验证、模型解释、模型维护以及模型权限控制等。图 8.3-12 给出了一个完整模型管理系统的总体结构。其中,模型管理系统模块是整个系统的组织者。

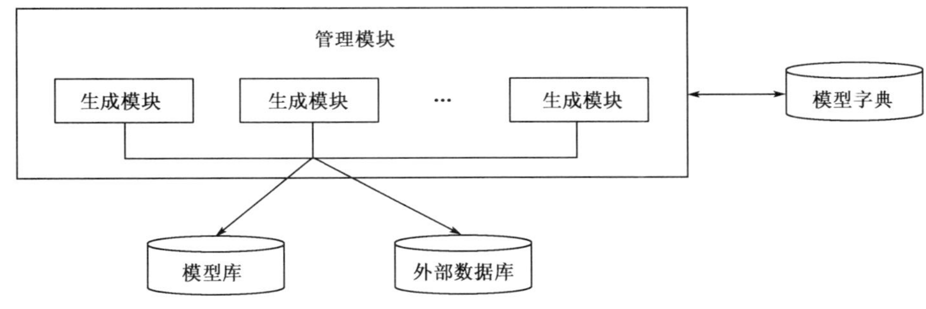

图 8.3-11　一个完整的模型库管理系统

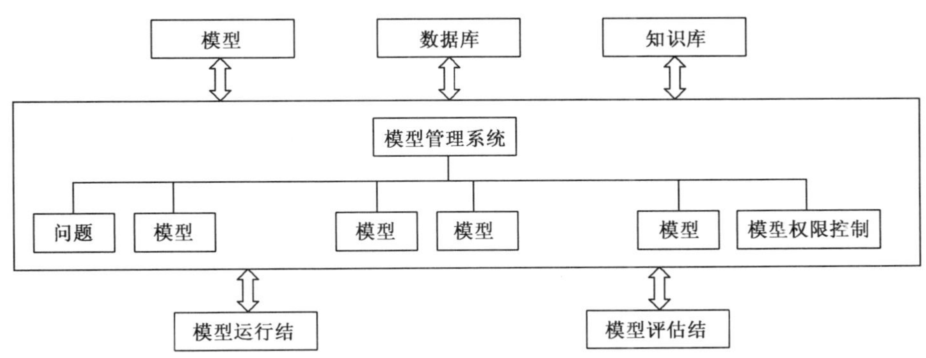

图 8.3-12　模型管理系统结构图

为实现模型库的系统接口、模型管理、数据运用、信息反馈四项功能,管理系统的组成应包括模型描述(MDS)、模型生成(MGS)、模型目录管理(MCMS)、模型调度(MSS)四大子系统。

2)BMIADSS 决策模型库管理系统分析与设计

构建 BMIADSS 决策模型库管理系统是一项复杂的系统工程,通过利用西堠门大桥的无线传感器网络进行信息采集,以计算机技术组建数据仓库,采用层次分析法确定桥梁养护的评价指标体系,通过云理论、模糊理论、神经网络技术构建桥梁养护评估模型,建立符合未来桥梁养护决策管理发展趋势的 BMIADSS 决策模型库管理系统。

历史上常用桥梁养护评估方法的优劣势分析见表 8.3-1。

常用桥梁养护评估方法的优劣势分析及未来发展方向预计 表 8.3-1

理论依据	创始人和创始时间	实践中的优点分析	存在的问题	未来发展方向
层次分析法	T. L. Saaty 1971	1. 将复杂问题分解为有序的递阶层次结构; 2. 将经验判断转化为可量化的模糊推理,实现从定性向定量评估的转变	1. 评估指标过多; 2. 对于很难用定量的方法描述的因素,该方法的可靠性和评估精度容易受参评人员主观因素影响	提高层次分析法中判断矩阵的质量,通过模糊数学理论、神经网络方法和层次分析法的结合,实现评价结果的综合性、全面性和及时性
人工神经网络法	心理学家 McCulloch、数学家 Pitts 在 20 世纪 40 年代提出了人工神经网络的第一个数学模型	1. 具有集体运算能力和自适应学习能力; 2. 具有很强的容错性和鲁棒性以及联想记忆功能; 3. 可解决目前无法用显函数形式表达的函数关系	1. 人工神经网络法中养护指标体系、模糊控制规则、评估模型、网络拓扑结构等都需要进一步寻找到理论依据; 2. 目前桥梁养护积累的资料少,其结果的准确性存在一定的局限	神经网络和模糊系统有机地结合可有效地发挥各自的优势
可靠度理论	起因于二次世界大战(1940 年代初期)主要由德国和美国军方主持发展	通过研究系统或产品的可靠程度,提高产品的质量、经济效益和安全性	1. 可较好地实现构件的失效评估; 2. 对整体结构的失效评估不成熟; 3. 需进一步研究确定养护管理中结构失效模式; 4. 对桥梁结构的承载力评估与寿命预测方面研究不够; 5. 对结构整体或结构体系的可靠度问题尚在研究阶段	结构的动态可靠度分析和寿命预测研究相结合是未来发展的方向
寿命周期理论	寿命周期成本(Life Cycle Cost)及全寿命经济性概念由美国军方于 20 世纪 60 年代提出	1. 将桥梁寿命周期成本分为设计成本、施工成本、检测成本、预防性或完全性维护成本、改造成本、失效成本、地震灾害成本等; 2. 桥梁寿命周期成本作为衡量桥梁成本的指标,以此评估桥梁的经济性	各国桥梁监测体系不完善,桥梁监测的数据有限,需要积累更多的、有效的样本数据,完善研究模型的合理性	桥梁寿命周期和可靠度研究的结合,将是未来桥梁养护评估方法的发展方向之一

3)BMIADSS 决策模型库理论分析

依据目前桥梁健康监测所涉及的决策理论,本章主要根据西堠门大桥的特点及养护要求,选择合适的决策理论构建大桥的决策模型。

(1)云模型

由于云由大量的云滴构成,云滴之间均存在一定的空间距离,可根据云的三个数字特征参数来衡量不同云之间的差异性和相似性,并可根据不同云之间的差异性和相似性评估桥梁的健康状态,我们将这种不同云之间的差异性和相似性定义为不同云之间相似度,如果两个云整体的相似度小于给定相似度阀值 Q,则可认为这两个云是相似或近似等价的,同时也就证明桥梁的变化处于健康状态中;同时,为预测桥梁未来的变化趋势,我们考虑采用 MATLAB 的最小二乘原理进行曲线拟合,如果实测云和设计规范云两个的曲线拟合度大于给定的阀值 m,可认为这两个云是相似或近似等价的,拟合曲线代表了未来桥梁的变化趋势,曲线未来某点的预测值可衡量桥梁的变化是否处于健康状态。

结论:该预测函数综合评估云的取值区间与原函数区间的拟合度 $m_i \geqslant m$,曲线可代表桥梁未来变化趋势,通过预测曲线得到 F_P 处在有效论域$[D_{min}, D_{max}]$范围内,因此可确认桥梁未来的变化趋势总体处于安全状态。

基于云模型的桥梁健康评估研究方法,该方法体现了桥梁决策过程存在的模糊性和随机性特点,采用设计参数和实测参数确定桥梁各分项健康状态的上下限指标,依据各因数及权重获得总体桥梁的健康状态极限值,利用实测值和极限值的对比结果判定桥梁各项指标的静态安全状况,并引入相似度阈值和桥梁健康状态拟合度这二个衡量指标,通过实测值和阈值对比进行桥梁动态健康状态的监测,同时利用桥梁健康状态拟合度,通过预测曲线对桥梁综合状态的未来演变趋势进行分析,较好地解决了桥梁检测和健康监督中储备数据不足的问题,进而确认桥梁未来的变化是否处于安全可控状态,见图 8.3-13。

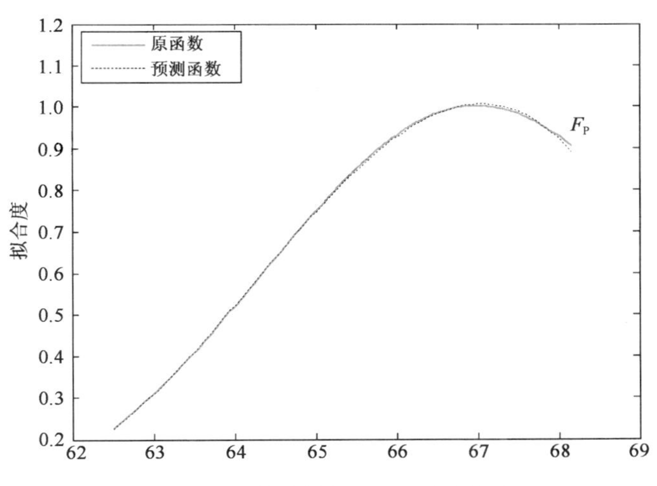

图 8.3-13　桥梁有效论域未来变化趋势

(2)桥梁健康评估中的变权处理

在以上桥梁健康评估决策问题中,决策模型无论状态值如何变化,权重总是保持不变,但对于实际决策问题,这种权重不变具有一定的片面性,根据西堠门大桥的特点,可考虑引入状态变权向量调节度的概念,通过对桥梁各部位状态的判断,对处于不同状态的构件进行变权。

4)BMIADSS 决策模型库系统管理模块设计

一般认为完整的模型库系统由模型库、模型字典、数据库和模型管理系统组成。模型库系统的主要作用是通过人机交互使决策者能方便利用模型库中各种模型支持决策,引导决策者建立、修改和运行模型。

模型库系统的主要组成部分的含义如下:

(1)模型:以某种形式对一个系统本质属性的描述,以刻画系统的功能、行为及规律。

(2)模型库:是决策支持系统的核心部分,存储各种模型以及模型与数据的匹配关系。模型库众多的模型按一定的结构形式组织和存储起来,通过模型库管理系统对各模型进行提取、访问、更新和合并等操作,以实现有效的管理和使用。

(3)模型字典:用来存放有关模型的描述信息和模型的数据抽象。模型的数据抽象是模型关于数据存取的说明,是模型库管理系统对数据库自动存取数据的需要。

(4)模型库管理系统:为生成和管理模型提供一个用户界面友好的软件环境,主要功能是对模型的建立、维护、调用、查询运行、检验和评价进行集中的控制。

针对描述模型,从上到下设计了数据元素类、模型类和模型实例类等 3 个层次的对象类。主要的数据成员有模型类中各数据元素对应的值、模型类代码及相关说明信息。管理数据元素值和调用操作模型是模型实例的主要功能函数。根据模型与数据相分离的原则,数据元素对象值只是数据的访问方式而不是具体的数据。总之,模型类是通过描述数据元素类对象列表存储了问题的描述结构知识,模型实例按照模型类的结构,存储了和具体问题相关的数据访问方式。

模型库系统由模型库和管理系统两部分组成,而模型库就是模型类与模型实例的集合。模型对象包括工具、算法、操作模型、描述模型和模型实例。相应地,模型库有工具库、算法库、操作模型子库、模型子库和模型实例子库 6 个组成部分。整个模型库管理系统包括模型类、模型实例、算法库、工具库和模型库等 5 个管理子系统。模型库管理子系统主要用来配置模型库。模型库系统基本结构如图 8.3-14 所示。

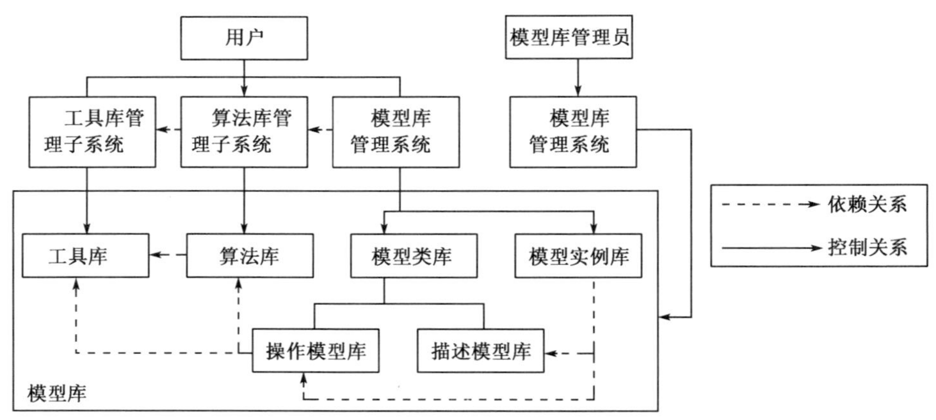

图 8.3-14　模型库结构图

5)BMIADSS 决策模型库系统功能模块的实现

根据前面的分析,结合桥梁健康监测目标,本章将探讨 BMIADSS 决策模型库系统功能模块的实现手段和途径。为方便用户操作,实现交互界面的人性化,模型库将着手模型管理系统的开发。我们将从总体框架入手,利用面向对象的程序设计语言 C#实现模型的交互界面的设计,同时完成系统中几个关键技术,即:模型组件化、模型的自动选择的程序代码编制,最后总结系统的特点。

根据前面对决策模型库的系统分析,本章我们将根据西堠门大桥的相关检测数据的特点构建具体模型,并通过模型的组合形成具有判断和预测能力的桥梁安全管理平台。通过上节的理论分析,我们利用西堠门大桥的相关数据,进行具体模型管理平台系统的构建,系统的构建主要分三个步骤进行。

(1)利用层次分析法确定指标体系

在建立桥梁监测管理平台的过程中,通过前期和西堠门大桥建设及管理单位的沟通,首先通过层次分析法我们按下表确定西堠门大桥健康监测指标体系。

(2)采用专家咨询法确定权重

根据以上层次分析法确定的指标体系,利用专家咨询法确定各指标体系在健康监测中的权重,其权重见表8.3-2。

桥梁各部分权重 表8.3-2

等级项目	一类	二类	三类	四类	五类	权重
塔墩	1	2	3	4	5	25
加劲梁	1	2	3	4	5	25
悬吊系统	1	2	3	4	5	30
支座、鞍座及锚杆	1	2	3	4	5	10
锚碇混凝土部分	1	2	3	4	5	10

(3)选择合适的模型构建模型库

通过分析西堠门大桥的监测数据的特征结合上节对建库理论的分析,系统采用层次分析法、灰色理论、云理论和神经网络构建模型库(图8.3-15)。

①层次分析法

层次分析法是管理平台的基础,系统利用层次分析法确定影响桥梁的安全性指标,通过对各指标的分析,确定各指标的安全阈值,如图8.3-15所示。当系统运行时,数据库的数据到达层次分析法构建的模型后,模型首先对数据进行风险分析,对比预先设定的阈值,确定各项指标的安全性;安全性合格,转入预测分析类模型(灰色理论、云理论、神经网络)进行桥梁安全性分析和预测,安全性不合格,超过阈值,转入知识库进行分析评估,如知识库确定依然在可控范围,再转入预测分析类模型进行桥梁评估。

②灰色理论模型

西堠门大桥在运营过程中,桥梁工作状态的监测信息是不完全的,同时该桥缺乏相应的历史数据,建模难度较大,灰色系统理论的核心模型GM(1,1)仅用4个数据就可以估计出模型参数,且可达到一定的模拟精度,因此,可选择灰色预测中数列预测方法,对桥梁健康状态的发展趋势行预测。

③云理论模型

由于影响桥梁结构安全性、适用性及耐久性的因素很多,各影响因素间的关系又存在不确定性和模糊性,且桥梁检测和健康监督中储备数据也常常不足,因此,可通过层次分析法和云理论进行风险决策模型的建立,利用云发生器实现评价指标评语的定性定量转换,并利用虚拟云理论中综合云算法获得最终评价结,进而完成对桥梁健康状态的监督。同时利用桥梁健康状态拟合度,通过预测曲线对桥梁综合状态的未来演变趋势进行分析,进而确认桥梁未来的变化是否处于安全可控状态。

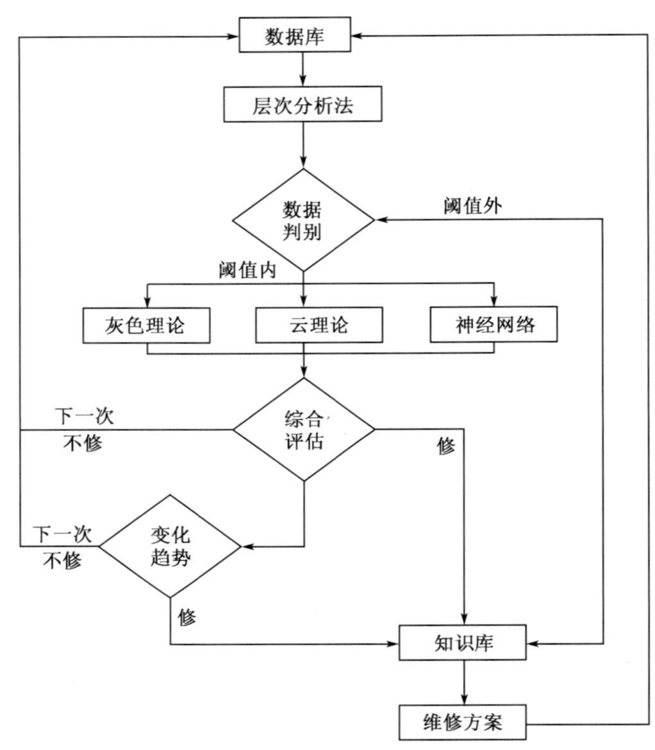

图 8.3-15　管理平台结构图

④神经网络

西堠门大桥在运营过程中,影响桥梁安全性的各项指标会随着使用时间的推移而出现自然老化和损伤,而对这些老化和损伤程度的判定,常常需要通过专家进行,人工神经网络具有集体运算能力和自适应学习能力,用人工神经网络模拟有经验专家的决策机理,对影响桥梁安全性的各项指标进行识别、推理及预测。

模型的典型组合使用方式:数据库的指标数据通过上一级的层次分析法模型筛选后,客户可利用已经训练好的神经网络模型,在缺少专家判断的情况下,选择神经网络模型为下一级的评估模型。通过层次分析法和神经网络二个模型的组合,可得出桥梁相关指标参数的评估及预测结果,并依据结果,结合知识库的要求,选择是否进行维修和采用何种方式进行维修。

8.3.3　知识库及其管理系统的研究

1)知识库系统与知识库管理系统

由于知识库的概念是来自人工智能及其分支——知识工程和数据库这两个不同的领域。

因此当论及知识库时，从数据库的角度引入AI技术，或从AI角度引入数据库技术来看将有不同的理解和定义。

知识库是知识的集合，当这种集合的元素量很大时就需要管理，而管理知识库系统的软件就叫作知识库管理系统。知识库管理系统可以定义为知识的采集、更新、恢复、修改以及调试、编辑、编译、维护进行系统的管理，并能向用户提供使用、查询知识库的工具的一套机制。在系统设计阶段与正常投入使用后，知识的扩充、修改和完善都是十分重要和不可缺少的。所以研究、开发知识库管理系统是知识库系统设计中必须要做的事情。

(1)知识工程与专家系统

知识获取是建立知识库的关键环节，一直被公认为是知识库系统的“瓶颈”问题。由于知识获取的重要性，近年来人们已越来越重视对它的研究。然而，应该看到知识获取是一个极为困难的问题，目前的研究成果仍是初步的，离实际应用尚有相当的距离。

专家系统是一个智能计算机程序系统，其内部含有大量的某个领域专家水平的知识与经验，能够利用人类专家的知识和解决问题的方法来处理该领域问题。也就是说，专家系统是一个具有大量的专门知识与经验的程序系统，它应用人工智能技术和计算机技术，根据某领域一个或多个专家提供的知识和经验进行推理和判断，模拟人类专家的决策过程，以便解决那些需要人类专家处理的复杂问题。简而言之，专家系统是一种模拟人类专家解决领域问题的计算机程序系统。20世纪80年代中期，各种专家系统已遍布各个专业领域，取得了很大的成功。现在，专家系统得到更为广泛的应用，并在应用开发中得到进一步发展。

(2)西堠门大桥监测与检测

西堠门大桥巡检养护系统由《巡检养护手册》和电子化巡检养护系统组成。《巡检养护手册》是大桥巡检养护系统的纲领性文件，对巡检养护的所有内容进行定义和描述，同时也将混凝土结构耐久性监测包括在内；电子化巡检养护系统是《巡检养护手册》的电子化版本，它的主要功能在于记录和管理桥梁损伤信息，分析报告桥梁的运行状态与服务水平。我们将养护维修的类型分为退化性(任其劣化，没有维修)，更正性维修(出现劣化后维修)，计划性维修(出现劣化前较少的维修)和条件性维修(出现劣化前消除劣化)。更正性维修我们称之为被动维修，因为它是等待问题严重到会危及局部或者整体的安全才来实施维修；条件性维修我们称之为主动维修，根据损伤和结构评分，和经济指标来设定条件，一旦条件满足就实施维修。

综合考虑桥梁的服务水平(与技术状态密切相关)和维修费用，我们制定出巡检养护的原则是：制定合理的预防性养护和条件养护频率，使常规保养以最低的经济成本达到合格的养护标准。根据以往巡检养护积累的数据，其具体指标为条件性维修占维修总量的80%，计划性的养护维修占维修总量的15%，更正性的维修占维修总量的5%，而原则上只能由特殊事件触发。

桥梁综合监测技术随着现代检测技术和计算机通信技术的发展而不断进步，越来越趋向于自动化、实时化和网络化。自动化是实现桥梁实时监测的基础，不仅包括监测设备等硬件上的自动化，还应包括对数据处理条件的自动判别。实时化是综合监测与评估的根本目标，及时掌握桥梁工作状态，彻底消除人工检测的滞后性和低效性。通过监测资料的积累，更有可能判别桥梁安全性能、使用性能和资金使用效率之间的最优化临界点，预测桥梁健康状态的发展趋势，避免重大事故的出现和资源的浪费。

2)桥梁养护管理中的评估与决策

桥梁养护维修的决策一般是以桥梁技术状况为基准,只有在桥梁的技术状况达到某一标准时,才能考虑与之适应的养护措施。采取养护措施之后,桥梁技术状况的变化又直接影响下次养护决策。目前国内很多地区是通过设定技术状况的最低可接受水平,或根据经验判断,或采取两者相结合的决策方法,来判断养护对策。西堠门大桥的养护决策是在获取健康监测系统和巡检系统的数据后,根据准则做出决策。

针对评估过程中同时存在的多种不确定性,研究评估过程不确定性的恰当表示,引入在模糊数学和概率统计的基础上提出的云模型,用云模型来表达各指标的权重信息和评语集信息中的不确定性,建立桥梁技术状态综合评估模型。

3)BMIADSS专业知识库及知识库管理系统构建

由于智能决策支持系统IDSS是决策支持系统DSS与专家系统ES技术(知识库技术和推理技术)的集成与结合,故又称为专家决策支持系统(EDSS)。IDSS是一种基于四库结构的DSS,它与传统的DSS相比,多了一个规则库,也就是知识库,用来存放各种规则、专家的经验、有关的知识及因果关系等。

知识库的出现为决策支持系统的发展开辟了一个新的发展方向,知识库系统是管理和维护知识的系统,其主要功能是实现知识的推理、学习和获取等。在建模、求解及评价选优等阶段都可以采用ES的技术,它的设计思想是预先把决策者们的知识经验整理和组织收集到一个知识库中,并在DSS中建立一个人机界面,当按传统DSS中的方法难以处理或需要与人交互时,则先访问人机界面,看它能否解决系统提出的问题,或满足系统提出的要求,通过与人交互,并由决策者回答系统的问题。同时,还建立一个学习型构件,该学习构件可根据各项决策的实际效果,再结合管理人员的经验,以及决策人员的决策风格,使决策能力逐步积累和提高,使知识不断完善,知识库更加健全。

(1)桥梁病害信息的收集整理

桥梁信息的获得途径主要有桥梁建设与维修的技术资料,桥梁的经常检查、定期检查和特殊检查资料、试验检测资料等。在桥梁养护信息管理中,各类信息的量是巨大、庞杂的,针对公路桥梁养护信息过于抽象、分散的特点,将桥梁养护信息进行科学加工与集成共享意义重大。过去传统的信息管理方式和手工操作已不能适应日益增长的桥梁养护信息收集、整理的需要。

就桥梁病害数据库而言,系统首先要能对现场检测数据进行规范化,便于现场操作和系统录入;然后应根据检测结果确定评估与否;在评估过程完成后,系统评估结果不仅应能给出结构的状态等级,而且应能根据检测输入做出病害可能成因判断,方便养护措施的合理采用;并且对于多项病害共存时,系统应能对各病害的处治优先级进行排序,为在有限养护资金条件限制下养护决策方案制订提供依据。本原型系统的开发主要就监测检测数据、结构评估、主因识别、病害优先等级排序等模块分别进行论述。

(2)监测检测数据模块

该模块的主要功能是能提供以下两方面的数据:一是能根据系统的评价指标体系要求提供各指标的具体取值;二是提供各病害的有关信息,为系统主因识别和病害优先等级排序服务。检测过程是确定结构形式、结构状态和结构所受荷载(如一期、二期恒载)所必需的。检测结果不仅要包括车行道宽、车道数和活载等相关信息,还要能识别结构的各种病害及桥梁建成以来的有关维修加固记录。

（3）BMIADSS 专业知识库与数据库、模型库的关系

①知识库与模型库的关系

构建大型知识系统的现代方法学指出，专家知识的组织要符合一定的构造原理，目的是通过“分而治之”的策略加快知识的获取和知识模型的维护。面向任务的方法是表达此类知识结构的一种方式。任务是指领域（或智能模型）为达到预期行为或功能，需要如何进行转换的抽象描述。显然，决策支持系统的首要任务是管理一个复杂系统，来回答控制人员可能提出的任何前述问题。

②知识库与数据库的关系

数据库和知识库有许多相似之处，它们都是研究大容量信息处理的理论与实践；两者都有可恢复性、安全性、保密性、一致性等问题；数据库中大部分管理技术对知识库同样适用。它们之间也存在着一些明显区别。

在知识库的开发过程中，面对大量的数据，若以编程形式组织数据显得非常复杂和困难，并且不能简便有效地维护和扩充数据。目前数据库技术尤其是关系数据库技术已经发展得相当成熟，而在数据库基础上建立的知识库，可以缩短系统的开发周期，并方便地实现知识库的易维护性与可扩充性。

（4）BMIADSS 专业知识库管理系统

知识库管理系统是知识库系统的核心部分，它实现对知识库的知识获取、知识查询、知识维护等功能。知识获取可由原始知识直接输入知识库或者由推理机构生成的中间知识加入知识库。知识查询分为实例查询和规则查询，实例知识的查询是从实例库中提取符合条件的实例供用户浏览，主要分为两种查询，即按照设计需求模糊匹配查询与按照产品的生产厂家进行查询。知识维护主要是实现对知识的更新功能和删除功能。正如程序和数据库分离一样，知识库与推理机的分离有利于实现知识库的扩充与完善而不影响推理机制，提高了系统的性能。BMIADSS 专业知识库管理系统的系统结构如图 8.3-16 所示。知识利用（推理机构）采用了先实例推理（最近邻法），再规则推理的集成推理机制。

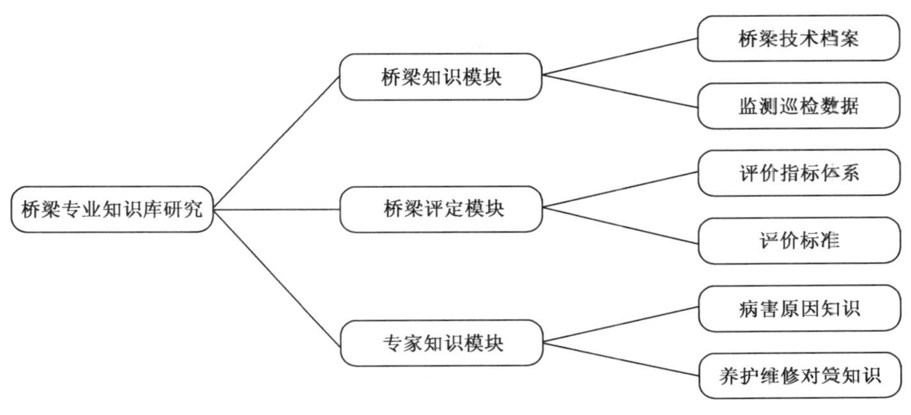

图 8.3-16　专业知识库结构图

4)知识库维护子系统

知识库的完善是一个过程,在这个过程中通过不断选择、过滤、整理及更新来确定知识的范围,并根据知识的属性分类,即知识库并不是静态的或者说是一成不变的,而是一个动态的变化过程,所以有必要对知识库进行管理。知识库的完善过程应当是一个闭环系统,它通过实施决策行为的结果来确定知识的可信度,并反馈到知识库系统中,更新已存在的知识,保证了知识更新的及时性和动态性。使知识库的"专家性"更强,参考达到最优,为再次决策提供了稳健的基础。

知识库管理包括"知识库类别"、"查询知识库条目"和"知识库浏览"三个子功能,在将各种支持信息分类的前提下将解决方案信息存储为知识库条目。可以编辑知识库类别,也可以输入查询信息,找到解决问题的方法。

知识库中知识需要不断进行更新,所以要对知识进行管理。从计算机软件系统构成来看,知识库管理系统是介于用户和操作系统之间一组软件,它实现对知识有效组织、管理和存取,其基本结构如图 8.3-17 所示。

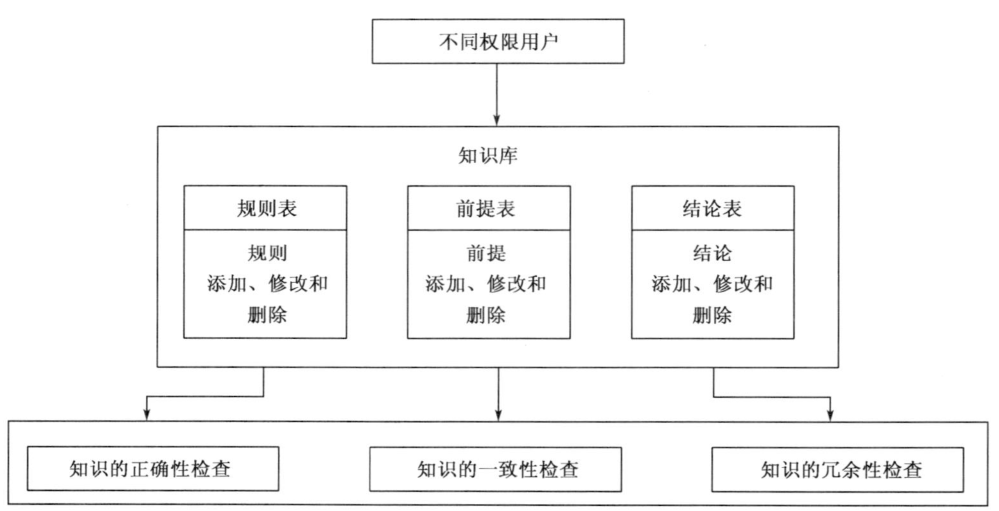

图 8.3-17　知识库管理系统基本结构

知识获取是指从人类专家处获取领域知识,并将其转化成知识库的过程;知识获取是 ES 建造的关键环节,亦是建造 ES 的"瓶颈";知识工程师在知识获取过程中协调领域专家进行领域知识的形式化,并在知识获取中起关键作用。知识获取不仅提供决策信息,同时可以为系统应用提供科学依据。

增量式知识获取是指在原有知识获取的过程中增加一个"知识检验"环节,对原有的专家知识进行检验,确保其知识库系统知识的权威性和可靠性,并在此基础上增量获取新的知识。增量式知识获取一般经历 6 个阶段:知识源的确定、概念化阶段文本形成、形式化阶段、知识库建立阶段、知识库系统知识检验或校验及知识库测试、精炼与维护阶段。

8.3.4　系统集成研究及设计

BMIADSS 系统的基本结构是一个由主框架和功能模块构成的两层结构,主框架负责引导用户进行正确的操作,询问用户有哪些分析需求,调用相应的功能模块。功能模块包括输入模块、检索模块、系统调整模块、存储模块、分析模块、综合评价模块、预测模块等。模块有构件实现的,也有构建实现的。

1)BMIADSS 系统集成的结构与功能设计

桥梁管理就是协调和控制与桥梁有关的全部活动,其目的是使桥梁管理部门合理利用有限资源,为桥梁使用者提供尽可能高的服务水平。基于桥梁结构工程、病害机理检测、地理信息系统等技术之上开发的桥梁养护管理系统为桥梁的监测及养护管理提供了经济及技术上的便利。随着路网和桥梁建设规模的不断扩大,如何实现桥梁养护信息的共享和桥梁养护的区域性管理是急需解决的问题。

(1)BMIADSS 系统分析与总体组成框架

能有效协助决策人客观评价大桥养护管理现况并做出养护决策是本系统成功的标志。依据此总原则,系统总体方法架构大致如下:首先,根据客观实际,在决策人和专家的支持下建立大桥养护管理综合评价指标体系;其次,利用决策人对指标的主观认识,采用多种方法,计算各体系中各指标的权重关系,而得到评价体系。再将各方案的信息以数据库形式保存,按评价体系的要求其规范化后作为输入,最后得到方案的优劣排序,反馈给决策人,通过对方的修改、评价体系的错误纠正最终获得更合理、更客观的执行方案。

本系统根据并行工程方法设计,采用基于组件的方法进行计算机实现,具体按三个步骤进行:

①体系结构设计。BMIADSS 的系统概念框架描述如图 8.3-18 所示,根据实际评价问题的特点采用混合综合评价模型中的一种或多种方法进行评价决策并灵活运用数据挖掘技术到实际评价过程的各个方面,从而多视角地得出更有效的决策评价依据。其体系结构如图 8.3-19 所示。

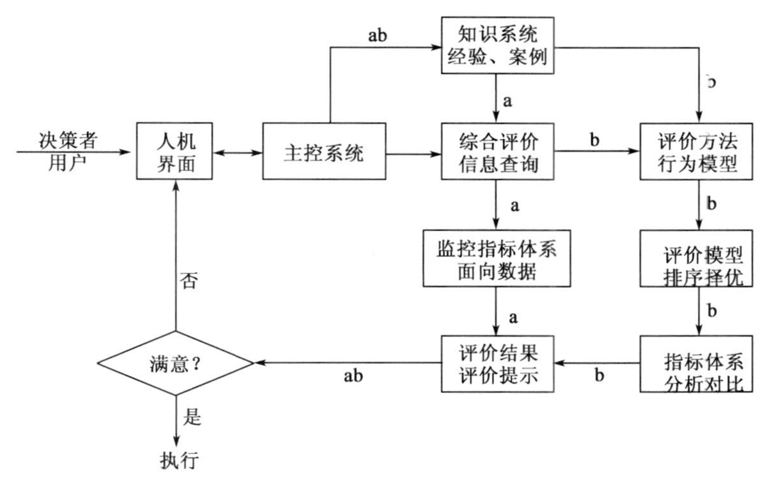

图 8.3-18 系统概念设计框架图

②评价算法设计实现。实现多种基于计算智能的评价方法,如构建一具有多输入单元、多隐单元和单输出单元的三层 BP 神经网络结构应用于复杂气象系统的综合评价;构建一个基

于模块化神经网络的多专家的评价方法。并按上述的算法有机地融合在综合评价平台上,实现综合评价过程的智能化。

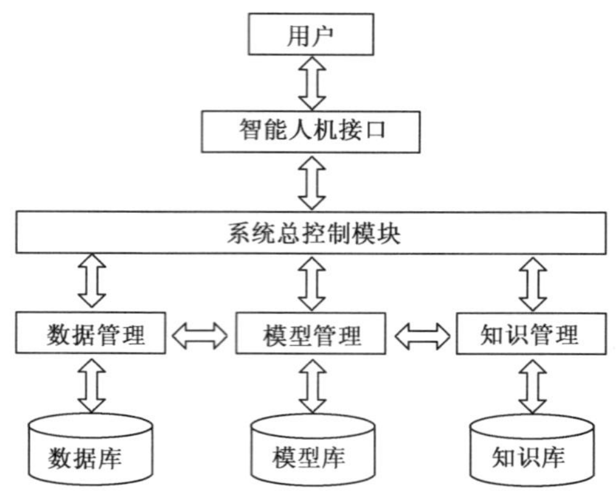

图 8.3-19　BMIADSS 体系结构图

③智能预测方法设计实现。采用改进的时间序列的组合预测模型,融合性回归模型、指数平滑模型和神经网络模型等多个模型结构。如构建一种具有多输入单元、多隐层单元和单输出单元的三层 BP 神经网络结构应用于西堠门跨海大桥养护管理这个复杂对象系统的综合分析预测。并将以上的算法有机地融合在分析预测平台上,实现综合管理决策过程的智能化。

基于计算智能技术的大桥养护管理系统与传统的养护管理的共同点在于都需要进行评价数据的采集、统计和分析,为决策者提供相应的评价结果。不同的是传统养护管理只对数据进行简单统计计算、提供给决策者量化的数据单一,对数据的所有操作是针对本次活动的,没有包含各次活动的历史数据。

基于计算智能技术的大桥养护管理系统,不仅要对本次数据进行统计计算、并以分数或等级的形式给出量化的评价结果,还需要应用人工神经网络等技术对大量评价数据(包括本次数据也包括历史数据)进行多粒度、多方位、多维度的深入分析,并能以决策规则的形式将隐藏在数据中的潜在有用的知识以规则的形式呈现给用户。因此,基于计算智能技术的大桥养护管理系统不仅包括基本的数据采集、数据统计和数据查询等功能,还应该有满足计算智能技术要求的数据预处理、数据分析、数据预测等功能。

根据以上分析,基于计算智能技术的大桥养护管理系统主要分为评价数据采集、数据预处理、综合评价和智能分析预测、结果显示输出四大部分。大桥养护管理智能综合评价系统如图 8.3-20所示。

(2)BMIADSS 系统集成模式

大桥养护管理智能辅助决策支持系统 BMIADSS(The Bridge Maintenance & Management Intelligent Aided Decision Support System)的设计思想是在充分了解大桥养护维修方法和相关智能信息处理技术的基础上,总结继承已有的理论研究和实际系统开发经验,采用新的软件开发方法和技术,若干成熟的有特色的研究成果加以集成,通过已有的大桥养护管理数据反复实验、校验,使本系统具有较为准确的养护维修分析和评价能力,从而为大桥管理者提供从信息、咨询到评价、决策、政策制定等的全面支持。

BMIADSS 系统的基本结构是一个由主框架和功能模块构成的两层结构,主框架负责引导用户进行正确的操作,询问用户有哪些分析需求,调用相应的功能模块。功能模块包括输入模块、检索模块、系统调整模块、存储模块、分析模块、综合评价模块、预测模块等。模块有构件实现的,也有构建实现的。粗放式的经济发展环境下,系统集成的主要目标是实现系统集成的物理框架,即各子系统功能的实现的系统集成,就要寻求高效率在集约型经济环境下,要又好又快低成本、多元化的系统集成模式,在实现子系统物理功能的同时,优化各子系统间的逻辑关系。

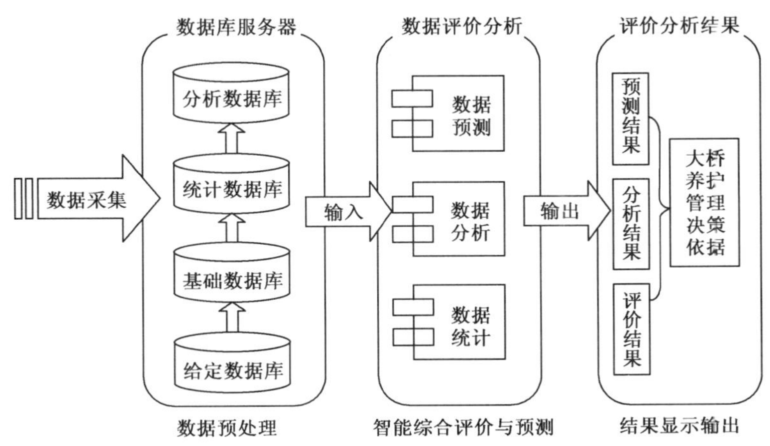

图 8.3-20 大桥养护管理智能综合评价系统

以集成的物理框架和逻辑框架为依据,结合当前系统集成的目标和原则,提出以下系统集成模式,如图 8.3-21 所示。

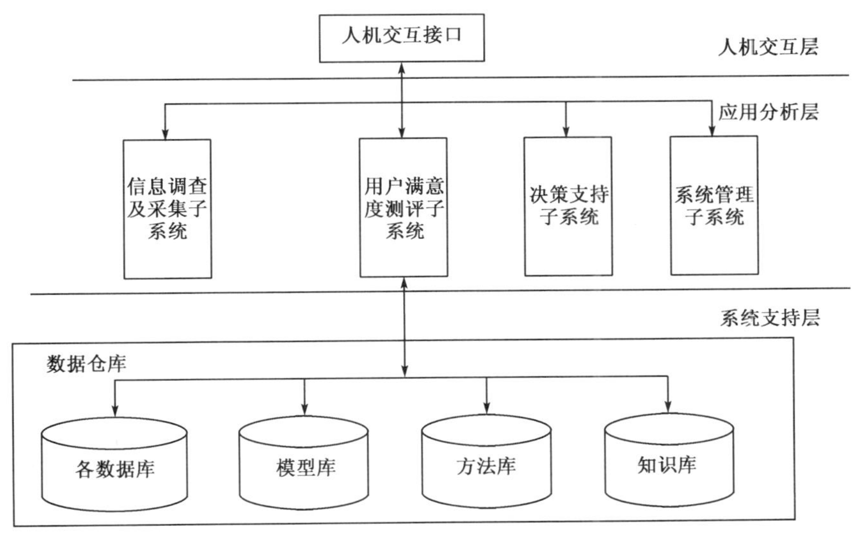

图 8.3-21 BMIADSS 桥梁决策支持系统的构成

由图 8.3-21 可知,系统集成可以分为三个层次。第一层次为子系统纵向集成,目的在于实现人机交互层子系统、应用分析层系统、系统支持层系统的具体功能。第二层次为横向集

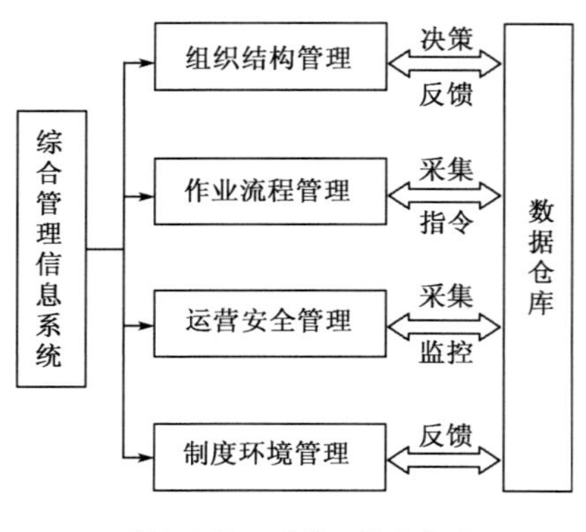

图 8.3-22 系统一体化集成

成，主要体现三大子系统的联动和优化组合，在确立各子系统重要性的基础上，实现几个关键子系统的协调运行。第三层次为一体化集成，主要目的是完成全局联动管理，从管理上实现四大子系统的集成。

综合集成平台建设阶段是以综合信息管理系统为平台，以数据仓库为交换接口，实现超大型工程组织机构、作业流程、制度环境和运营安全的全局联动管理，如图 8.3-22 所示。

2）基于 C/S 结构的 BMIADSS 系统设计实例

桥梁健康监测模型管理系统平台作为一个模型库的开发平台，对模型资源进行管理和维护，支持模型分析与模拟功能的工具，它主要包括模型库、模型库管理系统、以模型库为基础的应用程序和模型库管理员使用者等组成部分。总体框架如图 8.3-23 所示。

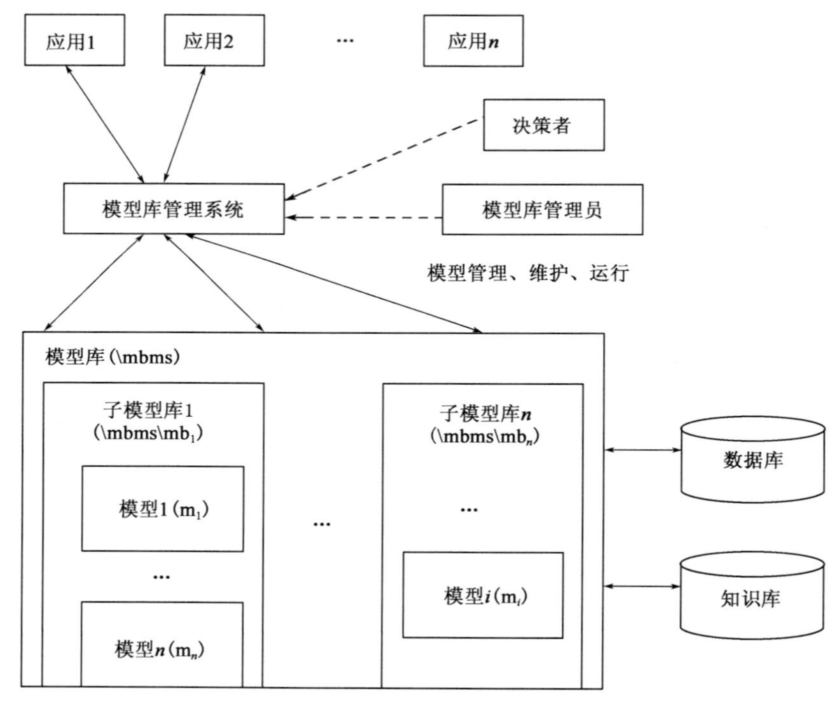

图 8.3-23 模型管理平台总体框架

模型库用于存放以某种计算机程序形式表示的模型，由模型字典和模型文件库两个部分组成。模型组织采用多重字典的方法，利用 Windows 文件管理系统，建立模型库的三层树型存储结构。

模型库管理系统是整个系统的管理核心，所有模型的调用和操作都必须经过它来实现。它是处理模型存取和各种管理控制，从而实现对模型库的有效管理的软件。以模型库为基础的应用程序必须通过 MBMS 来访问模型库。模型库管理系统的核心是模型字典（ModelDictionary，简称 MD）。模型字典包含模型库中所有模型的描述和存储信息，是关于模型描述信息的特殊数据库。

(1)系统的界面设计

对于模型库系统而言,为用户提供良好人性化的用户人机交互界面是很重要的可使系统的使用者减轻工作压力,提高工作效率。BMIADSS 桥梁决策支持系统利用 Visual Studio 实现我们开发的模型管理平台系统的主界面如图 8.3-24 所示。这一界面是用 Visual Studio 实现的,具有主题鲜明、操作简单、友好、灵活等特点,为使用户使用者提供了人性化的互动操作界面,使用者通过简单的数据录入和模型选择就能得到自己需要的决策结果。能充分利用系统资源对模型进行有效的管理和维护。图中主要分三个功能区,最上方的“自然语言描述”处,是支持使用者运用自然语言描述问模型供用户选择和使用。中间“模型选择”部分是直接调用模块。通过列表选择的方式使模型的调用更加简便,一目了然。下半部分的“模型管理”处,是平台管理员管理入口,该处设有权限管理模块,需输入密码经过验证才可进入。具体可以实现模型的添加、删除、修改三种模型管理系统的维护和管理操作。

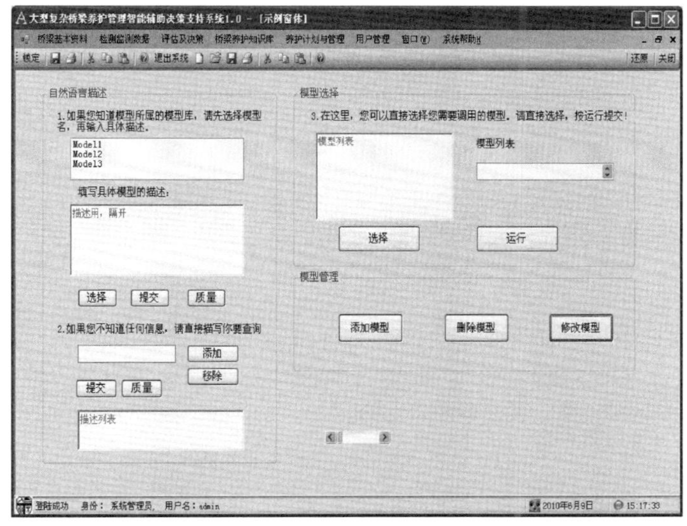

图 8.3-24 系统的主界面

模型组件化是指通过对现有模型的研究修改,按照一定的逻辑关系对模型进行组合运用,形成符合决策需求的模型组合。模型组件化是解决模型共享和有效调用的重要手段。模型组件化应着重研究模型参数的输入输出规范、模型库构建的逻辑关系。模型组件化的目的是便于模型使用者修改、使用和理解模型。

(2)模型的选择

为保证决策支持系统的可靠性和使用的方便性,根据对 BMIADSS 决策模型库的理论分析,在模型选择上,BMIADSS 决策模型库主要选用层次分析法、云理论、灰色理论、神经网络建立应用模型。使用者可根据自己对问题的理解、对模型的喜好,直接选定模型,如图 8.3-25 所示的方式。针对模型类的每个模型,人机交互系统会给出一个模型说明,用户可以说明的指导逐步完成具体模型的选择。如使用者不确切知道自己使用哪一种模型能较好地解决当前决策问题,可以使用菜单中的模型自动选择一项。其界面如图 8.3-26 所示。

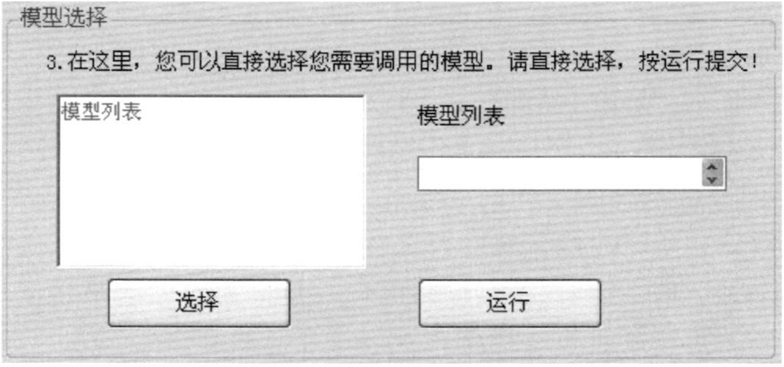

图 8.3-25　模型的直接选择运行界面

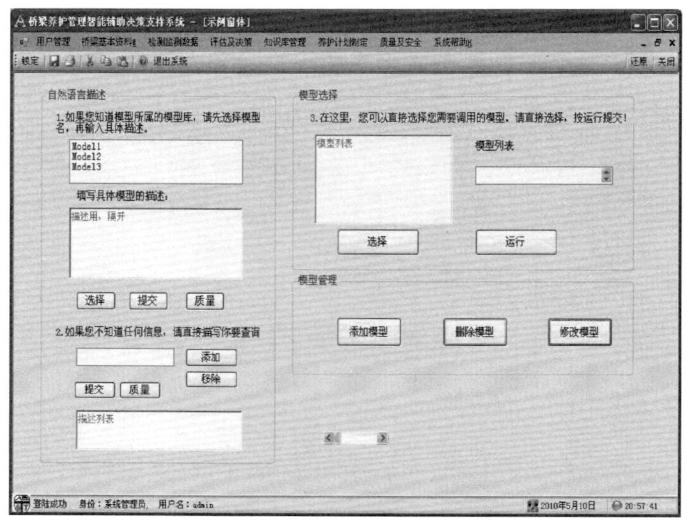

图 8.3-26　模型自动选择的实现界面

(3)知识库系统的集成

桥梁知识库系统的集成，首先将既有主要桥梁的相关数据电子信息化，其次构建标识有桥梁的电子地图，通过点击标识的桥梁，就可了解该桥梁的结构特性、检测其历史记录、是否存在结构隐患、偶遇灾害时可能破坏的程度，以及应急与加固措施。桥梁信息系统集成的具体内容如下所述：

①收集、整理桥梁的基本信息，建立电子信息档案

内容包括：桥名、总体尺寸、桥梁竣工年份、汽车荷载等级、跨度分布、斜交角度、结构质式、材料质式、上部结构横截面形式、截面尺寸、跨高比、配筋等主要参数、桥墩形式、基础形式、桥梁检测年份、检测结果。

②构建标识有桥梁的电子地图

选用现成的纸质地图，经过数字化仪数字化，加工成数字地图，在地图上添加桥梁，点击桥梁的图标，可以得到梁桥的基本信息。

③构建主要桥梁信息汇总表

为了方便桥梁的查询，本系统依据桥梁检测时间、桥梁类型、桥梁所处地理位置等方面信息将桥梁汇总成不同的表格，点击表中的桥名，可以得到该桥的基本信息。

④形成有标识桥梁主要信息的数据库

数据库分三级访问，二、三级设访问权限。一级为桥梁基本信息；二级为桥梁检测详细信息；三级为桥梁性能分析、桥梁是否加固等。当用户需要查询桥梁基本信息时，可在桥梁分布图上点击该桥的图标来实现查询，查询得到的基本信息如图所示。只要是访问许可的用户，可点击“桥梁检测信息”进入到桥梁检测信息页面。检测详细信息包括：桥梁检测年份、检测单位、检测汽车荷载等级、检测主要内容、检测重要结论（包括外观图片、应力、变形图、裂缝）、检测图片、裂缝成因分析、桥梁是否加固等。其中，桥梁是否加固分析为第三级，该级的数据库主要分为四部分，第一部分为动力特性，从中访问者可以了解该桥的振型，所处的场地土类型等桥梁的基本动力特性；第二部分数据给出了不同地震烈度下各控制截面的内力，包括弯矩、轴力、剪力；第三部分数据给出了各控制截面正常使用状态下的极限承载力；第四部分为二、三部分数据的比较，根据桥梁在交通网络上位置的重要性以及承担交通量的多寡得出桥梁在不同地震烈度下的破坏形态，从而判断该桥是否需要加固，对有加固需要的桥梁给出加固建议。

（4）系统界面集成设计与实现

在本系统中，人机接口是其中相当重要的一部分。它负责把用户输入的信息转换成系统能够处理的内部表现形式，同时负责把系统输出的内部信息转换为用户易于理解的外部表现形式显示给用户。因此，对于最终系统来说人机接口就是整个系统，人机界面的设计质量直接影响用户对软件产品的评价，从而影响软件产品的质量和寿命，因此，我们必须对人机界面的设计给以充分重视。系统主界面见图8.3-27。

图8.3-27　系统主界面

权限管理是系统管理的重要内容,对于多模块的复杂软件系统更是如此。在权限管理系统中,用户通过登录系统来使用系统中相应的功能。每个用户属于一定的角色组,在角色组上定义权限,而所有的人员和组都是角色。整个权限就像一个连接角色和资源的凭证。

权限是连接特定的用户和资源的,并且决定了特定的访问资源的方式。因此,权限系统设计的核心因素就是根据具体的访问资源的方式来制订权限。对于系统实现权限来讲,可以进行一个简化,就是把访问方式资源化。

8.4 本章小结

本章探讨了特大跨径钢箱梁悬索桥结构监测、养护管理关键技术,可以得到如下主要成果和结论:

(1)跨海悬索桥结构安全特征信息、结构危险性分析技术。开创性地运用结构危险性方法和量化管理方法,进行跨海大跨径悬索桥运营期的结构危险性分析,建立结构损伤库及桥梁安全风险等级,突破性地实现了桥梁结构损伤可视标准化记录方式。

(2)标准化、规范化人工巡检技术。创建了规范化、信息化的巡检养护模式,研发了巡检养护大型软件模块,编制巡检养护手册,为大跨径悬索桥运营期评定规程和养护维修标准的制定提供技术支持。

(3)工业以太网技术在跨海悬索桥结构监测系统中的研究。基于国际前沿网络化测控精确时钟同步技术和以太网馈电技术,开创性地成功研发了桥梁智能信号调理器关键设备,攻克了恶劣海洋环境下实现以太网时钟同步微秒级精度和系统高信噪比的技术难题,实现了以太网通信和馈电于一体的集成方案。

(4)GIS 技术在跨海悬索桥结构监测、巡检管理系统中的研究。首次基于 ArcObjects、三维 GIS、三维 ACAD 及 COM 技术,自主研发大型软件,将桥梁结构计算图表、文字、图片、影像等信息按可控要求集成于桥梁构件的模型中,切实做到桥梁全寿命期档案资料的可视、可查、可溯、可检。开创性地成功研发集结构监测和巡检养护技术、工业以太网和三维 GIS 技术于一体的特大跨径悬索桥结构监测巡检管理大型综合软件,其技术领先、开放兼容、功能强大、易于管理、实用经济,极大提升了我国大跨桥梁监管养护信息化水平。

(5)根据养护管理需求建立专业的数据库。采用 Server 2005 软件对有关专业数据进行了一体化存储与管理,并在专业数据处理分析方面利用 Data Cube(专业数据立方体)的实现机制以及在该机制下突显出 Data Cube 的计算性能在西堠门跨海大桥养护管理智能辅助决策支持系统中的应用价值,弥补了传统意义上在 OLAP 实现的研究工作大多集中在多维专业数据模型的理论研究的不足,从而进一步丰富和拓展了 Data Cube 有关理论研究。

(6)综合采用多目标决策、层次分析、人工智能、云理论等,研究建立桥梁养护管理多决策模型的组合。依据系统开发的软件,选择软件模型库内的相关模型自主构建决策支持系统;突破了单一模型决策的局限,有利于对桥梁运营阶段管理进行系统研究,并分层次综合处理大型桥梁工程养护过程中的复杂系统管理问题。

(7)建立具有扩充性的桥梁病害专业知识库。融合各类信息量巨大、庞杂的桥梁养护信息于知识库中,系统开发主要就监测检测数据、结构评估、主因识别、病害优先等级排序等模块分别进行论述，开发了决策原型决策系统，提升了大型复杂桥梁养护管理水平。

本章以大型工程西堠门大桥为依托，通过科研院校和大型国有企业的多单位合作、多学科交叉、依靠科学合理的总体设计和分阶段实施，理论分析研究与工程建设同步展开，相互推动，使研究成果直接在大型复杂工程建设中发挥重要作用。研究目标的实现，发展了我国大型交通工程运营期监管技术，推进了桥梁监管技术的进步，提供了成功的实践示范，具有重要意义。

第9章 展 望

悬索桥以其受力明确,跨越能力大,轻柔美观、抗震性能好、施工风险小,而成为跨越大江大河、海峡港湾等交通障碍的首选桥型。随着国民经济的发展、技术水平的进步,悬索桥发展呈现下列几点趋势。

9.1 悬索桥的跨径发展趋势

为了适应海上巨轮的通航要求,桥梁的通航净宽标准提高很快,这就要求建造超大跨径的悬索桥以提供足够大的水平净宽和竖向净高。目前 30 万 t 级海轮的最小通航净宽已超过 1 000m,预计 50 万 t 级海轮的通航净宽将达到 1 600m,从航运发展的角度出发,考虑到 50 万 t 级海轮双向通航的需要,悬索桥跨径将增加到 4 000m 以上。

为了避免花费巨大代价建设深水基础,也要求提高悬索桥的跨径。例如,意大利墨西拿海峡水深 110m,为了避免深水基础设计采用了主跨 3 300m 一跨过海的方案;连接日本两大岛屿的津轻海峡水深达到 250m,同样为了避免深水基础初步设计采用了主跨 2 800m 的悬索桥方案;连接欧非大陆的直布罗陀海峡最窄处的水深达到 480m,为了减少深水基础的数量,可行性研究阶段提出了多跨 3 500m 悬索桥方案;印尼巽他海峡、中国琼州海峡和台湾海峡等都有慎重对待深水基础的问题。

基于航运发展与海峡深水基础的原因,悬索桥主跨的经济性将控制在 3 000 ~ 5 000m。

9.2 悬索桥的材料发展趋势

目前悬索桥主缆一般采用平行钢丝,主缆材料利用率逐步减低的问题。恒载作用下,主缆水平拉力 $H = ql^2/8f$,跨径的增加将导致主缆水平力的很快增加,在材料强度一定的前提下,使主缆截面增大,进而增加了水平均布荷载,水平恒载的增加进而导致主缆拉力的增大,这样相互递进,最终得到一个平衡点。而结果是在加劲梁即吊索荷载不变的前提下,主缆自重所占的水平恒载比例增加。对于一般的大跨悬索桥,由于高强钢丝主缆自重占恒载的比例达 30% 以上,随着跨径的进一步增大,该值显著增大,从而最终导致主缆应力中活载所占比例急剧减小,导致主缆材料利用率及经济性极差;从现代悬索桥中最大跨度的日本 Akashi-kaikyo Bridge 来看,主缆应力中活载所占比例已经小到仅 8% 左右。可见,若无新的高强轻质材料来代替钢丝,悬索桥跨径从 2 000m 再增加的话,主缆应力将绝大多数被恒载应力所占,其经济性也越来越差。同时,对于跨海悬索桥而言,其建设条件和工程环境更为复杂、恶劣,对主缆结构的耐久性提出了更高要求。

随着跨径的增加,要提高主缆材料的利用率,解决办法要么就是提高主缆材料的强度,要么就是降低主缆材料的自重,然而钢丝极限抗拉强度提高空间相当有限。与钢丝相比,碳纤维增强塑料具有强度高、质量轻、热膨胀系数低等的优点,而且松弛等重要指标均优于钢材,特别适合用作要求高强轻质的缆索材料,是研究提高大跨悬索桥主缆材料利用率的最优选择和技术对策。同时,碳纤维增强塑料还具有很好的耐腐蚀性,在提高主缆材料强度利用率的同时,进一步提高了其耐久性,对于处于海洋腐蚀环境的悬索桥尤其合适。

9.3 悬索桥抗风稳定性发展趋势

随着悬索桥跨径的不断增大,其最关键的问题就是在设计风速下的气弹稳定性。例如,主跨为1 624m的大海带桥设计风速是60m/s,而主跨为1 991m的日本明石海峡桥设计风速是78m/s。从这两座现代建成的破世界跨度纪录的桥梁经验以及直布罗陀海峡工程的前期参数分析的研究可知,对于典型流线型加劲梁断面而言,2 000m似乎是这种桥型气弹稳定不可逾越的极限跨径。换句话说,对于主跨跨径超过2 000m的悬索桥,如3 200m或者5 000m,就必须采用相应的措施来提高其气弹稳定性,而这样的大跨径悬索桥也是通航净宽与深水条件所要求的。相关研究表明,无论是中央开槽达到足够宽度的方案,还是窄开槽但设垂直及水平稳定板的组合方案都能给跨度达5 000m的悬索桥提供足够高的颤振失稳与扭转发散临界风速,并能满足世界上绝大多数台风区(例如菲律宾海湾、墨西哥海湾以及中国东南沿海等地区)的要求。

参考文献

[1] 宋晖,王晓冬.舟山大陆连岛工程西堠门大桥总体设计[J].公路,2009.1(1):8-16.

[2] 中华人民共和国行业标准.JT/T 395—1999 悬索桥预制主缆丝股技术[S].北京:中国标准出版社,1999.

[3] 严国敏.现代悬索桥[M].北京:人民交通出版社,2002.

[4] 周孟波,刘自明,等.悬索桥手册[M].北京:人民交通出版社,2004.

[5] 唐茂林.大跨度悬索桥空间几何非线性分析与软件开发[D].成都:西南交通大学,2003.

[6] Wyatt, T. A. Secondary Stresses in parallel wire Suspension Cables[J]. Trans, A. S. C. E , 1963,120:3402.

[7] 尼尔斯J·吉姆辛.缆索支承桥梁——概念与设计[M].金增洪,译.北京:人民交通出版社,2002.

[8] 张伟,潘方.悬索桥主缆的次应力分析[J].郑州大学学报(工学版),2005,26(4).

[9] 著名科学家、教育家、社会家茅以升简介[J].力学与实践,1990.

[10] 罗迎社,喻小明.工程力学[M].北京:北京大学出版社,2006.

[11] 聂利芳.悬索桥主缆二次应力分析与研究[D].成都:西南交通大学,2010.

[12] 林长川,许宏亮,罗喜恒.悬索桥主缆的二次应力[C]//第十一届全国桥梁学术会议. 1994.

[13] Dana. A, A. Anderson, G. M. Rapp. George Washington Bridge: Design of super structure [J]. Transactions, Am. Soc. C. E, 1933, vol. 97, No. 1820:108-140.

[14] 曲婷,王焕定,曾森,等.考虑主缆弯曲刚度后对悬索桥的影响[J].低温建筑材料技术,2009, 133(7): 35-37.

[15] 曲婷.用于主缆计算的曲梁单元基本力学方程的研究[D]. 哈尔滨:哈尔滨工业大学,2009.

[16] 林坤.考虑分层滑移的斜拉索弯曲应力分析[D].重庆:重庆交通大学,2008.

[17] 田越.大跨度悬索桥主缆弯曲应力试验研究[J].钢结构,2009,24(5):8-12.

[18] 叶志龙.悬索桥主缆架设误差影响分析及参数控制[D].成都:西南交通大学,2005.

[19] 林长川.现代悬索桥技术的若干进步[J].公路,1996.

[20] 林长川.大跨悬索桥缆索系统的发展[J].上海公路,1995.

[21] 钱冬生,陈仁福.大跨度悬索桥的设计与施工[M].成都:西南交通大学出版社,1999.

[22] 张建新,吴东云,杜海金.嵌岩桩承载性状和破坏模式的试验研究[J].岩石力学与工程学报,2003,23(2):320-323.

[23] 吕福庆,吴文,姬晓辉.嵌岩桩静载试验结果的研究与讨论[J].岩土力学,1996,17(1):84-96.

[24] 赵明华,曹文贵,刘齐建,杨明辉.按桩顶沉降控制嵌岩桩竖向承载力的方法.岩土工程学报,2004,26(1).67-71.

[25] 邱钰,刘松玉,周琳.嵌岩桩单桩沉降计算的一种简化模型[J].东南大学学报.1999,

29(5):131-136.

[26] 赵明华,雷勇,刘晓明.基于桩—岩结构面特性的嵌岩桩荷载传递析[J].2009,28(1).103-110.

[27] 刘利民.孔壁粗糙度对嵌岩桩承载力的影响[J].建筑结构,2000,11(30):10-12.

[28] 陈竹昌,盛俊.施工因素对嵌岩桩承载力的影响[J].建筑技术 2003,34(3):171-174.

[29] Ian W Johnson,Thomas S K Lam,A F Williams. Constant Normal Stiffness Direct Shear Testing for Socketed Piles Design in Weak Rock[J]. Geotechnique 37,No. 1:83-89.

[30] B Indraratna,A Haque,N Aziz. Shear Behavior of Idealized Infilled Joints Under Constant Normal Stiffness[J]. Geotechnique 49,No. 3:331-355.

[31] 王远祥. 嵌岩桩荷载传递及承载机理研究[D] .杭州:浙江大学,2005.

[32] 叶琼瑶.软岩嵌岩桩嵌岩段的荷载传递及破坏模式的试验研究[D].广西:广西大学,2000.

[33] 张帆.钻孔嵌岩桩承载性能研究及其承载力计算[D].南京:东南大学,2006.

[34] 王远祥.嵌岩桩荷载传递及承载机理研究[D].杭州:浙江大学,2005.

[35] 黄亚琴.人工挖孔嵌岩桩承载特性研究[D].南京:东南大学,2006.

[36] Pan, X. D. , and Hudson, J. A. A simplified three-dimensional Hoek-Brown yield criterion. Rock Mechanics and Power Plants, M. Romana, ed. , Balkema, Rotterdam, The Netherlands. 1988. 95-103.

[37] Sowers, G. B. and Sowers, G. F. Introductory Soil Mechanics and Foundations. Macmillan, New York,3rd ED 1970.

[38] Kulhawy FH and Goodman, R. E. Design of foundations on discontinuous rock. Proceeding, International Conference on Structural Foundations on Rock, Sydney. 1980. VOL (1). 209-220

[39] Williams, A. F. . The design and performance of piles socketed into weak rock[D]. PHD dissettation, Monash university, Clayton, Victoria, Australia. 1980.

[40] I. L. Lim, I. W. Johnston1 and S. K. Choi. Comparison between various displacement-based stress intensity factor computation techniques[J]. International Journal of Fracture. 1992. 58(3). 193-210.

[41] Zhang L,Einstein H. End bearing capacity of drilled shafts in rock[J]. Geotech Geoenviron Sng. 1998. 124(7). 574-584.

[42] 李镜培,王勇刚. 嵌岩桩桩端承载力探讨[J]. 力学季刊,2006,27(1):118-123.

[43] Leung CF,Ko H-Y. Centrifuge model study of piles socketed in soft rock[J]. Soils Foundation (Japan). 1993. 33(3):80-91.

[44] 潘永坚,吴炳华,等.海域岛礁地基岩体不良地质现象及精细化勘察[J].地质灾害与环境保护,2010,(1) .

[45] 黄润秋,许模,陈剑平,等.复杂岩体结构精细描述及其工程应用[J].北京:科学出版社,2004,1.

[46] 胡卸文.无泥型软弱层带物理力学特性[M].成都:西南交通大学出版社,2002.

[47] 马国彦,常振华.岩体灌浆排水锚固理论与实践[M].北京:中国水利水电出版社,2003.
[48] 潘永坚,朱章通.岛礁海域工程勘察施工难点和对策[J].探矿工程(岩土钻掘工程),2009,36(9):11-14.
[49] 吴炳华,潘永坚,等.弹性波测试在海域岛礁工程勘察评价中的应用[J].四川水力发电,2009,(6).
[50] 魏立巍,秦英译,唐新建,等.数字钻孔摄像在小浪底帷幕灌浆检测孔中的应用[J].岩土力学,2007,28(4):843-848.
[51] 葛修润,王川婴.数字式全景钻孔摄像技术与数字钻孔[J].地下空间,2001,24(4):254-261.
[52] 谢猛,甄春相,张显明,等.数字全景钻孔摄像技术在铁路工程地质勘察中的应用[J].铁道勘察,2009,1:33-35.
[53] 秦英译,王川婴.前视井下电视和数字钻孔摄像在工程中的应用[J].岩石力学与工程学报,2007,增1:2834-2840.
[54] 崔锡钦.利用高密度电阻率法进行空洞探测的研究[D].青岛:中国海洋大学,2003,8.
[55] 李银真.高密度电阻率法物探技术及其应用研究[D].阜新:辽宁工程技术大学,2007,(10).
[56] 周松.无损检测技术在水利工程中的应用研究[D].南京:河海大学,2006.
[57] 王冠贵.声波测井理论基础及其应用[M].北京:石油工业出版社,1988.
[58] 曾昭发,等.探地雷达方法原理及应用[M].北京:科学出版社,2006.
[59] 刘传正.地质灾害勘查指南[M].北京:地质出版社,2000.
[60] 张玉芬.反射波地震勘探原理和资料解释[M].北京:地质出版社,2007.
[61] 石林珂,等.岩土工程原位测试[M].郑州:郑州大学出版社,2003.
[62] 刘国兴.电法勘探原理与方法[M].北京:地质出版社,2005.
[63] 潘永坚.某跨海大桥主塔位工程边坡稳定性研究[J].工程地质学报,2004,12(4):380-384.
[64] 陈昌彦,王贵荣.各类岩体质量评价方法的相关性探讨[J].岩石力学与工程学报,2002,21(12).
[65] 刘佑荣,唐辉明.岩体力学[M].武汉:中国地质大学出版社,1999.
[66] 中华人民共和国行业标准.GB 50218—1994 工程岩体分级标准[S].北京:中国建筑工业出版社,1995.
[67] 王石春,何发亮,李苍松.隧道工程岩体分级[M].成都:西南交通大学出版社,2007.
[68] 杨天俊.边坡岩体质量分类体系介绍[J].西北水电,2004,(2).
[69] 万国荣,石豫川,等.SMR 法在公路边坡稳定性分级中的应用[J].公路交通技术,2004,(2).
[70] 黄昌乾,范建军.边坡岩体质量分类的 SMR 法及其应用实例[J].岩土工程技术,1998,(1).
[71] 何青峰,赵法锁,等.CSMR 分级方法在边坡工程中的应用[J].地球科学与环境学报,2007,29(2).

[72] 李胜伟,李天斌,王兰生. 边坡岩体分类体系的 CSMR 法及应用[J]. 地质灾害与环境保护,2001,12(2).

[73] 葛华,吉峰,等. 岩体质量分级方法——CSMR 法的修正及其应用[J]. 地质灾害与环境保护,2006,17(1).

[74] 康小兵,许模,陈旭. 岩体质量 Q 系统分类法及其应用[J]. 中国地质灾害与防治学报,2008,19(4).

[75] 冯庆祖,陈龙,聂德新. 岩体风化程度量化分带研究[J]. 地质灾害与环境保护,2001,12(2).

[76] Nomura,T. and Hughes,(1992). An arbitrary Lagrangian-Euleran finite elements method for interactions of fluid and a rigid body, Comput. Meth. Appl. Mech. Engrg. 59,115-138.

[77] Rannacher R,Turek S. (1992). A simple nonconforming quadrilateral Stokes element. Nummer. Meth. Part. Diff. Equ,8,9-111.

[78] 曹丰产. 桥梁气动弹性问题的数值计算[D]. 上海,同济大学,1999.

[79] L. A. Barba, A. Leonard, and C. B. Allen, Advances in viscous vortex methods-meshless spatial adaption based on radial basis function interpolation, International Journal for Numerical Methods in Fluids, 47(2005) 387-421.

[80] Walther J. H. Discrete vertex method for two-dimensional flow past bodies of arbitrary shape undergoing prescribed rotary and translational motion[D]. Department of fluid mechanics, Technical University of Denmark, AFM-94-11.

[81] Ogami,T. Akamatsu. Viscous Flow Simulation using the Discrete Vortex Model - the Diffusion Velocity Method. Computers & Fluids,19 (1991) 433-441.

[82] L. F. Rossi. Resurrecting core spreading methods: A new scheme that is both deterministic and convergent,SIAM J. Sci. Com. 17(1996) 370-397.

[83] S. Shankar and L. Van Dommelen. A new diffusion procedure for vortex methods. Journal of Computational Physics 127(1996) 88-109.

[84] L. A. Barba, A. Leonard, and C. B. Allen. Advances in viscous vortex methods-meshless spatial adaption based on radial basis function interpolation. International Journal for Numerical Methods in Fluids,47(2005) 387-421.

[85] Fengchan Cao,Yaojun Ge,A Blob Resizing Procedure for Diffusion in Vortex Methods ,The Fourth International Symposium on Computational Wind Engineering CWE2006.

[86] 周志勇. 离散涡方法用于桥梁截面气动弹性问题的数值计算 [R]. 上海,同济大学,2001.

[87] Chen S,Doolen G. Lattice Boltzmann Method for Fluid Flows. Annu Rev,Fluid Mech. ,30,329(1998).

[88] Qian Y,d'Humieres D,Lallemand P. Lattice BGK Models for Navier-Stokes Equation. Europhys. Lett. 17, 479-484 (1992).

[89] He X,Luo LS, Dembo M. Some Progress in the Lattice Boltzmann Method: Reynolds Number Enhancement in Simulations. Physica A,230,276-285 (1997).

[90] Guo ZL, Shi BC, Wang W. Lattice BGK Model for Incompressible Navier-Stokes Equation. J. Comput. Phys. ,165,288-306 (2000)

[91] Chen H, Kandasamy S, et al. Extended Boltzmann Kinetic Equation for Turbulent Flows. Science,301(1),633-636 (2003).

[92] Yu D, Mei R, Shyy. W. A multi-block lattice Boltzmann method for viscous fluid flows. J. Int. J. Numer. Mech. Fluids, 39, 99-120 (2002).

[93] 刘天成. 桥梁结构气动弹性数值计算的 Lattice Boltzmann 方法[D]. 上海:同济大学,2007.

[94] 国家科技支撑计划项目子课题结题报告. 特大跨径悬索桥加劲梁和桥塔断面气动选型数值方法[R],上海:同济大学,2010 .

[95] Theodorsen, T. and I. Garrick. Mechanism of flutter, A theoretical and experimental investigation of the flutter problem. NACA report, 1940. 685: 1940.

[96] Scanlan, R. and J. Tomko. Airfoil and bridge deck flutter derivatives. Journal of the Engineering Mechanics Division, 1971. 97(6): 1717-1737

[97] Matsumoto, M. , et al. Flutter instability and recent development in stabilization of structures. Journal of Wind Engineering and Industrial Aerodynamics, 2007. 95(9-11): p. 888-907.

[98] H. Sato, et al. Aerodynamic characteristics of super long-span bridges with slotted box girder [J]. Journal of Wind Engineering and Industrial Aerodynamics, 88(2000), pp. 297-306

[99] X Xiang, H. and Y. Ge. Refinements on aerodynamic stability analysis of super long-span bridges. Journal of Wind Engineering and Industrial Aerodynamics, 2002. 90(12-15):1493-1515.

[100] Y. J. Ge. Probability-based assessment and full-mode flutter analysis of cable-supported bridges against aerodynamic forces Post-Doctoral Research Report University of Ottawa 1999.

[101] Y. J. Ge and H. Tanaka. Aerodynamic flutter analysis of cable-supported bridges by multi-mode and full-mode approaches. Journal of Wind Engineering and Industrial Aerodynamics, 2000. 86. 123-153.

[102] Ge Yao-Jun, X. H. -F. Aerodynamic challenges in long span bridges. IstructE Centenary Conference, 2008: 121-148.

[103] 杨詠昕. 大跨度桥梁二维颤振机理及其应用研究[D]. 上海:同济大学, 2002.

[104] 邹小洁. 超大跨度悬索桥颤振控制措施及其机理研究[D]. 上海:同济大学,2005.

[105] Xiang, H. and Y. Ge. On aerodynamic limits to suspension bridges. Tumu Gongcheng Xuebao(China Civ. Eng. J.),2005. 38(1): 60-70.

[106] H. Utsunomiya, F. Nagao, M. Noda, E. Tanaka. Vortex-induced oscillation of a bridge in slowly fluctuating wind, J. Wind Eng. Ind. Aerodyn. , 89(2001), 1689-1699.

[107] M. Kawatani, N. Todaa, M. Satoa, H. Kobayashib. Vortex-induced torsional oscillations of bridge girders with basic sections in turbulent flows, J. Wind Eng. Ind. Aerodyn. , 83 (1999), 327-336.

[108] 李永君,葛耀君,杜柏松. 大跨度桥梁质量阻尼参数对涡激振动的影响[C]//第十六届

全国桥梁学术会议论文集.北京,人民交通出版社,2004.

[109] 李永君.大跨度桥梁涡振二维计算模型及其实验研究[D].上海:同济大学,2004.

[110] 徐泉,王武刚,廖海黎,等.基于大尺度节段模型的悬索桥涡激振动控制气动措施研究[J].四川建筑,2007,(3).

[111] 国家科技支撑计划项目子课题结题报告.特大跨径分体式箱梁悬索桥涡激共振性能及控制[R].上海:同济大学,2010.

[112] Irvine, H. Statics of suspended cables. Journal of the Engineering Mechanics Division, 1975. 101(3): 187-205.

[113] Cobo del Arco, D. and á. Aparicio. Preliminary static analysis of suspension bridges. Engineering Structures, 2001. 23(9): 1096-1103.

[114] Boonyapinyo, V., Y. Lauhatanon, and P. Lukkunaprasit. Nonlinear aerostatic stability analysis of suspension bridges. Engineering Structures, 2006. 28(5): 793-803.

[115] 邵亚会.超大跨度钢箱梁悬索桥抗风动力和静力稳定性精细化研究[D].上海:同济大学,2010.

[116] Jones N P, Jain A, Scanlan R H. Wind cross-spectrum effects on long-span bridges. Proceedings of Engrg Mech Spec Conf ASCE, New York,1992.

[117] Larose,G. L.,Tanaka, H.,Gimsing, N. J., and Dyrbye,C. Direct measurement of buffeting wind forces on bridge decks. Journal of Wind Engineering and Industrial Aerodynamics, 1997. 74-76:809-818.

[118] 廖海黎,李明水.大跨度桥梁施工阶段抗风性能现场实测研究[C]//第一四届全国结构风工程学术会议论文集.北京:《工程力学》杂志社,2009.

[119] 马存明.流线箱型桥梁断面三维气动导纳研究[D].成都:西南交通大学,2007.

[120] 李丽.桥梁气动导纳函数研究及其应用[D].成都:西南交通大学,2007.

[121] 周述华.大跨度悬索桥空间非线性抖振响应仿真分析[D].成都:西南交通大学,1993.

[122] 国家科技支撑计划项目子课题结题报告.特大跨径中央开槽箱梁悬索桥抖振响应精细化分析[R].成都:西南交通大学,2010.

[123] 同济大学土木工程防灾国家重点实验室.杭州湾大桥风对行车安全的影响和对策[R].上海:2004.

[124] 庞加斌,王达磊,陈艾荣,等.桥面侧风对行车安全性影响的概率评价方法[J],中国公路学报,2006,(19):59-64.

[125] 美国各州公路和运输工作者协会(AASHTO).美国公路桥梁设计规范——荷载与抗力系数设计法[M].辛济平,等,译.北京:人民交通出版社,1998.

[126] 国家科技支撑计划项目子课题结题报告.特大跨径中央开槽箱梁悬索桥桥面行车风环境及其改善方法[R].上海:同济大学,2010.

[127] 喻梅,廖海黎,李明水,等.大跨度桥梁斜风作用下抖振响应现场实测及风洞试验研究[J].实验流体力学,2013,03:51-55.

[128] 刘明,廖海黎,李明水,等.西堠门大桥桥址处风场特性研究[J].铁道建筑,2010,05:18-21.

[129] 国家科技支撑计划项目子课题结题报告.特大跨径悬索桥气动参数、风场参数和抖振响应现场实测[R].成都:西南交通大学,2010.

[130] 万田保.桥梁缆索用高强度镀锌钢丝[J].世界桥梁,2005,(01).

[131] 张正基,孙金茂,张伟君.索桥缆索用镀锌钢丝的生产[J].金属制品,2005,(01).

[132] 叶觉明,姚志安,余景绣.桥梁缆索用热镀锌钢丝的性能要求与加工工艺[J].金属制品,2009,35(2):4~8.

[133] 陈其安."从盘条到丝材及丝制品"——国际会议及欧洲盘条与高强钢丝研发现状简介[J].中国冶金,2003,(12).

[134] George Langford. A study of the deformation of patented steel wire. Metallurgical and Materials Transactions B,1970.1,(2).

[135] 林秀山,蒋永康,孙金茂.加速预应力钢丝钢绞线用盘条的国产化进程[J].上海金属,2000,(01).

[136] 徐文雷,宁世伟,栾佰峰,等.桥梁缆索用超高强度镀锌钢丝的研制[J].金属制品,2010,(02).

[137] 张伟君,孙金茂.提高桥梁缆索用镀锌钢丝强度途径的探讨[J].金属制品,2005,(03).

[138] 冯贺滨,李连诗,刘明哲,等.生产高碳钢高速线材的斯太尔摩工艺参数研究[J].钢铁,2001,(02).

[139] 吴迪,赵宪明,何纯玉.高碳钢高速线材轧制组织性能预测模型研究[J].钢铁,2003,(03).

[140] 秦卢峰,康公.大直径高强度镀锌钢丝拉拔[J].金属制品,2006,(02).

[141] 顾乃健.桥索用镀锌钢丝生产工艺探讨[J].金属制品,2006,(05).

[142] 唐建平.热镀锌钢丝锌层面质量的研究[J].金属制品,2005,(03).

[143] 许秋松,张剑锋.镀锌钢丝用SWRS82B热轧盘条断裂原因分析.现代冶金,2010,(01):4-6

[144] 叶觉明.缆索用钢丝的断丝问题[J].钢结构,2003,(03).

[145] 方月华.拉拔压缩率对热镀锌钢丝性能的影响[J].金属制品,1985,(5):22-24.

[146] 中华人民共和国国家标准.GB/T 8918—2006 重要用途钢丝绳[S]北京:中国标准出版社,2006.

[147] 中华人民共和国国家标准.GB/T 20067—2006 粗直径钢丝绳[S].北京:中国标准出版社,2006.

[148] Timothy W. Klein. Advancements in the Field of Wire Rope Design and Manufacturing. http://www.macwhyte.com/Resource_/PageResource/OEM-Advancements-in-Wire%20Rope.pdf

[149] 苏原,李黎,陈传尧,等.结构计算模型与结构设计[J].建筑科学,2005,21(01).

[150] 余万华,等.圆股点接触钢丝绳计算机辅助设计[J].金属制品,1998,24(3).

[151] 李寿柏.钢丝绳结构的理论计算和实际应用[C]//中国金属学会2006年线材制品国际技术研讨会会议文集.北京:2006.

[152] 李晓鹏,党孟军,张艳芳.网状铁素体对盘条性能的影响[J].金属制品,1999,25(2):

27-29.

[153] 张彦文,王继辉,张友登.SWRM6 盘条断裂原因分析[J]. 武汉:武汉工程职业技术学院学报,2009,21(3):27-28

[154] W. J Nam, C. M Bae, S. J Oh and S-J Kwon. Effect of interlamellar spacing on cementite dissolution during wire drawing of pearlitic steel wires. Scripta mater. ,2000,42:457-463

[155] 刘振成,张利光,李斌微.合金元素对高碳钢盘条组织性能的影响[J].炼钢,2008,24(6):50-52.

[156] Zhang,Z. and Costello,G. A. Fatigue design of wire rope : Wire J. Int. ,1996,29(2):106-112.

[157] 秦万信.平行捻钢丝绳结构和捻制方法探讨[J].金属制品,2006,32(2):10-13.

[158] McColl I. R. , Waterhouse R. B. , Harris S. J. et al. Lubricated fretting wear of a high-strength eutectoid steel rope wire. Wear, Volume 185, Issues 1-2, June 1995, 185(1-2): 203-212.

[159] 秦万信,王强.对钢丝绳润滑问题的认识[J]. 金属制品,2009,(5):1-4.

[160] 李丽,赵爽,张纪鹏.影响起升结构钢丝绳使用寿命影响因素分析[J].工程机械,2004,(10):45-47.

[161] 秦万信,岳磊.从钢丝绳突然断裂谈润滑对其使用寿命的影响[J].金属制品,2009,(2):48-51.

[162] 颜慧珍.钢丝绳的伸长率与预张拉技术[J].金属制品,2006,(05).

[163] 王福新,袁康,秦术宝,等.稳定化处理工艺参数对 PC 钢绞线性能的影响[J].2002,5:17-20.

[164] 过惠成.预张拉钢丝绳及其生产设备[J].金属制品,1996,(01).

[165] 李伟.钢丝绳预张拉的有效应用[J].金属制品,2009,(02).

[166] 叶觉明,姚志安.钢丝绳吊索结构实际弹性模量测试和长度精度控制[J].金属制品,2010,(01).

[167] 吴沂隆.钢丝绳弹性模量的研究[J].福建林业科技,2003,(03).

[168] 中华人民共和国行业标准.JTG D62—2004 公路钢筋混凝土及预应力混凝土桥涵设计规范[S].北京:人民交通出版社,2004.

[169] 孙向阳,牟军,刘志东.钢丝绳索具及其性能检测[J].金属制品,2006,(05).

[170] 中国公路建设市场编辑部.桥梁结构分析程序及软件的发展[J].中国公路建设市场,2004,5:9-11.

[171] 李汶吉.钢丝绳吊索及绳端加工技术[J].金属制品,1991,(02)

[172] 周昌栋,谭永高,宋宫保.悬索桥上部结构施工[M].北京:人民交通出版社,2003.

[173] 汪永兰.拉索损伤对斜拉桥结构性能影响研究[D].南京:东南大学,2004.

[174] 张腾.特大跨径悬索桥主缆索股架设牵引技术研究[M].公路交通科技(应用技术版),2007.

[175] 成大先.机械设计手册(第五版)[M].化学工业出版社,2007.

[176] 中华人民共和国国家标准.GB/T 50017—2003 钢结构设计规范,[S].北京:中国计

划出版社,2003.

[177] 张海良,罗国强,李刚. 大跨径悬索桥应用国产 1 770MPa 主缆索股的技术研究[J]. 公路,2009,01.

[178] 单继安,董浩泉,陆剑峰. 悬索桥主缆索股成圈与成盘工艺的对比研究[C]//中国公路学会桥梁和结构工程分会 2004 年全国桥梁学术会议论文集. 北京:人民交通出版社,2004

[179] [日]小西一郎. 钢桥,第一分册[M]. 北京:人民铁道出版社,1980.

[180] Tim Gurney. TRL State of the Art Review 8: Fatigue of steel bridge decks[R]. 1992.

[181] Cuninghame, J. R.: Strengthening fatigue prone details in a steel bridge deck[J]. Proc. of International Conference on Fat. of Welded Structures. 1987.

[182] 童乐为. 正交异性桥面板的疲劳研究[D]. 上海:同济大学,1995.

[183] 钱冬生. 从正交异性板和箱形结构运用于桥梁的历史来领略桥梁的科技发展和创新[J]. 2007,6.

[184] [日]小西一郎. 钢桥, 第二分册[M]. 北京:人民铁道出版社,1980.

[185] American Institute of Steel Construction. Design Manual for Orthotropic Steel Plate Deck Bridges. 1963.

[186] Roman Wolchuk. Orthotropic Redecking of Bridges on the North American Continent[J]. Structural Engineering International, 1992.

[187] EN1993 -2:2006. Design of Steel Structures Part2:Steel bridges[S]. 2006.

[188] AASHTO. AASTO LRFD bridge design specifications[S]. 2004.

[189] 日本道路協會. 道路橋示方書同解說[S]. 日本东京:丸善株式会社. 2002.

[190] Man - Chung Tang. Engineering An Art or A Sceience, Orthoropic Bridge Conference[C]. Sacramento, September 2008.

[191] 日本鋼構造協會. 鋼構造物の疲劳設計指针 o 同解說[S]. 东京:技报堂. 1993.

[192] 张玉玲,辛学忠,刘晓光. 对正交异性钢桥面板构造抗疲劳设计方法的分析[J]. 钢结构,2009,5.

[193] 陶晓燕. 大跨度钢桥关键构造细节研究[D]. 北京:中国铁道科学研究院,2008.

[194] Donato Abruzzese, Antonio Grimaldi. Fatigue Behaviors of cutout at crossbeam of trapezoidal

[195] 方兴. 全焊钢桥一些关键连接及构造问题的研究[D]. 北京:中国铁道科学研究院,2007.

[196] 盛洪飞. 桥梁建筑美学[M]. 北京:人民交通出版社,1999.

[197] 姚玲森,等. 中国土木建筑百科辞典——桥梁工程[M]. 北京:中国建筑工业出版社,1999.

[198] 中华人民共和国交通部. 中国桥谱[M]. 北京:外文出版社,2003.

[199] 项海帆,等. 中国大桥[M]. 北京:人民交通出版社,2003.

[200] 周昌栋. 悬索桥上部结构施工[M]. 北京:人民交通出版社,2004.

[201] Building Bridges History Technology Construction Hans WittfohtBeton-Verlag, 1984.

[202] 30 Bridges Matthew Well Published in 2002 by Laurence King Publishing Ltd.

[203] Martin Pearce and Richard Jobson. Bridge Builders[M]. Great Britain:Wiley-Academy,2002.

[204] 小西一郎. 钢桥(第五分册)[M]. 戴振藩,译. 北京:人民铁道出版社,1981.

[205] 徐君兰. 大跨度桥梁施工控制[M]. 北京:人民交通出版社,2000.

[206] 杨文渊. 起重吊装常用数据手册[M]. 北京:人民交通出版社,2001.

[207] 范立础,徐光辉. 桥梁工程(上册)[M]. 北京:人民交通出版社 2001.

[208] 白玲,等. 大型钢箱梁焊接收缩变形及其控制[J]. 钢结构,2001, 53(3) :9-11.

[209] 陈伯蠡. 焊接工程缺欠分析与对策[M]. 北京:机械工业出版社,1997.

[210] 拉达伊 D. 焊接热效应[M]. 北京:机械工业出版社,1997.

[211] 陈仁福. 大跨悬索桥理论[M]. 成都:西南交通大学出版社,1994.

[212] 李国豪. 桥梁与结构理论研究[M]. 上海:上海科学技术文献出版社,1983.

[213] 张志国,等. 悬索桥成桥状态计算方法[J]. 长安大学学报(自然科学版),2006,26(1):61-62.

[214] 沈锐利. 悬索桥主缆系统设计及架设计算方法研究[J],土木工程学报,1996,29(2):3-91.

[215] 吴栖碧. 大跨度悬索加劲钢箱梁浅议[J]. 铁道标准设计,1998(3).

[216] 牛和恩. 虎门大桥工程(第二册)悬索桥[M]. 北京:人民交通出版社,1988.

[217] 潘世建,杨盛福. 东航道悬索桥(海沧大桥建设丛书第四册)[M]. 北京:人民交通出版社,2002.

[218] Niels J. Gimsing. 大贝耳特海峡:东桥[M]. 西南交大土木学院桥梁系与中铁大桥局桥研院,译,钱东生,校. 成都:西南交通大学出版社,2008.

[219] 周昌栋,谭永高,宋宫保. 悬索桥上部结构施工[M]. 北京:人民交通出版社,2003.

[220] 韦世国,吴建强,文武,等. 润扬大桥悬索桥钢箱梁吊装技术[J]. 桥梁建设,2004(04).

[221] 闫友联,赵有明,金仓,等. 特大跨径悬索桥全液压跨缆吊机设计研究[J]. 桥梁建设,2004,04.

[222] 林瑞安,夏子金,房金钱. 宜昌长江公路大桥缆载吊机设计[J]. 世界桥梁,2004,03.

[223] 唐建国. 大跨度桥梁构件液压提升技术[C]//第十三届全国桥梁学术会议论文集. 上海:1998.

[224] 王树林,房金钱,董波,等. 虎门大桥液压提升跨缆吊机施工技术[C]//第十二届全国桥梁学术会议论文集. 广州: 1996,11.

[225] 何崇德. 船舶动力定位系统的应用与实践[J]. 中国造船,2004,45:280-299.

[226] 耿焘. IMO 动力定位系统规范介绍[J]. 中国造船,2008,49:55-57.

[227] 李文魁,陈永冰,田蔚风,等. 现代船舶动力定位系统设计[J] . 船海工程,2007,10:22-27.

[228] 吴文翔. 船舶动力定位性能试验[J] . 船海工程,2004,4:24-25.

[229] 夏伟江. 动力定位系统(DPS)船舶的产生、发展及在海洋石油勘探、开发、生产等阶段的应用[J] . 天津航海,2005,2:3-4.

[230] 大仲茂树,寺田郁二,山本郁夫,等。架桥工事用自航台船定点保持控制装置开发[J] . 三菱重工技报,1996,33:408-411.

[231] Akihiro Uemura, Kyotaro Kanda, Tomohide Sakamoto et al . Design, Fabrication and Erection of the Stiffening Girder of 3rd Kurushima Kaikyo Bridge. KAWASAKI STEEL TECHNICAL REPORT, December 2002, No. 47, 65-75.

[232] 刘志强,李娜,崔冰,等. 西堠门大桥结构监测系统的设计[C]//中国公路学会桥梁和结构工程分会2008年全国桥梁学术会议论文集. 2008.

[233] 刘志强,李娜,冯良平,等. 西堠门大桥结构监测系统的设计与实现(I):系统设计[J]. 中国工程科学,2010,12(7):96-100 .

[234] 刘志强,李娜,郭健,等. 西堠门大桥结构监测系统的设计与实现(II):系统实现. 中国工程科学[J]. 2010, 12(7):101-106 .

[235] 刘芳亮,刘志强,李娜,等. IEEE1588时间同步算法在桥梁监测系统中的应用[C]//中国公路学会桥梁和结构工程分会2008年全国桥梁学术会议论文集. 2008.

[236] 刘芳亮,刘志强,李娜,等. IEEE1588协议在桥梁监测系统中的应用[J]. 公路, 2010, (11):137-140.

[237] Zhiqiang LIU. Study On Structural Health Monitoring System Of Xihoumen Bridge[C]// Proceedings of the 12th International Symposium on Structural Engineering. November 2012:1500-1504.

[238] 谢浩,李娜,冯良平,等. 基于ArcObjects的西堠门大桥结构监测软件设计[J]. 中国工程科学,2010,12(7):107-109.

[239] 郑春,吴重男,张新越,等. 舟山连岛工程西堠门、金塘大桥运营监测系统预警评估体系研究[J]. 中国工程科学,2010,12(7):84-89.

[240] 张晓斌,陈卫国. 基于RDL的桥梁结构安全监测系统数据报表的研究[J]. 中国工程科学, 2010, 12(7):110-112.

[241] 梁柱,张革军,李娜. 钢箱梁结构温度测试与分析[J]. 中外公路,2009,29(6):126-128.

[242] 沈旺,张强. 桥梁电子化人工巡检养护管理系统[J]. 中国工程科学,2001,12(7):57-60.

[243] 张强,马敬海. 跨海悬索桥结构危险性分析[J]. 中国工程科学,2001,12(7):61-63.

[244] 郭健,张强,马敬海. 基于风险管理的跨海悬索桥养护管理[J]. 中国工程科学,2001,12(7):64-67.

[245] 范剑锋,袁海庆,刘文龙,等. 基于不确定型层次分析法的桥梁模糊综合评估[J]. 武汉理工大学学报,2005,(04) .

[246] 李义,蔡敏,胡俊. 桥梁评价系统的研究与开发[J]. 安徽建筑工业学院学报(自然科学版), 2004,(03) .

[247] 张晓华,邱延峻. 基于逆阵的路面综合性能马尔可夫预测[J]. 东北公路, 2003,(03) .

[248] 李昌铸,王晓晶,夏晓霞,等. 我国公路桥梁管理系统(CBMS)的开发与推广应用[J]. 公路交通科技,1999,(S1) .

[249] 万臻,李乔,毛学明. 基于可靠度的桥梁结构剩余使用寿命预测方法[J]. 公路交通科技,2006,(09) .

[250] 陈炳聪,李永河,周明元. 基于B/S模式开发的桥梁管理系统(BMS)[J]. 广州: 广州大

学学报(自然科学版),2005,(06).

[251] 李昌铸.公路桥梁管理系统(CBMS2000)的开发与应用[J].公路交通科技.2003,(03).

[252] 于大涛,廖朝华.欧洲现有桥梁的评估[J].中外公路,2001,(05).

[253] 安琳.美国桥梁管理体系概观[J].世界桥梁,2002,(02).

[254] 金虎一,姜辉.印度桥梁管理系统的研究[J].世界桥梁,2002,(02).

[255] 孙立军,杨阳,张小宁,等.上海市城市桥梁管理系统研究[J].华东公路,2000,(02).

[256] 韩大建,颜全胜,陈晨.桥梁管理系统的一般结构剖析[J].广州:华南理工大学学报(自然科学版),2002,(11).

[257] 高朝晖,张宁,陆赛杰.基于Web-GIS技术的现代桥梁养护管理系统研究[J].交通与计算机,2006,(02).

[258] 葛耀君.大跨度悬索桥的跨径极限与抗风挑战[C]//武汉国际桥梁科技论坛大会论文集.武汉:2009.

[259] 项海帆,葛耀君.悬索桥跨径的空气动力极限[J].土木工程学报,2005,38(1).